U1003209

# 中国近现代美术

# 留学史料与研究工作坊

# 论文集

华天雪　曹庆晖
主编

文化艺术出版社
Culture and Art Publishing House

**图书在版编目（CIP）数据**

中国近现代美术留学史料与研究工作坊论文集 / 华天雪，曹庆晖主编 . — 北京：文化艺术出版社，2019.12

ISBN 978-7-5039-6785-6

Ⅰ . ①中… Ⅱ . ①华… ②曹… Ⅲ . ①美术家—留学教育—教育史—中国—近现代—文集 Ⅳ . ① K825.72-53 ② G649.29-53

**中国版本图书馆 CIP 数据核字（2019）第 208546 号**

**中国近现代美术留学史料与研究工作坊论文集**

主　　编　华天雪　曹庆晖
责任编辑　叶茹飞
书籍设计　姚雪媛
出版发行　文化艺术出版社
地　　址　北京市东城区东四八条 52 号（100700）
网　　址　www.caaph.com
电子邮箱　s@caaph.com
电　　话（010）84057666（总编室）　84057667（办公室）
　　　　　84057696—84057699（发行部）
传　　真（010）84057660（总编室）　84057670（办公室）
　　　　　84057690（发行部）
经　　销　新华书店
印　　刷　国英印务有限公司
版　　次　2020 年 2 月第 1 版
印　　次　2020 年 2 月第 1 次印刷
开　　本　787 毫米 × 1092 毫米　1/16
印　　张　42
字　　数　705 千字
书　　号　ISBN 978-7-5039-6785-6
定　　价　128.00 元

版权所有，侵权必究。如有印装错误，随时调换。

# 由“果”而“因”：关于“中国近现代美术留学史料与研究国际交流工作坊”

华天雪　曹庆晖

“美术留学”是20世纪中国美术极为重要的现象和内容，同时也是现代中国留学史的有机组成。就20世纪前半叶的美术留学而言，在相当程度上不能以现今制度意义上的“留学”去言说。按照近现代中国美术史的惯例，美术游学、游历、考察、交流以及由此而泛起的层层“涟漪”，都是美术留学的题中应有之义。

总体说来，20世纪初到1919年，因路近费省文同的便利，留日率先成行成潮；1919年随着留法勤工俭学运动的开展，“美术留学”发展出与“留日”并重的“留欧”潮流；但到1937年全面抗战爆发，“美术留学”随之渐趋萎缩沉寂，至“二战”胜利后国民政府才在1946年恢复公派招考；1949年后约三十年，由于冷战争端和意识形态方面的选择，苏联和其他东欧社会主义国家成为中国“美术留学”的目的地，公派留学成为唯一的出口；改革开放四十年来，美术留学呈现出向西方发达国家特别是以美国为中心的选择格局。

无疑，20世纪中国美术可以用“留学”的线索贯穿。那些架构起现代美术生态的机制与因素，从学校协会社团、美术馆博物馆展览馆、期刊报纸出版，到语言形式、思潮观念等等，均离不开美术留学生的选择、引介和本土需求下的填充、转借与“改良”。如果说，“移植”是包括20世纪中国美术在内的中国文化的关键词之一，那么留学生便是这支“移植”部队厥功至伟的主力军。

我们所言“美术留学”，是历史学意义的“留学”，包括“在外”和“在内”，其中“在外”学习是本体，“在内”致用是外延。长期以来，受限于地理、语言以及交流不畅的原因，对于留学生“在外”学习的史料搜集与分析研究存在极大困难，特别是对20世纪上半叶留学生的“在外”学习大多语焉不详，这种欠缺甚至空白直接导致我们从个案到整体对20世纪中国美术的很多问题说不通。我们得到了一大堆“果”，但却非常不了解长成这些“果”的那些“因”。因此，由果而因，是我们的自觉和需要。

我们注意到，近十几年来，随着语言能力较好的中国学者、硕博士研究生和留学生，以及海外学者的积极介入，对于留学生“在外”学习的研究困境在慢慢改观。过去留学生的所在国、所在校开始被造访，保存他们当年的学习档案、艺术创作以及艺术与文化师承关系的档案馆、图书馆、美术馆开始被查阅。当然，所有这一切的发生也都离不开中国经济发展后日益活跃的国际交往对中国问题的重视和讨论这一大背景。

我们也看到，学者们对于留学生“在内”致用的研究随着国内数据库建设而获得质的飞跃，当前获取民国档案、文献、报刊、日记、回忆录、游记、信函、手稿、图像和作品等材料，相比从前已有很大便利，各类材料的整合成为可能，由材料到问题的探讨也随之有了更大的说服力，很多曾经被“抹去”的历史重获历历在目的质感，个别细节甚至拥有了触摸的温度。

我们长期致力于中国近现代美术史的研究与教学，虽然深感“美术留学研究”困难重重，但研究条件的改观和同人成绩的进展给我们以足够的信心，自认为极有必要团结同道，通过交流将“美术留学”问题明确提出来并坚持做下去，为此有了2019年5月25日至26日在中国艺术研究院美术研究所召开的“中国近现代美术留学史料与研究国际交流工作坊”。准确地说，这是同人间出于学术发展内在需求而自觉组织的一次交流和讨论。有34位研究者向工作坊提交了论文，28位与会，分7场发言，现依序概要如下。

安徽博物院董松《留学史视野下的中国留法艺术学会研究》，对存在于1933年至20世纪50年代法国巴黎的“中国留法艺术学会”的人员构成和主要活动，做了目前为止最为翔实的考证，并提出“初创”“坚守”“再兴”的三阶段发展认识；北京外国语大学李雪涛《有关滕固博士论文的几份原始文献》，依据柏林洪堡大学档案馆档案，对滕固留德期间的修习科目、博士论文、答辩环节等做了厘清，对滕固是否获得博士学位给出了确凿答案；中央美术学院曹庆晖《中国留学生和法国雕塑大师布德尔》，在占有国内布德尔出版资料和实地走访巴黎大茅屋与布德尔博物馆基础上，对布德尔在中国的传播、中国留学生与布德尔的诸种交集以及产生的影响等，做出了审慎合理的分析；法国学者菲利普·杰奎琳以其便利条件对巴黎国立高等美术学院的档案做了地毯式查阅和图表汇总，所做“巴黎国立高等美术学院的中国艺术家”的发言为了解该校 132 位中国留学生的基本状况奠定了坚实的基础。

中国艺术研究院杨肖《跨文化视野下看绘画“装饰性”：从庞薰琹眼中的波提切利说起》，将庞薰琹绘画的装饰性与波提切利相关联，又引入日本美术史家矢代幸雄对波提切利的理解做比较，认为来自欧洲与日本的双重经验影响了庞薰琹 20 世纪 40 年代的绘画实践，呈现出明显的跨文化研究视野；四川大学赵帅、岳阳《介入与融合：近代西南民艺考察与工艺研究初探》和北京师范大学季海洋《谈留欧“写实主义”倾向艺术家抗战时期的绘画——由 1942 年四川美术家协会第一次展览及引发的批评所见》，聚焦于抗战时期西南地区的美术现象，以当时报刊和其他出版物为依据展开讨论，对近代以来的西南民艺考察和 1942 年举办的四川美术家协会第一次展览，做了力所能及的厘清和讨论；美国俄亥俄州立大学安雅兰《艺苑绘画研究所和国际艺术界，1928—1931》，使用法国朱利安学院和法国国家档案馆的相关文献，对上海艺苑绘画研究所成员在法国的学习情况及相关活动做了充分探讨。

四川大学黄宗贤《20 世纪初中西雕塑的对流与互动》，旨在讨论民国时期有留学背景的雕塑家在 20 世纪中国写实主义雕塑发展中所起的作用；故宫博物院徐婉玲《传统与现代的交织：留法建筑师汪申的艺术思想及其实践》，利用故宫档案并结合故宫及周边地区的建筑遗存，对汪申及其建筑思想进行了深入挖掘和整理；李大钧负责之吴大羽艺术基金会为目前吴大羽收藏最大宗机构，所做“吴大羽留法前后生平史料考证（1917—1927）”的发言，依凭吴大羽手稿与作品以及查询到的吴氏相关报道和档案资料，对吴氏生平进行了令人信服的考证；清华美术学院周爱民《大茅屋与中国早期留法美术生——巴黎寻访及断想》认为，包括大茅屋画室在内的巴黎蒙帕那斯艺术聚居地的整体精神和氛围，未尝不是我们追索中国留学美术家艺术渊源的一个重要切入点，虽然难以用材料证实，但还是对问题研究颇具启发；广州美术学院美术馆胡斌《1915 年巴拿马太平洋国际博览会上的中国艺术品与交织的视角》，依据国内报刊和其他出版物，以 1915 年巴拿马太平洋国际博览会的“中国参与”为例，探讨了中国艺术在 20 世纪早期所面临的跨文化境遇及其应对表现。

中央戏剧学院沈宁《云路鹏程鸿雁传：王子云欧游履痕》，在比对多种材料的基础上，对王子云欧游期间的活动及其在传播西方美术方面的贡献，做了严谨的考订和修正；独立研究者孙元多年来以孙佩苍家属身份，努力搜求孙佩苍及其相关人物、事件的史料，此次以《孙佩苍的留学》为题，介绍了孙佩苍留学诸细节；独立研究者蒋向宇《对常书鸿赴法留学相关细节的考辨与订正》，依据相关史料对常书鸿自传《九十春秋 敦煌五十年》的诸多细节做出修正，他用实例向学界警示，即便是美术家本人的回忆、撰述，亦有需要谨慎对待的大量时间误记。

中央美术学院刘礼宾《民国时期留学欧洲雕塑家情况研究》，是在不断更新和完善史料的基础上对民国时期留欧雕塑家群体概况的介绍；上海大学李超《看不见的“江南”——关于中国近现代留学美术资源保护问题》，谈及20世纪留学美术家被遗忘、被固有身份遮蔽及作品散佚诸问题，进而引申出中国近现代美术留学资源的保护、转化和整合问题；上海油画雕塑院美术馆傅军《周碧初对油画艺术现代性的追求》，将周氏作为中国油画现代化的一个案例，从绘画本体语言的角度讨论周氏对油画现代性的追求。

台南艺术大学孙淳美《徐悲鸿与巴黎“中国美术展”，1933》，考察徐悲鸿1933年巴黎中国美展诸要点，并牵涉围绕此次展览的青年留法艺术家们的看法等等；中国艺术研究院华天雪《以柏林和巴黎为“战场”的又一次角逐——20世纪30年代刘海粟、徐悲鸿的赴欧巡展》，虽与孙淳美所谈内容有部分相同，但与孙文从“在外”角度寻找资料不同，是最大限度地在“在内”方面搜集资料基础上，对徐悲鸿和刘海粟两次赴欧巡展的各个方面进行的系统梳理和翔实考证；上海中国画院王欣《在新史料中再读刘海粟的第一次欧游》，是对新发现的史料——刘海粟第一次欧游的见证人刘抗遗留下来的摄影、文字资料，又结合刘海粟《欧游笔记》进行的再阐释；另一个聚焦刘海粟的发言来自独立研究者梁晓波，在多年对刘氏资料极力搜求基础上，其《虎步西洋东海、打破画学界限——“艺术叛徒”刘海粟的艺术与艺术观》立足于翔实资料基础上刘氏艺术成就的讨论；广州美术学院蔡涛《克罗多、张弦、梅原龙三郎：洋画中的皇城题材》，选择法国、中国和日本的几乎同时期的三位画家，尝试说明现代美术史中的“东方”意识问题。

岭南师范学院彭飞《不该被遗忘的美术先贤——留法美术家王代之生平及对

民国美术教育的贡献考述》，依据王代之家属提供的大量一手资料，又结合其他已刊载材料，考证了王氏生平和留法学习情况，进而论述了王氏对于中国新式美术教育的贡献；独立研究者陈莺《求真与人情：符罗飞留学意大利时期画作解析》，在考证符氏留意各要点的同时，通过对符氏留意期间作品的分析，阐明符氏与那不勒斯画派的渊源关系；中国美术馆馆员韩劲松《20 世纪早期留学欧美艺术家作品国家收藏概况》，着重介绍了中国美术馆所藏民国时期留学欧美美术家 41 人的 1022 件作品的收藏渠道、种类分布和代际分布等情况，为美术留学研究提供了极为重要的参考；广州美术学院美术馆李铁军《留点遗憾——李铁夫纽约学习情况的不完全调查报告》，以美国实地考察和资料搜集为基础，对李铁夫在美学习美术情况和美国国家（美术）设计学院（The National Academy of The Arts of Design）均做出诸多澄清工作，是目前李铁夫研究最可资参考的成果。

此次会议与会学者包括高校教师、科研院所的研究人员、美术馆和博物馆等公立收藏展览机构的研究者、图书馆工作者、美术史专业博士毕业生、在读博士后、私人藏家、美术家家属以及美术研究爱好者。我们作为召集人邀请上述学者与会，一方面希望打破狭窄的研究圈子和固定思路，一方面希望借此重申史料和实证方法的重要性，只要是在史料上下了功夫并能以客观中立的原则使用和阐释史料者，均在邀请之列，不设身份限制。

从论文呈现的角度来说，史料考证和问题研究两大类大体呈平分天下局面，一方面，问题研究离不开确凿的史料，一方面，史料考证成果只有最终为问题研究所用，才是其价值的最好发挥，二者互为因果。当然，两种类型的研究均能将史料和问题有效链接，只是有所偏重而已。同时，毋庸讳言，尽管同人们均做足了兢兢业业之功，“美术留学研究”领域依然任重而道远，保持常态化交流、定期召集讨论、整合各方资源、扩大同人圈以及培养后进，可能是必要的。

虽然一次会议不可能含纳所有美术留学研究成果，但我们选择出来的这些成果和同人群体，至少是其中的主要成果和主力阵营。令人欣慰的是，我们开了一个我们想开的纯学术的会议，并激发了大家的热情，在史料考证的这条冷板凳上得到了相互的支撑。所谓“嘤其鸣矣，求其友声”，能“志同”而“道合”，是幸事。

感谢各位学者的积极参与。感谢中国艺术研究院美术研究所对会议的支持。

感谢文化艺术出版社和泰康人寿保险有限责任公司对论文集出版的支持和赞助。此外，也对在此次会议中付出辛勤劳动的程锦、宋金明、李阳阳、林夏瀚、张海法、葛韶然、邢晓雨等同学致以谢意！

以上，用志岁月。

己亥夏初于京华

# 目　录

*CONTENTS*

## 上　篇



## 中　篇

## 下　篇



## 综　述

# 上　篇

# 留点遗憾

## ——李铁夫纽约学习情况的不完全调查报告[①]

李铁军

广州美术学院美术馆

**摘　要：** 关于李铁夫在海外学习的情况，一直只有他人的转述记录，没有任何实物依据，也缺乏有效的调查，可谓扑朔迷离。2018 年暑期，笔者到纽约对传说中李铁夫曾经就读的两所学校进行了实地调查，期望对李铁夫在纽约的学习情况有一个较为符合现实的描述。鉴于能力与精力有限，此次调查并没有进行得很充分，但提供了继续调查的途径和线索。

**关键词：** 李铁夫　纽约　学校　院士　调查

李铁夫的介绍文章中，多次提到他在海外先后接受过 20 多个学府的造就[②]。在加拿大和美国有很多的大学和美术培训机构可以给任何年龄段的美术学习者提供进修的机会，有些甚至是免费的，所以这是完全有可能的。根据目前所知的李铁夫生前的文献和文章记载[③]，能整理出其在海外曾经就读或任职的学校或机构共 10 所，其中可确定在纽约的有 6 所。这些学校的名称中，有 5 所附有英文校名，其余中文译名可谓五花八门，因为都是音译，不懂粤语的读者基本上是不知所云。

---

① 本文为 2017 年度国家社会科学基金艺术学一般项目“李铁夫与中国早期油画研究”（编号：2017BF00860）阶段性成果。

② 1935 年《香港钟声慈善社举办李铁夫画展宣言》第一次有此表述，此后各种文章中又多次出现。

③ 之所以只统计李铁夫生前的记载，是因为作者有机会直接从李铁夫处获得资料或信息；而在其去世后的文章，则只能转述了，故不统计在内。

表 1　李铁夫生前文献中提及的就读或任职的学校、机构统计表

<table>
<tr><th>序号</th><th>考证出的校名、机构</th><th>文献中的校名、机构（身份）</th><th>文献出处（时间）</th><th>文献描述的学习情况</th><th>备注（地址）</th></tr>
<tr><td rowspan="2">1</td><td rowspan="2">纽约美术学堂（New York School of Art）[①]</td><td rowspan="2">纽埠美术学堂</td><td>香港《华字日报》：《美术冠军》（1913年5月3日）</td><td rowspan="2">肄业<br>1913年正月7日，一千八百余人大考获第一名</td><td rowspan="2">（66 Fifth Avenue）</td></tr>
<tr><td>广州《民生日报》：《美术卒业之第一人》（1913年5月4日）</td></tr>
<tr><td rowspan="3">2</td><td rowspan="3">（待考）</td><td>澳令顿画院（学生首领副教授）</td><td>《李铁夫画家事略》（1915）<br>介绍人：孙文、黄兴、程璧光、梁联芳</td><td>1887年5月2日全堂大考获一等第一名<br>1912年5月4日全堂大考复得第一名</td><td rowspan="3">可能是位于奥灵顿（地区、街区）的美术学校[②]</td></tr>
<tr><td>英国 Arlington School of Arts</td><td>《香港钟声慈善社举办李铁夫画展宣言》（1935）</td><td>1887年开始，攻人体学</td></tr>
<tr><td>英国奥令登画院（大学生首领副教授）</td><td>燕庆：《画家李铁夫》（1944）</td><td>1887年第一次考试，得冠军</td></tr>
</table>

① 根据黎丽明等人的调查，威廉·切斯 1891 年创办切斯学校（The Chase School），1989 年更名为纽约美术学堂（New York School of Art）。该校现名帕森斯设计学院（Parsons School of Design at The New School）。

② 现在知道李铁夫出国最初到达的地方应该是加拿大的温尼伯市，而该市就有一条沟通南北的奥灵顿街（Arlington Street），李铁夫有可能是在这条街上的某个学校学习美术。

（续表）

| 序号 | 考证出的校名、机构 | 文献中的校名、机构（身份） | 文献出处（时间） | 文献描述的学习情况 | 备注（地址） |
|---|---|---|---|---|---|
| 3 | （待考） | 美国纽约美术大学、纽约美术大学院（教授兼学生首领凡九年） | 《国民党政府委员邓家彦等之介绍书》（1925） | 1913年从切斯游历19年，考试得肖像画冠军，奖金400元。1914年获铜像式雕刻学冠军，奖金400元 | |
| | | 纽约美术大学 | 谈月色:《李铁夫师事略——受业谈月色述》，载《艺觳（初集）》（1932） | 19年，师从切斯 | |
| | | 美国 Academy of the Fine Arts | 《香港钟声慈善社举办李铁夫画展宣言》（1935） | 为“1932年最后离开的学府” | |
| | | 美国纽约大学、纽约美术大学院（教授兼学生首领凡九年） | 尧晖:《西洋画的精髓（续）——记李铁夫师生画展》（1946） | 1913年从切斯游历19年，考试得肖像画冠军，奖金400元。1914年大赛考，获铜像式雕刻学冠军 | |
| | | 美国纽约大学 Academy of the Fine Arts.Stinave New York.U.S.A. | 《上海洪声》:《致公党叔父·革命元勋，东亚画王——李公铁夫传略》（1946） | 1913年，从切斯游历19年 | |
| | | 美国纽约美术大学（教授兼学生领袖） | 木龙·霞奇:《东亚第一画家李铁夫》（1947） | 跟萨金特及切斯游历19年 | |

（续表）

| 序号 | 考证出的校名、机构 | 文献中的校名、机构（身份） | 文献出处（时间） | 文献描述的学习情况 | 备注（地址） |
|---|---|---|---|---|---|
| 4 | 国家设计学院（The National Academy of Design） | 全球最高画理学府（即美国老画师会） | 《国民党政府委员邓家彦等之介绍书》（1925） | 1916年入会，为东亚入会第一人 | 入会“须年岁超过40”。一历十年每年入选，累计入选21幅大小油画 |
| | | 世界最高美术学府 International Academy of Design | 《香港钟声慈善社举办李铁夫画展宣言》（1935） | 为东方第一位入会者 | “经过10年的长期竞争，没有一次得不到胜利” |
| | | 全世界最高画理学府（即美国老画师会） | 燕庆：《画家李铁夫》（1944） | 东亚入此会第一人 | 入选画作前后有21幅。日本画家中，仅一人一画入选 |
| | | 全球最高画理学府（即万国老画师会） | 尧晖：《西洋画的精髓（续）——记李铁夫师生画展》（1946） | 东亚入此会第一人 | |
| | | 全球最高画理学府 International Academy of Design. New York U.S.A.（即美国老画师会） | 《上海洪声》：《致公党叔父·革命元勋，东亚画王——李公铁夫传略》（1946） | 为东亚加入此学府者第一人 | 年逾40方能参与。“前后十余载，获冠军之大小油画共21幅” |
| | | 全球最高画理学府 International Academy of Design. New York U.S.A. | 木龙·霞奇：《东亚第一画家李铁夫》（1947） | 东亚加入此学府第一人 | 10年间21幅画当选 |
| | | 万国老画师画院会员 | 李铁夫名片 | | 1. 1900年至1940年：109th Street and Amsterdam Avenue<br>2. 现址：1083 Fifth Avenue at East 89th Street |

（续表）

| 序号 | 考证出的校名、机构 | 文献中的校名、机构（身份） | 文献出处（时间） | 文献描述的学习情况 | 备注（地址） |
| --- | --- | --- | --- | --- | --- |
| 5 | （待考） | 坎那大学校 | 谈月色:《李铁夫师事略——受业谈月色述》，载《艺彀（初集）》（1932） | 肄业 | “坎那大”白话音即“加拿大”应指 加拿大的某个学校 |
| 6 | （待考） | 伦顿美术学校 | 谈月色:《李铁夫师事略——受业谈月色述》，载《艺彀（初集）》（1932） | 学画9年 | |
| 7 | 哥伦比亚大学（Columbia University） | 歌林布大学夏季美术科 | 谈月色:《李铁夫师事略——受业谈月色述》，载《艺彀（初集）》（1932） | 学画8年 | “歌林布”应该是“哥伦比亚”（2960 Broadway） |
| 8 | （待考） | 考扶力大学夏季美术科 | 谈月色:《李铁夫师事略——受业谈月色述》，载《艺彀（初集）》（1932） | 学画10年 | 陈晓平认为是：阿尔弗雷德大学（Alfred University）① |
| 9 | 库珀联合学院（Cooper Union） | 曲罢腰闰美术夜学 | 谈月色:《李铁夫师事略——受业谈月色述》，载《艺彀（初集）》（1932） | 学画16年 | “曲罢腰闰”粤语读音近：Cooper Union。该校为免费就学。（30 Cooper Square） |
| 10 | 纽约艺术学生联盟（The Art Students League of NY.） | 美国雅士焦殿力美术大学（副教授） | 李铁夫名片 | | “雅士焦殿力”粤语音近：Art Students League。（215 West 57th Street） |

可以明确在纽约的6所学校（序号1、3、4、7、9、10）中，除了“纽约美术大学”（序号3）尚不知道具体所指，其余学校的位置都可以找到。

① 陈晓平：《李铁夫美国生涯仍是“黑洞”》，《南方都市报》2017年10月10日。该校位于纽约州阿尔弗雷德市，离纽约很远，更靠近加拿大。

图1　李铁夫住址及在纽约曾经就读的五所学校位置（数字对应表1学校序号。4－1为李铁夫就读时地址，4－2为现址。A为李铁夫1921年住址：披露街9号）

笔者选择了其中的两所作为调查的重点，分别是国家设计学院（The National Academy of Design）、纽约艺术学生联盟（The Art Students League of NY.）。之所以选择这两所学校，是因为两所学校有着密切的关系。同时，传说李铁夫于1916

年成为国家设计学院的“院士”，这一李铁夫艺术生涯中的最高荣誉是几乎所有涉及其生平的文章中反复提到的，有必要一探究竟。由于笔者的能力、精力所限，调查基本上是点到为止，没有追问到底，留下了很大的继续深入调查的空间。以下是关于这两所学校及“院士”身份的不完全调查报告。

## 一、就读国家设计学院（The National Academy of Design）的可能性与“院士”身份调查

### （一）关于学校

该学校成立于1825年，校名多次变更：

1825：The New York Drawing Association

1826：The National Academy of The Arts of Design

1828：The National Academy of Design

1997：The National Academy Museum and School of Fine Art

2017：The National Academy of Design

李铁夫在纽约期间，学校的名称是The National Academy of Design，也是现在使用的名称，通常翻译为“国家设计学院”。但“设计”一直以来都不是这个学校的关注点，对此学校还专门解释：在学校创立之时，英文“design”源自法语单词“dessin”，其意思就是指“绘画”。学校专注的是传统美术，包括绘画、雕塑和建筑，故与现在的“设计”不是一个概念。按这个意思，似乎将校名翻译成“国家美术学院”更为合理。大概也是因为这个原因，学校也曾将校名改为更符合现实的称法：The National Academy Museum and School of Fine Art。现在校址的外墙上方雕刻的就是这个名称，字体很大，非常醒目。

学校的现址和其博物馆一起，位于东第89街第五大道1083号（1083 Fifth Avenue at East 89th Street），这个位置在中央公园的东北侧，其南边对街就是著名的古根海姆美术馆。在1940年迁到这里之前，学校没有固定的校址，先后有11次迁移。

学校成立之初（1826），除了作为专业的美术学校之外，还设定了“年度展览”和“院士”机构。学校和展览的地址往往不是在同一个位置。

在1900年至1940年间，学校位于第109街和阿姆斯特丹大道之间（109th Street and Amsterdam Avenue），但没有注明确切的门牌号。这个时间刚好是李铁夫在纽约居住的时间范围（李铁夫于1900年前后初到纽约，1930—1931年间回国）。同时，需要说明的是，此时学校的“年度展览”地址位于西57街215号（215 West 57th Street）的美国美术学会的画廊（the galleries of the American Fine Arts Society），这个地址也是纽约艺术学生联盟的所在地。

也就是说，如果李铁夫在国家设计学院就读的话，上课的地方在第109街和阿姆斯特丹大道之间（109th Street and Amsterdam Avenue），这里位于中央公园西北侧，交通便利，从唐人街出发，公交车、地铁一号线[①]都可以抵达学校附近。而该学校“年度展览”的位置，也是李铁夫有可能就读的另一所学校：纽约艺术学生联盟所在地，它位于中央公园南侧不足两百米处，交通同样便利，而且离唐人街更近。

为了查清李铁夫是否就读于国家设计学院，我来到该校的现址进行查访，但发现无法进入，只有一名安保人员在大门处守卫。原来学校正在施工，没有开放，也没有学校的人员上班。在门口张贴的装修单中，我看懂了一个单词“gas”，大概是进行煤气管道的修缮工程吧。学校所属的博物馆就在隔壁，大门对着中央公园的一幢古老建筑，它也没有像网站上所描述的那样正在进行馆藏作品展览，也是正在闭门装修，不时有头戴安全帽的工人进出。门边的装修单显示，博物馆的装修内容更加多样和复杂。当晚，我给学校发了一封邮件，表达我要造访的意愿和查证的内容。大概是他们看不懂中文的原因，一直没有回复。

虽然没有成功造访学校，但还是在档案馆查到了一些该学校的资料，下面会再提及。

① 纽约地铁一号线于1904年通车，从南边唐人街附近的市政府到北边的145街，109街附近有站点。

### （二）关于“院士”

学院的“院士”分为“副院士”（Associate National Academicians，ANA）和“院士”（National Academicians，NA）两种，每年选举，由公认的有卓越成就的艺术家当选。院士的产生有严格的程序，年初提交提名和推荐。秋季，通过选举产生新的成员，并颁发纪念别针和证书。艺术家通常先当选为副院士（ANA），而后再转为院士（NA）。“转正”的时间长短不一，而且不是所有的副院士都能够顺利“转正”。

至 2017 年，当选院士的艺术家已经超过 2100 人。在学校的网站上，我们可以获得每一年当选副院士（ANA）和院士（NA）的名单，很遗憾，我没有发现疑似李铁夫中文音译的名字，无论是“李玉田”“李昭龙”还是“李铁夫”，包括粤语的读法、普通话的读法，或是各种排列顺序……不仅传说中李铁夫当选“院士”的 1916 年的名单里没有，所有的名单里都没有。也没有找到国吉康雄（Yasuo Kuniyoshi）的名字。[①]

1916 年，当选副院士（ANA）和院士（NA）的名单：

| | | |
|---|---|---|
| Paul Wayland Bartlett | ANA：1916 | NA：1917 |
| Ralph Albert Blakelock | ANA：1913 | NA：1916 |
| Arnold W. Brunner | ANA：1910 | NA：1916 |
| William Henry Cotton | ANA：1916 | |
| Jules Guérin | ANA：1916 | NA：1931 |
| Charles Louis Hinton | ANA：1916 | NA：1941 |
| Paul Manship | ANA：1914 | NA：1916 |
| Lawton S. Parker | ANA：1916 | |
| Leopold Gould Seyffert | ANA：1916 | NA：1925 |
| William Henry Singer Jr. | ANA：1916 | NA：1931 |
| Guy Wiggins | ANA：1916 | NA：1935 |

① 传说日本的国吉康雄（Yasuo Kuniyoshi，1889—1953）也入选该校“院士”。国吉康雄一直生活在纽约，也一直使用这个英文名，他后来成为纽约艺术学生联盟的导师。

而李铁夫自称的两位导师（追随者），切斯和萨金特则都是该校的“院士”：

| | | |
|---|---|---|
| William Merritt Chase | ANA：1888 | NA：1890 |
| John Singer Sargent | ANA：1891 | NA：1897 |

院士选举的条件和每年入选数量在各个时期有一定变化。在李铁夫居住美国的时期，院士提名不仅需要在任院士的提名，还以作品必须入选特定年份的年度展为条件。当选者，还需要提交作品作为学校博物馆的永久收藏，学校博物馆的收藏量目前近 8000 件。而长期以来（1839—1994）当选的院士提交学校永久收藏的作品中，必须包含一幅自己的肖像（或雕像）。也就是说，学校博物馆的收藏中，包含有这 156 年间每位院士的肖像画（或雕像）。

这信息很重要，因为李铁夫的名字可以变，但相貌是可以辨认的，我们也有李铁夫各个时期的照片。如果李铁夫真的成为国家设计学院的院士，必然会有他的肖像画收藏在其博物馆内。也就是说，提供这些肖像画，可以辨认出是否有李铁夫在列。如果有，就可进一步考查是否是院士，用的是什么姓名。

根据李世庄先生的提示，得知该学校曾出版一本历年院士收藏作品的画册，于是我到纽约著名的思存书店（Strand Shop）查找。虽然店员在电脑的记录里找到了这本书，但它并没有在相应的位置被发现。继续到处查找了大半天，最终一无所获。不过还好，之后在“E-BUY”上找到一本，这个时候离我回国的时间只有两三天，显然我在美国期间是拿不到书了，只能拜托美国华人博物馆的马越女士帮忙买下并寄回国内给我。这本画册收录了国家设计学院成立后的 100 年间（1826—1925）当选的部分院士的介绍、肖像及少量作品图片。虽然基本上是黑白图像，但没有发现任何一位东方面孔。

按 1916 年当选的副院士、院士名单（11 位）在该书中查找，可以找到其中 10 位院士的介绍，根据他们的生卒年份、简历和作品（每位艺术家刊出 1 幅至数幅作品，其中有三位艺术家的自画像）判断，都不可能是李铁夫。当选院士中，仅有一位在此书中没有介绍：Arnold W. Brunner。这位艺术家于 1910 年当选副院士，1916 年当选院士。

或许，是否李铁夫还另有英文名？上面这个名字有没有可能是李铁夫的英文名？在李铁夫青年时期的一幅照片里，可以看到一串英文字符，应该是签名。如果李铁夫有英文名的话，这是目前唯一的线索。很遗憾，经中外人士多方辨认，到目前为止还无法完全释读出来。但，显然也不是 Arnold W. Brunner 的签名。

图2　广州美术学院美术馆藏青年李铁夫照片及签名局部

之后，在网上查到 Arnold W. Brunner 是一名犹太裔建筑师，1857 年生于纽约，1925 年去世。美国科学院和文学艺术研究所以他的名字命名设立的“Arnold W. Brunner 纪念奖”，就是为了纪念这位著名的纽约建筑师和城市规划师。

图3　Arnold W. Brunner 照片

可见，李铁夫并没有于 1916 年当选国家设计学院的“院士”或“副院士”。但会不会李铁夫记错了入会时间？

可惜，这本画册并不全面，没有所有院士肖像的图像。

到底李铁夫有没有在国家设计学院就读？有没有曾经入选该校的“年度展览”？有没有当选为该校的“院士”（或“副院士”）或者曾被提名？……目前还不能下定论，尤其是学籍与参展的调查，应该说还没有正式开展。查找的途径，一个是直接造访学校；另一个是到“美国艺术档案馆”查询，这个稍后会再提及。按照目前的了解，李铁夫成为该校“院士”的可能性很小，但也不是完全没有可能，该校博物馆收藏的历年院士肖像是一个突破口。

## 二、造访纽约艺术学生联盟
## （The Art Students League of NY.）

纽约艺术学生联盟（The Art Students League of NY.）位于西57街215号（215 West 57th Street），在中央公园南侧，只隔着一个街口。

纽约艺术学生联盟与国家设计学院有很深的渊源。19世纪末，受欧洲现代艺术发展影响的许多年轻艺术家认为学院的教学过于保守，于是，于1875年在第五大道和第16街拐角处的一栋建筑的顶层创立了联盟。这些艺术家几乎都是国家设计学院的学生。Lemuel E. Wilmarth在美国国家设计学院任教，当选为纽约艺术学生联盟的第一任校长，并成为联盟的第一位教师。联盟的现址于1892年竣工，并成为永久总部。后来，在原建筑物中又加建了一个展览馆。

联盟是一个为任何想要接受艺术训练的人提供长期进修机会的场所，没有入学考试，不提供学分和证书，也没有年龄、身份的限制，学费按月交付。如果是国际学生，可先寄作品让学校审核，审核通过后可申请学生签证。所以很多外国艺术家初到纽约时会选择这个学校作为第一站，先安顿下再寻求发展。联盟也设有奖学金。国内很多名人都曾在这里就读，如闻一多、陈丹青、艾未未等。著名的杰克逊·波洛克和马克·罗斯科也都是联盟的校友。

我造访联盟的时候，只看到整个建筑被脚手架包起来了，看来是在做外墙装修。大门开着，继续开放。

大门侧有一块铜牌："American Fine Arts Society Galleries"，玻璃门上左右两侧分别是"ART STUDENTS LEAGUE"和"AMERICAN FINE ARTS SOCIETY"。

一楼进门左侧有一间小画廊，长廊两侧都是工作室，楼上也多为工作室。目测工作室面积为50—60平方米，门上都贴着"未经许可，不可入内"之类的牌子。

在联盟你可以看到只有几岁大的初学者、朝气蓬勃的青年艺术家，也有步履蹒跚的老者学员。学员也是来自世界各地，我听出几位老太太说的是日语。

我来到这里，主要的目的是看图书馆的早年资料。图书馆在2—3楼之间的夹层，不好找，是一位年逾花甲的老太太抓着我的手腕引领我过来的。老人看起来也是来学画的，行动很缓，面带微笑，很慈祥。图书馆是一个只有十几平方米的L形空间，书不算多，以画册为主，包括各种绘画、雕塑的画册，以传统艺术为主。我看到了切斯和萨金特的画册。有一些学校早期的刊物，比如课程宣传小册子，除了课程的介绍和收费标准，还有一些师生的作品图片，在一些小册子里可以看到国吉康雄的画作。国吉康雄（Yasuo Kuniyoshi）和李铁夫的学习经历很一致，两人都在国家设计学院和学生联盟学习过，国吉康雄后来成为联盟的导师。类似这样的小册子数量还比较多，我在馆中翻了两天，看到最早的是1924年的。因为没有全部翻完，不知道还有没有更早的册子，或者更为重要的内容。

1924年（图4）和1929年（图5）的“Summer School”宣传册显示，一个课程（每天上午或下午上课）每月的学费是14或16美元。如果全天上课（两个课程），费用约1美元。20世纪20年代唐人街洗衣工日薪2美元，略低于纽约平均工资水平。

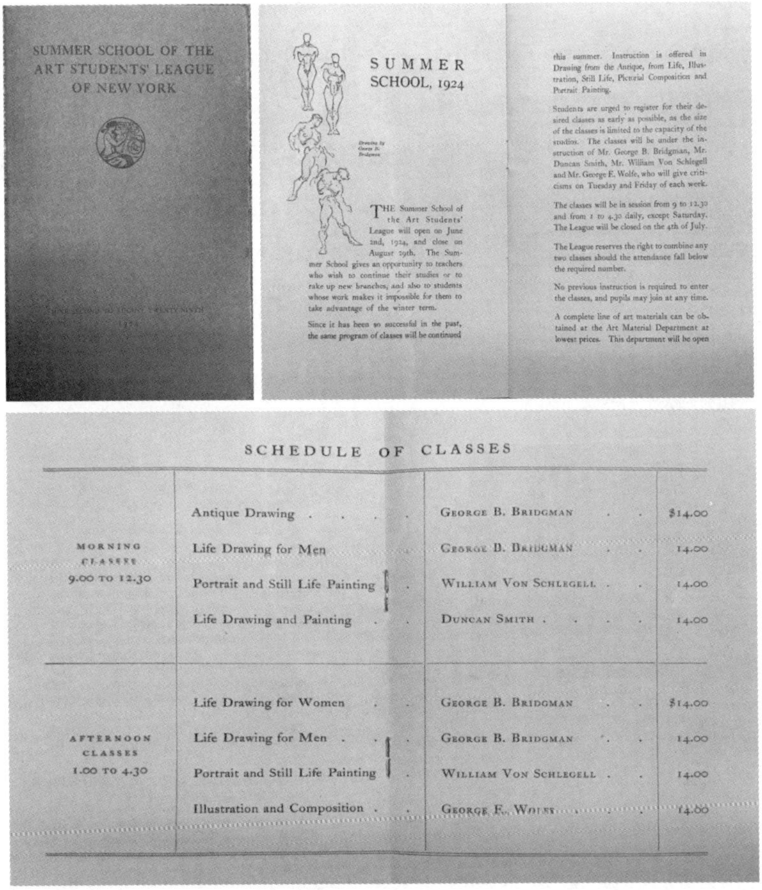

SUMMER SCHOOL OF THE ART STUDENTS' LEAGUE OF NEW YORK

SUMMER SCHOOL, 1924

THE Summer School of the Art Students' League will open on June 2nd, 1924, and close on August 29th. The Summer School gives an opportunity to teachers who wish to continue their studies or to take up new branches, and also to students whose work makes it impossible for them to take advantage of the winter term.

Since it has been so successful in the past, the same program of classes will be continued this summer. Instruction is offered in Drawing from the Antique, from Life, Illustration, Still Life, Pictorial Composition and Portrait Painting.

Students are urged to register for their desired classes as early as possible, as the size of the classes is limited to the capacity of the studios. The classes will be under the instruction of Mr. George B. Bridgman, Mr. Duncan Smith, Mr. William Von Schlegell and Mr. George F. Wolfe, who will give criticisms on Tuesday and Friday of each week.

The classes will be in session from 9 to 12.30 and from 1 to 4.30 daily, except Saturday. The League will be closed on the 4th of July.

The League reserves the right to combine any two classes should the attendance fall below the required number.

No previous instruction is required to enter the classes, and pupils may join at any time.

A complete line of art materials can be obtained at the Art Material Department at lowest prices. This department will be open

SCHEDULE OF CLASSES

| | | | |
|---|---|---|---|
| MORNING CLASSES 9.00 TO 12.30 | Antique Drawing | GEORGE B. BRIDGMAN | $14.00 |
| | Life Drawing for Men | GEORGE B. BRIDGMAN | 14.00 |
| | Portrait and Still Life Painting | WILLIAM VON SCHLEGELL | 14.00 |
| | Life Drawing and Painting | DUNCAN SMITH | 14.00 |
| AFTERNOON CLASSES 1.00 TO 4.30 | Life Drawing for Women | GEORGE B. BRIDGMAN | $14.00 |
| | Life Drawing for Men | GEORGE B. BRIDGMAN | 14.00 |
| | Portrait and Still Life Painting | WILLIAM VON SCHLEGELL | 14.00 |
| | Illustration and Composition | GEORGE F. WOLFE | 14.00 |

图4　1924年纽约艺术学生联盟“Summer School”宣传册封面及内页局部

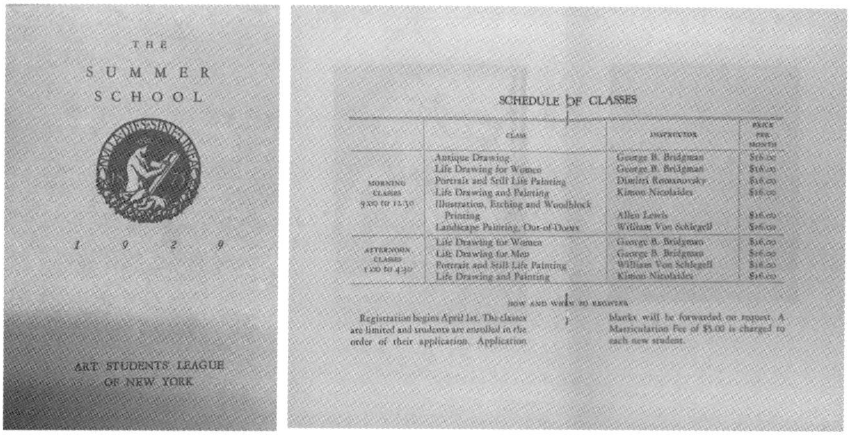


SCHEDULE OF CLASSES

| | CLASS | INSTRUCTOR | PRICE PER MONTH |
|---|---|---|---|
| MORNING CLASSES 9:00 to 12:30 | Antique Drawing | George B. Bridgman | $16.00 |
| | Life Drawing for Women | George B. Bridgman | $16.00 |
| | Portrait and Still Life Painting | Dimitri Romanovsky | $16.00 |
| | Life Drawing and Painting | Kimon Nicolaides | $16.00 |
| | Illustration, Etching and Woodblock Printing | Allen Lewis | $16.00 |
| | Landscape Painting, Out-of-Doors | William Von Schlegell | $16.00 |
| AFTERNOON CLASSES 1:00 to 4:30 | Life Drawing for Women | George B. Bridgman | $16.00 |
| | Life Drawing for Men | George B. Bridgman | $16.00 |
| | Portrait and Still Life Painting | William Von Schlegell | $16.00 |
| | Life Drawing and Painting | Kimon Nicolaides | $16.00 |

HOW AND WHEN TO REGISTER

Registration begins April 1st. The classes are limited and students are enrolled in the order of their application. Application blanks will be forwarded on request. A Matriculation Fee of $5.00 is charged to each new student.

图5　1929年纽约艺术学生联盟“Summer School”宣传册封面及内页局部

切斯（William Merritt Chase）和萨金特（John Singer Sargent）是李铁夫自称“追随者”的两位导师（图6），切斯长期在联盟开设工作室授课，是这里的名师，直到1916年去世，李铁夫有长期跟他学画的机会。萨金特则没有在联盟或纽约其他学校或机构授课的记载，但他有时会到纽约和波士顿举办展览或作画。同时，切斯与萨金特又是朋友，也都是国家设计学院的“院士”，所以李铁夫是有机会与萨金特直接交往的，甚至有可能提名李铁夫参选“院士”。

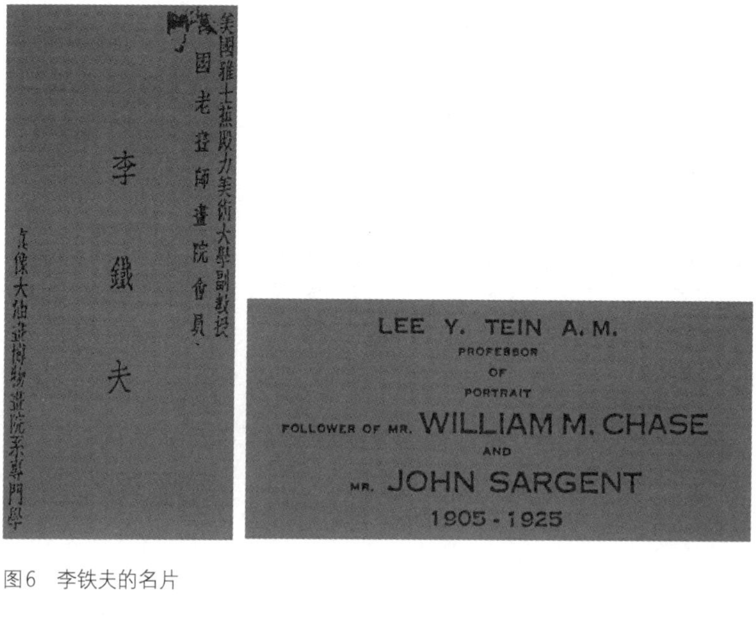


图6　李铁夫的名片

根据萨金特年表，整理出他在美国的时间有：

1909 年 2 月：纽约

1912 年 8 月 16—30 日：纽约

1915 年：曾在旧金山（三藩市）举办展览

1916 年 3 月：波士顿

1917 年：纽约

1919 年 5 月：波士顿

1920 年：曾到波士顿

1921 年 1 月：纽约，波士顿

1922 年 3 月：波士顿

1923 年 10 月：波士顿

1924 年 2 月 23 日—3 月 22 日：纽约

1925 年 3 月：波士顿

此外，联盟也有自己的藏品。

联盟永久收藏管理者帕梅拉·N. 库珀提到①：联盟从 1882 年开始收藏杰出艺术家的作品，包括联盟的老师和学生的优秀作品。早期，联盟会通过奖学金方式获得学生的优秀作品。20 世纪 20 年代，改成用现金的方式来购买学生的优秀作品。部分作品挂在各个工作室供学生观摩，一些作品是平放保存的，但是更多的作品只是放在简陋的画夹中，每一代的教员们都会给学生随意地翻阅。20 世纪 90 年代，联盟把所有藏品编出目录并采集图像信息。

库珀还提到一个重要的信息：1999 年，在一个被人们长久遗忘的壁橱里发现了一批被锁了 50 年之久的作品，据考察是 19 世纪 90 年代到 20 世纪 40 年代的上百幅人物素描、石膏像素描和版画。

这批作品中会不会有李铁夫的作品呢？

---

① ［美］帕梅拉·N. 库珀：《联盟的永久收藏》，载［美］詹姆斯·朗塞尔·迈克赫尼《八大美院人体素描临摹本·美国纽约艺术学生联盟珍藏·古典素描》，广西美术出版社 2012 年版，第 10 页。

## 三、在美国艺术档案馆纽约中心的收获

美国艺术档案馆（Archives of American Art）总部设在华盛顿特区（750 9th Street NW Victor Building），可预约查询原始资料。档案馆收集了全美艺术学校和艺术机构的资料，由于没有战乱、天灾等意外干扰，资料应该是很全面的。

美国艺术档案馆在纽约设有查询中心（Archives of American art New York Research Center），所在位置也在中央公园附近（300 Park AV. South suite 300）。这里有部分（精选馆藏）微缩胶片，工作时间可查，无须预约。

艺术档案馆纽约中心设在三楼，来的人很少，我在这里待了大半天，前后只有包括我在内的三个人来查资料。两位工作人员都很细心、耐心，先是帮我在网站上注册，然后根据我的提示找来两个学校早年学员登记资料的微缩胶片，教我如何使用机器。

最想找的是国家设计学院的藏品图，工作人员跟我解释了半天，我大概听懂了：这里没有，华盛顿的中心可能有，非要调过来的话也可以，得等几天时间。我是等不及了，就看现有的这些资料吧。那天反复查的资料，是纽约艺术学生联盟 19 世纪末到 20 世纪初最初 5 年的学生登记（报到）册，看看能不能找到李铁夫的签名，同时看有没有地址登记是唐人街的。结果一无所获，包括李铁夫年轻时照片上的签名，类似的、相像的都没有。工作人员也帮我辨认照片上的签名，两个人传来传去，半天也没有看懂这个签名。国家设计学院也有学生登记册，不知何故，工作人员只给我拿来了 19 世纪末而不是 20 世纪初的胶片。浏览了一遍，也没有发现任何疑似李铁夫的信息。

目前只有通过查看以下三项材料可证实李铁夫在这两个学校的学生和院士身份：一是两个学校的学生登记册，发现是否有疑似李铁夫的名字并结合住址等信息推断；二是纽约艺术学生联盟的学生藏品图录，查找是否有李铁夫署名的作品；三是国家学院院士的作品（肖像画收藏）图录，那是没有签名也可以认出来的。

而这三项资料，除了可以直接到两个学校调查，华盛顿总部应该也都有。

这一次行程只能说是探了一下路，我并没有与学校直接联系，华盛顿总部我也没有去。还有一个重要原因是我英文太差，交流困难，希望有英语好的同人前往调查。

## 四、结语

李铁夫的前半生主要生活在美国，其观念和价值观较为西化，自我意识很强。比如他非常介意别人问及身世、年龄、婚恋、经济状况等私人问题，对此类问题通常都是含糊其词，或是默而不答，甚至会直接指责对方没礼貌。同时李铁夫有“车大炮”的习惯[①]，对其“革命”与“艺术”经历的表述有夸大的嫌疑（比如可能会将“助教”夸大为“副教授”；或将入选院士必备的条件——入选“年度展览”——夸大为入选“院士”），很难断定真假。加上孙中山等传播者的不断加码，李铁夫的形象已经神化。我们调查的目的，是要还原一个相对真实的、有血有肉的李铁夫，而不是虚无缥缈、不可触及的虚幻人物。

随着互联网的出现和出国越来越便利，李铁夫在海外的这段富有传奇色彩的人生经历，不应当一直停留在原有文献叙述的反复引用上。我们完全可以通过可靠的信息搜索和实地调查来求证，慢慢地揭开这神秘面纱，逐渐勾画出李铁夫的生活、学习与革命的真实情景。

近几年，除了广州美术学院美术馆围绕李铁夫藏品积极、持续地开展一系列研究之外，各地的研究者也都开始注意到这位中国近代油画先驱，并加入研究的行列中来。尤其是广州的黄大德、许以冠、陈晓平、黎丽明、武洹宇等学者，更是自发组建研究团队，通过不懈努力，挖掘了大量李铁夫的相关资料，部分研究成果发表，很方便就可以查阅到。我们之间也经常有沟通合作，比如近期出版的《李铁夫研究文献集》就是黄大德先生和我一起主编的。该书收录了 190 余篇李铁夫相关文献和资料，其中很大一部分材料就来自黄大德先生多年的搜集。我们认为，这只是迈出了一小步，目前已经开展的调查还不够深入，同时也还有很多的课题尚待开展。因此，我们期待更多的研究者的积极参与，共同推进李铁夫研究的进程。

---

① 冯钢百与李铁夫在纽约有多年的交往，对其了解最深入。可参看谭家洛：《谭雪生访冯钢百》，载黄大德、李铁军主编《李铁夫研究文献集》，广西美术出版社 2018 年版，第 240—241 页。

# 孙佩苍的留学

孙 元 蒋向宇

独立研究者

**摘 要：**本文试图从99年前孙佩苍留学法国前后的状况与表现，留学期间对法国及欧洲文化艺术和教育的全面研习，诠释他的留学成果和对其后半生的影响。文中论据论点，均以史料为依据，或在正文中标明出处，或在文后加以注释。其中若干鲜为人知的人和事，对研究其他留法美术生亦有参考价值。

**关键词：**留学 双重身份 巴黎高美 游学十国 考察教育 美术教育

孙佩苍（1889—1942），原名孙沛苍，字禹珊、雨珊，辽宁省籍，1920年11月赴法勤工俭学，1927年初回国，在法学习美术、文学，并致力于西方美术品的收藏。

百年前兴起的勤工俭学运动将两千余名中国人送到法国，孙佩苍是1920年11月赴法的奉天省26名勤工俭学生中的一位。但孙佩苍的留学又有若干与众不同之处，他学绘画，习文学，做收藏，考教育，游欧洲，令自己的事业和人生得以持续地拓展丰富。

赴法留学前，孙佩苍已处在较高的"起跳点"，留学美术生中，少有他那样的学历和工作经历者。

1906年，孙佩苍没有选择辽沈的其他文化名人就学的奉天两级师范，而是考入天津的北洋师范学堂，在这个中国近代最早的政治、经济、金融、文化中心之一的开放环境中，三年的学习拓展了眼界，以最优等头名从博物科毕业，成为师

图1　孙佩苍在北洋师范学堂获得的最优等头名的成绩，奏设《政治官报 35》，第84页

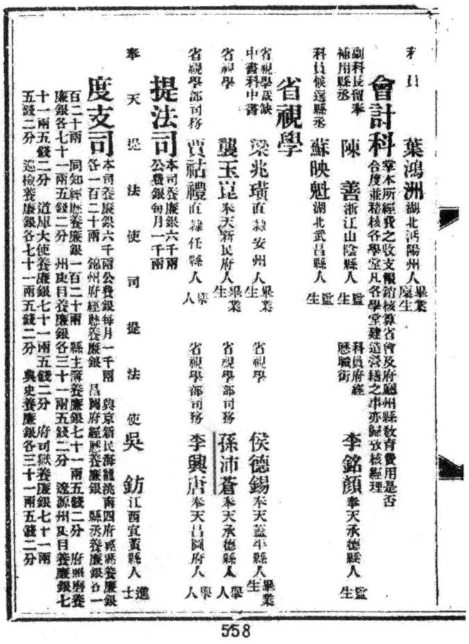

图2　孙佩苍任职奉天省提学使司视学部司务

范科举人（图 1[①]、图 2[②]）。1910 年毕业后就职于奉天省教育厅，充任奉天提学使司视学部司务，从事了十年现代教育，历任视学、多所中学、师范学校教员和教务主任。赴法时 31 岁，已有一女二男，尚有一子在孕中（图 3）。

1920 年 11 月 7 日，孙佩苍以华法教育会派遣的奉天省俭学生（编号 1490）

① “学部奏覆试各省优级师范学堂毕业生酌定分数等第照章请奖摺 并单 谨将各省优级师范毕业覆试各生照章分别等第请给奖励缮单恭呈御览，计开：两江优级师范……直隶优级师范博物选科 最优等四名 孙沛苍年二十二岁奉天人毕业覆试平均分数八十四分九厘六毫……以上四名拟请比照优级师范中等办理，作为师范科举人以各部司务补用，令充中学堂、初级师范学堂及程度相当之各项学堂正教员，俟义务年满，以应升之阶分别京外分部分省尽先补用。”《政治官报》第 997 号，1909 年 8 月 19 日。

② 沈云龙主编：《近代中国史料丛刊第二十九辑：宣统三年冬季职官录》，（台北）文海出版社有限公司 1909 年版，第 558 页。

图3　1923年孙佩苍留学期间的夫人与四个子女

和奉天省教育厅派遣考察欧洲现代教育的视学（教育调查员）①的身份，与来自16个省份的其他196名勤工俭学生乘法国邮轮博尔多斯号从上海出发②，途经香港、海防、西贡、新加坡、斯里兰卡、吉布提，穿过苏伊士运河进地中海，用时37天抵达马赛。同船者包括周恩来（浙江省俭学 编号1539）和后来与孙佩苍同在巴黎国立高等美术学院吕西安·西蒙画室学习绘画的毛宾③（浙江省俭学 编号1503）。

“一战”后法国经济萧条、通货膨胀、士兵复员，加之对勤工俭学生要求过宽，部分人自身条件不足，许多勤工俭学生找不到工作，生计无法保证。面临诸种困难，1921年1月12日，蔡元培和李石曾等宣布解除对俭学会和勤工俭学会的领导。

之后发生的三件事导致勤工俭学的失败：1921年2月28日，400名勤工俭学生到驻法使馆请愿，要求驻法公使给每人每月400法郎，4年为限，以完成学业。这个过分的要求当然是当时的中国政府不可能承受的，但也表明请愿者已经放弃

① “窃查欧战以后，各国研究革新，教育日新月异，凡关于教授、训练、养护之法以及教育行政上之设施，均与欧战前大异，其趣各省时有特派专员分驻欧美考察。奉省虽僻处东陲亦何能自安锢蔽，前呈准派视学孙沛苍，前往法国。”《奉天教育厅呈省长公署为派员驻美调查新教育酌给津贴由》，辽宁省档案馆奉天省长公署全宗2887案卷，1920年9月6日。

② 《十五届赴法学生姓名录》，《申报》1920年11月7日第10版。

③ 毛宾（1897—1958），字叔鸿，浙江丽水市城关镇人，家住上真殿弄。自幼聪颖爱好绘画。1920年从上海美术专科学校毕业，同年11月乘法国邮船博尔多斯号赴法勤工俭学，入巴黎国立高等美术学院，攻读西洋美术。1928年受刘海粟之聘，任上海美专教授。后任国立北平大学艺术学院教授，讲授西洋美术。在北京期间住西单白庙胡同，家中自设画室，授课之余常聘请模特与学院同事切磋技艺。所绘作品以写实为主。1932年偕同丽水同乡再度赴法，从事绘画并以卖画为生。长期侨居法国，1958年去世。

勤工俭学，请愿被法方警察驱散。这次“二二八事件”严重影响了勤工俭学的声誉；雪上加霜的是，勤工俭学生参与反对中法实业银行借款的行为得罪了原本帮助他们的法方。8 月 20 日，法方宣布从 9 月 15 日起停止向中国学生发放维持费，学习生活概由自负；面对经济封锁，又听说中法大学校长吴稚晖不日将带领第一批从中国选拔出来的学生到达里昂，引起勤工俭学生的愤怒，占领了里昂中法大学，导致有 104 人被驱逐。勤工俭学运动画上句号。

孙佩苍在 1920 年 12 月 13 日抵达马赛后去了巴黎，虽然一个月后华法教育会不再提供补贴，翌年 9 月法方也中断了维持费，但他不会参加上述行动。一是他留法深造的目标明确，二是教育调查员的身份使他并无经济之忧。此外，已过而立之年的他较之年轻勤工俭学生更能保持理性。

近些年来，美术界逐渐得知孙佩苍其人，但基本上停留在收藏方面。其实孙佩苍去法国是学习美术的，也包括绘画。50 多年来，他的若干油画素描一直被误认为是徐悲鸿的作品，直到最近才开始得到证实。以往汇总的在巴黎国立高等美术学院留学的华人名录里没有孙佩苍的名字，其实他不但曾在那里学习，还与徐悲鸿同在一间画室①。

孙佩苍自幼即嗜文学及美术，到法后，住留法俭学会、华法教育会及华侨协社等所在的巴黎西北郊区的哥仑布（La Garenne-Colombes）学习法文，周恩来在短期造访英国后也曾到此学习。半年后，言语稍通，移居巴黎，上午在郭伯郎学校学习绘画，下午学习法文，晚间在巴黎市立职工补习学校习画二小时②。

1921 年 8 月 9 日，谢寿康、孙佩苍、常玉等在巴黎成立“天狗会”。一周后孙佩苍和常玉到柏林，见到居留德国的徐悲鸿，告知“天狗会”事宜。这是孙、徐二人的初次见面和交往的开始③。9 月，徐悲鸿在柏林弗烈德里赫博物院临摹伦勃朗《第二夫人像》，赠予孙佩苍④。（图 4）1923 年春，“天狗会”扩大，老大谢寿康，老二徐悲鸿，老三张道藩，老四邵洵美，军师孙佩苍，郭有守做“天狗会

---

① 感谢学者菲利普·杰奎琳提供资料。

② 《瑞雪红梅 春城紫气中奉天画家访问记》,《盛京时报》1928 年 1 月 1 日第 4 版。

③ 王震编：《徐悲鸿年谱长编》，上海画报出版社 2006 年版，第 35 页。

④ 同上。

图4 徐悲鸿临伦勃朗《第二夫人像》

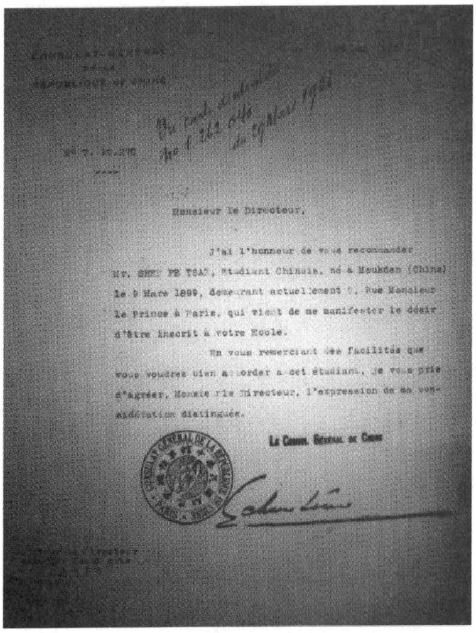

Monsieur le Directeur,

J'ai l'honneur de vous recommander Mr. SHEN PE TSAN, Etudiant Chinois, né à Moukden (Chine) le 9 Mars 1899, demeurant actuellement 9, Rue Monsieur le Prince à Paris, qui vient de me manifester le désir d'être inscrit à votre Ecole.

En vous remerciant des facilités que vous voudrez bien accorder à cet étudiant, je vous prie d'agréer, Monsieur le Directeur, l'expression de ma considération distinguée.

Le Consul Général de Chine

图6 1923年3月25日，驻巴黎总领事馆给孙佩苍的证明函

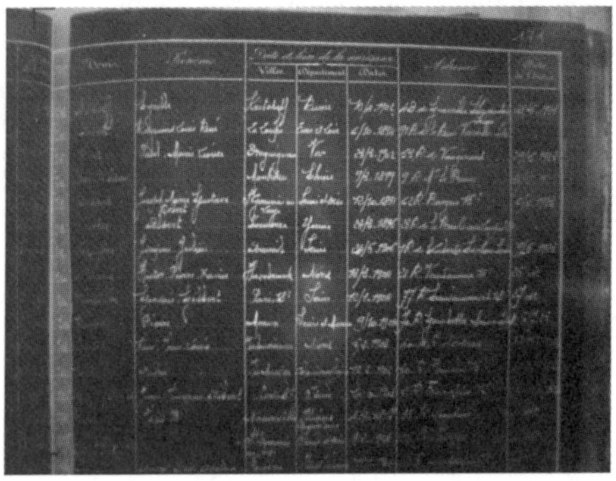

图5 巴黎高等美术学院藏关于孙佩苍的入学记录

行走”，江小鹣为专使，蒋碧薇成“压寨夫人”。①

1923年5月31日，孙佩苍进入巴黎国立高等美术学院，与徐悲鸿同在吕西安·西蒙画室学习。（图5）在该院入学记录中有（第四行）：1916（编号），Shen Pe Tsan（孙佩苍），Monkden（奉天—满语），9/3/1899（出生日期），Chine（中国），9 R（Rue）Mn（Monsieur）le prince（住址），31/5/1923（登记日期）。可见，孙佩苍将年龄减少十岁，这是为了应对学院对年龄的限制，这在该院学习的中国人中并不鲜见。（图6）

中华民国驻巴黎总领事馆向巴黎国立高等美术学院出具了带有证明性质的信函，菲利普在《历史与记忆之间：巴黎国立高等美术学院档案照亮徐悲鸿留

① 王震编：《徐悲鸿年谱长编》，上海画报出版社2006年版，第35页。

法历程（1919—1927）》中介绍了这种信函的重要性："对于外国人而言，使馆出具的信件不仅是身份的证明，而且也是给学院领导的推荐函。事实上，自第一次世界大战后，外国人就更加受到'监视'，外国学生需要证明他们'身家清白'；不仅要被法国警方承认，还要经过他本国使馆的核实。在这部分的'个人情况'中，还需有画室导师向学院领导提出的申请函，以便行政处能将该学生登记为其画室名下的学生。这一点非常重要，它涉及学生对于画室的选择问题。"菲利普认为，孙佩苍的注册恰好在弗拉孟[①]画室向西蒙[②]画室的过渡期。弗拉孟于1923年2月过世，很可能是柯罗蒙[③]接替了弗拉孟，之后由西蒙接过画室。因而有柯罗蒙将孙佩苍介绍给西蒙的文件。据他的统计，孙佩苍是自1914年以来进入巴黎高等美术学院的第21位中国学生。（图7）

徐悲鸿进入的是巴黎高美的弗拉孟画室，1923年春从德国回来后重回此画室，不久弗拉孟因车祸去世。菲利普还认为孙佩苍拜托徐悲鸿介绍，希望进入徐

---

① 弗朗索瓦·弗拉孟（Francois Flameng，1856—1923），出生在巴黎，父亲是著名的版画雕刻艺术家，在巴黎国立高等美术学院师从卡巴内尔。1875年，弗拉孟首次参加法国巴黎艺术家沙龙展出，并成为"美好年代"期间赫赫有名的艺术家之一。1879年，他以作品《吉伦特派的征召》荣获沙龙大奖，为1900年万国博览会作装饰画《机械展示馆的大宴会厅》而名声赫赫。1881年又以《巴士底狱的获胜者》获法国艺术家沙龙奖。1905年，入选法兰西研究院院士并任巴黎国立高等美术学院画室主任。弗拉孟是徐悲鸿的第一任导师。作为杰出的历史题材绘画大师，同时又是受宫廷追捧的肖像画家，他在1914—1918年间创作的作品，以其对战争场面的细致入微的描绘和人性化的表达吸引了徐悲鸿的关注。

② 吕西安·西蒙（Lucien Simon，1861—1945），18岁进入获罗马大奖艺术家朱尔·迪迪埃的画室。服兵役后进入朱利安学院。受弗朗兹·哈勒、提香、委拉斯贵支、德拉克洛瓦、马奈等人影响。1884年母亲的肖像画获得沙龙荣誉奖。1890年其作品在巴黎世界博览会获金奖，1893年国家首次收购他的作品，自此名声外扬。曾参加"黑色群派"画家群体。1904年创作《画室的夜晚》，获第十届年度展览会一等奖。1914—1918年"一战"期间被公认为第一流画家。西蒙乐于画宗教或世俗的露天庆祝场面，色彩明亮丰富，功底扎实，技艺精湛。著名作品有《士兵归来》《赛神会》《舞蹈课》《泉水边的瑙西卡》《沐浴中的布列塔尼女人们》等和多幅大型版壁画、油画。1927年成为法兰西研究院院士。1923年接替弗拉孟在巴黎国立高等美术学院任教授和绘画室主任，直至1937年，其间获得极佳声誉。

③ 费尔南德·柯罗蒙（Fernand Cormon，1845—1924），出生在一个基督教家庭。1863年在布鲁塞尔学习了一段时间绘画之后，进入巴黎国立高等美术学院，师从亚历山大·卡巴内尔。1868年他的第一幅画在沙龙展出。1882年在位于蒙玛特高地的克里希大街104号设立了柯罗蒙工作室。1897年起，先后被任命为巴黎国立高等美术学院指导教师以及油画教师，1898年入选法兰西艺术院院士。1924年4月20日，他在回到位于罗马街的寓所时因交通事故逝世。柯罗蒙的学生包括图卢兹·劳特累克、文森特·梵高、亨利·马蒂斯、徐悲鸿、林风眠等。

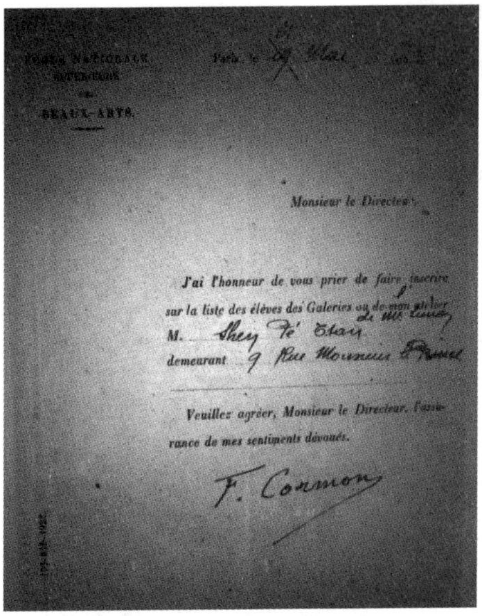
BEAUX-ARTS.

Monsieur le Directeur,

J'ai l'honneur de vous prier de faire inscrire sur la liste des élèves des Galeries ou de mon atelier

M.

demeurant

Veuillez agréer, Monsieur le Directeur, l'assurance de mes sentiments dévoués.

F. Cormon

图7　柯罗蒙向吕西安·西蒙推荐孙佩苍的信函

氏所在画室，从而有柯罗蒙的上述推荐函。孙佩苍选择西蒙画室应该视为向徐悲鸿“靠拢”，因为这个时期的其他学生已经开始选择其他的画室，特别是欧内斯特·洛朗[①]画室，内有刘既漂[②]和邱代明[③]。

---

① 欧内斯特·洛朗（Ernest Laurent，1859—1929）是法国著名印象派画家，技法娴熟。洛朗在巴黎国立高等美术学院学习绘画，师从亨利·莱曼（Henri Lehmann）。1889 年，洛朗凭借作品《耶稣和瘫子》获得罗马大奖。从 1896 年开始，他侧重于女性肖像绘画，注重女性形象的展现，将花朵的脆弱与女性内心的秘密相结合，其强烈的宗教信仰亦体现在大部分作品中。1919 年，洛朗入选法兰西美术学院，并从这一年起至 1929 年，担任巴黎国立高等美术学院教授。

② 刘既漂（1901—1992），原名元俊，广东兴宁人。1914 年考上县立中学，成绩优秀，偏爱美术。1917—1920 年在上海就读中华艺术大学。1921 年报考官费留学法国，1922 年在巴黎学习法语，1923 年考入里昂大学美术系，攻读西洋美术，选修建筑学。1926 年学成回国。1927 年任国立杭州艺术专科学校教务长兼建筑设计系主任。1929 年在上海与李石曾之子宗侃合办大方建筑公司。1935—1938 年设计兴建广东军事重地，被授予中将军衔。1945 年内战爆发前出售京沪房产携眷去美国，经营农场失败。在杰克逊区某企业任建筑设计工程师。1978 年退休移居英国曼彻斯特，1992 年病逝，终年 91 岁。

③ 邱代明（1902—1939），四川达县人，上海青年会中学毕业。1920 年入上海美专西洋画科学习，1921 年 4 月退学，赴法留学六年，毕业于巴黎国立高等美术学校。回国后历任上海美专、暨南大学、广州市立美术学校教授。《美术界》创刊号刊载：时值任教于国立艺专的校友邱代明 1939 年 3 月 9 日于重庆寓所为匪徒所害，不幸英年早逝。

西蒙接受了之前注册在弗拉孟画室的中国学生徐悲鸿、毛宾和陈宏[①]，孙佩苍是自西蒙领导画室之后的第一个中国学生。于孙佩苍1923—1926年在此学习期间进入这一画室的还有潘玉良和高乐宜。

巴黎学习期间，孙佩苍和徐悲鸿交往甚密，除了蒋碧薇在回忆录中所描述的，还有一段鲜为人知的奉天实业家李友兰[②]的记述。

老友李友兰赴莫斯科参观农业博览会期间利用闲暇之时来巴黎见到了孙佩苍，其在日记[③]里写道：（1923年9月14日）“复有留学美术大学生徐悲鸿来谒，询悉彼系寒士，家有老母弱弟，竟携其夫人蒋女士毅然来此留学。夫人习音乐，虽有官费每月只八百法郎，恒苦不足。故其夫人每日尚工作一二小时，所得工资以补膏火。洵有志之士，可为钦佩者也。友人孙禹珊（按：孙佩苍）亦来访，他乡遇故异常亲切。旋余等同孙徐二君同登凯旋门。”“九月十八日午后七时起程，同行者又增一王仲甫，彼系由美回国。送行者有孙禹珊及徐悲鸿夫妇。一一与之握别，七时余开车，二十日抵柏林。”

调查法国现代教育也是孙佩苍留学的重要内容。1923年7月他在《奉天教育杂志》发表13000余字调查报告《法兰西现代教育概况》（图8），详尽介绍法国大、中、小学，理、文、农、医、工专业的现代教育体系、功能、各省分布、课程等，甚至详细到地址。

1924年5月又在《东北》杂志第5期发表《法兰西现代教育状况》，认为：“美术就广义言之，凡足以表现美情者皆是。属于目者为绘画雕刻建筑。属于耳者为音乐歌曲。属于脑者，为文学诗词。就狭义言之则惟属于目者为美术。近今之

---

① 陈宏（1898—1937），原名肇宏，广东省海丰人，画家、美术教育家。青年时代留学巴黎国立高等美术学院。毕业后历任上海美专、新华艺专、广州美专教师。在国内外举办过多次画展。1933年到广西，任南宁一中教师。1934年任广西教育厅艺术专科视察员，同年4月在南宁发起并创立广西美术会并任会长。1935年11月主办徐悲鸿画展，1936年7月与徐悲鸿、马万里、沈樾等筹备广西首届美术展览。1937年2月在桂林举办个人写生画展。1937年5月1日，随省视察团到广西雷平考察学校艺术教育时，不慎溺水身亡。

② 李友兰（1881—1950），字香斋，晚号悔庵。以奉天两级师范优级班理化科毕业，膺选奉天省议会议员，任议长；任鸭绿江采木公司理事长、洮昌道尹、本溪湖煤铁公司总办，“九一八”事变后去职，移居北京近二十年，中间一度任安徽省船业管理局事，“七七事变”后即不复出。1950年8月25日病故，葬于东北义园。

③ 李友兰：《新俄罗斯游记》，1924年。

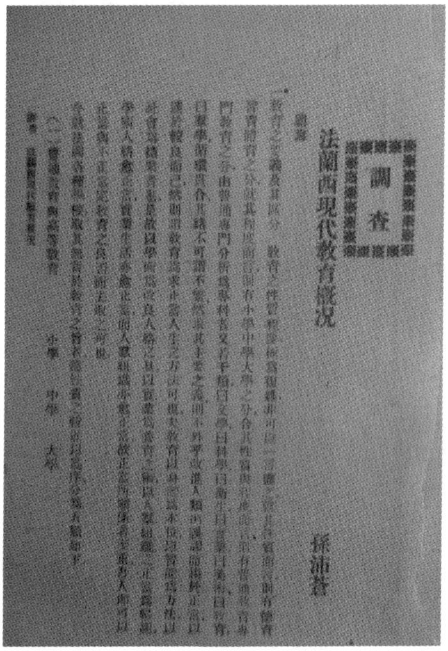
調查

法蘭西現代教育概況

孫沛蒼

图8 孙佩苍:《法兰西现代教育概况》,《奉天教育杂志》1923年7月

所谓美术学校，即属于狭义者也。故其分科仅有绘画、雕刻、建筑之科。”或许正是基于此种“广义美术”理念，孙佩苍在法学习美术不囿于素描、油画的技巧，而是广泛地接触法国文化，比如到巴黎大学文学院旁听文学和艺术批评课程，收藏西洋美术品等等。该报告还包括以美育改良社会的思想，所谓“盖科学属于理，可用以改良物质，美术属于情，可用以发扬精神”“谓科学与美术并重，互相补助，以进人类于较良，庶乎近之”等。回国后的孙佩苍曾多次公开针砭社会弊端，并实践其用美术美育改造之主张。他在 1928 年 10 月《盛京时报》发表的《美术与人生之关系》较为全面地阐述了其美育理念。

“天狗会”郭有守曾评价道：“他对于艺术批评（尤其是西洋方面）的造诣可以说是中国的罗斯金（J.Ruskin，英国著名艺术评论家），他从事收藏的努力与成就，又颇似方密勒（德国明兴博物馆创办人，若走完全馆，积长可达数十里）。”[①] 孙佩苍在 1928 年元旦的自述中说：“更于休假时，赴各美术著名之地，阅览其所藏之图画。计除法国外，曾列意、英、德、奥、比、俄、瑞士、荷兰、西班牙等国，共历名城约四十处，阅图书馆在百数以上。对于古今美术之情况，颇能知其梗概。”[②] 应该说，他的留学实际是一种较大范围的“游”学。

购藏西洋美术品也是孙佩苍留学的重要活动，凭着他游学欧洲诸国的见识、眼力、机会及较好的经济条件，成为公认的“西画东渐”第一人，其收藏已触及库尔贝、德拉克拉瓦、普桑、列宾、苏里科夫，尽管有些是画稿，但在当时的中

① 郭有守：《第一次美展出品人介绍》，《中央日报》（成都版）1942 年 1 月 2 日。

② 《瑞雪红梅 春城紫气中奉天画家访问记》，《盛京时报》1928 年 1 月 1 日第 4 版。

国已是空前之举了。（图9）关于其收藏不赘述。

图9 孙佩苍收藏西画《美妇人像》

在孙佩苍的时代，学习留学之国的先进文化、优良传统和工业文明的价值观是留学的根本，技术技巧的学习虽十分重要但绝非全部。1923年孙佩苍对法国先进的文化已有一定的认知：

> 就高深教育言之，泰西各国，固各有专长，而精深玄密之思想，与夫发明新理之毅力，终让法人出一头地，科学最重计量，今科学界皆通用法国计量，非以其适乎，戴楷尔 Reue Descartes，既为哲学大家，复多算学之发明，天文学之宇宙机理，乃出于百劳宿，Pierre de Laplace，物理学类电母，乃发见于居易安，达尔文之进化说，乃根源于陆谟克 Jean Lamarh，之动物哲学，孔德 Auguste Comite，之实验哲学，与斯宾塞之统系哲学相伯仲，他如汽炉无线电汽船飞艇皆首先创始于法国，至人道主义，盛倡于孟德斯鸠 Charles de montesquien，服而德 Francois de Voltaire，卢骚 Fean Faeques-Ronsseau 诸子，诗文美术，尤为法人之特色，凡是种种，皆各国人之所公认，非一人之私言，有所偏誉也。①

孙佩苍留法时间以年头计算有七年、八年之说，实为六年整，即1920年11月至1927年1月。他以31岁的年纪，拖家带口，外语不通，勇闯欧洲学习美术，凭着对自己天分和才能的自信与勤奋，终有所成。他在郭伯郎、巴黎市立职工补习学校和巴黎国立高等美术学院学习绘画及在 Sorbonne（巴黎大学文理学院）学习文学和艺术批评有待更多的资讯。

《孙慧锜画像》的发现是他绘画功底的有力明证。（图10、图11）孙慧锜为孙

① 孙沛苍：《法兰西现代教育概况》，《奉天教育杂志》1923年7月第2卷第5号。

图10 《孙慧筠画像》

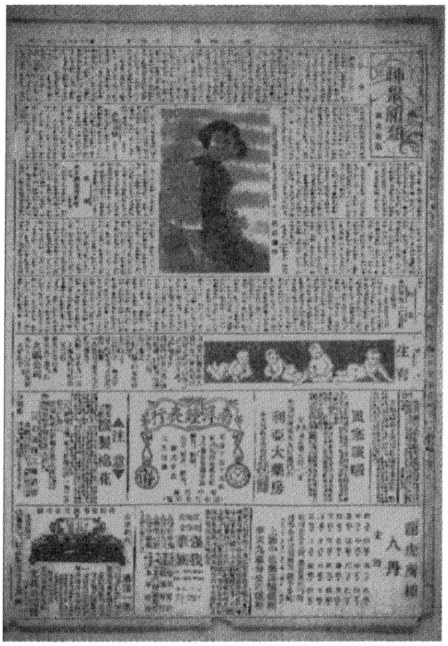

图11 《孙慧筠画像》,《盛京时报》1928年9月27日第7版

佩苍长女，此幅油画肖像自1969年被吴作人辨认以来，一直被认为出自徐悲鸿手笔，两年前被证实为孙佩苍1928年9月之前的作品。

如果说这个发现具有颠覆性，还仅仅是开始。在之前记录的徐悲鸿赠孙佩苍的五幅油画和五张素描中，只有临摹伦勃朗的《第二夫人像》《参孙和大莉拉》出自徐悲鸿之笔，而徐悲鸿自己的作品，并不在孙佩苍收藏的视野中。在他眼中，当年所有留法美术生，包括他自己的画作都是学生级的。有相当的理由表明，那些被认定为徐悲鸿的油画、素描是孙佩苍作品。（图12、图13、图14）关于这个问题笔者另文论述。

1927年初从法国回到沈阳，孙佩苍借鉴欧洲美术院形式成立了奉天美术研究社并教授西洋绘画。将现代美术教育从学校拓展到社会，践行以美育改良社会之理想。到1930年底再赴法任里昂中法大学校长之前，孙佩苍这三年对先进理念的刻苦执着实践造就了辽沈现代美术历史的重要篇章。[①]《盛京时报》对奉天美术研

① 孙元、蒋向宇:《1924—1931奉天现代美术之一瞥（上）》,《美术大观》2018年第3期。

图12　被误认为是徐悲鸿的素描稿

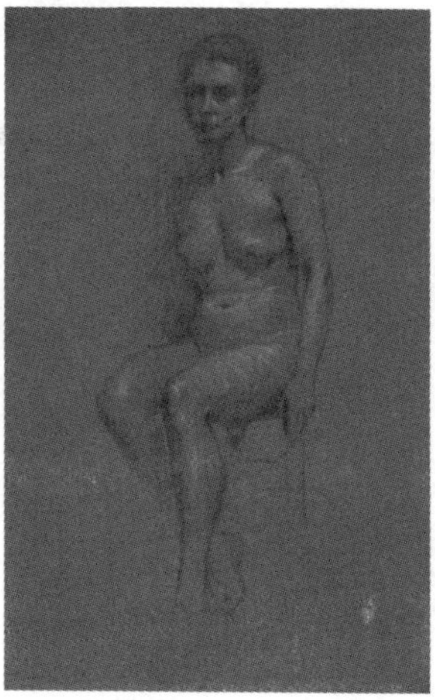

图13　被误认为是徐悲鸿的素描人体习作

图14　被误认为是徐悲鸿的《双女像》

究社相关活动及他的教学素描等有诸多报道[①]。几十年后，旅居中国台湾的著名画家马白水还清晰记得奉天美术研究社的孙老师留给他的“光影与变幻、印象与感觉、生命与活力”，一直引导他继续前进[②]。

东北大学建筑系中，教授绘画写生的孙佩苍和担任建筑设计的梁思成、林徽

---

① “本城函云，垣皇宫美术研究社社长孙禹珊，留学法国八年，半生精力，皆耗之于探讨美术之中。前年回辽，除任东北大学教授外，即行组织美术研究社与十数同志，指导后进。现在该社已有三年历史。男女社员研究，日渐进步。孙氏为彻底提倡艺术计，乃与邱烟云徐延年等，于每礼拜日，躬自指导。就中孙氏对于研究生新习描写石膏模型者，一一持其木炭笔，讲且画，示标榜。间或兀坐熊熊炉火之侧，遥观各人成绩。其乐无穷，有此中妙趣，虽以帝王吾不与易之概。其右手本已沾满极多木炭粉末，惟其乐在艺术，虽黑末污及口内烟卷，似犹无所关也。孙氏衣服朴素，言语和蔼，一般艺术青年，咸爱敬之。且其日曜日之生涯，完全消磨于此金碧辉煌之研究室中，一当代之高士也。”《孙禹珊艺术生涯记》,《盛京时报》1929 年 1 月 28 日。

② 马白水自述：“艺专时期的孙禹珊老师，虽仅仅教我们素描一年，就赴法国里昂大学执教去了，可是使我们获益良多。那时我才十九岁吧，所以对于孙老师的样子，已不像小学老师那样印象清晰了，好像是瘦瘦的纯粹文人型。他人的样子虽记不清楚，然而教学素描、写画白瓷壶和石膏花纹（那时很少石膏人像），以及给我们欣赏与讲授的明信画片，则给我内心印痕深极了。大概是印象派的作品吧，那时分不出甚么画派也听不明白他所讲的，究竟是些甚么，然而，画面上所留给我的光影与变幻、印象与感觉、生命与活力，一直引导着我继续前进。”参见马白水官方网站。

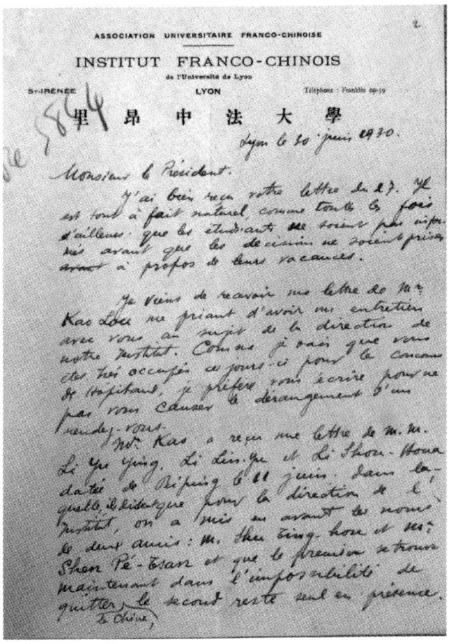

2

ASSOCIATION UNIVERSITAIRE FRANCO-CHINOISE

INSTITUT FRANCO-CHINOIS

de l'Université de Lyon

St-IRÉNÉE LYON Téléphone : Franklin 09-19

里昂中法大學

Lyon le 30 juin 1930.

Monsieur le Président.

J'ai bien reçu votre lettre du 27. Il est tout à fait naturel, comme toutes les fois d'ailleurs, que les étudiants ne soient pas ... avant que les décisions ne soient prises à propos de leurs vacances.

Je viens de recevoir une lettre de Mr. Kao Lou me priant d'avoir un entretien avec vous au sujet de la direction de notre Institut. Comme je sais que vous êtes très occupés ces jours-ci pour le concours de l'hôpital, je préfère vous écrire pour ne pas vous causer le dérangement d'un rendez-vous.

Mr. Kao a reçu une lettre de M.M. Li Yu Ying, Li Lin-Yu et Li Shou-Houa datée de Peiping le 11 juin, dans laquelle il s'agit pour la direction de l'Institut, on a mis en avant les noms de deux amis : M. Shu Ting-hou et Mr. Shon Pé-Tsan et que le premier se trouve maintenant dans l'impossibilité de quitter la Chine, le second reste seul en présence.

图15　刘厚函件，向法方荐任孙佩苍为里昂中法大学校长

因、童雋、陈植等名家组成了国内一流的师资队伍[①]。除此身份，这一时期孙佩苍在沈阳有若干身份，如奉天美术研究社社长、一六学术研究会核心、东北文学研究会主要发起人、辽宁国民简易教育协进会董事、奉天省城教职员联合会负责人、东北大学文学院史学群学系专任西洋美术史教授，兼法学院法律系、工学院建筑系教授等，颇为活跃，这些都是留学所结的硕果。

1930年6月30日，里昂中法大学秘书长刘厚致函里昂中法大学协会会长，告知李煜瀛、李麟玉和李书华推荐孙佩苍出任校长的意见（图15）[②]：

高鲁[③]先生刚刚给我发来一封信，他希望我就学院的领导事宜与您约见。但我知您近日正在忙于医院的考试，为避免打扰，所以还是写信为好。

高先生收到了一封信，是李煜瀛、李麟玉和李书华于6月11日共同写的，发自北平。此信涉及学院日后的领导。他们表示，本来是重点提议了两位朋友：徐廷瑚和孙佩苍，但前者目前无法脱身离开中国，所以现在只有后者了。

孙佩苍先生今年41岁，是位非常优秀的人。1908年[④]以最优成绩毕业于天津的北洋师范学堂，然后先后在不同高等院校任教，还做过奉天省视学，直到1919年[⑤]。1920年至1925年[⑥]，曾留学法国，在Sorbonne（巴黎大学文理学

① 王永纯编：《张学良人格面面观》，哈尔滨工业大学出版社2000年版。

② 里昂中法大学档案。

③ 此时为驻法公使、中法大学协会中方副会长。

④ 应为1909年年末。

⑤ 应为1920年夏。

⑥ 应为1926年年底。

院）和巴黎国立高等美术学院学习文学、美术和艺术批评。1926年[①]回国之后，在沈阳的东北大学文学院和建筑系任教至今。

高先生托我做以上介绍，并希望知道您的意见。他认为没有更好的人选了。

作为补充，还要提到李麟玉曾经写给我的另外一封信，表示其与孙先生是多年老交情，说他人活跃、正直，做事合情合理，具备胜任院校领导的所有品质，加之他还十分热爱法国文化，这也是一个优势。

孙佩苍在天津北洋师范优异的学业，在奉天省教育厅从事现代教育的资质，尤其是他留学法国的经历，对法国文化的热爱构成他成为里昂中法大学校长的“充分必要条件”。而这个任职也是对他法国留学生涯的肯定。《盛京时报》认为，孙佩苍得以赴法就任校长的重要原因是他“为当时留法学生中之翘楚”[②]。同时，国立北平研究院还聘其为驻欧调查员，为正在筹备的博物馆艺术陈列所购藏欧洲油画。他在1931—1933年校长在任期间，利用其艺术品位、经验和渠道，先后为北平研究院艺术陈列所购藏了百余幅欧洲油画原作及数百张名画照片，从现存作品和资料看，涉及较多流派，风格多为笔法细致、构图精审、色调明确，其中不乏名家作品。部分画作后来被先后移交给国立北平艺术专科学校和中央美术学院，中国迄今仅有此藏，成为一笔极其珍贵的遗产，对我国现代美术教育产生了深远的影响。

1931年，中国遭遇特大洪灾，孙佩苍还拿出自己的藏画在“国庆”期间于里昂中法大学组织了一次中国艺术作品和欧洲绘画的慈善展览，展览会期内中法各

---

① 应为1927年年初。

② “里昂大学校长孙佩苍由平转京后赴法就任，前东北大学教授及辽宁美术研究社社长孙佩苍（字禹珊）、于二十五日由沈赴沪转欧、就任法国里昂大学校长一节、已志前报、兹闻孙氏离沈并非直接过沪赴欧，因北平上海两地友人甚多、必须辞别、且此次升任法国里昂大学校长系经南京政府与法国当局事前接洽妥协、然后由法国聘请，南京教育部委任、故孙氏必至南京晋谒当局然后始能放洋赴法、按里昂大学为法政府、以庚子赔款所办、所聘校长、尽为中国名流、吴稚晖李石曾等均曾充任该校校长、现因吴李等不能兼顾、国府乃派孙氏前往接充、考孙氏毕业于法国巴黎美术专门学校、前后居法国八年之久、为当时留法学生中之翘楚、对法国教育极为接近、故国府今特派（孙氏）前往、孙氏接电后、遂携其夫人及女公子、由平转沪赴京、预定两礼拜后、始能放洋赴任云。”《盛京时报》1930年9月30日第4版。

界共捐款3882法郎45生丁，再加上内部捐款及外方劝募共计8737法郎45生丁。折合国币大洋1343元2角5分，悉数通过大公报社汇回国内。[①]

在孙佩苍任里昂中法大学校长期间，校内有6位在法国学习美术的留学生：陈芝秀与常书鸿夫妇、吕斯百、王临乙、李慰慈以及陈士文[②]。

表1　20世纪二三十年代在法国学习美术的六位留学生情况

| 序号 | 姓名 | 法文名 | 籍贯 | 性别 | 费别 | 学科 | 入学日期 | 返国或离校日期 |
|---|---|---|---|---|---|---|---|---|
| 239 | 常书鸿 | Dzang Su-hong | 浙江 | 男 | 浙江 | 美术 | 1928.10.16 | 1935.6 |
| 257 | 王临乙 | Oin Lin-y | 江苏 | 男 | 福建 | 美术 | 1928.12.21 | 1934.8.1 |
| 258 | 吕斯百 | Lü Spa | 江苏 | 男 | 福建 | 美术 | 1928.12.21 | 1934.7.13 |
| 270 | 李慰慈 | LY Wei-tzu | 广东 | 女 | 平[③] | 美术 | 1929.10.12 | 1933.8.11 |
| 299 | 陈芝秀 | Chen Tze-su | 浙江 | 女 | 浙江 | 美术 | 1931.3.1 | 1935.6 |
| 302 | 陈士文 | Chen Shih-wen | 浙江 | 男 | 浙江 | 美术 | 1931.10.1 | 1937.8.6 |

熟知法国美术教育的孙校长对他们学习、生活的安排温情而专业，在他们学业乃至人生的节点给予了重要帮助，而这些均不在《里昂中法大学组织条例》所规定的校长职责之列。

常书鸿在参加完浙江省教育厅选拔赴法国里昂中法大学浙籍公费生的考试后，迟迟未见发榜，以为无望，便于1928年自费赴法留学。同年10月在收到的《申报》[④]上看到浙江留法录取名单中有其名字，不久，在收到里昂中法大学录取通知后于1928年10月16日报到入学[⑤]。一年后妻子陈芝秀也随赴法，考入里昂国立

① 孙元、蒋向宇：《历史铭记于案——记里昂中法大学"拯救中国"之义举和校长孙佩苍》，"悲鸿兰芳"公众号，2019年3月9日。

② 下表摘自李尘生编《1921—1946年里昂中法大学海外部同学录》。

③ 即北平中法大学。

④ "浙政府省务会议　六、里昂中法大学浙省官费生，已派张性白、方光焘二名，拟续派叶桂华、曾勉、毛显静、常书鸿四名，完足由国内派遣六名原额案，通过。"《申报》1928年7月10日第8版。按：常书鸿自传《九十春秋 敦煌五十年》中写1927年出国及看到《申报》等，应均属回忆有误，实为1928年。

⑤ 里昂中法大学学生录。

美术专门学校织物图案科，在里昂市立女子职业学校兼读家庭工业各科。

1930年中国军阀内战爆发、金价暴涨，友朋济助均因灾祸相继断绝。恰有里昂中法大学官费生徐陟因母丧回国，其遗缺照章应归留法自费生中选补。于是，陈芝秀致函浙江省妇女协会，希望能从提倡妇女教育的立场代为转呈浙江省教育厅准予递补。经提交1930年10月17日该协会执行委员会第36次会议决议呈请省党部执行委员会训练部转函省教育厅。① 后孙佩苍亦直接致函浙江省教育厅"以女生陈芝秀学业优良，境遇困苦，遂决议以该生递补缺额"，经核查，由浙江省政府委员会委员兼教育厅厅长张道藩提请1931年2月24日浙江省政府委员会第380次会议议决通过②，并函知里昂中法大学查照及批令该生知照③。从此，陈芝秀每年能得到学膳费、零用费合计7800法郎。④ 这对于经济窘迫的小两口而言格外重要，尤其他们的女儿常沙娜3月26日在里昂出生，可谓雪中送炭。陈芝秀也因此得于翌年12月入巴黎国立高等美术学院雕塑科。

孙佩苍安排陈芝秀递补是符合浙江省政府有关规定的。在浙江省政府委员会1930年通过的《里昂中法大学官费生派遣办法》⑤ 中规定，在原额十名官费生中，六名由国内派遣，由里昂中法大学驻沪办事处认可；其余四名由留法自费生选补，但须由里昂中法大学认可；又根据《里昂中法大学组织条例》，校长一职由中方担任，故选补留法自费生由在职的孙佩苍校长决定。

---

① 《呈浙江省执行委员会训练部：为据留法学生陈芝秀呈请核转省教育厅准予递补留法官费生名额由》，《浙江省妇女协会工作汇刊》1930年12月。

② "为里昂中法大学官费生徐陟缺额以留法女生陈芝秀递补请核议案（省政府委员会第三八〇次会议）提案者委员兼教育厅厅长张道藩 案查里昂中法大学官费生徐陟业经回国，尚未派人递补。兹准里昂中法大学校长孙佩苍函略开'以女生陈芝秀学业优良，境遇困苦，遂决议以该生递补缺额'等语；查核规定手续及该生资格，尚属相符，拟予递补。为此叙案提请公决！附抄送'里昂中法大学官费生派遣办法及该生资格'（议决）通过。"《浙江教育行政周刊》1931年第2卷第28期。

③ 《三年来浙江高等教育概况 乙、留学教育（1）关于留学欧美者 二、选补里昂中法大学官费生》，《浙江教育行政周刊》1932年第4卷第3期。

④ 里昂中法大学学生录记录陈芝秀入学日期为1931年3月1日。《里昂中法大学官费生派遣办法（浙江省政府委员会通过）》，《浙江教育行政周刊》1931年第2卷第28期。

⑤ "里昂中法大学官费生派遣办法（浙江省政府委员会通过）一、原额十名内，六名由国内派遣，但须由里昂中法大学驻沪办事处认可，函送国立浙江大学审查，提请浙江省政府委员会通过。余四名以留法自费生选补，但须由里昂中法大学认可，函送国立浙江大学审查，提请浙江省政府委员会通过。"《浙江教育行政周刊》第2卷第28期。

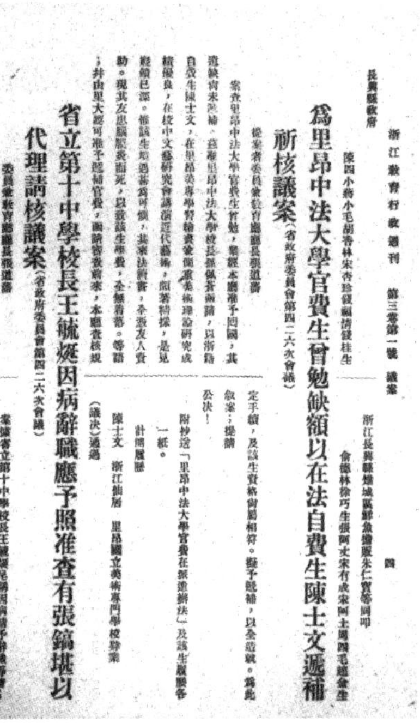

浙江教育行政週刊　第三卷第一號　議案　四

長興縣政府

陳四小蔣小毛胡香林宋杏珍錢福清錢桂生

浙江長興縣雉城區鮮魚攤販朱仁寶等同叩

俞德林徐巧生張阿丈宋有成宋阿土周四毛趙金生

爲里昂中法大學官費生曾勉缺額以在法自費生陳士文遞補祈核議案（省政府委員會第四二六次會議）

提案者委員兼教育廳廳長張道藩

案查里昂中法大學官費生曾勉，業經本廳准予回國，其遺缺尚未遞補。茲准里昂中法大學校長孫佩蒼函請，以浙籍自費生陳士文，在里昂美專學習繪畫兼研究美術理論研究成績優良，在校中文藝研究會講演近代藝術，頗著特採，是見造詣已深。惟該生境遇甚爲可憫，其家法籍書，全賴友人資助。現其友患肺炎而死，以致該生學費，全無着落。等語；并由里大認可准予遞補官費，函請察核前來，本廳查核規定手續，及該生資格實屬相符。擬予遞補，以全造就。爲此敘案，提請公決！

附抄送「里昂中法大學官費在派遣辦法」及該生履歷各一紙。

計開履歷

陳士文　浙江仙居　里昂國立美術專門學校肄業

（議決）通過

省立第十中學校長王毓𡒄因病辭職應予照准查有張鎬堪以代理請核議案（省政府委員會第四二六次會議）

委員兼教育廳廳長張道藩

案據省立第十中學校長王毓𡒄呈稱因病請予辭職等情；

图16　陈士文递补官费生祈核议案

无独有偶，还有一位陈芝秀的浙江同乡陈士文[①] 在十个月后也幸运地获得递

① 陈士文（1907—1984），字器先，一字仝于，浙江仙居人。曾就读杭州浙江省立第一中学。肄业期间，对绘画产生浓厚兴趣，得西画家周天初鼓励，考入西湖国立艺术院国画系，受教于吴大羽、潘天寿等。1929 年，与雕塑系同学曾竹韶赴法留学，抵法后得孙福熙之助，入里昂国立美术专门学校二年级，专攻西画，同学者包括常书鸿、吕斯百、王临乙、戴望舒等。翌年以经费支绌，面临辍学厄困，幸得里昂中法大学校长孙佩苍襄助，以成绩优良为由，递补为里昂中法大学官费生，俾得继续学业。1933 年 10 月入巴黎国立高等美术学院，又在罗佛学校、巴黎大学艺术考古学院等处研究油画与世界美术史，凡四年。作品曾在巴黎造型艺术展览会上获沙龙荣誉奖。1937 年夏，抗战军兴，浙省公费停付，被迫离法返沪。1938 年，任上海美术专科学校教授，兼上海新华艺术师范学校教授。1941 年底太平洋战争爆发后，转内地任浙江国立英士大学教授兼艺术专修科主任。抗战胜利后执教上海美专。1946 年 3 月上海美术协会成立，当选为候补理事，同年与上海中西画家丁衍庸、唐云、关良、倪贻德、周碧初、朱屺瞻、钱鼎和宋钟沅组织“九人画会”，探讨中西绘画艺术。1950 年寓居香港。1957 年春，应新亚书院院长钱穆之邀，主持艺术专修科。1964 年，新亚、崇基、联合合并改组为香港中文大学，任艺术系教授。1972 年自大学退休，弟子定期每月一次至老师居所省候、聆教，先后组成“三三画会”及“文远社”，切磋艺事，继又合组为“三远画会”。晚年被举为“天采学会”会长。著有《近代欧洲绘画试评》《现代绘画背景》《西洋绘画思想》《中国绘画思想》《艺舟》《艺絮》《六法论与顾恺之绘画思想比较观》等，译有《马蒂斯的画家札记》。

补，成为里昂中法大学的官费生。（图 16）孙佩苍在致函浙江省政府时格外强调的准予递补官费的理由为："以浙籍自费生陈士文，在里昂美专学习绘画兼侧重美术理论研究成绩优良，在校中文艺研究会讲演近代艺术，颇著精彩，是见寝馈已深。惟该生境遇甚为可怜，其来法读书，全凭友人资助。现其友患脑膜炎而死，以致该生学费，全无着落。"从"颇著精彩""寝馈已深"等用词可见孙佩苍对陈士文的赞赏，尤为看好其对美术理论的研究。

留法前，常书鸿从浙江省立甲种工业学校染织科毕业，留校任染织科纹工场管理和预科美术教员。原想赴法后继续以前在工校的学业，在里昂对丝织工业做深入研究。但到法之初，语言不通，不得不先习法语。以补习法文半日之余暑，考入里昂国立美术专门学校学习绘画作为权宜之计。1929 年暑假函请中法大学教务负责人员俾得准予投考里昂丝织学校，但被告知名额已满，不能报名，只能在里昂国立美术专门学校织物图案系选课学习。

1930 年春，常书鸿去函里昂中法大学协会会长，要求代为及早报名，得到"里昂丝织学校不在中法大学规定中国学生选习科目之内。如果中国学生要报名，必须得到学生原派教育机关的批准"的回复，于是在该年 4 月致函浙江省教育厅厅长，请求尽快批准其报考里昂丝织学校的要求，6 月收到批准请求的回复，并将批准文书寄给里昂中法大学上海办事处，请该办事处专送里昂中法大学协会。但常书鸿一直没有收到消息。无奈之下，又写信给浙江大学（当时浙江省立甲种工业学校已改组为浙江大学工学院）校长邵裴子请求将此信转给浙江省教育厅，希望浙江省教育厅早日批准其报考里昂丝织学校，并将批准公函寄至法国。浙江大学给常书鸿发了回信，告诉其早已被批准报考的消息，但报名期又被错过了。（图 17）[①]

1932 年 9 月 23 日

我亲爱的会长[②]先生：

就常夫人[③]的问题，问过了 Rambour 先生，仍然能为她在乡下期间找到那

---

① 里昂中法大学档案。

② Jean Lépine（1876—1967），中法大学协会法方会长，里昂大学医学院院长。

③ 即常书鸿妻子陈芝秀。

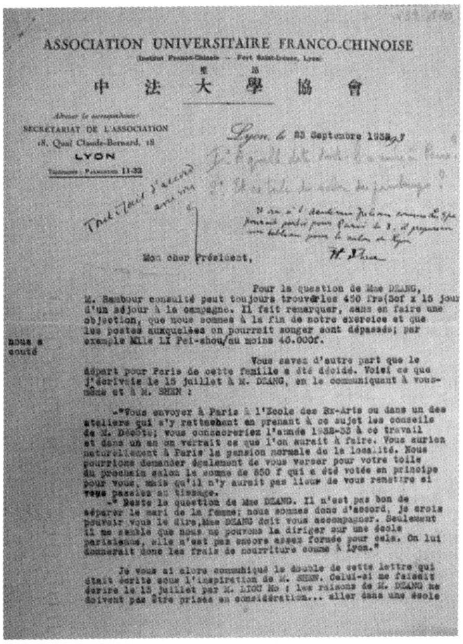

ASSOCIATION UNIVERSITAIRE FRANCO-CHINOISE

中法大學協會

SECRÉTARIAT DE L'ASSOCIATION
18, Quai Claude-Bernard, 18
LYON

Lyon, le 23 Septembre 1932

Mon cher Président,

Pour la question de Mme DZANG, M. Rambour consulté peut toujours trouver les 450 frs (30f x 15 jours) d'un séjour à la campagne. Il fait remarquer, sans en faire une objection, que nous sommes à la fin de notre exercice et que les postes auxquels on pourrait songer sont dépassés; par exemple Mlle LI Pei-shou au moins 40.000f.

Vous savez d'autre part que le départ pour Paris de cette famille a été décidé. Voici ce que j'écrivais le 15 juillet à M. DZANG, en le communiquant à vous-même et à M. SHEN :

-"Vous envoyer à Paris à l'Ecole des Bx-Arts ou dans un des ateliers qui s'y rattachent en prenant à ce sujet les conseils de M. Décôte; vous consacreriez l'année 1932-33 à ce travail et dans un an on verrait ce que l'on aurait à faire. Vous auriez naturellement à Paris la pension normale de la localité. Nous pourrions demander également de vous verser pour votre toile du prochain salon la somme de 650 f qui a été votée en principe pour vous, mais qu'il n'y aurait pas lieu de vous remettre si vous passiez au tissage.

-" Reste la question de Mme DZANG. Il n'est pas bon de séparer le mari de la femme; nous sommes donc d'accord, je crois pouvoir vous le dire, Mme DZANG doit vous accompagner. Seulement il me semble que nous ne pouvons la diriger sur une école parisienne, elle n'est pas encore assez formée pour cela. On lui donnerait donc les frais de nourriture comme à Lyon."

Je vous ai alors communiqué le double de cette lettre qui était écrite sous l'inspiration de M. SHEN. Celui-ci me faisait écrire le 13 juillet par M. LIOU Ho : les raisons de M. DZANG ne doivent pas être prises en considération... aller dans une école

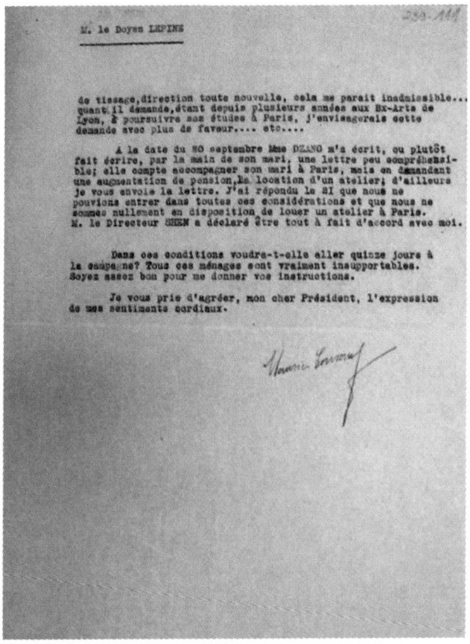

M. le Doyen LEPINE

de tissage, direction toute nouvelle, cela me paraît inadmissible... quant il demande, étant depuis plusieurs années aux Bx-Arts de Lyon, à poursuivre ses études à Paris, j'envisagerais cette demande avec plus de faveur.... etc....

A la date du 20 septembre Mme DZANG m'a écrit, ou plutôt fait écrire, par la main de son mari, une lettre peu compréhensible; elle compte accompagner son mari à Paris, mais en demandant une augmentation de pension, la location d'un atelier; d'ailleurs je vous envoie la lettre. J'ai répondu le 21 que nous ne pouvions entrer dans toutes ces considérations et que nous ne sommes nullement en disposition de louer un atelier à Paris. M. le Directeur SHEN a déclaré être tout à fait d'accord avec moi.

Dans ces conditions voudra-t-elle aller quinze jours à la campagne? Tous ces ménages sont vraiment insupportables. Soyez assez bon pour me donner vos instructions.

Je vous prie d'agréer, mon cher Président, l'expression de mes sentiments cordiaux.

图17　里昂中法大学对留学生常书鸿夫妻学习生活的安排意见及校长孙佩苍的批示

450法郎（30法郎 ×15天）的工作。他还提醒说，虽然他仍支持我们的运作，但这运作已经快到期了，一些原可能的工作机会已不再可能，如李佩秀（Li Pei-shou）小姐。如您所知，常夫妇去巴黎是已经决定的事，请您和孙（佩苍）先生看一下我在7月15日是如何写给常先生的：“按窦古特（Décôte）[①] 先生的建议，先安排您去巴黎高等美术学院或者其附属的画室，期限一年（1932—1933），然后再看怎么办。您自然会得到支付住宿的补助金。而为近期的沙龙，我们也将准备向您提供650法郎的布料费，这在原则上已经通过，但您若改学丝织，就不会有这笔钱了。就常夫人的问题，我们也认为把夫妻分开是不好的。但鉴于其学历，我们不能推荐她上巴黎的学校，只能提供餐费，和在里昂一样。”我已经把这封信的复件给了您，这信是孙先生的意思，他让我7月13日交刘厚先生来写：常先生提出的理由是不能采纳的，他期望去丝织学校，走

① Georges Décôte（1870—1951）窦古特，法国象征主义画家居斯塔夫·莫罗（Gustave Moreau）的学生，常书鸿在里昂国立美术专科学校油画班的主任教授。

一条全新的路，我认为完全不能接受，他说自己已在里昂美院学习了几年，然后又到了巴黎，现在则热切期望……。常夫人 9 月 20 日写信给我（其实是通过她丈夫的手写信给我），一封令人费解的信。说她希望陪伴丈夫去巴黎，还要求提高补助金的金额，并得到一间画室。我在 21 日回复她，说我们没有在巴黎租画室的业务范畴。孙（佩苍）校长完全同意我。在这种情况下，她是否还想去乡下 15 天？这种夫妻成对的情况真令人无法忍受。请好心指示一下。

Maurice Courant

孙佩苍的批示是："他[①]可像吕斯百那样去朱利安学院学习，可于 8 日去巴黎。让他准备一幅画参加里昂的沙龙。"常书鸿 1930 年上半年提前升入油画班。只能下午在织物图案系选课学习，夜间再到里昂市立业余丝织学校学习。上面这封信，正值常书鸿刚从里昂国立美术专科学校毕业，他觉得已经完成了绘画方面的学业，希望能够到巴黎的丝织学校"走一条全新的路"。但孙佩苍根据其在绘画方面的天分及取得的优异成绩与奖项，给出了更适合他走的路——继续学习美术。很快，常书鸿参加里昂全市油画家赴巴黎深造公费奖金选拔考试，获第一名享受公费选派赴巴黎国立高等美术学院深造。改变了其人生轨迹，也才有了他后来对敦煌的守护。

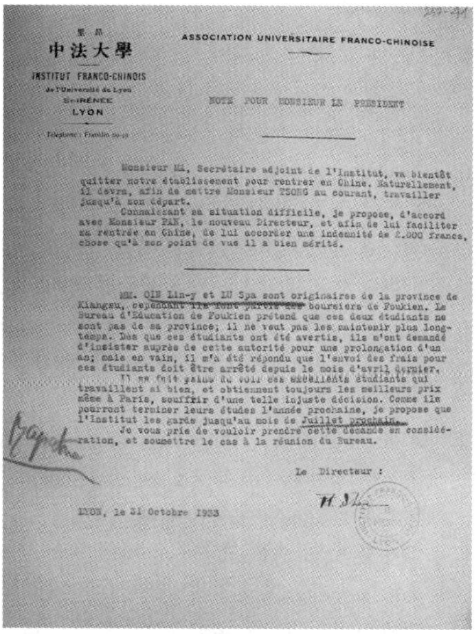
里昂
中法大學
INSTITUT FRANCO-CHINOIS
de l'Université de Lyon
S^t-IRÉNÉE
LYON
Téléphone : Franklin 00-50

ASSOCIATION UNIVERSITAIRE FRANCO-CHINOISE

NOTE POUR MONSIEUR LE PRESIDENT

Monsieur MA, Secrétaire adjoint de l'Institut, va bientôt quitter notre établissement pour rentrer en Chine. Naturellement, il devra, afin de mettre Monsieur TSONG au courant, travailler jusqu'à son départ.

Connaissant sa situation difficile, je propose, d'accord avec Monsieur PAN, le nouveau Directeur, et afin de lui faciliter sa rentrée en Chine, de lui accorder une indemnité de 2.000 francs, chose qu'à son point de vue il a bien mérité.

MM. QIN Lin-y et LU Spa sont originaires de la province de Kiangsu, cependant ils font partie des boursiers de Foukien. Le Bureau d'Education de Foukien prétend que ces deux étudiants ne sont pas de sa province; il ne veut pas les maintenir plus longtemps. Dès que ces étudiants ont été avertis, ils m'ont demandé d'insister auprès de cette autorité pour une prolongation d'un an; mais en vain, il m'a été répondu que l'envoi des frais pour ces étudiants doit être arrêté depuis le mois d'avril dernier.

Il me fait peine de voir ces excellents étudiants qui travaillent si bien, et obtiennent toujours les meilleurs prix même à Paris, souffrir d'une telle injuste décision. Comme ils pourront terminer leurs études l'année prochaine, je propose que l'Institut les garde jusqu'au mois de Juillet prochain.

Je vous prie de vouloir prendre cette demande en considération, et soumettre le cas à la réunion du Bureau.

Le Directeur :

LYON, le 31 Octobre 1933

图18　孙佩苍关于吕斯百、土临乙的文件

孙佩苍留法归国回到家乡，曾对四个子女做过绘画能力测试，认为均不适合学习美术而任其自行发展。他一生视艺术为生命，格外珍视艺术，尤其具天赋者。被他看中的还有另外两个学生：吕斯百和王临乙（图 18）[②]，曾于 1932

① 即常书鸿。

② 里昂中法大学档案。

年 1 月 25 日为吕斯百入学事宜致函古恒教授："他误解了您来信所提的'课程期限'之意，以为由于学费较贵，缩短了他在朱利安学院[①]的学习时间。他很发愁，为节省费用又能继续学习下去，因此正想尽办法求中国领事馆开具一份证明，以便进入美院 Devembez[②]老师的画室。得到您的解释后，他恳求您的关照，恳请您能够确认校方同意他留在朱利安学院。在后者允许的前提下，他当然愿意继续留在朱利安学院，而不是去 Devembez 老师处，因为那里的学生数量较多，且教学条件不足。"

孙佩苍还曾在 1933 年 10 月 31 日为王临乙和吕斯百求情："王临乙和吕斯百都是江苏籍，但他们是福建省公费生。福建省教育厅因二人非闽籍，决定不再支付学费。两位学生得知后请求我向该教育厅提出延长一年，而我得到的回复是其学费在去年 4 月即应停发。我对此颇感难受，认为不公。这两位学生学习十分努力，即便在巴黎也总获最优奖项。他们明年即可完成学业，我建议学院能将他们留到明年 7 月。希望您能考虑接受我的请求，并将此案提交给主席团会议。校长孙佩苍。"

最终，里昂中法大学留下了他们，两人学业免遭中断，成就了两位美术大家。

---

① Académie Julian，法国画家鲁道夫·朱利安于 1868 年在巴黎创立的一所私人绘画和雕塑学校。在 20 世纪初的艺术繁荣时期，以其艺术家的数量和质量而闻名。自该学院成立以来，著名的艺术界人士，诸如罗马奖获得者、荣誉团成员和该学院的成员，都在该学院讲授艺术；其中大多数人也是巴黎国立高等美术学院的教授。此学院的教学目的是让学生准备进入美术学院、参加罗马大奖赛或在沙龙展示他们的作品，是中国留学生的"预备学校"和课外补习的主要场所。吕斯百曾在此师从 Jean-Pierre Laurens（1932 年 4 月 23 日去世）。

② 此处拼写有误，André Victor Édouard Devambez（1867—1944）安德烈·维克托·爱德华·德旺贝兹（有些文献译为达望贝、达方培斯或德旺拜斯），法国画家，吕斯百入巴黎国立高等美术学院在其画室。他的作品一部分包括一些学院派风格的宗教画、历史画与现实主义肖像，另一部分是一批幽默画，主要发表在《笑》与《插图》等杂志上，还有许多类似的小画，出现一些以俯视的透视画出的小小人物，以及许多从巴黎公社和第一次世界大战中吸取灵感的场景。这位独立、具有创造力的艺术家极具幽默感与一种喜欢挑逗人的诗性。他同时也创作招贴画（《足够的粮食》《市政参议》）以及为左拉的作品《科维勒的节庆》而作的插图。他的作品收藏在巴黎的奥赛博物馆（《子弹上膛》1902）、巴黎美院、维克多·雨果纪念馆（《让·瓦冉在法庭上》），以及坎佩尔、图尔库安、鲁昂、第戎、肖莱等地的博物馆。一批重要的作品收藏在博韦博物馆。还为法国驻维也纳大使馆绘制了由 12 幅画组成的装饰组画，主题为"生命"与"现代发明"。

师生三人曾同去鲁昂旅行。从他俩由鲁昂寄给孙佩苍的明信片上那句感人的话也能领会到温暖的关系。

对鲁昂的美好记忆 生 吕斯百 王临乙

1941 年 12 月中旬，孱弱的孙佩苍携带美术藏品从重庆到成都参加画展，四百多公里路程走了四天，一路精心照料他的就有吕斯百，以及吴作人。①

几周后，孙佩苍在成都去世。

孙佩苍一百三十周年诞辰之际，谨以此文纪念缅怀。

（2019 年 6 月）

---

① “校闻 三、美术收藏家孙佩苍先生在蓉逝世 国民参政员孙佩苍（辽宁人）早岁留学法国，研究文艺，精于美术批评，并从事于美术品之收藏。偕吕斯百、吴作人二先生来蓉，出其所藏之美术精品一部分，参加八教授画展中专室陈列。不幸因途中劳顿，胃疾复发，尤因焦虑其存香港之大部收藏，于一月三日竟告不治。本校仰慕孙先生爱好艺术之精神，特备花圈参加孙先生殡仪，以示崇敬。”《技与艺》（四川省立技艺专科学校校刊）1942 年第 3 期。

# 对常书鸿赴法留学相关细节的考辨与订正

蒋向宇
独立研究者

**摘　要：**常书鸿先生是我国现代著名画家、美学家、美术史学家、美术教育家，其留法学习生涯对研究其艺术生涯及早期绘画风格形成、转变、确立与成熟等有重要意义。而笔者发现作为基础材料的其自传《九十春秋 敦煌五十年》一书正文及后附年表中对赴法留学期间相关时间的记忆偏差及叙述的不尽严谨给人们带来误导，后来业界所写的各种著述也都沿用了这些错误与误读。

本文基于对相关文献的辨析，对常书鸿留学过程的各重要节点的时间、事件进行梳理，纠正以往研究中误读、引用所造成的错误，希冀对此研究提供更为准确的参照，对中国近现代美术留学研究有所启示与借鉴。

**关键词：**常书鸿　留学　错误　赴法及入学时间　学业细节

常书鸿先生是我国现代著名画家、美学家、美术史学家、美术教育家，其留法学习生涯对研究其艺术生涯及早期绘画风格形成、转变、确立与成熟等有重要意义。而笔者发现作为基础材料的其自传《九十春秋 敦煌五十年》一书正文及后附年表（以下简称“自传”及“年表”）中对赴法留学期间相关时间的记忆偏差及叙述的不尽严谨给人们带来误导，后来业界所写的各种著述也都沿用了这些错误与误读。

本文基于对相关文献的辨析，对常书鸿留学过程的各重要节点的时间、事件进行梳理，纠正以往研究中误读、引用所造成的错误，希冀对此研究提供更为准确的参照，对中国近现代美术留学研究有所启示与借鉴。

常书鸿在入里昂中法大学前，已先期赴法。但我们还是先要从其入里昂中法大学前后说起，因为从所查到的文献可以直接确定其被确认为里昂中法大学官费生及登记入学的日期，基于这一没有争议的前提有助于我们继续探讨其之后的学习生涯和回溯其此前赴法的时间。

## 一、入里昂中法大学时间为1928年10月

由“自传”：（常书鸿）“到法之初，投靠在巴黎高等美术学校就读的杭州老乡郎鲁逊，住在巴黎，后决心认真地长期攻读下去，但家庭的困难和母校补助又都不允许我专门学习，正在踌躇中，恰巧这时来了转机。1927年10月的一天，正在宿舍作画，突然郎鲁逊拿来一份刚收到的《申报》，报载浙江留法录取名单中有常书鸿的名字，不久，里昂中法大学的通知也到了。接到通知后，随即到校报到。”[①]1932年下半年其回到巴黎入读巴黎国立高等美术学院，其写道“来到了离别4年的巴黎”，如果是1927年10月由巴黎赴里昂中法大学，那么应该是离别5年才对。

另查，只有1928年7月10日《申报》第八版记载了常书鸿入选名单的信息：

> 浙省政府一百三十五次会议　六、里昂中法大学浙省官费生，已派张性白、方光焘二名，拟续派叶桂华、曾勉、毛显静、常书鸿四名，完足由国内派遣六名原额案，通过。

1928年5月4日，浙江省政府委员会第111次会议议决通过的《里昂中法大学官费生派遣办法》第一条规定，原额十名内，六名由国内派遣，须由里昂中法大学驻沪办事处认可，函送浙江大学审查，提请浙江省政府委员会通过。[②]除张性白、方光焘二名业已派出外，尚应续派四名。自5月5日派遣办法公布后，浙江大学据里昂中法大学驻沪办事处陆续函送该处认可之请求人前来，截至6月30

① 常书鸿：《九十春秋 敦煌五十年》，浙江大学出版社1994年版，第11—12页。
② 《里昂中法大学官费生派遣办法》，《浙江大学教育周刊》1928年第5期。

日，共计 12 人，浙江大学按照标准，分别详细审查，并将审查结果于 7 月 9 日提交浙江省政府委员会经第 135 次会议议决通过。①

也就是说《申报》于次日报道了这一决议。因当时邮路的关系，在巴黎的常书鸿到 10 月份才收到这份《申报》及录取通知。里昂中法大学学生录记载常书鸿于 1928 年 10 月 16 日登记入学。

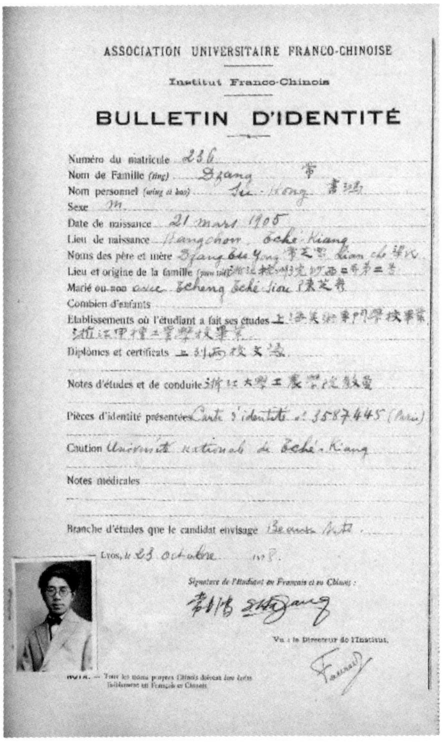

ASSOCIATION UNIVERSITAIRE FRANCO-CHINOISE

Institut Franco-Chinois

BULLETIN D'IDENTITÉ

Numéro du matricule 236
Nom de Famille (sing) Dzang 常
Nom personnel (ming et hao) Su-Hong 书鸿
Sexe M.
Date de naissance 21 mars 1905
Lieu de naissance Hangchow Tché-Kiang
Noms des père et mère
Lieu et origine de la famille
Marié ou non
Combien d'enfants
Etablissements où l'étudiant a fait ses études
Diplômes et certificats
Notes d'études et de conduite
Pièces d'identité présentées Carte d'identité n° 3587445 (Paris)
Caution Université nationale de Tché-Kiang
Notes médicales
Branche d'études que le candidat envisage
Lyon, le 23 octobre 1928

Signature de l'Etudiant en Français et en Chinois :

Vu : le Directeur de l'Institut,

NOTA. — Tous les noms propres Chinois doivent être écrits lisiblement en Français et Chinois.

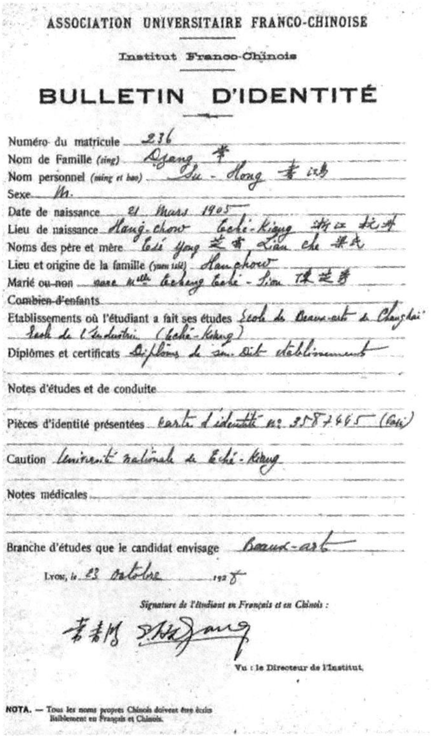

ASSOCIATION UNIVERSITAIRE FRANCO-CHINOISE

Institut Franco-Chinois

BULLETIN D'IDENTITÉ

Numéro du matricule 236
Nom de Famille (sing) Dzang 常
Nom personnel (ming et hao) Su-Hong 书鸿
Sexe M.
Date de naissance 21 Mars 1905
Lieu de naissance Hang-chow Tché-Kiang
Noms des père et mère
Lieu et origine de la famille (yuan tsi) Hangchow
Marié ou non
Combien d'enfants
Etablissements où l'étudiant a fait ses études
Diplômes et certificats
Notes d'études et de conduite
Pièces d'identité présentées carte d'identité no 3587445
Caution Université nationale de Tché-Kiang
Notes médicales
Branche d'études que le candidat envisage Beaux-art
Lyon, le 23 octobre 1928

Signature de l'Etudiant en Français et en Chinois :

Vu : le Directeur de l'Institut,

NOTA. — Tous les noms propres Chinois doivent être écrits lisiblement en Français et Chinois.

至此，可以确认常书鸿看到《申报》、收到里昂中法大学通知及报到入学均应在 1928 年 10 月，而非“自传”中所述的“1927 年 10 月”。

① 《派遣里昂中法大学官费生的经过》，《浙江大学教育周刊》1928 年第 15 期。

## 二、在里昂国立美术专门学校织物图案系选课学习是从1929年暑假后

“自传”记述：“我适逢其时，由浙江大学的据理要求，得以参加考试并被录取，根据我选择的专业被分配在里昂国立美术专门学校学习绘画及染织图案两项，我因为没有国内专业美术学校的证书，所以不能投考插班，不得不从一年级开始。”这里给人的感觉是其在进入里昂国立美术专门学校之初即同时开始学习绘画及染织图案两项，其实并非如此，应加以明确。

浙江省档案馆存有一封常书鸿1930年写给浙江大学校长邵裴子的信[①]：

> 自（民国）十七年秋，以留法里昂中法大学名义奉派来法之后，原想继续前在杭州工校八九年来的学业，在里昂丝织工业方面作进一层的研究。但当到法之初，语文不通，事实上不得不先习外国语。当时以补习法文半日之余暑，考入里昂国立美术专门学校。如是者一年。至去岁暑假，法文程度已能勉强随班听讲，即函请中法大学教务负责人员俾得准予投考里昂丝织学校。渐得复函谓：“该校系里昂商会与市政府合办，量材招生，学额限制极严。今名额已满，不能报名。请先在美专织物图案系习选，待至明年再行报名云云。”不得已生只得仍在美专读书。

留法前，常书鸿从浙江省立甲种工业学校染织科毕业后，留校任染织科纹工场管理和预科美术教员。由此信可知：其原想赴法后继续此前在工校的学业，在里昂丝织工业方面做进一层的研究。但到法之初，语言不通，不得不先习法语。以补习法文半日之余晷，考入里昂国立美术专门学校学习绘画作为权宜之计。1929年暑假曾函请中法大学教务负责人员俾得准予投考里昂丝织学校，答以：名额已满，不能报名。

---

① 徐华美：《敦煌的守护神——常书鸿——省档案馆馆藏常书鸿手迹介绍》,《浙江档案》2007年第1期。

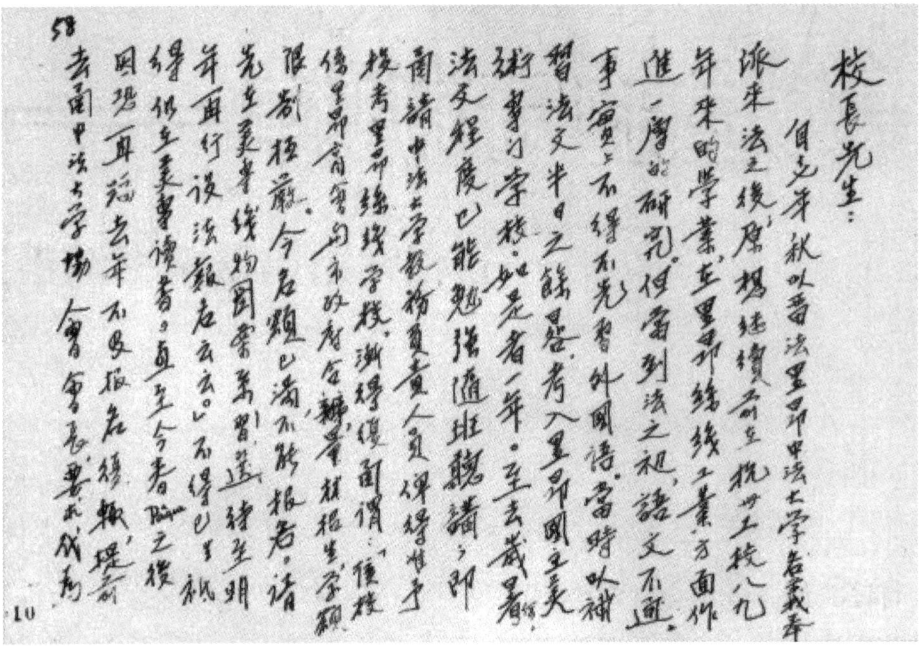

58

校長先生：
自去年秋以雷法里昂中法大學名義奉派來法之後，原擬繼續前在杭州工校八九年來的學業，在里昂絲織工業方面作進一層的研究。但當到法之初，語文不通，事實上不得不先習外國語。當時以補習法文半日之餘暇，考入里昂國立美術專門學校。如是者一年。至去歲暑假，法文程度已能勉強隨班聽講，即商請中法大學教務負責人員，俾得考里昂絲織學校。渺得復函謂：“[illegible]里昂市政[illegible]辦，招生名額限制極嚴。今名額已滿，不能報考。請先在美專織物圖案習選，待至明年再行設法報名”云云。不得已只得仍在美專讀書。直至今春臨之後，因恐再蹈去年不及報名覆轍，[illegible]
[illegible]中法大學[illegible]

10

此次里昂中法大学复函中给出的“请先在美专织物图案系习选”这一建议，应是基于其当时尚未在里昂国立美术专门学校织物图案选课学习的现状给出的，常书鸿在投考里昂丝织学校未果的情况下，只能被迫接受建议在里昂国立美术专门学校织物图案系选课学习。也就是说，常书鸿在进入里昂中法大学不久后，考入里昂国立美术专门学校时只是先习绘画，一年之后，即 1929 年暑假后才在织物图案系选课学习。

## 三、科别应为“织物图案”

“自传”中，常书鸿将学习科目写为“染织图案”，而当时的信中写为“织物图案”。另外，1929 年其妻子陈芝秀也追随赴法，考入里昂国立美术专门学校织物图案科，在里昂市立女子职业学校兼读家庭工业各科。[①]1930 年中国军阀内战爆发、金价暴涨，友朋济助均因灾祸相继断绝。恰有里昂中法大学官费生徐陟因

① 《呈浙江省执行委员会训练部：为据留法学生陈芝秀呈请核转省教育厅准予递补留法官费生名额由》,《浙江省妇女协会工作汇刊》1930 年 12 月。

母丧回国[①]，其遗缺照章应归留法自费生中选补。于是，陈芝秀致函浙江省妇女协会，希望能从提倡妇女教育的立场代为转呈浙江省教育厅准予递补。该函中写其“到法未久即考入全国以织物图案系著名之里昂国立美术专门学校”[②]。后里昂中法大学校长孙佩苍亦直接致函浙江省教育厅“以女生陈芝秀学业优良，境遇困苦，遂决议以该生递补缺额”。经查核规定手续及该生资格，均属相符。浙江省政府委员会委员兼教育厅厅长张道藩提请 1931 年 2 月 24 日浙江省政府委员会第 380 次会议的议案所附的“该生资格”中写为“里昂国立美术专门学校织物图案科第二年级学生”。[③] 三份当时的文献均记为“织物图案”，据此，“织物图案”应更为准确。

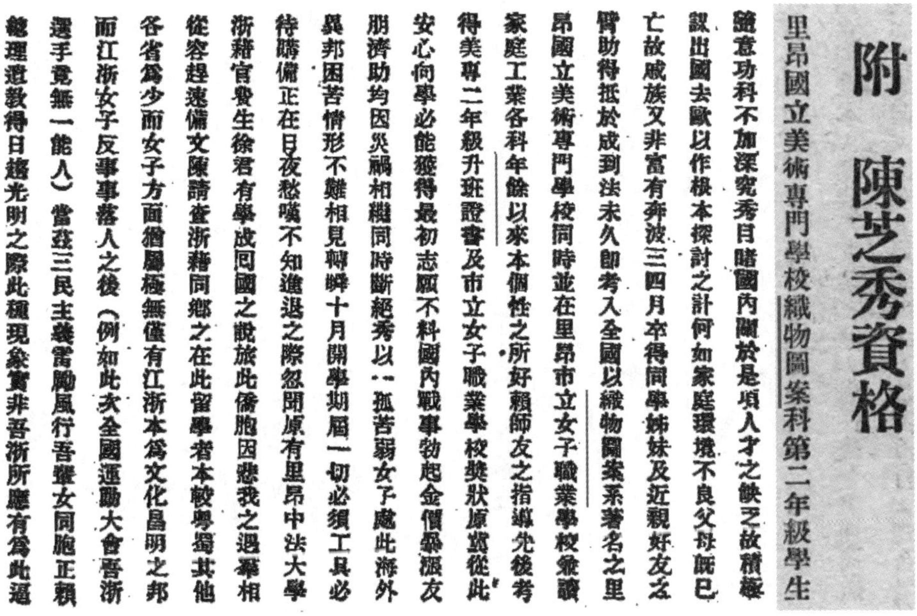

附 陳芝秀資格

里昂國立美術專門學校織物圖案科第二年級學生

隨意功科不加深究秀目睹國內關於是項人才之缺乏故積極
謀出國去歐以作根本探討之計何如家庭環境不良父母既已
亡故戚族又非富有奔波三四月卒得同學姊妹及近親好友之
臂助得抵於成到法未久卽考入全國以織物圖案系著名之里
昂國立美術專門學校同時並在里昂市立女子職業學校兼讀
家庭工業各科年餘以來本個性之所好賴師友之指導先後考
得美專二年級升班證書及市立女子職業學校獎狀原冀從此
安心向學必能獲得最初志願不料國內戰事勃起金價暴漲友
朋濟助均因災禍相繼同時斷絕秀以一孤苦弱女子處此海外
異邦困苦情形不難相見轉瞬十月開學期屆一切必須工具必
待購備正在日夜愁嘆不知進退之際忽聞原有里昂中法大學
浙籍官費生徐君有學成回國之說旅此僑胞因憐我之遇羣相
從容趕速備文陳請查浙籍同鄉之在此留學者本較粵蜀其他
各省爲少而女子方面猶屬極無僅有江浙本爲文化昌明之邦
而江浙女子反事事落人之後（例如此次全國運動大會吾浙
選手竟無一能入）當茲三民主義雷厲風行吾輩女同胞正賴
總理遺教得日趨光明之際此種現象實非吾浙所應有爲此還

① 《三年来浙江高等教育概况 乙、留学教育（1）关于留学欧美者 二、选补里昂中法大学官费生》,《浙江教育行政周刊》1932 年第 4 卷第 3 期。

② 《呈浙江省执行委员会训练部：为据留法学生陈芝秀呈请核转省教育厅准予递补留法官费生名额由》,《浙江省妇女协会工作汇刊》1930 年 12 月。

③ 《为里昂中法大学官费生徐陟缺额以留法女生陈芝秀递补请核议案》,《浙江教育行政周刊》1931 年第 2 卷第 28 期。

## 四、并非上海美专全日制毕业

官费生审查时以浙江大学工学院院长李熙谋作为证明人的常书鸿履历中写其“上海美术专门学校毕业”（信息来源应为1928年5月26日李熙谋为常书鸿去法国留学撰写的推荐公函[①]），而结合“自传”中“因为没有国内专业美术学校的证书，所以不能投考插班”及“年表”中1924—1925年暑期到上海美术专科学校学习的记载，可做如下解读：常书鸿只是在暑期到上海美专做短期进修学习，并未取得全日制毕业证书。“私立上海美术专科学校学生姓名索引（1912年11月—1952年9月）”[②]中没有常书鸿，另据《教育部立案上海美专暑期学校一览》[③]，上海美专曾附设有暑期学校，修业时间为七八月间，期限五星期。常书鸿很可能即在此学习。推荐时如此填写，应为满足审查资格标准[④]中第一点“曾在大学或专门学校毕业者”之要求。

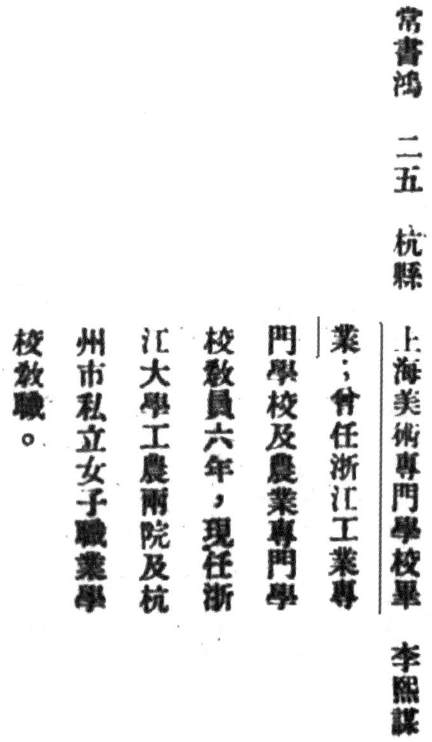
常書鴻　二五　杭縣　上海美術專門學校畢業；曾任浙江工業專門學校及農業專門學校教員六年，現任浙江大學工農兩院及杭州市私立女子職業學校教職。　李熙謀

① 张学勤、徐华美：《谁改变了常书鸿的人生轨迹——历史档案揭示常书鸿留学法国并非为了学画》，《浙江档案》2007年第9期。

② 刘海粟美术馆、上海市档案馆编：《上海美术专科学校档案史料丛编 第4卷 恰同学年少中（1912年11月—1952年9月）》，中西书局2013年版，第128—129页。

③ 刘海粟美术馆、上海市档案馆编：《上海美术专科学校档案史料丛编 第3卷 恰同学年少上（1912年11月—1952年9月）》，中西书局2012年版，第285—304页。

④《派遣里昂中法大学官费生的经过》，《浙江大学教育周刊》1928年第15期。

## 五、夜间到里昂市立业余丝织学校学习明确为1930年

常书鸿在信中继续写道：

直至今春 Pâque（按：复活节）之后，因恐再蹈去年不及报名覆辙，提前去函中法大学协会会长，要求代为趁早报名。不料协会回信又说："纺织学校不在中法大学规定中国学生选习科目之内。此种规外行动，必须得原派教育机关——浙江大学——之旨方能通融。然生以为文件往返中国殊费时日，如此转折，势必又误报名机会，曾一再去信与协会申说；无如协会当局（法国人）一再推委，不得已于四月间赶备公函，并本人与协会会长往返函件，原拟呈请校长，惟当时深恐大学制取消以后，权限不在大学；故直接呈寄浙江教育厅长。至今两三月，丝织学校报名期又经错过，尚无批示。如此一再错失时期，非特与学生学业前途有所妨碍，即浙江公币亦有所糜费。为此据情报告，尚祈校长转致教厅，早日来函中法协会，准予投考织业学校，俾竟祀志而全学业。不胜盼望之至！

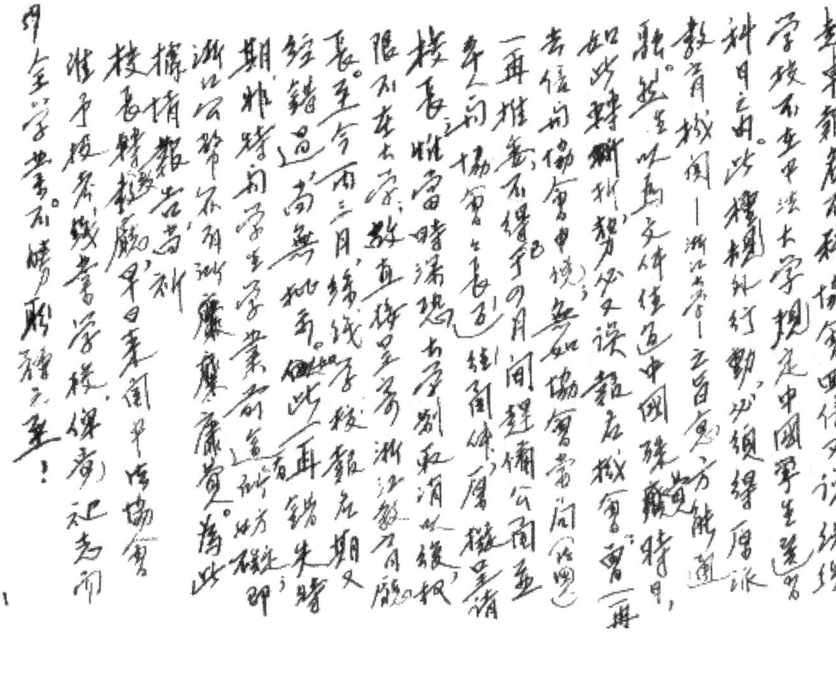
趁早報名。不料協會回信又說：紡織學校不在中法大學規定中國學生選習科目之內。此種規外行動，必須得原派教育機關——浙江大學——之旨方能通融。然生以為文件往返中國殊費時日，如此轉折，勢必又誤報名機會，曾一再去信與協會申說；無如協會當局（法國人）一再推委，不得已於四月間趕備公函，並本人與協會會長往返函件，原擬呈請校長，惟當時深恐大學制取消以後，權限不在大學；故直接呈寄浙江教育廳長。至今兩三月，絲織學校報名期又經錯過，尚無批示。如此一再錯失時期，非特與學生學業前途有所妨礙，即浙江公幣亦有所靡費。為此據情報告，尚祈校長轉致教廳，早日來函中法協會，准予投考織業學校，俾竟祀志而全學業。不勝盼禱之至！

1930 年复活节（4 月 20 日）后，常书鸿去函中法大学协会会长，要求代为趁早报名，得到回复说："里昂丝织学校不在中法大学规定中国学生选习科目之内。如果中国学生要报名，必须得到学生原派教育机关的批准。"常书鸿担心又因文件往返而耽误报名机会，多次致信中法大学协会申诉争取无果。只得给浙江省教育厅厅长寄去一信，请求厅长尽快批准其报考里昂丝织学校的要求，但直到报名期再次错过也没有收到批示。无奈之下，又写信给浙江大学（当时浙江省立甲种工业学校，已经改组为浙江大学工学院）校长邵裴子，请求将此信转给浙江省教育厅，希望浙江省教育厅早日批准其报考里昂丝织学校，并将批准公函寄至法国。

根据浙江省档案馆馆藏档案，1930 年 9 月 9 日，浙江大学将常书鸿的来信作为公函附件转给浙江省教育厅。时任浙江省教育厅厅长陈布雷于 1930 年 9 月 26 日给浙江大学校长邵裴子回复了一份公函，说："省教育厅已经在今年 6 月间收到该生（常书鸿）的来信，并当即批准了该生（常书鸿）报考里昂丝织学校的请求，已将批准文书寄给中法大学上海办事处，请该办事处专送里昂中法大学协会。"考虑到常书鸿还没有获悉自己的报考请求已被批准，公函中回复"将把情况告诉该生（常书鸿），并将再次与中法大学协会联系"。此后，浙江大学也根据省教育厅回复的公函内容，给常书鸿发了回信，告诉其早已被批准报考里昂丝织学校的消息（这封回信的草稿也藏于浙江省档案馆）。

根据"自传"中在叙述完其初入油画班后才写及"夜间到里昂市立业余丝织学校学习"推断，再次错过报名期的常书鸿提前升入油画班，只能继续下午在织物图案系选课学习，夜间到里昂市立业余丝织学校学习。

## 六、升入油画班

### 1. 升班前的成绩与考试

常书鸿在信的最后还汇报了自己 1929 年下半年至 1930 年上半年这一学年中取得的成绩：

> 此外两年来关于美术学校功课，本我所好，不敢后人，用将本年成绩报告如下，诸祈，谅察！

甲、关于理论方面者

考得美术史证书、艺术解剖第一名奖金、透视学第三名奖金。

乙、关于技巧方面者计得：

织物图案系学年考试第一名奖金。

织物图案系平日成绩总平均第一名奖金。

人体班学年考试第一名奖金。

人体班平日成绩总平均第一名奖金。

速写考试第一名奖金。

速写平日成绩总平均第一名奖金。

龚斗（Conté）全校全体同学铅笔速写总考试第一名奖金五百方。

动物速写第一名奖金三十方。

（附呈里昂日报载美专学年成绩公布，敬希检阅）

（此函如能在浙江大学校刊登载，俾知我者得意近况，尤深盼切！）

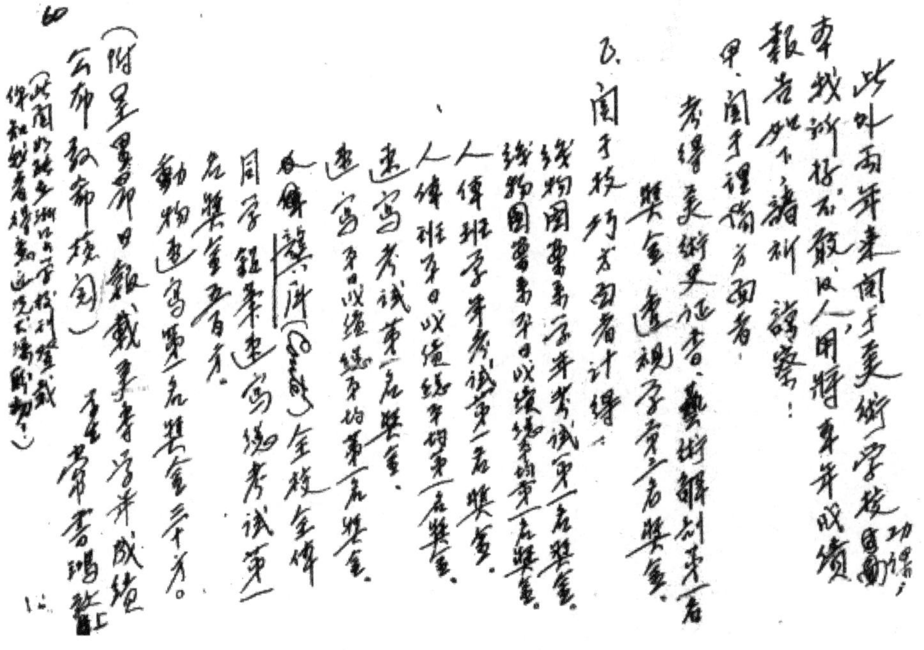
甲、关于理论方面者
考得美术史证书、艺术解剖第一名奖金、透视学第三名奖金。
乙、关于技巧方面者计得：
织物图案系学年考试第一名奖金。
织物图案系平日成绩总平均第一名奖金。
人体班学年考试第一名奖金。
人体班平日成绩总平均第一名奖金。
速写考试第一名奖金。
速写平日成绩总平均第一名奖金。
龚斗（Conté）全校全体同学铅笔速写总考试第一名奖金五百方。
动物速写第一名奖金三十方。
（附呈里昂日报载美专学年成绩公布，敬希检阅）
（此函如能在浙江大学校刊登载，俾知我者得意近况，尤深盼切！）
常书鸿 谨上

对比“自传”中的信息，“第二年，老师们让我跳班参加三年级的人体素描考

试”可能即信中的“人体班学年考试”或“速写考试”。

“全校以‘木工’为题的素描康德考试”即信中的“龚斗（Conté）全校全体同学铅笔速写总考试”，常书鸿因获第一名奖金而提前升入油画班。

1930年9月14日《申报》第12版以《常书鸿在法学美术获奖》为题刊载了上述获奖信息，从内容的高度一致及刊载日期仅在浙江大学转呈省教育厅后5日，可确认此为浙江大学据信中内容提供。

信中将Conté译为“龚斗”，1930年12月24日《申报》第16版《里昂中法大学学生成绩之优越》中译为“恭德”。Conté是一种油色性铅笔。

2. 升入时间为1930年上半年

“年表”写其仅上一年预科即升入油画班实属错误。

根据“自传”中“由中央大学艺术系转来的吕斯百、王临乙两位同学已升入分专业的三年级油画班、雕塑班了”的叙述可知，在正常情况下，应到第三年方可升入专业班级。

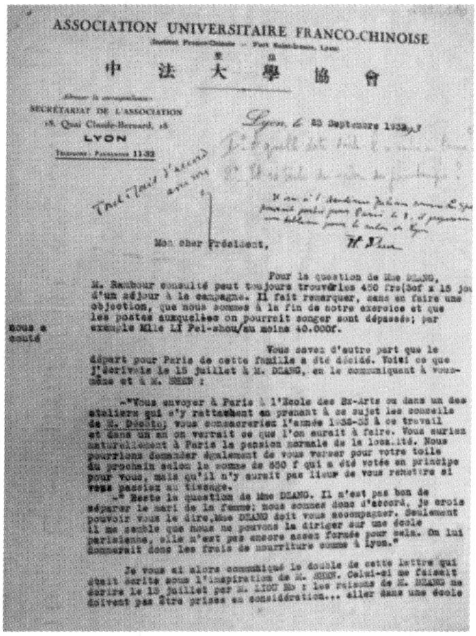
ASSOCIATION UNIVERSITAIRE FRANCO-CHINOISE

中法大學協會

SECRÉTARIAT DE L'ASSOCIATION
18, Quai Claude-Bernard, 18
LYON

Lyon, le 23 Septembre 193

Mon cher Président,

Pour la question de Mme DZANG, M. Rambour consulté peut toujours trouver les 450 frs(30f x 15 jou d'un séjour à la campagne. Il fait remarquer, sans en faire une objection, que nous sommes à la fin de notre exercice et que les postes auxquelles on pourrait songer sont dépassés; par exemple Mlle LI Pei-shou/au moins 40.000f.

Vous savez d'autre part que le départ pour Paris de cette famille a été décidé. Voici ce que j'écrivais le 15 juillet à M. DZANG, en le communiquant à vous-même et à M. SHEN :

-"Vous envoyer à Paris à l'Ecole des Bx-Arts ou dans un des ateliers qui s'y rattachent en prenant à ce sujet les conseils de M. Décoti; vous consacreriez l'année 1932-33 à ce travail et dans un an on verrait ce que l'on aurait à faire. Vous auriez naturellement à Paris la pension normale de la localité. Nous pourrions demander également de vous verser pour votre toile du prochain salon la somme de 650 f qui a été votée en principe pour vous, mais qu'il n'y aurait pas lieu de vous remettre si vous passiez au tissage.

-" Reste la question de Mme DZANG. Il n'est pas bon de séparer le mari de la femme; nous sommes donc d'accord. Je crois pouvoir vous le dire, Mme DZANG doit vous accompagner. Seulement il me semble que nous ne pouvons la diriger sur une école parisienne, elle n'est pas encore assez formée pour cela. On lui donnerait donc les frais de nourriture comme à Lyon."

Je vous ai alors communiqué le double de cette lettre qui était écrite sous l'inspiration de M. SHEN. Celui-ci me faisait écrire le 13 juillet par M. LIOU Mo : les raisons de M. DZANG ne doivent pas être prises en considération... aller dans une école

“自传”接着写其1930年参加了全校以“木工”为题的素描康德考试，获得第一名奖金而提前升入油画班。结合上面对第二学年成绩的汇报可印证升班时间为1930年。既然是“提前”升入，那么应该在第三学年之前升入，即1930年上半年。

3. 油画班的主任教授是谁?

常书鸿只是用中文音译为窦古特先生，所以无法判断法文原名并进一步确认具体是哪一位画家，从而通过对这位老师的风格及其对常书鸿绘画风格的影响做更深入的了解与判断。笔者根据里昂中法大学请示对常书鸿夫妻学习生活的安排意见的一份法文文件中提及的“Décôte 先生的建议”这一线索，查明“窦古特”法文原名为 Georges Décôte（1870—1951），法国象征主义画家居斯塔夫·莫罗（Gustave Moreau）的学生。

## 七、进入巴黎国立高等美术学院及师从劳朗斯的确切时间

上面这份文件形成于 1932 年 9 月，正值常书鸿刚刚从里昂国立美术专门学校毕业，他觉得已经完成了绘画方面的学业，希望能够到巴黎的丝织学校“走一条全新的路”。但里昂中法大学校长孙佩苍根据其在绘画方面的天分及取得的优异成绩与奖项，给出了更适合他走的路，批示：“他（按：常书鸿）可像吕斯百那样去朱利安学院学习，可于 8 日去巴黎。让他准备一幅画参加里昂的沙龙。”由此改变了常书鸿的艺术乃至人生道路。很快，常书鸿参加里昂全市油画家赴巴黎深造公费奖金选拔考试，获第一名，享受公费选派赴巴黎国立高等美术学院深造。

根据菲利普·杰奎琳博士通过对巴黎国立高等美术学院的相关档案进行系统研究所取得的成果，常书鸿是于 1932 年 10 月 26 日登记进入 Paul Albert Laurens 画室的。“自传”中写其 1933 年至 1935 年跟巴黎国立高等美术学校教授劳朗斯学习及劳朗斯于 1935 年病逝，也属记忆偏差，实为 1932—1934 年，Paul Albert Laurens 实于 1934 年 9 月 27 日去世。另外，需要注意的是有些资料将劳朗斯教授混淆误读为其弟弟 Jean-Pierre Laurens（1932 年 4 月 23 日去世）。

## 八、启程赴法亦于1928年

关于赴法的时间，因为会用到前面提到的文献，为便于引用与叙述，放在本文最后。笔者更倾向其是 1928 年赴法的，理由分述如下：

### 1. 从浙省官费生派遣程序判断

常书鸿在“自传”中介绍了其赴法前选派里昂中法大学公费生的情况：

> 当时我已经参加了浙江省教育厅选拔赴法国里昂中法大学浙籍公费生的考

> 试，但考完后迟迟未见发榜，盛传这次考试是虚有的空名，实际名额早已由几个大学私分了。我见公费留学无望，立即决定自费去法国留学。[①]
>
> 当时国内军阀当权，为了安插私人，严密控制里昂中法大学留学生名额，1923年陈毅、李富春等一批留法学生曾要求享受公费待遇，他们严词责问驻法公使陈禄，并围里昂中法大学，此事在国内也引起广泛的反响，国民党当局被迫改变选送办法，自1927年起由各省选派。[②]

此谓1923年的事件实为发生在1921年9月的“争回（占领）里大”运动。

常书鸿之前就读的浙江省立甲种工业学校，1920年改名为浙江公立工业专门学校。1923年常书鸿毕业后留校任染织科纹工场管理和预科美术教员。1927年8月改组为国立第三中山大学工学院；1928年4月第三中山大学改名为浙江大学，7月加“国立”两字。

国民政府教育行政委员会于1927年7月函询浙江省政府由国立第三中山大学在法国里昂大学（按：即里昂中法大学）设置学额十名，每名每年六百元，年计六千元，可否允许照办。经1927年7月13日浙江省务委员会第34次会议议决照办。此时仅是初步对浙省赴法官费生的学额进行了规定。

而此前浙省派遣官费留学生，办法参差，权限分歧；选派之后，又没有调查统计；留学一端，成为一篇烂账。于是，浙江省政府之后对留学事宜进行了积极整顿，先订定《浙江派遣留学办法大纲》七条，于1928年3月30日浙江省政府委员会第96次会议修正通过[③]；随后又把里昂中法大学的派遣学额及领费办法进行整饬，由浙江大学拟定了《里昂中法大学官费生派遣办法》，于5月4日浙江省政府委员会第111次会议由委员兼浙江大学校长蒋梦麟提议并议决通过，并在次日发行的《浙江大学教育周刊》上进行了公布。

同时，浙江大学为调查浙江省民元以来派遣欧美、日本官费留学生情形，于同期《浙江大学教育周刊》上刊发了《致民元以来官费留学生通函》，并附以编订的《民元以来浙江官费留学生一览表》，希望诸生核阅后将表中关于自身或所知

---

① 常书鸿：《九十春秋 敦煌五十年》，浙江大学出版社1994年版，第9页。

② 常书鸿：《九十春秋 敦煌五十年》，浙江大学出版社1994年版，第12—13页。

③ 《浙江派遣留学办法大纲》，《浙江大学教育周刊》1928年第2期。

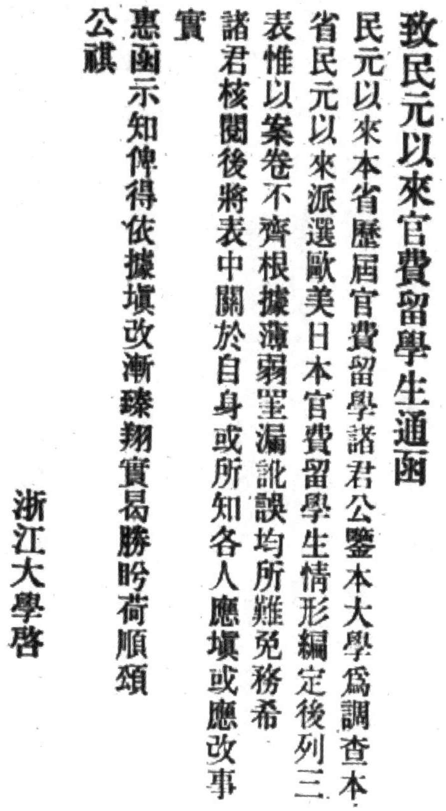

致民元以來官費留學生通函

民元以來本省歷屆官費留學諸君公鑒本大學爲調查本省民元以來派選歐美日本官費留學生情形編定後列三表惟以案卷不齊根據薄弱罣漏訛誤均所難免務希諸君核閱後將表中關於自身或所知各人應塡或應改事實

惠函示知俾得依據塡改漸臻翔實曷勝盼荷順頌

公祺

浙江大學啓

各人应填或应改信息惠函示知，俾得依据填改渐臻翔实。并整理出《元年至十六年浙江官费留学生学科表》刊发于同月26日发行的《浙江大学教育周刊》。

虽然未找到关于“浙江省教育厅选拔赴法国里昂中法大学公费生考试”的相关报道，无法确定具体时间，但循政府通常办公程序可知，考试一般要在相关办法通过并公布后进行。作为能够界定其赴法时间的最早的参照节点，基本已可确定其赴法时间不会早于1928年。

2. 从“自传”所述相关细节的逻辑合理性判断

“自传”中记录常书鸿赴法和被里昂中法大学录取均在1927年，由前文已知其被录取实为1928年，“自传”应属记忆偏差。虽然记错了具体年份，但事件发生的顺序、两个节点是否跨年记错的可能性应不大，据此，其赴法也应在1928年。且“自传”中写其夏天初到巴黎时得到在巴黎高等美术学校半工半读的老乡郎鲁逊的帮助，而据菲利普·杰奎琳博士的研究成果，郎鲁逊是1927年11月进入画室的，故常书鸿不可能是1927年到的巴黎。另外，“自传”中从其抵达法国到看到《申报》期间只做了简短的叙述，如果这段时间有一年之久，应会有更多记录。其看到《申报》时正“决心认真地长期攻读下去，但家庭的困难和母校补助又都不允许我专门学习，正在踌躇中”，其家庭困难的经济条件不会允许其在一年后才踌躇。

3. 由其妻陈芝秀赴法时间反推

由“年表”，在常书鸿赴法的第二年，陈芝秀也追随赴法。1937年7月27日《申报》第15版“留法女雕塑家陈芝秀返国”中明确记载陈芝秀“于十八年

（1929）由浙江教育厅选派赴法”，由前述可知，陈芝秀于 1931 年才递补成为里昂中法大学官费生，所以此处应指其实际赴法的年份；此在前述陈芝秀于 1930 年 10 月致浙江省妇女协会函中“年余以来”之表述亦能得到印证。由此亦可得到常书鸿 1928 年赴法的推论。

留法女雕塑家 陳芝秀返國

留法雕塑家陳芝秀女士、於十八年由浙江教育廳選派赴法、先在法國國立里昂美術學校畢業後、又考入巴黎國立高等美術學校雕塑科、為東方女子正式考入該校之第一人、從名雕刻師[illegible]卜及台加[illegible]學習、頗獲[illegible]師友所讚許、曾先後陳列里昂及巴黎沙龍、獲得不少好評、前年曾以「女孩銅像」、得法國教育部美術司長[illegible]依司門氏之稱許、今[illegible]駐法中國大使郭泰祺之請、爲總理造銅像

4. 由常书鸿信中信息判断

由前述常书鸿信中“到法后初补习法文，一年后（1929）言语稍通才申请报考里昂丝织学校”。且“自传”中写其到法之初是半日做工半日学习，把全部业余时间用来学习法文和绘画技术，如果是 1927 年即到法，不至于到 1929 年才达到言语稍通之程度。

5. 启程日期及邮轮

常书鸿在“自传”中叙述是于 1927 年 6 月 16 日乘上海开往马赛的达达尼亚（“年表”中写明其法语原文为 D’Artagnan）大邮船赴法的。

笔者查阅《申报》刊载的邮轮班次起航日期，该轮曾分别以达亚得（德）那、达亚塔那、达亚得南（让）等译名出现，其中 1927 年 6 月至 1928 年间由上海启程赴马赛有五次，分别为 1927 年 6 月 4 日（农历五月初五）、1927 年 10 月 22 日（农历九月廿七）、1928 年 2 月 11 日（农历正月二十）、1928 年 6 月 2 日（农历四

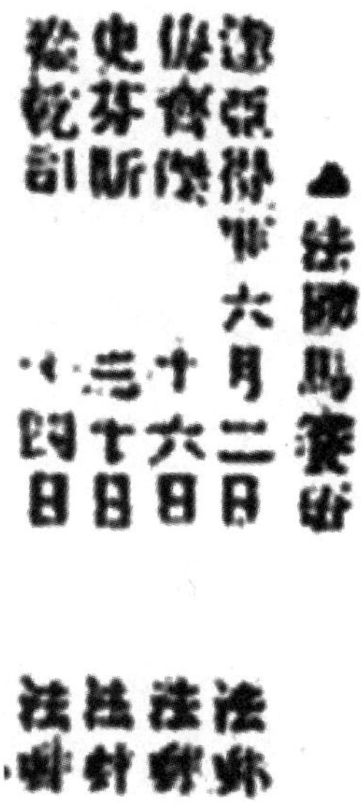
▲法郵馬賽的
六月二日

月十五）、1928 年 10 月 6 日（农历八月廿三），公历与农历日期均无与“6 月 16 日”一致者。仅在 1928 年 6 月 16 日有另外一艘由上海至马赛的邮轮“梅齐杰”号起航。据此，分两种可能讨论：

（1）邮轮的名字无误：从“自传”中对行程中季节的描述、到法的记录及前面的分析综合推断，其赴法日期很可能是 1928 年 6 月 2 日。时任国民革命军航空队司令部参谋长蒋逵，偕同国民政府军事委员会航空处飞机工厂厂长王承黻赴欧考察，也是乘这班邮轮赴法的[①]，蒋逵在《旧中国航空界见闻》[②] 中写道“当这年八月北伐军进抵北京，战争结束时，我和王承黻也正好到达巴黎”，参考“自传”中“很快地过完了一个月的航海旅行，到达马赛”的叙述，抵达马赛的时间应早于 8 月。

（2）6 月 16 日的日期无误：则应为乘“梅齐杰”号赴法。

以上分析与判断只是基于笔者现在掌握的文献，期望将来新文献的发现，会使当前结论得到证实、修正或推翻。

凡事，尤其研究历史，只以孤证作为定论向为大忌，而回忆材料极易失之准确客观，尤其其中一些基本的信息，须对照相关文献进行考辨，尽可能还原到当时的真实情况。

希望本文或可给业界今后研究 20 世纪留欧美术家提供些许参考借鉴。

① 《航业要讯 蒋王赴法》,《申报》1928 年 6 月 1 日第 18 版。

② 《天津文史资料选辑（第 27 辑）》，天津人民出版社 1984 年版。

# 有关滕固博士论文的几份原始文献[①]

李雪涛
北京外国语大学全球史研究院

**摘　要：** 作为中国现代美术史上重要的人物，滕固于 1932 年在德国柏林大学提交了他的博士论文并通过了博士口试，于 1935 年正式获得博士学位。本文通过对有关滕固博士论文的 9 份德文原始档案资料的分析，对这位在德国获得美术史专业哲学博士的第一位中国人的一些基本事实予以了澄清。

**关键词：** 滕固　中国美术史　留学史　汉学

## 一、滕固其人其事

在 20 世纪中国美术史中，滕固（1901—1941）扮演着非常重要的角色。他

① 感谢中央美术学院的殷双喜教授、葛玉君博士在 2015 年夏天举办的“格局·格调——首届中国画博士学术邀请展”的开幕式座谈会上有关滕固博士论文富有启发性的谈话；感谢我的学生温馨（西安）、李洁（波恩）帮我辗转找到滕固的几份档案文献；感谢柏林洪堡大学档案馆馆长宝丽茨克（Aleksandra Pawliczek）博士为我提供这些档案文献，并允许在论文中使用；感谢北京外国语大学全球史研究院的顾彬（Wolfgang Kubin）教授，德国杜塞尔多夫大学原校长、德国国家科学院院士腊碧士（Alfons Labisch）教授为我辨认德文手写的口试记录和成绩；感谢德国爱尔兰根—纽伦堡大学汉学系郎宓榭（Michael Lackner）教授，北京外国语大学欧语学院的麦克雷（Michele Ferrero）教授和李慧博士在拉丁语方面的帮助；感谢中央戏剧学院的沈宁先生为我提供的沈宁《被遗忘的存在——滕固文存》（台北：秀威资讯科技股份有限公司，2011 年）一书。本文曾刊载于《美术研究》2017 年第 3、4、5 期，在收入本论文集时，做了较大的幅度的修订。特此说明。

不仅是一位有着极深艺术造诣的画家，更是对宗教、美学、考古、文学、戏剧等的创作和理论都有过系统学习和训练的学者。从所受教育方面来讲，滕固从小习诗作文，具有很好的中国古典文化修养。他于 1920 年 9 月赴日本留学，首先在那里的德法语言学校学习德语，1921 年元月考入东京的东洋大学（Toyo University）攻读艺术学和历史学。1924 年 3 月滕固从东洋大学毕业，回到上海后任教于上海美术专门学校，教授艺术理论课程。1931 年 4 月滕固在德国的柏林大学注册，开始师从著名的东亚艺术史家屈梅尔教授学习艺术史。1932 年 7 月滕固参加了博士考试，并于 1935 年 10 月获得博士学位。滕固的博士论文《唐宋时期的中国绘画理论》以及其后的专著《唐宋绘画史》（上海：神州国光社，1933 年）都是尝试着将西方艺术史研究方法运用到中国艺术，特别是绘画研究中的先驱。1938 年 7 月杭州与北平两家艺术专科学校合并，成立“国立艺术专科学校”，教育部聘滕固为校长。1941 年 5 月滕固因患脑膜炎，在重庆中央医院病逝。在中国美术史学科的创建方面，滕固自然有筚路蓝缕之功。

近年来有关滕固的研究，取得了很大的进展，他生前出版的有关中国美术史的著作如《中国美术小史》《唐宋绘画史》等也不断得到重印。① 他 1932 年在柏林大学撰写的博士论文 *Chinesische Malkunsttheorie in der T'ang und Sungzeit*（《唐宋时期的中国绘画理论》）也被译成了中文，得以出版。② 这些整理和翻译工作对于作为艺术史家的滕固本人的研究，乃至艺术史在民国时期的发展研究都是非常有意义的。

---

① 沈宁编：《滕固艺术文集》，上海人民美术出版社 2003 年版；沈宁编：《中国美术小史 · 唐宋绘画史》，吉林出版集团 2010 年版；滕固著，沈宁编.《滕固美术史论著三种》，商务印书馆 2011 年版；滕固原著，陈世强编著：《唐宋绘画史——滕固〈唐宋绘画史〉自校本及其研究》，东南大学出版社 2015 年版。

② 目前有张映雪译的两个版本：（1）滕固：《唐宋画论考》，张映雪译，收入上揭沈宁编《中国美术小史 · 唐宋绘画史》，第 143—233 页；（2）滕固：《唐宋画论：一次尝试性的史学考察》，张映雪译，毕斐校，收入上揭滕固著，沈宁编《滕固美术史论著三种》，第 153—237 页。其中 2011 年版本的《唐宋画论：一次尝试性的史学考察》有一些错误，如第 155 页：德文原文的误植：（1）“校者注”的副标题“Versuch einer Geschichtlichen Betrachtung”，将 Geschichtlichen 误作了 Geschitlichen；（2）注 4 中，将“Die chinesische Kunsttheorie”中的 Kunsttheorie 误作了 Kunstteorie；第 157 页的注 1 中“我的工作承蒙……的惠助和鼓励”，德文原文为：Während meiner Arbeit empfing ich Förderung und Anregung durch …（S. 2）。这里的 Arbeit 显然是指 Doktorarbeit（博士论文），意思是“在（转下页）

## 二、滕固留学德国的档案文献

有关滕固在德国的留学和博士学位的情况，沈宁先生有论文《滕固博士学位考》[①]，对很多问题予以了说明。近年来，我做了一些有关中国留德学人的留学史研究，对滕固——这位第一个在德国获得美术史专业哲学博士的中国人自然也很感兴趣。2015 年 10 月，我从柏林洪堡大学档案馆获得了有关滕固的几份原始档案文献，“柏林洪堡大学档案馆存放编号：哲学学院 795，授予滕固博士学位”（Humboldt Universität zu Berlin – Archiv – Bestand：Phil. Fak. 795，Promotionen Ku Teng），这些文件包括：（1）提交博士论文和办理博士考试手续的申请，1 页（有滕固的签名，临时编号为 24）；（2）简历，1 页（有滕固的签名，临时编号为 25）；（3）哲学学院参加博士考试的申请表，1 页（有哲学学院院长的签名，临时编号为 27）；（4）哲学学院院长给考试委员会写的有关滕固学期核算的证明，1 页（有院长的签名，临时编号为 28）；（5）授予博士学位许可的申请，1 页（有滕固签名，临时编号为 29）；（6）博士论文评阅人屈梅尔（Kümmel）教授和布林克曼（Brinckmann）教授的评语，3 页（打字件，有屈梅尔和布林克曼的签名，临时编号也是 27）；（7）哲学学院博士口试的记录和成绩，2 页［手写，有屈梅尔、布林克曼、布莱斯希（Breysig）和罗登瓦尔特（Rodenwaldt）四位教授的评语和签名，临时编号为 32］；（8）博士证书（拉丁文，无编号）；（9）博士论文，正文 65 页［1935 年柏林德古意特（Walter de Gruyter & Co.）出版的正式版本，临时编号为 38］。这些一手的档案文献，对于研究滕固的留学生活、他的博士论

（接上页）我做博士论文期间得到了……等诸先生的支持和鼓励”。此外，第 166 页滕固所引王微《叙画》中的句子“Der Geist ist unsichtbar，und die Augen der Menschen sind beschränkt”（S. 10），校者注指出这句是衍文，所以不译。实际上，这一句正是“目有所极，故所见不周”的德文翻译。滕固的这一句是意译，意思是说人的精神（灵）是无限的，而我们的视野是受限的。王微从根本上反对写实，认为画家应当从狭隘的视野和写实中解放出来。还有一些其他的错误，如 A. H. Giles 的中文译名，第 155 页作“翟里斯”，而在第 169 页注 1 中又写作“翟里思”；屈梅尔的著作《中国和日本的艺术》（*Die Kunst Chinas und Japans*）（第 202 页注 1）以及《中国和日本艺术》（第 220 页注 1），此书并未被译成中文，因此这样的引文容易引起误解。第 200 页“校者注”中所引的“孙周兴先生译作《查拉图斯特拉如是说》”也没有任何版本说明。

① 沈宁：《滕固博士学位考》，《新美术》2003 年第 4 期。

文乃至后来的学术生涯都会有一定的帮助。

## （一）提交博士论文和办理博士考试手续的申请书

这份档案共 1 页，右上角有用铅笔写上的临时编号 24。申请书是打字件，有滕固的签名。内容翻译如下：

柏林，1932 年 6 月 17 日

院长阁下

请允许我在提交我的博士论文“唐宋时期的中国绘画理论”和我个人身份文件的同时，也提出请您接受我办理博士考试手续的请求。

我想参加考试的科目有：

主专业——艺术史（屈梅尔博士教授、布林克曼博士教授）

副专业——1. 考古学（罗登瓦尔特博士教授）

2. 历史学（布莱斯希博士教授）

3. 哲学（德索伊［Dessoir］博士教授）

博士候选人

地址：夏洛滕堡，法萨内恩大街 11 号，雅斯贝（Jasper）家转

滕固（签名）

致大学哲学学院

院长阁下

从这一份申请书来看，滕固在柏林大学的专业比较清楚，他当时选的是一门主专业（Hauptfach）和三门副专业（Nebenfächer）：主专业是艺术史，三门副专业分别是考古学、历史学和哲学。曾经指导过滕固的这几门专业的教授的情况如下：

1. 屈梅尔

屈梅尔（Otto Kümmel，1874—1952），这个名字对于我们这些曾经在德国

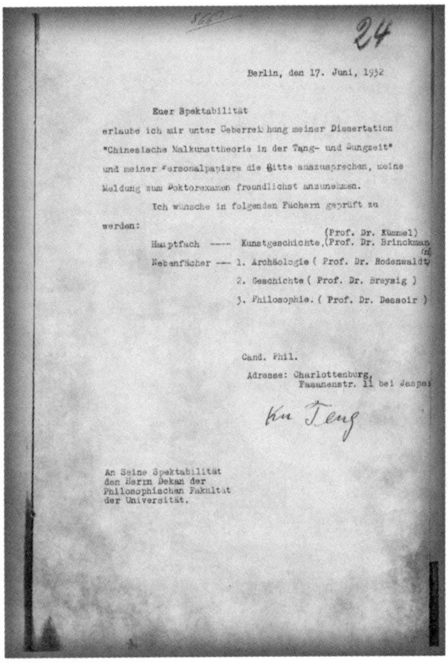

24

Berlin, den 17. Juni, 1932

Euer Spektabilität

erlaube ich mir unter Ueberreichung meiner Dissertation "Chinesische Malkunsttheorie in der Tang- und Sungzeit" und meiner Personalpapiere die Bitte auszusprechen, meine Meldung zum Doktorexamen freundlichst anzunehmen.

Ich wünsche in folgenden Fächern geprüft zu werden:

Hauptfach ---- Kunstgeschichte (Prof. Dr. Kümmel) (Prof. Dr. Brinckmann)

Nebenfächer --- 1. Archäologie ( Prof. Dr. Rodenwaldt)

2. Geschichte ( Prof. Dr. Breysig )

3. Philosophie. ( Prof. Dr. Dessoir )

Cand. Phil.

Adresse: Charlottenburg,
Fasanenstr. 11 bei Jaspe

Ku Teng

An Seine Spektabilität
den Herrn Dekan der
Philosophischen Fakultät
der Universität.

图1　滕固1932年6月17日提交博士论文和办理博士考试手续的申请

读过汉学的人来讲并不陌生。王光祈（1891—1936）1933年翻译海尼士（Erich Haenisch，1880—1966）的《近五十年来德国之汉学》中将“屈梅尔”译成“扣买耳”，在有关东亚美术研究方面他写道：

> 其在美术方面，吾德成绩比较良好。东亚美术，近年以来，极占优势，其在欧洲美术界所占地位之重要，实际上远胜于在中国自己艺术界中。德国博物馆中，颇能采收若干极有价值之作品。而有关美术之良好著作，亦复不少，为汉学家极愿阅读者。吾人但举几位大名，如格罗斯（Grosse）、扣买耳（Kümmel）、波尔邪满（Boerschmann）诸人之类，即足。惟上述著作之中，如有不属于美学的作风的技术方面，而系属于美术的历史方面，则当然涉及汉学方面；是为上述著作所不能免之缺点。[①]

由于这些东亚艺术史、美术史的专家并非汉学家、汉语语文学家，因此在他们的著作中出现一些汉学知识方面的错误是在所难免的，而这正是被作为汉学家的海尼士所诟病的。1938年韩奎章在《东方文化月刊》上撰文《德国人的汉学研

① ［德］海尼士：《近五十年来德国之汉学》，王光祈译，收入李雪涛编《民国时期的德国汉学：文献与研究》，外语教学与研究出版社2013年版，第24—41页，此处引文见第29—30页。

究》，将“屈梅尔”的名字翻译成了“曲梅路”。[①]20世纪90年代末我在波恩大学读书的时候，还上过葛莲（Dorothee Kehren）博士有关东亚艺术史的课程，当然屈梅尔的《东亚艺术》（1921）[②]、《中国、日本及朝鲜的艺术》（艺术手册第26卷）[③]以及为当时在柏林的东亚艺术博物馆举办的展览而编著的《中国艺术》（1930）[④]也都是我们当时的参考书目。后者是1929年1月11日至4月2日由在柏林的东亚艺术协会和普鲁士艺术院共同举办的“中国艺术展”的目录，前言由屈梅尔撰写。这是在欧洲第一次如此大规模地展出中国各个时代、不同流派的艺术品。目录中对所选取的200件艺术珍品进行了解说和艺术史的分析。

屈梅尔自1893年开始在弗莱堡大学学习考古学和哲学，1896年至1897年他在波恩大学和巴黎的国立东方语言文化学院（Institut national des langues et civilisations orientales）学习了汉语和日语。1901年他在弗莱堡大学取得博士学位，论文是有关埃及纹饰艺术的。1906年他被威廉·冯·博德（Wilhelm von Bode，1845—1929）招为助手，之后三年他在日本收藏了无数的东亚艺术珍品，这为柏林的博物馆收藏奠定了最初的基础。当时日本著名收藏家林忠正（1853—1906）刚刚去世，有大量的艺术品原件供屈梅尔选择。1912年他与威廉·科恩（William Cohen，1880—1961）共同创办了《东亚杂志》（*Ostasiatische Zeitschrift*）——这是西文中第一份有关东亚艺术的刊物，出版至战争期间的1943

① 韩奎章：《德国人的汉学研究》，收入上揭李雪涛编《民国时期的德国汉学：文献与研究》，第47—66页，此处引文见第64页。有关“曲梅路”，韩奎章写道：“德国为了便于汉学和人种学的研究起见，在柏林很早便设立一个‘人种博物馆’，现任馆长曲梅路教授（Prof. O. Kümmel）和该馆东亚人种部主任列兴，不但同为德国有名的汉学家，对于人种学、考古学和东方艺术方面，也全有很深的造诣。……关于东方艺术的著作……曲梅路教授所著的《东亚的艺术》（1921）、《中国、日本及朝鲜的艺术》（1929）及《柏林博物馆东亚部中的中国古代铜器》（1928），各书的内容亦均甚精采。……由曲梅路教授主编偏重于东亚艺术的柏林《东亚杂志》（*Ostasiatische Zeitschrift*），迄今已有23年的历史。”出处同上，第64页。

② Otto Kümmel, *Die Kunst Ostasiens*. Berlin: Bruno Cassirer Verlag, 1921, 168 S.

③ Otto Kümmel, *Die Kunst Chinas, Japans und Koreas*. Handbuch der Kunstwissenschaft Band 26. Wildpark-Potsdam: Akademische Verlagsgesellschaft Athenaion, 1929, 198 S.

④ Otto Kümmel (Vorwort), *Ausstellung Chinesischer Kunst*. Veranstaltet von der Gesellschaft für Ostasiatische Kunst und der Preußischen Akademie der Künste Berlin, 11. Januar bis 2. April 1929. Berlin. Würfel Verlag, 1929, 405 S.

年。这也是滕固的论文最初能够发表在这份杂志上的缘故。

第一次世界大战期间，屈梅尔在军中担任过军官。1923 年 10 月 9 日由他策划和主持的东亚艺术博物馆［在今天的马丁—格罗皮乌斯建筑（Martin-Gropius-Bau）中，现在这里是亚洲艺术博物馆的一个展部］开业。他用毕生的精力在德国和欧洲其他国家组织过无数的东亚艺术展。实际上，东亚艺术史正是由于屈梅尔的努力而成为德国大学的一门专业，并且在方法论上得到了进一步的拓展。1927 年他也成为柏林大学东亚艺术史的名誉教授，培养出了包括滕固在内的一批东亚艺术史家。纳粹攫取政权之后，屈梅尔迫不及待地加入了纳粹党。当时在莱比锡大学任教的汉学家叶乃度（Eduard Erkes，1891—1958）由于是社民党的党员，经屈梅尔的告发而被莱比锡大学和莱比锡民族博物馆解雇，之后叶乃度也被禁止发表言论和出版著作：

> 1933 年哲学学院开始并没有打算解雇叶乃度。是柏林博物馆的馆长屈梅尔告发了他，大学是在纳粹党办事处的压力下做出这样的决定的，没有人知道屈梅尔的动机是什么。是否他和叶乃度曾有过私人争执——叶乃度也曾经在博物馆中工作过，还是屈梅尔想讨好新的当权者？原因最终已经不重要了。①

叶乃度被告发显然不是个案，屈梅尔也因此飞黄腾达，1934 年他成为了普鲁士博物馆总馆长。1939 年他已经到了退休的年龄，但由于战争的缘故，他依然还要留任。

1940 年屈梅尔接受了帝国宣传部长戈培尔（Joseph Goebbel，1897—1945）的秘密委托，完成了三卷本的艺术品目录。目录中的艺术品自 16 世纪以来被运往了国外，特别是拿破仑战争和“一战”后的《凡尔赛条约》中德国损失的艺术品，必须重新运回帝国。犹太人拥有的艺术品并不需要证明有什么德意志的来

① 君特·列文（Günter Lewin）：《叶乃度和莱比锡汉学》，载马汉茂等主编《德国汉学：历史、发展、人物与视角》，李雪涛等译，大象出版社 2005 年版，第 424—453 页，此处引文见第 440 页。引文根据原文略有调整。

源，就可以予以没收。[①] 就这样，荷兰著名画家维梅尔（Jan Vermeer van Delft，1632—1675）的《天文学家》（*De astronoom*，1668）从犹太人罗特希尔德收藏（Rotschildsammlung）转移到了希特勒的私人收藏中。因此也有当代历史学家认为屈梅尔是“第三帝国中博物馆掠夺的元凶之一”。[②] 令人痛心疾首的是，屈梅尔前半生在很多艺术领域苦心孤诣地经营，在 1945 年的大轰炸中大部分被化为灰烬。由于他是纳粹党员，战后马上遭到了解职。

不过，不论是在艺术史的造诣还是东亚文化和语言方面，屈梅尔都是泰斗式的人物。他为德国乃至世界培养了东亚艺术史的杰出人才，包括后来出任科隆东亚艺术博物馆馆长的施维耐（Werner Speiser，1908—1965），著名中国艺术史家、汉学家孔达（Victoria Conta，1906—1973），后来任职于纽约大都会博物馆东亚部的恩斯特·阿施温王子（Ernst Aschwin Prinz zur Lippe，1914—1988）等等。由于他与第三帝国的合作，也使得对他的评价困难重重。但滕固在柏林大学不长的艺术史训练中，屈梅尔还是起了关键的作用。

2. 布林克曼

滕固主修专业艺术史专业的另外一位教授是布林克曼（Albert Erich Brinckmann，1881—1958），他也是滕固博士论文的第二评阅人，他本人可以算作德国 20 世纪上半叶最著名的艺术史家了。布林克曼早年在柏林和慕尼黑学习艺术史，之后他系统地将城市建设艺术归入了艺术研究之中，并在其中寻求与当代艺术紧密相连的艺术形式。他反对奥地利城市设计师希特（Camillilo Sitte，1843—1903）所谓浪漫化的城市设计理念。对布林克曼来讲，最重要的是他的老师沃夫林（Heinrich Wölfflin，1864—1945）给他的启发——将对造型问题溯源式的接受归入研究之中，因此他特别把形式阐释为是对人的生存感受的反映。自 1916 年开始，他主编了著名的《艺术学手册》（*Handbuch der Kunstwissenschaft*）。

布林克曼永久的功绩在于将巴洛克艺术的研究拓展到了罗曼语国家。实际上他在早期研究中就已经意识到了俄国巴洛克建筑和雕塑的艺术史价值，他对空间

① Günther Haase，*Kunstraub und Kunstschutz*. Band I：Eine Dokumentation. Olms，Hildesheim 1991，S. 198-202.

② Jonathan Petropoulos，*The Faustian Bargain：The Art World in Nazi Germany*. Oxford University Press，New York 2000，pp. 56-57.

创造以及在空间中起作用的形式和结构一直怀有极大的兴趣。1925年他的《大师的晚期作品》(*Spätwerke großer Meister*，1925)是在跨学科领域对这一艺术史现象做学术探索的重要著作，同时提出了“旧式”(Altersstil)的合法性，特别是其思想性的问题。在此，布林克曼不仅参考了当时最新的心理学研究的成果，同时也关注到了心理—生理对于永恒事物的想象。

布林克曼的新康德主义的观点使他更加接近生命，因此他重视艺术的内涵，同时强调艺术的道德责任。他将艺术现象等同于民族的绝对特征来看待，并且对品格的估计过高。有一段时间布林克曼与意大利法西斯的关系较为密切，但为时很短。尽管1933年3月他加入了纳粹党，但后来没有在政权中起到什么作用。

3. 罗登瓦尔特

滕固的考古学教授是罗登瓦尔特(Gerhart Rodenwaldt，1886—1945)，他是德国古典时期考古学家。他于1904年起在柏林大学学习古典考古学、语文学和艺术史，之后于1908年在海德堡和哈勒大学取得了博士学位。1909—1910年罗登瓦尔特获得了德意志考古研究所(Deutsches Archäologisches Institut，DAI)旅行资助，到过地中海地区搜集有关梯林斯(Tiryns)宫殿的资料——梯林斯是希腊迈锡尼文明的一个重要遗址。他以这一研究作为他的教授资格论文，于1912年在柏林大学获得教授资格。1922年他当选为德意志考古研究所的秘书长，主要组织研究所在国外的考古工作。1932年他开始在柏林大学任教，同时兼任德意志考古研究所副所长。也正是在此时，滕固选了他的考古学课程，他也参加了滕固的口试。除了一般的希腊考古学之外，罗登瓦尔特教授对希腊上古时期的科夫岛宫殿山墙雕刻以及希腊的神像也有诸多研究。而在有关罗马时期的考古学中，他特别关注诸如当时的石棺浮雕等的艺术发展。我想这也是滕固愿意选他的课的原因，并且滕固回到中国后，于1934年任中央古物保管委员会的常务委员，撰写了一系列有关两汉、南北朝时期石刻、瓦当、汉画像石等的文章。[①] 滕固对实物艺术的重视和

① 这一时期，滕固有关汉魏两晋南北朝时期的艺术考古方面的文章主要有：《霍去病墓上石迹及汉代雕刻之试察》《六朝陵墓石迹述略》《访查安阳宝山石窟记》《燕下都“半规瓦当”上的兽形纹饰》《茂陵和昭陵的伟大史迹》《西陲的艺术》《南阳汉画像石刻之历史的及风格的考察》等以实地考古发现为基础的艺术史研究成就。见上揭滕固著，沈宁编《滕固美术史论著三种》，第243页。

考察，跟他接受罗登瓦尔特的艺术考古学思想不无关系。

4. 布莱斯希

历史学——滕固第二副专业的教授为布莱斯希（Kurt Breysig，1866—1940），系当时德国著名的历史学家。1884 年他开始在柏林学习法律，一年后转到图宾根学习艺术史，此后于 1886 年又回到柏林学习历史学。1888—1890 年他以《勃兰登堡—普鲁士 1640—1697 年间的财政管理》（*Die brandenburgisch-preußische Finanzverwaltung von 1640 bis 1697*）的博士论文而获得博士学位。布莱斯希于 1892 年完成了教授资格论文，但直到 1923 年才成为柏林大学普世史和社会学的教授。为了能安静地写作，他 1933 年便退休了，在波茨坦南部的家中著述，一直到 1940 年去世。

在德意志民族主义泛滥的时代，政治史一直在历史学中占据着中心的地位，但布莱斯希的历史研究更注重文化史。借助于兰克（Leopold von Ranke，1795—1886）和特赖奇克（Heinrich von Treischke，1834—1896）的史学思想，布莱斯希也更加注重大人物的价值（尽管他希望超越德意志历史主义）。尽管他重视兰普雷希特（Karl Lamprecht，1856—1915）和马克思（Karl Marx，1818—1883）对经济史的关注，但他更喜欢他们反人格主义的思想。而在布克哈特（Jacob Burckhardt，1818—1897）和尼采（Friedrich Nietzsche，1844—1900）那里，布莱斯希认识到了在不同民族的发展过程中艺术的意义。

1922—1934 年留学德国的中国历史学家姚从吾（士鳌，1894—1970）曾撰文对布莱斯希的人类历史阶梯说（Der Stufenbau der Weltgeschichte）进行过解释[①]，与德国著名历史学家施本格勒（Oswald Spengler，1880—1936）一样，布莱斯希

---

① Kurt Breysig，*Der Stufenbau und die Gesetze der Weltgeschichte*. Berlin 1905./2.，stark vermehrte Aufl.：1927/3. 1950. 1936 年姚从吾撰文对当时柏林大学著名中国历史学家福兰阁（原文作“弗郎克”，Otto Franke，1863—1946）的中国历史研究做了评述，在谈到布莱斯希（姚译作“布莱济喜”）时写道：“布莱济喜在柏林大学任近代史，历史哲学教授。主张‘阶梯说’用以解释人类的历史，著作甚多，不属普鲁士历史派，而属于文化史派。远祖维考（Vico，1668—1774）、孔德（Aug. Comte，1798—1857），近接布克哈特（Jacob Burckhardt，1818—1897）与蓝浦瑞喜提（K. Lamprecht，1856—1915）。我在 1925 到 1928 年曾参加他的研究所工作及家庭聚会，常聆听他对海格耳诸家历史哲学的批评。他的名著《阶梯说与世界史的定律》（*Der Stufenbau und die Gesetze der Weltgeschichte*），他日当另文介绍。简单说，布莱济喜观察历史，以为人类历史演进的时代，也是受生理原则支配的，（转下页）

也奉持着“文化形态学”（Kulturmorphologie）的历史观[①]，这些都可能间接地对滕固产生了影响。早在《中国美术小史》（1926）中，滕固就将中国美术史发展的阶段分为“生长时代”、“混交时代”、“昌盛时代”和“沉滞时代”四个阶段。

5. 德索伊

滕固的第三副专业是哲学，他的导师是德国著名哲学家、医学家、心理学家和艺术史家德索伊（Max Dessoir，1867—1947）。德索伊于 1889 年在柏林大学获得哲学博士，1892 年在维尔茨堡大学获得医学博士的学位，1897 年在柏林大学获得心理学的教授职位。他的主要兴趣在于美学和通灵学的心理学，并在此基础之上致力于系统艺术学的重建。

德索伊将心理学既不归在通常的领域，也不归在病理学的范畴，而是称之为“通灵学”（Parapsychologie）。德索伊强烈地批判了神秘学，特别是史坦纳（Rudolf Steiner，1861—1925）的人智学。1917 年他出版了具有划时代意义的著作《论心灵的彼岸》（*Vom Jenseits der Seele*），这部著作至 1930 年就出版了 6 次，一直到 20 世纪 60 年代还在重印。在这部著作中，德索伊集中研究了通灵学、精神物理学、神秘学以及“神秘观念论”。作为批判者，德索伊参加过很多所谓的“降魔会”（Séancen），并在他的著作中将这些文献作为病案的报告来研究。他对人智学有着详细的描述，被视为“通灵学”（Parapsychologie）这一概念的首创者。1906 年他开始创办《美学与普通艺术学》（*Ästhetik und allgemeine*

---

（接上页）由是而形成种种不同的阶梯。好像一种花草，由发芽而吐蕾含苞，由吐蕾含苞而开花，由开花而结实。世界各民族文化的演进，都有这类样的种种阶梯。有孩提时期，即太古期；有童稚时期，即上古期；有少年时期，即中世纪；有壮年时期，即近世纪；有老壮时期，即最近代。惟因种种关系，各民族文化演进所历阶梯的时期，彼此不尽相同。长者千年，短者可以缩至数世。照布莱济喜的意见，中国的历史尚在童稚时期。不过在所有各民族的童稚时期中，中国的童稚时期发展的最为光辉璀璨灿烂，贡献也最为伟大。”［姚从吾《德国弗郎克教授（Prof. Otto Franke）对于中国历史研究的贡献》，载《新中华》第 4 卷第 1 期，1936 年 1 月 10 日。此文收入上揭李雪涛编《民国时期的德国汉学：文献与研究》，第 154—173 页，此处引文见第 165 页］文中所提到的“海格耳”，即著名哲学家“黑格尔”（Friedrich Hegel，1770—1831）。姚从吾后来并没有撰写专文介绍布莱斯希教授及其历史学的成就。

① Oswald Spengler：*Der Untergang des Abendlandes – Umrisse einer Morphologie der Weltgeschichte*. Wien：Braumüller，1918（Band 1：*Gestalt und Wirklichkeit*）. München：C. H. Beck，1922（Band 2：*Welthistorische Perspektiven*）.

*Kunstwissenschaft*）专业期刊，可见他的兴趣非常广泛。由于他有 1/4 的犹太血统，1933 年他被纳粹政府禁止在大学教书，1940 年后不许发表出版任何著作，并且禁止了他的各种学术活动。滕固之所以选择他，是因为德索伊本人既对艺术史、美学有着很深的造诣，同时也对异域文化兴趣浓厚。

19 世纪末到 20 世纪初德语世界有关艺术史、美学和文化史的新思想、新观点和新理论层出不穷。德国的艺术理论也从主观的自然美、艺术美的描述，发展到了对艺术作品风格的分析，这也成就了后来的现代美学和艺术学。到了滕固留学的 20 世纪 30 年代，德语世界的艺术学已经非常发达。而这样的一个专业和教授的配置，在当时不仅仅是在柏林大学，乃至在欧洲也可谓是最强阵容了。这些教授有一个共同的特点，即不论是研究历史学，还是考古学，都和艺术史相关。这样的一个组合很可能是屈梅尔教授的建议，并且是由他帮忙推荐的，因为滕固本人不可能一开始就做出这样的选择。艺术史、历史、考古学、哲学等领域的这些德国学者为滕固从现代学术进入唐宋时代的中国绘画史研究带来了不同的方法论和研究视角，并为他后来取得的学术成就奠定了坚实的基础。

### （二）简历

这份文献仅有 1 页，右上角用铅笔写的临时编号为 25。文献是一份用打字机打印的文件，下面有滕固的签名。译文如下：

简历

本人滕固，1900 年 10 月 13 日作为高级教师滕子项（Tse-Siang Teng）之子，出生于江苏省的宝山[①]。本人自 1906 年起上了 5 年的国民小学后，进入了江苏太仓省立第四中学，1918 年获得中学毕业文凭。之后本人去了东京，在那里的德法语言学校学习了 2 年的德语。从 1921 年起本人在东京的东洋大学注册，学习了 3 年的艺术学，并于 1924 年获得了毕业文凭。

自 1925 年始本人在金陵大学（Universität Nanking）任教，教授了 4 年的中国艺术史课程。为了进一步完善学业，金陵大学派本人前来柏林。在大学假

① 此处“宝山”误作“Posa”。

期期间，本人出于研究的目的曾在法国待过2个月，在意大利待过3个月。

柏林，1932年6月11日。

滕固（签名）

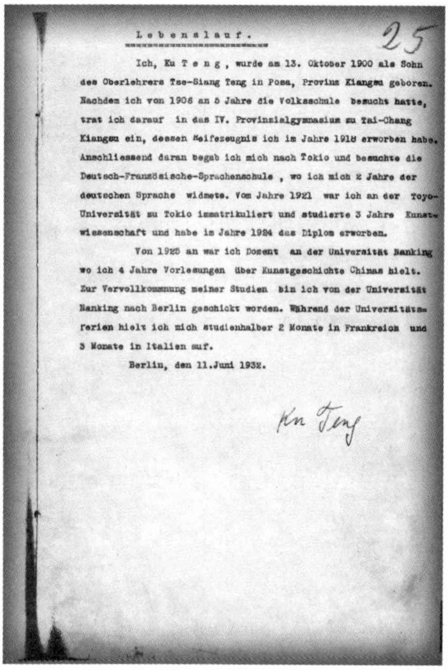

Lebenslauf.

25

Ich, Ku Teng, wurde am 13. Oktober 1900 als Sohn des Oberlehrers Tse-Siang Teng in Posa, Provinz Kiangsu geboren. Nachdem ich von 1906 an 5 Jahre die Volksschule besucht hatte, trat ich darauf in das IV. Provinzialgymnasium zu Tai-Chang Kiangsu ein, dessen Reifezeugnis ich im Jahre 1918 erworben habe. Anschliessend daran begab ich mich nach Tokio und besuchte die Deutsch-Französische-Sprachenschule, wo ich mich 2 Jahre der deutschen Sprache widmete. Vom Jahre 1921 war ich an der Toyo-Universität zu Tokio immatrikuliert und studierte 3 Jahre Kunstwissenschaft und habe im Jahre 1924 das Diplom erworben.

Von 1925 an war ich Dozent an der Universität Nanking wo ich 4 Jahre Vorlesungen über Kunstgeschichte Chinas hielt. Zur Vervollkommnung meiner Studien bin ich von der Universität Nanking nach Berlin geschickt worden. Während der Universitätsferien hielt ich mich studienhalber 2 Monate in Frankreich und 3 Monate in Italien auf.

Berlin, den 11.Juni 1932.

Ku Teng

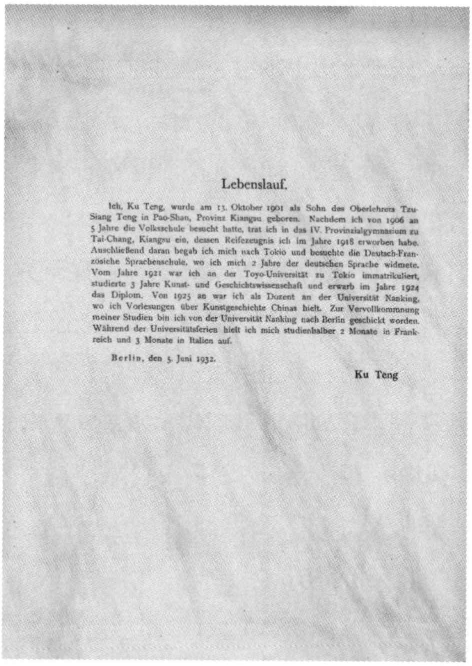

Lebenslauf.

Ich, Ku Teng, wurde am 13. Oktober 1901 als Sohn des Oberlehrers Tzu-Siang Teng in Pao-Shan, Provinz Kiangsu geboren. Nachdem ich von 1906 an 5 Jahre die Volksschule besucht hatte, trat ich in das IV. Provinzialgymnasium zu Tai-Chang, Kiangsu ein, dessen Reifezeugnis ich im Jahre 1918 erworben habe. Anschließend daran begab ich mich nach Tokio und besuchte die Deutsch-Franzósiche Sprachenschule, wo ich mich 2 Jahre der deutschen Sprache widmete. Vom Jahre 1921 war ich an der Toyo-Universität zu Tokio immatrikuliert, studierte 3 Jahre Kunst- und Geschichtswissenschaft und erwarb im Jahre 1924 das Diplom. Von 1925 an war ich als Dozent an der Universität Nanking, wo ich Vorlesungen über Kunstgeschichte Chinas hielt. Zur Vervollkommnung meiner Studien bin ich von der Universität Nanking nach Berlin geschickt worden. Während der Universitätsferien hielt ich mich studienhalber 2 Monate in Frankreich und 3 Monate in Italien auf.

Berlin, den 5. Juni 1932.

Ku Teng

图2　滕固的“简历”，A（左）为他1932年6月11日提交给考试委员会的简历，B（右）为附在1935年由德古意特出版社正式出版的博士论文后的简历

这一简历（A）与他附在1935年由在柏林的德古意特出版社正式出版的论文后的“简历”（B）有几处不一样的地方：（1）出生日期：A是1900年10月13日，而B为1901年10月13日；（2）他父亲的名字：A是Tse-Siang Teng，而在B中为Tzu-Siang Teng；（3）出生地“宝山县”：A是Posa，而B为Pao-Shan；（4）在日本东洋大学所学的专业：A为“艺术学”，B为“艺术学与历史学”；（5）签署日期：A为1932年6月11日，而B为1932年6月5日。

我认为，A作为博士考试所需资料的一部分，为1932年6月11日递交的，因为比较匆忙，所以出现了几个地方的错误。而在1935年正式出版前，滕固重新更正了几个地方：（1）出生年份：滕固出生于光绪二十七年（1901），因为当

时还需要换算成公元，出现差错在所难免。（2）他父亲滕子项（润岩）的名字 Tse-Siang Teng 显然是英语的威妥玛式拼音法（Wade-Giles romanization），1935 年出版的时候，重新变成了德式的拼音法。（3）出生地“宝山”，在 A 中误作“Posa”，因为他操吴方言，很可能翘舌音和平舌音相混淆，在正式出版的时候更正过来了。不过 1935 年柏林大学给他颁发的拉丁文的博士证书上是“Posae”。（4）在日本东洋大学所学的专业：1935 年之所以改为“艺术学和历史学”在于他在德国所学的专业涉及这两个方面，他要强调他在日本已经具备了这两个学科的基础。（5）至于为什么他将日期从 1932 年 6 月 11 日改为了 1932 年 6 月 5 日，的确不得而知。也可能是无意之中做的更改。

有关滕固所上的小学和中学：在清光绪三十三年（1907），当时科举制度已废，兴学之风特盛，而时属江苏省的太仓并没有中学，于是社会贤达提议创设一州四县（太仓州、镇洋、宝山、崇明、嘉定）之“太仓州属中学堂”，校址由试院改建。由同样生于宝山的教育家袁观澜（1866—1930）任第一任校长，之后每年一换，一州四县轮流。辛亥革命爆发后，南京临时政府教育部颁布了《普通教育暂行办法》十四条和《普通教育暂行课程之标准》，据此公办中学堂改为省立中学校。1913 年更名为“省立第四中学”。所以，滕固 1911 年上的依然是“太仓州属中学堂”，1918 年他毕业的时候学校早已成为了“省立第四中学”。因此他在“简历”中所填写的是“江苏太仓省立第四中学”。

有关滕固的父亲滕子项（润岩），很少有文献提及。滕固在德文简历中说自己的父亲是 Oberlehrer，这个词所指的是德国授予年龄较长、工作比较有经验，并且成绩突出的小学教师的荣誉称号。从中可以知道他父亲是位资深的小学教师。

实际上，滕固是 1920 年 9 月开始在日本的德法语言学校学习德语的，而 5 个月后的 1921 年元月他便考入了东洋大学。[①] 如果滕固在简历中所言他曾在东京的语言学校学习过 2 年德语属实的话，那他便是在上大学期间依然在语言学校学习过一年半的德语。

金陵大学（University of Nanking，在简历中滕固将此名转为德文的

① 请参考沈宁编写《滕固先生艺术活动年表》，收入上揭滕固著，沈宁编《滕固美术史论著三种》，第 238—246 页，此处引文见第 238—239 页。

Universität Nanking）是美国基督教会美以美会（Methodist Church）于1888年在南京创办的教会大学，同美国康奈尔大学（Cornell University）为姊妹大学。1928年金陵大学首先向教育部注册并获批准。滕固在简历中提到他1925年开始在金陵大学任教也是不准确的。他于1924年3月获得东洋大学的文凭后，任教于上海美术专门学校。一直到1927年3月他与蔡元培等宣布辞去上海美专校务委员会委员职务之后，才受聘于南京金陵大学做讲师，讲授中国艺术史。① 实际上滕固在简历中想要强调的是他在去柏林留学之前，曾经教授过4年的中国艺术史的课程，至于在什么大学，其实并不重要。

滕固在简历中提到的“在大学假期期间，本人出于研究的目的曾在法国待过2个月，在意大利待过3个月”，从现存的他当时从意大利寄给冯至的五张明信片，可以略知一二。这些明信片于1932年2月4日、2月9日寄自罗马，3月21日、3月30日寄自佛罗伦萨，4月10日寄自威尼斯。② 从之后4月13日他从日内瓦寄给冯至的明信片③，可以知道，此次他在意大利待了两个多月的时间。

### （三）哲学学院参加博士考试的申请表

这份哲学学院参加博士考试的申请表共1页，右上角有用铅笔写的临时编号27。这份申请表是由哲学学院方面用打字机填写的，部分日期是用钢笔手工填写的。最下面有哲学学院院长的签名。译文如下：

哲学学院

学年1931/32

博士生登记本第218号 流水号：866

参加博士考试申请

① 请参考《滕固艺术活动系年》，见上揭滕固著，沈宁编《中国美术小史·唐宋绘画史》，第571、577页。

② “滕固致冯至（明信片九通）”，收入滕固著，沈宁编《被遗忘的存在》，秀威资讯科技股份有限公司2011年版，第188—190页，此处引文请参见第188—189页。

③ 同上，第189页。

哲学博士生：滕固

申请参加（东亚）艺术史专业的博士考试

个人申请已经附上：已有

个人简历：已有

候选人书面保证，所呈交的博士论文是自己的，并且是在没有别人的帮助下完成的，候选人也没有在其他任何地方提交评审，此论文不论整篇还是部分至今都还没有正式发表。已有

（中学）毕业证书登记（或为注册用的警察总局的鉴定）：

候选人目前依然在册，并且以此报的名。

中学毕业证书（地点和时间）：

江苏太仓省立第四中学 1918 年 7 月

三年学术训练的证明：

东京大学 3 年

柏林大学 1 学期基础学习，2 学期专业学习

博士论文的题目为：

"唐宋时期的中国绘画理论"

对于化学系的学生还需要：实验室主任的证明以及协会考试的成绩。

本人请求屈梅尔和布林克曼先生给予论文令人满意的评价，并给予合适的分数建议。

柏林，1932 年 6 月 29 日

哲学学院院长（签名）

---

从现在开始我给予以下的申请获得分数的许可

良好

希望我尊敬的同事们了解此事

柏林，1932 年 7 月 21 日

哲学学院院长（签名）

在会议中通过

1932 年 7 月 21 日 院长（签名）

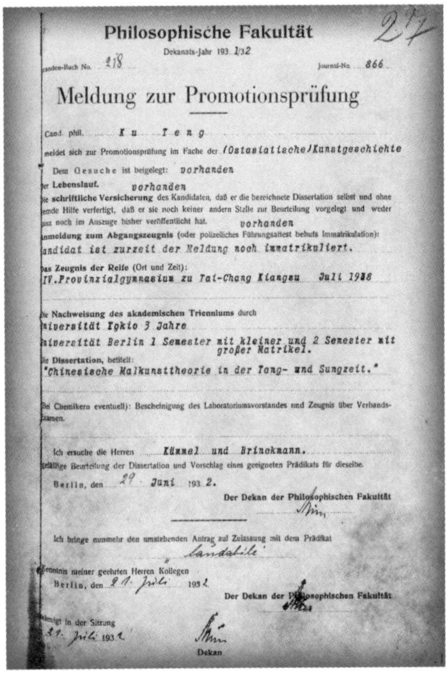

Philosophische Fakultät

Dekanats-Jahr 193 1/32

...anden-Buch No. 218 Journal-No. 866

Meldung zur Promotionsprüfung

Cand. phil. Ku Teng

meldet sich zur Promotionsprüfung im Fache der (Ostasiatische) Kunstgeschichte

Dem Gesuche ist beigelegt: vorhanden

...er Lebenslauf. vorhanden

...ie schriftliche Versicherung des Kandidaten, daß er die bezeichnete Dissertation selbst und ohne ...emde Hilfe verfertigt, daß er sie noch keiner andern Stelle zur Beurteilung vorgelegt und weder ...anz noch im Auszuge bisher veröffentlicht hat. vorhanden

...nmeldung zum Abgangszeugnis (oder polizeiliches Führungsattest behufs Immatrikulation):

...andidat ist zurzeit der Meldung noch immatrikuliert.

...as Zeugnis der Reife (Ort und Zeit):

IV. Provinzialgymnasium zu Tai-Chang Kiangsu Juli 1928

...ie Nachweisung des akademischen Trienniums durch

...niversität Tokio 3 Jahre

...niversität Berlin 1 Semester mit kleiner und 2 Semester mit großer Matrikel.

...ie Dissertation, betitelt:

"Chinesische Malkunsttheorie in der Tang- und Sungzeit."

...ei Chemikern eventuell): Bescheinigung des Laboratoriumsvorstandes und Zeugnis über Verbands-...amen.

Ich ersuche die Herren Kümmel und Brinckmann.

...gefällige Beurteilung der Dissertation und Vorschlag eines geeigneten Prädikats für dieselbe.

Berlin, den 29. Juni 1932.

Der Dekan der Philosophischen Fakultät

Ich bringe nunmehr den umstehenden Antrag auf Zulassung mit dem Prädikat

laudabile

...enntnis meiner geehrten Herren Kollegen

Berlin, den 21. Juli 1932

Der Dekan der Philosophischen Fakultät

...ehmigt in der Sitzung

21. Juli 1932

Dekan

图3　哲学学院为滕固参加博士考试而填写的申请表

这一"哲学学院参加博士考试的申请表"实际上是一个工作表格，学院办公室收到了滕固参加博士考试的所有文件之后，完成了这一表格的上半部分。哲学学院院长审阅通过之后，请求两位评阅人对候选人的论文进行评阅。这是"1932年6月29日"以前的内容。其后在哲学学院的会上，院长向在座的相关人员通报了情况，并且予以了通过，签署的日期是1932年7月21日。而"良好"的成绩则是全部程序结束之后补加上去的。

按照当时柏林大学的规定，参加博士考试的博士生之前要有3年的学术训练（akademischer Triennium）。由于滕固在柏林大学仅注册了3个学期（一年半），这显然是不够的。因此他才将在东洋大学的学期数一并算入其中。因为东洋大学在东京（滕固的申请中写作：Toyo-Universität zu Tokyo），按照当时德国人的理解，一般一座城市只有一所大学，所以在这份申请表中就填上了Universität Tokio（东京大学）。

## （四）哲学学院院长给考试委员会写的有关滕固学期核算的证明

由于滕固不是从头到尾在德国完成的学业，因此他的学期数应由现在的哲学学院予以认可。这份证明共1页，打印稿，上面有院长用钢笔写的补充。右上角是用铅笔注明的临时编号28，下面有院长的签名。证明的译文如下：

1932年6月25日

事由：滕固外国学期的核算

哲学学院很荣幸地将学生滕固核算他的学期的申请呈上。学院于6月23

日的会议上做出决定，建议将他的学期数核定为3学期，并请求予以批准这一申请为荷。

院长（签名）

4份附件（手写加上去的）

科学、艺术和国民教育部

考试及注册事务处

柏林W 8

菩提树下大街4号

这个程序是所有外国学生在德国读硕士或博士时不可缺少的，因为在国外的学期数和成绩要通过所在院系的核算和定级之后，才能确定每种课程你从哪一级开始。考试之前也要确定是否具有考试的资格。滕固首先自己写了一个申请，哲学学院将他的申请予以讨论后，核定为3个学期，上报到“科学、艺术和国民教育部”的“考试及注册事务处”予以批准。

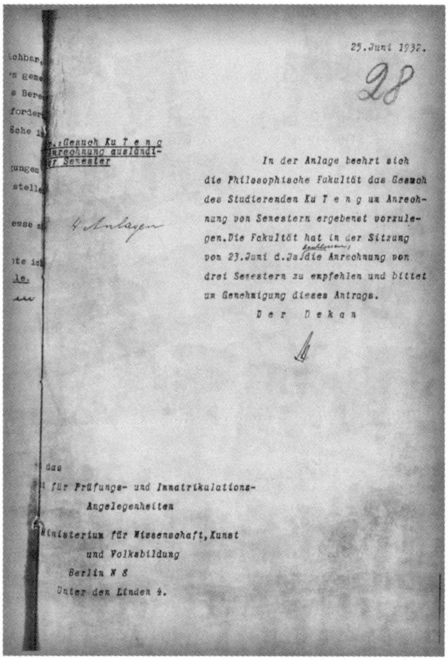
25.Juni 1932.

28

..Gesuch Ku T e n g
Anrechnung ausländi-
er Semester

4 Anlagen

In der Anlage beehrt sich die Philosophische Fakultät das Gesuch des Studierenden Ku T e n g um Anrechnung von Semestern ergebenst vorzulegen. Die Fakultät hat in der Sitzung vom 23.Juni d.Js. die Anrechnung von drei Semestern zu empfehlen und bittet um Genehmigung dieses Antrags.

D e r D e k a n

das
für Prüfungs- und Immatrikulations-
Angelegenheiten
Ministerium für Wissenschaft, Kunst
und Volksbildung
Berlin W 8
Unter den Linden 4.

图4　哲学学院院长给考试委员会写的有关滕固学期核算的证明

## （五）授予博士学位许可的申请

这份文件的事由写在左上方“中国学生滕固有关授予博士学位许可的申请”，共1页，右上侧有铅笔写的临时编号29，申请后有滕固的签名。译文如下：

柏林，1932年6月17日

夏洛滕堡，法萨内恩大街11号

中国学生滕固有关授予博士学位许可的申请

呈上东京东洋大学的毕业文凭，这上面记载了我在这所大学完成的6个学期的学业。在柏林大学又上完了3个学期的课程后，在此，我真诚地请求允许我参加博士考试。

致以崇高的敬意

滕固（签名）

致柏林大学

哲学学院院长

正是因为哲学学院的院长收到了滕固的这个申请，才有了上一份文件。

## （六）博士论文评阅人屈梅尔教授和布林克曼教授的评语

按照德国的规定，博士论文提交后，由考试处发给两位评阅人。两位评阅人会在一定的时间内写好评语，只有在博士论文通过以后，才能进入博士考试口试（Rigorosum）的环节。两份评语一共 3 页，为打字件，分别是屈梅尔和布林克曼撰写的，有他们的签名。中间一页的临时编号写在右上方，也是 27。

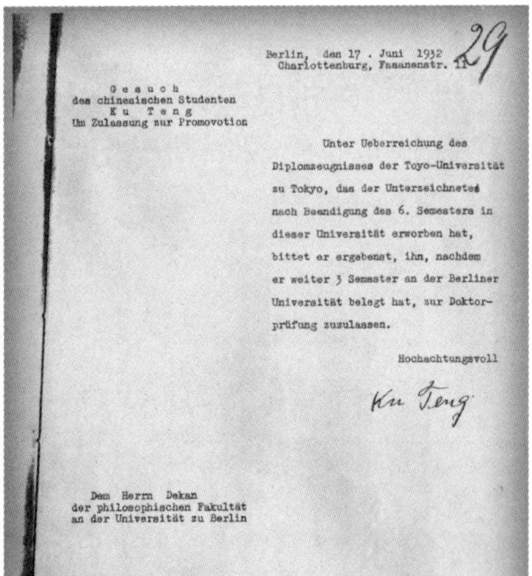

29

Berlin, den 17 . Juni 1932
Charlottenburg, Fasanenstr. 11

Gesuch
des chinesischen Studenten
Ku Teng
Um Zulassung zur Promovotion

Unter Ueberreichung des Diplomzeugnisses der Toyo-Universität zu Tokyo, das der Unterzeichnetes nach Beendigung des 6. Semesters in dieser Universität erworben hat, bittet er ergebenst, ihn, nachdem er weiter 3 Semester an der Berliner Universität belegt hat, zur Doktorprüfung zuzulassen.

Hochachtungsvoll

Ku Teng

Dem Herrn Dekan
der philosophischen Fakultät
an der Universität zu Berlin

图5　滕固提出的授予博士学位许可的申请

### 1. 屈梅尔的评语

屈梅尔教授评语的译文如下：

这部博士论文是第一次对这一有意思的题目所做的认真研究。中国人自身不论对很久以来的绘画理论，还是对这一理论的历史都没有研究过。欧洲的研究，一部分出自不懂绘画的汉学家毫无系统的尝试，另一部分则出自不懂汉语的艺术史家的研究，因此几乎毫无价值。相比较而言，韦利的《中国绘画艺术研究导论》（Waley's Introduction to the Study of Chinese Pictorial Art）是最好的成果，令人感到奇怪的是，却被这些作者忽略了。日本学者所探讨的只是些单个的问题，或者较短暂的时代。

本论文作者所受的教育使他有可能谙熟对任何欧洲人来讲现在和将来都不可能掌握的文献材料。如果要我尝试着对他的译文进行批判的话，那将是可笑的非分要求。对此，只有那些受过古典教育、同时也对这一主题在行的中国人才能够做得到。不过我可以确定的是，对于欧洲人来讲他的论文十分之九是全新的内容，即便是已知的内容，他的翻译和解释从本质上来讲也要比到目前为止所做的好得多。如果撇开金原（Kanehara）的研究工作的话，即便对于东亚来讲，以批判和历史的思考方式来对绘画理论进行研究也是全新的。作者在这一主题的处理上，也许会让我们在这里或那里提出一些批评的意见。但要考虑到，将汉语的绘画术语翻译成一种欧洲现代语言，会遇到几乎无法逾越的各种困难。在这里，翻译意味着阐释，而这一阐释必然要有一定的随意性，——这种随意性就像是在卫礼贤（Richard Wilhelm）的著名译文中一样。不过我相信，论文作者通过他的翻译和精挑细选的段落成功地再现了中国绘画的根本意义，而没有作过多的强词夺理式的现代阐释，或者如果遇到无法翻译的情况，则通过他的解释让读者理解。论文很好地呈现出了中国艺术理论发展的图景，一直到明显的分野：一种是较为客观的方向，另一种是极端的主观主义方向。对于以自我为中心的主观主义来讲，绘画只是艺术家的自我领悟而已，似乎与自然的形式没有任何的联系。对于人的地位的历史与造型艺术的关系，这一跨越了几乎千年的论文对于艺术的理解具有更为重要的意义，而此时整个的欧洲除了古典时期所进行的偶尔尝试之外，还完全处于沉寂之中。古典时期从未思考过的艺术史，也在此时在中国诞生了。对迄今在欧洲文献中备受亏待的张彦远，论文作者也有理有据地进行了悉心全面的讨论，认为他可以被看作是第一位真正的艺术史家。因此我想，对于这部论文，即便是那些与东亚艺术毫无关系的人，也会产生强烈的兴趣。一些由论文作者翻译的文论，他们那些惊人的现代思想，今天看来依然有益。令人遗憾的是，对于大部分人来讲，论文中大量的中文人名和术语给阅读造成了困难。在排印之前，语言方面的一些问题还必须加以修改。

基于对论文作者的奖掖，考虑到他的来历和所受的教育，我建议给他的分数为：

优秀（Valde laudabile）

1932 年 6 月 30 日

屈梅尔（签名）

## 2. 布林克曼的评语

布林克曼教授评语的译文如下：

滕固先生在此所探讨的是唐宋时期的中国“艺术理论”。“理论”（Theorie）一词与自意大利文艺复兴以来在西欧形成的这个概念不完全相符。这些首先更多的是对创作的观察，从富有诗意的体验中对绘画本质的认识，其后是程式化的对自然的各种观察（例如第 67—68 页），至多是宋末所表现的“士大夫”（Gentleman）和院体画之间的对立。有些段落，如“六法群体”对于“成体系化的”欧洲艺术史家来讲就很难理解。滕固常常会罗列引文，而没有从中得出充分且透彻的系统结论。很多的描述就像是“冬天的云雾”一样纤细、模糊。常常使用的气韵（Rhythmus）又在哪里做了分析呢？如果这些极其丰富的材料能为我们所理解的话，那么我不想完全从一位惊叹不已的欧洲人的立场来观察这惟有中国人才能取得的成就——对这样一部博士论文来讲——有理由要求用一种在欧洲形成的艺术理论来对之进行分析。对我来讲，这部论文在分析和系统方面显示了其不足之处。

然而滕固对中国画的阐释显然是具有极高的价值的，这是我读到的有关中国绘画的著作中最好的论述。

在文体方面有很多欠缺之处（参考第 66 页）——不过这些都可以通过在德语方面的润色而予以消除。

是否同意给他“优秀”（valde laudabile）还要视他的口试情况而定。无论如何可以给“良好”（laudabile）。

32 年 7 月 5 日

A. E. 布林克曼（签名）

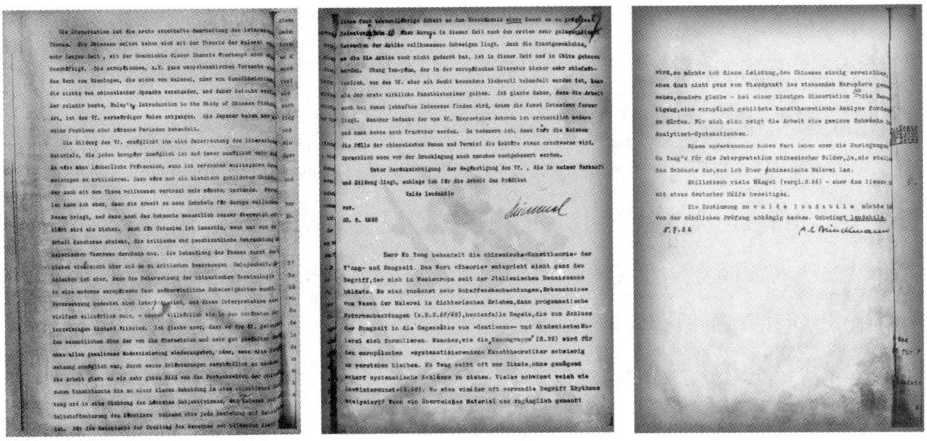

图6　博士论文评阅人屈梅尔教授和布林克曼教授给滕固博士论文的评语

作为博士论文的第一评阅人（1. Berichterstatter），屈梅尔教授的评语对于博士论文来讲是至关重要的。屈梅尔在评语中对滕固的成就予以了充分的肯定。第一，他认为，这部博士论文是“第一次对这一有意思的题目所做的认真研究”，同时他也对以往用欧洲语言所进行的研究做了批评：或者是不懂艺术史的汉学家所为，或者是不懂汉语的艺术史家所为，都有同样的缺陷。第二，这部博士论文所使用的文献资料对于欧洲东亚艺术史的研究来讲完全是一个新的天地。这当然有赖于滕固在研究和教学方面多年来的积累。屈梅尔教授由于谙熟日语，并略懂中文，知道在翻译和阐释过程中有可能会遇到的困难，因此才会盛赞滕固的译文和解释。此外，滕固也有一些重要的考据工作，更正了欧洲学者的一些错误，而类似的工作显然只有像滕固这样的中国学者可以完成。[①] 第三，钩沉出了在欧洲东亚艺术史界没有被关注的一些人物，如张彦远（815—907）在欧洲语言中几乎没有被研究过。屈梅尔同时指出了这部论文的不足之处：一、论文中有大量的中文人名和术语，即便是像屈梅尔这样的东亚艺术史专家阅读起来也会觉得困难。二、德文的有些表达还不是很准确，这在1935年出版的时候大部分都予以了更正。

① 例如他根据《四库全书总目提要》指出，《林泉高致》的作者郭若虚并非郭熙之子，而韦利也使用了错误的原典（Arthur Waley, *An Index of Chinese Artists.* London：Trustees of the British Museum，1922，S. 52.）。Ku Teng，*Chinesische Malkunsttheorie in der T'ang und Sung-Zeit*. Berlin：Walter de Gruyter，1935，S. 40. Anm. 10.

屈梅尔之所以对滕固的论文评价很高，主要是因为滕固在论文中提供了大量不为欧洲人所知的中国画论的文献资料，而这些翻译是大部分欧洲学者完全无法做到的，这些译文对屈梅尔的东亚艺术研究相当重要。“在科摩（即屈梅尔——引者注）看来，要了解艺术品质必须以研究作为基础。科摩是第一个坚持除非具有中国和日本古典语文的知识，否则无法深入地了解中国和日本艺术的欧洲学者。他又认为，西方学者应随时和当代的东亚研究保持联系。科摩由于设立了这些标准，从而把东亚研究导向了学院式的训练方式。”[①] 至于滕固对中国绘画理论所做的艺术史的分析究竟如何，屈梅尔并没有加以评判。他只是指出了滕固没有提及韦利的《中国绘画艺术研究导论》（*Introduction to the Study of Chinese Pictorial Art*）。实际上《中国绘画艺术研究导论》（*Introduction to the Study of Chinese Pictorial Art.* By Herbert A. Giles，M. A.，LL.D. (Aberd.) Shanghai：Kelly and Welsh，1905）一书是翟里斯（Herbert Allen Giles，1845—1933）的著作，1905 年在上海出版，1918 年得以在伦敦再版。[②] 滕固博士论文前言（Vorwort）的注 2 就已经提及了。[③] 我估计屈梅尔所指的是韦利（Arthur Waley，1889—1966）的《中国画研究导论》（*Introduction tot he Study of Chinese Painting*，1923）[④]。屈梅尔在写评语的时候，是根据他的记忆写下的书名，之后并没有加以核对，故而张冠李戴了。

在最后的给分环节，屈梅尔写道：“基于对论文作者的奖掖，考虑到他的来历和所受的教育，我建议给他的分数为：优秀（Valde laudabile）。”实际上他还是看出了滕固论文在理论运用方面的问题所在，但因为滕固是中国学生，还是建议给他“优秀”的成绩。

布林克曼教授作为第二评阅人（2. Berichterstatter），对滕固的论文提出了尖

---

① ［德］雷德侯：《柏林收藏的中国绘画》，陈保真译，载范景中、曹意强主编《美术史与观念史》III，南京师范大学出版社 2005 年版，第 64—85 页，此处引文见第 70 页。

② *Introduction to the Study of Chinese Pictorial Art.* By Herbert A. Giles，M. A.，LL.D.（Aberd.）［Second etition，revised and enlarged］. London：Bernard Quaritch，1918.

③ Ku Teng，*Chinesische Malkunsttheorie in der T'ang und Sung-Zeit*. Berlin：Walter de Gruyter，1935，S. 1. Anm. 2.

④ Arthur Waley，*Introduction to the Study of Chinese Painting*. Grove Press，Inc.，1923，261 pages.

锐的批评意见。他认为，第一，滕固在论文中所罗列的对创作的观察、从富有诗意的体验中对绘画本质的认识、程式化的对自然的各种观察，以及宋末所表现的“士大夫”和院体画之间的对立，这些统统不能算作欧洲意义上的理论。第二，他认为滕固没有对很多中文里的概念做界定，并且善于罗列引文，让人云里雾里，根本不清楚究竟是什么意思。第三，滕固在理论方面非常欠缺，对中国绘画艺术史没有做应有的系统分析。

布林克曼差不多是德国20世纪上半叶最著名的艺术史家了，他在艺术史理论上颇有建树，但他对东亚完全是陌生的，因此希望透过滕固的论文对东亚艺术史有所了解，看样子是徒劳了。他所期待的是结构清晰、对概念界定明确、推理合乎逻辑、有一定的理论架构的论文，他认为滕固的论文并不符合这样的要求。他也不认为此类问题是滕固个人的问题，而是整个东亚学者的普遍问题。因此他依然认为滕固论文是他读到的有关中国绘画的著作中最好的论述。但是对屈梅尔给滕固一个“优秀”他仍然持保留态度，认为要根据口试的情况而定，因此给了他一个“良好”的分数。

### （七）哲学学院博士口试的记录和成绩

这份手写的口试记录和成绩共2页，分别是屈梅尔（第1页）和布林克曼、布莱斯希和罗登瓦尔特（第2页）对滕固进行口试后的记录和成绩，以及他们的签名。两页的文件中第1页右上角用铅笔做的临时编号为32。

20世纪30年代初的手写体德语有的时候很难辨认，尽管我找了两位德国资深的教授为我解读，但还有一些地方是不清楚的。但无论如何，这些记录的大概意思可以明白。这份口试记录的译文如下：

博士生登记本第218号 学年1931/32

哲学学院

1932年7月21日会议

候选人滕固的博士考试

（博士论文成绩良好）

主考人：布林克曼、罗登瓦尔特、屈梅尔、布莱斯希、德索伊 诸先生

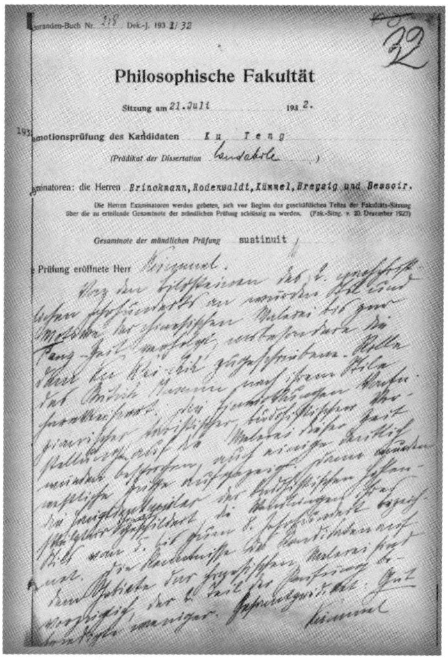
…randen-Buch Nr. 218 Dek.-J. 1931/32

Philosophische Fakultät

Sitzung am 21. Juli 1932.

…motionsprüfung des Kandidaten Ku Teng

(Prädikat der Dissertation laudabile)

…minatoren: die Herren Brinckmann, Rodenwaldt, Kümmel, Breysig und Dessoir.

Die Herren Examinatoren werden gebeten, sich vor Beginn des geschäftlichen Teiles der Fakultäts-Sitzung über die zu erteilende Gesamtnote der mündlichen Prüfung schlüssig zu werden. (Fak.-Sitzg. v. 20. Dezember 1923)

Gesamtnote der mündlichen Prüfung sustinuit

Prüfung eröffnete Herr Kümmel.

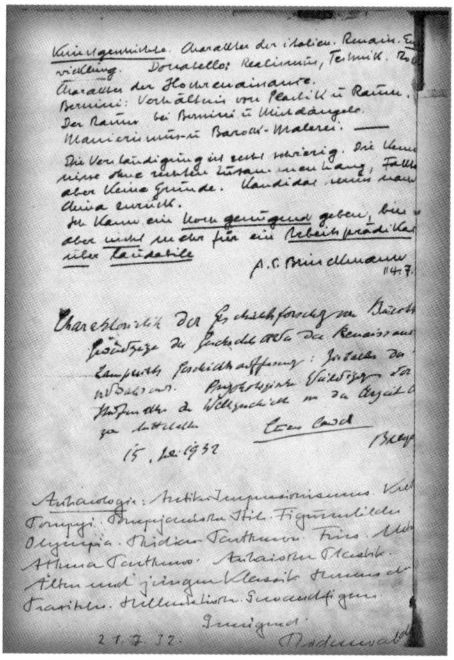

图7　滕固参加哲学学院博士口试的记录和成绩

我们请求各位主考人先生，在学院相关会议正式讨论部分开始之前，要给出口试的总成绩。（1923 年 12 月 20 日学院会议决定）

口试总成绩通过（sustinuit）

口试由屈梅尔先生宣布开始

自公元 2 世纪的画像石开始，中国绘画的风格和主题一脉相承，特别是大英博物馆中被认为顾恺之的画作是这样的风格。这一时期的绘画受到了儒家、佛教、道教的影响，同时也展示出了明显的源自西方的一些特征。其后对几个重要的中国佛教石窟雕塑的遗迹进行了描述，这些雕塑的风格在公元 5—8 世纪发生了变化。候选人在中国绘画领域的知识是出色的，但第二部分的考试不太令人满意。总成绩：良好（gut）。

屈梅尔

艺术史：意大利文艺复兴的特点。发展。多那太罗（Donatello）；现实主义，技术，文艺复兴鼎盛时期。

贝尔尼尼（Bernini）；雕塑和空间之间的比例。贝尔尼尼和米开朗琪罗（Michelangelo）的空间。

巴洛克绘画中的矫饰派。——理解起来着实困难。这些知识没有真正的关联性，没有任何根据。候选人必然要回到中国去。

我完全可以给一个及格（genügend），但他论文的分数不再是良好（laudabile）。

A. E. 布林克曼

7 月 14 日

布克哈特（Burckhardt）的历史研究的特点。文艺复兴史的基本特征。兰普雷希特（Lamprecht）的历史观：（以下两个词认不清楚）。从远古一直到中世纪有关武力帝国的心理学的评价。

良好（Cum Laude）

1932 年 7 月 15 日

布莱斯希

考古学：古典印象主义。庞培。庞培风格。有形象的奥林匹亚。万神庙。中楣（Fries）。后雅典万神庙。史前雕塑。较古的与较近的古典时期。（以下的两个词认不清楚）古希腊化的墙上人物像。

及格（genügend）

32 年 7 月 21 日

罗登瓦尔特

尽管有个别的词很难辨认，但各位教授在口试中对滕固所提的问题以及对他回答的评价基本上是清楚的。哲学学院的口试表上所列的主考人名单中也有哲学教授德索伊先生，可是档案里却没有他的记录。两种可能：一是他完全同意其他同事的意见，没有另外写评语；二是他的评语单独在另外的一页纸上，但现在找不到了。

从给他进行口试的四位教授给出的成绩来看，当时的打分很不统一：屈梅尔给了 gut（德文的良好），布林克曼和罗登瓦尔特都是给了德文的 genügend（及格），而布莱斯希给了一个拉丁语的 Cum Laude（良好）。

从 1927 年开始，滕固受邵洵美（1906—1968）之邀，受聘于南京金陵大学任讲师，教授中国艺术史。屈梅尔所提的问题：汉画像，顾恺之，儒释道对绘画的影响，佛教石窟雕塑的风格变化等等，滕固当然都很熟悉。因此，屈梅尔在口试记录中写道“候选人在中国绘画领域的知识是出色的”，他使用了“vorzüglich”一词，意思是“出众的、优秀的、超群的、出类拔萃的”。第二部分所考的内容屈梅尔没有记录，估计是有关艺术史理论的，滕固的回答没有让他满意，也就是说滕固在这方面的知识或德语表达还是有欠缺的。因此屈梅尔给了他一个“良好”的成绩。

布林克曼记录了他向滕固提的问题以及他对滕固回答的看法：“理解起来着实困难”很可能是因为滕固的德语口语的问题，“这些知识没有真正的关联性，没有任何根据”的意思很可能是因为布林克曼希望滕固能够通过这些单独的问题从整体上梳理一下从文艺复兴到巴洛克的西方艺术发展，但滕固好像并没有真正注意到这其中的关联性。基于他要回中国去，布林克曼认为可以给他一个“及格”的成绩。其他的两位仅仅记录了他们所提出的问题以及所给的成绩。

德国教授所给的成绩一般用拉丁文表示，相对应的德文表达、中文翻译和分值大致如下：

| **拉丁文（缩写）** | **德语（缩写）和中文翻译** | **学校的评分系统** |
|---|---|---|
| summa cum laude（s. c. l., scl） | mit auszeichnung /ausgezeichnet 特优 | oberes sehr gut（1+） |
| magna cum laude（m. c. l., mcl） | sehr gut 优秀 | sehr gut（1） |
| cum laude（c.l.） | gut 良好 | gut（2） |
| rite | genügend，bestanden 及格 | befriedigend/ausreichend（3 - 4） |
| insufficienter | ungenügend（nicht bestanden！）不及格 | mangelhaft-ungenügend（5-6） |

当然也有一些院系的专业使用另外的拉丁语的标准，不过跟上述的 5 等的分值基本相同：

| 拉丁文 | 德语和中文翻译 | 学校的评分系统 |
|---|---|---|
| opus eximium | herausragendes werk 特优 | oberes sehr gut（1+） |
| opus valde laudabile | sehr lobenswertes werk 优秀 | sehr gut（1） |
| opus laudabile | lobenswertes werk 良好 | gut（2） |
| opus idoneum | geeignetes werk 及格 | befriedigend/ausreichend（3-4） |
| sub omni canone | unterhalb jeden maßstabs/nicht bestanden 不及格 | mangelhaft-ungenügend（5-6） |

因此，不论是滕固博士论文的综合成绩 laudabile（良好），还是他的口试成绩 cum laude（良好），在整个的成绩中属于中等。但从滕固仅仅在柏林大学上了三个学期课的事实来看，能取得这样的成绩已经是相当不错的了。

### （八）博士证书

证书为拉丁文，其中论文的题目是德文的，跟我 2004 年在波恩大学获得的博士学位证书基本一致。证书没有编号，也没有任何签字。博士证书的主要内容的翻译如下：

但愿此事吉祥遂愿

在柏林威廉·弗里德里希人文大学任教的

兽医解剖学教授，兽医学博士

威廉·柯律格（Wilhelm Krueger）任校长期间

根据最权威的哲学学院的决议

被合法选出的代表，哲学博士、本校教授、普鲁士科学院院士

学术委员会主任路德维希·毕波巴赫（Ludwig Bieberbach）

在无比优秀和博学的

生于中国宝山县的滕固先生

以及格（Rite）的成绩完成了考试，并发表了经评审为良好（Laudabile）的论文

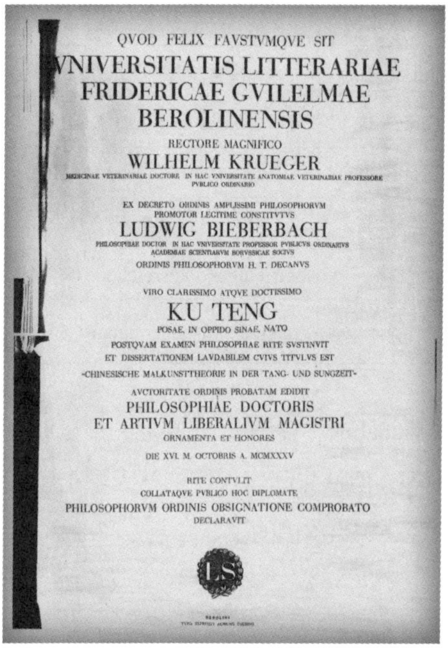
QVOD FELIX FAVSTVMQVE SIT
VNIVERSITATIS LITTERARIAE
FRIDERICAE GVILELMAE
BEROLINENSIS
RECTORE MAGNIFICO
WILHELM KRUEGER
MEDICINAE VETERINARIAE DOCTORE IN HAC VNIVERSITATE ANATOMIAE VETERINARIAE PROFESSORE PVBLICO ORDINARIO
EX DECRETO ORDINIS AMPLISSIMI PHILOSOPHORVM
PROMOTOR LEGITIME CONSTITVTVS
LUDWIG BIEBERBACH
PHILOSOPHIAE DOCTOR IN HAC VNIVERSITATE PROFESSOR PVBLICVS ORDINARIVS
ACADEMIAE SCIENTIARVM BORVSSICAE SOCIVS
ORDINIS PHILOSOPHORVM H. T. DECANVS
VIRO CLARISSIMO ATQVE DOCTISSIMO
KU TENG
POSAE, IN OPPIDO SINAE, NATO
POSTQVAM EXAMEN PHILOSOPHIAE RITE SVSTINVIT
ET DISSERTATIONEM LAVDABILEM CVIVS TITVLVS EST
»CHINESISCHE MALKUNSTTHEORIE IN DER TANG- UND SUNGZEIT«
AVCTORITATE ORDINIS PROBATAM EDIDIT
PHILOSOPHIAE DOCTORIS
ET ARTIVM LIBERALIVM MAGISTRI
ORNAMENTA ET HONORES
DIE XVI. M. OCTOBRIS A. MCMXXXV
RITE CONTVLIT
COLLATAQVE PVBLICO HOC DIPLOMATE
PHILOSOPHORVM ORDINIS OBSIGNATIONE COMPROBATO
DECLARAVIT
LS

图8　滕固的博士证书，正文为拉丁文，仅有博士论文的题目为德文

——论文题目为“唐宋时期的中国绘画理论”——之后

特于1935年10月16日授予其哲学博士学位及文学硕士学位的头衔及荣誉

并以盖有学术委员会章的此证书向公众证明

LS（标识）

艾米留斯·艾博林印制

滕固获得博士证书的1935年10月，正是纳粹执政之时。校长柯律格（Wilhelm Kruger，1898—1977）是著名的兽医学家，1933年3月加入纳粹党，之后成为柏林兽医高等学校纳粹教师协会的主席。1934年兽医高等学校并入柏林大学后，柯律格在柏林大学设立了兽医解剖学专业。作为极端的纳粹分子，柯律格于1935年4月开始被任命为柏林大学校长，一直到1937年3月卸任。他认为：“如果一个学生认为没有必要加入阿道夫·希特勒的政治士兵的行列的话，那么他未来也不值得在柏林大学学习。”[①] 不过，柯律格的政治主张与滕固的博士学位证书并没有必然的关联。

当时哲学学院的院长、著名数学家毕波巴赫（Ludwig Bieberbach，1886—1982）同样是铁杆儿的纳粹分子。1924—1945年间他担任普鲁士科学院院士，自1924年开始他也成为德意志自然科学院列奥伯蒂纳（Leopoldina）院士。1933年他成为纳粹冲锋队队员，1937年加入纳粹党。他曾积极参与过迫害犹太裔科学家的活动，因此柏林大学校史将他称作“大学的大审讯官”。最滑稽的莫过于他试图

① Helmut Heiber，*Universität unterm Hakenkreuz，Teil II：Die Kapitulation der Hohen Schulen*，Bd. 2. München：Saur，1994，S. 435.

创建“德意志数学”，并且他也确实用这个名称创办了一份专业刊物。滕固获得博士学位的时候，毕波巴赫的事业正如日中天。当时反犹运动已经开始，但大部分的其他外国人，包括滕固在内，并没有受到太多的影响。

为什么滕固一直到1935年10月才正式拿到博士学位呢？在德国，当博士生递交了博士论文（Doktorarbeit，Dissertation）之后，整个的程序才开始：学院或院系的相关委员会接受了论文之后，由指派的两名评阅人进行评阅。成绩出来以后确定口试（Rigorosum）的题目和日期，一般来讲，口试的内容与博士论文并没有什么关系。整个的考试结束后，博士的程序就结束了。但是只有当博士论文已经出版或印刷若干本递交给了考试委员会以后，博士生才获准使用博士头衔。在博士考试已经结束，但博士论文尚未出版之前，只可以使用Dr. des.（doctor designatus）的头衔。实际上，在德国博士论文的发表或出版依然是整个获取博士学位程序的一部分。通过这样的一个方式可以保证博士论文能长期为人所用，也就是说论文中的知识能被广泛地接受。

滕固的论文正式出版，考试委员会在收到了样书之后，才颁发给他博士学位的证书。准确地说，直到1935年10月16日滕固才获得博士学位，才可以公开使用他的博士头衔。

从滕固的成绩单、评语、博士证书来看，他的成绩尽管不是很优秀，但还是不错的。由于在他之前中国学生还没有在德国大学中获得过艺术史专业的博士，因此当时国内的相关报道常常夸大其词，内容失之偏颇，而相关的内容近来却被一些有关滕固研究的文章反复转引。最常被引用的是1932年9月的《艺术旬刊》上刊载的《滕固在普鲁士得美术史博士学位》的报道：

> 前上海美专美术史教授滕固氏曾十1929年赴欧研究美术史学，最近由普鲁士教育部核准授学位，考试先由哲学、美术史、考古学、历史学著名主任教授之轮流面试，皆一一通过而正式授予博士学位。其总评语为拉丁文“优越”。柏林大学者美术史、考古学学位本甚谨严，彼邦学者少则五六年，多则十余年尚在候选，而滕固博士竟以二三年之功力获得之，且中国人得此学位者自滕博

士始，实为国际无上之荣誉。闻滕博士定本月由德返回仍任美专教授云。[①]

此则消息刊载于滕固曾经工作过的上海美术专门学校的《艺术旬刊》上，来源很有可能是滕固本人，因为其他人不可能具体知道滕固的专业以及所获得的成绩。根据以上对与滕固博士论文相关的几份档案文献的分析，我认为这篇报道中至少有三个说法是颇值得商榷的：（1）“皆一一通过而正式授予博士学位”的提法是有问题的。1932 年 7 月 21 日滕固参加完所有的考试，直到 1935 年 10 月 16 日他才正式获得博士学位。这之间，他至多可以使用 Dr. des. 的头衔。（2）他的总成绩拉丁文是“laudabile”（良好），这是一个中等的成绩，在没有上下文的情况下，翻译成“优越”很容易让人误解。（3）“柏林大学者美术史、考古学学位本甚谨严，彼邦学者少则五六年，多则十余年尚在候选，而滕固博士竟以二三年之功力获得之，且中国人得此学位者自滕博士始，实为国际无上之荣誉。”这一说法也是夸大之词，因为从布林克曼教授对滕固口试记录的情况来看，很难说他在所有方面都超过了“彼邦”的学生。

## （九）博士论文

档案中的这部博士论文正文共 65 页，系 1935 年柏林德古意特出版的正式版本，临时编号为 38。实际上，在正式出版之前，滕固博士论文的部分已经在屈梅尔教授的《东亚杂志》（*Ostasiatische Zeitschrift*）上发表了：*Ostasiatische Zeitschrift*, NF X（1934）, S. 157–175, S. 236–251; NF XI（1935）, S. 28–57.

由于《东亚杂志》也是由柏林的德古意特出版的，所以整个版式基本上没有什么变化。档案材料中，有博士论文的扉页和简历，在正式出版的博士论文中，仅有一部分送给大学的需要加上博士论文扉页。在这一页表明滕固的口试日期为 1932 年 7 月 21 日，获得博士学位的日期是 1935 年 10 月 16 日。

由于屈梅尔本人是东亚艺术史家，对日本和中国艺术有着极深的造诣，因此他非常注重自己的专著和刊物的品质。滕固的博士论文中的汉字都是汉字字模印

① 《滕固在普鲁士得美术史博士学位》，上海美专《艺术旬刊》第 1 卷第 2 期（1932 年 9 月）“文艺新讯”栏。

出来的，并不是手写的。大部分中文的人名、书名和专用术语（如第 25 页注 11 中的“装背”）都给出了汉字。但令人感到遗憾的是，论文最后的“参考文献”部分只给出了“I. 欧洲语言的文献”（第 64—65 页），中文和日文的文献可惜都没有给出。目前滕固的这部博士论文已经被翻译成中文，并得以出版。①

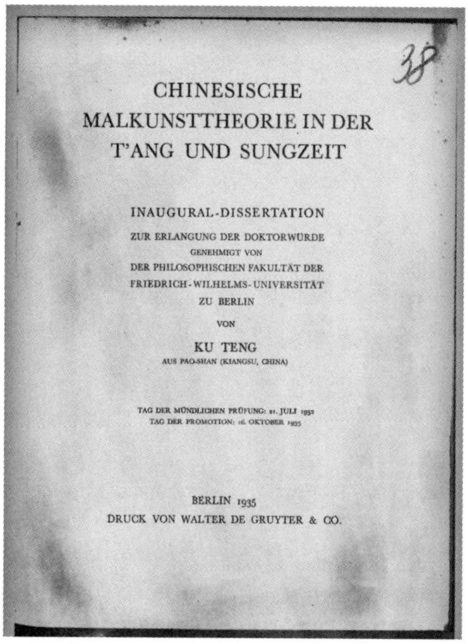
CHINESISCHE
MALKUNSTTHEORIE IN DER
T'ANG UND SUNGZEIT

INAUGURAL-DISSERTATION
ZUR ERLANGUNG DER DOKTORWÜRDE
GENEHMIGT VON
DER PHILOSOPHISCHEN FAKULTÄT DER
FRIEDRICH-WILHELMS-UNIVERSITÄT
ZU BERLIN
VON
KU TENG
AUS PAO-SHAN (KIANGSU, CHINA)

TAG DER MÜNDLICHEN PRÜFUNG: 21. JULI 1932
TAG DER PROMOTION: 16. OKTOBER 1935

BERLIN 1935
DRUCK VON WALTER DE GRUYTER & CO.

图9　滕固博士论文的扉页

以某一个断代的艺术史作为博士论文的题目，在德国实际上并不多见。平心而论，滕固的论文更大的意义是为作为德国的东方艺术史家的屈梅尔教授提供了系统的翻译资料而已。滕固在他博士论文前言的一开始就指出：“对中国艺术理论进行研究从某种意义上来讲是一项具有开拓性的工作，一方面相关的材料杂乱无章，另一方面还需要很多补充性的研究。”②一般来说，博士论文是要求运用一定的理论方法来解决前人没有解决过的问题。当然，滕固自 1927 年开始在金陵大学教授中国艺术史的课程，因此对这一方面的内容非常熟悉。但从整个论文来看，依然是按照时代划分的中国美术发展史。滕固希望用“Malkunsttheorie”（绘画艺术理论）来统领六朝以来中国传统的“画论”，因为他认为流传下来的先秦文献中是没有艺术理论的。③换句话说，秦汉特别是六朝之后，中国是有艺术理论的。而这一结论，对于著名的艺术理论家布林克曼来讲，显然是没有说服力的。他根本不认为滕固所列举的唐宋时代的“画

① 见本书第 61 页，注释 1。

② Ku Teng, *Chinesische Malkunsttheorie in der T'ang und Sungzeit*, Berlin: Walter de Gruyter, 1935, S. 1.

③ Ku Teng, *Chinesische Malkunsttheorie in der T'ang und Sungzeit*, Berlin: Walter de Gruyter, 1935, S. 3. 此外，滕固在《唐宋绘画史》中指出：“凡所留存到现在的著作，大都是随笔札记，当为贵重的史料是可以的，当为含有现代意义的‘历史’是不可以的。”上揭滕固著，沈宁编《滕固美术史论著三种》，第 41 页。

论”是真正的绘画艺术理论，至多可以说是理论的萌芽（Ansätze）。滕固自己对此也有些不太自信，因此他在前言中写道：

> 我们将艺术理论、艺术批评和艺术史作区分，但类似的区分只有在艺术学发展到一定的高度后才会出现，但即便如此，艺术理论和艺术史也不应当严格分开来论述的。在中国在各个领域之间很少做清晰的区分，更何况跟我们讨论的内容相关的早期历史，根本不作区分。因此我再次将这些领域合在一起讨论，以便能更多地展示唐宋时期中国艺术生活的重大脉络的发展。①

在滕固看来，唐宋的绘画艺术还没有发展到可以将艺术理论、艺术批评和艺术史做区分的阶段。从他论文的结构来看，他依然是从历史发展阶段来论述不同时代的画论的发展的。滕固从晋代的画论开始论述：王廙（276—322）认为艺术是其自身和个性的体现（Ausdruck seiner selbst, Ausdruck seiner Persönlichkeit）②，顾恺之（348—409）认为体会（Einfühlung）与感受（Empfindung）不仅是创作的基本要素，同时也是批评和欣赏的基础，③宗炳（375—443）“应目会心”（aufnehmen mit den Augen und mit dem Herzen empfinden）的主张④，反对写实的王微（415—443）认为“本乎形者融，灵而动者变心”（Man muß das Wesen der Sache mit dem Geist aus den Formen herausschmelzen; dieser Moment der Bewegung und Wandlung ist rein geistig）⑤，以及谢赫（479—502）的“六法”（Die

① 在此我按照德文原文重新翻译了，因为张映雪译、毕斐校的译文不太准确，请比较：“我们通常将艺术理论、艺术批评和艺术史分开来，这并非一蹴而就，而是艺术科学发展到一定水平，并且艺术理论和艺术史之间也没有明显界限的时候才形成的。而中国艺术对此几乎不做明确划分，我在此结合三者一起加以介绍，以期展示中国唐宋时期的艺术脉络。”上揭滕固著，沈宁编《滕固美术史论著三种》，第156页。第一句话的后半部分完全理解错了，而第二、三句话翻译得太不准确，很多重要的修饰语都漏掉了。

② Ku Teng, *Chinesische Malkunsttheorie in der T'ang und Sungzeit*, Berlin: Walter de Gruyter, 1935, S. 4.

③ Ebd., S. 7.

④ Ku Teng, *Chinesische Malkunsttheorie in der T'ang und Sungzeit*, Berlin: Walter de Gruyter, 1935, S. 8.

⑤ Ebd., S. 10.

6 Kanons）[①]；唐宋的艺术家有关画论的主张，滕固则从朱景玄［元和初（806）应进士举］“神、妙、能、逸”（Erhabenheit，Schönheit，Geschickt und Freiheit）的“四品”[②]，张彦远（815—907）“自然、神、妙、精、谨细”（Natürlichkeit，Göttlichkeit，Fertigkeit，Talent und Feinheit）的“五等”[③]，到以苏轼（1037—1101）为代表的士人画（Gentleman-Malerei）[④]，最终以韩拙［圣绍（1094—1098）到汴梁］为代表的院体画家（akademische Manieristen）和以邓椿（12 世纪）为代表的士大夫理论之间的争论戛然而止[⑤]。

尽管滕固已经开始有意识地将现代艺术理论运用到中国美术史研究上去，并试图对唐宋时代的画论来进行处理[⑥]；但他在柏林大学的学习总共不过三个学期，他的博士论文明显是在非常仓促的情况下写成的，再加上他的德语也不完全能够运用自如，因此尽管他努力将唐宋画论放在时代背景或思想史中予以理解，但真正从现代艺术史的理论来对这些文本进行深入分析依然很不够。[⑦] 滕固认为，“中国艺术史的全潮流，自然是整体而有系统的……”[⑧] 即便是一部史论性的博士论文，也需要从理论发展的关联性出发，去寻找其中的内在脉络。在这一方面，滕固显

---

① Ku Teng, *Chinesische Malkunsttheorie in der T'ang und Sungzeit*, Berlin：Walter de Gruyter, 1935，S. 12-13.

② Ebd., S. 25.

③ Ebd., S. 32.

④ Ebd., S. 45.

⑤ Ebd., S. 58 ff.

⑥ 其后的 1933 年他在《唐宋绘画史》中指出：“绘画的——不只是绘画，以至艺术的历史，在乎着眼作品本身之‘风格发展’（Stilentwicklung）。某一风格的发生、滋长、完成以至开拓出另一风格，自有横在它下面的根源的动力来决定； 朝 代的帝皇易姓实不足以界限它，分门别类又割裂了它。断代分门，都不是我们现在要采用的方法。”上揭滕固著，沈宁编《滕固美术史论著三种》，第 41 页。

⑦ 滕固已经开始运用风格分析的方式对士人画中的郭若虚的艺术评论进行的比较，指出“风格的差异”（Stildifferenz）源自画家不同的生活方式。郭若虚以黄筌和徐熙的生活方式对他们的绘画进行的分析，滕固认为是所谓的“积极风格分析”（positive Stilanalyse）。滕固进而指出，郭若虚之前从未有人以此种方式进行过分析，并且他的分析是建立在准确的观察基础之上的，因此他在历史上占据重要的地位。Ku Teng, *Chinesische Malkunsttheorie in der T'ang und Sungzeit*, Berlin：Walter de Gruyter, 1935. S. 48-49.

⑧ 滕固：《雷特教授论中国艺术》，载沈宁编著《滕固艺术文集》，上海人民美术出版社 2003 年版，第 67—70 页，此处引文见第 69 页。

然还没有做到。

无论如何，如果将滕固的博士论文放在中国美术史的语境下来看待的话，很多地方依然是开风气之先的：滕固明确地意识到艺术理论、艺术批评和艺术史的方法，也开始强调艺术理论和创作之间的互动，对业余爱好与专业性的画论作区分，将现代风格分析、风格批判运用到中国传统画论的研究中等等。从欧洲特别是德语艺术史研究的语境来看，尽管在滕固之前有诸如翟里斯、夏德（Friedrich Hirth，1845—1927）、费舍尔（Otto Fischer，1886—1948）以及屈梅尔的研究，但诚如滕固在他的论文中所指出的："夏德和翟里斯的著作已经涉及到中国艺术理论的问题，但是他们并非艺术理论家，因此他们自身并没有什么真正的见地，只是推动了此领域的研究而已。"[①]"费舍尔也常常触及这一问题，他曾尝试着对中国艺术理论以美学上的观察，但他只能使用二手的文献；这对于得出决定性的结论是远远不够的；因此费舍尔的尝试成效不大。"[②]滕固的博士论文对于西方的东亚艺术史家来讲，重要性在于比较准确地用德语再现了唐宋画论的精华部分。当代德国东亚艺术史家雷德侯（Lothar Ledderose，1942—）教授认为："滕先生用德文发表论文，在当时对于中国艺术的研究来说是件了不起的事情，他打开了德国同行的眼界。"[③]我认为正是从这个方面来讲的。

## 三、结论

留学生与中国近现代学科的形成有着直接的关联，正是由于诸如蔡元培（1868—1940）、宗白华（1897—1986）和滕固的留学德国，才使德语世界的美学、艺术学以及艺术教育传入中国。作为在德国取得艺术史专业博士学位的第一位中国留学生，滕固在中国近现代留学史的研究中有着重要的意义。遗憾的是，国内有关他的研究，更多的是他去德国之前和回来之后的详细研究，而对他 1931

---

① Ku Teng, *Chinesische Malkunsttheorie in der T'ang und Sungzeit*, Berlin: Walter de Gruyter, 1935, S. 1.

② Ebd., S. 1.

③ 范景中：《滕固德语艺术史论文四篇的影印说明》，载范景中、曹意强主编《美术史与观念史》IV，南京师范大学出版社 2005 年版，第 251 页。

年 4 月至 1932 年 7 月在德国柏林大学的这段时间，特别是他的博士论文的档案研究，并没有真正触及。因此这段时间的档案文献资料的挖掘就显得格外重要。

滕固在留学德国之前已经做了很多的前期准备工作，1920—1921 年他在东京的德法语言学校学习德语，1921 年他开始在东京的东洋大学学习艺术学和历史学，1924 年毕业后任教于上海美术专科学校，讲授艺术理论等课程。1926 年出版《中国美术小史》一书。①1927 年开始在南京金陵大学教授艺术史。其间他发表了多篇有关西方艺术理论的文章或译作，同时也发表过多篇文学作品。也就是说，滕固在留学德国前已经在中国美术史方面有着很扎实的基础及很高的造诣。我想这也是屈梅尔教授乐意接受他，并使他能在很短的时间内通过博士学位的论文和考试的原因。

在东洋大学学习艺术学和历史学为滕固的中国艺术史研究打下了非常重要的基础，并且拓展了他的视野。他在《中国美术小史》(1926)中论述到所谓“混交时代”，亦即佛教的传入对中国文化的整体影响时，马上提到了夏德的《中国的绘画(生成与起源传说)》[*Friedrich Hirth*, *Die Malerei in China (Entstehung und Ursprung-Legenden*)]，② 而在谈到谢赫的六法时，他认为其第一义“气韵生动”永为中国艺术批评的最高准则：“在现今美学上说，气韵就是 Rythmus，生动就是 Lebendige Aktivität，都是艺术上最高的基件。” ③ 因此，对滕固来讲，对中国古代艺术史的解读始终是在一个全球的视域下来进行的。

欧洲的中国艺术史研究与中国传统的画论是两个不同的语境，在滕固之前，尽管有一些欧洲的东亚艺术史家或汉学家造访中国、日本，但这两个语境基本上是平行发展的。在对中国和日本传统艺术的文献解读上，欧洲学者在很多方面需

---

① 滕固：《中国美术小史》，收入王云五主编“百科小丛书”第 90 种，商务印书馆 1926 年版。后收入商务印书馆“万有文库”第一集第 708 种。重新排印的版本见：上揭滕固著，沈宁编《中国美术小史·唐宋绘画史》，第 4—34 页；以及上揭滕固著，沈宁编《滕固美术史论著三种》，第 3—35 页。

② Friedrich Hirth，*Über Entstehung und Ursprungslegenden der Malerei in China*：von ... nach einem in der Sitzung vom 27. April 1900 von der Anthropologischen Gesellschaft in München gehaltenen Vortrag. Leipzig ：im Kommissionsverlag von Otto Harrassowitz，1900. 见上揭滕固著，沈宁编《滕固美术史论著三种》，第 13 页。

③ 见上揭滕固著，沈宁编《滕固美术史论著三种》，第 19 页。

要依赖东亚学者，而在艺术史的梳理方面，他们显然有自己的一套。滕固的出现，使得这两条原本各自发展的平行线得以相交。滕固使得中—欧在艺术史方面真正有了当今全球史观中所谓的“互动”出现。这一点我们从屈梅尔教授对滕固论文的评语中就可以看出：“如果撇开金原（Kanahara）的研究工作的话，即便对于东亚来讲，以批判和历史的思考方式来对绘画理论进行研究也是全新的。”跟滕固不一样，1929 年以来任帝国美术学校（后来的武藏野美术大学）教授的金原省吾［Kin（m）bara Seigo，1888—1958，“金原”的日文发音也可以是：Kanahara 或 Kanekara］尝试着用西方美学的方法来对中国艺术理论进行阐释的成果，都是用日文发表的。滕固的研究除了文献的翻译之外，屈梅尔同样看重滕固对中国传统绘画文论所持的批判和历史的思考方式。

中西学术当时依然处于互不相通的平行发展阶段，从欧洲的艺术史、历史学、考古学、哲学的角度来看滕固所具有的知识和所取得的成就，显然都是有限的。因为屈梅尔在东亚艺术史领域跨越了两个语境的学术，因此跟布林克曼、布莱斯希、罗登瓦尔特等纯粹欧洲的学者不同，屈梅尔可以从另外的学术语境来看滕固的成果，因此给予了很高的评价。雷德侯甚至认为，屈梅尔的理想是希望有朝一日能以一个东亚人的眼光看待中国画，并在东亚传统的架构当中去了解中国艺术。[①] 由于屈梅尔到中国的时候年岁太大了，并且在德国也没有中国专家的协助，因此他特别重视滕固，也欣赏滕固的翻译，因为这些中国古典艺术方面的文论，如果没有谙熟中德两种文化的中国学者做解释的话，欧洲学者很难予以驾驭。当时任教于柏林大学汉学系的海尼士（Erich Haenisch，1880—1996）教授指出：“利用中国助手，以解释例证，代寻引证，及解决语言困难问题之办法；在东亚居留之西人，固常用之，即在欧洲方面之汉学家，亦尝为之。如果此举仅属于手续问题，节省时间问题（惟作者方面当然必须亲自审查一番），或者因为某项问题，从书籍方面，不能求得适当解决（惟此处必须将中国助手之名每次注出），则实无反对之必要。最重要者，在著作之中，不应含糊了事；须使读者得知此项解决所由

① ［德］雷德侯：《柏林收藏的中国绘画》，陈保真译，载范景中、曹意强主编《美术史与观念史》III，南京师范大学出版社 2005 年版，第 64—85 页，此处引文见第 79 页。

来。此种利用中国助手之益处，能使著者工作加速，成绩增高，纠正翻译错误。”[①]海尼士的看法很有普遍性。而实际上，很多中文方面的问题，对于欧洲的汉学家来讲，如果没有中国学者帮助是很难或根本无法解决的。

而从滕固的角度来看西方艺术史家或汉学家对中国艺术的解读也往往是一知半解：“除了极少数欧美的特别对于中国艺术的通人部分地有可贵的发见外，对中国艺术作概观的评价——尤其在通论的比较的美术史著作上，这些评价无论是赞扬或是诋毁，都是搔痒不着的。我平日有一个成见，遇一本他无可议而独对中国有隔膜的论述的著述时，对整个内容就减少信任了。”[②]可见，滕固在用德文解读唐宋画论的时候，是充满自信的。

滕固的德文水平一定不低，按照他在简历中所说，他在日本的德法语言学校学习过两年德语，之后在东洋大学学习艺术学和历史学期间也一定会一再用到德语。至1931年4月他在柏林大学注册，攻读东亚艺术史的博士学位，其间并没有有关他学习德语的任何记录。从屈梅尔和布林克曼对他博士论文的评语来看，他的语言问题不是很大，但也不特别出色。今天我们已经无法通过1935年出版的他的博士论文来评判他的德语水平了，因为显然在听取了两位评阅人的意见后，他找人对博士论文进行了修改和润色，这在德国当然是被允许的。

如果我们仔细阅读滕固的文章，就会发现他实际上具有一种两面性：在中国他所介绍的基本上是西洋的艺术理论，探索中国美术未来发展的道路；[③]而在德

---

① [德]海尼士：《近五十年来德国之汉学》，王光祈译，见上揭李雪涛编《民国时期的德国汉学：文献与研究》，第24—41页，此处引文见第32页。

② 滕固：《雷特教授论中国艺术》，收入沈宁编著《滕固艺术文集》，上海人民美术出版社2003年版，第67—70页，此处引文见第69页。

③ 如《柯洛斯美学上的新学说》，《东方杂志》第18卷第8号（1921年4月25日），第71—75页；《文化之曙》，《时事新报·学灯》1922年8月25日；《何谓文化科学（Kulturwissenschaft）》，《时事新报·学灯》1922年11月3日；《艺术学上所见的文化之起源》，《学艺杂志》（*Wissen und Wissenschaft*）第4卷第10号（1923年4月1日），第1—11页；《诗画家Dante G. Rossetti》，《创造周报》第29号（1923年12月25日），第7—11页；《艺术与科学》，《创造周报》第40号（1924年2月29日），第1—4页；《洋画家与国民艺术复兴》，《时事新报》副刊“艺术”周刊第98期（1925年4月12日）；《艺术之节奏》，《新纪元》第1号（1926年1月1日）；《江苏省艺术设施刍议》（与王济远共同撰写），《时事新报》1926年3月11日；等等。以上的文章都收录在上揭滕固著，沈宁编《中国美术小史·唐宋绘画史》一书中。

国他发表的所有文章都是有关中国传统画论的，并且大量的是史料性质的德文翻译。[①]1932 年秋天回国后，除了著述和翻译外，滕固将主要的精力放在了各种行政工作上，他先后担任国民政府行政院参事，分管文化艺术方面的工作；任中央古物保管委员会常务委员；组织第二次全国美术展览会；任中华全国美术研究会理事；倡议发起成立中国艺术史学会；任中华全国美术界抗敌协会名誉理事；等等。自 1934 年开始，滕固的研究重点转移到了两汉和南北朝时期的艺术考古，这当然与他在德国的考古学教授罗登瓦尔特有关，同时对于艺术史家来讲，实物是至关重要的。他在《中国美术小史》的“弁言”中写道：“曩年得梁任公先生之教示，欲稍事中国美术史之研究。梁先生曰：治兹业最艰窘者，在资料之缺乏；以现有资料最多能推论沿革立为假说极矣。予四五年来所搜集之资料，一失于前年东京地震，再失于去年江浙战役。”[②] 在《唐宋绘画史》中他也抱怨道：“真迹不容易目睹，而图谱印刷亦复不多，不能予我人以较便利的处置……现在的讲述，仍不免要兜旧时绘画史作者的路径，靠些冰冷的记录来说明。”[③] 治美术史之难在于史料的难以搜集，再加上后世的天灾人祸，致使今天很难重构以往的艺术史。因此滕固认为，艺术考古的发现对于重建艺术史是至关重要的，因为对于艺术史家来讲，利用考古文献，可以从作品出发讨论早期美术史上的问题。我想，这也是他回国后特别重视艺术考古发现的原因。

滕固的中国美术史研究是有其思想史意义的。自 1924 年从日本回国，滕固就尝试着用西方的美术理论来系统地梳理中国美术史。实际上，这样的努力一直持续到了今天。几千年来中国美术史的发展当然有着其自身的规律，很多的发展脉

---

① 除了博士论文之外，滕固在屈梅尔的《东亚杂志》上还发表过：Ku Teng，“Zur Bedeutung der Südschule in der chinesischen Landschaftsmalerei”（中国山水画南宗的意义），in：*Ostasiatische Zeitschrift*，N.F. 7，1931，S. 156-163；Ku Teng，“Su Tung P’o als Künstkritiker”（作为艺术评论家的苏东坡），in：*Ostasiatische Zeitschrift*，N.F. 8，1932，S. 104-111；Ku Teng，“Tuschespiele”（墨戏），in：*Ostasiatische Zeitschrift*，N.F. 8，1932，S. 249-255. 这三篇德文的文章连同在《东亚杂志》上连载的滕固的博士论文影印件，都发表在了《德语艺术史论文四篇》中，载范景中、曹意强主编《美术史与观念史》IV，南京师范大学出版社 2005 年版，第 253—343 页。文章前有范景中的说明，见《滕固德语艺术史论文四篇的影印说明》，出处同上，第 251—252 页。

② 上揭滕固著，沈宁编《滕固美术史论著三种》，第 3 页。

③ 上揭滕固著，沈宁编《滕固美术史论著三种》，第 40 页。

络和内在的线索要在中国史料中去寻找。从美术史的角度来看，新的出路一定是既要融入现代思想的研究方式之中，同时也要避免为西方某些既成的模式所限制，或者成为其注脚。[①] 我想这一点滕固当时也已经注意到了，这从他对西方汉学家和美术史家对中国艺术“隔靴搔痒”式评价的批评中就可以看出。

① 请参考余英时著，邵东方编《史学研究经验谈》，上海文艺出版社 2010 年版，第 5 页。

# 在新史料中再读刘海粟的第一次欧游

王　欣

上海中国画院

**摘　要：**2019 年是刘海粟第一次欧游 90 周年的纪念。1929 年春，刘海粟在蔡元培的帮助下，受教育部的派遣赴欧洲考察美术，历时两年多。这是刘海粟第一次踏上欧洲大陆，在自在的游学生活中，他与昔日的学生刘抗、陈人浩以及新相识的朋友傅雷缔结了深厚的友谊，在欧游生活中结伴而行，共同经历了一些重要的艺术活动。与此同时，刘海粟还不断地为国内的报刊提供稿件，介绍欧洲的美术发展。1935 年，中华书局邀约刘海粟出版《欧游随笔》，是这段游学生活最全面的记录。近年来，随着新加坡刘抗家庭的整理、挖掘，大量埋存在刘抗书房中的图片、书信和书籍又重见天日，其中包含了许多刘海粟第一次欧游时期的私人影像。这些新发现是除了公开发表《欧游随笔》之外的一种个人生活和社交的珍贵记录，构建了刘海粟第一次欧游的私人活动的维度。

**关键词：**刘海粟　刘抗　傅雷　欧游　新发现

在经历了人体模特儿风波和上海美专学潮而处于人生低谷之际，在国民革命军北伐至江苏致使上海处于复杂的政治环境之时，1929 年初春，刘海粟在蔡元培的帮助下，受教育部的派遣赴欧洲考察美术。此次考察历时两年多，于 1931 年“九一八”事变当日回到上海，史称刘海粟的“一次欧游”。与两年后（1933）刘海粟携“中国现代美术展览会”再次来到欧洲各地巡展（史称“二次欧游”），频繁亮相于报纸杂志等公共传播媒介中被报道宣传不同，一次欧游中的刘海粟还是以个人的游学为主兼以政府公派身份与欧洲艺术界重要人士的交往。终于跳脱出上海缠绕的校务和频繁的社交，刘海粟获得了一段轻松自在的游学生活。在此期间，他兴致颇高地为国内的各大刊物撰写随笔漫记，将欧洲的所见、所闻、所感及时介绍给国人，一方面是为了“不辱使命”，传播西方先进的人文艺术，另一方面也是以文字的“在场”弥补他在上海艺术界的暂时缺席，使大家不至于忘了他。1935年3月，当刘海粟还在英国时，中华书局将他的随笔结集成册正式出版。在卷首语中刘海粟这样写道：“自一九二九年至一九三一年，旅欧三载，漫游各国，兴之所至，辄将所见所闻，信笔漫记，陆续发表于国内各大刊物，不觉已积十余万言。友人陆费伯鸿、舒新城、顾荫亭、章衣萍诸先生嘱汇集成册，以飨世之爱读者。而人事匆匆，今又将再度欧游，至未及详加整理。其中关于比利时、德国、法国、翡冷翠、威尼斯诸地者，均未加入，容异日整理后再行续刊。”[①] 在这本《欧游随笔》中，收录了刘海粟的19篇旅行笔记和一篇回国后的感言，是目前研究刘海粟一次欧游最重要的文字材料。此书以后分别于1983年由湖南人民出版社和2006年由东方出版社再版。本文中关于《欧游随笔》的引用与研究是基于1935年中华书局出版的第一版。除此之外，1992年上海人民出版社出版，由袁志煌和陈祖恩联合编写的《刘海粟年谱》也是这段历史研究所依循的重要文字材料。袁志煌担任刘海粟晚年的秘书，负责整理登记和誊写刘海粟一生中发表的重要文章与往来的重要信件，有时他也替刘海粟回复信件。在此年谱编撰之时，刘海粟依然健在，记忆力惊人。此版本年谱必定得到了他的肯定。当然由当事人参与的编撰未必一定准确，但在许多历史细节的考订方面凭借自己的记忆会为编写和寻找史料提供不少便捷。当然最详尽的刘海粟年谱，依然在等待王中秀先生生前和上海图书馆的王曼隽女士合作的巨制出版。

通过《欧游随笔》和《刘海粟年谱》，我们可以勾勒出刘海粟第一次欧游的大致情况。特别是在1935年版的《欧游随笔》中，刘海粟以感性细腻的笔墨记载了在欧洲游学两年多的经历，并配置了大量精致的图片。除了卷首的刘海粟个人留影外，其余的图片均为与文相配的城市风貌、历史古迹和名家名作等。文图互映，读起来兴味十足。在《欧游随笔》中我们看到、得到的是画家游历过的城市，欣赏过的名作，这些图像基本来自明信片，是一种在公共传播媒介中对经典场景的

① 刘海粟：《欧游随笔》，中华书局1935年版，卷端。

拍摄。而与画家结伴而行的家人、友人，一路谈笑风生的状态除了偶有的笔墨点染，几乎没有以图像的形式传递出来（只有在“瑞士纪行”的“加尔文石像”篇中，有一张刘海粟和家人朋友一行人站立在巨大的石像下的合影留念）。显然，作者没有打算将除了参观访问之外的私人旅行生活更多地呈现给读者。直到 2012 年，新加坡刘抗家庭与上海刘海粟美术馆建立联系，并由此开始长期合作，大量的历史照片，特别是第一次欧游的珍贵影像以及大量的书信由刘抗的儿媳妇——新加坡独立文化学者葛月赞女士整理并授权刘海粟美术馆用于展览和出版，这些沉寂多年的历史材料才从千里之外的新加坡刘抗的故居中苏醒，走进公众的视野。“2004 年刘抗去世。他的工作室兼作书房，书架上柜子里堆满的书都要溢出来了。书、杂志、信件、照片和其一生中收集的纪念物品被收藏起来，几乎没有动过。……尽管当时全面地翻阅了刘抗留下的资料，直到 2017 年重新整理归类刘抗纸质资料，准备捐赠给新加坡国立图书馆时，这些幸存的如此之多的照片和底片才重见天日。事实证明，这次清理是一趟发现之旅。我并没有意识到这批珍贵照片记录了他早年在上海和欧洲的时光。每打开一个环保信封（这是刘抗喜欢的保存方式），就有一场奇遇。我们会发现什么稀有而珍贵的材料吗？比如从青年时代积累下来，能唤起回忆的黑白照片，抑或是原始底片？”① 自刘抗去世后，刘抗家庭自觉肩负新加坡艺术文化历史的守护，由葛月赞女士着手整理刘抗留存的所有艺术资料，并分批将他的绘画、信件、藏书和照片等捐赠给新加坡国家美术馆和新加坡国家图书馆。

刘抗，何许人也？他是刘海粟的学生，就读于上海美专，毕业于新华艺专，1928 年至 1932 年留学法国，与刘海粟在法国缔结真挚友谊，是刘海粟一生中最重要的学生和朋友之一。1937 年日军侵华，刘抗避走南洋，后定居于新加坡，成为新加坡先驱画家。在《欧游随笔》中被刘海粟隐去的私人生活在刘抗的遗存中被徐徐展开。刘抗几乎从不扔弃与艺术有关的物品，但也好像从不悉心整理，任由它们静静地堆在书架上、抽屉里，“辗转一生，刘抗始终保存着他所拍摄的照片。没有系统的整理和分类，只是由着它们静静地散落在主人书房的抽屉里和书

① ［新加坡］葛月赞：《艺气风发——刘抗的相片，个人的故事》，王欣译，转引自顾铮主编《艺气风发——来自刘海粟和刘抗的相册》，西泠印社出版社 2019 年版，第 11 页。

图1　刘抗故居

架上，好像执着地等待着再一次地被发现”[①]。的确，我去过新加坡刘抗故居两次，尽管此时已有大部分的作品和资料被捐赠给国家，但书架上仍有大量的书籍资料堆放着，随手拾起一本，都有可能是大半个世纪之前的故事了。（图 1）

1935 年版的《欧游随笔》基本是以写作的时间顺序编辑出版的。最先出现在《欧游随笔》中的同行人是吴恒琴（刘海粟的学生，早年就读于上海美专西画科，1925—1930 年留学法国）、张弦（曾求学于上海美专，20 世纪 20 年代初赴法国留学，后毕业于巴黎国立高等美术学校）、张韵士（刘海粟的第二任妻子）和刘虎（刘海粟的儿子），他们于 1929 年 4 月 1 日一起参观了巴黎圣母院。然后在第七篇《巴黎举行中国美术展览会之先声》中，除了刘海粟本人和张弦外，又提到了当时也在法国的汪亚尘、方君璧和范年等，随后在第十篇“瑞士纪行”中提到傅雷和梁宗岱，走笔甚远后才有刘抗和陈人浩（刘抗的上海美专同学，福建同乡，密友）的登场，这已经是 1929 年 8 月的事了，此时刘海粟来欧洲已近半年。如果没有图片佐证，我们有理由认为，刘抗和陈人浩较晚于傅雷加入刘海粟欧洲游学期间的朋友圈。但我们在刘抗的相册发现了一些照片，将他与刘海粟在法国的交往提前了。在《欧游随笔》第九篇《一九二九年春季沙龙》中刘海粟写道“其最佳之作，当推朗特斯基（Londoski，现译为兰道斯基）之女神”“朗氏即为孙中山先生造像之雕刻师也，愚前在使馆茶会遇之，已六十老人矣。……愚尝至其工作室数次，

① ［新加坡］葛月赞：《刘抗的“上海时光”》，王欣译，《文汇笔会》2017 年 8 月 9 日。

图2 刘海粟、张韵士、刘抗、傅雷、张澄江等友人参观兰道斯基雕塑工作室，1930年，巴黎 © 新加坡刘抗家庭

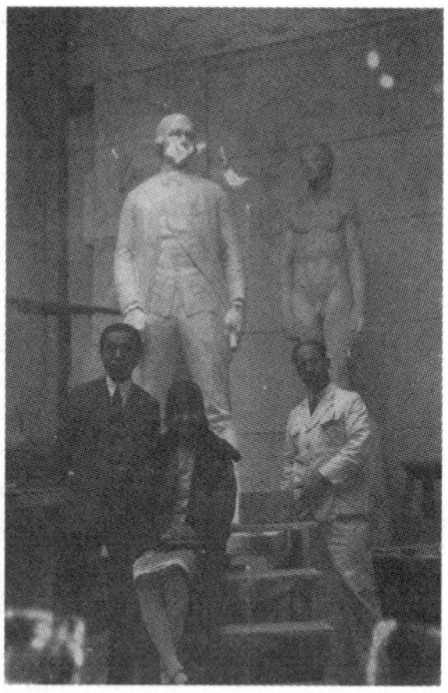

图3 刘海粟、张韵士与兰道斯基合影，1930年 © 新加坡刘抗家庭

观孙先生像型，及其多数之巨制”[①]。在刘海粟造访兰道斯基工作室的数次中，必有一次是由刘抗和傅雷陪同。（图2）在这张照片中从左二起至右依次是：兰道斯基、张澄江（兰道斯基的中国学生）、张韵士、刘海粟、傅雷、刘抗。此外还有两张几乎从未露面的照片，一张是刘海粟、张韵士和兰道斯基的合影（图3），另一张是兰道斯基在工作室（图4）。

图4 雕塑家兰道斯基，1930年 © 新加坡刘抗家庭

事实上，刘海粟携全家刚到巴黎时就得到了昔日学生刘抗和陈人浩的帮助，与他们租住在一起。“但现实生活的需求更为急迫。全家需要一个长期安顿的住所。刘海粟向过去的学生刘抗和陈人浩寻求建议。当时刘抗和陈人浩租住在巴黎郊区的沙蒂荣（Chatillon）一户宽敞的人家，房东是工程师。这里位于巴黎市中心西南方向七公里之外。正巧，房东腾出一间空房出租。五月中旬，一家人总算安顿停当。‘当我接到海粟先生的来信时，立即把他推荐给房东。所以，最初在巴黎我们住在一起，每天见面。尽管他是我们曾经

① 刘海粟：《欧游随笔》，中华书局1935年版，第36页。

图5　第一次欧游，刘海粟全家与汪亚尘夫妇等友人的合影 © 新加坡刘抗家庭前排左一刘抗、左二陈人浩、左四张韵士、左五刘虎；前排右一张弦、右二汪亚尘、右三荣君立；后排左一梁宗岱、左二刘海粟

图6　刘海粟全家与刘抗、陈人浩在巴黎市郊住家前的合影，1929年 © 新加坡刘抗家庭

就读的上海美专的校长，彼时大家之间并无什么联系。’[①] 刘海粟被这里的环境所吸引。”[②] 刘海粟对此住处也很满意，在蒋梦麟的信中写道“拙本月十五日迁居巴黎郊外（Chatillon 40 Rue Fontenay），其地清幽绝俗，有画室，有园林，便于作画”[③]。这应该是刘海粟来欧洲后第一次搬入固定的住所，他在法国的朋友们都来庆贺他的乔迁之喜，共叙友情，并在寓所前合影留念。（图 5）到访新居的朋友们有汪亚尘夫妇、梁宗岱、张弦、刘抗、陈人浩等。随后这张照片发回上海，刊登在 1929 年 4 月 1 日出版的上海美术专门学校季刊《葱岭》第一卷第一期，标题为《刘海粟先生留法迁于新宅后第一次茶话会摄影》。（图 6）

对于新宅宁静的环境，我们可以在另一张合影中窥得一斑。刘海粟全家和刘抗、陈人浩站立在住宅门口台阶上的留影。这张照片与上一张刊登于《葱岭》的照片应该是同一个地方，只是角度不同，这张照片中大家站立在台阶的侧面，不远处是树影婆娑的小森林。也是通过刘抗，通过这段朝夕相处的时光，刘海粟结识了傅雷。傅雷和刘抗都是于 1928 年分别来到巴黎留学，他们一起租住在巴黎东

① 《刘抗口述历史采访》第 9 卷，1982 年，新加坡国家档案馆。

② ［新加坡］葛月赞：《友谊的根基》，王欣译，转引自王欣、季晓蕙主编《刘海粟刘抗师友书信录（上）》，西泠印社出版社 2018 年版，第 11 页。

③ 刘海粟：《欧游随笔》，中华书局 1935 年版，第 7 页。

图7-1　刘抗欧洲留学期间，与傅雷打网球 © 新加坡刘抗家庭

图7-2　刘海粟全家与傅雷、刘抗、陈人浩等在日内瓦万国纪念碑(Monument de la Reformation)下的合影，1929年 © 新加坡刘抗家庭

郊的公寓里。“傅雷和刘抗成为了好朋友，他们一起打网球，逛画廊，游览名胜古迹。刘抗喜欢音乐，他向傅雷介绍西方古典音乐和歌剧。两人最爱去的地方是卢浮宫。他们通过亲眼观赏卢浮宫里令人震撼的历代艺术作品来学习西方艺术，研究大师名作。他们数次参观了达·芬奇的蒙娜丽莎，对不同时期不同风格的艺术家的创作特点了如指掌。”[①]（图7）在刘抗的相册里保存着几张傅雷年轻时代的珍贵照片，与后来出版的

图7-3　树边的傅雷 © 新加坡刘抗家庭

① Claire Roberts, *Friendship in Art Fou Lei and Huang Binhong*, Hong Kong University Press, 2010, P.18. 引文由本文作者翻译。

《傅雷家书》中给人印象深刻的严厉甚至苛刻的形象不同，留法期间的青年傅雷看起来温和而充满活力。1929 年刘海粟的加入，使得他们很快结成了一个以刘海粟为中心的活动团体，为刘海粟提供语言和生活上的帮助，也凭借刘海粟的社会资源展开积极的艺术社交活动。

> 1929 年初，刘海粟（1896—1994）加入进来。他不仅是艺术家也是艺术管理者，带着妻儿从上海来到欧洲深造学习西方艺术，同时也肩负推动中国现代艺术在欧洲的传播和被接受。刘海粟的这趟旅费由前身是教育部的大学院提供，得到了大学院院长蔡元培的帮助。刘海粟比傅雷年长 12 岁，身份是上海美专校长。他不会说法语，所以傅雷成为了他的语言老师、翻译和向导。与其他来自上海的艺术家相比，刘海粟是作为雄心勃勃的、有影响力的艺术界大人物来到巴黎的。他的到来也形塑着傅雷的体验。[①]

刘海粟在《欧游随笔》“瑞士纪行”中的最后一篇“罗曼·罗兰告民众书”，在撰写中应该得到了傅雷的帮助。来法国主攻文学的傅雷此时应该已经关注罗曼·罗兰的作品了。几年后的 1936 年，他开始着手翻译罗曼·罗兰的《约翰·克里斯多夫》，直到 1941 年完成。1937 年到 1941 年间出版了全部的四册，成为了影响中国几代人的经典译著。刘海粟也十分欣赏傅雷的才华，一时间成为莫逆之交。《欧游随笔》中先后收录了两篇关于倡议举办中国美术展览会的文章，一篇是《为办理中法交换展览会致蒋梦麟函》，另一篇是《巴黎举行中国美术展览会之先声》。刘海粟在高曙青公使的帮助下成立了留法艺术协会，筹备在法国举行中国美术展览会，“爰集旅法研究艺术之同志四十余人，组织留法艺术协会，一方面宣扬吾国固有之艺学，一方面研究现代新兴之美术。并于五月十日在公使馆召集全体大会，一致议决于本年十一月在巴黎举行中华民国美术展览会”[②]。傅雷被任命为巴

① Claire Roberts, *Friendship in Art Fou Lei and Huang Binhong*, Hong Kong University Press, 2010, P.18.

② 刘海粟：《欧游随笔》，中华书局 1935 年版，第 28 页。

黎留法艺术协会的秘书长，被期待在展览组织中担任重要的行政管理角色。[①]

1929 年夏天的瑞士之行中，刘海粟与昔日的学生刘抗、陈人浩和新朋友傅雷已十分亲近，在这个小型的“旅行团”中各司其职，其乐融融。“傅雷凭借娴熟的法语为刘海粟做翻译并帮助他与法国艺术界和官方打交道，刘抗则更像一名摄影师。在刘抗保存下来的相片中包括了刘海粟、张韵士和刘虎的肖像，还有他们在旅行途中装扮优雅的观光留影。”在刘抗的相册中有大量旅行中的留影，特别是对于这次瑞士之行的影像记录十分丰富。究竟谁是这些影像的记录者、拍摄者？刘抗一定是其中重要的一位摄影师，另一位极有可能是傅雷。刘抗非常热爱摄影。“刘抗一生对摄影的兴趣与热爱始自青少年时期。从 1926 年初，他手持新买的相机下船踏入上海的那一刻，摄影便开始在他充满活力的人生中扮演起重要的角色。”[②] 并且刘抗有着为照片做题注的习惯，这使我们很容易地在照片中获得画面以外的重要信息。

这一段瑞士莱蒙湖度假的经历，是刘海粟在《欧游随笔》中唯一一篇对于游学期间私人生活不惜笔墨的文章。1929 年夏天，傅雷来到法国和瑞士的边境度假三个月。一开始他与重返欧洲学习的孙伏园、孙福熙伯仲在莱蒙湖南岸小住。然后他写信邀请刘海粟全家、刘抗和陈人浩过来一起度假。一行人入住傅雷的朋友白格朗的木屋别墅。刘海粟十分喜爱这座木屋：“余居二楼三室，四面玻窗，临莱蒙湖碧落莹澈……苍翠直扑几案。仰望白峰，仿佛身在云气中，清幽特甚。余今后将日夕作画于此，乃题其室曰白峰寥天画室。”[③] 在《欧游随笔》中，发表了一张白峰寥天画室的远景图片。在刘抗的相册中有一张刘海粟妻子张韵士依靠在白格朗别墅阳台的留影。刘海粟必定对这段时光、这处风景十分留恋，在几年后的第二次欧游时他特地故地重游，带着新婚的妻子成家和在别墅几乎同样的位置和角度拍摄了一张留影，形成一组有趣的对比，可谓物是人非。（图 8）

莱蒙湖是刘海粟写生的对象，也是刘抗、傅雷和刘虎游泳玩耍的地方。在照

---

① Claire Roberts, *Friendship in Art Fou Lei and Huang Binhong*, Hong Kong University Press, 2010, P.24. 引文由本文作者翻译。

② ［新加坡］葛月赞：《艺气风发——刘抗的相片，个人的故事》，王欣译，转引自顾铮主编《艺气风发——来自刘海粟和刘抗的相册》，西泠印社出版社 2019 年版，第 11 页。

③ 刘海粟：《欧游随笔》，中华书局 1935 年版，第 39 页。

图8-1　张韵士在瑞士白格朗别墅远眺，1929年 © 新加坡刘抗家庭

图8-2　刘海粟第二次欧游，成家和在瑞士白格朗别墅远眺，1933—1935年 © 私人藏家

图9　刘抗与傅雷等友人在莱蒙湖游泳 © 新加坡刘抗家庭

片里，刘抗和傅雷穿着时髦的深色连体泳衣站立湖中，12 岁的刘虎则调皮地仅把脑袋露出水面，画面看起来有几分奇特。（图 9）刘抗和陈人浩还买了一些莱蒙湖的风景明信片，在背后记录了旅行的信息。（图 10）在湖光山色中，校长刘海粟仿佛也回到了天真自在的孩童时代。“我爱这园林，我尤其爱这个园林里的鲜果；因为我在这儿，才有我个人的表示，显出我的天真，显出我的本能，使我一些没有变态。有时我也会和我的儿子抢苹果吃，便与小孩的原始的举动相近，假如长使我在山上吃苹果，听

图10-1-1　刘抗藏莱蒙湖的明信片 © 新加坡刘抗家庭

图10-2-1　刘抗藏莱蒙湖的明信片 © 新加坡刘抗家庭

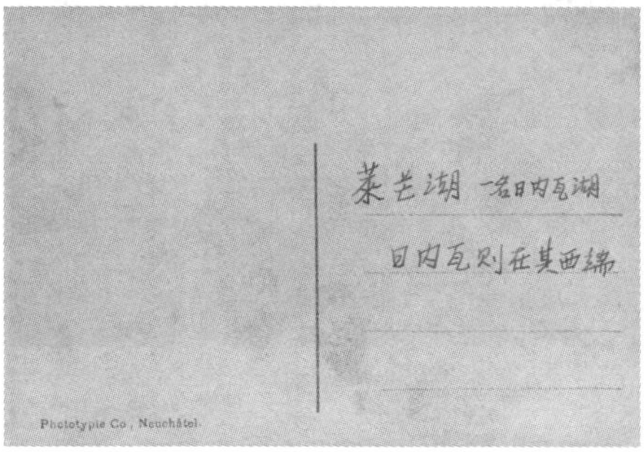


图10-1-2　刘抗藏莱蒙湖的明信片 © 新加坡刘抗家庭

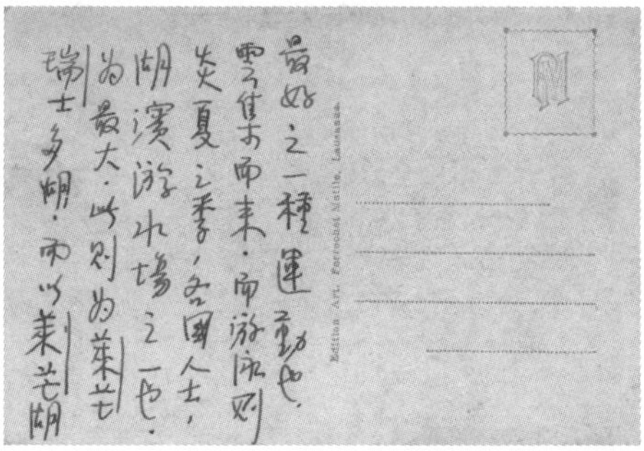

图10-2-2　刘抗藏莱蒙湖的明信片 © 新加坡刘抗家庭

风声，那末一定更能维系我的美的本能。”[①] 将刘抗相册中的瑞士旅行照片与刘海粟的文字记录对照，欧游中刘海粟生动的私人生活慢慢浮现。年轻的刘抗和傅雷常常敏捷地举起相机，将校长刘海粟难得流露的孩子气捕捉入镜头。“满山遍谷的苹果，仍是长得十分艳红，我就一路伸长手去摘，一路向衣袋口里塞。傅怒安不由分说，就把我这种神气照在镜子里，他说：‘这是阿尔卑斯山刘海粟偷苹果的纪念’。”[②]

结束了乡间的旅行后，一行人又去往日内瓦，9 月 20 日一行人结束了两个月的旅行回到巴黎。9 月 28 日，刘海粟让儿子刘虎跟随着刘抗到枫丹白露的鸽卵学

① 刘海粟：《欧游随笔》，中华书局 1935 年版，第 47 页。
② 刘海粟：《欧游随笔》，中华书局 1935 年版，第 48 页。

校学语言。（图 11）因而刘虎作为最年少的同学与刘抗一起出现在鸽卵学校法文专修班的合影中。十月，刘海粟与傅雷和张弦一道，将妻子张韵士送往离巴黎五十公里远的女子学校去住读。就在刘虎入读鸽卵学校的当天晚上，刘海粟、傅雷、刘抗、陈人浩和张弦、邱世恩等聚在刘海粟房间一起讨论，决定参加秋季沙龙，由傅雷帮忙替大家填写报名表，并为刘海粟确定了他的西文署名 H.S.Bai。

九月二十八日那一天虽然是秋天还是闷热的天气。上午我就到公使馆去取了一张八年以前所作的旧画，因为高曙青公使替我带来十张旧作，一直存在使馆没有想到拿出来，在那天晚上陈刘傅三位都来我的卧室闲谈，后来又来了张弦邱世恩二位，三五人一聚集，那谈锋更感兴味。他们看过以前的秋季沙龙的，更谈着那内容的丰富，新生命的奔腾，愈鼓起我们血潮的怒吼，傅君就在那时代我们填写着出品愿书。我就署名 H.S.Bai，因为我的乳名叫做"磐"之

图11　枫丹白露鸽卵学校法文专修班摄影，1929年春 © 新加坡刘抗家庭
前排左起：过福祺、唐肇文、刘虎、杨俊林；后排左起：陈人浩、张庚敭、戴笠、何战白、刘抗

译名而已。[①]

这是刘海粟第一次参加秋季沙龙。1931 年他回国时，仍然留下作品请刘抗和陈人浩代他送展，并又一次成功入选。在刘抗家庭保存的书信中有一封 1932 年 1 月 16 日刘海粟写给刘抗和陈人浩的信。此时的刘海粟已回国，刘抗和陈人浩继续留在巴黎学习。信中提到刘抗的来信写得很好，刘海粟将此信发表在《申报》自由谈，题目为《关于巴黎最近艺坛的一封信》。刘海粟亲自为这封发表的信写了一段引言："这是留法同志刘抗最近寄给我的一封信，描写巴黎现在秋季沙龙的情形和艺术家的生活，真是比我以前做的《欧游通信》还详。我想一定有许多的读者，希望听听最近巴黎艺坛的消息，所以我请本刊编者将这封信发表。我就略略声明当作小引。想刘抗也不至责我多事？"[②] 刘抗在信中对 1931 年的秋季沙龙展做了扼要的介绍："秋展于十月一日开幕（直至十二月十三日），以大体而言，与去岁略同。……吾师入选之雪景，陈列于第十四室，地位极好。生之海景则挂于第十室，也还不错。自称唯一出品者的王子云君，也在楼梯旁占一位置，画材是 Concorde 全景。张澄江君送了两件雕刻品，均经陈列，代中国雕刻界出一口气，实为可喜。"[③] 秋季沙龙成为刘海粟、刘抗、傅雷这个群体一桩重要的艺术活动。

1930 年 5 月，刘海粟与傅雷、孙福熙、颜文樑等一起去往意大利。这趟旅程刘抗没有参加。可能是由于记忆的偏差，刘海粟将一张于法国马恩河畔诺让花园的个人留影错记成在意大利特尔美的留影，作为作者小影刊登在《欧游随笔》的目录旁。如果不是在刘抗的相册中发现另一张同样地点，刘海粟与刘抗一前一后的合影或许还不会发现这个当时出版的小偏差。（图 12）此时的刘海粟与刘抗、陈人浩和傅雷的团队已经十分稳固。"我只记得那时我们形成了一个稳固的小团体，包括我自己、陈人浩、刘海粟和他全家以及傅雷。我们不知不觉地形成了一个小的核心，彼此之间保持联系。"[④] 在刘抗和陈人浩未能参与的旅程中，刘海粟

① 刘海粟：《欧游随笔》，中华书局 1935 年版，第 129 页。

② ［新加坡］葛月赞：《友谊的根基》，王欣译，转引自王欣、季晓蕙主编《刘海粟刘抗师友书信录（上）》，西泠印社出版社 2018 年版，第 8 页。

③ 同上，第 9 页。

④ 《刘抗口述历史采访》第 9 卷，1982 年，新加坡国家档案馆。

会给他们寄明信片。刘抗家庭存有一张刘海粟从罗马发来的明信片，上面热情洋溢地写道：“罗马之游极乐。从希腊到文艺复兴期之杰作不可胜录，生平快事！将来你们一定要来看看！”[①]（图 13）1930 年夏天，刘海粟偕张韵士、傅雷和张弦等拜访巴黎国立高等美术学院院长贝纳尔，留下那张在贝纳尔工作室的著名合影。除此之外，还有另一张合影中，张韵士挽着刘海粟与傅雷一起在贝纳尔的作品前留影。从这组照片，可以看到傅雷和刘海粟互相支持的朋友关系。傅雷为刘海粟做翻译，刘海粟将爱好艺术的傅雷带入了法国上层的艺术圈。随后刘海粟全家与王济远、刘抗和陈人浩等一起前往比利时布鲁塞尔参观比利时独立百周年纪念博览会。1931 年 6 月，刘海粟全家与傅雷、刘抗和陈人浩一起前往奥维参观凡·高生前最后一位医生保罗·加歇的艺术收藏。加歇医生的儿子儿媳和加歇医生的女儿接待了他们。

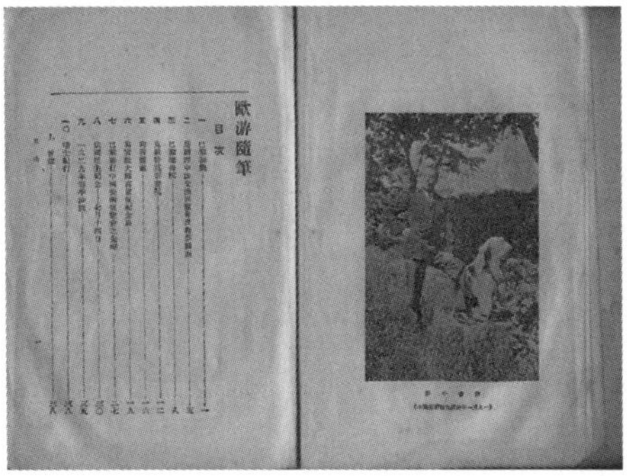
歐游隨筆

目次

图12-1　刘海粟著《欧游随笔》扉页之作者小影，中华书局，1935年

图12-2　刘海粟与刘抗于马恩河畔诺让花园合影，1931 年 © 新加坡刘抗家庭

> 同韵士、虎儿和朋友傅雷、刘抗、陈人浩一行六人，从巴黎东车站乘车向南走，大约车行一小时光景就到（Auvers）……在高原丛然立着的楼

① ［新加坡］葛月赞：《友谊的根基》，王欣译，转引自王欣、季晓蕙主编《刘海粟刘抗师友书信录（上）》，西泠印社出版社 2018 年版，第 14 页。

图13-1　刘抗藏刘海粟寄自意大利的明信片 © 新加坡刘抗家庭

图13-2　刘抗藏刘海粟寄自意大利的明信片 © 新加坡刘抗家庭

> 房就是保罗卡休先生的家……他很殷勤地接待我们，讲了不少关于梵高的生活和关于他的父亲卡休（Gachet）医生与塞尚、毕沙罗、梵高一辈人的交谊的历史……再引导我们参观他父亲一生心血所积的珍藏。在二楼的二间密室中悬挂着德拉克洛瓦的素描和莫奈、毕沙罗、裘奥门、雷诺阿的小品，这都是外间绝未见过的珍品。再上楼有二间光明雅致的房间珍藏着梵高的极品……卡休先生在领导我们看这些杰作的时候，尽量将关于梵高制作的经过以及他们的生活状况倾诉给我们听。我们也热心地静听这位曾经亲接梵高的生活的收藏家的宏论。当时我心中满现着不可名状的震荡。[①]

参观结束后大家和加歇医生全家合影留念。这张照片中唯独缺了同行的傅雷。傅雷很有可能就是那个举起相机的拍摄者。傅雷和刘抗除了在音乐上有共同的爱好之外，在摄影上也颇多共同语言。几年后的1936年，刘抗与傅雷夫妇同游黄山。傅雷夫妇先行回上海，刘抗继续留在黄山写生拍照。当刘抗把在黄山拍摄的照片寄给傅雷后，收到了傅雷的回信："照片中很有几张'杰作'，'天都探海松'与'天都望后海'两帧，若有机会请代放大，如普通小说版本大小，要放得精，印得精，钱归我来付，不必客气。看了这些游踪，真使我神思恍惚，说不尽的感

① 刘海粟：《梵高的热情》，《艺术旬刊》创刊号1932年9月1日。

动。”[①] 刘抗与傅雷在摄影的实践与欣赏中产生了共鸣。

当刘海粟于 1931 年初秋结束自己的第一次欧游时，与刘抗、傅雷和陈人浩结成的深厚友情，使他产生了与这群年轻人继续共同工作，推进事业的想法。他向三位年轻人发出真诚的邀请，邀请他们回国后来上海美专任职。傅雷很快接受了邀请，与刘海粟同船回到上海，入上海美专教授艺术史。刘抗和陈人浩在法国继续学习了一段时间。刘海粟依旧与他们通信，请他们帮忙买一些艺术旧书和图片，以作为他为商务印书馆编撰欧洲名画史论的资料。并请他们代为售卖自己留在法国的画作。但经济的大萧条使刘抗和陈人浩在巴黎的处境日益艰难，经济上大受打击，因此他们也于 1932 年回到上海，入上海美专执教。

在上海美专的教书生涯中，三位年轻人继续保持着与校长的密切关系。很快，傅雷从学校离职。直到 1936 年，因为张弦的突然离世，使刘海粟和傅雷的友谊断裂。

通过图文还原出的巴黎留学生活的确丰富精彩，朋友间感情融洽。刘海粟与刘抗、陈人浩结成的友谊维系终身，特别在刘海粟艰难困苦的岁月中，他们在南洋尽力地为老师寄来食品和外汇以帮助老师渡过难关。傅雷也常常得到来自南洋刘抗的帮助。刘海粟与傅雷断裂了近二十年的友谊在 20 世纪 50 年代中期的特殊时刻又慢慢恢复。从刘抗家庭保存的刘抗与傅雷、刘抗与刘海粟的通信中能够读到他们谈及彼此的内容。光彩熠熠的欧洲时光成为刘海粟与刘抗、陈人浩在彼此都处于人生低谷之时常常共同回忆的珍贵记忆，彼此在相隔近四十年的岁月中以欧洲的共同生活作为彼此鼓励，维系感情的记忆资源。正如刘海粟在 1971 年 1 月 17 日给刘抗的信中写道：“旅欧共同生活情况历历可念。四十年前瑞士莱蒙小景真如梦寐间事。”20 世纪下半叶的社会变革，世事流转，使得渐渐远去的欧洲记忆与困顿现实产生了极大的反差，令当事人常常感觉如梦如幻。特别对于刘海粟而言，大量照片与信件的消失使得他的这段记忆失去了凭借，久而久之便觉得如“梦寐间事”。直到 20 世纪 80 年代他重回巴黎，才重新确定了自己的记忆。

① ［新加坡］葛月赞：《刘抗的“上海时光”》，王欣译，《文汇笔会》2017 年 8 月 9 日。

# 吴作人欧洲留学

吴　宁

吴作人国际美术基金会

**摘　要：** 20 世纪 30 年代比利时布鲁塞尔皇家美术学院的油画专业实行“3-3-3”制，即基础素描班 3 年、工作室低班 3 年、工作室高班 3 年。但是所有学习过程都不是严格按照时间来修习，而是按成绩所达到的程度来作评定。学生从一进去到读完，正常需要用上 9 年的时间，而吴作人从入校到获最高毕业班油画大赛金奖，却仅仅用了 8 个月。

本文是对吴作人留学法国和比利时期间（1930—1935）的学习情况及其经历的考证，由此有利于理解他在后来长期执掌美术学院期间的教学观念及其来源，并以这一角度为焦点，可以帮助理解中国的美术学院的一些课程设置、教学方法、艺术观念和技术能力的渊源，为研究中国的美术学院的学术体系的构成和发展历史提供基础材料和参考作用。

**关键词：** 巴黎国立高等美术学院　比利时布鲁塞尔皇家美术学院　素描　油画　课程设置　学习成绩

从 2018 年中央美术学院百年校庆开始至 2019 年五四运动一百周年期间，由中央美术学院主办的展览“先驱之路——留法艺术家与中国现代美术（1911—1949）”引发了对中国学生留法学习艺术的研究热潮，也带来了对美术学院在中国的教育历史的回顾与总结。美术学院引进中国的历史，比较鲜明和清晰地反映出五四运动和新文化运动所造成的文化变迁和社会进步，构成我们回顾近代中国的历史和现代化的重要组成部分。

考察中国早期留学欧洲艺术学院的学生的课程情况以及他们在其中的经历和

成绩，是目前研究中国引入西方学院这一课题的基础问题。

吴作人（1908—1997），安徽省泾县人，生于江苏苏州。曾获法国政府授予的“法国文学艺术最高勋章”，比利时国王授予的“王冠级荣誉勋章”。作为现代中国新文化运动之后全面掌握西方绘画观念和技法并得到欧洲美术学院充分认可的第一人，吴作人是继徐悲鸿之后中国引入学院式造型的训练制度、推行美术学院教育体系的主要代表人物。他从 1946 年开始承担中国美术界的领导工作，特别在新中国成立初徐悲鸿院长突然去世之后（1953），于 1955 年担任中央美术学院副院长，后长期担任中央美术学院院长（1958—1979）和中国美术家协会主席（1985—1997），对整个中国美术界产生了深远的影响。

吴作人在欧洲的留学时间是从 1930 年至 1935 年，其间先在法国巴黎学习，并考入巴黎国立高等美术学院，后转入比利时布鲁塞尔皇家美术学院并在此以优异成绩完成学业。对他留学期间的学习情况及经历的准确考证，有利于理解他在后来执掌美术学院期间的教学观念及其来源，并以这一角度为焦点，帮助理解中国的美术学院的一些课程设置、教学方法、艺术观念和技术能力的渊源，为研究中国的美术学院的学术体系的构成和发展历史提供基础材料和参考作用。

## 一、法国巴黎留学阶段
## （1930年5月11日至1930年10月11日）

1930 年 4 月 5 日，吴作人在上海乘坐阿多斯第二号邮轮（Athos Ⅱ）启程赴欧。同行者有五哥吴之翰①、同学吕霞光、同样去巴黎学习艺术的彭友贤②，以及上

① 吴之翰（1902—1978），吴作人五哥。1927 年毕业于同济大学，1930 年赴德国留学，1935 年获德国斯图加特工业大学土木工程博士。归国后任职于上海大同大学、同济大学，并于 1956 年至 1966 年任同济大学副校长。

② 彭友贤（1906—1949），出生于江西余干玉亭镇。1922 年考入上海美专，1928 年考入杭州国立艺术院国画系，1930 年赴法国留学，入巴黎国立高等美术学院，攻读图案及装饰美术，1932 年留学结束回国，1933 年赴武昌艺专任图案及国画教授，1935 年应邀赴北平美专任国画教授。1936 年为家乡江西挽留，在南昌任职，后到景德镇陶业管理局任职，1945 年在景德镇集资创办中国瓷厂。长期致力于陶瓷艺术研究、中国陶瓷改良，为推进国瓷现代化做出重要贡献。（来源：百度百科 https：//baike.baidu.com/item/%E5%BD%AD%E5%8F%8B%E8%B4%A4/9295248？fr=aladdin）

海南国艺术学院同人冯湘夫妇。吴作人坐水手舱。

轮船途经中国香港、西贡（今胡志明市）、新加坡、科伦坡、亚丁港、吉布提、苏伊士运河、塞得港，于5月10日到达法国马赛港，全程35天。中国会馆派专人前来迎接，帮助办理入境手续。[1] 次日（5月11日），吴作人与吕霞光抵达法国首都巴黎，开始留学生活。

根据吴作人回忆，巴黎国立高等美术学院的入学办法是由工作室的主持教授审查考生平时的素描作业来决定的。为此，他要准备一批素描习作。在中国留学生张宗禹的帮助下，他办理了卢浮宫学校（Ecole du Louvre）的入学证和大茅屋学院（Académie de la Grandes Chaumières）的门票，开始了四个月的自学。（图1）

图1　左起：吕霞光、王临乙、吴作人、张宗禹在巴黎卢浮宫前 1930年

卢浮宫学校创办于1882年，是一所由法国文化部主管的公立学校。学生在交纳学费之后，卢浮宫学校会发给证明，学生即可凭证每天进卢浮宫免费临摹名画和雕塑原作，同时还可免费出入巴黎任何博物馆、美术馆参观临摹。

当时卢浮宫允许艺术家在馆工作的时间是从上午10点到下午3点。吴作人除了闭馆日，每天在卢浮宫的雕像陈列厅对着古典雕像原作练习素描。为充分利用这5个小时，他中午不离开去吃午饭，一张素描最多三四天可以完成。

卢浮宫在馆工作时间结束后的下午和晚间，他会去大茅屋学院进行人体速写练习，或者在卢浮宫的其他展厅参观，或者到德拉克洛瓦美术馆、罗丹美术馆、

---

① 吴作人回忆："五哥和小邹在巴黎只留一天，就要转赴维也纳；冯湘和他的夫人（她同船来，但乘三等，因为水手舱是不准许妇女下去的）自己有在巴黎的熟人，第二天就接走了；彭友贤也有他的江西老乡带去；此外就是我和吕霞光两人……"引自吴作人巴黎留学回忆（来源"吴作人档案"）。

现代美术馆等处观摩或临摹。现保存有他临摹的法国画家让-雅克·埃内（Jean-Jacques Henner）的油画《女》，原作存于埃内个人博物馆[①]。（图2）

图2 吴作人临法国画家埃内油画《女》 油画 1930年

大茅屋学院位于巴黎蒙巴纳斯（Montparnasse）地区，属于巴黎“自由画院”（Académies libres）中最为出名的画院之一[②]，可买一周或几周或几月门票进去画画。吴作人留法期间常到大茅屋学院作人体速写练习。“一开始，模特儿主动地每半个小时换一个姿态。在第二个小时里，每20分钟换一个姿态。最后一小时里，每10分钟换一个姿态。这就迫使习画者的眼、手都要能跟上并且及时准确无误地把握住和勾画出模特儿的不同姿态、运动。这的确是画家功力训练的一种极其有效的方法。”[③]（图3）

图3 《女人体》速写 1930年

面对巴黎高昂的费用支出，吴作人的生活极为艰难。9月12日，他因营养不良而病倒，房东太太为他做了半

---

① Jean-Jacques Henner（1829—1905），法国画家。1921年Henner的侄媳Marie Henner买下画家Guillaume Dubufe的画室并将之捐给国家，用作Henner博物馆。1924年博物馆（Musée national Jean-Jacques Henner）对公众开放。

② “这些自由画院，实际上是一个大画室，由一位稍有名气的画家主持，聘请模特儿，供学生自费学习人体素描，并由画家稍加指点一二。这些众多自由画院里，有两家比较著名，有学校规模的是朱利安画院（Académie Julien），大茅屋画院（Académie des Grandes Chaumières）则以其可买一周或几周或几月门票进去学画的独特性质而闻名远近。”引自萧曼、霍大寿《吴作人》，人民美术出版社1988年版，第61页。

③ 萧曼、霍大寿：《吴作人》，人民美术出版社1988年版，第61页。

图4 《餐巾》吴作人作 素描 1930年9月13日

只烤鸡，他才得以慢慢康复。9月13日，吴作人画《餐巾习作》，并用法文在画上写道："Aujourd'hui je suis guéri.（今天，我病好了。）"就在他生病不能出门期间，张宗禹拿了他的素描习作，替他去报考吕西安·西蒙（Lucien Simon）工作室，第二天张宗禹传来消息，吴作人被录取。①（图4）

在菲利普·杰奎琳（Philippe Cinquini）所作的《在巴黎国立高等美术学院学习的中国留学生表（1914—1955）》②中，并未查到吴作人的入学记录。但是据吴作人的回忆，他交过学费和给画室专用的"咖啡小费"，他说"1982年我去巴黎时遇见当时在西蒙工作室时的班长，他说我还欠着他钱，是咖啡小费，我说我当时和学费一起交了"③。吴作人当时财务窘迫，学费是张宗禹帮他借来的，他到了

① "Lucien Simon看了我的画之后，签署了admis（录取证）。"引自《吴作人自述》第6盒B面，1984年3月31日录音，萧曼根据录音整理，"吴作人档案"藏。

② Philippe Cinquini：Les artistes chinois en France et l'École nationale supérieure des beaux-arts de Paris à l'époque de la Première République de Chine（1912—1949）：pratiques et enjeux de la formation artistique académique，博士学位论文，法国里尔第三大学，2017年，附录第14—23页。

③ "开学前，我还得交一笔钱。除应交学费之外，巴黎美术学院还要交一笔请咖啡的钱，这是要交给Atelier（画室）的班长的。每个新生入学都要交一笔钱给Atelier，这个习惯与中国人学要请客拜师一样。后来改为开学时，新生入学交一笔请咖啡的钱，这钱在学校有什么活动时，如学校有fête（节日），carnaval（狂欢节）都需要用钱，这笔pourboire de café（咖啡小费）就用在这里。1982年我去巴黎时遇见当时在Atelier Simon（西蒙工作室）时的班长，他说我还欠着他钱，是pourboire de café，我说我当时和学费一起交了。上面说到交学费，交这些钱，都是张宗禹帮忙我张罗来的。"引自《吴作人自述》第6盒B面，1984年3月31日录音，萧曼根据录音整理，"吴作人档案"藏。

比利时拿到助学金以后，立刻把巴黎所欠的学费及其他费用寄还给张宗禹。[①]

张宗禹（1907—1976）[②]，1925年6月毕业于南京美术专门学校，之后赴法国巴黎国立高等美术学院学习。根据网上一张张宗禹于1949年7月18日手填的《国立女子师范学院教员履历表》[③]可知，他于1933年3月至1934年1月在私立苏州美术专科学校任教。在菲利普·杰奎琳所做的包含132名中国学生的《在巴黎国立高等美术学院学习的中国留学生表（1914—1955）》中，第59号法文名为“Chang Tsung Yu”，未附中文名。有关Chang Tsung Yu的信息是：男性，1929年12月2日注册在预备班（les galeries）的Roger名下，1930年10月25日注册入Lucien Simon画室，1933年2月离开巴黎国立高等美术学院。根据拼音以及时间履历来看，Chang Tsung Yu很有可能就是张宗禹，他与吴作人同时报考吕西安·西蒙画室，而当他正式注册进入画室时（10月25日），吴作人已经于10月11日离开巴黎入学布鲁塞尔皇家美术学院。这也许就是巴黎国立高等美术学院的档案中没有吴作人注册信息的原因。但是，吴作人既然已经交过学费，而且据他本人的回忆，他也进入过画室学习了一段时间，那么，交费的发票是否会有档案保留？这有赖于进一步的档案查证。

吴作人在巴黎留学阶段留下的作品包括以下几种类型。

（1）自画像。此为徐悲鸿教学法之一，他经常要求同学画自画像以加强练习和表现力。吴作人留学之前在上海南国艺术学院和南京中央大学跟徐悲鸿学画时期留下自画像十余张即为证明。到法国后吴作人也画了自画像，可能是到巴黎初期还没有办好各种学习手续之前所作。（图5）

（2）为报考巴黎国立高等美术学院所作的古典雕像素描。下文将详述。

（3）油画作品临摹。如前述他临摹法国画家让-雅克·埃内的油画《女》。

---

① “我拿到助学金时是11月底，把从10月的助学金全部给我。手里有钱了，马上把在巴黎欠的债，张宗禹给我张罗的钱，在巴黎的学费和各种账目都汇了去，还了欠债。”引自《吴作人自述》第6盒B面，1984年3月31日录音，萧曼根据录音整理，“吴作人档案”藏。

② 张宗禹在1934年1月离开私立苏州美术专科学校后，历任中央电影摄影场布景师、美工部主任、剧务，四川省立技艺专科学校教员兼训导主任，四川国立艺术专科学校教授，国立女子师范学院教授兼家政系系主任，西南师范学院教授。

③ 《著名美术教育家老教授张宗禹亲笔填写民国38年国立女子师范学院教职员工履历一张》（http：//www.997788.com/pr/detail_156_871980_0.html）。

图5 《自画像》素描 1930年

（4）在大茅屋学院所作的人体速写。

（5）为同学、朋友所作的头像素描。如吴作人离开巴黎前一天（1930年10月10日）为房东的大女儿 Magda 所作的头像素描。

（6）日常所作的速写，包括街头劳动者、马等。

（7）日常事物的研究性素描，包括餐巾、树叶。如前述吴作人病愈后所作《餐巾习作》。

吴作人在巴黎时期的学习经历，主要集中在进入美术学院的学术准备上。他的经历非常清晰地说明了这一点：摹写古典雕像（或石膏像）的素描水平，是进入美术学院的入场证。

在美术学院的课程表中，会看到一个不断出现的词 d'après antique，即“摹写古典”。此处的“古典”，意指古希腊、文艺复兴以及以此为精神圭臬的学院派前代大师所作的雕像。摹写古典雕像或石膏像，不仅是进入美术学院的入场证，在学生进入学院以后，它也是美院新生的必修课。

现保存有吴作人当年为报考巴黎国立高等美术学院所作的部分古典雕像素描习作，如素描《鹰与盗火神搏斗》（亦称《普罗米修斯》）、《大卫战胜歌利亚》、《垂死的奴隶》、《反抗的奴隶》、《西勒努斯抱着婴儿的狄奥尼索斯》、《赫拉克勒斯帮阿特拉斯顶地球》等，为我们提供了理解西方美术学院教学制度的重要证据。其中，《西勒努斯抱着婴儿的狄奥尼索斯》是 1 或 2 世纪古罗马翻制的希腊雕塑，《垂死的奴隶》《反抗的奴隶》为文艺复兴时期米开朗琪罗名作，《大卫战胜歌利亚》是法国雕塑家皮埃尔 • 弗兰克威尔（Pierre Francqueville，1548—1615）的作品，《赫拉克勒斯帮阿特拉斯顶地球》为 17 世纪法国雕塑家米歇尔 • 安圭埃尔（Michel Anguier，1614—1686）所作，《鹰与盗火神搏斗》则为法国雕塑家尼古拉斯 - 塞巴斯蒂安 · 亚当（Nicolas-Sébastien Adam）于 1762 年所塑。由此可见西方美术学院的素描基础，是建立在源于古典希腊、经历文艺复兴、继承发展并一直延续到20世纪初期的一整套西方经典艺术的理念之上。

进一步看吴作人选择摹写的雕像，基本以雄强有力、充满动感和冲突性的雕塑类型为主。一方面可见他个人性格上的取向，此时他从遭受帝国主义列强欺侮的中国来到巴黎，充满着当时中国的知识分子和艺术家普遍存在的救亡图存的一种紧迫感和使命感。他在第一次进入卢浮宫，看到古希腊雕塑和法国19世纪巨幅油画时，就下定决心，要竭尽全力，用自己的刻苦努力为民族争光。① 另一方面，这为一个画家下一步学习人像和人体做好准备：通过雕像写生，学习表现和塑造人的各种姿态和动作中的准确的人体结构。

图6 《西勒努斯抱着婴儿的狄奥尼索斯》素描 1930年

这批古典雕像素描习作，充分显示出吴作人在经过四个月每天面对大师原作、潜心揣摩绘画技法的不断努力下，素描技巧上的迅速提高，与他来法国之前和初到巴黎时的习作相比，无论从形体结构的把握上，还是从塑造人体轮廓线的肯定性上，都有大幅度的进步。正是这批素描，使他可以被巴黎国立高等美术学院教授录取，也正是这批素描，使他一到比利时，就被巴思天破格录取直接进入布鲁塞尔皇家美院的油画高级班学习。（图6、图7）

图7 《鹰与盗火神搏斗》（亦称《普罗米修斯》）素描 1930年

① “有生以来，首次看到这么多不朽之作，他感到眼花缭乱，又觉得艺海无涯。他暗自下定决心：‘一定要竭尽全力，在这艺术众神前，努力学习，使自己有朝一日，也成为光源，发放出来自遥远的东方的千载相传的艺术的辉煌光芒。我是一个黄帝子孙，我们中华民族也要有我们自己的油画家、雕刻家！’”引自萧曼、霍大寿《吴作人》，人民美术出版社1988年版，第59—60页。

## 二、比利时布鲁塞尔留学阶段
## （1930年10月12日至1935年7月）

吴作人进入吕西安·西蒙教授的班上后不久，接到驻比利时公使谢寿康[①]由比利时布鲁塞尔寄来的快信，嘱他速离法赴比，原因是谢寿康从他的好友、比利时布鲁塞尔皇家美术学院院长巴思天[②]处得知，当年美院还有一个庚款助学金名额，因此推荐吴作人来争取这个机会。这为正在被巴黎高昂的生活和学习费用所迫的吴作人带来了转机。1930 年 10 月 11 日，吴作人离开巴黎，来到布鲁塞尔。

10 月 12 日，吴作人带着自己的一批素描习作来到布鲁塞尔皇家美术学院巴思天工作室。巴思天一面翻阅，一面把画室中其他五六十名学生叫过来，说："过来看看这位中国同学的作业，他的画将会成为你们的榜样！"这一天，吴作人正式成为巴思天的学生，并注册入学，学号 21217。

8 个月后，吴作人在布鲁塞尔皇家美术学院暑期全校大会考中，以油画《男人体》荣获第一名，获金质奖章和桂冠生荣誉。从此享有个人工作室权利，以及作画一切物质条件包括模特及画室设备费用公付的待遇。

1932—1933 学年末，吴作人再度获得金质奖章，此次获奖的科目是：雕塑构图。

尽管吴作人在比利时获得的金质奖章这些重要的纪念品在 1940 年的重庆大

---

① 谢寿康（1897—1973），江西赣县人。戏剧家、外交家。1912 年留学欧洲入比利时布鲁塞尔自由大学，1914 年转学法国巴黎法政学学校，获学士学位，后获瑞士罗山大学政治学硕士学位，比利时布鲁塞尔自由大学经济学博士学位。1919 年任巴黎中国民主促进会秘书长，1923 年任里昂中法大学校董。1929 年归国，任国立中央大学文学院院长、教授。次年任国民政府驻比利时代办。后任立法院立法委员、立法院条约委员会委员、中国文艺社常务理事兼秘书长。1935 年任国立戏剧学校教授。1941 年任国民政府驻瑞士代办。1946 年当选比利时皇家文学研究院院士。1949 年任美国哥伦比亚大学助理戏剧教授。1954 年任台湾"驻教廷大使"。后任台湾中国文华学院研究部教授等。1973 年病逝于台湾。谢寿康在 1929 年南京中央大学任教时，就与当时在中央大学徐悲鸿画室学习的吴作人结识，对吴作人留下深刻印象。身为驻比公使后，徐悲鸿给他去信，请他对吴作人垂顾，予以协助。

② 巴思天（Alfred Théodore Joseph Bastien，1873—1955），比利时画家。曾参加"一战"。1927—1945 年期间在布鲁塞尔皇家美术学院任教授，并担任三届该院院长。1952 年被选为比利时皇家科学文学与美术学院院士。

轰炸中被炸毁，但幸运的是，他在比利时留学期间的大量速写和油画作品被保留了下来，与此同时还保留了一本名为《1932—1933学年度比利时布鲁塞尔皇家美术学院和装饰艺术学校颁奖册》（以下简称《1932—1933颁奖册》）的小册子，为我们进一步理解比利时布鲁塞尔皇家美术学院的运作机制提供了重要的依据。（图8）

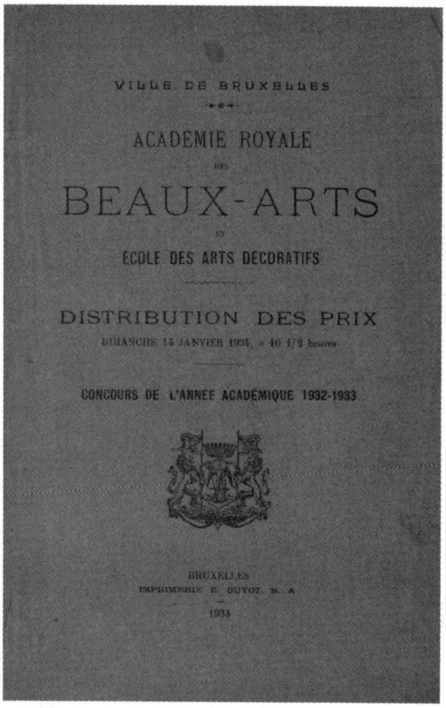


图8 《1932—1933学年度比利时布鲁塞尔皇家美术学院和装饰艺术学校颁奖册》封面

比利时布鲁塞尔皇家美术学院成立于1711年。1830年比利时成为独立国家以后，1831年，由弗朗索瓦-约瑟夫·纳维（François-Joseph Navez，1787—1869）出任美院院长直到1859年[①]，深刻影响了布鲁塞尔皇家美院的制度建设，并使得美术学院在1835年获得了“皇家”称号。在他治下，布鲁塞尔美术学院进行了教学改革，于1835年增设雕塑班，1848年合并皇家版画学校，1849年开设油画班[②]。纳维是新古典主义学派奠基人雅克-路易·大卫的学生，曾经于1813—1816年在巴黎的大卫画室学画，并于1817年给他的老师大卫画过肖像；他还在罗马结识了安格尔，是新古典主义的继承人。路易·大卫的艺术理念和成就一直为美术学院所推崇，他的肖像至今仍然排在巴黎国立高等美术学院院廊左边的第一位。纳维深受大卫的影响，因此布鲁塞尔皇家美院的教学制度经过他的改革以后，与巴黎国立高等美术学院的体制一脉相承。（图9）

① 米歇尔·波松（Michel Baudson）：《布鲁塞尔皇家美术学院暨高等艺术学院的历史沿革及现今挑战》，转引自朱青生编《美术学院的历史与问题》，广西师范大学出版社2012年版，第42页。

② 《比利时布鲁塞尔皇家美术学院校史》，比利时布鲁塞尔皇家美术学院官网（https：//arba-esa.be/fr/site.php？cid=8&pid=48）。

图9　路易·大卫的肖像至今仍然排在巴黎国立高等美术学院院廊左边的第一位

再进一步追溯西方美术学院制度的原则之根本。布鲁塞尔皇家美术学院在1711年成立时就宣称以瓦萨里的理念来组织教学，以其1563年建立的历史上的第一所美术学院l'Accademia del Disegno为榜样①。

通过对吴作人1930—1935年在布鲁塞尔皇家美术学院学习期间的课程设置的考察，可以帮助我们理解作为西方美术学院中的一员，比利时皇家美术学院远承瓦萨里建立的美术学院、近袭巴黎国立高等美术学院的一整套教学体系和方法。

## （一）素描

素描，一直是美术学院教学中的重中之重，根基所在。

素描与造型艺术的关系，可由后来执掌中央美院的吴作人向国务院总理周恩来提出“素描是一切造型艺术的基础”作为最清晰明了的表述。在吴作人的主张下，巩固了素描作为美术学院所有艺术门类（包括国画）的基础课程这样一个基本的美术教育方针②。

这个观念可以上溯到美术学院建立之初的基本理念。1563年瓦萨里给第一所美术学院取名为Accademia del Disegno。今天我们对Disegno这个词几乎无法翻译。现在通常把这个词翻译成“设计”；中国早期第一代留学生（如陈子佛）在引进日本的学院科目时，把这个词翻译为“图案”。佛罗伦萨建立美术学院的创意

---

① 《比利时布鲁塞尔皇家美术学院校史》，比利时布鲁塞尔皇家美术学院官网（https：//arba-esa.be/fr/site.php？ cid=8&pid=48）。

② “关于素描是一切造型艺术的基础的问题，我的看法是应当理解为一切造型艺术都必须有一个严格的基础锻炼。这一点意见，有一次周总理接见墨西哥画家，我陪同在座，当客人还未到时，周总理问：是否学国画也必须要画素描。我答：‘我的理解是，学任何艺术必须要有一个严格的基础锻炼。’周总理表示同意这个看法。”引自吴作人20世纪50年代手稿，“吴作人档案”藏。

曾来自达・芬奇，他对美术学院的解释早于这个学院实际建成的100年前："学徒应该首先学会透视，由此而能够把握所有的事物，之后要去模仿大师的素描手稿，通过这些练习，逐步把握准确的肢体的比例，然后再去对着实物写生，进一步印证前面所学，由此出发，还要长时间地研究不同的画家的手稿，充分体悟，直至熟练掌握艺术的实践能力。"① 而瓦萨里自己则定义 Disegno 这个词为素描或草图，是建筑、雕塑和绘画的共同基础。②

在最早的美术学院教学中，最主要的课程是素描，而油画并不在学院里教授，学生们可以到画家的画室中去学习。克里斯蒂安・埃克（Christian Heck）在《艺术可以教吗？——在理想和制度之间：16世纪到19世纪的欧洲美术学院和学校》一文中，在谈到巴黎国立高等美术学院的最初教学设置时说："（学院对）学生的教育是主要目标，但是学院不是教育的全部。学生会继续在其师傅的画坊中工作和生活，在那里他练习油画或者制作模型和雕塑。在学院里，他的主要教育通过素描来进行。"法国甚至在素描教学上比16世纪的意大利学院都要严格："与16世纪的意大利学院相比，教育新的严格性可以从遵守每天固定的时间表这一点看出来。对于在学院中练习的素描，每个月要进行考试，这可以剔除那些较差的学生，并且根据面向挑选出来的学生的比赛来颁发奖励，还有展示比赛的素描以及成员作品的展览。"③ 布鲁塞尔皇家美术学院在这方面也是同样。它在1711年成立之初，遵从1435年阿尔贝蒂（Alberti）在《论绘画》（*Della Pittura*）中阐发的理

① 朱青生：《美术学院体系中的文国璋》，载"我的六十年——文国璋个人艺术展"画册《我的六十年：文国璋画集》，嘉德艺术中心，2019年，第2—19页。其中达・芬奇的引文转引自 R. Eitelberger，Quellenschriften für Kunstgeschichte und Kunsttechnick des Mittelalters und der Neuzeit（上），卷15，维也纳1882年，第104—105页。

② 朱青生：《美术学院体系中的文国璋》，载"我的六十年——文国璋个人艺术展"画册《我的六十年：文国璋画集》，嘉德艺术中心，2019年，第2—19页。其中瓦萨里的引文转引自 Giorgio Vasari，Introduzzione [···] alle tre Arti del Disegno cioè Architettura，Pittura e Scoltura [···] del Libro I delle Vite，Cap. XV. Che cosa sia disegno，e come si fanno e si conoscono le buone pitture et a che；e dell'invenzione delle storie（1568）.

③ 克里斯蒂安・埃克（Christian Heck）：《艺术可以教吗？——在理想和制度之间：16世纪到19世纪的欧洲美术学院和学校》，转引自朱青生编《美术学院的历史与问题》，广西师范大学出版社2012年版，第23页。

论，以素描为要务，在绘画教学中教授透视、比例、解剖、运动以及几何原理。① 直到 1849 年才在纳维任院长期间开设了油画教学。由此可见西方最早的美术学院都是以素描为基本。

素描学习包括两阶段：初级阶段是摹写古典雕塑或石膏像，高级阶段是对人体模特进行写生。

20 世纪 30 年代布鲁塞尔皇家美院与装饰艺术学校② 两部共同组织教学，专业包括油画、雕塑、建筑及装饰艺术。据吴作人回忆，比利时布鲁塞尔皇家美院各专业学生在进入本专业画室之前，要首先进入素描班，进行基础训练，时间是三年，不同专业的学生一起上课。素描班通过以后再进入工作室。③

从《1932—1933 颁奖册》中看课程安排，分为初级班、中级班和高级班。所有专业的基础课程都有素描，而且无论是初级、中级还是高级班，素描课都贯穿始终。比如初级班一年级的素描课是摹写古典石膏的头像，二年级是摹写古典石膏的全身像和人物写生，三年级是素描构图课。中级班的一年级摹写古典石膏的头像，二年级摹写古典石膏的头像和半身像，到三年级则是摹写古典石膏的全身像，并对人体模特写生。高级班的课程中依然有古典石膏全身像素描课和人物素描写生课。年终比赛科目中有古典石膏像素描大赛，亦有奖学金颁发给素描成绩优异者。

前文已述及对古典石膏像（或雕像）进行素描摹写在美术学院教学中的重要性，它既是进入美院的入场证，同时也是美院学生的必修课。吴作人即使在已经取得了全院油画人体写生第一名（1931）以后，仍然会对石膏像进行研究性素描，现存有他在 1932 年所作的一幅石膏像素描，画面上写道“画旧石膏，难煞人也”，足见摹写石膏像的难度与必要性。

吴作人在入学的第一年（1930—1931 学年度）在让 · 德尔维尔教授（Jean Delville，1867—1953）的人体素描写生晚班上学习素描，年终成绩第 1 名，获二

---

① 米歇尔 · 波松（Michel Baudson）：《布鲁塞尔皇家美术学院暨高等艺术学院的历史沿革及现今挑战》，转引自朱青生编《美术学院的历史与问题》，广西师范大学出版社 2012 年版，第 41—42 页。

② 1886 年，为推动实用艺术的工业化，以及鼓励和强调手工劳动的价值的目的，布鲁塞尔皇家美院设立装饰艺术学校。

③《吴作人自述》第 7 盒 A 面，1984 年 4 月 6 日录音，萧曼根据录音整理，“吴作人档案”藏。

图10 《男人体》素描 1930年

图11 《男人体》素描 1931年 作品右下角写有“1 er”，这幅可能是1930—1931学年度获得年终成绩第一名的素描

等奖。（图10、图11）

### （二）公共必修课

为了掌握造型能力，要通过一系列的方法来对事物，特别是生命体（人体、动物等）的构成以及透视关系有清晰的理解。为此，所有美术学院都会设置相应的课程以训练学生。

巴黎国立高等美术学院的基础课程设置，强调“三学科教育体系”。“巴黎高美因其‘三学科’的教育体系，一直被认为是一个‘典范的学校’：人体写生学习，根据古物的石膏模型摹写学习以及解剖学习。”[1]

对照吴作人所在时期（1930—1935）的比利时皇家美术学院的课程设置，公共必修课（特别课）中包括人体解剖、动物解剖、透视（分为素描绘画组和建筑

① ［法］菲利普·杰奎琳：《中国绘画中的法国危机——中国油画家与法国关系一瞥》，《美术》2016年第9期。

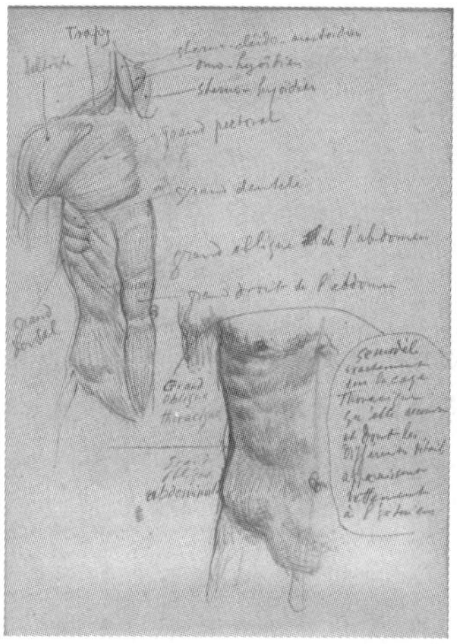

图12　吴作人解剖课笔记 1930—1931年

图13　马腿解剖习作 1930—1935年留比期间

组）。[①] 现保存有吴作人学习期间的人体解剖课堂笔记和若干马体解剖图。（图 12、图 13）

此外，比利时布鲁塞尔皇家美院的公共必修课还包括服装史（分初级班和高级班）、艺术史、文学史、建筑史、建筑术语、装饰艺术美学、建造几何与算术等。据吴作人的回忆：“我们油画班上的必修课包括美术史、解剖学、欧洲文学史、服装史、透视学。这几种（是）所谓必修课，油画班、雕塑班、装饰艺术班都（要）上这些共同课。”[②] 现保存有吴作人学习期间的服装史作业，包括《古代服装史》（共 25 幅）和《17—19 世纪晚期服装史》（共 37 幅）。（图 14-1、图 14-2）

### （三）油画

在完成素描班的基础训练以后，油画专业的学生进入工作室学习。工作室分低班（三年）和高班（三年），高、低班学生在同一教室内上课。油画工作室的课程主要解决的是以人体为中心的油画造型问题，从半身写生像开始，到全身像。（图 15）

① 《1932—1933 学年度比利时布鲁塞尔皇家美术学院和装饰艺术学校颁奖册》，1934 年印制。

② 《吴作人自述》第 7 盒 A 面，1984 年 4 月 6 日录音，萧曼根据录音整理，“吴作人档案”藏。

图14-1　吴作人服装史作业《古代服装史》之一

图14-2　吴作人服装史作业《17—19世纪晚期服装史》之一

进入油画专业课，除了人体写生之外，还有人体写生构图课，就是组合人体或者对已经掌握的人体绘画知识进行组合搭配的练习（具体教学内容还待进一步考证）。吴作人在1930—1931学年度油画高级班的课程中，构图成绩为第三名，获本学年度该科目一等奖的提名奖。

图15　《风磨》油画　1931年

油画风景课，不属于工作室的教授内容，而是作为选修课[①]，可以在初级班学习。张充仁曾在1932—1933学年度初级班三年级风景画课上获一等特别奖。[②]（图16）

每年暑假前，各专业都有学年会考。低班的三个年级在一起考试，低班的第一名可以直接升入高班。高班也是三个年级一起会试，但只有高班的考试才是评奖考试，有资格冲击金奖。除了必须在最高班学习以外，参加评奖考试还有另一

① “翻模、版画、水彩、油画风景……都在下午上课，每周一次，是选修课。”引自萧曼、霍大寿《吴作人》，人民美术出版社1988年版，第69页。

② 《1932—1933学年度比利时布鲁塞尔皇家美术学院和装饰艺术学校颁奖册》，1934年印制。

图16　吴作人与老师巴思天 1934年

个前提，是必须完成所规定的全部公共必修课的学分。在20世纪30年代的比利时布鲁塞尔皇家美院，油画专业的最高荣誉颁发给有资格参加人物油画写生大赛的成绩最优者。

这一时期的比利时皇家美院还有这样一个规定：除了建筑系必须修满4年才能参加毕业考试以外，其他专业的学生，即使是高班第一年，只要在全院专业大会考中获得第一名，就能有学衔。[①] 只是当时的比利时布鲁塞尔美院并不颁发今天意义上的毕业证书。

虽然比利时布鲁塞尔皇家美院的油画专业实行"3-3-3"制，即基础素描班3年、工作室低班3年、工作室高班3年，但是所有学习过程都不是严格按照时间来修习，而是按成绩所达到的程度来作评定。如果专业课的程度好，达到了一定的要求，就可以跳级学习。学生从一进去到读完，正常需要用上9年的时间，而吴作人，从入校到获最高毕业班油画大赛金奖，却仅仅用了8个月！也就是说，在他第一年学习结束时，理论上已经毕业。

吴作人是这样完成他的"三级跳"的。

他在第一次见到导师巴思天时，递交了他在巴黎所作的素描习作。巴思天看过以后，立刻允许他跳过基础素描班（分三个年级），直接进入工作室。在进入工作室的高班还是低班时，巴思天对吴作人说："我的画室分设高班和低班两个班级，低班画半身人体和头像，高班画全身人体。新来的学生多从低班开始。但是你可以例外，允许你自己选定。"吴作人决定上高班，因为他认为在画全身的同时也可以画半身。巴思天同意了他的要求。就这样，吴作人跳过了低班（三年），直接进入高班。

---

① 萧曼、霍大寿：《吴作人》，人民美术出版社1988年版，第69页。

到1931年暑假前，吴作人修完了全部的公共必修课，作为高班学生，他具有了参加评奖考试的资格。

考试时间为两周，吴作人只用了一个星期便完成了自己的人体命题。①

评奖结果，吴作人的人体油画写生《男人体》获第一名、金质奖章和桂冠生荣誉，享有个人工作室权利，以及作画一切物质条件包括模特及画室设备费用公付的待遇。

就这样，23岁的吴作人，在8个月的时间内，完成了比利时布鲁塞尔皇家美院对于油画专业学生所规定的全部课程，并获得最高奖，其油画能力超过了当时同龄（美术学院要求在校生不得超过30岁）的所有欧洲同学。（图17）

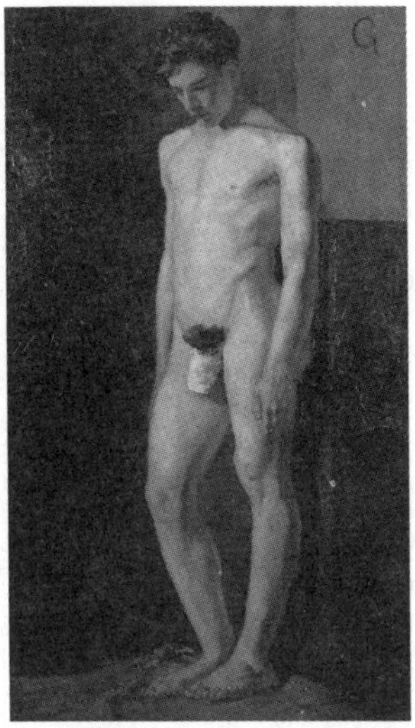

图17 《男人体》（获金奖）油画 1931年

## （四）创作

吴作人在1931年秋季进入个人画室后，完成了三幅创作。以下用艾中信先生发表在《美术研究》1982年第1期的文章《吴作人的油画造诣及其风格变迁》，作为对吴作人的这三幅创作的介绍。

吴作人的第一幅创作《纤夫》，诞生于1932年，即他享有个人工作室的第二年②，他此时虽然听说列宾的《伏尔加纤夫》是19世纪俄罗斯油画杰作，但还没有见过这幅画的印刷品。他开始使用个人画室后，选择了一个流亡在比

① 对于这次全院油画大赛，吴作人后来是这样回忆的："专业考试考两个礼拜。但是我一个礼拜就画完了，然后我就到Vienne（维也纳）去我哥哥处，他那时在Vienne读工科大学。到了Vienne住了半个月之后，我接到Bastien来信，他告诉我说：你在这次考试中得到第一。我、我哥哥还有他的同学知道这个消息都很高兴。那时正值暑假期间，我们便利用机会在Vienne参观博物馆、画廊。"引自《吴作人自述》第7盒A面，1984年4月6日录音，萧曼根据录音整理，"吴作人档案"藏。

② 吴作人在油画《纤夫》的画面上题写的年代为1933年，也许他是从1932年开始创作的。

图18 《纤夫》油画 1933年 中央美术学院美术馆藏

利时的俄国人当模特儿，他是个大胡子，身体很结实，生长在伏尔加流域。这个大胡子虽然不是纤夫，但却喜欢谈论伏尔加河，唱伏尔加船夫曲，这就是吴作人画《纤夫》的导因。当时比利时还有拉纤的船夫，但吴作人所画的这幅《纤夫》并不是某国某地的纤夫，而是纤夫生活在他思想中的综合反映。人物的面貌和气质是欧洲的，作品的主题思想也包括他少年时期在太湖流域曾经体验过的中国纤夫的任劳负重。

《纤夫》的构图独具特色，它是立幅，而一般说来，拉纤的构图比较适宜于横幅。这个构图的特点是适应主题的需要产生的，他把三个人物画得充满在画幅中，显示体魄的强劲和分量；稳重的脚步，使人感到生活的沉重，两个大胡子在诉说什么，一个小伙子有点怅惘，细节的描写增强了生活的气息。（图18）

他的第二幅创作《小组会》已经遗失①，国内见到过的人不多，现在只留有一幅小草图。吴作人当年租住在布鲁塞尔的一户民房里，他住在二楼，房东住在一楼，地下室住着一个管道（下水道）工人。吴作人在晚上或星期天常到

① 有关艾中信文中所说的“已经遗失的”第二幅创作《小组会》，现保留有此幅题材的两幅油画。一幅是油画稿，尺寸为32厘米×36厘米，布面后面有吴作人写的作品的中文和法文名称以及创作年代和尺寸：“争论（小组讨论）稿 Discution（Esquisse）（Discution 应为 Discussion，意为争论‘稿’）1932 36厘米×32厘米”，现由家属收藏；另一幅油画尺寸为110厘米×140厘米，正面有作者签名“Ou Sogène 作人”，是否还写有年代，通过图片看不清楚，背面画框上贴有两个标签，一名为《开会》，一名为《争论》，此画现由中央美术学院美术馆收藏。根据艾中信先生的文字描述，尺寸为110厘米×140厘米、现存于中央美术学院的油画《争论》（亦名《开会》）可能就是艾先生所说的吴作人留欧时期的第二幅创作作品。

这个工人的房间里去聊天。有一次，这个工人告诉他，星期天有几个朋友来集会，并说，这对谁都没有妨碍。吴作人又去了，才知道他们是社会党人，无政府主义者。小组会不是很严密，吴作人画了速写，以后加工成为油画。画上的人物看上去很穷困，都是胡子拉茬的，正在讲话的工人好像很激愤的样子。（图19）

图19 《开会》油画 1933年 中央美术学院藏

图20 《铁匠店》（后改名为《打铁趁铁热》）油画 1934年 已佚

他的第三幅创作题名《打铁趁铁热》，当时在欧洲较僻远市镇还有这样的打铁小作坊。为了创作这幅画，他画了不少人物和道具的速写。铁匠抡起粗壮的手臂，通红的铁块在砧子上锤炼。这虽然也是一个劳动题材，但主题取的是“趁热打铁”这句成语的寓意，和《纤夫》一样，这幅画的作法也很简洁，而表现则相当充分，这是吴作人的一贯风范。可惜此画也已遗失。（图20）

当时留学法、比、英、德等国的美术青年，很少有画主题性创作的！画劳动题材、社会生活的更是少见。这三幅创作是吴作人在个人画室独立工作的成果。无论中国的留学生，其他国家的留学生或比利时学生，对这样的创作都不重视，因为它卖不了钱，展览会征集作品也不受欢迎。只有一两个思想比较进步的意大利、阿根廷同学，说他是无神论者，因为他的创作表现了人的劳动，提出了社会问题，不是神，而是人在掌握自己的命运。

除了上述三幅创作以外，吴作人在个人画室中也作一些人体油画写生或人体

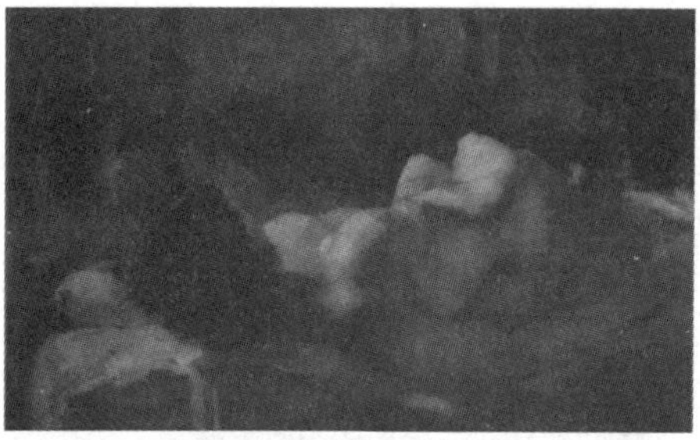

图21 《人体(透视)(习作)》油画 1932年

图22 《静物》(个人画室第一张习作)油画 1932年

构图，如其代表作《女人体》(木板油画，1932 年，29 厘米×49.5 厘米)，此作长期以《女人体》为名发表，后在画面的背面看到吴作人自己题写的中文名称《人体(透视)(习作)》，可见画家在作这幅作品时有研习透视之目的。此外他也作一些油画静物，如 1932 年油画《静物》(布面油画，51 厘米 ×40 厘米)，画布后面有他用法语写的说明“La 1ère étude du loge”，意即“个人画室的第一张习作”。(图 21、图 22)

## (五)雕塑

吴作人在第一年完成油画专业的全部课程之后，为进一步加强自己的造型能力，决定选修雕塑。他在 1931—1934 年三个学年中，都进入人体雕塑写生晚班学习，其中，1931—1932 学年度他的人体雕塑写生成绩为第五名；1932—1933 学年度结束时，他的人体雕塑写生成绩为第二名、获二等奖，雕塑构图成绩获第一名、金质奖章及布鲁塞尔市政府奖金；1933—1934 学年度他的人体雕塑写生成绩为第三名、获二等奖。(图 23、图 24)

这一阶段教授他雕塑的是维克多·卢梭(Victor Rousseau)教授，彼时卢梭教授继巴思天之后担任美院院长。吴作人在比利时布鲁塞尔皇家美院的两任院长——巴思天和卢梭——所教授的油画课和雕塑课上，都获得了最优成绩及金质奖章。(图 25)

雕塑课的学习给吴作人带来了绘画技法的改变。正是在这样一种特殊的练习中，吴作人的素描发生内在的变化，形成了强调边线概括的风格。

以下引自《吴作人》中的描述，可以看到雕塑学习对他绘画的重要影响。

起初，每天上午，他在巴思天教授油画工作室作画，下午学习各科必修课程，晚上还在德尔维尔（Delville）教授主持的高级素描班学素描。德尔维尔是一位声望很高的严师，要求学生必须按照素描的明暗对比原则画画。1932年以后，吴作人改到卢梭（Victor Rousseau）教授主持的雕塑晚班学雕塑。

卢梭教授是比利时著名雕刻家，从9岁就随着他父亲（石雕匠）学石雕，他在艺术上具有古典主义倾向，又有鲜明的浪漫主义的东方色彩。在每次雕塑习作开始之前，卢梭一向要求学生画素描速写，学会并掌握用线从各个不同角度去勾勒形象。他不要求强调明暗对比的表现，而是要求基本上用线构成。因为从雕刻的原则来说，塑造是主题的无穷尽的边线所构成，毋须要求作者表现明暗。卢梭的教学对吴作人的素描技法产生了一定影响。

年轻的中国画家在雕塑晚班的

图23　人体雕塑写生 1932—1933年

图24　吴作人的雕塑构图获得布鲁塞尔皇家美术学院第一名，金质奖章 1933年

图25　吴作人（后右一）在比利时布鲁塞尔皇家美术学院雕塑晚班上与卢梭教授（前中）及部分同学合影 1932—1933年

这个学习过程里，朦胧地回味出中国传统绘画中，那种以线来塑造形象的简练、概括的奇妙技法。在那时，他对中国绘画传统的知识还是很有限，没有能够得出系统的结论。他只是约略地记得中学时代，常常在星期天，约爱好绘画的同学一起去苏州观前街的玄妙观，去看殿前及其他配殿里的民间画师画中堂、“福禄寿”三星等民间喜闻乐见的画作。那些画师们用线塑造出的形象，给他留下了深刻印象。他们能一只手挟着三支笔，灵活地交换运用，烘染色韵，流畅地勾勒出栩栩如生的人物，那神采飞扬的情态，那层次分明的既富质感又富流动感的衣褶，曾使这位酷爱绘画的少年吴作人羡慕不已。可是他一旦正式踏入画门，从在国内学素描起，他却循规蹈矩地从明暗要求入手，直到巴黎罗浮宫学校，为准备送交巴黎高等美术学院应考成绩时，他根据古代希腊罗马大理石雕刻画的素描习作，仍然是遵循这种常规的明暗要求。只是到了他在艺术上有长足进步的1932年，也就是上雕塑晚班之后，他才开始用线造型。在这个艺术实践中，他顿时领悟到了，这种手法与中国传统的绘画和民间艺术有着某种内在的联系。

有一天晚上，雕塑晚班的模特儿因故没有来，学生们只好到相邻的素描晚班画室去画素描，恰好碰上德尔维尔教授来上课。德尔维尔看到曾在自己班上学习过的吴作人现在的素描全部用线勾描，很为欣赏，他幽默地对这位中国留学生说：“你中了雕刻家的毒啦！你怎么只用线来画画？”吴作人在这位全校闻名的严师面前，一时什么也没有说出来。其实，他心里明白，德尔维尔教授创作时，也非常强调线条造型，但他在上课时所以严格要求明暗对比，是遵循以明暗比较来塑造形象那种训练眼睛的精微感觉和得心应手的基础功夫。

从这时起，吴作人在画油画前先画素描稿时，逐步改变对造型的领会，转为基本用线勾，再用很浅的阴影明暗对比，有意识地把阴影压得很低很浅。这些，又与他醉心于意大利文艺复兴初期绘画大师乔托、马萨乔和安吉里柯等有关。是这些大师把初期文艺复兴的画风从中世纪画风的教条主义中挣脱出来，开创了人文主义思潮绘画的新面貌；他们扬弃教条的束缚，走进人世。这时期的作品尽管还带着或多或少的拜占庭艺术由东移西的痕迹，但给吴作人以深刻的影响。所以，吴作人于1932、1933年间，开始领略线条造型的妙处，注重强调线条的主体感，他能在波提切利的言简意赅的人物画前为之沉醉。这种以简代繁的手法，影响到他此后的素描和油画。加上他从幼年到青年受中国书法的熏陶，对线的韵律的体会和领悟，以及平时所吸收的种种艺术素养结合在一起，构成了深厚的艺术禀赋，成为他走上中国风格绘画道路的强大的潜在动力。①

图26 《狮头》速写 1931年

## （六）写生

写生（速写），作为绘画技法的日常训练（吴作人常说日常练习要“拳不离手，曲不离口”）和创作素材的收集，是每一位写实画家的日课。吴作人对写生非常重视，直到晚年，他的速写本一直带在身边，随时随地写生。现保留有他在旅欧期间的大量速写。（图26）

## （七）壁画

由于庚款助学金从1934—1935学年度停发，致使吴作人不能再继续学业。1934年秋天，巴思天承包了比利时国际博览会中布鲁塞尔馆的大型壁画工程，他邀请近几届中曾获金奖的他的优秀学生来担任助手，其中包括吴作人。吴作人的工资被定为每小时10法郎，一天工作8小时，每月月薪1920法郎。这一工作不仅解决了吴作人的生

图27 为巴思天老师作壁画助手 前左：Vanderkilen、M.Pire、佚名；中：Omer、吴作人；上：Cécile Merche 此照片发表在《良友》1935年第107期

① 萧曼、霍大寿：《吴作人》，人民美术出版社1988年版，第81—83页。

计问题，更为吴作人提供了学习和实践壁画的机会。① 壁画工作一直做到 1935 年 4 月结束。（图 27）

就在壁画工作即将完成之际，吴作人收到了徐悲鸿自南京寄来的信件，建议他即刻回国于下半年在南京中央大学任教。

1935 年 7 月，吴作人离开布鲁塞尔，南下到意大利作短暂旅行后，于 7 月 10 日在布林迪西港（Brindisi）登上康特凡第号②（Conte Verde）邮船，途经塞得港、孟买、科伦坡、新加坡、中国香港，于 8 月 3 日抵达上海，回到祖国。

**附录：吴作人在比利时布鲁塞尔皇家美院的修课情况与学习成绩**

1930—1931 学年度（第一年）

上午在巴思天教授的油画高班学习油画；

下午上必修课，完成解剖学、服装史、透视学以及欧洲文学史等全部必修课；

晚上在让·德尔维尔教授的人体素描写生晚班上学习素描。

人体素描写生年终成绩第一名，获二等奖；

油画构图成绩第三名，获一等奖的提名奖；

人体油画写生获第一名、金质奖章和桂冠生荣誉。

1931—1932 学年度（第二年）

在维克多·卢梭教授的人体雕塑写生晚班学习。

人体雕塑写生成绩第五名。

1932—1933 学年度（第三年）

继续在维克多·卢梭教授的人体雕塑写生晚班学习。

人体雕塑写生成绩第二名，获二等奖；

雕塑构图获第一名、金质奖章及布鲁塞尔市政府奖金。

---

① “吴作人以前没有画过壁画，这次是边干边学。他凭着勤奋好学、善于思考这两个条件，很快便摸索出按原设计画稿在脚手架上放大成壁画的规律。旧练马场临时画室的工作环境并不优越，天天攀援高梯或蹲踞地上作业，相当辛苦。但辛苦没有白费，一番劳累，练就了绘画艺术中的一门新的功夫。”引自萧曼、霍大寿《吴作人》，人民美术出版社 1988 年版，第 80 页。

② 此处所用“康特凡第”为 1935 年《申报》上所用的译名。康特凡第号从里雅斯特（Trieste）始发，经停威尼斯后，第二站停靠布林迪西。

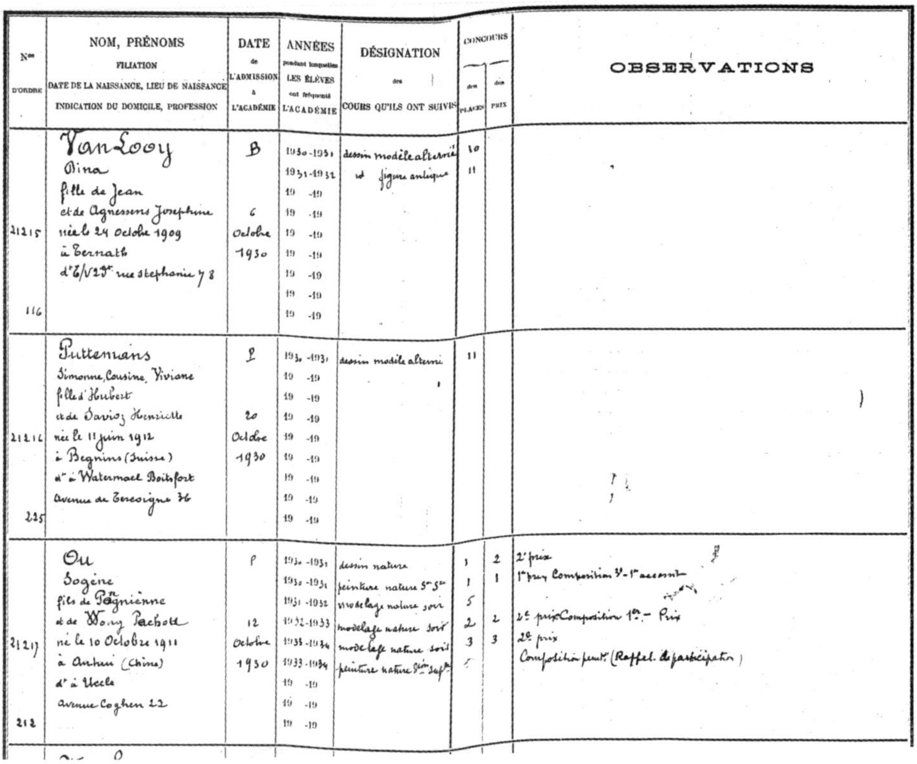

| N° D'ORDRE | NOM, PRÉNOMS FILIATION DATE DE LA NAISSANCE, LIEU DE NAISSANCE INDICATION DU DOMICILE, PROFESSION | DATE de L'ADMISSION à L'ACADÉMIE | ANNÉES pendant lesquelles LES ÉLÈVES ont fréquenté L'ACADÉMIE | DÉSIGNATION des COURS QU'ILS ONT SUIVIS | CONCOURS des PLACES | CONCOURS des PRIX | OBSERVATIONS |
| --- | --- | --- | --- | --- | --- | --- | --- |
| 21215<br>116 | Van Looy<br>Bina<br>fille de Jean<br>et de Agnessens Joséphine<br>née le 24 Octobre 1909<br>à Bernath<br>d'e/V23 rue Stephanie 78 | B<br>6<br>Octobre<br>1930 | 1930-1931<br>1931-1932<br>19 -19<br>19 -19<br>19 -19<br>19 -19<br>19 -19<br>19 -19<br>19 -19 | dessin modèle alterné<br>et figure antique | 10<br>11 | | |
| 21216<br>225 | Puttemans<br>Simonne, Cousine, Viviane<br>filles Hubert<br>et de Savioz Henriette<br>née le 11 juin 1912<br>à Begnins (Suisse)<br>d'e à Watermael Boitsfort<br>Avenue de Tercoigne 36 | P<br>20<br>Octobre<br>1930 | 1930-1931<br>19 -19<br>19 -19<br>19 -19<br>19 -19<br>19 -19<br>19 -19<br>19 -19<br>19 -19 | dessin modèle alterné | 11 | | |
| 21217<br>212 | Ou<br>Sogène<br>fils de Pegnienne<br>et de Wong Pacholl<br>né le 10 Octobre 1911<br>à Anhui (Chine)<br>d'e à Uccle<br>Avenue Coghen 22 | P<br>12<br>Octobre<br>1930 | 1930-1931<br>1930-1931<br>1931-1932<br>1932-1933<br>1933-1934<br>1933-1934<br>19 -19<br>19 -19<br>19 -19 | dessin nature<br>peinture nature 5e 5e<br>modelage nature soir<br>modelage nature soir<br>modelage nature soir<br>peinture nature 5e suppl. | 1<br>1<br>5<br>2<br>3<br>5 | 2<br>1<br><br>2<br>3 | 2e prix<br>1er prix Composition 3e - 1er accessit<br><br>2e prix Composition 1er - Prix<br>2e prix<br>Composition peint. (Rappel de participation) |

图28 吴作人在布鲁塞尔皇家美术学院的学籍卡（比利时布鲁塞尔皇家美术学院档案室保存）

1933—1934 学年度（第四年）

继续在人体雕塑写生晚班学习，人体雕塑写生成绩第三名，获二等奖。

在人体油画写生外加班（额外班 Session supplémentaire）学习，年终名次不太清晰，似乎是第 5 名，后面的构图成绩尚不能解读，但有一个备注说明这门课程他已经修过。（图 28）

# 云路鹏程鸿雁传：王子云欧游履痕

沈 宁

中央戏剧学院

**摘　要：**学术界在王子云研究著述中，很少涉及其在欧洲期间与国内的联系，仿佛他是钻进象牙塔、埋头艺术、不闻国事之人。实际上，作为一个追求艺术、具有社会担当的艺术家，他在学习课程之外，不仅积极参加中国留法艺术学会的活动，游历欧洲各国寻访古代文明遗迹和参观现代博物美术馆的同时，还极为关注国内艺坛动态，热心将国外新的艺术思潮、流派、美术活动、美术家作品等观感评论，及时通报给国内的友人及美术机构，以促进国内外艺术的相互了解与沟通。这些以通讯、译文、家书等形式出现的旅欧见闻，不仅是作者个人的行旅记录与内心感受，也可作为考察20世纪30年代赴欧美术留学生及艺术社团活动的重要参考资料，更是百年留法美术史研究中不可或缺的珍贵文献。

**关键词：**王子云　艺术交流　巴黎国立高等美术学校　中国留法艺术学会　王青芳　王肇民

中国新美术运动先驱，中国现代美术考古学派的开创者，著名雕塑家、油画家、美术教育家王子云先生，1897年出生于徐州萧县，1918年入上海图画美术学校（后改名为上海美术专科学校），1920年考入国立北京美术学校高级师范科，1922年在北京中法大学附设孔德学校任教，参加阿博洛美术学会从事美术研究。1926年任南京中山大学民众教育馆美术部主任，1928年任教国立西湖艺术院。1930年赴法国留学，入巴黎国立高等美术学校。1937年回国后历任国立杭州艺专、西北大学、西北艺术学院及西安美术学院教授，曾主持西北艺术文物考察团，对西北地区的文物搜集、艺术研究，尤其对文物的保护和修复具有重要意义。晚年曾任中国美术家协会陕西分会名誉主席、中国美术家协会顾问，并以惊人的毅力，完成《中国雕塑艺术史》著作，填补了我国雕塑史研究的空白。其他编著出版有《唐代雕塑选集》《中国古代石刻线画》《中国美术简史》《中国古代雕塑百图》《陕西古代石雕刻》《中国历代装饰艺术图录》《汉唐陵墓艺术》《从长安到雅典——中外美术考古游记》等。

在以往对王子云的研究中，侧重其留法归国后从事西北艺术考古的学术活动，以及他晚年整理编写的有关中国古代雕刻艺术史、美术史等著述的学术价值研究，对其自 1930 年 10 月至 1937 年 4 月间赴法留学、游历欧洲等情况缺乏相应的资料搜集和深度研究，这种现象，恰与历史原因致使作者各类作品毁损缺失，影响对其画家与雕塑家身份的认同大致相关。笔者通过对查阅到的王子云此一时期在国外撰写、国内发表的系列通讯、论文、家书等加以梳理、辨析，力图从一个侧面展现作者的留学生涯、艺术思考、治学走向等实际状况；由萧县艺术三杰引申出来的家族连带关系与之派生出来的错综复杂的人际交往，关涉到国内极有影响的几所美术院校的建设发展，这种由留欧美术学子与国内美术教育通过信息交往所产生的相互影响，不仅为王子云个案的研究提供真实可信的原始材料，也从社会学、教育学、传播学及中西文化交流等层面引发笔者的关注与思考。当然，这是极为有限的文献补充和初步思考，期待同道们更为丰富的发现与学理上的研究成果。

## 一、《到巴黎去》的发现

王子云在其晚年整理之《从长安到雅典：中外美术考古游记》[①]“欧洲编”第一章“留学法国”第三节“赴法途中”里，提及了自己“从 1930 年 12 月 2 日在上海出发，到 1931 年 1 月 14 日到达马赛，共历时 42 天，约计行程 16800 公里”的“壮游”经历，但较之第五章“欧洲美术摇篮：希腊访古记”的逐日记录则略显简略，不无遗憾。赴法学习雕塑和游历欧洲，访寻古代文化遗产及参观博物馆、美术馆，对作者以后的艺术经历是件极为重要的时期，而赴法之“壮游”却只能在

① 王子云：《从长安到雅典：中外美术考古游记》，岳麓书社 2005 年版，第 411—416 页。

作者晚年靠依稀的回忆来记述，这也透露出历史的悲哀。所幸近年来王氏当年撰写发表之海外通讯《到巴黎去》被发现，为我们了解当年赴法美术留学生的旅途见闻、所思所感提供了新的史料。（图 1）

据王子云回忆，早在北京中法大学孔德学校任美术教师时，他即作了赴法留学的准备工作，之后又受到林风眠的影响，终于离开国立西湖艺术院赴法国巴黎学习雕塑。其间，1926 年由于政局动荡，他从北京到南京担任中山大学与教育部共辖之南京民众教育馆美术部主任，该馆后迁入镇江，更名江苏省立民众教育馆，而这组《到巴黎去》通讯稿，即作者受聘西湖艺术院"驻欧代表"和《民众周报》特聘通讯员名义而撰写的，连载于江苏省立民众教育馆所办的 1930—1931 年《民众周报》"海外通讯"栏[①]。写作时间自 1930 年 10 月 14 日截止到 1930 年末日；发表时间自 1930 年 11 月 16 日至 1931 年 3 月 8 日；记录了自 1930 年 10 月 11 日由上海起航至 11 月 14 日抵法国马赛，经里昂、底雄（Dijon，今译为第戎），于 11 月 17 日转至巴黎，前后共计 37 天的行程内容，字数长达二万余言。（图 2、图 3）

这些通讯都是作者在旅途中随时速写旅游见闻，配发了一些人物合影、名胜风光照片，具有行程记录相对准确、对各地事物观察细致的特点。文章中自始至终透露出作者"辞亲远游"时对海外风光的新奇感，以及对国外先进文化的感触与中国贫弱的复杂心情，这些感悟流淌笔端，不乏卓见，发人深思。这组通讯以及作者这一时期的有关欧洲艺术译介、研究、通信等图文资料的发现，订正了作者晚年著述中的记忆失误，为更加准确地了解和深入研究作者在欧洲从事艺术活动，特别是留法百年来有关美术留学生史料的相对稀缺，增添了新的有据可依的文献资料。

鉴于篇幅，无法照录《到巴黎去》全文，仅据通讯内容撮要行程如下，以俾研究者参考（地名仍沿用原文，并在括号内加注今译名）：

---

① 《民众周报》原为《平民周报》，于 1927 年 10 月改名，办刊宗旨为："始终站在社会最前面，以忠实诚恳的标准为记事立言，以光明磊落的态度与国内外同胞相见。"周日出刊，每期 12 页。1929 年 2 月更名为《民众》，同年 11 月恢复现名，1932 年 5 月改名《民众教育周报》。除发表政治评论、进行抗日宣传、报道国内外大事外，还介绍天文、卫生、生活、农业等常识，刊载小说、诗歌、戏剧等文学作品。王子云的通讯见 1930—1931 年《民众周报》第 155、157、160、161、162、164、165、166、167 期"海外通讯"栏连载，署名子云、王子云。

图1　1932年，王子云在巴黎

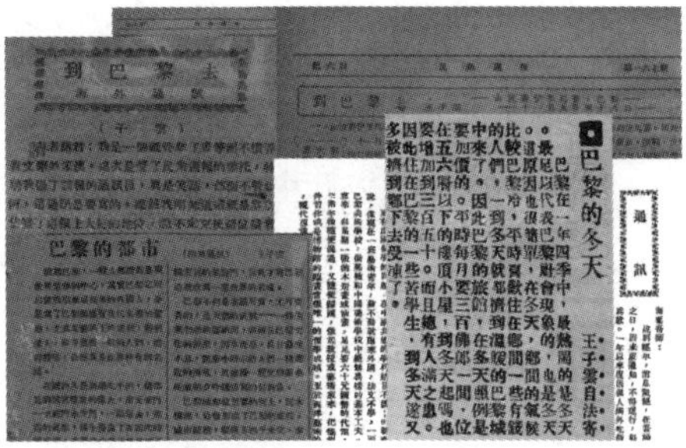

到巴黎去

巴黎的都市

巴黎的冬天

王子雲自法寄

图2　王子云旅欧通讯之一

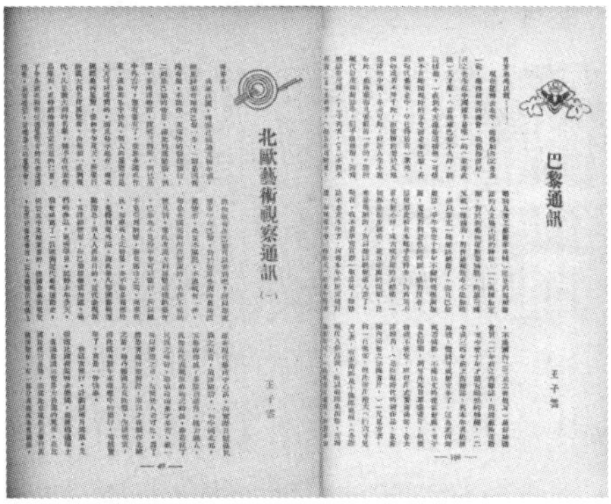

北歐藝術視察通訊（一）

王子雲

巴黎通訊

王子雲

图3　王子云旅欧通讯之二

1930年10月11日：上午十一时，乘坐法国轮船公司M.M的“Andre Lebon”号（今译为安德尔·勒邦号）邮船自上海港启程，同船另有十一位中国学生，分别赴法、比、美等国，学习政治、法律、陆军、桑蚕、化学及美术。

10月14日：上午七时抵达香港。自九龙下船，登山远眺香港及九龙景色，“如此大好河山且白白被人割去，余非国家主义者视此亦觉痛心矣”。游览市容，兑钱购物，寄出第一篇通讯。下午四时离港。

10月17日：上午十一时抵安南（即今越南）首都西贡。发出第二篇通讯稿。参观当地国民党总支部及日报社、小学校。

10月21日：晨四时从西贡启程，在甲板上看日出，被神秘而富有诗意景色感染，画了几张水彩速写。

10月23日：上午八时抵新嘉坡（今译为新加坡）。登岸游览市容，午后六时离港进入印度洋。由于时间仓促，“在新嘉坡并没有甚么特殊的印象”。

10月28日：上午十时抵哥伦布（今译为科伦坡）。因受到海关人员刁难，无法登岸观光，托友人发出第三篇通讯。晚八时启程赴其布的（今译为吉布提）。

11月1日：在波平如镜之印度洋上完成第五篇通讯稿。依据自身经验，将出国应有的常识和手续整理成文，作为第六篇通讯稿。

11月3日：夜十二时，船抵亚丁港，冒险随三个安南学生跑下船去，夜游亚丁的街市，“可说是一月以来一个最美的环境的享受”。停留四小时后起航。

11月4日：下午三时抵达其布的港口。登岸观看当地土著舞蹈，面对当地土人野性：“我以前曾做过一个人漂流蛮岛的迷梦，现在觉得这可是危险的事了！”当晚离港驶入红海。

11月8日：下午五时船抵苏彝士（今译为苏伊士）城，此为红海终点。因所携路费过少，放弃乘火车直赴开罗的机会。晚八时驶进河口。“当船行苏彝士河中，其时月白风清，两岸一望平涯，左为非洲右为亚洲而相离不及十丈，船荡河水，击岸有声，从月光渺茫中遥望两岸沙漠，大有牧笳悲鸣、塞外草衰之感！此日又正值我个人生命中唯一的纪念日，悲欢离合，尽属过眼烟云，月夜处此凄凉的环境，正不知个人的心情是哭是笑？”

11月9日：船停靠于波塞伊港（PORT SAID，今译为塞得港），乘渡船上岸游览海滨、公园及博物馆。以常被误认为日本人而深感：“中国人真未免太可怜了！”下午七时船出苏彝士河口驶入地中海。

11月14日：上午八时到达法国马赛。当日晚间，将各事料理清楚后，乘电车绕游全市一周后即乘夜车驶往里昂。

11月15日：七时车抵里昂，参观中法大学。本拟参观美术学校，因尚未正式开课未果。晚十二时半抵达底雄，居友人租住的法国人家中。“此为与法国家庭第一次之接触，故百事均感新奇，更觉有特殊之趣味。”

11月16日：参观当地博览会性质的“Foire”（按：即定期临时市场），对反映法国古代农村家庭模型陈列之蜡人作品感到兴趣，“惜蜡人工作，国内尚少有熟悉者，将来国内应用极大，此系到巴黎后应行注意之调查者”。当日还参观了美术学校及其博物馆。

11月17日：下午二时半离别底雄，晚七时达到巴黎车站，当年红叶画会时代的画友夏承枢前来接待。“十年来寝寐欣羡之巴黎，而今得以到达，衷心憧憬，如同幻梦。当携同夏友坐入营业汽车，驶往寓所时，则直觉百感交集，将来种种过去之幻象，均于此时集中，夏君虽殷殷询及国内一切情形，实为不入耳之言。”

将这组通讯文字与王子云晚年的回忆文章相比较，存在赴法日期上的差异，并进而导致之后将进入法国巴黎国立高等美术学院的时间由春季误为秋季[①]；再从内容上看，作者晚年回忆“在这次赴法航程中竟能看到早已景慕向往的世界奇迹埃及金字塔”之语，与11月8日所记因所携路费有限，忍痛放弃前往金字塔览胜的机会有着史实上的出入。笔者在此无意苛求一位风烛残年的老人在极端艰难的环境下凭借残片断简和依稀记忆所作的回忆文字，相反，对其人生经历及艺术成就充满了敬意。这里只是想警示自己：即便是亲历者，记忆也有存在偏差的可能，更遑论他人的旁观式回忆与推测性报道，故历史研究中对回忆、口述类史料的使用，务必慎重考订，以求得历史之真实。

## 二、艺术交流的传播者

在以往的王子云研究著述中，很少涉及其在欧洲期间与国内的联系，仿佛他是钻进象牙塔、埋头艺术、不闻国事之人。实际上，作为一个追求艺术、具有社会担当的艺术家，他在课余不仅积极参加中国留法艺术学会的活动，游历欧洲各国寻访古代文明遗迹和参观现代博物美术馆，同时还极为关注国内艺坛动态，热心将国外新的艺术思潮、流派、美术活动、美术家作品等观感，及时通报给国内

① “我是1931年春初到巴黎的，……同年秋，即由中国驻法大使馆介绍，通过成绩鉴定，进入法国国立巴黎高级美术学校由教授郎多韦斯克主持的雕塑教室。从此又开始了学生生活。”见《从长安到雅典：中外美术考古游记》第417页。王子云在法国巴黎国立高等美术学校雕塑系学习时间，据法国学者菲利普·杰奎琳《巴黎国立高等美术学院中国学生的完全清单（1914—1955）》记载，王子云入画室的档案登记日期为1931年1月31日，出档时间为1935年1月。

的友人及相关机构[1]，以促进国内外艺术的相互了解与沟通。这些以通讯、译文、家书等形式出现的旅欧见闻，不仅是作者个人的行旅记录与内心感受，也可作为考察20世纪30年代赴欧美术留学生及艺术社团活动的重要参考资料，更是百年留法美术史研究中不可或缺的珍贵文献。现仅就笔者查阅到的十余篇散见文章择要做一简单介绍。

在巴黎的这段时间正是王子云在对东西方艺术形态的不断对比中确立自己的美术本体观念的时期。作为西湖艺术院"驻欧代表"和《民众周报》特聘通讯员，他除去在该刊中发表了《到巴黎去》的系列通讯稿，还有《巴黎的冬天》与《巴黎的都市》两篇观感式随笔。

《巴黎的冬天》（巴黎通讯）曾先后发表在《民众周报》1931年第168期及1931年3月12、17、19日天津《北洋画报》第597、598、599期。相比之下，后者的文字较为简洁顺畅，或许是经过了编者或著者的润色修订。作者以敏锐的眼光捕捉到艺术之都巴黎的繁华与萧瑟：栉比相望的咖啡馆、跳舞场、戏场、音乐院、艺术研究会、展览会以及各式建筑；圣诞节前的商业竞争与地道车（地铁）站台中避寒的穷人，形成强烈的贫富反差，感叹"巴黎冬天的社会，才是真的巴黎的社会"。

《巴黎的都市》（海外通讯）连载于1931年《民众周报》第175、177、178期。如果说《巴黎的冬天》还只是初来乍到的新鲜而朦胧的印象，那么在这篇通讯中，作者的眼光已经转移到对巴黎文化艺术的由衷赞美。除了概述巴黎的历史、文化、交通、商业外，更对埃菲尔铁塔、圣母院、国家剧院、马德里教堂、先贤祠、拿破仑墓、大宫院、小宫院、亚历山大桥等建筑做了介绍："因为这多半是法国美术上的结晶，他们建筑物的特长，是于庄严华贵之外，更随处附有艺术上的杰作，有的更附有宝贵的壁画，在国葬院（今译先贤祠）内，有法国名家赛凡Chavannes（今译夏凡纳）所绘的十几幅伟大的壁画，是美术史上有名的杰作。"

① 据记载："王子云在几年时间里得到过一百多篇各种报道，他将这些剪贴的一部分寄回江苏省教育厅，竟然在1932年到1934年间得到江苏省教育厅每月五百法郎补助。王子云开始从杭州艺专得到的津贴被取消之后，江苏省教育厅的这笔补助就帮了大忙，那时候的500法郎可以维持他1个月的生活。"见李延华《王子云传》，太白文艺出版社2015年版，第41页。

此外，国立及市立各大艺术博物馆更是他心仪之所，卢浮宫博物馆、古物陈列馆、美术工艺馆、历史博物馆、风俗物品陈列馆、东方古物陈列馆、东方佛教美术博物馆、古代生物学标本陈列馆等等，“不但将欧洲历代的遗物收藏毕具，即是东方美术文化上的古物美术，他们也尽力罗致在他们的历史及风俗博物馆中，可以再（看）到法国自有史以来，每一时代不同的装饰品衣服仪式以及历代房屋建筑的变迁，城市的变迁等等，虽一草一木，均加以搜罗考据，甚至将历代的习俗及社会生活现象，用蜡人制成标本，一一形容表现，使得观者一目了然于历代社会之形状”。他还特别提到巴黎东方古物陈列馆、巴黎东方佛教美术博物馆、巴黎古代生物学标本陈列馆中收藏的中国古物美术品，惊异于祖国文物汇聚异邦，更看到西方人眼中的中国形象之野蛮，竭尽丑化侮辱之能事，乃至发出“真不懂法国人为何这样的爱护中国的古物，而不肯爱护中国人？”的诘问。不难猜测，这种强烈的民族自尊感，应该会成为他在异邦发奋、努力的一种动力！也可能是他日后归国转向从事中国古代雕刻、文化史研究的原因之一。

1931 年，王子云考入巴黎国立高等美术学校保罗·朗德维斯基（Landowski）雕塑工作室学习雕塑。《法国国立高等美术学校概况》[①]一文，是作者读到北平《世界日报》三月间刊登萨空了《整顿艺术教育之建议》及王钧初《艺院结束与改进艺术教育》两文后有感而作，详细介绍了法国巴黎国立高等美术学校（Ecole Nationale Snperieure des Beaux Arts）建立七十余年来的历史沿革、机构组织、教学制度、课程设置、考试成绩、奖掖方法、师生校风等，冀“能为国内主持美术教育诸公采择，用为革新国内仅有艺校之则范”，可谓用心良苦。其中言及该校之组织：分为绘画、雕塑、建筑三科，“每科约分四班，但并不依年限而分，不以教授而分。每班中皆有新旧学生，因此新生得时与旧生接近，由观摩而获得绝大之进益”。使我们了解到王子云师从朗德维斯基教授在雕塑工作室学习雕塑的基本情况。巴黎浓厚的艺术氛围，无不感染着他的艺术创作灵感，同时，异于国内的艺术教育方式，也无时无刻不引发着他对借鉴西方、改革国内艺术教育的思考。（图 4、图 5、图 6）

《艺术旬刊》1932 年第 1 卷第 11 期“通讯”栏刊发了王子云致刘海粟函，据

---

① 原载北平《世界日报》1931 年 7 月 4 日第 6 版“教育新闻”，署名王子云。

图4　王子云在巴黎个人雕塑室内留影

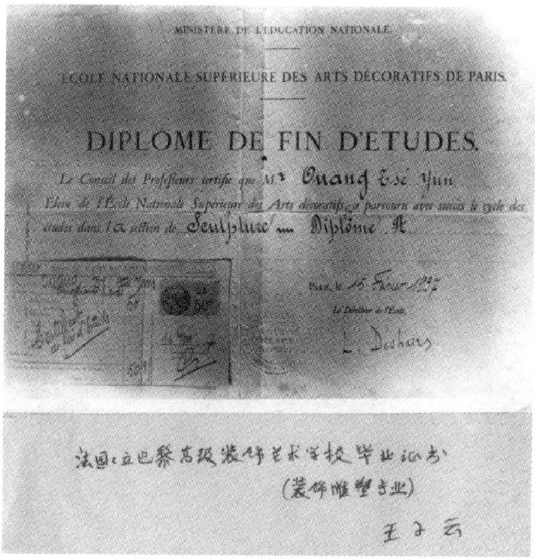

MINISTÈRE DE L'ÉDUCATION NATIONALE

ÉCOLE NATIONALE SUPÉRIEURE DES ARTS DÉCORATIFS DE PARIS

DIPLÔME DE FIN D'ÉTUDES.

Le Conseil des Professeurs certifie que Mr Ouang Tsé Yun

Élève de l'École Nationale Supérieure des Arts décoratifs, a parcouru avec succès le cycle des études dans la section de Sculpture — Diplôme A

Paris, le 16 Février 1937

Le Directeur de l'École

L. Deshairs

法国国立巴黎高级装饰艺术学校毕业证书

（装饰雕塑专业）

王子云

图6　王子云在法国国立巴黎高级装饰艺术学校的毕业证书

图5　法国国立巴黎高级美术学校朗德维斯基教授主持的雕塑教室中师生合影（前排左二为王子云）

“编者附志”称：“以其论及现代欧洲艺坛情况，故特向刘海粟先生索得转刊于此，并以示留学界意见之一斑。”该函内容关涉刘海粟赴德举办中国艺术展览会事及中西艺术比较、美术留学生趋势及制度改进等观点，特转引于此，以存史料：

海粟吾师：

违别经年，消息阻绝，在吾师归国之日，因未蒙通知，不得送行，每引以为歉。一年以来复因个人国外吃饭问题时时发生危险，致国内师友少有问讯，想知者当能宽谅。

近半年来闻德国展览会等消息，时为之鼓舞庆幸，意中国美术品，若能在德展览，定可使欧洲美术界起一小小波动。数十年来，日本的版画在欧洲备受欢迎；但如果将中国的木版印的门神灶君等像展览于欧洲近代作家之前，定可使他们吃惊不小！最近 Matisse 和 Picasso 两人的颜色和构图的趣味，均极与中国的木刻画相类似。只可惜此等版画，国人视为粪土，不肯加以注意；印刷亦欠研究，致艳丽光耀的色彩不能保存永久，殊觉可惜。然此只是中国艺术极小的部分，其他合于现代趣味者尚多，无如国人自己不知道发掘更遑论对外宣传，公诸世界矣。

关于中国现在一般的青年作家，死画西洋画，将自己过去的基础与特色一笔抹煞，我觉得也似乎成为问题。有人说现在的艺术是世界大同，不分东西；但不是说用国外现成的东西，不费力量且又是“时髦”的洋货搬演过来就算。若是，则中国的真艺术必将永无复兴之日。在欧洲，新作家们努力吸收东方艺术的趣味，其实不过是他们的利用东方人的长处，融化成他们自己的新作品罢了，决非简单的抄袭摹仿。

更有出国留学的问题，在中国其他的学科姑且不谈；但就艺术来说，像现在一班艺术青年，动不动就跑来外国，法文不学，一头撞进巴黎美术学校，做那种和中国美术学校中绝无异样的基本工夫。平均算来，每星期一张的木炭画或油画，足足要六十元国币的代价，如此三两年后随便混过，又随便归国，做起教授或艺术家来，把他们的几件习作或是博物馆的临画当作唯一的留学成绩。至于西洋艺术的学理，现代西洋艺术的状况以及趋向等，则漠不关心，若是而欲中国艺术之改进与发展，岂非做梦？

留学生——尤其是美术留学生最大的目标，在于多闻多见。但若将现在中国自费官费留学生并在一起计算，把这宗巨款向外国选购名家的作品或是向博物馆中复制古代的雕刻绘画等名作，则不出十年，定可以聚为一个成形的西洋美术馆，国人不出国门，即可得到同样的借镜；对于贫苦青年，更造福不浅；较之现在这种盲目的留学，岂非有益多多？

因此，我以学生资格，及中国艺术青年资格谨希望吾师努力促成以下的三件艺术运动：

一，将中国旧有艺术设法收集整理，创立真可代表数千年文明古国之博物馆，藉以阐明中国艺术之历史。并为青年艺术家观摩鉴赏之用；

二，将中国固有艺术作国际宣传。一方面可增高中国国家之地位，一方面并可使中国艺术与世界艺术直接接触；

三，将西洋艺术由古代埃及希腊以迄于近代的新派诸作家作一较有系统之介绍，使成为中国国家美术馆之重要一部。珍品固难得，但即复制临摹品亦可使中国一般盲目青年获益不少。

以上三项如得实现，中国艺术庶几有望乎。

以上种种仅生平时感想所及之愚见，且拉杂写来，漫无头绪，当乞鉴宥。兹复略述本年巴黎艺坛琐事以作结束，想亦吾师所乐闻。

本年为 Manet（今译为马奈）之百年诞辰，法政府特开纪念展览会。英德及其他各地遗作，多临时运来。会期共有五个月之久。重要可想见。观麦南作风确是法国 19 世纪后期艺术运动之首倡者。其融冶荷兰西班牙两大作家 Rembrandt（今译为伦勃朗）与 Goya（今译为戈雅）及 Velasqugz（今译为委拉斯贵支）等的特长，尤有独到之处。

本年六月巴黎举行 Picasso 展览，比去年的 Matisse 展览会规模更大，P 氏作风最近倾向和 M 氏相接近。色彩构图均极近装饰画，尤近中国的木版画，立体画派虽已死去，但其作家之气焰更盛。（下略，原文如此）

学生王子云谨上

王子云于 1918 年江苏省立第七师范学校毕业后，曾入上海图画美术学校（即上海美专）学习，与刘海粟有师生之谊。所谓“吾师归国之日，因未蒙通知，不得送行，每引以为歉”事，系指刘海粟结束历时一年半的欧洲考察和办展，于

1931 年 8 月 14 日携夫人及傅雷离开巴黎乘轮船归国。从函中介绍巴黎所举行的画展日期和该刊的出版卷期判断，此函应写于 1932 年夏秋之际。函中谈及的三点建议，即创建中国古文明博物馆、沟通中外艺术交流、收藏西方艺术珍品或复制品，使之成为国家美术馆重要部分之一，以今天的眼光来看颇具有现实意义，也是那一代艺术家及有识之士（包括徐悲鸿、孙佩苍、黄觉寺等人）的共同心愿。（图 7、图 8）

如果说，发表于《亚波罗》1934 年第 13 期的《世界艺坛》译稿，代表了王子云对西方艺术动态的敏锐关注，那么，写于 1935 年 10 月的《现代欧洲艺术》则是王子云向国内介绍国外艺坛的一篇重要论述。该文首刊于《艺风》月刊 1936

图7　1936年，王子云在法国与北平孔德学校旧友合影

图8　1935年，王子云与中国留法艺术学会会员合影，前排左起：李风白；前排右起：李瑞年、周轻鼎、王临乙、常沙娜、吕霞光、李风白夫人；后排左起：曾竹韶、马奮玉、陈芝秀、陈士文；后排右起：张紫屿、滑田友、王子云（董松提供）

年第4卷第7至9期，又以《最近三十年间欧洲艺术之发展》为题连载于1936年7月24日、7月31日、8月7日的《华北日报·艺术周刊》(第44—46期)。文章由一封致王青芳的信函编辑而成[①]，多为中外视野下对中国艺术革命、中国艺术复兴、中国艺术教育、中国的“新艺术运动”等的认识和建言，正所谓：

> 我将这篇文字贡献于国内的用意，并非想鼓吹中国艺术革命，而且恰恰相反，我认为现在的中国，假使不能将学院主义的艺术学府（非外国学院主义，乃中国自己固有的艺术）建立，不能将“国家艺术”的宗旨确定，不能为国家养成一辈文化建设人才，以奠下中国艺术复兴之基石，即一千年一万年后，中国艺术界，仍然是一样的黑暗，这理由有两种：第一，新旧自来是对立的，新的发生，由于反抗旧势力而起，法国如无学院艺术的压迫，则新艺术运动绝不会发生；第二，新艺术的萌芽，须从旧的种子中发出，而中国现在，则一片荒凉，满目荆棘，自己固有的宝藏，弃置不顾，想跟着制造机器的方式，一味模仿西洋，结果所学者仅乎一点技巧方法，而与中国之国情民性，漠不相关，所谓艺术足以代表一民族之精神者究何在？

经多年的留学经历，使得他的眼界拓展，认识提高，从最初的一般“通讯”蜻蜓点水、走马观花式的感观介绍，进入对中外艺术比较研究的理智思考，产生出独立的见解，更加具有艺术变革的紧迫感与使命感。

此处有必要对《艺风》月刊与王子云的关系略做说明。

1931年元旦，沪杭两地知名画家孙福熙、徐悲鸿、张书旂、陈树人、汪亚尘等人发起成立艺风社，孙福熙为社长。该社不限社员资格，亦无入社手续，会员最多时达六百余人。先后在1934年3月（上海）、1935年5月（南京）、1936年

① 文首附言为：“青芳弟：我这篇杂乱的文字，请你代为抄写整理一下，作为你屡次嘱写的东西吧。”

6月（广州）及1937年5月（北平）举办展览[①]，对展品亦无任何限制，旨在联络全国艺术界的感情。该社之艺风杂志社还同时编辑出版有《艺风》月刊，亦于成立之时由上海嘤嘤书屋刊印发行，孙福熙任主编，至1936年底的第4卷第9期停刊，共出版发行了40期。作为融通中西的综合性艺术社团的社刊，该刊除对国内艺术界的诸多活动进行了及时的报道和评论外，还有对西方艺术、中国传统艺术的介绍和解读，以及学术的交流与论争，如对中国留法艺术学会活动曾辟专号详细报道[②]，并刊登该会（同时也是艺风社）会员的译著，身为会员的王子云来自海外的文章自然亦属此列。

孙福熙（1889—1962），字春苔，浙江绍兴人，散文作家、美术家。1919年任职北京大学图书馆，并在各系旁听。1920年赴法勤工俭学，考入巴黎国立高等美术学校，1925年回国后，在北京助其兄孙伏园编辑《京报·副刊》，1928年任国立杭州艺术专科学校教授，1930年再赴法国深造，返国后发起成立艺风社，在沪、京、粤、平等地组织美术展览，主编《艺风》《文艺茶话》等刊物。因与王子云同为杭州艺专教员，当年王子云赴法留学，就是托他联系红叶画会同人夏承枢接待的。孙福熙又与艺风社会员王青芳相友善，1936年艺风社第三次展览前，曾致书这位“艺术交际花”代为征集齐白石等在平画家作品参展；1937年艺风社第四次展览，主要也是托王青芳协助在北平举办的。有了这种关系，王子云刊登在《艺风》月刊的另外两篇文章《巴黎通讯》《北欧艺术视察通讯》[③]——实则是写给其堂弟王青芳的信函，也就不足为奇了。

---

① 梁宜：《二十世纪三十年代艺风社美术展览研究》，硕士学位论文，浙江大学，2011年；该文仅据《艺风》月刊所载内容得出“艺风社成立期间先后举办了三次全国性的美术展览”结论。石晶：《〈艺风〉月刊（1933.1—1937.3）研究》，东北师范大学博士学位论文，2012年；该文明确“艺风社第四届美展于1937年在北京举行。因时值抗战爆发前期，形式危迫，而且《艺风》月刊因资金短缺，于1937年3月停办，故关于第四届美展情况记录不详”。有关1937年5月29日至6月6日在北平举办第四次艺风社展览的详情，限于篇幅，容另文叙述。

② 1934年第2卷第8期《艺风》杂志“中国留法艺术学会专号”，刊登了会员的文章、作品和一些活动的照片，首次让国人知道了这个艺术团体的基本情况。

③ 《巴黎通讯》原载《艺风》月刊第3卷第8期，1935年8月1日出版；《北欧艺术视察通讯》原载《艺风》月刊第3卷第12期，1935年12月1日出版。

## 三、萧县艺术三杰

1935年4月17日，还在法国留学的王子云接到王青芳、王兆民（即王肇民）叔侄的来信，当晚复长信一通，谈及欧洲各流派代表人物、巴黎艺术现状及如何订购国外美术杂志等，点评了王兆民寄来的素描习作。因闻知王兆民重新转去北平，受聘为王悦之任校长之北京艺术科职业学校人体教室专任教授，不禁对王悦之这位昔年的阿博洛（Apollo）学会同人称赞道："月之先生在中国确乎是唯一的（并非武断）天才家，（当我来巴黎不久时，就这样想，一直到今天还是这样想）可惜他不肯离开现时的享受而来巴黎，否则现代艺术史中，早已得占一席地。但他或者不屑于此，而情愿终老于天地混沌的中国，亦未可知，好在人生不过如此，艺术家而且要穷苦一生的。"随函附寄自己节衣缩食所购之俄国及意大利画集两册、雕刻照片40张、画片26张、小本画报、赠儿子王华的一册《巴黎百影图》及送王青芳作为办报刊参考的数册小说画报等，其中也包括赠送王悦之所办之北京艺术科职业学校的画册，以表达对该校通过教育部立案的祝贺。最后自叹文笔不佳，半途而废了一二十篇文稿，只好以通信方式完成国内的约稿云云。透露出来的仍是一股身在异国而心系祖国艺术教育事业及亲友家人的浓厚情绪。

王悦之（1894—1937），字月芝，原名刘锦堂，台湾台中人，1921年毕业于日本东京美术学校西洋画科，回国后入北京大学学习中国文学，不久担任国立北京美术学校西画教授。1922年夏，王悦之、李毅士、吴法鼎、王子云等组织北京第一个研究西画的团体阿博洛学会，旨在"传播西方艺术、辅导未入美术学校的青年进行美术学习"，王子云担任干事。该学会及其附属的阿博洛美术研究所曾举行多次展览和讲习班，并在此基础上筹办了公立北京美术学院。1928年春，王悦之应林风眠敦请出任西湖艺术院西画系主任，翌年返回北平，在青年会举办了个人画展，随后受聘为国立北平大学艺术学院教授。1930年夏又应私立京华美专负责人储小石之请，任该校校长。1931年成立了私立北平美术学院，任院长；1932年该校迁往西城祖家街，更名为北平美术专科学校，仍任校长。1934年教育部正式批准该校立案，为与国立北平艺专相区别，改称北京艺术科职业学校，聘有西画教授卫天霖、谭旦冏、沈福文、王肇民等，中国画教授李鹤筹、李苦禅、管平湖、侯子步、王青芳等，艺术理论教授王森然、王钧初（胡蛮）等，对推进当时北平的新美术运动起到积极作用。

美术家王青芳（1900—1956）的艺术历程中，深受王子云、齐白石、徐悲鸿及王森然的影响，其中王子云在启蒙、入学、执教等方面的引领之功最为显著。早在家乡私塾就读时，王青芳即受堂兄王青照、王子云的影响，开始习画；之后赴徐州的江苏省立第七师范学习也是得到王子云的资助；后以学习成绩优秀，选送江苏省立第四师范附设美术专修科，承接萧厔泉、谢公展、李毅士等教席，艺术视野不断扩大，其“中画为体，西画为用”的理论和写意作风就是彼时成型的；1926年又经王子云帮助，北上考入国立艺术专门学校国画系，因具备相当的绘画基础，得校方允许破例旁听二年级课程；不久再经王子云推荐，代替其北平中法大学附设孔德学校美术教师职务，毕业后便任教于此，与卫天霖（雨三，图画教员兼艺术部主任）同事。20世纪30年代初期，已经在北平画坛崭露头角的王青芳，因为人忠厚、勤于创作、热衷美术活动而获“艺术交际花”的美誉。王子云赴法后，曾将儿子王华托付其照料、培养，王华于数年后以“小木刻家”闻名故都，作品曾多次参加木刻展并屡见于报刊，可惜日后兴趣转移，终止了艺术道路。王青芳曾作有《山水图》（113cm×27cm，1934年）题赠王子云，又有打油诗表述他们之间的兄弟情：“我与‘王莽’算一家，兄弟七人幸无八，潦倒风尘只两个，一在北平一在法。余兄弟七人中，潦倒客方者，只有在法专攻雕塑之子云及余两人耳。”（图9）

图9　20世纪30年代王青芳与王华合影

王肇民（1908—2003）与王子云、王青芳兄弟为萧县同族之侄叔关系，受二位提携帮助不少。在1932年9月王肇民与汪占非、杨澹生、沈福文因参加木刻团体“一八艺社”而遭杭州艺专斥退后，由林风眠介绍和在时为北平艺文中学美术教员的王青芳的帮助下，北平大学艺术学院西画系主任卫天霖慨然破格照顾插班，直至1933年毕业。后据王肇民回忆，转学一个月后，他们便在北方左联的领导下，成立了北平木刻研究会。该会曾借艺文中学多次举办木刻展，如1934年8月的“书画·版画展览会”（又被称为“平津木刻联合展览会”），据当时报章介绍：“成绩卓著，颇为社会人士赞许……旅平作家郁达夫、孙福熙等，均往参观。”展品中的精彩之作“为许仑音之《日出之前》，题材作风，均极出色，其次为肇野、未名、王青芳诸君，作品练纯，不下于许氏”。清流在《书画木刻合展记》中评价道：“王青芳君的《自刻像》，实在在技巧上是打破了全会场的纪录了，但听作者自称：此作有赖王兆民君之助云。”此次展览中王肇民的作品为《母与子》，13岁的王华也有《我的伙伴》、《卖烧饼的》、《轮船》及《人像》四幅木刻作品参展，王氏叔侄同场献艺，成为一段艺坛佳话。由此可见，“万版楼主”王青芳对木刻艺术的热衷并成为日后平津地区木刻运动的引领者，正是受到这些木刻青年的鼓荡。此时王肇民任私立北京艺专教授及艺术科职业学校训育主任。1937年“七七事变”后，任新四军萧宿永边区萧县人民政府民运科及教育科科员。1942年因父丧至重庆，在小学任教。1949年后，任南京市委文工团团员。1951年至武汉，任中原大学中南文艺学院讲师。1953年任中南美专讲师。1958年随校迁至广州，任广州美术学院教授。1979年被选为中国美术家协会广东分会理事、广东省文联及全国文联代表，并出席全国第四次文代会。1987年离休后被聘为广东省美协顾问、广东画院顾问。1992年获广东省第四届“鲁迅文艺奖”；1993年获广州美术学院“教书育人”特等奖和“终身教授”称号；2000年获教育部颁发的“全国学校艺术教育先进个人”光荣称号。他的艺术成就是多方面的，在水彩画、素描、国画、诗词、论著等方面均有相当造诣和影响。在其《王肇民诗草》①中收录有抗战胜利后、思念远在北平的族叔的《柬王青芳先生》：

一笺远至北国邮，展读愔愔思未休。别后清风还两袖，传来白发已盈头。
五年蜀道逃长劫，万里燕台感旧游。相望不应仍障目，中原夷气早全收。

---

① 王肇民：《王肇民诗草》，岭南美术出版社2000年版，第128页。

1935年7月20日，王子云曾自比利时首都布鲁塞尔致函王青芳，谈及赴西欧五国旅行观览博物馆、美术馆的情况，重点介绍了布鲁塞尔万国博览会以及参展国的艺术流派、重要画家、艺术教育等情况，意在“将一路见闻随时写寄你，假使你能集合在一起，或者将来可以当作艺术上的参考的材料”[①]。该函后以《北欧艺术视察通讯》为题，发表于同年11月15日《华北日报·艺术周刊》第11期及《艺风》月刊第3卷第12期，但可惜尚未查到其他的续作。

1937年2月9日，王青芳主编的《京报·艺术周刊》第54期发表了王子云《巴黎通信一束》，实为致函在北平的旧友谭旦冏[②]、李召贻[③]及王青芳的三函摘录。致谭函中言及在外多年，对国内情形的隔膜，探询国内友人及就业情况，其中有“王月芝兄最近情形如何？其所主办学校，想尚存在，他个人亦颇有活动志愿？为何总是没有机会？真令人莫解。便中务请代为致意，劝其努力奋斗，庶几达到中国艺术‘复兴’之望”。孰料就在一个多月后的3月15日，王悦之竟因病误诊而长辞人间，年仅43岁！两位挚友亦永不可复见！在致李函中，王子云解释了疏于联系的原因主要是“去年暑中”游希腊，返巴黎后集中用半年写成有关希腊艺术的考证、杂记多篇；同时透露了本年暑假回国的意愿，及在国内谋职不易而踌躇的复杂心情。给王青芳的信写于1937年1月5日，除报告近期生活学习情况外，还询问了常书鸿、王临乙等人在北平艺专的任教情况，解释了为观摩1937年度巴黎国际博览会而延迟回国等情况，对近“一年来华儿就学事多承经神，并加以经济上之供给”深表“扪心自愧”之意，包含着游子思乡怀亲之情和羁旅伤感。

---

① 王子云著《从长安到雅典：中外美术考古游记》第四章“西欧五国美术考古记”称：“我于1936年3月10日从巴黎出发，先到邻近的比利时，于7月25日结束游程，由罗马返回巴黎。”按：信中明确“我于七月十三日离开巴黎，即法国国庆节的前一天”。再从此信写作、发表时间看，显系作者晚年撰写文章时记忆有误。

② 谭旦冏（1906—1996），江西九江人，美术史家、工艺美术家。1930年赴法国巴黎入帝雄艺术学院研习美术，1933年11月回国后，曾在北平举办绘画个展。先后任教国立北平艺术专科学校、四川省立成都艺术专科学校。1941年在中央博物馆任专门设计委员。1949年任台北故宫博物院副院长，并在台湾大学和东吴大学任教授。对中国古代工艺美术有深入研究，著述甚丰，主要有《中国民间工艺图说》《中国艺术史论》《商周铜器史》等。

③ 李召贻（生卒年不详），徐州砀山人。中国民主同盟盟员。1920年前后自北京师范大学毕业，曾任职江苏省立第七师范学校教员、北京孔德学校教务长。1926年加入摄影团体北京光社。1957年后任职徐州师范学院。

1937年4月27日《京报·艺术周刊》第65期刊登“艺术交际花”撰写《王子云先生由法回国》消息：

前西湖国立艺专教授王子云先生留法六载，专攻雕塑，因受法一九三七博览（会）之委托，并商同驻法大使，回国作宣传工作，本拟由西伯利亚，先到北平，作三项工作：1. 招待新闻记者，报告并宣传此次一九三七博览会关于中国之重要。2. 进见各大学校长及著名教授，拟请其选派名家去法，作国际学术宣传。3. 采访足以参加赛会之作品材料。此事完后，再去南京、上海等处。后因全国美展，及西湖各方面好友函催，遂改乘意大利船，先行到沪，去京。并拟到开封、济南、大同等处，从事考察艺术职业教育。预定两月后，方可再来北平。闻已于本月十五日到京，并于中央广播电台及教育广播电台作多次讲演，及介绍巴黎国际博览会等，闻其结果，极博各方面甚表同情云。

图10 晚年勤奋著述的王子云先生

这则来自“内部”的消息，较为详细地介绍了王子云自法归国的情况，为研究王子云旅欧经历做了一个较为完满的交代。原定4月中旬后自南京前往河南、山东、山西等地从事考察艺术职业教育，转至北平与亲友见面的计划，随着卢沟桥事变爆发，抗战烽火燃起，而将叔侄三人阻隔：王子云随杭州艺专迁移，王青芳滞留北平沦陷区，王肇民返回故里参军抗战，天各一方，重逢难再，令人感喟无已……（图10）

# 中国留学生和法国雕塑大师布德尔

曹庆晖
中央美术学院

**摘　要：** 论文以中国留学生与法国雕塑大师布德尔为核心，梳理了1928—2018年间布德尔在中国的译介和展览情况，特别考辨了中国留学生与布德尔在20世纪上半叶的交往情况，此外搜集并归纳了当时中国留学生对布德尔的评论。

**关键词：** 布德尔　大茅屋画室　中国留学生

## 一、法国雕塑大师布德尔

1861年出生于法国蒙托邦（Montauban）一个木匠家庭的布德尔（Emile Antoine Bourdelle，1861—1929），在青少年时期曾先后入读图卢兹高等美术学校（École des Beaux-arts de Toulouse）和巴黎国立高等美术学院（École Nationale des Beaux-arts de Paris，以下简称“巴黎高美”），不过他在1884年以第二名的成绩考取巴黎高美法尔吉埃教授（Alexandre Falguière，1831—1900）的雕塑工作室不久即离开了学院，据说是他不满于学院主义教育，而不是对导师本人有意见。翌年，布德尔在曼恩思胡同租住工作室（即今布德尔博物馆），开始独立创作，日常和比邻而居的雕塑家达卢（Jules Dalou，1838—1902）往来讨教较多。① 从1893年

① ［法］埃米尔·安托万·布德尔：《布德尔论艺术与生活》，啸声译，上海人民出版社2009年版，第203页。

开始，布德尔的艺术人生开始与法国现代雕塑巨擘罗丹（Auguste Rodin，1840—1917）交集在一起，作为罗丹的雇工和助手，布德尔负责把罗丹的石膏作品翻制成大理石。此后15年间，布德尔比较深入地参与到罗丹的雕塑事业中，直至1917年罗丹去世。

罗丹死后，布德尔很快就在法国艺坛赢得诸如“罗丹以后一人”[①]“欧洲现代雕刻界的柱石”[②]这样令中国留学生也耳熟能详的社会名望。1929年10月1日布德尔68岁病故之际，巴黎报纸以“法兰西艺术界蒙丧”[③]这样业界举哀的标题昭告世人，足见他在当时法国和艺坛举足轻重的地位。布德尔死了，但他的艺术与影响并没有因人走而茶凉，而是得天时、地利、人和，被载入了史册，成为艺术史书写的对象。首先，我们知道，布德尔是罗丹雕塑事业的门徒，也是罗丹雕塑艺术的叛徒，其中本来就满是让艺术史学者感到趣味盎然的艺坛潮流变动和艺人交游故事。罗丹曾经毫不吝啬地称赞布德尔说：“我看你在做我几乎不敢想的事。一开头我就觉得很棒，这让我有种预感——对，都在具体的形里。你照亮了通向未来的大道。”[④]而这位照亮未来之路的雕塑家死于“二战”爆发前十年，没有遭遇纳粹的裹挟和政治选择上的尴尬，因而政治清白，无历史重大问题，故此当时和后世对他的艺术评价也就不像对其他一些雕塑名家那样带入了民族正义和情绪，而是能从他一生的创作与教育成就出发给予客观评价和定位。他的画家朋友莫里斯·丹尼（Maurice Denis，1870—1943）在他去世一星期后于《评论周刊》发表的《向安托万·布德尔致敬》即是如此。莫里斯·丹尼说：

> 所有艺术家——法国人、北欧人、拉丁人、中欧人、美洲人——都认为他是一位大师，崇敬他的才华。
>
> 在罗丹和马约尔之间，他拥有一席之地，其地位在法国大体与普吉和吕德

① 金发：《卜德尔的雕刻》，《美育杂志》1928年第2期。

② 刘海粟：《欧游随笔》，湖南人民出版社1983年版，第63页。

③ 同上，第63页。

④ “I see you execute what I hardly dared conceive of. That admirable head of which my studies gave me an anticipatory sense—here it is, in concrete form.You light the way to the future.” 清华大学艺术博物馆编：《回归·重塑：布德尔与他的雕塑艺术》，清华大学出版社2017年版，第26页。

相伯仲。正如他们所做的那样，布德尔对那些古代雕塑特别是古希腊雕塑的典范之作进行了现代转换。

他心态平和，过着一种勤劳且充满激情的手工艺人式的生活。他对年轻人很好，从不苛责他们的学业。他总是尝试着去理解他们，这培养了年轻人的激情。他爱他的学生，努力带领他们提升艺术造诣，通往至美。正因为爱他的学生，所以尊重他们的创意。他的演讲就像嗡嗡作响的蜜蜂，用一种奇特的口才，将求知的悖论和智慧的真理散播开来。他唯一允许自己分心的事情就是去讲述和书写他的艺术。[①]

图1　巴黎布德尔博物馆

更有未来意义的是在1949年，在布德尔矢志不渝的遗孀的不懈努力下，他的宅邸兼工作室被建为博物馆，这样以工作室原貌展示布德尔创作和生活的建馆宗旨与特色，不仅使该馆跻身巴黎博物馆之林，而且为布德尔及其艺术流芳百世做实了物质文化方面的基础（图1）。布德尔一生创作甚勤，其中1906—1909年完成的《弓箭

① “All artists—French, Nordic, Latin, Central European, American—all consider him a great Master and venerate his genius. Between the Occidental Rodin and the Hellenist Maillol, he holds a place; a French place, near enough, in sum, to Puget and Rude; he modernizes, as they did, the great examples of ancient statuary; but that of Archaic Greece.He himself was a peaceful, leading the laborious life of a passionate craftsman. He was kindly towards the young, whose studies he did not scorn, trying to understand them: he nourished their enthusiasm. He loved his students, he struggled to lead them towards the higher regions of Art, towards Beauty. And because he loved them, he respected their originality. His talk, like a swarm of buzzing bees, disseminated with a singular eloquence curious paradoxes and wise truths. To speak or write of his art was the only distraction he allowed himself.” 清华大学艺术博物馆编：《回归·重塑：布德尔与他的雕塑艺术》，清华大学出版社2017年版，第27页。

图2　陈列在巴黎布德尔博物馆大厅的《弓箭手赫拉克勒斯》

手赫拉克勒斯》（图 2）是他引以为傲的代表作之一，这件作品在法国近代艺术殿堂奥赛博物馆 1986 年改建落成后被纳为展品，公开陈列，成为来自世界各地的观众膜拜和学习的法国近代雕塑典范。能在博物馆享有荣耀，并不是名震一时的艺术名家身后都能获得。画家吴冠中说他在 20 世纪 80 年代重回巴黎，在博物馆寻找恩师苏弗尔皮（J.M.Souverbie），就怅然发现找不到这位“四五十年代前后威震巴黎的重要画家，法兰西学院院士”[①]的作品。历史的淘汰和刷新是残酷的！迄今为止，我们可以在法国艺术史和博物馆中轻而易举地看到布德尔及其雕塑艺术，自有其天时、地利、人和缺一不可的逻辑。

罗丹、布德尔师徒在雕塑艺术上确实有着许多的不同，不过从本文主题看过去，布德尔与罗丹最大的不同是他有志于教育，他也确实比他的师傅更分心更实际地投身于教育实践，而不仅仅专注于完成订件和自由创作。早在 1900 年，布德尔就曾和罗丹、朱勒・德布瓦（Jules Desbois）一起开办罗丹学院，招收了 50 名左右[②]的学生教授雕塑，然而限于条件只维持了三四个月就关门了。但布德尔对此好像一直心有不甘，1909 年时年 48 岁的布德尔接受大茅屋画室（Académie de la Grande Chaumière）的聘请，开始从每年 10 月到次年 7 月每周集中授课一次的教学生涯[③]，向来自世界各地的艺术工作者和爱好者传播其雕塑之道，这一教就是 20 年，其间风雨无阻，直至 1929 年他去世（图 3）。20 年间，桃李天下，下自成蹊，

① 吴冠中：《横站生涯》，团结出版社 2008 年版，第 11 页。

② 金发：《卜德尔的雕刻》，《美育杂志》1928 年第 2 期。

③ ［法］艾美丽・斯密耶：《艺术家与他的作品》，载清华大学艺术博物馆编《回归・重塑：布德尔与他的雕塑》，清华大学出版社 2017 年版，第 16 页。

图3 位于巴黎大茅屋大街14号的大茅屋画室

而在那些来来去去的人群中就不乏为梦想和生活而来的中国留学生的身影。1917年罗丹去世时，还没有遭遇“五四”以后中国青年赴法留学的浪潮，但晚他12年去世的布德尔却恰逢其时，这是历史给予布德尔和中国留学生的一份机缘和荣幸。

## 二、布德尔在中国

中国留学生对布德尔的推介，目前所见始于李金发1928年在他主编的《美育杂志》上发表的《卜德尔的雕刻》一文。在这篇90年前的推介文章中，李金发以相当的篇幅介绍了布德尔雕塑教育的特点和方法，令人印象深刻。李金发说：

> 卜德尔绝对重视教授法，他以为要造就未来的大艺人，全在于此。他以为一个雕刻家应该知道作画，不应专事以指塑泥，是要以工具去画泥，且要懂得翻制石膏的工作，可以知道驱使石膏与泥之不同处，因为一个是会产生光影，一个销减光影，亦可使从此知道石膏像无论翻得如何好，绝不像泥塑的原作，因为两个原素各异，如一个学生想将自己的作品实施到石上去，也应该自己担任一切打量推凿等等工作，庶原来的精神可移置到石上去。这种方法，是时代上大师出身的嚆矢，试看文艺复兴的万西尝为Verrochio的门徒，米开朗琪罗

尝为 Ghirlandajo 及 Donatello 与无名的银具匠的门徒。

……

他常教人如何去组织一个作品，且要经过长时间的回想，然后实行，什么都不许侥幸的，雕刻是与科学一样正确的，巴斯德不惜千回百转去实证他的学理，而达到正确的发明。艺术家亦应有此态度。只有当自己有了深刻的认识之后，可以自己变化，不然，随时可有走入歧途之危险。

他愿意学生尽力去发展个人的个性，他希望个个学生都成了有学问聪明的人，他同他们讨论博物院中的作品，大教堂的音韵，他要他们多读书，多回想，要环顾四周的生活，他劝他们多涉猎其他艺术，如文艺、音乐、图画等，使得到健全的精神。①

李金发的介绍迈出了“布德尔在中国”的第一步，此后的民国期刊相继出现一些直接或间接与布德尔相关的文章，数量不多且 Bourdelle 的译名也不统一，有“卜德尔”“朴荷特尔”“蒲台尔”“蒲岱尔”“布尔德尔”等各种译法，这些文章的基本情况本文第六节会专门讨论。进入 20 世纪 50 年代，在国际冷战格局下中国全面倒向苏联，美术对外引进的途径主要落脚在苏联、东欧和其他第三世界友邦，因此这一时期并没有对布德尔雕塑艺术的专门译介出现，但如果就此以为当时的美术工作者无法获悉法国和布德尔的相关资讯也不符合实际。实际上，雕塑创作者和艺术爱好者通过对社会主义阵营树立的雕塑先锋和楷模——苏联女雕塑家穆希娜（ВЕРА ИГНАТЬЕНА МУХИНА，1889—1953）的生平与创作了解，不难知道她的老师就是布德尔，只不过他们在苏联阿波利娜著《薇·伊·穆希娜》所见到的对巴黎画坛和布德尔教学的描述是这样的：

1912 年初，穆希娜……出国到巴黎。这时，正是西方艺术危机深重的时候。雕刻正如绘画与建筑一样，丧失了自己的人文主义内容，不再表现当代的进步理想了。许多大雕刻家们都为崇拜抽象的雕刻形式而牺牲了艺术作品的思想和形象，把自己的艺术限制在追求形式的狭隘的范围里。

---

① 金发：《卜德尔的雕刻》，《美育杂志》1928 年第 2 期。

> 穆希娜在巴黎入了私人的美术工作室，那儿有法国的著名雕刻家布德尔在授课。这个工作室挂着“学院”的牌子，许多不同国籍、不同年龄的学生到那里学习。布德尔向例是讲授长篇大论的雕刻理论的，在讲课时，力求说明塑造艺术中表现人体的原则和构成形体的法则。他忽视了人物形象的心理实质，只是强调孤立的雕刻形式的意义。
>
> 在一个相当的时期里，穆希娜陷入了法国那些所谓大师们这样实验室般的、实际上形式主义的探索的气氛中，受到了布德尔创作的影响。[①]

以上这种舶自苏联、将形式追求与思想内容严重对立甚至扭曲的极左文艺观，到20世纪80年代随着解放思想和改革开放的倡导逐渐退隐，对布德尔的译介工作也开始回到中断的过去接轨而行。1982年，中国出现第一本介绍布德尔雕塑的作品集《布德尔雕塑集》，在内容上就主要参考日本雕塑家和艺术理论家清水多嘉示（Shimizu Takashi，1897—1981）1944年出版的《巨匠布德尔》，在前言中编者将罗丹、布德尔、马约尔（Aristide Maillol，1861—1944）并称为世界美术史上的“近代雕刻三大支柱”[②]，而这样的定义在20世纪30年代中国留学生的文章中并不鲜见，郎鲁逊1934年在《法国现代雕刻论》中也将罗丹、布德尔、马约尔、佩纳（Joseph Bernard）视为近代四大雕刻源流[③]。显然，这些说法都不是东亚的研究创造，而是搬移自法国，正如我们在第一节所见莫里斯·丹尼评论的那样。

1990年和2009年，中国又先后两次由不同的出版社和不同的译者将巴黎ARTED艺术出版社1981年出版的《布德尔论艺术与生活》翻译出版[④]，这本法文原著原是布德尔的遗孀在亡夫浩瀚的遗稿——包括笔记、通信、讲稿、答问中反

---

① ［苏联］阿波利娜：《薇·伊·穆希娜》，冯湘一译，吕叔东校，朝华美术出版社1955年版，第2—3页。

② 王之江、杨霭琪编：《布德尔雕塑集》，人民美术出版社1982年版，前言。

③ 郎鲁逊：《法国现代雕刻论》，《美术杂志》1934年第2期。

④ ［法］爱米尔 - 安托瓦尼·布德尔：《艺术家眼中的世界——爱米尔 - 安托瓦尼·布德尔关于艺术与生活的随笔》，孔凡平、孙丽荣编译，辽宁美术出版社1990年版。《布德尔眼中的艺术世界》，孔凡平、孙丽荣编译，辽宁美术出版社2014年版。［法］安托万·布德尔：《布德尔论艺术与生活》，啸声译，上海人民出版社2009年版。辽宁版与上海版除译者不同外，另附有三篇论述布德尔雕塑的论文。

复甄选后，由一位叫瓦雷纳（G.Varenne）的朋友编辑的成果，是布德尔去世半世纪后关于他的艺术与生活识见的第一次编选辑录，而这也是中国引入翻译的第一本有关布德尔艺术与生活的散记，它的出版既反映了中国对外开放的活力也契合了中国现代化、城市化进程中雕塑发展的需要。在经过了 20 世纪 80 年代以来对布德尔雕塑作品和艺术见识的编译出版后，“布德尔”的这个译法开始逐渐在美术界约定俗成地统一使用起来，过去那些极不统一的各种译法基本退出了历史舞台。

两千年后，两本搜集作品更为丰富的布德尔作品集——鲍海宁编著《BOURDELLE 布德尔 1869—1929》（吉林美术出版社 2010 年版）、啸声编著《当代欧美具象艺术丛书·布德尔》（江西美术出版社 2013 年版）先后出版。《布德尔论艺术与生活》出版后的影响在专业读书方面也开始显现，四川美术学院雕塑系朱尚熹教授在《阅读布德尔笔记的笔记》不仅分享了他对布德尔各时期重要作品造型观念与手法的理解，同时也特别分享了他作为专业雕塑家对隐含在布德尔文学化修辞背后的雕塑思维与智慧的解读[①]。但更为重要的是，布德尔终于在被介绍了 90 年后来到了中国，清华大学艺术博物馆在巴黎博物馆联盟和布德尔博物馆的协助下，于 2017 年秋至 2018 年春引进并主办了名为《回归·重塑——布德尔与他的雕塑艺术》的展览并出版了同名图录。该展览是 2017 年 10 月—2018 年 2 月布德尔博物馆主办的“布德尔与古希腊及古罗马——一种现代的激情”的延伸，展出包括《帕拉斯的躯干》《带有正方体基座的战神阿波罗头像》《弓箭手赫拉克勒斯》《果实》《珀涅罗珀》《罗丹》《垂死的人马》《香榭丽舍剧院浮雕》等一系列作品及其他照片和视频文献资料。正是这个具有高水平策划水准展览的到来，不仅历史地丰富了“布德尔在中国”的实际内容，同时也激发着我们面对“布德尔与中国”这一问题进行思考。上述粗略的学术史勾勒以及以下也是粗略的美术史调查，都源自这一激发。

## 三、中国留学生与布德尔的交集

布德尔的日常教学点并不限于他受聘的大茅屋画室一处，另外所知的还有哥

---

① 朱尚熹：《阅读布德尔笔记的笔记》，《雕塑》2016 年第 1 期。

贝兰画毯厂。布德尔也在哥贝兰画毯厂授课的信息，是后来成为中共最高领导人眼中的“法文通”、巴黎高美肄业生李风白（1900—1984）在回顾中提到的。李风白说1922年他在巴黎勤工俭学时住在十三区戈德弗瓦街，距离不远“就是法国最有名气的哥贝兰画毯厂，那里设有一个图画班，当时负盛名的大雕刻家布尔代莱常来该班指导”[①]。布尔代莱就是布德尔，当时李风白出于生计和绘画喜好就到这个厂里的图画班半工半读，后来他凭着在哥贝兰画毯厂的基础，在1928年考取了巴黎高美雕塑系朴舍（Jean Boucher）教授工作室的同时，还能找到愿意模仿中国图画、工资待遇相对比较高的手工业作坊，继续以半工半读的方式维持着他在巴黎的生计。

当然，不管布德尔还曾经在什么地方代课，大茅屋画室显然才是他的主教学点。大茅屋画室在巴黎十四区大茅屋大街14号，在法文的称呼里虽然冠有Académie的字头，但其实是自负盈亏的私立开放美术传习所。在巴黎，类似机构自19世纪中后期就如雨后春笋发展起来，像1876年创建1968年才被合并的朱利安画室（Académie Julian）就是其中的老牌画室，徐悲鸿当年留学时业余就经常出入这间画室练习素描。大茅屋画室门口镶嵌的铭牌庄重宣称自己诞生于1904年，并且将布德尔的名字嵌于在此执教的名师中的第一个（图4）。尽管一百多年来大茅屋画室的产权所有者早已易主，但迄今为止一直在沿用原名经营办学。这些画室负责提供场地设施服务和聘请教师与模特儿，而前来学习的人既不用考试也没有毕业，仅需支付学时费——一般是以门票的形式——即可入内自习，来者不拒，去者不留，来去自由，于业务进修极为便利。李金发

图4　镶嵌在大茅屋画室外的纪念铭牌

① 李风白：《回顾与前景》，载《李风白画集》，湖南美术出版社1985年版，第1页。

曾经说“凡是留过巴黎的艺术家，没有一个不在 Grande Chaumière 工作过的”[①]，这个说法其实并不算言过其实，因为到私立开放美术传习所性质的画室进修，差不多是外国留学生们日常所能做的最基本的学习选择（图 5、图 6、图 7），并且大茅屋画室的收费甚至比朱利安画室还便宜些，也使它更受欢迎一些。但因此也就出现了一个特别容易模棱两可的问题，即在大茅屋画室研习的青年就和布德尔相识吗？甚至因此而被认为是布德尔的学生？庞薰琹，这位 1925—1930 年游学巴黎，从未进入任何正规的学府，而是把游学时间花在大茅屋这类画室自由进修的中国青年，他的回忆给了我们很多具体的启发。他说：

> 我去格朗德·歇米欧尔 Grande Chaumière 不久，就认识一个老人，他那时已经六十六岁，留着胡子，并没有全白，个子不高。他上午每天去格朗德·歇米欧尔，下午他有时也去，他是准时到那里，我也准时到那里。他一见我就对我打手势，走到面前，照例他说声：“你好，孩子。”我则说：“你好，老头。”进门后，我进下面的工作室，他则上楼。几个月以后的一天，他忽然问我，你会雕塑吗？我说不会。他又问那你为何不学呢？我说没有人教我。他要我第二天上午上楼去找他。第二天上午我准时上楼去，老头已在那里等我，并且已经为我准备了一个雕塑架，他给我一套工具，亲自教我怎么开始。这雕塑工作室就在速写工作室上面，非常严肃。学了三个上午，我觉得与别人相比，差距实在太大了，所以中午和他一起走出门时，我对他说：“我想我还是应该集中精力学好绘画。”他说：“对，对。什么时候你想学雕塑，可以来找我。”
>
> 这件事我根本不把它放在心上。1929 年一天在报纸上看到他的照片，这不是那个老头吗？我赶快看报纸，原来他就是布德尔，他死了！我想我这个人真是该死，我是很喜欢布德尔的雕塑的，假若我早知道他就是布德尔，我会跟他学的。当时，只凭外貌，总认为他大概是一个普普通通的雕塑工作者，完全想不到，他却真是一个名闻世界的大雕塑家。……我错过多么好的学习机会。[②]

---

① 金发：《卜德尔的雕刻》，《美育杂志》1928 年第 2 期。

② 庞薰琹：《就是这样走过来的》，生活·读书·新知三联书店 2005 年版，第 79—80 页。

图5 1903年朱利安画室

图6 1908年克拉罗西画室

图7 布德尔与学生在大茅屋画室

图8　大茅屋画室螺旋楼梯尽头即为二楼教室　即庞薰琹所说布德尔雕塑工作室

图9 大茅屋画室内只容一人上下的螺旋式楼梯

由此我们知道大茅屋画室的建筑结构是分层的，而在对大茅屋画室的实地走访中也可以看到入口不远处有一架逼仄的只容一个人上下的螺旋式楼梯，这种楼梯在巴黎很常见，上到楼梯尽头面对的是一扇有台阶的小门，敲开这扇门就是二楼的教室。这样的楼梯和小门设计，除非是常来常往的人，一般无关者往往不会有拾级而上的雅兴，因为它先天地给人以私密勿扰的警示性心理暗示，布德尔的雕塑教室就是拾级而上的这个小门后的大房间（图 8、图 9）。庞薰琹所说下面的工作室就是一楼的所在，也就是包括中国人在内的很多外国人买票进来画模特儿速写的地方，因为很多人只是满足绘画练习的需要，所以他们无须也不必爬楼梯去二层那个与己无关的地方。另外还要考虑到中国留学生国际化程度较低，在异国他乡的日常生活中难免受些窝囊气甚至被歧视和受欺负，故而内心比较敏感多虑，行为自然谨小慎微和循规蹈矩。像庞薰琹尽管每天规律而频繁地出入大茅屋画室，但若非布德尔的友好邀请在先，他竟从未有做楼上观之想，就不能不说和这种留学处境下的拘谨心理有关。总之，由庞薰琹的回忆大体可以明了的基本事实是，赴法留学的中国青年习惯于依建筑结构和画室位置“被安排”在一楼的绘画工作室进行个人需要的人体写生，而布德尔的雕塑工作室却在二楼，因此除非有明确修习雕塑的意图，他们并不主动与之接触和交往，而布德尔恰恰又是一个态度和蔼不充大、行事低调不张扬的艺术家，因而与雕塑无关或心不在焉者往往不知道出入大茅屋画室的这个老头儿是何方神圣。这或许就是在目前所见的中国留学生记载中往往会提到大茅屋画室但却少提到布德尔的原因。当然，不能不说，这也和留学生中学雕塑的本来就比学油画的人要少有关。

但是，即使是登上大茅屋画室二楼教室，也未必就是来参加雕塑研修、接受布德尔指导的学生。通过留学生的言论，我们了解到还有一种情况存在，就是听布德尔讲课。布德尔讲课的内容多涉及美、生命、大教堂等宽泛的主题①，有些类似于今天学院中常见的专题讲座。布德尔是那种讲起课来头头是道的教师，莫里斯·丹尼不是也以嗡嗡作响的蜜蜂比拟过他的讲演嘛。去听他讲课的人很多，据布德尔女儿在 1909 年的一封信中说，当时每周在大茅屋画室听布德尔讲课的人有上百名之多②，大茅屋画室因此还专门编辑印行了布德尔雕塑教材。大约是在 1929 年年初进入巴黎高美朴舍教授（Jean Boucher）工作室学习雕塑的刘开渠（1904—1993），就有聆听布德尔讲课的经历。刘开渠是最早通过《东方杂志》向国内报告布德尔死讯并撰文介绍他生平、作品与风格的中国留学生，不过在那篇名为《朴荷特尔》的介绍文章中，刘开渠并未主动言及他在大茅屋画室布德尔教室的任何见闻。目前能联系刘开渠曾在大茅屋画室布德尔教室听课的材料有两条。一条是 1934 年刘开渠将巴黎大茅屋画室所印行的布德尔的教学谈话录《朴荷特尔雕塑教学》（*L' Enseignement du Maitre A.Bourdelle*）翻译后，在《艺风》第 2 卷第 8 期发表，署名"刘开渠译"。另外一条是 1986 年——那时刘开渠还在世，《青铜与白石——雕塑大师刘开渠传》出版后，书中有一节即"聆听布德尔讲课"，而其主要内容就取材于刘开渠翻译的《朴荷特尔的雕塑教学》，传记作者纪宇以如此标题和内容描述深受朴舍教授影响的刘开渠与布德尔的关系，想必是经过刘开渠首肯的。而通过刘开渠对布德尔雕塑教学的全文翻译，我们可以看到在布德尔雕塑教学中

---

① ［法］艾美丽·斯密耶：《艺术家与他的作品》，载清华大学艺术博物馆编《回归·重塑：布德尔与他的雕塑》，清华大学出版社 2017 年版，第 16 页。

② 张星云：《安托万·布德尔，罗丹之后，贾科梅蒂之前》，《三联生活周刊》2018 年第 14 期。

特别强调或提示的那些引人入胜的核心认识，比如对于雕塑—建筑—真理，布德尔就讲道：

> 雕刻包括一切艺术。雕刻家应是建筑家以便建造他的作品，他应是画家以便配合阴影，光亮及分量，他应是凿金家以便雕凿细部分。雕刻应是插接在建筑上如同果子在树上。雕刻是建筑的丽花，雕刻自己是体积的建筑，体积的建筑是几何，尺度，正确，论理。雕刻是建筑的分数。
>
> 雕刻是中心艺术，他集聚了其他一切。……一切的建筑应是雕刻式，一切的雕刻应是建筑式。
>
> 基本形是一切的基础，基本形是真理，一件艺术品的第一个必要条件是（坚持这个）真理。倘使一件作品的内心部不是建筑式，如同建筑式的人类的骨骼，人将陷到了我们所谓精神空虚，是成为一件冷的、枯的、无内心的作品。
>
> 在一部分的研究上，人能是很有力量的，但真正的强力仅仅是存在在一个作品的整体上。为整体而做的一个头增加整体的美，整体缘此头之美而自己更美了。这个庙是在这个头内，如同这头是在庙中。
>
> 罗丹的雨果及地狱之门全不是建筑式的。每个集团是件杰作，但是他的整体不是为了一个门做的。[①]

去大茅屋画室听布德尔讲课的中国留学生应绝不止刘开渠，但仅是听听课充充电毕竟不是随堂系统学习，留学生们未必都在意，何况大茅屋画室编印的布德尔雕塑教学材料也未必非得听课才能拿到手和着手翻译，所以除非像刘开渠传记这样明确地“说出来”，否则实难明悉哪些留学生听过布德尔的课。比如，就我们目前所知，《艺风》在发表刘开渠《朴荷特尔的雕塑教学》之前的两期，曾发表郎鲁逊《关于雕刻与其他》，将此文与刘开渠译文两相对照后，发现郎文的主要内容基本节选自布德尔的同一篇大茅屋画室教学谈话录，二者也就是刘文全译署名“刘开渠译”、郎文节译署名“郎鲁逊”这点儿差别。像郎鲁逊这样同在巴黎高美

① 刘开渠译：《朴荷特尔的雕刻教学》，《艺风》1934 年第 2 卷第 8 期。

朴舍教授工作室留学的学长[①]，包括更早的同一工作室的学长李金发——他“每下午到蒙巴拿史的自由画室去速写人体”[②]——有没有偶一为之听过布德尔的课呢？他们没有说，我们也就只能在有和没有的两极徘徊，而无法确实。

另外，从目前所看到的零星材料中我们还能读到布德尔与中国留学生在巴黎之外交往的信息。比如，1929 年里昂国立美术学校三年级插班留学生王临乙创作的第一个雕塑构图《耶稣降生之告知》就曾得到布德尔的欣赏，并应布德尔要求与之交换了速写作品[③]。这对王临乙的雕塑创作道路产生了积极的鼓舞作用，日后特别是在强调画、塑关系的浮雕创作方面，王临乙极有可能受到布德尔实践的较多影响和启发，以至于到王临乙上了年纪和青年学子们聊起雕塑时还经常会提到“布尔代”。

## 四、入布德尔之门的中国留学生

布德尔在大茅屋画室授课的 20 年间，有哪些中国留学生慕名跟他学过一段时间雕塑呢？目前确知的有王如玖（约 1887/1890—？）、吴大羽（1903—1988）、岳仑（1905—1989）、陈锡钧（1893—1951）等四人。（图 10）

较之近年来从学术研究和市场反应都明显升温的吴大羽而言，王如玖着实是

---

① 郎鲁逊是上海美术专门学校西洋画系肄业生，1927 年春至法国，1928 年夏入巴黎高美朴舍（Jean Boucher）教授工作室研究塑造，后曾随从拉摩特第欧（Lamourdedieu）研究刻石，1930 年夏被朗度司基（Paul Landowski）聘为助手，参加承造南京中山陵之大理石雕像，因感缺乏理论修养，余暇还曾去卢浮学校研修美术史、美学等理论课程。郎鲁逊：《自述》,《艺风》1934 年第 2 卷第 9 期。

② 陈厚诚编：《李金发回忆录》，东方出版中心 1998 年版，第 53 页。

③ 关于王临乙应布德尔要求与之交换作品的文字记载，最初出现在 1993 年人民美术出版社《王临乙王合内作品选集》里刊登的论文《不断奋进，开掘真善美的艺术境界——王临乙、王合内雕塑创作漫谈》，作者是张作明、程亚男。他们在文中写道：“在里昂学习期间，他创作了自己第一件雕塑《女人头像》，紧接着又创作了《耶稣降生之告知》，得到罗丹的学生巴尔代的欣赏并应其要求交换作品，从此走上雕塑艺术之路。”2015 年，中央美院雕塑系副教授王伟进一步通过检阅王临乙遗存手稿，证实此说确实源于王临乙本人，同时结合对曾任王临乙的助教盛扬的访问，指出二人之间交换的作品极有可能是速写，而不是雕塑。王伟：《历史不曾忘记——王临乙艺术与教学研究》，博士学位论文，中央美术学院，2015 年，第 26—27 页。

图10　曾在大茅屋画室和布德尔学习雕塑的中国留学生王如玖、吴大羽、岳仑、陈锡钧（从左至右）

令现在的研究者普遍感到陌生或难以深入的对象，因为就民国期刊材料来看，王如玖在1937年就从画坛报道中消失，成为不知所踪的“失联者”。岳仑和陈锡钧也久被淡忘，岳仑的人生行旅直到20世纪80年代才被报道出来，陈锡钧的身世和作品是2011年西泠印社出版《陈锡钧雕塑绘画作品集》后才被公开。我们目前所能做的，仅是立足于民国期刊并借助近年新近出现的材料，对他们在法国以及与布德尔的学习做些材料逻辑上的“织补”。

王如玖是目前所知能够确证较早进入布德尔工作室学习雕塑的中国人。关于他，1930年《北洋画报》曾介绍说：

> 王君如玖，津人，自幼负笈游于法，初习陆军，继而厌弃之。改学美术，入巴黎国立美术研究院，从名师游，造诣甚深，为侪辈冠，居学长之任。于欧战时，又曾参加中国军官观战团，及凯旋大游行礼。是皆十数年以前事也。当日吾国留学生研求美术者至鲜，而成功如君者，则更无之。君善油绘，尤擅雕塑，君挟奇技归，隐居平津，不求人知，而知之者亦自不少。其雕塑之术，据识者言，今日国中，自南徂北，可信无出其右者，亦足珍矣！二年以来，君卜居瀋垣，闭户工作，不问世事，所成就之像，以十数计，北画迭有刊载。①

① 妙观：《记王如玖君》，《北洋画报》1930年第10卷第490期。

2014 年，互联网出现一篇《留学法兰西》的史料整理文章，所整理的正是当年和王如玖同期赴法学习陆军，回国后主要投身铁路交通和管理事业的吴承禧（1890—1983）在 1923 年的记述手稿，参鉴其中记载，可以进一步细化王如玖早年留法履历与时间，具体表述应该是，约生于 1887—1890 年间的天津人王如玖（字佩之）在 1907 年赴法国巴黎福来世城之陆军预备学校学习[①]，之后在 1908—1911 年，选学工兵的王如玖先后在昂热工兵第六团第十营第二连（1908—1909）、凡尔赛炮工军官学校工兵科（1909—1910）、枫丹白露炮工实施学校工兵科（1911—1912）学习。所谓“初习陆军，继而厌弃之。改学美术，入巴黎国立美术研究院，从名师游”的改行专业或许就发生于 1912 年王如玖 22—25 岁间从枫丹白露炮工实施学校工兵科毕业之后[②]。1937 年，有关王如玖改学美术的材料在《良友》介绍中又出现一条增补，说“王君如玖，留法十七年，始习西画，后入雕刻大师 Bourdelle 之门，专攻塑造，造诣甚深”[③]。按照这条报道，以王如玖 1907 年赴法推算，留法 17 年的王如玖应该在 1924 年回国。如果说他 1912 年之后改习美术的推测接近实情，那么他在法学艺的时间就长达 12 年，这几乎是 20 世纪二三十年代赴法留学生一般留学时长的数倍。

在这 12 年中，王如玖先西画后雕塑地学了一通。其中雕塑学习后的创作成绩在民国期刊里反映得较为充分，而“始习西画”“君善油绘”的记载也在 2018 年

① 据吴承禧记载，1907 年 1 月，吴承禧（字继英）、王如玖（字佩之）等 15 位陆军幼年学堂（位于保定府定兴县姚村镇）学生考取留学法国陆军学生并于当年 5 月抵巴黎福来世城之陆军预备学校。按照 1903 年成立的幼年学堂在 1904 年招考的 100 名学生年龄为 15 岁以上 18 岁以下算，同时结合吴承禧自言 1904 年虚岁 15 岁的记载，王如玖应该出生于 1887—1890 年之间。即大约生于 1887—1890 年间的天津人王如玖在 1907 年赴法国巴黎福来世城之陆军预备学校学习。昌允安：《留学法兰西——记我的外祖父》（http://www.360doc.com/content/14/1015/16/498756_417197754.shtml）。

② 1911 年，吴承禧、王如玖等三人要求从枫丹白露炮工实施学校工兵科升入工兵专科，校方为此组织考试，没有通过越级升学考试并声明不愿越级升学的王如玖至此在吴承禧的记述中戛然而止，而通过越级升学考试进入工兵专科的吴承禧则在 1912 年 8 月底毕业。据此推测王如玖应该在 1912 年从枫丹白露炮工实施学校工兵科毕业。昌允安：《留学法兰西——记我的外祖父》（http://www.360doc.com/content/14/1015/16/498756_417197754.shtml）。

③ 《雕刻家王如玖氏的作品》，《良友》1937 年第 127 期。

图11　肖像 王如玖 1916年 布面油画 99厘米 ×63.5厘米 私人藏

从法国回流中国艺术品拍卖市场的署名王如玖的油绘西装男子肖像得以证实（图11）。这件落款时间为1916年1月的布面油画后由北京藏家购藏，99厘米×63.5厘米的尺幅在民国油画肖像里绝对算是大尺幅作品了。画中所绘何人至今不可考订，从主人公绅士般的仪表、站姿以及作者在黑色背景下对主人公体态、面部及神态准确精练的刻画上看，王如玖深受法国19世纪新古典主义艺术的影响，并且改习美术三年半就有如此成绩也说明王如玖改习美术并非一时心血来潮。按照《北洋画报》的介绍，王如玖改学美术入的是巴黎国立美术研究院，应该就是今天我们所熟知的巴黎高美，但在巴黎高美中国留学生名册里查不到王如玖 J.K.Wang 的名字，目前所知第一个在该校注册的中国留学生是1914年2月登到的吴法鼎，莫非王如玖是比吴法鼎还早入校但因各种原因——比如他是在籍军人——而没有注册的中国留学生学长？果真如此的话，倒是和笔者推断的王如玖改习美术的1912年这个时间点不矛盾，那么他“从名师游”的范围就不出吴法鼎、徐悲鸿、方君璧等早期中国留学生师从的那些新古典主义名师[①]，这倒也对应得上他这件油绘肖像的产出逻辑。

王如玖学艺期间没有脱离军界，由于公干得力还被北洋政府在1918年7月

① 例如柯蓝（Raphel Collin，吴法鼎师）、弗拉门（François Flameng，徐悲鸿师）、柯罗蒙（Fernand-Anne PiestreCormon，吴法鼎、徐悲鸿师）、殷伯（M.humbert，方君璧师）等。

30日补授实官，获陆军工兵上尉军衔①。1919年7月19日，王如玖等六名中国士官在巴黎观战委员团团长唐在礼率领下组成中国军事代表团，参加了在伦敦举行的“一战”胜利大阅兵游行仪式。此即报道中谓王如玖“于欧战时，又曾参加中国军官观战团，及凯旋大游行礼”之说。

我们并不清楚北洋政府如何管辖其海外军官或给予王如玖怎样的行事便利，也不清楚王如玖何时和为何拜师布德尔从油画转入雕塑，更不知道他从布德尔那里获得了怎样的感性经验和理性认识，因为所见期刊除了对王如玖作为作家及其作品的推荐外，并未发表他自己的任何只言片语。我们只是看到王如玖1916年的这件西装男子油画肖像和20年后《良友》等期刊发表的王如玖作人物雕塑在手法和风格上具有较明显的一致性。都是那种从容貌到心理、从形态到神态，通过准确细腻地捕捉对象特征以形写神的路数（图12、图13）。这种路数显然有王如玖的消化理解，但从雕塑而言却比较靠近罗丹之前的艺术传统，和布德尔在罗丹基础上继续实践的方

图12　1937年《良友》第127期发表王如玖雕塑作品图片之一

图13　1937年《良友》第127期发表王如玖为徐永昌造像时摄影

① 1918年7月30日，国务总理段祺瑞、陆军总长段芝贵在收悉巴黎观战委员团团长唐在礼电请“留法工程管理员陆军炮工士官学校即工程专门学校毕业生王如玖充任管理二载，与法陆军部接洽办理妥善，尚未补授实官，对外实多不便，拟请补授陆军实官”的呈报后，发出大总统指令第1277号，补授王如玖为陆军工兵上尉。《呈陆军总长段芝贵呈大总统请将留日陆军学生监闻春荣留法工程管理员王如玖拟补实官文（附单）》，《政府公报》1918年第904号。

向——比如像岳仑所谓之“力的表现”——并不相近。就此也可以说，作为导师的布德尔在面向社会的雕塑教学时是包容和平等的，这使王如玖能够在雕塑里继续发挥他自己个性独钟的新古典主义审美，从而在绘画和雕塑之间保持了作风的连贯和稳定。

《良友》所云王如玖“后入雕刻大师 Bourdelle 之门，专攻塑造”的记载，在布德尔博物馆公开的两张师生与模特合影的黑白照片中最终得到证实（图 14）。

图14　王如玖与布德尔、贾科梅蒂等在大茅屋画室

其中一张照片中导师布德尔居中而站，不苟言笑，神色严肃，极易辨认，紧挨着他身后则站着一位穿浅色雕塑工作衣的亚裔青年，他，就是王如玖。《良友》期刊里 20 世纪 30 年代王如玖的照片虽然以光头示人，但悠悠岁月却没有改变他原本的形神。众所周知，布德尔有生之年所培养的最著名的学生之一是贾科梅蒂（Alberto Giacometti，1901—1966），令人感到兴奋的是在这张照片里站在布德尔、王如玖身后高处左三穿深色制服的男青年就是贾科梅蒂。据悉，贾科梅蒂于 1922—1927 年间追随布德尔学习雕塑，那么有王如玖在场的这张照片应该拍摄于 1922—1924 年。

回国后的王如玖在 1926—1928 年曾被派署驻德意志使馆随员[①]，此后在 1936—1937 年开始出现对王如玖其人其艺的报道，其中以《良友》所发图片品质最佳，从发表的《总理铜像》《吴稚晖氏造像》《褚民谊氏造像》《王克敏氏造像》《徐永昌氏造像》《施省之氏造像》等被塑者身份来看，王如玖和党国大佬、政界要员关系密切，与此相呼应的是在 1936 年底，王如玖被教育部顺利聘为第二次全

① 《外交部令第三十九號》,《政府公报》1928 年第 4249 号。

国美术展览会筹备委员并参加了一系列会议，与之同为筹备委员的雕塑界同人有江小鹣、李金发、刘开渠。不过，从此以后，王如玖就如人间蒸发了一样，看不见任何有关他的报道和记载。

王如玖之外，也在20世纪20年代前中期师事布德尔的还有吴大羽。吴大羽曾追随布德尔学雕塑这件事儿，早先是通过他的学生曹增明于1986年在回忆中才向外界透露的。吴大羽1922年夏秋之交赴巴黎留学，翌年入巴黎高美鲁勒（Rouge）教授工作室，他曾说“当时巴黎对学院派不感兴趣，我后来就自学，想多学点东西。到研究室去画人体、风景、静物，也学雕塑”①，其中所做的雕刻作品还参加了1924年海外留学生美术社团霍普斯会和美术工学社在斯特拉斯堡莱茵河宫举办的中国美术展览会。但等他1927年秋回国，1928年受聘任国立艺术院西画系主任后，就完全专注于现代主义绘画实践，未再专门从事雕塑创作。1949年后，在绘画上追索印象派之后的艺变之灵但又“自落低微”的吴大羽渐被主流艺术边缘化和抛弃，后学晚辈们得见其作品之一斑已颇不容易，哪里晓得他当年留学还曾经和布德尔研修过雕塑这等事体呢？曹增明是在谈论《师生之间是道义关系》这个话题时在比较林风眠和吴大羽的不同中触及这个细节的，他说：

> 林先生是春雨，吴先生是秋风。举个例子：林先生总是微笑着对我说：“曹增明，你现在不要光看米开朗基罗呢，你要多看点拉斐尔呢。”吴先生不这样，吴先生不笑的。我记得我毕业之前，曾向吴先生说，我要改行学雕塑了。吴先生大为惊异，一时很紧张，他说：“你是懂得道义的，你是有才具的，你是有抱负的。我当时在法国，也曾在布德尔的工作室里工作的。我懂雕塑，你还是画油画的好。”②

曹增明的回忆让我们知道了吴大羽与布德尔之间存在交集，但因吴大羽没有雕塑作品留下来，所以我们并不清楚他当年的雕塑研习和布德尔之间的具体师承。但吴大羽回国后的教学有一点足可引起我们研究的注意，就是他对“大体”

---

① 黄文中：《吴大羽研究》，厦门大学出版社2015年版，第10页。

② 曹增明：《师生之间是道义关系》，载《艺术摇篮——浙江美术学院六十年》，浙江人民美术出版社1988年版，第54页。

的强调。布德尔雕塑中对体面在不同空间和角度下形成的几何团块结构关系的把握，纵向承接着古希腊雕塑的造型传统，横向又和现代主义画家塞尚、毕加索等人对造型艺术的探索相呼应，这对形式和理论非常敏感的吴大羽来说深有启发，他后来在教学中对“大体”的不断强调——以至于在学生中有了“吴大体”的绰号[①]——其实这并不全然是对一般教学法重视整体观察与理解的提示，实际上其中综合了布德尔雕塑建筑性理论与实践所触及的古代雕塑传统以及体面空间在“象”与“势”上的提炼并由此产生的“力的表现”的审美经验。若联系吴大羽在20世纪30年代民国期刊发表的几件以女人体为母题的油画作品，可见吴大羽对体面结构关系的表达和趣味综合了包括布德尔在内的法国新艺术运动的形式与语言影响（图15）。有意思的是，“大体”作为教学口头禅的情况并不仅仅发生在吴大羽身上，它同样也常常被与布德尔有缘幸会并对布德尔推崇备至的王临乙挂在嘴边，成为学生们对这个上海老师发音为“打滴”的雕塑教学记忆最深的地方。所区别的只是作为“酵母”的布德尔及其学说，在吴大羽和王临乙处发生的实践反应方式和观念拓进程度不太一样。据吴大羽艺术的收藏与研究者李大钧提供给笔者的一份材料，我们可以非常明确地知道，布德尔之于吴大羽的意义，与其说是现代主义语言变革方面“知其然”的引带，还不如说是回到伟大的历史遗产中去“知其所以然”的精神启蒙和感动，吴大羽自己说：

图15 《裸体》吴大羽 布面油彩 曾发表于《艺风》1934年第2卷第3期第10页和《中华月报》1934年第2卷第5期第1页

布尔得尔大师课艺言教，必及亚述、埃及，从罗丹衣钵，上溯远古，会想

① 曹增明：《师生之间是道义关系》，载《艺术摇篮——浙江美术学院六十年》，浙江人民美术出版社1988年版，第52页。

见这位艺术家心眼所宗，把怪力乱神之力，引回道统领域绎义传旨，正是素心在学程上初次遇到的新鲜。①

在20世纪20年代后期和布德尔学习的湖南邵阳人岳仑，是迄今为止唯一一位能够在自述中简明扼要地回顾他在法国的留学以及和布德尔学习雕塑的中国留学生，他说：

1923年在里昂国立美术专门学校，习绘画，练习石膏和人体的素描。同时又在该校雕刻教师普罗斯特Prost私人研究室学雕刻……在普氏制作或修改我的习作的时候，常常站立在他身旁，精心注意的看他用一块一块的泥，对准作物上面贴去；一刀一凿一括一指的，绘刻着轮廓高低的形态，表现着轮廓高低的神气；尤其容易得着制作的方法。这种实习，无形中对于技能增益不少。这种形式，可说是教学艺术必经之道。如此学习了四年，觉稍有所得，对环境就起了不满足的念头……于是就想到巴黎去。巴黎国立美术专门学校，……对于已有相当艺术研究根底的人，不一定是有多大益处……对于巴黎美专，只是羡慕景仰而已。那时艺坛上最著名的艺术家，第一当推布德尔Bourdelle。我本着学书要学魏夫人王右军的意思，一到巴黎就毅然的拜入他的门下。他对我这不远千里而来的东方学生，特别表示好感。迄至留意我朝夕不离的在他那Grande Chaumière研究院里习作，更不时的循循指导。他特有的力的表现——总算能够时常亲赏点，不幸恰一年竟长辞我们艺术同志了！②

按照岳仑的这一说法，可以确知他在1927—1928年间曾追随布德尔学习一年。不过岳仑对于自己是否继续在布德尔的引导下前行另有主张，他认为：

按照力的表现，研究下去而一恐走入单调化，一恐走入力的极端，与个性的发展不无冲突，殊非研究者的好现象。如是乃从以骄艳曲线善长的柏赫

① 李大钧提供给笔者的吴大羽手写文件。

② 岳仑：《最忠实的贡献——献给一般爱好刻雕的同志》，《民众周报》（南京）1931年第184期。

纳 Bernard 师。柏氏与布氏雕刻的表现方法，几乎是相反的。我由刚强方法的训练，骤然的改入柔韧方法的训练，当然感觉得一强烈的给予。工作换了个方式，确自己有把握很愿取两家之长，作我研究方针。而柏氏对于研究艺术的精神，和传授学生的态度，大有“弟子不必不如师，师不必贤于弟子。闻道有先后，术业有专攻”之概，所以柏氏之对我，似乎是朋友化的学生。就这种情形下，习作了一年，对于雕刻研究和讨论，自信得着不少良好效果。……在从师习作的时候，少不了研究其他各家的艺术，如蓝杜斯基 Landowski 锡加 Sigard 等，都是另具风格的艺术家。①

岳仑的留学拜师生活具有中国留学生在法学习转益多师的基本特征，布德尔仅是他贴近取法之一家，并将这一家的雕塑作风和手段概括为一种特有的“力的表现”，但从他的自述以及当时期刊所发表的他的雕塑图片而言，岳仑其实并没有被布德尔的学说和实践所真正感召和追随而去，而是循其个性，自然理解，转益多师，取之所长，只有从部分雕塑图片上，从他那种在造型上比较有意识的整体概括以求体感的浑朴结实上，才能读到布德尔雕塑对他的影响。（图 16、图 17）

在师从普罗斯特、布德尔、柏赫纳之后，岳仑在 1928 年冬季到 1930 年春季埋头于巴黎近郊自己的工作室进行创作，其间制作的人体研究雕塑也曾获选沙龙“最优等名誉奖”一次。之后，岳仑回国并于 1931 年在上海、南京举办岳仑雕刻展览会（在上海举办时曾出版有同名会刊），有学者由此评定岳仑是“民国雕塑个展第一人”②。但有感于雕塑在国内没有发展前途，岳仑又通过关系获得驻意

图16　岳仑在里昂工作室为妻子塑像

① 岳仑：《最忠实的贡献——献给一般爱好刻雕的同志》，《民众周报》（南京）1931 年第 184 期。

② 刘礼宾：《民国雕塑个展第一人——岳仑》，《雕塑》2008 年第 3 期。

大利使馆学习员的身份[①]被派往意大利使馆工作，并曾于1932年由罗马向国内寄出有关《巴黎沙龙，五十周年》的长篇报道[②]。在意期间，岳仑继续雕刻学习，于罗马皇家艺术学院毕业，但鉴于国内并不重视雕塑事业，岳仑毕业未归，仍留在使馆工作。日后岳仑逐渐放弃所学，专职从事外交，在南欧、中东、北非、西亚各国做外交官，直至1984年才作为旅法归侨回国定居。因为很早转行外交和常年身在海外，国内美术界很快就淡忘了他当年曾经在雕塑上的理想和努力。[③]

图17　1931年《民众周报》（南京）图画副刊发表岳仑雕塑作品之一

同样是在1928年跟随布德尔学习的中国留学生还有陈锡钧（1893—1951），有关陈锡钧的海外留学情况，岭南名画家黄少强1940年1月在香港撰写的一篇序里有大体的介绍，据此序并结合陈锡钧子女编撰之介绍文字可知，广东台山人陈锡钧1907年即赴加拿大蒙特利尔，1917—1924年在波士顿美术博物馆学校（Boston Museum School of Fine Art，1876年创建）研习绘画，后感于国内雕塑人才匮乏，续入该校雕塑科随查理斯·格雷夫利（Charles Grafly）等老师学习，直至1928年“以优材毕业，更得学院资派欧洲游学”，“在巴黎Académie de la Grande Chaumière学院，从名雕刻家Bourdelle游，遂为罗丹再传弟子”[④]。其当年遗存至今的一件《女童》铜像，在视觉趣味上大体也反映他经由布德尔对罗

① 《外部周刊》1934年第42期。

② 《南华文艺》1932年第1卷第14期。

③ 本文发表后引起同道关注，其中中央戏剧学院图书馆沈宁先生特别就岳仑的生平履历和在上海、南京举办雕塑展览会的情况，反馈了专文《灯火阑珊觅斯人：民国雕塑家岳仑生平史实钩沉》，对于本文认识和讨论岳仑大有补益，特此致谢。

④ 黄少强：《陈锡钧的雕塑与绘画》，载《陈锡钧雕塑绘画作品集》，西泠印社出版社2011年版，第1页。

图18 陈锡钧和他的雕塑作品《男孩》

图19 《女童》陈锡钧 雕塑 1928年

丹形象塑造经验的汲取。之后又因“思意大利为世界有名雕刻之都”，陈锡钧于1929—1930年入意大利佛罗伦萨美术学院游学，其1929年所作《男孩》石雕像（2008年家属捐赠波士顿美术博物馆学校收藏）更多反映了古希腊雕塑“高贵的单纯，静穆的伟大”给予他的审美触动，当时有评论说：“论质素，这件大理石头像在当世杰作之列。”[①]（图18、图19）1931年，陈锡钧回国，受聘于广州市立美术学校和广东省立勷勤大学，应约为官商政要及其他各界人士创作有不少肖像，比如《孙中山》（1934）、《林德曼将军》（1934）、《赵少昂铜像》（1936）、《天神之后传教女修会会祖》（1936）。这些肖像法度谨严，形神毕肖，与所见王如玖、岳仑创作肖像同处于自然写实的艺术与审美维度，但写实水平更高。

以上所介绍的，只是目前所知曾在大茅屋布德尔雕塑工作室钻研雕塑的几位中国留学生的大致情况。当然，笔者相信出于专门研修之需拜师布德尔的中国留学生当不止这几位，但目前被议论到的其他有名有姓的中国留学生，要么是妄加联系的无稽之谈（如

① 陈伟祥、陈秀华：《家父陈锡钧》，载《陈锡钧雕塑绘画作品集》，西泠印社出版社2011年版，第9页。

潘玉良[①]、常玉和徐悲鸿[②]），要么是语焉不详模棱两可的云里雾里（如江小鹣[③]），要么也是同道猜测尚需调研的一家之言（如郑可[④]），均与笔者做此研究的出发点有距离，故一律搁置不论。而仅就以上所诉四位留学生的基本情况来说，他们与布德尔的教学师承有两点值得注意。第一，布德尔只是他们在法国留学时转益多师的一环，并非唯一的宗法对象，在多方面的艺术接触和比较感悟中，他们对布德尔讨论的由今溯古的雕塑造型原理，布德尔个人的雕塑艺术风格有基本的理解，也会因悟性和需要做出反应和选择。第二，面对这些自有其艺术和审美基础的外国留学生，布德尔主题授课与辅导点评相结合的教学，既能在思想层面引向深广，又能在指导方面导入具体，因而使得不同程度不同需求的外国留学生都受到启蒙或熏陶，或能进乎技者则进乎技，或能得其道者则得其道。显然，从以上亲历布德尔教学的几位受教者日后的创作反应来看，王如玖、岳仑、陈锡钧的雕塑遗作更多的是给人以在19世纪的雕塑传统上进乎技的良好印象，而吴大羽则更多地将布德尔贯通古今的艺术启蒙落实到以现代主义绘画实践起步并走出自己心路的探索。而若联想到布德尔的其他国际学生中既有在纪念碑雕塑方面出新者也有在现代主义雕塑方面开掘者的事实，则既能反映出布德尔作为雕塑教育家成功的一面，也能反衬出雕塑现代性这个问题在中国有另一种发生事实与逻辑。

---

① 1921年赴法的潘玉良，在巴黎留学时期（1923—1925）和布德尔并没有交集，潘玉良开始学习雕塑始于1927年，那时她已离开法国去意大利留学了。董松：《潘玉良艺术年谱》，安徽美术出版社2013年版，第37页。

② 常玉和徐悲鸿在巴黎时确有出入大茅屋画室画人体素描和速写的经历，甚至常玉还认识在此学雕塑的贾科梅蒂，但目前的资料和研究都没有提到他们和布德尔有交集或学习的情况。顾跃：《常玉》，河北教育出版社2007年版，第255页。

③ 1915年从法国归来的江小鹣（1894—1939）曾在《李金发回忆录》中被提及，李金发说江小鹣是在蒙巴纳斯设有雕刻室设备的自由画室"学的一点技术，回到中国去做大师的"，但并未言及更详细的情况。陈厚诚编：《李金发回忆录》，东方出版中心1998年版，第53页。

④ 1929年夏才到巴黎的郑可（1906—1987）有可能是布德尔的学生，这是艺术家黄永玉的猜测。黄永玉：《回忆雕塑家郑可》（代序），载王培波主编《郑可》，生活·读书·新知三联书店出版社2014年版，第3页。

## 五、与布德尔的另一种交集

1929年10月1日，布德尔去世，享年68岁。当时刘海粟（1896—1994）、傅雷、张弦等人正在巴黎等地到处游访，从报纸《法兰西艺术界蒙丧》的报道中获悉布德尔的死讯，不无感叹和失望。原本他们一行是打算去访问布德尔的，结果却获悉噩耗，这尤其让喜欢结交各界名人的刘海粟怆然，他说：

> "英雄崇拜"是人人的共同心理，这尤其是我的旧癖，所以我不讳我的接近大人物。这次我到欧洲顺便也想多瞻仰几个英雄。画家亨利·马蒂斯，保罗·毕加索，安特莱·特朗，亚尔培·裴那，阿孟琼；诗人梵赖利，文学家罗曼·罗兰，雕刻家布尔德尔，都是我预定要见的！但现在布尔德尔在我将要会见他之先，突然死去了，我的心，是如何的怆伤呵！[①]

报上说布德尔的遗体将于3日清晨移至他巴黎的工作室供世人瞻仰，4日就地举行丧仪，5日下葬孟宝拉斯公墓，所以刘海粟一行以及获悉消息的其他中国留学生如刘开渠等都去参加布德尔的丧仪，以瞻仰告别，当然对刘海粟一行来说，这最后一次也是最初一次晤面，所以刘海粟格外虔敬地记录了这最后的拜谒过程，如下：

> 走进院子里，几株大树，也像抵不过风霜那样，一片一片的黄叶不断地飘堕在我们头顶上。再进去数十步，左面就有嵌满玻璃窗的高大乌黑的建筑物象暴露在多年风雨之中。这便是有名的布尔德尔的画室。我望着那一间屋子的一排玻璃窗门时，心里想：布尔德尔不断地创作了许多不朽之作，大概便是在那间屋子吧。正门呢，因为正值下雨，黑到像黄昏；画室里面是点着雪样亮的灯。去参与丧仪的人很多，我们浴着暴雨，立在门外。二个司仪者，穿着墨黑的礼服，泼刺的红脸，头发和胡须是乌黑，很惹人注目。他们次第等待着来宾签字，鱼贯进去。很严肃虔敬地进了门，中间安置着布尔德尔的遗体，四面堆

① 刘海粟：《欧游随笔》，湖南人民出版社1983年版，第64页。

着无数的鲜花和花圈，尤其是后面的花堆到屋顶那样高；两枝三尺长的白蜡置在遗体的左右，幽暗的烛光，在风中抖动，更觉得一种沉忧凄断之色。左面屋角高置着罗丹的雕像，这是他的绝作，下面刻着“我师罗丹”几个字。左面置着一丈高五尺阔的一座浮雕泥塑，是尚未完成的一个大规模的构思。正面一个大作品是一个浑然巨大的幻像，左手直伸出去，肌肉的紧张，技巧的高强，是一种大胆的尝试。四面还有许多许多他最近的作品，因为在那严肃的丧仪的时刻，我们不能走来走去地细看。布尔德尔夫人以及几个亲属，都披着一身黑色丧服，坐在遗体的一边，多数的来宾周围立着，轮流去致敬，去看他的遗容。我也跑到前面去瞻仰，他的脸，粗看像似一个三角形，头顶全秃，前额宽广而突起，两边脑角上还各有一撮全白的头发，一直连到下巴尖的胡须；颧骨很宽，双目深凹，像安睡那样，口是紧闭着。他虽然死了，从他的脸部，却还能显现他性格的深沉和强烈的风采。一生时空的幻变都在这上面遗留着痕迹。

不多久，吊客愈来愈多了，我们站了一小时之久，竟不愿离开这画室，但是时间不早了，我便再三回顾，离开这画室。

布尔德尔死了，一个永向着完美的道上前进的艺者死了。①

布德尔死后，其夫人克里奥佩托拉·塞瓦斯托斯·布德尔（Cléopâtre Sévastos-Bourdelle），一位原籍希腊也是布德尔学生的意志坚韧的女性，不仅为原样保留布德尔生活和工作的工作室努力了 20 年，使之在 1949 年最终成为见证蒙巴纳斯当年艺术繁荣的场所“布德尔博物馆”，而且秉承布德尔之路，弘扬其思想与方法，继续课徒教学，受教于其中者有一位 1936 年毕业于国立北平艺专西画系的青年王熙民（1917—2015）。

王熙民是 1949 年之前最后一批考取公费赴法留学的中国青年，当时的两个艺术名额被他和吴冠中在 1946 年奋勇拼得。王熙民在巴黎高美留学期间拜师穰尼俄（Alfred Auguste Janniot，1889—1969），和他学了差不多两年雕塑。穰尼俄受布德尔的影响，致力于纪念碑和建筑雕塑，他的雕刻作品富有建筑感，较之布德尔更富有装饰感。王熙民说“他的作品和建筑物融合起来，磅礴大气”。此外，王熙民

① 刘海粟：《欧游随笔》，湖南人民出版社 1983 年版，第 65—66 页。

也到布德尔工作室接受布德尔夫人的指导，王熙民回忆说：“那个时候布德尔已经去世，主要是他老婆教我们，老太太对我也很不错，很多布德尔手记上的技法要点她没告诉别人，都告诉我了。我印象特别深刻的是，建筑雕塑要注意六点：（1）立体感；（2）建筑感；（3）雕塑感；（4）力度感；（5）装饰感；（6）现实感。”其中对于建筑感和雕塑感的不同，王熙民的理解是“雕塑感讲究手法，建筑感讲的是方圆，讲的是各种基本形式的组合”[①]。由中可见，布德尔去世20年后，原先在他雕塑实践中探索的建筑性问题以及由此积累起来的理论认识和艺术经验已经被他的追随者从实践和教学两方面予以发展和总结，形成富有风格学意义的技术要领并加以传播。因此，布德尔虽然死了，但王熙民通过布德尔的学生和遗孀实现了和布德尔的交集，不过这已另有一番教学意义。想当初，来自世界各地的艺术青年到大茅屋追随布德尔学习雕塑艺术，现而今学习的则是布德尔的雕塑艺术，是风格化的布德尔语言，是总结后的布德尔技法，王熙民因此也成为所知中国留学生中最易从风格上辨识与布德尔、穰尼俄一脉有师承关系的人，其中最直接的例证就是1959年他参加全国农业展览馆《庆丰收》（又名《人民公社万岁》）雕塑创作时对骏马的塑造，对于这组把汉代奔马风格和布德尔、穰尼俄一脉相承的影响有机结合起来的骏马雕塑实践，雕塑界和王熙民个人一直都非常满意[②]。（图20）

图20 《庆丰收》鲁迅美术学院雕塑系集体创作 1959年 全国农业展览馆

① 王梦佳、王熙民：《艺术人生　无我即圣——王熙民先生访谈》，《雕塑》2011年第4期。

② 《庆丰收组雕访谈》，载邵大箴主编《万山红遍——新中国美术60年访谈录1949—2009》，人民美术出版社2009年版，第158—159页。

# 六、中国留学生对布德尔的评介

前面在第二节中说过，1928 年，布德尔还健在的时候，李金发就撰写了长篇文章《卜德尔的雕刻》，发表在自己主编的《美育杂志》第 2 期上，该文涉论范围包括布德尔的雕塑、文学和教育，由此拉开国内译介布德尔其人其艺的序幕。

1929 年布德尔去世后，参加葬仪的刘海粟、刘开渠分别写有《蒲台尔之死》《朴荷特尔》，其中刘开渠《朴荷特尔》在 1930 年发表于《东方杂志》第 27 卷第 5 期，刘海粟《蒲台尔之死》被辑入他的《欧游随笔》，在 1935 年由上海中华书局出版，这两篇文章都是既叙葬仪过程也兼及对布德尔雕塑艺术的评论。

1934 年，郎鲁逊分别在《美术杂志》第 2 期和《中华月报》第 2 卷第 3 期发表《法国现代雕刻论》和《廿世纪法国雕刻名家评传》，其中都专辟小节讨论布德尔。这两篇文章虽是署名文章，但主要出于编译。同样是在 30 年代，王子云写了不少在欧洲的考察和观感文字，其中《20 世纪的法国雕塑》一篇也简要论及布德尔，1992 年，这些文字由陕西人民美术出版社结集出版为《从长安到雅典——中外美术考古游记》中的一册，公之于世。

1949 年前“最后”谈论布德尔的是熊秉明，他有写日记的习惯，那时他关注的重点是罗丹，自然由此也引带出对布德尔的议论，从他以罗丹为线索整理出来的 1947—1951 年的日记中，仅仅在标题中直接显示布德尔题名的就有《德斯比欧、布德尔、迈约尔》（1948 年 2 月 28 日）、《布德尔美术馆》（1948 年 6 月 13 日）、《罗丹和布德尔》（1948 年 11 月 20 日）、《布德尔的“雕刻和罗丹”》（1949 年 11 月 20 日）等。这些日记后来辑为《关于罗丹——日记择抄》，先后在 1983 年、1987 年由台湾雄狮图书股份有限公司和湖南美术出版社出版发行。

从上述 20 年的译介和评论来看，民国时期留学生对布德尔雕塑艺术既有大体相近的看法，也有一些个人的议论，以下仅从大的方面略加梳理。

## （一）“罗丹以后一人”——中国留学生对布德尔的历史定位

中国留学生对布德尔的历史定位深受法国艺术界的影响。

1928 年最早在中国期刊评论布德尔的李金发在其《卜德尔的雕刻》开篇即

称："罗丹以后一人，这个荣衔，渐渐加到卜德尔身上去了。"[①] 这当然不是李金发一个人的发现。1929—1931 年曾欧游的刘海粟就不无感慨地说："'罗丹以后的法兰西第一人''欧洲现代雕刻界的柱石'，凡是到过欧洲的人，无论是谁，总要这样说的。"[②] 显而易见，总是这样说的根本原因是法国主流评论就这样说，否则初来乍到没多久的中国留学生不会有如此印象。

此后，留学生在这种影响逻辑下的"进一步认识"就特别多，特别是从带有美术史的归总意义上说起的时候。像郎鲁逊将罗丹、布德尔、马约尔并列为区别于官学派的独立派雕塑家进行介绍[③]，并且说"罗丹只为官学派艺术的劲敌"，而布德尔是"压倒官学艺术造成新派艺术独当一面的未有之局"[④] 的雕塑家，给予了布德尔更高的历史评价。而王子云把布德尔、德斯比欧、马约尔视为反映当时精神的艺术家一体评述时，也更突出布德尔，他说这三位艺术家"都曾做过大雕塑家罗丹工作室的助手，但个人却另有创造和独特成就，尤以勃尔德尔更为突出。勃尔德尔的雕刻，在造型风格和技法上，最能反映时代精神而且和同时代的绘画是一致的"[⑤]。显然，诸如将布德尔纳入官学派与独立派的区分逻辑、独立派或时代精神的代表名家的确认逻辑里加以定位，都不是留学生们的独创性研究，而是他们在学习中的搬移，所谓"拿来主义"而已。而在这种对外知识学习的"拿来主义"过程中，置身法兰西的中国留学生对于艺术家的基本定位也不可能都是在"本本主义"地背书，理论知识上的学习和耳濡目染的感受其实总是在交互中进行，像熊秉明在议论布德尔、德斯比欧、马约尔时就有更多视觉化的情绪与感受，他说："18 世纪末、19 世纪初，法国出现了狂飙气质的布德尔，同时也出现了描写女性的典丽的德斯比欧，描写女性的丰实浑厚的迈约尔，这正说明法国人一时创造力的充沛吧。"[⑥]

---

① 金发：《卜德尔的雕刻》，《美育杂志》1928 年第 2 期。
② 刘海粟：《欧游随笔》，湖南人民出版社 1983 年版，第 63 页。
③ 郎鲁逊：《廿世纪法国雕刻名家评传》，《中华月报》1934 年第 2 卷第 3 期。
④ 郎鲁逊：《法国现代雕刻论》，《美术杂志》1934 年第 2 期。
⑤ 王子云：《从长安到雅典——中外美术考古游记》（下册），岳麓书社 2005 年版，第 482 页。
⑥ 熊秉明：《关于罗丹：日记择抄》，湖南美术出版社 1987 年版，第 30 页。

## （二）“这是两种不同的雕刻风格”——中国留学生对布德尔与罗丹的比较

中国留学生对布德尔的理解基本是以罗丹为前提在比较中展开的，当然这主要是由罗丹、布德尔师徒在法国雕塑现代进程中扮演的角色和产生的作用所决定的，而在这种比较过程中，他们也时不时地“采摘”所触及的法国艺术评论，以支撑和丰富这种比较的正当性和合理性。

李金发在介绍布德尔生平时曾提到，布德尔在“第一日就觉得他的意见不能与罗丹一致，他说：‘我帮助他完成许多工作之后，我发现了大师的秘密，我不能承认是罗丹的门人，我一切的想象都同他工作的法则相反’”。就此，李金发赞同性地编译法国评论家的说法作为自己的观点，他说布德尔“虽然是罗丹的门徒，但作品上没有 Lyrismerodinien（罗丹抒情主义）的痕迹”，而是“将雕刻建筑装饰和合在一处，而另成一世界”，“虽然现代雕刻作风如是复杂，然各自寻求建筑化的创造则一，有几个大师好像努力在那里寻求欧洲千百年前的伟大，将雕刻重归于建筑化，卜德尔是其中之一人”[①]。

李金发开篇就重视的布德尔雕塑建筑性实践问题在其他留学生的评论里也时有反映，比如郎鲁逊也说：

> （布德尔）是完成建筑与雕刻合一的新形式使命的作家，而给装饰艺术有一种新的恰当的用途，不论雕刻（浮雕）和绘画（壁画）的饰物，蒲氏在设计时，早已通盘筹措，在章法、地位、构图，都与建筑雕刻和谐而平衡，不若过去雕刻建筑和装饰美术，在中间没有一种联系的关系，所以分开来看，都是杰作，但在全部的组合上，都是失败的。蒲氏致力的，就是这种缺点的挽救，现在雕刻与建筑合一的新趋势，已影响到整个的欧洲的艺坛，而终获得世界的成功。他于绘画粉画装饰艺术均富有研究，而被尊为二十世纪世界最大的雕刻建筑家。[②]

但是，布德尔所引领的这种区别于罗丹的雕塑建筑化的学说与实践倾向，对

① 金发：《卜德尔的雕刻》，《美育杂志》1928 年第 2 期。
② 郎鲁逊：《法国现代雕刻论》，《美术杂志》1934 年第 2 期。

当时的中国留学生来说——他们普遍是到了法国后才在巴黎的博物馆里开始慢慢建立起对东西方雕塑艺术的知识——有如天外回响，他们只能带着一双朴素的求知之耳去“强”听，朴素的求知之眼去“硬”看，逐渐在艺术启蒙中、在罗丹与布德尔的比较中理解着和议论着这种艺术运动的新趋向。

比如，刘开渠觉得罗丹的作品“很浪漫派印象派，可说完全是一种‘情’的披露、发泄、激扬，他对于形式不大注意，也可说他益反向来要在形式上做出美的传统办法，只是大刀阔斧地在大理石上在泥上做出血肉的颤动，情感的激扬波动。……朴荷特尔却与罗丹相反，他在扩大的形式、极单纯的线条刀痕下，爆发出人类的生命，一种欲望，卓绝坚强苦斗的力量”。刘开渠赞赏并给予这种力量以自己的解释说：“近代的文艺、美术，我觉得走到了一种纤小、零碎的路上去了。自然、瞬间的情感固可为文艺、美术的生命，但倘在这后边再加上一番意匠、思想，我想当更有力量，更为超于时间。朴荷特尔的作品，在我觉得，他既捕捉着了人类的情感，同时和进了他的思想、组织，于是产生了他的这种力量，这不可抵抗的表现精神。这绝不是瞬时的感应，这绝不是一闪而亡的那一点微小的感情所能做到的。这种有力的表现，或许是对这一时代的一个反动，给来世开一新路也未可知。”[①] 注重雕塑的思想内涵，抵近超越瞬间的、时间的某种永恒的精神，这一通过感受布德尔雕塑获得的纪念碑性的思想认识，从此成为刘开渠雕塑自觉追求的一方面。

相对于刘开渠在情感、形式与思想方面对罗丹和布德尔的比较，刘海粟在大体趋近的认识里更明确地谈及布德尔“超脱到建筑化的倾向，正是避免印象派萎靡的弊病，而这正为罗丹其他的学生所共犯的。……他的许多生徒们，只想把自己诡怪化、奇特化，于是便犯了这些重大的毛病：徒然改变了形式，而实质上却是一无所有；就是雕刻的材料的研究，也绝对忽略了。这些衰颓的现象，激起布尔德尔追怀到邃古文明的永久性。他从米开朗琪罗而悟到：雕刻家的事业，并不在于雕琢一个漂亮的外表，而在于把庄严有力的形式从粗粝的顽石中创造出来。因此，在长久的思索探求之后，布尔德尔终于得到了新的发见。他极精心地注意雕刻的材料，而又不囿于材料；在追求表现的新形式中，同时在谨慎地避免它的

① 刘开渠：《朴荷特尔》，《东方杂志》1930 年第 27 卷第 5 期。

危险”。进而刘海粟具体引用了罗丹对布德尔的评价，以认识布德尔在形式方面的理性致力。罗丹这样评论说：“布尔德尔是在不断的推论中，寻求‘真实’，得了新的，便弃了旧的，从没有迟疑与后悔。他的作品是非常地理性的，每一个细微之处，都有它存在的理由。在全体中有重要的价值，一点也没有偶然的发见，也绝无重复，更无生硬的部分。他的线条是谨严而沉着，并非因为他的天才贫乏之故，却是他综合的必然的结果。”①

以上中国留学生谈到的看法基本不出法国艺评视野。这一点从 1948 年在法国的熊秉明买到的一本有关布德尔的书可以证实。

> 作者是亨利·雨固 Henri HugauIt，附题是“传统与革命”。书的第一章便比较了罗丹和布德尔两人的风格。
>
> 罗丹要表现的是情感，属于浪漫主义的。在方法上是分析的、捏塑的，追求外形的起伏变化。
>
> 布德尔表现了“永恒的美的超个人特质”L’impersonnalité du beau éternel，在方法上是综合的、建造的，追求形体的内在结构。
>
> 作者认为罗丹作品所缺少的是“建筑性”，所以他的雨果、巴尔扎克、加来市民……都缺少“纪念碑性”的特质。在这意义上布德尔比罗丹跨前了一步。②

不过，正如熊秉明所讲的，他——其实其他中国留学生也一样——不会“因此说布德尔比罗丹更高一筹，这是两种不同的雕刻风格”③。但从熊秉明的日记中可以发现，他和之前的中国留学生有所不同的是，他意识到：

> 罗丹的雕刻太多内省成分，有了太多的内省，就妨碍行动的勇猛，他的“沉思者”被内心的矛盾冲突、忧虑惶恐所纠缠牵绊，终于坐定在那里，不再能站起来。布德尔的英雄是闻鸡起舞，勇往直前的人物。他的雕刻追求建筑

① 刘海粟：《欧游随笔》，湖南人民出版社 1983 年版，第 67—68 页。
② 熊秉明：《关于罗丹：日记择抄》，湖南美术出版社 1987 年版，第 87—88 页。
③ 熊秉明：《关于罗丹：日记择抄》，湖南美术出版社 1987 年版，第 88 页。

> 性，立在阳光里，经得起风吹雨打，雕刻面没有太多太深的陷入，结果他制作出来的脸型都接近蒙古种：颧骨高、颚骨阔、眼睛不窝下去，整个头形方敦敦，象一座顽强的城堡。有人以为中国人的面型缺少起伏，不如西方人美，在布德尔看来恰相反，西方人的面型坑坑洼洼，招引阴影，受风受雨，没有浑成的严整。从他早期的阿波罗像，到后来阿根廷阿尔维亚将军纪念碑上的四个巨人都似乎刻划了东方人的特征。我青年时代所醉心的昆明的马锅头的面型很接近他的阿波罗。看到他的阿波罗，使我预感到塑造中国人面貌时的快乐，那面型我熟悉极了，那上面的起伏，是我从小徜徉游乐其间的山丘平野，我简直可以闭着眼睛在那里奔驰跳蹦，而不至于跌仆。①

在这里，熊秉明开始试图以东方的、中国的生活经验和审美经验去比附和理解布德尔雕塑建筑性的实践，试图在法国艺术评论的视野之外另辟蹊径，这种意识在此前的中国留学生评论中是没有出现过的。

### （三）“我不能完全满足于布德尔”——中国留学生对布德尔雕塑不足之处的议论

中国留学生对布德尔雕塑的不满足总体上反映得较少。准确地说，他们所表达的多是艺术史学习后的知识收获，或者是置身海外的艺术体会，并非具有主体价值判断的艺术批评，加之布德尔与他们“同在此山中”的历史特殊性，使得虽然近距离但留学期不过几年的中国留学生对布德尔雕塑及其指示方向的辨析和批评意识并不鲜明。其中有些议论，不知果真是其个人的看法，还是抄译法国人的观点走偏，总让人觉得突兀和莫名。比如郎鲁逊曾经不承前也不搭后地冒出过一句，说布德尔的全部作品里，“有一种横溢深隽的文学的描写，每一作品，好似一部文学的作品，而反失了艺术的本质”。布德尔对文学有深刻的嗜好，这一点在有同样嗜好的李金发的文章里曾经有不少的篇幅议论，但无论如何，说布德尔所有的作品都因文学性的深隽而损失了艺术本质的看法都让人觉得匪夷所思。

在目前能看到的议论里，只有熊秉明在1948年的识见具有一些批评色彩，也

① 熊秉明：《关于罗丹：日记择抄》，湖南美术出版社1987年版，第90页。

体现出相对辩证的认识。在和罗丹的比对中，熊秉明觉得布德尔的作品有粗犷之美，荡漾弥漫着原始的野性的强力，但“有时不免显得过于粗暴”[①]，同时觉得“布德尔的作品，久看总觉得情调单纯。罗丹的作品变化丰富得多，雄浑中也有细腻，豪放中也有缜密。初看，使人震惊，再次去看，仍给人以新的发现。我不能完全满足于布德尔，但是觉得那雄动剽悍的风格值得介绍到中国去”[②]。

## 七、余论

熊秉明 1948 年的愿望——把布德尔介绍到中国去——迟至 2008 年才得以在清华大学艺术博物馆落地实现。但相对于 1993 年布德尔的老师罗丹的艺术大展落地京沪时的展览盛况和业界反应，布德尔这一回在北京的“旅行”可以用平静来形容。从客观上说，布德尔在中国的知名度和号召力确实不能和罗丹相提并论，但这并非布德尔此行遭遇不温不火反应的根本原因。假若布德尔的展览也在 20 世纪八九十年代登陆中国美术馆，并像如今媒体宣发以罗丹的学生、贾科梅蒂的老师这样招人耳目的身份，相信会别有一番引人入胜的境况。因此根本的不是知名度与号召力的问题——虽然我们必须承认这一点——而是中国在倡导思想解放和改革开放 40 年后，有关艺术的问题情境和问答关系发生了深刻的变化所致。在这种封闭走向开放，单一走向多元，官方权利和民间资本都在发挥作用、古典与现代的精英价值被重新理解的深刻变化中，对罗丹、布德尔这一脉所代表的法国现代雕塑之变的历史发掘、经验利用和价值参鉴，其实是一个越来越需要历史思维和国际眼光的问题。而即便是在雕塑界，能自觉有感于这个话题，真正关注布德尔雕塑以及他所强调的雕塑建筑性问题之于中国现代雕塑的价值意义和经验转换的人，也非多数。我们当下面对的雕塑现代性问题既纠结又现实，而我们走过的现代雕塑之路既短促又泥泞，累积的基础和经验都还十分薄弱，特别是在雕塑教学方面。因此，继续补课充实，加强基础研究，深入学理研讨，依旧是我们发展雕塑事业的当务之急。

---

① 熊秉明：《关于罗丹：日记择抄》，湖南美术出版社 1987 年版，第 30 页。

② 同上，第 66 页。

# 以柏林和巴黎为“战场”的又一次角逐

## ——20世纪30年代刘海粟、徐悲鸿的赴欧巡展

华天雪

中国艺术研究院美术研究所

**摘　要：** 20世纪30年代刘海粟和徐悲鸿曾分别赴欧举办中国现代绘画巡展，这两次巡展从动议、筹备、成行、性质到巡展地、巡展规模、巡展数量以及所构成的影响等，均有重叠或相似之处，围绕这两次展览的各种信息长期以来较为混杂，本文尝试厘清各自的脉络、特点和二者的内在关联。这两次展览是中国首次主动且成规模地向外输出当代中国画，对扭转西人“只知中国古代，不知中国现代”或对于东方“只知有日本，不知有中国”的认知，有较大作用，再加上围绕展览的诸多沟通与交流，增大了中外文化碰撞的维度，是中西文化相互启发和补充的珍贵经历，其美术史意义不容忽视。

**关键词：** 赴欧巡展　刘海粟　徐悲鸿　里昂中法大学　“中德展”　“中法展”

## 小　绪

在20世纪中国美术史上，从画家“交恶”的角度说，恐怕没有例子比得过刘海粟与徐悲鸿之间的公开与激烈了！有意思的是，二人有不少共同点，诸如年龄相近；美术思想均成长于“五四”前后的精神文化环境中；均不同程度地学习过传统中国画，又均留学或游学过日本及欧洲；均受到过康有为与蔡元培的提携和扶持，乃至在他们的创作和教学中均含纳康氏“合中西而为画学新纪元”以及

蔡氏“兼容并包”的因素；均是艺兼中西的；均热心并终生致力于新式美术教育，且成绩斐然，均属20世纪最重要美术教育家之列；均注重美术理论，重视从理论的角度为自己的教学和创作找到合理的依据；均具领袖气质，均不属于甘于寂寞探索的艺术家；性格均有不同程度的激烈和张扬特征，以及均擅交际等等。这些共同点常令他们逃不掉“交集”，而每有“交集”，又常演变为“事件”，如果套用一个中国历史典故的话，无非“既生瑜何生亮”了——并非仇人，确系冤家！

从1931年9月18日刘海粟欧游返国，到1935年7月刘氏赴欧巡展归国，这三四年间，徐刘二人纠缠、较劲于赴欧巡展一事——因为较劲而一分为二，分道扬镳，将一趟巡展变作两趟，更为争“首次”之名而争先恐后。于徐刘，功夫不负有心人，辛苦的同时，更大程度地名扬海内外，都不曾被辜负；于国家，增加了一次对外宣传的机会，乐享其成；于美术史，增添了不少中外美术交流的线索和内容；于我们，在观赏这份“热闹”的同时，徒增不少考证工作，有所得，亦有所担负，是后人之于前人的宿命吧。

这两个巡展无论筹备经过、巡展时间、巡展地还是参展画家等，较多重叠、交叉部分，因此较为混乱，始终欠缺梳理。具体地说，徐悲鸿于1933年1月28日离沪乘船赴法举办欧洲巡展，1934年8月17日乘船返抵上海，历时一年半余；刘海粟于1933年11月13日离沪乘船赴德举办欧洲巡展，1935年7月初返沪，历时约一年八个月。大致说来，除了时间相错约一年之外，二人赴欧时长差不多，赴欧目的相同，展览规模类似，各地媒体关注度和评价相近，巡展地数量相近且有部分重叠，总之，像这样密集地远赴欧洲举办几乎同等规模、同等类型（近现代中国画）的展览，在民国美术史上实属唯一，极为惹眼。

我们发现，民国时期包括美术留学在内的对外学习和交流等情况，由于交通和语言的不便，涉及人员的繁杂、分散，讯息传达之欠畅通，以及资讯传递方式的较为单一和难以保存等原因，始终难以让我们把握到一个基本的“轮廓”。笔者在资料搜集中发现，从英、法、德等国的“外”围式寻找，即以从“外”向“内”为思路的寻找，堪比只鳞片爪，凤毛麟角，收获甚微；而以民国报刊为主，由“内”向“外”的寻找，则有相对丰富得多的收获——或许是敝帚自珍的道理吧，对于“走出去”的人物或事件，中国本国往往比“出走地”的外国要关注和看重得多，有些报道甚至是详尽的。尽管报刊报道存在不同程度的偏差，存在立场有别，导向有所偏向等情况，但子虚乌有或大比例失真的情况应少之又少，基本属于较具参考价值的史料（当然需要考证之处亦实有不少），或者至少有作为线索的价值。本文将尝试以这些报刊资料为线索，再尽可能参考其他文献，对一直以来较为“混乱”的徐刘20世纪30年代赴欧办展的情况，做一番厘清。

为使条理更为清晰，本文拟采取分头梳理的方式。虽然刘海粟赴欧晚于徐悲鸿，但其动议和筹备工作均早于徐，故先刘后徐。因刘海粟巡展的首展和重头戏在柏林，故简称“中德展”，同理，徐悲鸿的巡展简称“中法展”，以便于叙述。

## 上篇：有心栽花花不开，无心插柳柳成荫——刘海粟的“中德展”

### 一、追溯与缘起

1934年的“中德展”，虽然是两国政府主办，但中国一方，自始至终都与刘海粟有着密切关联，因此不妨称之为“刘海粟的中德展”，而他与“中德展”之关联似可追溯至其1929年的游欧。

在蔡元培的帮助下，刘海粟1929年之游欧，为教育部派遣考察欧西艺术，任务是考察欧洲美术教育和推动中西艺术交流与互动，政府考察员身份不仅为其游欧提供了充足的资金保障，更为其与欧洲艺坛之公私交际提供了更好的平台以及促成交流活动的更多可能性。不难推想，本就在人际交往方面长袖善舞的刘氏，将会充分利用这一机会，于公于私双面兼得吧。

教育部对刘氏的这类委派早在1926年即有一次，据1926年9月23日《晨报》之《刘海粟已筹备赴日》：“教育部特派刘海粟前赴日本欧美各国考察美术教育一节，已志前报。昨刘氏电复教育部，原电如下：北京教育部总次长钧鉴：九月十日奉大部一二九令内开，派刘海粟前赴日本欧美考察美术教育事宜等因，奉此，遵即筹备出国，一俟部绪妥定，再行呈报，猥以菲才，遥膺使命，骀驽任重，陨越堪虞，尚希指示一切，俾有遵循，先电肃复云云。”又据1926年9月17日《晨报》之《刘海粟下月来京》：“刘海粟日前奉教育部令，赴欧美日本各国考察美术事宜，闻刘氏将于一月后入京接洽筹划经费云。”事实上，此次考察任务得以及时落实的唯赴日考察，有 1926 年 10 月 7 日刘海粟以“考察日本美术教育团”名义，具函日本驻上海总领事矢田七太郎，商谈将组织艺术考察团赴日事宜之公函，具言此行目的为三：考察日本美术教育现行设施及发展因素；联络日本美术界，共商发展两国美术教育之计；鉴于日本外务省对华文化事业举措，拟通过考察促进如中日联合展览之改进及中日美术馆之建设等。该考察团成员包括教育部特派前赴日本欧美各国考察美术教育专使刘海粟，中华教育改进社美育组代表潘天授、谢公展，天马会代表王济远、张辰伯，江苏省教育会美术研究会代表俞寄凡、王瑾，艺术学会代表汪亚尘、朱增钧，以及江苏省派委员滕固、唐蕴玉等①。从 1926 年到 1929 年，经历了从北洋政府到国民政府的权力交替，此多个团体的多人考察项目在赴日考察后搁浅，但针对刘海粟个人的委派却得以延续。

在一再延迟之后，刘氏终于 1929 年 2 月 9 日（阴历戊辰除夕）晨，偕夫人张韵士与长子刘虎乘法国邮船离沪赴法，一路经埃及金字塔、马赛等，于 3 月 16 日抵达巴黎。

初来乍到的刘海粟，一方面立刻被巴黎艺坛包容世界的自由氛围所吸引，敏感于各种新思潮的争奇斗艳，兴奋于各国美术展览的竞相登场；一方面其官派身份和领袖气质也令巴黎华人艺坛一时聚集起来，短时间内形成跃跃欲试地共图事业的气氛。刘氏很快进入自己“公派”角色，积极于社团的创立，以及以社团为依托推进中法美术作品交换展览等事项，诸如：

（1）成立中华留法艺术协会：因有感于当年春季各国均在巴黎举行美术展览会，其中尤使人注目者为日本之两展览会：一以日本留法美术家协会名义行之，一以日本政府名义行之，宣传方面更以代表东方美术自居，乃至“国际间几公认日本为东方文化之代表，夫以五千年文化之吾国，反寂然无闻。同人目击耳闻，未有不感慨奋起者”，是故刘氏等倡议仿效日本而成立中华留法艺术协会。该会于本年 3 月 31 日召开第一次筹备会，集合了刘海粟、范年、常玉、杨秀涛、张弦、汪亚尘、汪日章、庞薰琹、司徒乔、吴恒勤、陆鼎萱、颜文樑、柳演人及陈国芳

---

① 沈宁：《滕固年谱长编》，上海书画出版社 2019 年版，第 155—156 页。

等40余位旅法研究美术同志[①]，一方面宣扬中国固有艺术，一方面研究现代新兴美术，拟组织画室，每年举行展览会，切磋技艺的同时，"对外发展"[②]云云。

（2）据刘海粟1929年5月1日致教育部长蒋梦麟函，在其旅法之初，在赞叹以卢浮宫为代表的法国美术馆、博物馆丰富收藏之余，曾组织十余位旅法画家每日下午赴卢浮宫等博物馆，分别临摹文艺复兴以来名作，他自己当时正在临摹的是德拉克洛瓦取材于但丁《神曲》的巨幅油画《但丁与维吉尔》，并设想经此两三年的努力，可得百余件作品，"俾备将来教育部开办国立美术馆之用（美术史代表作品，每一家至多不出五张，虽有巨金，无可购买，唯有临摹之一途，故各国派人来此摹画者至多）"[③]。当然，这个愿景不是靠群情激昂的一时兴起就能够坚持下去的，至于收获如何，进展到何种程度而不了了之的，既少见资料，又难以考证。

（3）据徐志摩1929年8月22日复刘海粟函，有"设艺术院事亦曾谈到，但老蔡[④]笑笑说：这怕一时不易办到吧！杏佛[⑤]也是赞助有余，热心不足。我看事情只可一件件来，先做成了展览，替国家争些体面，再来进行第二件事，较为妥当些。艺院事一时不谈也罢"等语。可见，刘氏在刚到巴黎时期还曾致函蔡元培提出过建立艺术院的建议，当时所陈具体详情已不可得知，但在其回国后所撰《东归后告国人书》[⑥]之"国家美术院之设立"[⑦]一节中，可以知其大要，想必基本构想应无大的出入。刘氏参照法、英、德（普鲁士美术院）、比、日（帝国美术院）等国皆有国立美术院之设置，更鉴于此机构对于一国美术发展之重要性，而有创建中国的国家美术院之倡议，即选著名学者及艺术家为委员，"策划艺术教育及艺术社会设施之方针，备国家关于艺术上之咨询，研究美术学校、音乐学校、博物馆所有之提议，主持国家定期美术展览会以及美术奖励兴废事项"等，便于整体规

---

① 《时报》1929年4月24日。

② 《办理中法交展览会——致蒋梦麟部长函》，《申报》1929年6月17日。

③ 《办理中法交展览会——致蒋梦麟部长函》，《申报》1929年6月17日。

④ 指蔡元培，此时为中央研究院院长。

⑤ 指杨杏佛，此时为中央研究院副院长。

⑥ 该文最早以《刘海粟归国后报告教育部书》为题，连载于1931年10月17日、20—23日的《申报》，后收录于刘海粟著《欧游随笔》，题目改为《东归后告国人书》，中华书局1935年版。

⑦ 艺术院与美术院之称谓所指相同。

划一国美术发展，有章可循，不为一己之意所左右，避免随意性，即便经济不充，亦可罗致人才，集中智力，主动计划，有望取得事半功倍之效，所谓“少许之经济亦可成多量之事业”！这在“文化之落后”的中国，尤为迫切，所谓以“艺术设施主脑国家美术院亦为吾国目前急欲举办之一主要机关”，而“若因噎而废食，则中国文化之落后，永无日以自振也”！提议是个好提议，但与其所援例的那些国家相比，中国有着截然不同的国情，对于此类理想化的书生意气，蔡元培只有“笑笑”。在《东归后告国人书》文中，还有“博物馆之整理与建立”及“美术学校学制之改善”等，类似的建议或想法，凡留学者大多都会有，而“慷慨激昂”地做长篇条陈者，刘海粟之外，较突出的就是徐悲鸿了[①]——对于二人总是“英雄所见略同”，有意无意地“被关联”，不禁令人哑然失笑。

（4）倡议在巴黎举办中国现代美术展览：拟乘国内刚刚举办的全国第一次美展之东风，选其中一二百件“特殊作品”运法，与旅法画家作品一起，由使馆主持在巴黎举行展览会，以增进欧人对中国现代艺术之了解，所谓“宣扬文化，莫善于此”[②]。这在当时的确是个好机会，可以省却征集作品的周期，容易短时间内实现，是刘氏“借力打力”行为作风的很好体现。为此，刚刚成立的中华留法艺术协会于 1929 年 5 月 10 日，在驻法公使馆召开全体会议，一致议决于半年之后，即当年 11 月，在巴黎举行中华民国美术展览会，推高鲁（曙青）[③]、刘海粟、汪亚尘、方君璧、张弦、范年等 12 人为筹备委员，积极讨论多次，并拟定组织大纲，会场拟由高公使向法政府借位于巴黎协和广场的堡姆美术馆[④] Galerie nationale du Jeu de Paume（此前瑞典、日本诸国之美术展览会举办之地），有意思的是，刘氏的此次接洽没能实现，几年后徐悲鸿的巡展却是从这里开始的，这是后话了。此

---

① 如徐悲鸿撰于 1927 年之《艺院建设计划》等，参见王震编《徐悲鸿文集》，上海画报出版社 2005 年版，第 17—18 页。

② 《办理中法交展览会——致蒋梦麟部长函》，《申报》1929 年 6 月 17 日。

③ 高鲁（1877—1947），字曙青，福州长乐人。1905 年留学于布鲁塞尔大学工科，后获博士学位。1909 年追随孙中山，1911 年回国，辛亥革命后任中央观象台首任台长。1918 年赴欧任留欧学生监督。1921 年回国仍任旧职。1928 年任中央研究院天文研究所所长。1929 年任驻法公使。1931 年回国相继任监察院监察委员、闽浙监察使等职。

④ 本文所涉外国人名、地名等，在当时国内报刊中常见多种译法，本文取其一作为统一，故多有与原文不符者，不一一注释。

展后拟与法方商议交换展览事宜，一方面选中国现代美术品运法展览，一方面选择法国现代名作运华展览，每年交换一次，将不仅是两国美术界之幸事，更将大大提升中国文化之国际地位。为此，该会致函中国政府文化基金会，请求资金支持，该函一方面以日本为例，条陈其迫切性；一方面以“以少数之经费，而肇文化之新光，故期以必成”为大好展望，用词极为恳切。这一愿景虽然未能当即实现，但以展览方式沟通中西、互相借鉴的方向得以进一步明确。而上述种种热烈之进展均是在刘氏赴欧几个月间所作为的，不得不说，刘氏于组织力、号召力、感染力等方面确实突出，他行动力强，领悟能力好，点子多，深谙借力打力之道，善于聚集人众，擅长兴“大事”，所以，中德展[①]之于刘海粟绝非仅仅靠运气“等”来的好机会，看作偶然中之必然比较恰当，而这个几年之后的“中德展”，又是大可溯源于此次小试牛刀、胎死腹中的中法展的。[②]

刘氏之所以在海外拟在中国现代画展方面有所努力，当然是一因其所长；二因西人对于中国美术，所谓“中国前代艺术之价值，外人知之已稔，论及东方艺术，必推中国为巨擘，此早成定论矣”，由此形成只知有中国古代不知有中国现代的状况；三因日本在欧洲宣传并得到欧洲追捧的以其浮世绘之后的近现代作品为突出，使得欧洲艺坛对于东方艺术的认知，“只知有日本，而不知有中国也”[③]。在前述致蒋梦麟函中，刘氏在阐述了中法交换展览的必要性后，更有“其思路及旅法同仁之所为，均有感于巴黎对世界各国文化的聚集力，以及承袭中国艺术之‘皮相’的日本，因政府宣传甚力，以每年不断交换展览的方式，俨然为欧人眼中东方艺术之代表的刺激”，因此，“交展览会一事，实为当务之急，请即断然实行”等语[④]。显然，“日本”是一个极大的直观刺激因素，实际上自刘氏旅欧以来，每遇“日本”，便大发议论，如1929年6月20日下午参观日本美术展览会，较诸受益我国文化之日本美术横行于欧陆，而我国美术却因历来政府不重视，寂然无声息于他方，再次怃然不平，这是对前述办展提议受挫的感叹吧[⑤]；1930年6月1

① 本文代指1934年1月在德国柏林举办的中国美术展览会，以下同。

② 参考《巴黎举行中国美术展览会之先声》，《申报》1929年9月4日。

③ 刘海粟：《东归后告国人书》，《刘海粟艺术文选》，上海人民美术出版社1987年版，第137页。

④ 参考《办理中法交展览会——致蒋梦麟部长函》，《申报》1929年6月17日。

⑤ 参考《尚若丽遂》，《申报》1929年8月9日。

日游罗马，又“遭遇”日本美术展览会，于是“率然走进去，略略游览一遍”，对于“浅薄惹厌，表面的美丽，轻浮的态度，似那漂浮在春天的野花上的蝴蝶一样”的日本画作，却能因其诚恳且令人佩服的创作和宣传态度，“以对外宣传文化而抬高国际地位，而摆着所谓世界五大强国之一的架子，每年他们在巴黎开会、伦敦开会终是这样十二分的夸张”，使得受骗了的欧洲人，“终是推举日本人来做着东方的代表”，而回顾国人，连这点“小能干小伶俐都没有，根本也不要体面，也不想上进，更没有趣味，只知出卖祖宗的荣耀的遗产而绝无反省，全然是堕落”等等[①]，失望之深跃然纸上——所谓爱之深恨之切或怒其不争吧！实际上，“日本”几乎成为国人在欧美的共同“敌对方”，不只刘海粟，徐悲鸿以及无数身居欧美的中国美术家均如是。

前述徐志摩 1929 年 8 月 22 日复刘海粟函中，有“老蔡见过，对展览会事表示赞同，然于研究院化钱一层则似乎为难，高曙卿究竟有信切实说过否？如要举办，最好乘明年比京百年纪念机会，一举两便，政府化钱不成问题，以为如何？此事容后再谈”等语，可以大致推测，此次中法展的筹划止步于“政府化钱”之难，大约在此函前后落幕，下一次的机会被建议推至一年以后的比利时独立百年纪念活动，至于再次落空则是后话了。

据刘氏《中国美展会始末》[②]，1929 年[③]秋他曾在巴黎广泛接触阿尔贝·贝纳尔（A.Besnard）、阿芒－让、莫里斯·德尼、朗特斯基（Landeski）等十余位美术界知名人士，及教育部美术司司长保罗·莱昂（Paul Leon）、国家美术院院长台若诃亚（A.Dezarrois）等，商洽过在法国举办中国现代绘画展览会之事，得一致赞同，进而会同驻法公使高鲁与台若诃亚，商定于 1933 年冬季在堡姆美术馆举办该展，同时联系国内着手征集作品工作。[④]当然，所谓的“征集国内作品”至今未发现有关工作进展的史料，此次“商定”亦照旧没有被落实，这似乎应该就是徐悲鸿与法方商议办展时，屡遭中国人爽约的法方所顾虑的经历，总之，刘氏与法方多次

① 参考《罗马十日 不死之城 La Ville eternelle 六月一日 西班牙名作展与日本现代画展》，《申报》1930 年 11 月 8 日。

② 《复兴月刊》，1935 年第 4 卷第 2 期，第 1—36 页。

③ 原文误为“1930 年”。

④ 刘海粟：《东归后告国人书》，《刘海粟艺术文选》，上海人民美术出版社 1987 年版，第 137—138 页。

回合中所表现的不践约、不履诺，的确给后来者徐悲鸿之办展造成了不小的困难，与“前人栽树后人乘凉”正相反，后来者首先需要消解掉前行者的负面价值——徐刘二人之“纠缠”还真是如影随形！

1930年春，刘海粟游历意大利，于罗马、威尼斯、佛罗伦萨、米兰诸城观摩名迹，勾留罗马时，接得比利时独立百年纪念展览会国际评奖委员会函聘为国际评判委员，成为比政府广聘各国列席评委之一员，于保护及奖励中国出品人之利益甚是有利。刘氏于7月28日偕同褚民谊、谢寿康等抵达布鲁塞尔，29日列席评览。[①] 此次中国成绩可圈可点，且留待下文徐悲鸿部分详述。但据刘氏《东归后告国人书》，此次赴比，曾就中外联合举办中国现代绘画展一事，“复与两国当局及艺坛硕学共相商讨，皆经赞同协助”，与前述徐志摩的建议可以相连接，但也只是一句话的表述，“两国当局”在“赞同协助”的表示之外，实无任何实际支持，是故，此次时机同样被错过。

## 二、“中德展”之实质性接触

1931年3月，刘海粟在此次游欧的最后一个春天，接得德国法兰克福中国学院[②] 的邀请，前去讲演《中国绘画上的六法论》[③]，并经简单磋商，于演讲同时在法兰克福美术馆举行中国现代画展，除陈列刘氏几十幅作品外，尚有他携来之其他中国现代画家作品，虽规模不大，且为“急就章”，但反响不俗，竟于该年6月被移往海德堡续展，德方之热烈与积极出乎意料。几乎同时，此年1月起，日本方面以帝国美术院名义，出资约8万马克在柏林普鲁士美术院（国立美术院）举办

① 《刘海粟赴比审查国际出品，被聘为比国百年纪念展国际评奖会评判委员》，《时事新报》1930年8月17日第三张第四版。

② 据徐悲鸿《在全欧宣传中国美术之经过》，法兰克福中国学院为欧洲著名中国研究学者卫贤礼创立于法兰克福大学内，被认为是国外研究中国学术最认真之所在，卫氏故去后，由鲁雅文博士任院长，中国丁文渊任副院长。

③ 刘海粟：《中国绘画上的六法论》，中华书局1931年11月发行。内分“谢赫以前的画论”“谢赫的六法论”“谢赫以后的六法论”及“气韵生动说的分歧与辩护”四章，探源索流，阐述南朝（齐）绘画理论家谢赫在《古画品录》中所提出之“六法”在中国绘画艺术理论上的意义与影响。据黄恽撰文披露，该书系滕固代笔而作，略谓：“有人很赞（转下页）

一大规模现代绘画展览会，并在德国各重要城市巡展，对该展中之日本画，德人大致呈现两种反应，或极度称羡，视日本艺术为东方艺术之代表；或认为日本作品迎合欧洲人审美趣味的倾向过多，其过分欧化反失特点，不免失望——持此观点者以研究东方艺术的德国学者为主，他们对中国美术多能赏鉴且颇热衷，曾于1930年自行组织在柏林举办过中国美术展览会，展出共约1125件中国古代青铜器、玉器、瓷器、雕塑及字画等，陈列月余，颇轰动一时，但可惜征集仓促，内容不甚充足，德人引为憾事，屡向中国驻德使馆询问，希望与中国政府及教育界、艺术界共同努力，再开一次中国展览会，以新德国艺术界耳目。

在此背景下，德人对于法市之中国现代绘画展，大有“见东方艺术之真面目”之惊呼，于是再次主动伸出橄榄枝，由其画坛权威寇美尔教授等人联系中国驻德使馆问询展览意向，中方亦感有绝大必要，立即电促刘海粟赴柏林与普鲁士美术院、东亚艺术协会等机构谈判，最后由使馆正式与东亚艺术协会订定于1934年2月①，在日本展览的相同场地——普鲁士美术院举行展览，由中德两国共同组织筹备委员会筹备一切，德方由德国东亚艺术协会主持，中方由中央研究院主持，并于经费问题初步达成意向，即预算之六万马克②，中德各负一半，展场不收租金，唯物品运输费、保险费及会场布设杂费等，除由入场券收费所得收入开支外，约

（接上页）赏刘海粟关于谢赫‘六法’的研究，不过现在已经证明，那是出于滕固（1907—1941）的手笔。”见刘墨《20世纪中国画名家批评》，中国林业出版社2007年版，第91页。但刘墨未指明材料出处，附此仅聊备一说。另，黄恽《刘海粟的代笔人》亦有：“据秦宣夫《刘海粟是个老右派》一文说，1938年滕固在湖南沅陵告诉过他，刘海粟的《六法论》一书，是滕固的作品。”1931年4月24日，刘海粟在巴黎作《中国绘画上的六法论·序言》，略谓：“抵欧已还，时与此邦硕彦往还论艺。比辈深诧中国画理六法论之精微，举以相质，口舌綦烦。制作之暇，往往札记若干条，漫无条理，聊为答客之需耳。今年初春，德国法兰克福中国学院聘讲中国艺术，因念欧洲人士所感兴味之六法论，亦即中国绘画上之根本问题。爰将平昔札记，汇成是稿。其间姚最以前，间有采集日人金原省吾之著述，然见解不能同处，亦复不少。自张彦远以后，则独抒所见，聊贡一得。”

① 此次订定的时间或为1933年春。待考。

② 1933年10月16日《中央日报》之《明春德京中国美展 中德筹委均推定》和同日《时事新报》之《柏林中国美展明年二月开幕》中，均误为“六万万马克”。

需准备金三万马克以备收入不足时弥补之用，此款德人拟请由中国方面负担[①]。德方肯负担一半费用，既表现了极大的诚意，也是该展得以实现的重要因素。至此有理由推测，中法展或中比展之难以推进，似应与经费负担过大、法比不肯有所承担等，有重要关系吧。

此次接触，德方首先推定了他们的组织委员会委员十人，即德国外交部代表1人，德国东亚艺术协会会长、前德国驻日大使沙尔夫博士（Dr.Wilhelm Solf），德国东亚艺术协会副会长、工学博士克伦配雷（Dr.Jng Herbert Von Kleperer），德国东亚艺术协会秘书长、德国东亚美术馆馆长、柏林大学教授寇美尔博士（Dr. Etto Kummel），国家美术图书馆馆长、柏林大学教授格拉泽尔博士（Dr.Curt Glaser），德国东亚美术协会会计主任银思伯博士（Dr.Herbert Ginsberg），德国东亚美术协会会计副主任海德博士（Dr.Eduard Freilhere Von der Heydt），德国东亚艺术协会副秘书长、国家博物馆主任孔威廉（Cohn），柏林工业大学教授、政府建筑顾问白舒孟教授（Boersehmann），及普鲁士美术院秘书长、柏林大学教授阿末斯道夫（Amersdorffer）博士。至于中国方面，当时暂先推教育部部长、教育部次长、中央研究院院长、驻德公使及刘海粟为委员，从事筹备，其余人选后续补推。

“几费周折”后，“端倪初具，蹊径略成”，刘氏也到了该归国的时候了，遂由其回国向中国政府请命，落实中方那部分经费。事态发展至此，不得不说，德方愿望之强和积极主动的态度是极为重要的决定因素，刘海粟虽不乏积极配合之功，但更多是“恰逢其时”。但无论如何，此次刘氏欧游总算促成了一桩“大事”。

## 三、关于展览时间

上述发展经过主要参考刘海粟撰《中国美展会始末》一文，该文成文于全部事件结束之后，而1931年6月6日《时事新报》题为《欧洲人热烈欢迎东方现代

① 参见1932年10月24日《申报》之《中国美术展览会之筹备》、1933年10月16日《中央日报》之《明春德京中国美展 中德筹委均推定》、1933年10月18日《中央日报》之《中国美术展览明春在德京展览》和1933年10月16日《时事新报》之《柏林中国美展明年二月开幕》等条。

画》的“柏林通信”，是国内关于该展的较早报道，从报道时间看，算得上相当及时了。其中“刘海粟携之作品于今年三月在佛府[①]举行，驻德使馆代办梁龙（云从），约刘海粟，留德学生若干人，并邀鸠摩尔、许勒、孔威廉、阿末尔试斯铎等[②]商议，拟1933年春在普鲁士艺术院举行中国现代绘画展”等语，此处出现另一个时间：“1933年春”，较《中国美展会始末》文中的“1934年2月”提前了约一年，这是与德方最初商定的时间吗？而成文较晚的《东归后告国人书》《中国美展会始末》等，为刘氏回国与蔡氏、叶氏等商议后所写，省略了这个改动，直接以改定时间为准吗？事实上，直至1932年10月24日《申报》之《中国美术展览会筹备》中所涉办展时间仍似为“1933年春”，即当1931年4月德方招刘氏赴柏林商讨此事时，德方一致希望刘氏于“二年内再开一次大规模之中国近代画展览会于柏林”，推算可知为“1933年春”。至于从何时开始延后一年的，待考。但在1932年5月17日行政院42次会议中已称“一九三四年在柏林开中国美术展览会”，说明“延后”至少在此之前，只是报端对于这个细节自始至终均较混杂，也多少可以说明筹备工作略嫌无序和有失周详吧。

## 四、“立项”之迟迟

刘氏归国之日恰为“九一八事变”的1931年9月18日，所谓“国难方殷”，政府一时无暇顾及艺术之事，于是，他先在上海与蔡元培、叶恭绰等商议。

在7个多月的沉寂之后，此事再度“浮现”，约于1932年4月17日《申报》之《陈树人将返京 力主以画学贡献世界》开始现于报端，该消息称：“陈树人氏已于前日乘大来公司轮船自港到沪，寓汪精卫宅。当于昨日（十五）中午，偕何香凝、柳亚子，驱车赴辣斐德路访其画友刘海粟。陈氏近年对于政治趣味极淡薄，而于艺学则猛进。昨与刘海粟长谈，力主以画学贡献新世界，此后将注意于国际艺术宣传。一九三四年中德将在柏林合办中国美术展览会，届时陈氏偕刘海粟、叶恭绰二氏同赴欧参加，俾以艺术而增进国际地位云。”又如1932年5月24日

① 今译法兰克福。

② 译名不够规范、统一，实为前述人名的不同译法，如阿末尔试斯铎即阿末斯道夫，等等。

《申报》之《陈树人筹备美展会》消息中，陈氏除了向媒体介绍该展之动机和推进程度，尚有“届时予与刘海粟先生，如事实可能，或将亲去柏林，并拟转至巴黎伦敦，展览宣传，俾使外人对中国艺术有更精深之认识，关于征集出品办法，正在筹备，将来拟广事征集海内名家作品，俾成蔚然大观之展览会，期将我国艺术在世界上放一奇葩”等语，既说明陈氏积极参与此事的热情和在其中的重要位置，也随着陈氏的发言而将此事再度烘染出来。

在1932年5月17日的行政院第42次会议上，通过了教育部长朱家骅呈请之议案①，即经行政院长汪精卫允许，将原铁道部长叶恭绰②曾有应交还铁道部之四万余元，按折合为三万马克之数作为预备金（也称“准备金”）转拨展览之用③，责成教育部与中央研究院办理，聘定教育部部长④、中央研究院院长⑤、北平研究院院长⑥、驻德公使及叶恭绰、陈树人、高奇峰、刘海粟、徐悲鸿⑦等为中方筹委会委员。算起来，距刘氏自欧返国已整整8个月，事情总算随着经费的明确而有了实质性进展，算得上真正的“立项”了！对此，《申报》给予相当篇幅，在6月27日、28日连载《柏林中国美术展览会筹备纪》一文，呼应此“国民政府行政院会议通过关于中国美术展览会之议案”。关于“立项”之迟迟，所谓“事隔年余，至今未办者”，1932年10月24日《申报》之《中国美术展览会筹备》给出的理由是，“一则因经费关系，二则所谓二年之内举行展览会者时间尚未过于急迫

① 见1932年5月18日《新闻报》之《行政院四十二次会议》第十五项：“为中德两国人士。拟于一九三四年在柏林开中国美术展览会。请拨预备金三万马克案。决议通过。并聘任教育部长中央研究院长北平研究院长驻德公使及陈树人叶恭绰刘海粟高奇峰徐悲鸿为该会筹备委员”，转引自《剪报》1932年第12期，第8—9页。

② 1931年12月30日任该职，1932年2月8日免。见刘寿林、万仁元、王玉文、孔庆泰编《民国职官年表》，中华书局1995年版，第592页。

③《中国美术展览会筹备 已成立筹备委员会 中德两国聘定委员》，《申报》1932年10月24日，但在1932年6月25日《申报》之《刘海粟赴京筹备 柏林中国美术展览会》中写为“二万马克”，应误。

④ 在该展筹备时期，教育部部长一职屡有变更，筹委会此一席位给予具有教育部部长身份者。其他同。

⑤ 自1928年至1940年，该职位一直是蔡元培。

⑥ 该职位长期由李石曾（煜瀛）担任。

⑦ 有意思的是，在刘海粟的《中国美展会始末》一文以及所有由他叙述的展览经过中，均唯独漏掉徐悲鸿的名字，显系有意为之。

也”——第一个理由容易理解，但第二个理由就非常令人啼笑皆非了，准备这样一个首次大规模赴外现代画展，竟可以以为两年时间不够，“过于急迫”！也许正是这样的认识、态度和工作方式，竟至在不算迫切的时间内不能完成，不得不延期一年吗？而且，即便延期一年之久，工作也并未因此而精进，以致在作品启程运德前后引起画坛相当激烈的反对之声！

## 五、非议之下之增聘筹委

中方第一次筹委会前后，徐悲鸿曾在 1932 年 6 月 27 日致齐白石函中谈及此事，即“后年德京欲开一中国美术展览会，请翁准备大作一二十幅，鸿为政府聘为委员与闻其事”[①]云云，说明“立项”之初的徐悲鸿对此事较为积极，也多少可以说明关于征集办法及每位画家的征集数量等问题，在当时应较模糊，并未形成条规，筹备委员的私下“活动”较多。

说起来，此事在当时的中国美术界，不可谓不大，但正式“立项”之后的业界反响却并不热烈，相反，在刘氏第一次旅欧之初还曾合作发起“中华留法艺术协会”，随后关系转入紧张，乃至从上海美专分立出新华美专的汪亚尘的一篇“泼冷水”的文章却显得很是突兀。

在“立项”约两个月后的 1932 年 7 月 19 日，《民报》刊登了汪亚尘的《随感》，兹录于下：

> （民国）十八年春曾开全国美术展览会，那时我在巴黎看到关于全国美展刊物，记得叶誉虎先生曾说过：“中国没有艺术界。”本月十七晚李石曾先生招宴席上叶先生又说：“中国没有健全的艺术集团，没有纯正的艺术批评家，所以对于艺术优劣的标准，便很难定。”我觉得说得如对症发药。
>
> 现在谈到一九三四年二月到德国去举行中国画展览会，行政院既经通过，没有意外，当然按时实行。我觉得将来检举作品问题，量的方面太容易，质的方面就难极。有人主张少数人出面征集，有人主张公开并严格审查。

---

① 《北京画院藏齐白石全集・综合卷》，文化艺术出版社 2010 年版，第 319 页。

关于多数人去征集：果能去其私见，诚意为中国面子着想。在没有“界”没有“纯正艺术批评家”的现在国内，也可做得，但是我个人的意见，关于这一点，非要有扩大组织不可，还要加上诚意和精密地征求。

关于公开并严格审查：当然最好，但也有人谈到审查一层，恐有徇情，那是顾虑。我以为只要把整个集团着想，为中国艺术争体面为前提，总有不公，也算太平，苟能依此目标做去，必能达到较满意的结果。徇情尚可防范，只怕假公济私，盲目昧心，那就糟了。

还有人说：中国现在很少代表作品，这是笼统的消极话。据我知道：中国南北中三部，画家甚多，其中不无优秀的无名作家，但是要审查，先得遴选审查员，审查员第一要技艺能得众望者，漫谈不懂技艺的人不配做审查员，本身的技艺，常为人所吐弃者，也不配审查他人的作品！

该文似乎直接与“17 日晚”的聚餐有关，在座之李石曾、叶恭绰等均是“中德展”筹委会成员，当晚所谈或有所涉。该文直接提出此展筹备中的关键问题，即如何保证“质”和征选办法，当然，这二者是互为因果的，即由什么人征选，由多大规模的人征选，用什么标准选，又由怎样的制度去监督征选等等，就是一个“为整个集团着想”的关键，该文告诫不要忘了“为中国艺术争体面”的公心，“人情”成分虽然在所难免，但“假公济私”“盲目昧心”也并非不可能发生！无论是出于防患于未然的考虑，还是已见“苗头”，抑或是对某些筹备委员为人的揣测，都不难看出该文较为明显的所指，尤其行文至最后，更是尖锐地提出要“遴选审查员”：“不懂技艺的人不配做审查员”，本身的技艺遭人唾弃者，也不配做审查员！全文几乎没有装样寒暄的“虚词儿”，结束得也是戛然而止、干脆利落，有情绪，有态度。实际上，该文所提出的告诫，就是在一年多以后的矛盾焦点，只可惜这种“丑话说在前头”的发声并未得到美术界更及时、公开、广泛的声援，使得自始至终未受监督的筹委会，对该项工作自始至终未能有实质性的改进。

1932 年 8 月 6 日，中方筹委会在上海开第一次会议，并于是日成立了附设于上海亚培路 331 号中央研究院出版品国际交换处内之筹备处，推蔡元培、叶恭绰、陈树人、徐悲鸿和刘海粟为常务委员，以蔡元培为主席，开始筹备一切。[①] 或许是鉴于汪亚尘类的意见吧，此次会议似应有扩大筹委会，增加筹备委员之类的讨论或提案，这可以从 1932 年 8 月 12 日徐悲鸿致齐白石函中得到佐证，即所谓“后年中国将在德京柏林开一现代中国绘画展览会。鸿曾请教育部聘先生为委员。此事进行状况尚未确定。要之。先生一代宗匠。鸿有所谋。必欲先生俱”[②] 云云。这个增添筹委的决议于 1932 年 11 月 1 日行政院第 74 次会议得以通过，可见《行政院决议案》之（三）“教育部朱部长请加聘王一亭、张道藩、齐白石、林风眠、林文铮、狄平子、张泽为柏林中国美术展览会筹委案，通过”[③]，而 11 月 4 日徐悲鸿即致函齐白石告知：“中德展览会事。鸿推翁为委员。已见中央议决案矣。”[④] 另外，行政院第 74 次会议还通过了“决议（八）教育部朱部长请将柏林中国美术展览会经费三万马克改为国币四万五千元案”——这种兑换只为便于使用，于展览筹备进度无涉，顺带说一句而已。

## 六、终于展开的工作

1933 年 1 月 23 日所开筹委会第二次大会，是整个筹备过程中的重要节点，从这个时候开始才有了稍微具体的细节讨论，即 1932 年 5 月“立项”以来的七个多月间，几乎无所作为。此次会议到会叶恭绰、蔡元培、朱家骅、刘海粟、王一亭、狄平子、林风眠、林文铮、张泽、高奇峰等十人，商议事项包括：（一）添推狄平子、张泽为常务委员[⑤]。（二）聘请滕固撰《中国画史论》印于目录之首。（三）请吴湖帆购置中国画具若干，备开会时陈列。（四）行政院所拨经费四万五千元存上海银行，今后由叶恭绰负责签字动用。（五）通过教育部朱部长提议：展览出品加入最近五十年已故画家名作六十件等等。[⑥]

与此同时，德方委员亦积极筹备，于同年 4 月 10 日，在中国驻德使馆开第一

① 《柏林中国美术展览会筹备经过》，《申报》1933 年 11 月 6 日。

② 《北京画院藏齐白石全集・综合卷》，文化艺术出版社 2010 年版，第 321 页。

③ 《申报》1932 年 11 月 2 日。

④ 《北京画院藏齐白石全集・综合卷》，文化艺术出版社 2010 年版，第 322 页。

⑤ 或许是因原常务委员徐悲鸿的退出。

⑥ 《明年二月柏林美术展览 中国筹备委员昨开会》，《申报》1933 年 1 月 24 日。

次筹委会，所商新增细节包括（三）决定经费负担之分配如下：一、由中国至汉堡之展览品运送费，由中国方面负担之，由汉堡至柏林则由德国方面负担之。二、由中国方面预提三千马克津贴准备金，以便展览会收入不敷支出时为津贴之用，同时德方亦预提同等之津贴准备金。三、展览品之保险应保九个月，且不仅以保至德国为限，以便在德国展览后，仍得往其他各国展览。四、所有画品最好皆以能卷者为限。五、所有展览品皆须注明出卖价值，以便展览后即可供赞赏者购买，定价时须注意者，凡展览品出售后，须将售价十分之一送展览会场之所有人（即柏林美术学院①）等。②

就中方而言，重中之重是作品的征集，从1933年3月23日《申报》所刊王一亭等11人的启事可知，此次征集在第二次筹委会后两个月间就已初具规模，而且采用的是全国第一次美展办法，即未经公开，只通过筹委的提名，以通信方式征集，实质上是只“征”无“选”的，相当程度地简化了工作流程，才可能在短时间内收效，这或许是该筹委会人浮于事的无奈之举，但与第一次美展不同的是，因出国展规模有限，画家提名仅百余名，远逊于第一次美展的涵盖面，既无“量”，又无审选才能保证的“质”，明明是极少数人的操控，却又顶着“中国”的大名、撑着政府的脸面，而且是到国外去散播，啧有烦言是必然的。

这份《致征求柏林中国美术展览会函》③略谓：

敬启者，顷接台函，征求柏林中国美术展览会出品，不弃下才，鄙人等亦得在滥竽之列，无任愧感，伏闻此次画展征求方法，系由钧会委员秉大公之心，博采名流，征求作品，若珊瑚铁网，自无遗才之憾，惟就鄙人等观瞻所及，不敢自秘，略贡刍荛，伏望采择。伏闻此次征求作品，钧会内定名限仅一百余人，但国内画家刻苦之士，精湛之作，通都幽邑，大不乏人，决不仅止所见所闻百人而已，即以鄙人等创办之中国画会而论，会员凡一百九十余人，其中画学精美，绘事超绝之辈，实繁有徒，皆鄙人等所望尘莫及者，然皆未在征求之列，鄙人等仅为本会服务之员，而名字转得齿及人口，而钧会亦闻声采

① 应为柏林国立美术院，即普鲁士美术院。
② 《柏林中国美展筹备要讯》，《申报》1933年4月30日。
③ 《申报》1933年3月23日。

名，非实学有所专长也。是鄙人等若单独应征，则无以对本会会员，若避不应征，则无以对钧会宏开之意，进退实处于两难。且不第此也，由小观大，以中国画会而论，被征已有十余人，以十例百，不为不多矣，而本会会员，其才胜于仆等，而抱向隅之憾，乃有一百八十余人，以此而测，全国其遗才又何止万数哉。遗中国画会之才其事小，遗天下之才则事大，鄙人等管窥之见，万万以为不可也。故欲免此弊，实惟将预定之名单全行取消，另订章程，公开征求，严行审择，使天下之人，皆得应征，无向隅之憾。钧会取才有大公之心，无滥竽之品，盖柏林中国美术展览会，乃国际之立场，非私家之展览，岂能以十数委员之耳目，百余人之作品，遂谓可以代表全国之艺术哉。倘蒙采及刍荛，不耻下问，极愿尽竭所知，条陈贡献；倘以所论为非，则鄙人等宁愿守残抱阙，自慝牖下，万不愿为全国艺术之罪人也。区区之忱，伏维公鉴。此致柏林中国美术展览会筹备委员会。王一亭、陈小蝶、贺天健、吴仲熊、汪霭士、谢公展、孙雪泥、张圣奘、张聿光、郑午昌、钱瘦铁同启。

由身为筹委之一的王一亭领衔的这个启事，不知是否可以说明，即便是筹委，也难以在决策层面发挥多少作用，他甚至与大多数“得在滥竽之列”的画家们一样是被动的、后知后觉的，他发表意见需要借助公开昭告的方式，而非事先的商议，说明对于这一征集办法，并未在王氏参加的第二次筹委会上取得一致。该启事对于“内定”式、欠缺公开度的征集方式，“名限仅一百余人”、欠缺广泛度的征集数量，“闻声采名”、欠缺严谨的名单罗列等几个要点，均提出了明确批评。认为如此办法，很可能使该展沦为“私家之展览”，令十几个委员均成“摆设”，并直接提出改进办法：取消预定名单，重订章程，公开征求，严格审择！

对于在这个时候的这个建议，不可谓不及时，《申报》更加以《王一亭等对柏林中国美展之贡献》的报道标题，表明附议的态度。但从事实看，以蔡元培为主席的筹委会对这类建议丝毫未予采纳，一任筹备工作在敷衍和消磨中低效推进，或可称一意孤行吗?!

## 七、“火力”集中在“事已至此”“望洋兴叹”之时

在王一亭等“炮轰”筹委会的时候，既未得到全国美术界的声援，也便丧失了一次修正工作方向和方式的大好时机，筹备工作竟再度陷于沉寂达七月之久，直至刘海粟赴德前一个月的1933年10月中旬，终于有了1933年10月16日《中央日报》之《明春德京中国美展 中德筹委均推定》和《时事新报》之《柏林中国美展明年二月开幕》，以及1933年10月18日《中央日报》之《中国美术展览明春在德京展览》等报道，虽均较简短，但“颇引起国人之惊异”[①]，终于爆发了一场激烈的“抗议”。

这场“抗议”最先由王琪、李毅士、高希舜、梁鼎铭等16位南京画家揭开帷幕，他们向教育部呈文、请愿，对征集工作提出质问，指责因刘海粟个人的包办，使得征集仅限于上海一隅的少数作家，且非优秀作品等等。[②]继而提出质问者，亦“颇不乏人”[③]，其中1933年11月2日《申报》之《中德美展将先在沪举行展览 林风眠等建议三办法 详选精品免各方责难》算是又一记重棒。该建议书全文如下：

> 迳启者，阅报得悉柏林中德美展，将于十一月十四日出发，殊深惶惑，查此次在德举行中国美展，乃代表我国文化表示于国际者，关系国家文化艺术前途，至重且大，自应广为征选，审慎从事，为民族争光荣，为艺术争地位。及闻此次征品范围，仅限于局部，而征品广告见于报纸者，为期极短，未能广事宣传，非但一班国人对于本会征品办法、出品人物，尚多茫然不知，即国内艺术名家亦多数从未有片纸征品之函讯，征求既不普遍，其作品自属未足代表国人。遽尔出国，殊嫌草率，无怪报纸腾载，啧有烦言，查本会使命，系集艺术之精华，求国际之荣誉，倘使征品不足以代表国人，国家耗费巨金，本意求荣转使取辱，在职委员扪心自问，其能辞咎乎。风眠等忝为委员一份子，职

① 《中德美展将先在沪举行展览 林风眠等建议三办法 详选精品免各方责难》，《申报》1933年11月2日。
② 符一叶：《关于柏林中国美展》，《申报》1933年11月5日。
③ 《中德美展将先在沪举行展览 林风眠等建议三办法 详选精品免各方责难》，《申报》1933年11月2日。

责所在，未便缄默，拟请本会（一）将已征得之出品，暂缓出国，将出品人名单登报公布，以示公允。（二）作第二次普遍征求，以期广集作品，精益求精。（三）依照参加芝博会成例，在未出国前，举行中德美展预展会，以便详选，而释群疑，似此庶不负国家委托之重，国人愿望之殷，艺术前途，实深利赖，仅贡管见，敬候采纳，此致柏林中国美术展览会筹备委员会。筹备委员林风眠、林文铮、齐白石。

作为筹委的林风眠等三人，对于1933年10月所开常务会决议之所谓“公推海粟为赴德代表”[①]等关乎最终决定事项，是“阅报得悉”的，实属不可忍。1933年的芝加哥世博会是第一届有明确主题的博览会，被认为是世博会历史上的新开端，中国因准备充分而有不俗的表现。中国参加芝城博览会筹备委员会在征集、审查和宣传等方面均有上佳表现，并在展品运美前在上海举行长达三四个星期的征品展览会，充分体现了征选的公开与公正[②]。该会与“中德展”的筹备期基本重叠且提早完成，这个现成范例正是三委员所建议的“依照参加芝博会成例”——同样时间、同样地点却呈现出两种截然相反的筹备结果，到这个时候的刘海粟等人，已经难逃草率、包办之类的指责了。正如徐苏灵在《关于中德美展》中所言：“本来，这中德美展，也已有过相当时期的筹备了，但是为什么人们却好像没有这一回事一样的呢？那便是王琪李毅士等所要发宣言加以反对的原因了，因为筹备的人，在那里把这国际关系的文化运动，当作私人的勾当，秘密地包办着，全国人士，几未知这重大事件的筹备情形及其征得的作品之容，便说是就要运往柏林去展览了。而这事的负责者是自称艺术叛徒的刘海粟。”[③]

就在距刘海粟11月13日的启程不到两周的时间里，报端呈现出关于此展空前的“热闹”。一方面是“正面”报道，对所有物议置若罔闻，不予提及和回应，如以1933年11月6日《申报》之《柏林中国美术展览会筹备经过》详述来龙去脉，以1933年11月7日《申报》之《国画将在柏林展览 德人对于中国美术异常

① 刘海粟：《中国美展会始末》，《复兴月刊》1935年第4卷第2期。

② 参见《艺博出品展览 聘定征品审查委员》，《申报》1933年1月21日；《芝博征品审委会今日开会 蔡元培邀请茶会》，《申报》1933年3月23日等。

③ 《申报》1933年11月13日。

來件

王琪等爲中德美術展覽會事呈行政院教育部文

图1 《王琪等为中德美术展览会事呈行政院教育部文》,《申报》1933年11月11日

注意 我已征集精品准备明春开幕 欧洲其他各国纷纷要求轮流陈列》继续唱赞歌，更以1933年11月12日《申报》之《中德美术展览完毕 国画定期运德》或1933年11月13日《申报》之《中德美展首批征品刘海粟今日携往柏林》做最后的称颂，甚至不避“我国新兴艺术领袖刘海粟”[①]之类的称谓和盛大的饯行宴会。

另一方面，当然是继续“抗议”，包括11月5日《申报》刊发符一叶撰文《关于柏林中国美展》，11月7日下午王琪等到教部请愿[②]，11月11日《申报》之《关于中德美展 全国艺术界拟向德政府声明此次作品不足代表中国文化》，11月11日、15日《申报》连载之《王琪等为中德美术展览会事呈行政院教育部文》（图1）及11月13日《申报》刊发徐苏灵撰文《关于中德美展》等，“抗议”之点除前述外，尚有对于此展专限于现代作品的反对意见，认为既然名为“中国美术展览会”，就应该包括从古至今，方为名实相符；既然以国家名义对外宣传，“古代”自有故宫担当，应聘请专家从故宫藏品中按时代选择最具代表性作品，再将选择范围扩大到其他公私收藏，以丰富展品，不容许以私下搜罗方式，夹带来路不明之作践踏国家脸面，

① 《中德美展首批征品刘海粟今日携往柏林》，《申报》1933年11月13日。

② 《申报》1933年11月8日。

这层意思当然也适用于近代部分，只是真赝问题没有古代部分尖锐而已。[①] 实际上，关于作品的时代范畴界定，该会较为模糊。据《柏林中国美术展览会筹备经过》中称，依据中德双方协议，是专限于现代作品，并附带近代作品的——要知道，这个“附带”部分，即为前文所述，是在朱家骅的提议下所增已故近代画家作品，并非德人本意。而此外尚有若干乾隆朝之后各种颜料、墨纸、绢绫笔等画具，用于附带陈列，以供德人参考，这也是中方所添，倒也未尝不是一个可以接受的做法，只是这部分古物的选择应该更专业、更透明、更有代表性和系统性，而非如此随意搜罗拼凑，这也是王琪等人所指责的“此次所搜集各种古物，杂有赝品，恐有损国家荣誉”之意。所以，在这样模糊的征集范围之下，这个原本德方要求的现代画家展，已经被掺进了“近代”和“古代”的内容，即在画家之外暗含了私人藏家，而且是未经鉴定的私藏，这就不只草率或包办了，甚至不啻于假公济私、暗箱操作和不公不善了，可以说，是在征集方法的指责之外，又“罪加一等”，转化为更深程度的“黑暗”。

林风眠等、王琪等所呼吁者可大致梳理为：（1）请电商德国政府，改订展览时期，并令刘海粟延期赴德，俾有充分时间，以资征审。（2）请与德国当局及其艺术界重行商定范围，纳音乐、雕刻、刺绣及铜、玉、陶瓷诸器，凡足以代表我国文化美术者，皆包罗于中，以符名实，尤不限于近代现代，以我国为文化古国应有以表显其历史性也。（3）重订征选办法：甲、关于古代近代作品之征选，宜就故宫物品中由政府选派鉴定人，选定每一朝代物品之足以代表其时代性者若干件，并派监察员数人监选，保险运欧，更征集各收藏家之珍品，公开审查，一并加入，以征宏富；乙、关于现代作品之征选，首先将已征得之各品暂缓出国，公布出品人姓名及作品，次作第二次普遍征求，以期广集作品，精益求精，并须依照参加芝加哥博览会成例，在未出国前，举行中德美展预展会，以便详选，而释群疑等等[②]。但正如符一叶在《关于柏林中国美展》[③]（图2）中所言：“本来那三项

① 符一叶：《关于柏林中国美展》，《申报》1933年11月5日。这个意思在《柏林中国美术展览会筹备经过》的筹委会辩解内容中也包含了王琪等人的指责，即“此次所搜集各种古物，杂有赝品，恐有损国家荣誉”之意，此“古物”似也应包括古画。

② 《王琪等为中德美术展览会事呈行政院教育部文》，《申报》1933年11月11日、15日。

③ 《申报》1933年11月5日。

幸福雜誌

西洋參

保衛爾

BOVRIL

西洋參

華英藥牙粉

慎昌洋行

图2 符一叶:《关于柏林中国美展》,《申报》1933年11月5日

建议早应在开始筹备时注意到的,到了这个时候再来一个第二次征求,这短促的时间能否达到‘普遍征求’,然后‘广集’‘详选’以‘精益求精’呢?订了两年余合约,成立了半年的筹备委员会,但美展作品的征求还得临时抱佛脚,这内幕毕竟怎样,我们局外人且等当事者解答”,这建议既是不切实际的,也是局内人永远不会明讲的。对此,教育部回复大致如下:

自前年经我使馆与德方艺术界协议定后,我方曾由行政院议决,发表筹备委员多人组织委员会,筹备进行,先后曾开大会三次,常务会六次,一切均由会共同决定,并无任何人专决之事,又当时中德两方协议,即以纯粹国画为征求范围,且限于现代近代作品,对于古画并不征求,赝品之说可无深虑,至于征求之法,曾经今年一月二十三日第二次大会决议,采十八年全国美术展览会办法,用通信征求,计通函征求者凡一百六十余人,皆出自各筹备委员之介绍,该会已定明年二月初在柏林开会,凡诸会场目录画册及德文中国画史与其他各事,均须于事前有一个月余之接洽办理,方克有济,是以推刘海粟先生随带第一批出品于本月十三日搭意大利船赶程赴欧,此刻若重定征集审查办法,定苦无此可能,出品截止虽有定期,为免遗珠起见,如有出品倘承特别介绍于常务会,一经通过仍可特予补征,陆续寄欧,惟会期甚近,至迟须于本年十一月底交到。[①]

① 《王琪等为中德美术展览会事呈行政院教育部文》,《申报》1933年11月11日。

即，补救措施唯“补征”，所谓“决续征第二批作品，拟由叶恭绰于下月携德”[①]，而事实上，似也并未真有实施，至少未见报道，抑或依旧是非公开的吗？总之，筹备了两年多的征集尚且如此，不到 20 天的“补征”岂非笑话，更像是外交辞令吧。此外，从各种意见中择可操作之一项，即临时定于 10 日、11 日在上海福开森路 393 号世界社，将赴德画作展览两日[②]，所谓的“俾各方批评”难道不更像是一种姿态吗？以仓促的“走过场”方式应付物议了事，于筹委会而言，大概也算另一种“补救”了吧。

而刘海粟本人则显得比官方发言更为强硬和直接，所谓“此次出品征集后，增加严密审查，现已决定于本月十日十一日在福开森路世界学院先行展览两天，展览后即于十三日运德布置，决不延期，至此次征集近代现代作品，系德国人之要求，该彼邦人士对于中国古画收藏甚多，故不甚需要”[③]。好一个“决不延期”“不甚需要”，真是成“大”事者不惧口舌，“不顾毁誉”[④]，绝不“拘泥”！

另一大“模糊”是作品数量，《柏林中国美术展览会筹备经过》称：经数月征集与选择，计得现代作品四百余件，近代二百帧；《中国美术展览明春在德京展览》称“筹备年余，征集古代近代名作三百帧，现代精品四百件”；1933 年 11 月 9 日《申报》之《中德美展 征品在沪展览 地点福开森路世界学社》称“第一批征品三百余件，定本月十三日由筹备委员刘海粟运德布置”；1933 年 11 月 13 日《申报》之《中德美展首批征品 刘海粟今日携往柏林》称“刻已将第一批征集精品三百五十件，先于上海世界学院公开展览三天”；1933 年 11 月《十日谈》第 11 期之《中国美术西渐谈》更称“中国美术展览会，已征得之各画家作品五百余件，在十四日由刘海粟携带出国”等等，简直令人难以确认一个确切的数字！

随着刘海粟携带“第一批征集精品三百五十件”“赠送德国筹备委员之瓷器数十件”及“国画之各种用具”，于 11 月 13 日[⑤]下午 5 时乘意大利邮船康推维脱

① 《中德美术展览完毕 国画定期运德》，《申报》1933 年 11 月 12 日。
② 《柏林中国美术展览会筹备处通告》，《申报》1933 年 11 月 8—10 日。
③ 《中德美展 征品在沪展览 地点福开森路世界学社》，《申报》1933 年 11 月 9 日。
④ 《中德美展首批征品刘海粟今日携往柏林》，《申报》1933 年 11 月 13 日。
⑤ 一说 14 日，如 1933 年 11 月 12 日《申报》之《中德美术展览完毕 国画定期运德》等。

号[①]动身离沪，[②]这个规格极高[③]，历经中方筹委三次大会、六次常务会，筹备两年左右的赴外中国现代画展，就算大幕落半，木已成舟了！

11月11日，王琪曾语《申报》记者，“刘果不待政府解决即贸然起程，同人等决不缄默，将联合全国艺术界电德政府并登欧洲各报，揭发此次刘所携出品，未经公开征集审查，不足代表我国文化”，并开始“征求联署”！此时的这个“不缄默”显得毫无力度，更何况，刘海粟的确又是个敢于“贸然”之人！一方面一阵紧似一阵的声讨完全阻挡不住刘氏的西去，一方面王琪一方则被刘氏之“悍然不顾，悄然赴欧”[④]之举架在当空，不好收场，于是又在11月25日再登启事，重提延期展览，改订出品范围以及重订公开征审各办法之类的老话[⑤]，令人备觉荒诞——此时，除了望洋兴叹，别无他选。

## 八、“问题当然会冷下去，死下去的”

1933年第11期《十日谈》之《中国美术西渐谈》一文中，有“现在是‘大师’已坐上邮船，一路向德国而去了。问题当然会冷下去，死下去的。希忒拉正赞美着中国固有的戏剧，当然中国画去是正逢其时”之语，实在是个透彻的见地。的确，无论争斗得多么火光冲天，只要一方踏出国门，矛盾立刻丧失了对立的场，就一定会“冷下去，死下去”的，而且很快；无论参展作品多么不够全面和精彩，放在对中国所知甚少、无从判别、无所谓好坏的西方人面前，就一定可以新其耳目；无论筹备用心与否，拿到欧洲就一定填补空白，因为中国之于西方，处处皆空白。甚而，这个在国内被痛批的、被预计会丢国人脸面的展览，在欧洲获得多少美誉都在意料之中，而且也一定会大获成功，只是这个成功与筹委会无关，与刘海粟无关，而与这件事有关，即换作是谁，顶着国家的名义，仗着国家的拨款，

① 或有译为“康丁凡特号”。

② 《中德美展首批征品刘海粟今日携往柏林》，《申报》1933年11月13日。

③ 据《柏林中国美术展览会筹备经过》：中国国家主席、行政院长、教育部长、外交部长，及蔡元培、李石曾、朱家骅为中方会长，德国总统、总理、外交部长为德方会长，驻德公使及叶恭绰、刘海粟为中方执行委员，沙尔夫、寇美尔等十人为德方执行委员。

④ 《中国美术西渐谈》，《十日谈》1933年第11期。

⑤ 《时事新报》1933年11月25日。

带一批作品出去办展，都将载誉而归，想必刘海粟本人和几位筹委会常委深明此理，徐悲鸿也看得透这一层，竟至于千里之外也无法按捺发言，所谓“中德展览会之元勋，乃叶玉甫先生，苟无彼之四万五千元，则吹破伟大牛皮，亦必无几微效果。有四万五千元，则任何人亦办得了，任何国亦可去（当然除往非洲，除去白痴）”①！（图 3）而此海外飞鸿又恰巧发表于刘氏离沪的 11 月 13 日——历史总是这样妙趣横生！

图3 徐悲鸿:《关于中德美展之谈话》,《民报》1933年11月13日

有意思的是，这个事件在国内“冷下去，死下去”的时候，却正是在国外活泼绽放的时节。关于赴外巡展各节，刘氏自撰之《中国美展会始末》虽在记述方面有所选择，且在诸多细节方面存在有意无意的失误之处，但依然是相对全面的，现主要据该文，梳理如下：

1933 年 12 月 8 日晚，刘氏抵柏林；12 月 13 日上午召开由 11 人参加的中德两方执委联席会议，共同启箱检画，商定展览时间为 1934 年 1 月 20 日至 3 月 4 日，并因“目录太简略，议决重编，每幅均注明纸心或绢心、题诗内容、制作年月、作家住所，以备观者研究，并属粟撰一长序，详述中国画之特点及各画派之渊源，刊于目录之首”等；1934 年 1 月 5 日下午，再开中德执委联席会议，议决：（1）请柬由普鲁士美术院负责致外交团、各官署、各地方政府、各学术机关及名流、记者。（2）1 月 19 日招待各国记者观览。（3）开幕式节目：德国教育部长罗士得致辞，中国代表刘海粟、普鲁士美术院院长佐尔法、中国驻德公使刘崇

① 徐悲鸿：《关于中德美展之谈话》，《民报》1933 年 11 月 13 日。

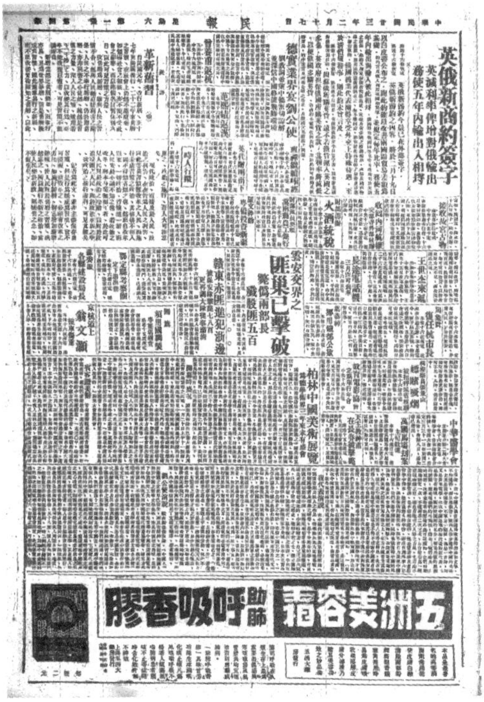
英俄新商約簽字
匪巢已擊破
柏林中國美術展覽
五洲美容霜
助肺呼吸香膠

图4 《柏林中国美术展览》,《民报》1934年2月17日

杰[①]演说。(4)马路广告、电车及地道车广告十万张。(5)无线电播音、德国境内火车广告。(6)由中方精印《现代名画》一册，附以《中国画派》一文，预备开会时分赠各机关及学者等等。

1934年1月20日上午，该展正式在柏林巴黎大广场普鲁士美术院开幕，各国大使、各地方政府代表、名流、学者、贵族四五千人到会，堪称盛观。(图4)又自刘氏到柏林起，每日各报记者来访极多，得全德各报之一致称扬，共获佳评五百余篇，对“中国现代画神韵生动，为超绝的理想世界”之观感，引来欧洲各国的注意，汉堡、慕尼黑、莱茵河各省，荷兰、瑞士、捷克、法、意、英、波兰等国，在当时先后函电，聘往展览，并有派人到柏林来面洽者。刘氏征得国内政府陆续允许，遂至各处巡回展览，唯行政院所拨之三万五千马克，在柏林支用罄尽，巡展经费均由各地美术院或市政府等机关拨款负担。列表如下：

① 曾为该展出力较多的前任驻德公使刘文岛及使馆参赞梁龙，已于1933年10月、11月间分别就任驻意公使和驻捷克斯拉夫代办。可参见《刘文岛赴意履新》,《申报》1933年10月31日和《申报》1933年11月3日的相关报道。

表1　刘海粟“中德展”相关数据

| | 主办 | 组织委员（中） | 日期 | 会场 | 参观人数 | 售出作品 | 批评篇数 |
|---|---|---|---|---|---|---|---|
| 柏林 | 德·普鲁士美术院<br>德·东方美术会<br>中·中央研究院 | 蔡元培<br>李石曾<br>叶恭绰<br>刘海粟<br>陈树人<br>朱家骅<br>教育部长<br>驻德公使 | 1934.1.20<br>—3.4 | 普鲁士<br>美术院 | 14万 | 53 | 516 |
| 汉堡 | 汉堡市政府<br>汉堡美术院 | 蔡元培<br>李石曾<br>叶恭绰<br>刘海粟<br>陈树人<br>朱家骅<br>张道藩<br>教育部长<br>驻德公使 | 1934.3.25<br>—4.8 | 汉堡<br>美术院 | 5.6万 | 19 | 280<br>余 |
| 杜塞尔<br>多夫 | 杜城市政府<br>杜城美术院 | 蔡元培<br>叶恭绰<br>刘海粟<br>陈树人<br>朱家骅<br>张道藩<br>教育部长<br>驻德公使 | 1934.4.5<br>—5.5 | 杜城<br>美术院 | 4万 | 15 | 136 |
| 阿姆斯<br>特丹 | 阿市市政府<br>荷中协会<br>阿市美术馆 | 蔡元培<br>叶恭绰<br>刘海粟<br>陈树人<br>张道藩<br>教育部长<br>驻荷公使 | 1934.5.5<br>—6.1 | 阿市<br>美术馆 | 3.6万 | | 280<br>余 |
| 海牙 | 海牙博物馆<br>荷中协会 | | 1934.6.8<br>—7.5 | 海牙<br>博物馆 | 4.8万 | | 90<br>余 |

（续表）

| | 主办 | 组织委员（中） | 日期 | 会场 | 参观人数 | 售出作品 | 批评篇数 |
|---|---|---|---|---|---|---|---|
| 日内瓦 | 日内瓦市政府<br>历史美术博物馆 | 蔡元培<br>叶恭绰<br>刘海粟<br>陈树人<br>张道藩<br>教育部长<br>驻瑞公使 | 1934.7.9—8.19 | 日内瓦历史美术博物馆 | 4.5万 | 16 | 60余 |
| 伯尔尼 | 瑞京美术大厦<br>伯尔尼市政府 | 蔡元培<br>朱家骅<br>叶恭绰<br>刘海粟<br>陈树人<br>张道藩<br>教育部长<br>驻瑞公使 | 1934.8.25—9.25 | 瑞京美术大厦 | 4.95万 | | 80余 |
| 伦敦 | 英·大学委员会<br>中国公使馆<br>中华协会 | 蔡元培<br>叶恭绰<br>刘海粟<br>李四光<br>蒋彝<br>熊氏一<br>驻英公使 | 1935.2.20—3.23 | 新百灵顿画院 | 10.3万 | 26 | 430 |
| 布拉格 | 捷克艺术院<br>东方学院<br>布拉格博物馆 | | 1935.4.1—4.28 | 布拉格博物馆 | 4万余 | | 40余 |

表2　刘海粟“中德展”组织人员明细

| | 外方组织委员 |
|---|---|
| 柏林 | 外交部长、教育部长、佐尔法博士、寇美尔教授、克伦配雷博士、白舒孟教授、林特博士、孔威廉博士、莱特曼士博士 |
| 汉堡 | 汉堡市长迦克门、汉堡美术学院院长莫德孟博士、东亚学会会长莫赫博士 |
| 杜塞尔多夫 | 杜城市长霭丕、杜城美术学院院长佛朗特、杜城美术学校校长刚特 |
| 阿姆斯特丹 | 阿市市长、荷中协会会长瑞立博士、东方美术馆馆长梵司铎白、东方美术会秘书长唯士 |
| 日内瓦 | 日内瓦市长、历史美术博物馆馆长铎纳博士、费许博士 |
| 伯尔尼 | 瑞士教育部长、瑞京美术大厦主任、干格尔博士、费许博士 |

（续表）

| | 外方组织委员 |
|---|---|
| 伦敦 | 劳伦斯·比尼恩、路伦廷爵士、罗士爵士（伦敦大学东方学院院长）、康司透尔教授（伦敦大学美术研究院院长）、叶友教授、李惠林爵士（皇家美术学院院长）、麦唐纳爵士（中华协会会长）、伦敦市长、教育部长赫利法克勋爵 |
| 布拉格 | 史伐彭斯基博士（艺术院院长）、海伦博士（博物馆馆长）、海德玛博士（东方学院院长） |

在这个群展系列之外，还穿插有两个刘海粟个展：一为1934年6月10日至7月15日由巴黎吕霭画院举办，展览刘氏油画四五十件、中国画80件[①]；一为1934年9月12日在日内瓦市政府大厦开幕[②]，展期一月，展览刘氏新作200件，及向各藏家借得明清瓷器漆器300件。（图5）

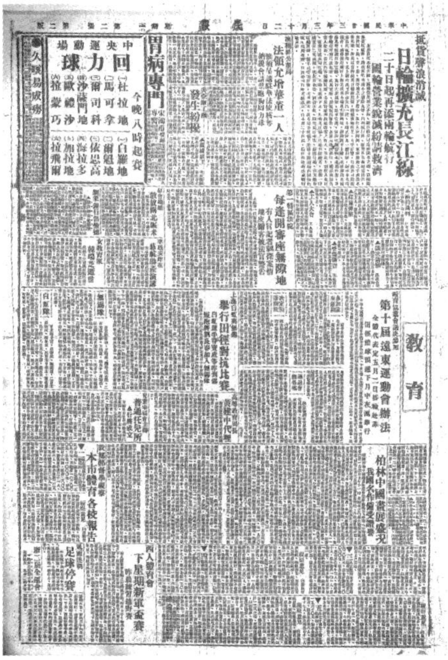

图5 《柏林中国画展盛况 我国名作备受赞誉》，《民报》1934年3月20日

需要注意者：（1）笔者以为，表格1后三项的数据统计，除售出作品数应较“实”外，其他数字看作约数应较妥当；（2）表格1展览日期似存在误记，如汉堡与杜塞尔多夫的起止时间有相叠之处，杜塞尔多夫与阿姆斯特丹起止时间之不可能衔接等；（3）表格1、2中海牙站缺中外方组织委员的信息，布拉格站缺中方组织委员信息，不知是否说明官方身份的双方或单方缺席，待考；（4）据刘氏陈述，在上述巡展期间，尚有德国耶拿和斯图加特两城市，曾分别陈列部分作品，但不见任何详细信息；（5）刘氏曾有“两年间已至各国大规模展览者达十五次”之语，但据表格1，若再加上耶拿和斯图加特两次展览，以及刘氏的巴黎和日内瓦个展，也不过13次，或许是将其回国后继续在外的个展也算在内了，

① 法国国家画院从该展购藏其油画《西湖之秋》和中国画《三千年蟠桃》。

② 为配合日内瓦1934年9月在该市中国国际图书馆举行之国际联盟大会。

所谓“迄海粟来归之日止，犹有美国、土耳其国、波兰诸邦来电欢迎，粟当将拙作、一部分友人之杰作，托英伦敦大学东方学院讲师蒋重雅[①]先生代表前去”云云[②]；（6）综合各种材料，随着伴随展览的购藏活动以及有所差别的展览规模，巡展各处的参展作品及数量各不相同，但更详细的情况未见记录，甚至连首站的柏林展也未见准确名单，目前所见唯一的名单来自1934年7月9日开始的日内瓦中国画展，所载出品人包括：

已故画家（以百年内者为限）：林琴南、梁公约、任伯年、吴杏芬、沈塘、范金镛、何诗孙、陈师曾、李孺、郑磊泉、潘致中、王竹虚、翁印若、吴昌硕、胡三桥、计儋石、曾熙、沈石香、金香岩、汪叔明、任渭长、郑叔问、陆廉夫、周存伯、张子祥、虚谷、吴秋农、任立凡、梁雪杭、居古泉、黄山寿、何庚生、李菱洲、汪鸥客、张俞淑华、蒲作英、杨伯润、顾若波、吴大澄、陈崇光、翁同龢、姜颖生、颜乙、金城、清道人；

现代画家：齐白石、王师子、沈张宛若、凌文渊、王显诏、许征白、梁凯世、符铁年、王东培、秦仲文、吴茀之、成成、徐宗浩、潘天授、黄素庵、诸闻韵、汤定之、汪霭士、狄平子、萧谦中、徐绮、郑午昌、谢公展、黄少梅、黄般若、邓尔雅、黎工佽、齐良琨、吴文质、况又韩、秦清曾、陆一飞、张凯骥、谢月眉、谢玉岑、夏敬观、徐桢立、黄孝纾、康伯茀、张书旗、溥儒、方若、贺天健、丁云轩、赵子云、江小鹣、胡汀鹭、诸健秋、诸乐三、缪谷瑛、张泽、张大千、张旭明、姚墨村、陈思萱、阎甘园、吴琴木、张红薇、郑曼青、晏济原、杨溥、管一得、向镛、高剑父、汪声远、沈子丞、王良生、卢子枢、李凤廷、张谷雏、祁井西、余绍宋、汪仲山、冯超然、朱立我、周冷吾、姚虞琴、陈树人、李祖韩、李秋君、陈曾涛、商笙伯、余雪杨、杨雪玖、黄宾虹、孙孟禄、汪慎生、陈子清、王启之、张天奇、滕白也、陈少鹿、张聿光、赵安之、王一亭、杨建猷、黎雄才、苏卧龙、方人定、邓春澍、赵叔孺、容大块、刘美江、黎葛民、孙禄卿、顾树森、高奇峰、张坤仪、周一峰、何漆园、叶少秉、赵少昂、黄少强、容漱石、王陶民、唐吉生、经颐渊、费龙丁、余静芝、刘海粟、杨组云、唐冠玉、钟山隐、彭恭甫、

① 即蒋彝。

② 《柏林中国美展会宴刘海粟》，《申报》1935年7月22日。

王季迁、吴湖帆、沈迈士、杜考祥、胡友葛、陈纬华、屈秋声、唐三、赵望云、徐世昌、黎勉亭、鲍少游、曾施秋卿、吴梅鹤、杜其章、胡佩衡、孙诵昭、李五湖、何练湖、翟奉胡、晏少翔、龚德培、高雪湖、龚德秀、王鉴湖、刘光城、赵恩熹、洪怡、金哲明、陈东湖、金执中、杨敏、冯谆湖、袁寿瑜、惠孝同、佟公超、潘振镛、王梦白、方介堪、顾慕飞、马轶群、程兆翔、崔布周、曹标、张真、李清楝、朱锦江、施则敬、褚叔明、杨二树、陶渊如、吕雪丞、柯易叶、柯寿之、柯参天。①

只能说，相对于“十五次”展览来说，这仅有的一次展目聊胜于无，多少为我们勾勒了一个参展画家的大致构成。

另外，在展览同时，还配合有演讲会，列表如下：

表3　刘海粟“中德展”期间演讲细目

| | 演讲人 | 地点 | 主题 |
|---|---|---|---|
| 1934.1.28 | 刘海粟 | 柏林普鲁士美术院 | 中国画派之变迁 |
| 1934.1.30 | 佐尔法 | 柏林普鲁士美术院 | 中国山水画的特点 |
| 1934.2.10 | 刘海粟 | 柏林大学东方语言学校 | 何谓气韵 |
| 1934.3.26 | 刘海粟 | 汉堡美术院 | 中国画家之思想与生活 |
| 1934.4.8 | 刘海粟 | 杜塞尔多夫美术会 | 中国画与诗、书 |
| 1934.5.7 | 刘海粟 | 阿姆斯特丹 | 中国画之精神要素 |
| 1934.8.27 | 刘海粟 | 瑞京美术大厦 | 中国绘画上的六法论 |
| 1934.9.2 | 费许 | 瑞京美术大厦 | 院体画与文人画 |
| 1934.9.8 | 干格尔 | 瑞京美术大厦 | 中国人为什么爱画松、竹、梅 |
| 1935.2.25 | 劳伦斯·比尼恩 | 伦敦中华协会 | 中国近代画 |
| 1935.3.12 | 刘海粟 | 伦敦中华协会 | 中国画与六法 |
| 1935.4.2 | 蒋彝 | 伦敦中华协会 | 中国文学与绘画 |
| 1935.4.10 | 海德玛 | 布拉格博物院 | 中国画学上之特点 |
| 1935.4.21 | 海伦 | 布拉格博物院 | 中国近代画史 |

① 《申报》1934年9月21日。

在首站柏林展之时，德方组委会成员寇美尔向中国政府要求从展品选17件赠予柏林普鲁士美术院，辟专室陈列，经协商，德方获藏吴昌硕《紫藤》、任伯年《渔翁》、梁公约《瓶菊》、高奇峰《花桥烟雨》、王启之《菱瓜》、刘海粟《赤壁图》、刘海粟《葫芦》、刘海粟《松鹰》、黄宾虹《大渡河》、黄宾虹《峨眉山》、王一亭《柳鹅》、张大千《墨荷》、陈树人《紫云》、高剑父《松风水月》、潘天授《朱荷》、溥儒《寒岩》及孙孟禄（女）《荷塘》[①]，此为国外博物馆入藏中国现代绘画最大规模的一次。

以在欧一年半的时间，交出这样一份日程表，似可用马不停蹄来形容了，而这样一份从官方到刘海粟个人“报喜不报忧”的成绩单，又确实令之前的各种悲观预估因太少证据而只好“冷下去，死下去”，乃至纷纷瓦解。当然，我们能依据的多为刘氏一面之词，在其种种叙述中，尽是赞歌，几乎无一字的负面信息，哪怕所强调的自己“为国”而搭进去的金钱，也是怨幽外表之下的曲折赞歌，而且是更“深刻”的赞歌，满是“得便宜卖乖”的撒娇意味。总之，我们在找到更确凿的史料前也只好姑妄听之，但确实无法尽信。

刘氏此行以1935年6月30日抵沪而结束，而以7月21日柏林中国美术展览会筹备委员会在上海华安大厦八楼为其设宴欢迎而划上对他来说完满的句号，到会蔡元培、李石曾、叶恭绰、吴铁城、李大超、王震、黄伯樵、黄宾虹、吴湖帆等数十人，不可谓不盛大，终以“对于欧洲学术界影响之大，震撼之深，前所未有，贤劳卓著，载誉东归”下了定语[②]。甚至更于1935年9月20日得监察院批复，由行政院在二十四年度（1935）教育文化费第一预备费项下补发刘氏6500元[③]（图6），比起徐悲鸿的捉襟见肘，真是恩宠有加、稳赚不赔啊！

① 因巡展所需，这17件作品于1935年3月23日伦敦站展览结束后运德，《申报》1935年4月8日。

② 《柏林中国美展会宴刘海粟》，《申报》1935年7月22日。

③ 《监察院公报第49期》。

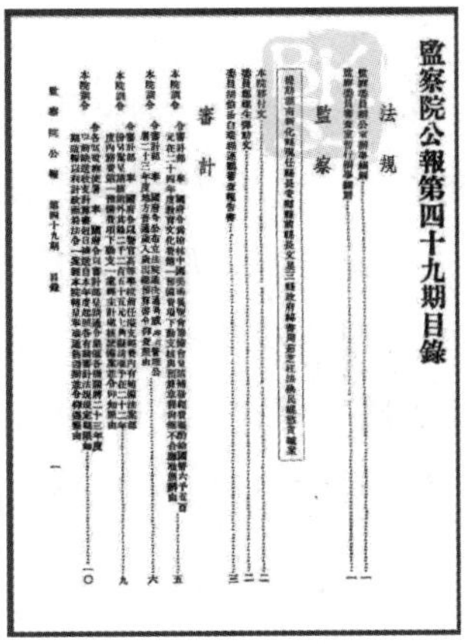
監察院公報第四十九期目錄
法規
監察
審計

審計

图6　监察院公报第49期（共3张）1935 年第49期

# 下篇：意气之争也无妨——徐悲鸿的“中法展”

## 一、不无角逐意味的“毅然”开端

如前所述，徐悲鸿在柏林中国美术展览会筹备之初是有所参与的，诸如他在1932年5月17日的行政院第42次会议上被选为中方筹委之一，在1932年8月6日的第一次筹委大会上被选为五位常委之一；他曾向教育部朱家骅部长推荐过齐白石，此则亦于1932年11月1日行政院第74次会议得以通过等等。在常委中，徐悲鸿和高奇峰为新增，关于徐悲鸿的“被选”，几无资料可以指明其来龙去脉，或许在中方主办者角度上，地域（诸如高氏代表岭南，徐氏代表首都之类）、身份（诸如高氏为新派国画领袖，徐氏为中央大学招聘教授等等）、留学经历等都是考量因素，但与徐氏条件相似且“略胜一筹”的林风眠未能当选，也是费解。资料显示，徐悲鸿与该筹委会的关联既不多，而且即便这仅有的一点关联，也未必有多少亲临亲为。

现有资料也较少显示在1932年5月17日行政院第42次会议“中德展”“立项”之前，徐悲鸿有赴欧巡展的切实准备，但在徐氏临行前的1933年1月23日

《民报》所刊徐希一撰文《徐悲鸿与国际艺术运动》中，有“这次并不是徐氏个人的发端，在一年前，徐氏早受中法大学的委托”之语，当然，这类的报道文章所显示的时间等细节未必准确，所谓“一年前”只可视为约数；另，徐氏巡展归国不久之《在上海六团体宴会上的讲话》开头便有“此次画展之动机，始于一九三一年”①，笔者以为，这类的表述需要考虑徐氏多多少少有些不甘人后的心理，或者说，“动机”或许有，但实际行动，还应始于刘氏“中德展”“风声”鹊起之后，徐希一文中所谓“国际间文化事业，在有组织的国家，原来要政府提倡，但是先要求政府拿出钱来，事就弄糟！徐氏有鉴于此，自身先发奋，又得到法政府的赞同，故此次毅然出国，欲使惯说空话，喜夸大狂的国人看看颜色”等，亦可大致说明徐氏赴欧巡展举动是较具针对性的——如果按“一年前”的说法，即徐悲鸿准备的赴欧巡展始于1932年初，这个时间或许有与“中德展”不约而同的可能性，但更可能是“中德展”“立项”前后的各种传闻“刺激”了徐氏的想法，又继而在国家拨款的扯皮拉锯中，在进展迟缓的“中德展”筹备工作中，预估到陷于其中，于公于私均将未必会有好结果，从而加快了步伐，赶超“中德展”，抢先完成了中国现代绘画的国外首展。

又据徐悲鸿《巴黎中国美展开幕前——致国内出品者》中“弟自去秋得李石曾先生电，遂筹备此事”②，意即1932年秋才得到可以着手准备的较为确切消息的，这个时间点似乎与整个事件的发展脉络更为贴合。这个时间点在刘厚③报告《巴黎中国画展之经过》④（以下简称《巴》）中得以证实（图7），即1932年夏，“李石曾先生来欧，旋接徐悲鸿君八月七日函，略谓中法画展必须举行，托刘大悲兄筹备一切，请先生就近与法国当局一商，唯其要点（1）必须取中法大学蒐藏中国近代美术展览会之名义，以便征集作品；（2）可不公开免除纠纷，及无价值作

① 王震编：《徐悲鸿文集》，上海画报出版社2005年版，第65页。

② 同上，第57页。

③ 刘厚（1894—1984），又名文厚、大悲，四川兴文县人。早年就读于成都陆军小学，后以勤工俭学赴法留学，先后获里昂大学理科硕士和巴黎大学理科博士学位，曾一度就职于里昂中法大学。1933年回国，先后任国民政府行政院实业部技正、实业部广州商品检验局局长、复旦大学教授、贵州省农业改进所森林系主任、西南垦殖公司董事长兼经理、湖北全水农场场长、农林部河北垦业农场场长等职。1949年赴台。

④《中法大学月刊》1932年第4卷第5期，第123—139页。

巴黎中國畫展之經過

中法大學駐法事務處主任劉厚報告

中華民國十五年冬徐悲鴻君携其作品一部，道過里昂，中法大學同人，請其公開展覽，未允，僅陳列一室中，任人觀覽，甚得中外人士之贊賞，十九年夏謝壽康君使比，代携其作品，舉行一「徐悲鴻個人展覽會」於比京哄動一時，比后且親臨參觀，是年十月，劉大悲君，將徐君作品，除在比已售去者外，搬運來法，益以褚民誼君所借中國參加比國獨立百週紀念博覽會出品之一部份，就便十節之機會，陳列於里昂中法大學，三日之間，參觀者四千餘人，報章熱烈宣傳鼓吹，俾素極謳歌藝術中心之巴黎人士，不無向隅之憾，同時我國學術界同志感中國藝術頗有在外宣傳之必要，遂有中德中法兩展覽會之醞釀，二十一年夏，李石曾先生來歐，旋接徐悲鴻君八月七日函，略謂中法畫展必須舉行，託劉大悲兄籌備一切，請先生就近與法國當局一商，惟其要點(一)必須取中法大學蒐藏中國近代美術展覽會之名義，以便徵集作品，(二)可不公開免除糾紛，及無價值作品要求加入展覽

中法大學月刊

REVUE DE L'UNIVERSITE FRANCO-CHINOISE

四卷五期

Vol. 4, No. 5.

中法大學月刊第四卷第五期目錄

| | |
|---|---|
| 國語中「的」字之研究 | 陳定民 |
| 高空氣象 | 田渠 |
| 史記發疑 | 齊燕銘 |
| 細菌與人生 | 小溪 |
| 歐人之漢學研究（續） | 石井幹之助著 朱滋萃譯 |
| 蘇聯的出版事業 | S.Tretyakov著 寒巨譯 |
| 巴黎中國畫展之經過 | |
| 圖書館消息 | |

图7　刘厚:《巴黎中国画展之经过》,《中法大学月刊》第4卷第5期

品要求加入展览之麻烦；（3）完全由中法两方主持，不用无关人物参加，如蒙赞可，请在十月以前见示云云”——说明徐悲鸿在“中德展”1932年8月6日第一次筹委会的第二天，即致函赴欧的李石曾，表示对“中法展”志在必得的态度以及三项具体建议，而且从内容看，不似首次商议此事，应该是李氏在国内时，徐悲鸿就曾与之磋商过，又抓住其身在法国的便利再催促落实。此函可进一步说明徐悲鸿赴欧巡展的动议之晚。相对而言，《巴》文提供了更多细节，以刘厚的公干角色和负责此事的具体程度，公正度和可信度还是较高的，与徐氏相关叙述相配合，大致可以梳理出这个相对并不太复杂的“中法展”的进展过程。

据《巴》文，徐悲鸿在致函李石曾后，同月（即八月），又致函刘厚，主张选法国国立网球场现代美术馆柔得堡姆（即前述堡姆美术馆）为展馆，“请力促其成，并劝其继续在外努力文化事业，谓归去亦无补于危亡云云”。李石曾接函后，“极端赞成”，但主张跟中德画展合作，并由国内外各学术团体主持，诸如上海世界学院、南京中央大学、上海美术院、国立北平研究院、北平中法大学、苏州美术学校、中法大学驻法事务处等，“以期力量充足，进行便捷”，他除将这个意思电复徐悲鸿促其积极筹备外，还亲自出面向法政府交涉会址，并请刘厚延期回国，玉成此事，于是正式开始了“中法展”的“进程”。此事具体先由李石曾与巴黎世界学院院长波莱磋商，得其赞同后，即派该院秘书、国际文化学院美术部主任Fondoukidis偕刘厚就商于法国美育次长米斯赖及国立美术馆馆长范纳等，因华人之前曾有三次在法办展爽约的先例，故各个关节多赖李石曾及刘厚的多方解释，最终方得与堡姆美术馆（又称国立外国当代美术博物馆）馆长杜萨丸接洽。杜萨丸特别提出经费着落、展品能否代表中国艺术以及能否按时如约举办等问题，双方当即订定数项条款：（1）堡姆美术馆一楼完全备用；（2）展期三周，暂定1933年4月15日至5月15日之间；（3）参展作品务须为中国美术的代表作，以未受欧化和东洋化为标准之现代国画250—300件，最迟在1933年3月15日前运法；（4）除现代国画外，借展古代画若干幅，约可陈列一小室，以备观众方便比较中国古今美术之用；（5）画作之外，如近代雕刻、瓷器等其他可以说明时代特征之艺术品，亦可多多征集一同展览；（6）所有费用全部由中方负担，目录印刷费由入门券收入中支，如有剩余，照例缴入法国国库等等——算是得到了法国方面的初步意向。李石曾旋即离法他干，对于此事疏于过问和参与，而其所提之“与中德画展会合作”以及与国内外各美术团体合作主持等建议，基本属于一厢情愿，操作起来实较困难，虽然在展馆和展期确定后，就曾组织了画展筹委会分工推进，诸如国外由张凤举、Fondoukidis、葛塞（巴黎色吕支中国美术馆馆长）、杜萨丸、洒耳（卢浮宫东方美术部主任）等六人负责，国内由徐悲鸿、谢寿康、颜文樑、汪亚尘等四人负责等等，但作为留下来促进此事的刘厚，所能“对接”的只有徐悲鸿，也只能是按照徐悲鸿的构思去推进，所以，演变为“徐悲鸿的中法展”就是自然的事了。徐氏与该展的紧密关联性亦可参考徐氏自己的说法，如“中法画展之决定，虽在悲鸿，但其举行，固非悲鸿一人之力所能济”[①]等。当然，同“刘海粟的中德展”一样，该展也邀到一众要人作为其名誉委员，计中方之顾少川公使及夫人、蔡元培、张静江、吴稚晖、李石曾、朱家骅、李圣章、李润章等；法方之教育部长蒙齐，外交部长朋谷，美育次长鲍腊艾，前国务总理赫里欧、班乐卫，国会议员穆岱，文学家范莱斯，法兰西学院教授郎之万、伯希和，法国国立博物馆馆长魏伦，巴黎世界学院院长波莱，里昂中法大学协会会长雷宾，前里昂中法大学校长樊佛爱，及美术家贝纳、沙伯、丹谟特、德尼斯、即笃斯基、墨尼等，共约28人，或站脚助威壮声色，或给予实际的援助，从“体面”上，并不输“中德展”。

① 徐悲鸿：《记巴黎中国美术展览会》，载王震编《徐悲鸿文集》，上海画报出版社2005年版，第59页。

但是无论如何，徐氏此次是在南京造屋刚刚完工、乔迁甫定的时候，在巡展经费无十分把握，需要向银行质押新居房产方可获得贷款的情形下赴欧的，不但不算从容，甚至还有些仓促，从正面报道的角度来说，“毅然”一词还是准确的。

## 二、“资本”与“契机”

当然，“毅然”是要有“资本”的，能够几乎全凭一己之力拉着一个与政府主办相似规模的展览在欧洲四处巡展，没有一定的人脉积累是做不到的，八年的留学经历显然是徐氏最可依赖的“资本”。

这条线索大约可以追溯到 1925 年，时因国内政局动荡，留学生官费停发①，徐悲鸿夫妇一时在巴黎进退维谷，一筹莫展，决计由徐悲鸿一人返国筹钱，其间因识黄孟圭，更得蔡孑民先生两封介绍函，而有中途的新加坡之行，从 1925 年秋出发，在新停留不到半年，得法币六七千元润资②，归国三月有余，前后共约 9 个月③，所谓“春垂尽，仍去法”④，徐悲鸿约于 1926 年五六月间返回巴黎。但因回国期间在金石书画购藏方面花费不少，所剩只够约十个月的花销，引起夫妻间的不睦。不久，“是年夏”，徐悲鸿即偕就读于布鲁塞尔大学的谢寿康赴比京，于各美术馆、博物馆观摩、临画，10 月方返法。

谢寿康（1897—1974）是几年后徐悲鸿赴欧巡展关系链中的重要一环。字次彭，江西赣县人，1912 年 6 月即被民国政府择优选送留学欧洲，入比利时自由大学攻读政治经济学，后又就读于法国巴黎法政学学校、瑞士罗山大学等，1923 年入读比利时布鲁塞尔大学攻读经济学博士。徐悲鸿夫妇初到巴黎时便与之相识，

---

① 据《蒋碧薇回忆录》称，留学官费支撑他们度过了 6 年，“起先还断断续续地汇来；然后竟宣告中辍”，从他们 1919 年初赴法算起，到 1925 年刚好是 6 年多，又据《悲鸿自述》，前后所用官费计“五千余金”，按当时平均汇率，约在 6 万法郎，合计每年 1 万法郎，月费约在 800 法郎。参考蒋碧薇《蒋碧薇回忆录》，学林出版社 2002 年版，第 47、49、50 页；王震编：《徐悲鸿文集》，上海画报出版社 2005 年版，第 36 页。

② 住黄曼士家，由黄氏介绍、推荐，给几位南洋富商画像，半年间得法币六七千元润资，除去来回旅费，所剩可兑换法郎七万元以上，足够居法两三年之开销。参见蒋碧薇《蒋碧薇回忆录》，学林出版社 2002 年版，第 50 页。

③ 参见蒋碧薇《蒋碧薇回忆录》，学林出版社 2002 年版，第 50 页。

④ 王震编：《徐悲鸿文集》，上海画报出版社 2005 年版，第 36 页。

渐渐成为相熟的好友，特别是1921—1925年“天狗会”活跃时期，来往尤为密切。在徐氏夫妇来法之前，他已居欧八年，除了对欧洲的熟悉之外，还是许多海外华人团体的积极发起者、参与者和组织者，诸如1919年与李石曾、吴稚晖等在巴黎组织中法教育会，1921年任巴黎中国民主促进会秘书长，1923年任里昂中法大学校董等，在促进中外文化交流方面颇多贡献。在蒋碧薇的回忆录中，谢寿康可是有着浓墨重彩的篇幅，不仅因为八年的留欧岁月——法国、德国、比利时都有他们相伴相随的身影，更因在1927年、1929年他们先后归国后又再续前缘，甚至更加亲密，徐、谢曾因一度同时供职于南京中央大学而成为近邻，诸如蒋碧薇替谢寿康休掉了不般配的原配夫人，谢寿康帮徐氏夫妇物色了在南京造屋的地皮，甚至在蒋碧薇准备吃药打胎的时候，也是谢寿康出手干预，“保住”了徐家长女徐丽丽等等。再往后，“徐派”得意门生吴作人的赴比留学离不开谢寿康的大力帮助，徐悲鸿欲送孙多慈留学比利时的计划里自然也是倚重谢氏致力的中比庚款之便利，当然，此事最终被蒋碧薇搅黄也是因为蒋谢之熟稔毫不亚于徐谢吧，总之，他们之间非比寻常的关系自不待言。留欧八年的徐悲鸿所建立的海外关系网中，私交方面可以谢寿康为代表。其他如褚民谊、邵洵美、宗白华、朱家骅、李圣章、孙佩苍、张道藩、常玉、李石曾、苏希洵、沈宜甲等，或归国大有施展，或一生流连海外，或频繁往来于国际间，无论哪一种，都“勾连”着国内外，相互借力。

据载，早在徐悲鸿到法第一年的1919年，就曾与刘厚、萧旭东、陈扬杰、李石曾、华林等共同发起“三学社”，宗旨为提倡科学与艺术、研究真善美，计分讨论、编辑、发行三部，“入会者须不奉宗教、不入政界、不分男女，有会员三人介绍即为合格”①云云。

上述关系网中还暗含着一个对徐悲鸿欧洲巡展来说最为重要的机构：里昂中法大学。

里昂中法大学②是近代中法教育合作的重要成果，从筹建、发展到关闭，均与法国退还庚子赔款密切相关。1908年，美国率先向中国返还部分庚子赔款，一

① 见1919年12月20日《旅欧周刊》第三页“旅欧新闻”。1920年2月27日《北京大学学生周刊（第9号）》以“三学社约章（设法京巴黎）”为题，做更为详细的报道。

② 当时设想之“中法大学”，由北京中法大学、广东中法大学和海外中法大学三部分组成。

方面支持中国创建了清华大学，一方面资助大批中国学生赴美留学，改善了中美关系，扩大了美国文化的影响，进而在中国谋取了最大的经济和政治利益。随后，各庚子侵华国相继仿效，而资助中国学生留学于本国成为其中最重要的方式，统称庚款留学。1919 年巴黎和会期间，李石曾向法国教育总长提出相同建议得到应允，1921 年法国国会正式通过议案，但无力立即实施真正的赔付。刚从中国游历回国的里昂大学校长儒朋（P.Joubin）和里昂大学医学院院长雷宾（J.Lepine）热心此事，建议先在法国觅一校舍创出一个大学实体以促进庚款的落实。1921 年 1 月，法国政府将里昂圣底勒兵营捐作该大学校舍，同年 5 月，中方代表蔡元培和法方代表雷宾签订创办合约，将办学目标定在为中国培养高级学者、教授和研究员，有别于一般勤工俭学生。他们同时在北京、上海、广州招生 130 余人（包括官费生与自费生），由吴稚晖率领赴法，于当年 10 月 10 日开学上课。学校虽然成立了，但争取庚款的道路以及办学道路均充满艰难和曲折，包括学潮、经费拖欠在内的各种危机每每威胁到学校的生存与发展，也再未从国内遣送学生，而是从在法勤工俭学生中填补缺额，且逐渐取消自费生。至 1925—1926 年间，经费来源才趋于稳定并逐渐充足起来，甚至“二战”期间亦未受影响，“二战”后的 1946 年，该校录取了最后一批学生，1951 年关门大吉。它名为大学，实为预备学校性质，甚至有人夸张地将之称为中国学生宿舍，法国人眼里的“中国人殖民地”等等。它不设课程，不聘教授，大学课程由法国国立里昂大学辅助完成，该校的中国学生可以根据志愿选择里昂大学所属文、理、法、医四个学院，以及化学、制革、工业、建筑、美术、音乐、商业、农业、兽医、制丝及纺织等 12 个高等专门学校学习，甚至可以到里昂之外的法国其他大学学习。

徐悲鸿来法时，该校尚未成立，徐悲鸿的官费更与该校无关，他留法期间于该校亦几无所求，但该校毕竟是法国土地上最重要的中法合作教育机构，所涉科目也包括美术，更有不少徐悲鸿熟识的任职于该校的中方人员，如该校创办者李石曾、曾任中方校长的吴稚晖、曾任中方副校长的褚民谊、一度主持校务的曾仲鸣、中方秘书长刘厚等等，所以徐悲鸿于该校，关系虽未见得多么紧密，但还是不乏往来的。

徐悲鸿与该校较早的确切瓜葛，据《巴》文，为 1926 年冬，徐悲鸿曾带着部分作品，“道过里昂”，当时中法大学同人请求在学校公开展览，未能得到徐氏同意，“仅陈列一室中，任人观览”，属于内部观摩性质，所以所谓“甚得中外人士之赞赏”，也应该主要以学校内部之中外人士为主。

而此次徐氏赴欧巡展能与该校发生如此紧密联系，除有上述的“前奏”，更近的线索似可做如下梳理：

据《巴》文，所谓“十九年夏谢寿康君使比，代携其[①]作品，举行一‘徐悲鸿个人展览会’于比京，轰动一时，比后且亲临参观，是年十月，刘大悲君将徐君作品，除在比已售去者外，搬运来法，益以褚民谊君所借中国参加比国独立百周纪念博览会出品之一部分，就双十节之机会，陈列于里昂中法大学”云云——这里需特别注意的是谢寿康代徐悲鸿在比京办展的时间，下文将会谈到。

关于“比国独立百周纪念博览会”，1930年2月25日《申报》有《新任驻比代办谢寿康之谈话》的报道，略谓：谢氏由中央大学文学院院长位置将被派赴比利时任驻比代办，因国民政府已任立法院外交委员会委员长傅秉常为驻比公使，但傅氏在立法院有重要任务一时不得脱身，而今年（1930）适值比利时独立百年纪念之万国博览会，故派谢氏前往代理馆务，任中国驻比利时公使馆一等秘书兼代办使事（1933年1月21日奉调回国）。因展览会在五月初开幕，所以谢氏拟于四月初动身赴比便于准备，谢氏曾居欧多年，彼邦人士知交甚多，工作起来定是十分便利云云。此次博览会国民政府派中委褚民谊为总代表，褚氏居欧多年的经历应是此任命的重要原因。

此次博览会于当年5月3日至11月分别在安特卫普（航海与殖民博览会）和列日（工业与交通博览会）举行，列日会场又分南北两部分，其中北部会场较大，以科学实业为主题，分为金属馆、矿石馆、机械馆、电气馆等展区，通常如法、意、日、波兰、瑞士等国均在此建有国家馆，中国则以区区5万元拨款，仅得租用电气馆中一个三百平方尺的局促角落，安置曾于2月18日和4月1日分两批运比的约180箱工商业出品和教育出品，而且迟迟于6月16日下午三时方开幕，谢寿康更是晚至6月14日才启程赴比[②]。随后，教育部派赴欧洲考察的刘海粟也因便利受邀作为审查国际出品的评判委员来到比京，最终获奖结果大致为“最优等

① 指徐悲鸿。

② 见1930年6月15日《申报》之《谢寿康昨日放洋》。

奖第七门工艺教育第十八类：舒莲记、张可治、徐世昌、黄宾虹、高奇峰、高剑父、吕凤子、狄楚青、陈树人、王一亭、徐悲鸿。优等奖第七门工艺教育第十八类：卢芹斋、中华书局、文盛斋、郑毓秀、双龙茶店、京奇行、李鼎和、沈绍安、吴待秋、郑曼青、冯超然、张大千、郑午昌、刘海粟、卢震寰、张善孖、汪采白、张聿光。金牌：……李秋君、许士骐、溥儒、姚沧客、姚墨村、姚叔若、叶少秉、杨明湖、吴仲雄、伍佩荣、王济远、吴湖帆、张书旂、张时敏、邓尔雅、张坤仪、赵少昂、林风眠、汤建猷、陈东湖、张湛湖”[①]等等。国内报道曾大肆宣传所谓得奖排名“法第一，比第二，中国第三”，实际上这种按得奖件数所作的排名没什么意义，与体现国家实力无关，这是题外话。需要额外指出的是，上述获奖名单中高奇峰、狄楚青、陈树人、王一亭、徐悲鸿和刘海粟等人，后来又都位列“中德展”筹备委员会委员。

对本文而言，最重要的是，谢氏此次赴比随身携带徐悲鸿作品 41 幅，计划俟机在布鲁塞尔举办徐氏个展。据 1931 年 5 月 20 日《时事新报》之《徐悲鸿之中国画驰誉外邦，比公使谢寿康来电，画展在比国本月 16 日开幕》，这个计划最终于 1931 年 5 月 16 日实现[②]。谢氏自 1931 年 5 月初开始准备，除将各画题译成法文编印目录外，还特别撰文介绍徐氏艺术及历程，并从中选出数幅精品在《比京晚报》副刊《图画周刊》上先行发表，又于 5 月 15 日晚 9 时举行预展等等。但无论是徐氏《巴黎中国美术展览会》《在全欧宣传中国美术之经过》[③]，还是《巴》文，均将此次展览时间写为 1930 年，而且均与此次比京博览会连在一起并置于其后叙述。《巴黎中国美术展览会》（说明：《巴黎中国美术展览会》，而非《记巴黎中国美术展览会》）一文的“余响”中，有“至于巴黎同时比京之悲鸿画展，虽有成功，乃个人事，不足道，不具论”，又，《在全欧宣传中国美术之经过》有“比国是我国的老友，因请我在六月到比京去举行第二次个人画展”，即所谓“巴黎同时比京之悲鸿画展”实为 1933 年 6 月，比京又曾举办徐氏个展。至此，至少出现了三个徐氏比京个展，开展时间分别是 1930 年 6 月中旬到 10 月初之间、1931 年 5 月 16 日和 1933 年 6 月中旬，但徐氏明确说 1933 年 6 月为在比京的第二次个展，

---

① 《时报》1930 年 12 月 10 日。
② 《时事新报》1931 年 5 月 20 日。
③ 王震编：《徐悲鸿文集》，上海画报出版社 2005 年版，第 68 页。

当不会有误，所以前两个时间必存在问题；当然或许还有一种可能性，即徐氏自述中“举行第二次个人画展”之“二”为印刷时“三”字的误排，这种情况笔者在其他研究中遇到过，这类错误在民国报刊印刷中并非个例。待考。

《中法教育界》第37期（1930年11月1日出版）的《里昂中法大学之国庆及国画与学生成绩展览会之概况 参观者云集 各报均加赞扬》一文，有对此次借展里昂中法大学更为详细的记载，如“里昂中法大学历年于十月十日举行国庆时，照例开一公开大会，首由中法政教各界人士各为联络中法感情之演说，后随即继以游艺会、音乐会等，由该大学学生各尽所长以娱来宾，亦略寓使法人识知我国风俗文化之意。是日晚间复在校内或在校外举行跳舞，以资联络。本年该大学秘书长兼代理校长刘厚君，以为举行游艺会等殊不足以尽我国文化及艺术之宣传，乃向比国黎业希万国展览会中国代表团商借国画七八十幅，又复向何香凝女士、徐悲鸿君、王济远君等借得四五十幅，而该大学学生亦各出所藏，总计得国画及名人联对、屏条等共二百四十余幅，遂在该校组织一国画及里大学生成绩展览会，一以使法人认知我国艺术之为何，一以表见里大学生之成绩，意至善也。该展览会于十月十日下午三时起开幕，十一、十二两日均自上午十时起至十二时止，下午三时起至五时止为参观时间”，其中受到称赏之作包括“管平之《出浴图》，邢一峰之《花丛双兔》，陈蕃浩之《柳与八哥》，赵浩公之《菊畔只鸡》，冯逸梅之《春水织鳞》，王一亭之《传经图》，伍佩荣之《渔人晚归》及《春潮》，胡俨之《秋景》，汪采白之《山水》，徐悲鸿所画之《鸡》与《马》，高奇峰所绘之《山水》各画，孙福熙之《风景》，邓诵先之《桃花》，汤建猷之《落月》，经亨颐之《茶花水仙》，张大千之《逃禅》等”，并特别提到“有以徐悲鸿所绘狮虎等未得入目为歉者”，如果联系前述“刘大悲君将徐君作品，除在比已售去者外，搬运来法”，意即徐悲鸿的狮虎题材作品因“已售去”而未能参展，里昂观众有失眼福，是为歉。

《中法教育界》第38期的董希白《里昂中法大学本年国庆国画展览志盛》（写于1930年10月19日）所述此次国庆展，与前文略有出入和补充，如展期延期一天，为10月10—13日四天；展陈分大礼堂、A教室、B教室和阅报室四处；阅报室专陈同学成绩；A教室专陈徐作；国画包括借自比京百年世博会的“一百零几幅”、从比京谢寿康处借到徐悲鸿作品20幅、巴黎何香凝作品4幅、王济远作品 20 幅，共约 140 余幅，逐一编号，译成法文，订印说明书一千份；参观人数共约一千人，在平日清寂校园来说已算极为热闹了，报章报道亦甚热烈，“效果很大，真是出于发起人意料之外”，并有明年举办更好的国画展览会之打算——或许这就是前述徐悲鸿所谓“动机”之一吧。（图 8）

种种资料相参证，目前不能确定谢氏代徐氏在比京所办第一次个展的确切时间，存疑。但能确定的是里昂中法大学的国庆展和比京徐氏展，均发生在徐氏赴欧巡展的动议之前，因此，有理由推测，这两次展览的成绩、效果成为徐氏赴欧巡展的成功“试水”和很大助力，正如徐氏所言：“展览之初[①]，中国学生多怀疑之，嗣见法人兴会淋漓，远道登高而来[②]参观者，络绎不绝，三日之间达四千人，道路传誉，报章赞美，于是国人渐以自信。同年悲鸿个人在比京有一展览会，成绩亦佳。窃思吾国在国际间声誉日落，苟无文化宣传，外人观念，日以谬讹，而

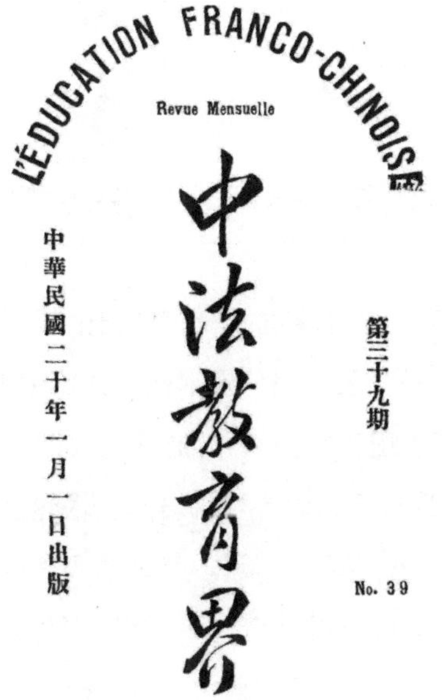


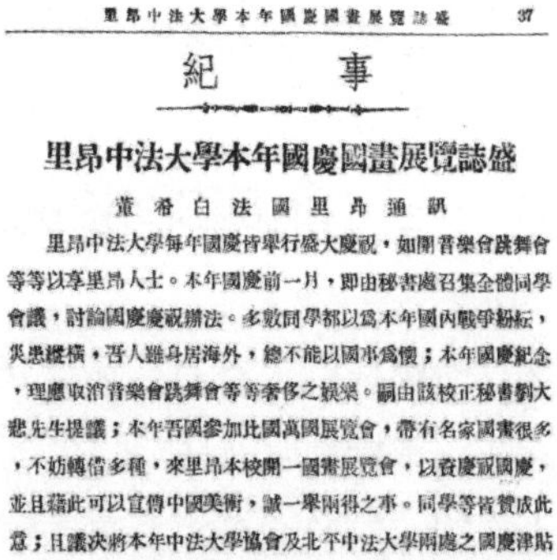
里昂中法大學本年國慶國畫展覽誌盛　37

紀　事

## 里昂中法大學本年國慶國畫展覽誌盛

董希白法國里昂通訊

里昂中法大學每年國慶皆舉行盛大慶祝，如開音樂會跳舞會等等以享里昂人士。本年國慶前一月，即由秘書處召集全體同學會議，討論國慶慶祝辦法。多數同學都以為本年國內戰爭紛紜，災患縱橫，吾人雖身居海外，總不能以國事為懷；本年國慶紀念，理應取消音樂會跳舞會等等奢侈之娛樂。嗣由該校正秘書劉大悲先生提議；本年吾國參加比國萬國展覽會，帶有名家國畫很多，不妨轉借多種，來里昂本校開一國畫展覽會，以資慶祝國慶，並且藉此可以宣傳中國美術，誠一舉兩得之事。同學等皆贊成此意；且議決將本年中法大學協會及北平中法大學兩處之國慶津貼，除去展覽會及招待來賓報界記者外，餘款[illegible]數寄回國內華北賑災委員會，救濟被難同胞。劉秘書即按照此項決議進行。國慶前數日，向比國里愛治（Liège）萬國展覽會中國部借到國畫一百零幾幅，比京中國駐比謝壽康代辦處借到徐悲鴻先生私人國畫二十幅，巴黎何香凝女士四幅，王濟遠先生處二十幅，共約一百四十餘幅。里昂中國同學私人珍藏美術品，及里昂中法大學同學歷年成績，如西洋畫，彫刻，博士論文等均一一搜集陳列。

图8 《里昂中法大学本年国庆国画展览志盛》，《中法教育界》第39期

① 指 1930 年 10 月里昂中法大学的国庆展。

② 里昂中法大学在富尔维耶尔山丘上。

文化宣传之吸引力，以美术为最宏，与人印象亦较深切。”①

徐氏比京展所得赞誉有“独具中国画风骨，夐乎莫及”，里昂国庆展法国人的反应更是“对于中国绝不希望其法国化，但望君等之中国，君等之民国，极端保其固有之特色与精神。此乃人类自由及民族独立之最大原则，谅君等必不以为不然也。甚盼君等以此原则维护东亚之文明，亦犹吾人以此原则为西方进化之干卫。倘君等果能以此等原则传布在君等国人之前，灌输于中国各项组织之内，是即酬劳吾人对于君等之信仰及里昂中法大学教育君等之善法”，至于赞誉中国美术之“高妙”，“无不称奇叹丽”，认为有四五千年文明史的中国“实为彼人之所不及”之类，② 就是锦上添花的泛泛之语了，不消说，其核心评价简直可以套用今天的“越是民族的就越是世界的”了。由这个线索梳理下来，此次巡展锁定中国现代绘画作品，要比中德展更顺理成章。

《巴》文以“由此观之，欧人对于我国之文化，不患其不能了解，不患其不能倾服，只患吾人之不能努力宣传耳”之结论结束，预留了一种可以就此方向继续作为的意向和契机，而这个机会就被徐悲鸿抓住了——如果不是双方都具备类似程度的认识，是不可能这样一拍即合，速战速决的。

## 三、直接和间接的朋友圈：投赠 + 借用 + 购选

从目前掌握的资料看，这个实际上由徐氏自主的展览，没有登报征集作品，更不存在评审标准以及环节，仅以直接、间接的画友网络，以徐氏个人南来北往一二个来回，三四个月左右聚集齐作品，正如《巴》文所言：“此次出品之征集，全由国内筹备诸君担任，而以徐悲鸿君征得者为最多，盖徐君为吾国艺术界巨擘，相与往还者，皆艺术闻人及鉴藏大家，自藏友朋投赠之作已夥，且皆非寻常笔墨，故能立即检出精作百幅，此外或向友人借用，或向各处购选，不四月，而征得近古作品四十件，当代之代表作品二百四十件”——即徐氏收藏之“友朋投赠之作”

---

① 徐悲鸿：《巴黎中国美术展览会》，载王震编《徐悲鸿文集》，上海画报出版社 2005 年版，第 58—59 页。

② 以上参见《里昂中法大学之国庆及国画与学生成绩展览会之概况 参观者云集 各报均加赞扬》，《中法教育界》1930 年第 37 期。

约“百幅”，再加上徐作，已颇具规模，以此为基础，再各处借用、购选，不到四个月完成了略小于“中德展”规模的征集。徐希一《徐悲鸿与国际艺术运动》一文有“常人征画，皆用情面，此次徐氏先集资向各画家致送画润，画家感其诚，自愿选其最精作品，故此次携往之品，极能使人满意”等语，这大约即是“投赠”之外“购选”的部分。另有“三百余件”的说法，再加上下文刘厚《巴》文的几个参展作品数字，徐氏携带作品应在三百件左右，没有确数。另据 1933 年 12 月 11 日徐悲鸿致吴南如函称：“弟现有画大小三百余幅”“中有唐大李将军画一，宋人画卷一，宋人册页十二，元人画二，明人画三，清初人画五，清代大家画三十，近人画二百五十”[①]等，大致规模应不差太远?!

用徐氏自己的话来说：“乃约同宁苏平沪之美术团体及美术家，集中作品，决做欧行，罗家伦、颜文樑、汪亚尘诸先生皆力助其成者也。”[②]显然，比征集更准确的说法是“约同”，依赖的力量除了徐氏直属部门长官罗家伦，圈中好友则为苏州颜氏和上海汪氏，对于苏沪这两处中国画重镇，显然颜、汪比徐有着更深广的交际，此为其间接朋友圈，而身居宁地的徐氏自己，又始终与北平一地有着长期不间断的往来，宁平两地无疑为其直接朋友圈。大体原则是，尽量兼顾各派，每派代表画家件数多些[③]，所谓“南方则粤派，长江则南京、上海、苏州各派，北则北京、四川、湖南等省，皆有代表作品”[④]。因该展对内对外宣传不用政府名义，只是几个学术团体如中央大学、中法大学、中国画会、苏州美专、新华艺专等[⑤]之学术性联合展，所以，这样的征集办法自始至终均无可厚非。而所谓“教育部又委为赴法举行展览会专员”[⑥]“教育部以余赴欧之便，畀以考察美术名义”[⑦]等等，不过

① 纪清彬选编：《徐悲鸿赴苏举办画展史料》，《民国档案》2002 年第 2 期。

② 徐悲鸿：《记巴黎中国美术展览会》，载王震编《徐悲鸿文集》，上海画报出版社 2005 年版，第 59 页。

③ 徐悲鸿：《在全欧宣传中国美术之经过》，《美术生活》1935 年第 8 期。

④ 见 1933 年 11 月 24 日徐悲鸿致吴南如函，纪清彬选编《徐悲鸿赴苏举办画展史料》，《民国档案》2002 年第 2 期。

⑤ 徐悲鸿：《在全欧宣传中国美术之经过》，《美术生活》1935 年第 8 期。

⑥ 徐希一：《徐悲鸿与国际艺术运动》，载王震编《徐悲鸿年谱长编》，上海画报出版社 2006 年版，第 116 页。

⑦ 徐悲鸿：《在上海六团体宴会上的讲话》，载王震编《徐悲鸿文集》，上海画报出版社 2005 年版，第 65 页。

是虚名，并未得到些许承诺。

参展 180 件[①] 现代作品分别来自：彭汉怀、郑曼青、郑伯、郑午昌、滕白也、方药雨、冯超然、高飞、高奇峰、江新、黄宾虹、胡佩衡、胡汀鹭、许士骐、许竹珊、许工华、贺天健、李祖韩、李秋君、凌直支、林风眠、吕凤子、刘海粟、吴仲熊、吴湖帆、吴待秋、吴秉彝、吴似兰、王一亭、王梦白、王贤、王传焘、王师子、汪东、汪亚尘、汪英宾、潘天授、沈乙斋、商笙伯、宋君方、宋芝宜、萧厔泉、萧谦中、谢公展、周湘、张善孖、张聿光、张大千、张红薇、张光宇、张坤仪、张书旂、张天奇、张琴、张钟萱、陈树人、陈半丁、陈小蝶、陈摩、陈封可、诸闻韵、朱应鹏、钱瘦铁、经亨颐、齐白石、秦淦、汤定之、颜元、俞寄凡、叶季英、徐悲鸿。共计 71 人，较大程度地涵盖了多地域、多画派，其中约四分之一画家的名字较为“偏僻”，且有一些非专业画家。最不可思议的是，“刘海粟”大名也赫然罗列其中，揣测刘作的来源应较间接，但徐氏能够容纳之，也属大度了，毕竟，“中德展”是绝无徐悲鸿的！

## 四、勉力而行迎来柳暗花明

1933 年 1 月 28 日，徐悲鸿携画 7 箱，携蒋碧薇和张溥泉之子张琨、之女张瑛及滑田友，“由沪启行”[②]，3 月 3 日抵马赛，刘厚来接，3 月 4 日到巴黎，此时李石曾恰好也来巴黎，见面商谈后，李氏匆匆赴瑞士，旋即不别返国，行后致函略谓：“我即日回国，展览事情与顾维钧公使接洽。最好请顾夫人主持。不足之款项，由我在国内寄汇”[③]，当徐氏特赴瑞士面见顾公使时，顾表示不知此事[④]且使馆经费支绌，无能为力。关于李氏的食言，徐悲鸿曾屡屡表示不满。还未出国前的 1933 年 1 月中旬，访问北平的徐悲鸿就曾听盛成说：“此事甚好，想必也是你多年奋斗的愿望，可是李石曾是非常靠不住的。”[⑤] 初到法国的徐悲鸿的确是立即领略

① 刘厚：《巴黎中国画展之经过》，《中法大学月刊》第 4 卷第 5 期。
② 徐悲鸿：《记巴黎中国美术展览会》，载王震编《徐悲鸿文集》，上海画报出版社 2005 年版，第 59 页。
③ 王震编：《徐悲鸿年谱长编》，上海画报出版社 2006 年版，第 117 页。
④ 同上。
⑤ 同上，第 115 页。

了盛成的预估，满心以为“经济当然由李石曾先生筹措（事前已有预算）”，事实却是“负经济之责者，原自有人，讵待悲鸿抵法时，其人已东归，几临此会于绝境”，于是，仅有一千余法郎的徐氏夫妇，一时间陷于度日尚难，办展更是“随时可成画饼”[1]的境地。

因经费无着落，故“一切进行，感受无限困难，幸北平中法大学电汇两千元，顾公使及夫人各捐一千余，方得勉强布置一切，未爽法人之约”（《巴》文），其经过之艰难，可想而知。

徐悲鸿曾在巴黎展结束后，撰文《记巴黎中国美术展览会》详述展览经过，其中专设“经费举告”一节，大致为：（1）该展原定全会预算为三万华金（约十万法郎），等到真正开始筹措，方知一切紧张，“致个人生活，皆向友人告贷，惟倾全力于画展之成”；（2）出国前为征集作品奔走南北，加上出国旅费、运费等项，凡7000元；（3）从马赛到巴黎运费1500元；（4）为宣传租用巴黎繁华地段旗杆20根（每根60元）+巴黎每月破土税60元+制旗30面（每面12元）+大张广告100张（每张5元）+装框500元+摄制费700元+助理酬金共1000元+八个月车资邮电费1700元+刘厚薪金共1500元；（5）归国川资5000元；（6）徐氏夫妇每月生活费600元，按10个月算共计6000元。其中得到政府补助10000元，顾氏夫妇捐助2000元，中法大学前后赞助4000元，农工银行贷款4000元等等，所谓“实力之扶助，无过于教育部财政部”“致谢意于朱家骅、宋子文、王世杰三先生，及中法大学当局与顾少川先生及顾夫人”。徐氏在1934年归国后所撰《在全欧宣传中国美术之经过》一文，是对整个巡展结束的时间点的回顾，再将此段经济困顿描述为：“此时最困难是经济，虽有顾维钧先生、夫人以及中法大学之助力，终不济事，直至巴黎画展闭幕三日才得到中国政府一小部分补助，以及今年归来，仅蒙最少数友人救济，其岁糜国人巨款，号称文化基金之任何机关，皆未有一文之助，凡我国民，请皆注意于此点也！”[2]前后叙述还是可以看出感激程度之变化的。在《巴》文中，关于接受的经济帮助，表述略有不同且更为详细一些，诸如：“倘非北平中法大学及驻法顾公使及其夫人之及时援助于

① 徐悲鸿：《巴黎中国美展开幕前》，载王震编《徐悲鸿文集》，上海画报出版社2005年版，第57页。

② 徐悲鸿：《在全欧宣传中国美术之经过》，《美术生活》1935年第8期。

前，蔡孑民、吴稚晖、李石曾、褚民谊、叶玉虎、李圣章、陈树人、李润章、高奇峰、刘海粟诸先生等之提案接济，复经朱家骅、宋子文、王世杰诸先生之实力扶助于后，则此次之画展，恐仍成为画饼，亦未可知。政府虽批准津贴二万元，至今尚只拨给半数①，致筹备主任徐君，现②犹负债累累”云云，二人说法相较，徐氏省略了中间一票人为之提案环节，特别是这个环节中还包括刘海粟，或许徐氏对这一票人的帮助并不认可，但是临时且及时的补拨接济款，到底是何程序，目前尚无资料可以凭证，不敢妄加揣测。总之，无论如何，上述种种，可以称得上捉襟见肘，勉力而行，所谓“数月来之生活皆赖借贷维持，特因宣扬中国文化而出。各国既请，无由拒绝，内情实至困迫，多留一日，负债必增加”。③不过，从结果来看，多少应验了“有志者事竟成”之古训，千难万难，一一迈过，山穷水尽处，到底还是一片柳暗花明。

## 五、“巴黎展”概况

据《巴》文，堡姆美术馆有租、借两例，租用费为每月三万法郎，借用的条件则是以门票收入相抵，在资金紧张、无法预付三万法郎租金，又对展览结果殊无把握的情形下，徐悲鸿、刘厚选择了借用，结果门票（每张 5 法郎）及目录册（共售 3000 册，每册 10 法郎）两项收入约在十五万法郎以上，但可惜如此丰厚的收入因“借”用场馆而大多归入法国国库，在徐、刘一方，可谓大受损失。

该馆分上下两层，该展在上层举行，分古今两部分陈列，自左至右依次为极古画、近古画和当代画。所谓当代画即为前述 71 家之 180 件作品，分布于右侧三大间；近古画指徐悲鸿带来之任伯年、沈南蘋、禹之鼎、钱载、张夕菴、季谷、徐达章诸家作品 11 件，专陈一室，作为古今美术之过渡；极古画为自唐至明清作品，此部分由法国人负责商借，有卢浮宫、吉美两博物馆馆藏，以及法比各

① 1933 年 11 月 24 日徐悲鸿致吴南如函亦有“乃弟来欧并不受各方补助，政府通过协助法京中国画展两万金，仅寄一万余，一万尚无希望”之语。纪清彬选编：《徐悲鸿赴苏举办画展史料》,《民国档案》2002 年第 2 期。

② 成文于 1933 年 9 月，所谓“现”，至少指在此之前。

③ 见 1933 年 11 月 24 日徐悲鸿致吴南如函，纪清彬选编《徐悲鸿赴苏举办画展史料》,《民国档案》2002 年第 2 期。

藏家收藏，如卢芹斋所藏12片宋代壁画、伯希和所藏11幅敦煌古画、比利时藏家Stoclet所藏唐代《狂醉图》等70余幅，其中不乏极珍贵和精彩之作。（图9）

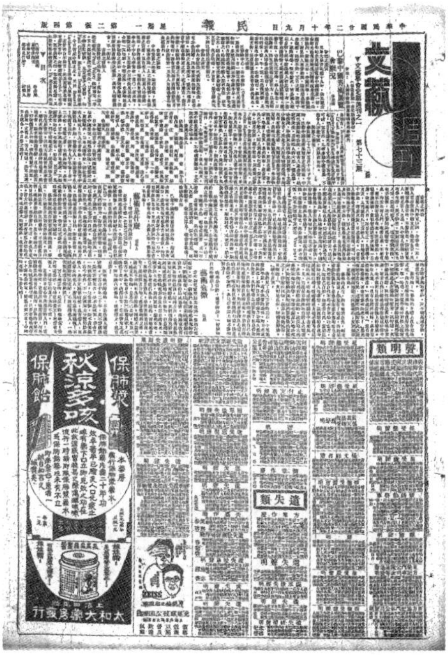

图9　徐悲鸿:《巴黎中国美术展览会概况》,《民报》1933年10月9日

该展于1933年5月10日下午3时开幕，中国驻法领事馆顾维钧公使及夫人、萧参事、谢秘书、李总领事，中法工商银行中国代表刘符诚，法国教育部长、美术次长、各博物馆馆长、美术视察员、各界名流、各报记者及美术家等二千余人，此外尚有中国留法学生二百余人等参加开幕式。原定展览一个月，后两次延期，共展45天，于6月25日闭幕。关于收获外媒评论，《巴》文称“二百余篇”，徐氏自称“三百几十篇”，进而称“为数八千万张左右”[①]——包括刘海粟的“中德展”及欧洲巡展在内，这种由当事人所作的数据统计以及叙述、转译的外媒报道，其全面性和真实性往往需要注意，类似“凡宣传文化，亦必要充实经济力量，方能收效美满，此次诸同志之创此展览会，虽各具沟通文化之宏愿与牺牲精神，然有时困于资斧，困难丛生，交际既不自由，布置亦因之陋简，局外人将谓同人做事不力，殊不知因此所受之痛苦，真难以言语形容”[②]之类的记述或许别具参考意义——我们并非意图抹杀徐、刘在外宣扬中国美术之功绩，只是提示：在有些言过其词的溢美之外，需要保持客观、冷静的审视。（图10）

鉴于收入甚丰（甚至超过了1929年日本政府在此所办画展的十万法郎），该馆馆长于闭幕前向法国政府提议购藏此次展品若干幅，以便在该馆内辟一中国画

① 徐悲鸿:《在全欧宣传中国美术之经过》,《美术生活》1935年第8期。

② 刘厚:《巴黎中国画展之经过》,《中法大学月刊》第4卷第5期。

专室，俾与日本画专室并立，此提议很快得以实现，有 12 幅作品进入该专室，计王一亭《达摩》、齐白石《棕树》、经亨颐《兰石》、徐悲鸿《古柏》、张大千《荷花》、张书旂《桃花》、陈树人《芭蕉》、郑曼青《墨葵》、张聿光《翠鸟》、方药雨《小鸟》、高奇峰《帆船》及汪亚尘《消夏》，涵盖人物、花鸟、翎毛、风景等门类，此为中国现代绘画在国外美术馆开辟专室陈列之第一次。（图 11）

图10　刘大悲、冯延安合译:《中国画展在巴黎之舆论》,《民报》1933年10月2日

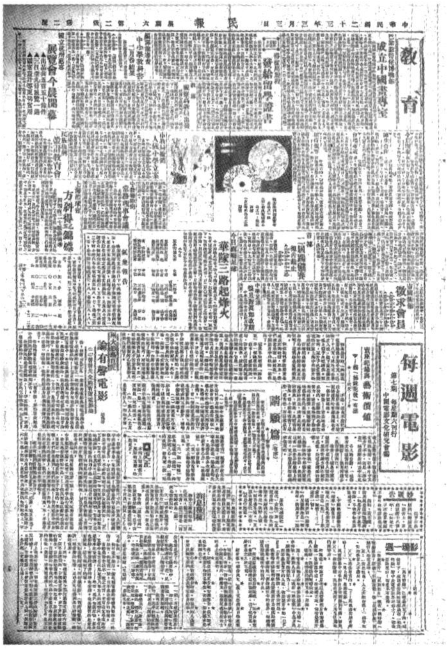

图11　《巴黎惹得堡博物馆成立中国画专室》,《民报》1934年3月3日

## 六、所“巡”之展

巴黎展后，此展开始了其“巡”之旅。“巡”之前，先于 1933 年 6 月穿插了一次比京徐氏第二次个展，此次个展应该不必等到巴黎展闭幕后即可办成，因为巴黎展中，徐氏并未私自增加自己作品，所谓“展览时徐君尤谦逊不已，遗地于

人，自陈甚少”[①]，而其自带作品及由谢寿康等经手的作品应该不少，足够另立展览之用。

巴黎展中至展后，英国、西班牙、意大利、德国等均有邀请的表示。

比京个展后，接下来是1933年11月16日至12月3日在柏林德国美术会举办之个展，展览期间正是刘海粟启程来德之时，颇有意思的时间点！此个展在德国境内颇具反响，又被力邀于1934年2月19日始在法兰克福国立美术馆展览两周。

如果说徐氏个展不能算是严格意义的巡展，那么巴黎展后之米兰展则是真正意义的巡展。这个由沈宜甲、卢芹斋帮助促成的展览，自1933年12月19日至1934年1月19日在米兰皇宫举行。

当徐氏正在积极准备罗马展时，接到莫斯科来催，希望赶在苏联五月一日大检阅仪式前后举办展览，这也是苏联气温最舒适的季节，再加上所有费用由苏联对外文化协会承担，又于归国颇为便利，是故忍痛放弃预定1934年3月15日开幕的罗马展以及相近时间的英伦展，转而赴苏。

关于赴苏巡展，更具体的情况可以中国第二历史档案馆藏相关27封信函为重要参考。这批信函最早为1933年6月21日徐悲鸿致王宠惠函，可知赴苏起于驻苏大使颜惠庆的积极意愿。后，颜氏委派吴南如接洽此事，从吴氏与徐悲鸿自1933年7月14日至1934年8月17日的互通信件中，可知细节诸如：（1）“中法展”中古画部分，多在法、比就近借取陈列，展后就地归还，徐悲鸿所能带往苏联展览的古画只有从中国携出的宋、元、明古画十余幅及任伯年画20幅。（2）徐氏携欧当代作品约300件，“中法展”只陈列了150件，其中齐白石、王一亭、陈树人、经亨颐及徐悲鸿自己皆选多幅，其他选择考虑派别、地域或新倾向等因素。（3）除“中法展”外，各处展览寄运各费为最大项，均由对方负责。（4）苏方担任自苏联西边国境至莫斯科之画件运费及两人旅费，担任在画展期间两人在莫斯科之食宿费，担任闭会后自莫斯科至海参崴之运费及两人旅费。[②]（5）徐悲鸿曾

① 刘厚《巴黎中国画展之经过》所译法国艺术评论家甘米莫克雷发表于《斐加和画报》之评论文章《中国美术家徐悲鸿》。

② 见1933年12月19日吴南如致徐悲鸿函，纪清彬选编《徐悲鸿赴苏举办画展史料》，《民国档案》2002年第2期。

再三坚持请高尔基为展览撰文，苏方以“高尔基系文学权威而非美术权威，恐从专家眼光看来，转非所宜，苏方自有头等美术专家，当请其为目录写文”等辞婉拒。[①]（6）苏方希望徐氏就自己的艺术历程及中国现代美术情形发表一次演讲。[②]（7）徐氏一行于 1934 年 4 月 10 日由意大利热那亚（Genova）乘苏船 Bulgazia 号启程，于 4 月 22 日抵达乌克兰敖德萨（Odesa），约 4 月 28 日抵达苏联边境。[③]（8）此时期由意大利赴苏的新闻学家戈公振（一年多之后即去世），为该展亦做过不少具体工作。[④]（9）在符拉迪沃斯托克（旧称“海参崴”）乘船离苏。

1934 年 5 月 7 日于莫斯科红场历史博物馆举行中国画展，盛况自不必说。之后又于 6 月 19 日至 7 月 19 日巡展列宁格勒艾尔米塔什博物馆，该馆选定 12 幅展品作为永久收藏，莫斯科方面决定赠送中国 19 世纪以来苏联现代名家名作 13 幅，徐氏则捐赠莫斯科美术馆现代名家齐白石、张大千、陈树人、王一亭等 15 幅作为回赠。

依据徐氏自述，“此次出外举行中国画展，曾在世界最文明之法、比、德、意、俄五国展览七次，成立四处‘中国近代美术专室’于各大博物院及大学”等，实际上，巴黎展、米兰展、莫斯科展和列宁格勒展为真正意义的巡展，布鲁塞尔、柏林和法兰克福为徐氏个展，公私相加为七次，而所谓四处专室，只见徐氏提及巴黎、莫斯科和列宁格勒三处，另一处未提及，如果另一处是“大学”，便只有法兰克福个展是由法兰克福大学中国学院邀请，若设立专室，也定是这所大学了。

1934 年 8 月 17 日晨，徐氏夫妇乘“皇后号”绕道日本抵上海新关码头。

至此，大幕将合，偃旗息鼓……

---

① 见 1934 年 2 月 2 日吴南如致徐悲鸿函，纪清彬选编《徐悲鸿赴苏举办画展史料》，《民国档案》2002 年第 2 期。

② 见 1934 年 2 月 16 日吴南如致徐悲鸿函，纪清彬选编《徐悲鸿赴苏举办画展史料》，《民国档案》2002 年第 2 期。

③ 见 1934 年 3 月 30 日徐悲鸿致吴南如函，纪清彬选编《徐悲鸿赴苏举办画展史料》，《民国档案》2002 年第 2 期。

④ 《民国档案》2002 年第 2 期纪清彬选编《徐悲鸿赴苏举办画展史料》中多封信函有所提及。

# 余 论

1932 年 10 月 15 日，有极隆重之上海市政府主办“刘海粟欧游画展”开幕，上海市市长吴铁城撰序，并于 10 月 26 日展览结束后出面大宴宾客以庆祝；《新时代》1932 年第 3 卷第 3 期刊登曾今可撰文《刘海粟先生欧游作品展览会序》，中有“国内名画家如徐悲鸿、林风眠……等都是他底学生”之语，该文并刊于 1932 年 10 月 21 日《艺术旬刊》第 1 卷第 6 期；1932 年 11 月 3 日《申报》刊登《徐悲鸿启事》，申明自己不是刘氏学生，谩骂上海美专为野鸡学校；1932 年 11 月 5 日《申报》刊登《刘海粟启事》以回应，以及《曾今可启事》以辩解；1932 年 11 月 9 日《申报》刊登《徐悲鸿启事》再次重申和回击；1932 年 11 月 26 日第 7 卷第 47 期《生活》杂志刊登邹韬奋《漫笔》，客观评价徐刘之争中之局中人、围观者和捧角者；1932 年 12 月 17 日曾今可再度撰文《从艺术说到刘海粟与徐悲鸿》发表于《新时代》1933 年第 3 卷第 5—6 期，再度为自己辩解；又，《青年战线》（南京）1933 年第 5 期发表高美撰文《论刘海粟与徐悲鸿之混战》……

算起来，这场火力集中的“混战”正值徐悲鸿从“中德展”筹备中分离出来，埋头准备中法展时期，关于这场“混战”需另撰专文详论，这里提及亦非好事，只因确系赴欧巡展的一大背景。人无完人，笔者无意做任何道德评价，只是陈述事实，并希望从事实中见到活脱脱的“人物”。

可以说，徐刘交恶的根本是艺术观和教育理念的分歧，但同样的分歧似也存于徐悲鸿与林风眠之间，却未曾闻见丝毫火药味，从这个层面而言，又是性情使然。艺术追求的分歧加上强烈而张扬的性格冲突，历史为我们的“民国观看”准备了年龄仅相差一岁的徐、刘！

需要注意的是，两个赴欧巡展，从参展画家到画作，并未体现二人的艺术观，而是杂糅了新与旧、传统与融合等各倾向，哪怕是徐悲鸿自主的“中法展”，也丝毫不比有众多筹委的“中德展”更具倾向性，这对外国人来说或许不是问题，而对于我们的期许来说，只能说，两个巡展都不算有态度有倾向的主题展，杂凑的成分都是有的。这种理论与实际的不匹配，不仅存在于这样的展览中，也存在于他们的创作与教学中，即实际操作层面总是不如“理论”那么绝对，或大或小地，总是有一定的宽缓余地。

身居 20 世纪最著名画家、美术教育家、美术理论家之列的徐悲鸿和刘海粟，同样在办展方面有着极为突出的表现，成为他们艺术历程中不可分割的部分，与其他方面互为补充，丰富了我们对他们的认知，不可或缺。

一次烦冗而艰难的梳理终于可以停笔。正值戊戌中秋。月明星稀夜，清茶一杯，这些人，那些事，翻着，辨着，品着……

# 徐悲鸿与巴黎“中国美术展”，1933

孙淳美
台南艺术大学

**摘　要：** 巴黎市立亚洲艺术博物馆自2011年策划的“中国艺术家在巴黎”展出了馆方暨法国公立收藏的80余件现代中国艺术家作品，并于2014年巡回至香港展览。中国艺术家在20世纪初开始渡欧学习美术，特别是20世纪20—50年代留学法国，其中，大多数在第二次世界大战的欧战爆发前，返回中国，亦有少数终老巴黎。可以说是尚未被真正评价过的，一个“被忽略”的巴黎画派。在巴黎，第一次具规模的“中国美术”展览，于1933年5—6月，于巴黎协和广场边、杜乐丽公园的国立网球场现代美术馆举行，开幕后引起颇大回响，不达旬日，参观人数便超过1.2万人，展览因而比原定期程稍为延长，至当年6月底结束。该展的主要作品征集、策划，是留法的艺术家，时任中央大学艺术系的主任徐悲鸿（1894—1953）。该展举行时，法国的艺评家莫格雷（Camille Mauclair，1872—1945）曾撰写专文评论，策展人徐悲鸿甚引为重。与该展同时，巴黎仍聚集了为数不少的年轻中国艺术家，如常书鸿（1904—1994）等，曾于前一年（1932）耶诞前夕组成“中国留法艺术家学会”。对法国而言，1933年的“中国美术展”，是两次世界大战期间，重要的欧亚艺术交流活动之一（稍早1929年，同一展馆举行过“日本现代美术展”）。该展览也引起了中国留法艺术家前后世代交替之间不同的反应。回顾1933年巴黎的“中国美术展”，或可观察欧亚现代艺术交流与传播的问题，及其过程的歧路分途。

**关键词：** 莫格雷　中国美术展　梵乐希　徐悲鸿　常书鸿

关于欧亚现代文化的交流探讨，大多关心欧洲的现代艺术，如何传到了亚洲，如何影响了亚洲的艺术家，比较集中的研究焦点，多在 20 世纪初的日本。中国现代艺术的萌芽，曾借径明治维新后的日本，民国成立以后，尚有留欧的艺术家见证了这一段东西艺术交流的面貌。2011 年秋，巴黎市立亚洲艺术博物馆（Musée Cernuschi）策划的《中国艺术家在巴黎》展出了馆方暨法国公立单位收藏的 80 余件现代中国艺术家作品。[①] 这些艺术家在 20 世纪初开始渡欧学习美术，特别是 20 世纪 20—50 年代留学法国，其中，大多数在第二次世界大战的欧战爆发前，返回中国，亦有少数于日后终老巴黎。可说是尚未被真正评价过，仍是一个"被忽略的巴黎画派"。

然而，这不是第一个出现在巴黎美术馆的现代中国艺术展览，2011 年展出的作品，是 20 世纪陆续出现在巴黎的展览中，被典藏入法国的博物馆旧藏。早在 20 世纪 20 年代，主要由中国留法"勤工俭学"的艺术学生林风眠（1900—1997）、刘既漂（1900—1992）等组织的"霍普斯会""美术工学社"，曾于 1924 年在法德边界的史特拉斯堡（Strasbourg）共同发起过"中国美术展览会"，适逢前北京大学校长蔡元培卸任后再度赴欧，蔡受邀出席 1924 年 5 月 21 日史特拉斯堡展览开幕，发表演说并为文作序，展出作品包含历代中国传统书画、器物，现代如林风眠、徐悲鸿（1894—1953）、刘既漂、王代之（1903—？）、方君璧（1898—1986）、曾以鲁（1896—1964）之绘画，另有吴待（吴大羽 1901—1984）、李淑良（笔名李金发，1900—1976）之雕塑，为一次古今并陈及留法艺术家一时之选的展览。此次展览中的工艺作品，复于次年（1925）巴黎万国博览会中举办"中国现代工艺展"，

---

① 展览时间为 2011 年 9 月 9 日至 12 月 31 日，展出 20 世纪 20—50 年代留法艺术家作品，含油画、版画、素描、雕塑共 87 件，详见 Eric Lefebvre, *Artistes chinois à Paris, 1920—1958 de Lin Fengmian à Zao Wou-Ki*, Musée Cernuschi, Paris, 2011。此展览于 2014 年巡回至亚洲："巴黎·丹青——二十世纪中国画家展"，香港艺术馆，2014 年 6 月 20 日至 9 月 21 日。

然彼时尚未引起巴黎文化界广泛的关注。[①]

第一次由法国官方主办的巴黎“中国美术展”，于 1933 年 5 月 10 日，于巴黎协和广场边、杜乐丽公园的国立网球场现代美术馆（Musée du Jeu de Paume，今国家当代艺术馆）开幕。（图 1）1933 年的巴黎“中国美术展”览，亦同步发行法文图录，开展后颇引起回响，不达旬日，参观人数便超过 1.2 万人，展览因而比原定期程稍为延长，至当年 6 月底结束。[②] 该展的主要作品征集、策划，由留法艺术家，时任中央大学艺术系主任的徐悲鸿担任。徐自 1927 年春告别巴黎留学生活，返国发展。历经 1929 年的第一次“全国美展”，与徐志摩等文艺人士掀起笔战，徐悲鸿独排众议，批评毕加索、马蒂斯等现代艺术流派。另外，徐也积极与法国艺术界联系与交流。对他而言，除了向国内推介法国学院艺术的传统，还要向法国介绍中国艺术的现代面貌。

图1 《巴黎—中国美术展》图录，[ 法 ] 国立网球场现代美术馆，1933年版

## 一、1933年巴黎“中国美术展”缘起

第一届“全国美展”次年（1930），位于法国里昂（Lyon）的中法大学

① 蔡元培：《中国美术展览会作品目录序》，《晨报附刊》1924 年 8 月 5 日第 4 版。另参见李风《旅欧华人第一次举行中国美术展览大会之盛况》，《东方杂志》1924 年第 21 卷第 16 号，第 30—36 页。1925 年于巴黎的“中国现代工艺展”，为同年巴黎万国博览会“国际装饰艺术暨现代工业展 Exposition internationale des arts decoratifs et industriels moderns，1925”的“中国馆 Section de Chine”，英国学者柯律格（Craig Clunas）认为“霍普斯会”与“美术工学社”成员与中国驻外代表间，存在着左、右路线的矛盾，致使展示作品风格保守，参见 Craig Clunas，“Chinese art and Chinese artists in France”，*Arts Asiatiques*，vol.44，1989，pp. 100-106.

② 此处依该展中方策展人徐悲鸿最早出现在上海的《艺风》月刊专文。参见徐悲鸿《巴黎中国美术展览会》，《艺风》1933 年第 1 卷第 11 期，第 72—76 页。

（Institut Franco-Chinois）于双十国庆曾举行一次中国绘画展览，参观者众。[1] 徐听闻后，与策展人中法大学驻法代表刘厚（刘大悲，1894—1984）隔海商议，筹划是否可于巴黎举行另一次展览。里昂展与该展中的部分作品，便成了徐悲鸿笔下巴黎中国美术展览会的“远因”。依据董希白（1906—1974）于1930年底发表在《中法教育界》月刊的越洋通讯，里昂的中国绘画展作品，借自比利时该年列日（Liège）万国博览会的“中国部”约百余幅，另中国驻比京代办谢寿康（1897—1974）分别从国内的徐悲鸿、王济远（1893—1975）处各借得私人图画20幅、巴黎何香凝处4幅，并展出里昂中法大学中国同学作品、收藏品，计有国画、西画、雕刻及论文等。计有国画管平《出浴图》、高奇峰《散步归来》、邢一峰《花中兔》、赵浩公《鸡在菊花中》、冯逸梅《鱼游水中》、王一亭《授经图》及徐悲鸿所画鸟兽“专列一室”（展场分AB两室），国画另有汪采白、张大千及伍佩荣诸家作品；留法学生虞炳烈有《国民政府建造图》《巴黎大学区中国学舍图》及王临乙、吕斯百、常书鸿三人的炭笔画。谢寿康与徐悲鸿同为留法“勤工俭学”旧识，曾在巴黎Rue Sommerard比邻而居，亦为“天狗会”成员，可见徐悲鸿受里昂国画展成功的鼓舞，兴起在巴黎展览的雄心。

La peinture chinoise au musée du Jeu de Paume

图2　法文《上海日报（Journal de Shanghai）》1934年2月25日刊载，徐悲鸿《古柏》，彩墨，1933年（现藏[法]，国立网球场现代美术馆）

经过一番努力，徐悲鸿总计征集了约70位中国现代艺术家的180件作品赴法国巴黎展出，其中含他自己的15件如寓言式的《九方皋》、写景《古柏》（后者展后被法国购藏）。（图2）当中有一半是19世纪末出生，活跃于上海、苏杭或南京等地者，如周湘、张聿光（8件）、张光宇、刘海粟，潘天授（4件）、吴

① 董希白：《里昂中法大学本年国庆国画展览志盛》，《中法教育界》1930年12月第38期，第37—42页。

湖帆、江新、陈小蝶、王一亭（8件）、吕凤子（5件）、黄宾虹等，亦有活跃于平津的齐白石（19件）、陈半丁，四川张大千（8件）、张善孖兄弟，岭南画派的高奇峰、陈树人（8件）等，作品较多的还有张书旗（8件）、经亨颐（10件）等。法国主办方于展览结束后分别购藏了齐白石、张大千、高奇峰、陈树人、徐悲鸿等12位艺术家，每位各1件作品。不过，与徐悲鸿前后的留法艺术家，被邀请展出者只有常玉、林风眠、汪亚尘等少数几位，从图录中亦看不出展品包括油画或雕塑等类型的作品，毕竟该展的法文标题中 Peinture Chinoise 意味着“中国绘画”。①

徐悲鸿最引为可贵的“画展赞助之最有力者”，乃法国象征主义诗人梵乐希（Paul Valery，1871—1945）抱病为该展图录作序。② 彼时梵乐希已是法兰西学院院士，此前一年并加入法国国立博物馆咨询委员会。该序文写作时，诗人尚未见过展出作品，梵乐希仍以充满诗意的笔调，期许巴黎“中国美术展”能一新欧洲人耳目，扫除过去对中国艺术只是好奇、异端与怪物，或总是巧妙与珍奇的偏见。梵乐希认为现时代的艺术“蕴含着最微妙的诗意，拥有最丰厚资源的大胆技法”：

> Cet Art est de nos jours estimé l’égal des plus hauts：on accorde qu’il joint à la poésie la plus delicate et la plus hardie les ressources de la technique la plus savante.

他赞赏参展的这一代青年艺术家们，虽在中国历经近百年动荡，仍能在很短的期间内了解、吸收欧洲艺术作品，就某方面言，他认为这些艺术家仿如具备了两个传统：中国的、欧洲的。他譬喻如同中世纪的艺术家们发现古希腊作品时，被启发的精神觉醒。他认为这个差距，在现代，意味着比较不同的文化、习性、经验或品味之间的差别，存在着“更深层的不协调的分辨”：

---

① *Exposition de la peinture chinoise*, Musée du Jeu de Paume, Paris, mai-juin, 1933.

② Paul Valery, “Quelques mots au sujet de l’Exposition des peintres chinois”（关于中国美术展的几句话）, *Exposition de la peinture chinoise*, ibid., pp. 5-6。徐悲鸿原欲请前法国高等美院校长 Albert Besnard（倍难尔，另译作贝奈尔，蒋碧薇：《蒋碧薇回忆录》）作序一篇，奈何时年高龄86岁的倍难尔因感冒作罢。徐悲鸿：《巴黎中国美展开幕前——致国内出品者》，载王震编《徐悲鸿文集》，上海画报出版社2005年版。

…il s’ agit de la resolution d’ une dissonance plus profonde que celles qui resultent d’ une difference de culture ou d’ habitudes ou d’ experiences ou de gout.

梵乐希的序文以象征性的文学语言，期许中国的现代艺术与欧洲文化间发生碰撞产生火花。然而，法国主办方国立网球场现代美术馆的馆长 André Dézarrois（1889—1979）的展览策略则非常具体：以艺术考古的方式展示了法国的中国古代艺术品收藏实力，分别借自卢浮宫与赛努斯基博物馆（Musée Cernuschi）的藏品，含唐宋元明各代及敦煌考古经幡等，所以汉学家萨耳（Georges Salles，1889—1966，时任罗浮宫东方艺术部主任）及敦煌学者伯希和（Paul Pelliot，1878—1945）亦列名策展团队中，萨耳并于图录中为文介绍中国历代绘画，徐悲鸿则另文介绍现代的中国绘画。徐悲鸿与法国主办方交涉几经波折，他认为网球场博物馆的 Dézarrois 馆长“其气殊傲”。一方面，徐氏认为将历代中国古画与今人作品同展，徒增“吾人感觉最困难地位，乃与吾卓绝之唐宋杰作并列……未易几及”；另一方面，徐亦不满意法方商借的欧洲私人藏品水平，认为品相良莠不一，且伪作亦多。徐氏所称道者，一是法国艺坛人士、旧雨新知的热心襄助，再是展览获得热烈回响，展期前后 45 天，观众“入门统计凡三万余人”，图录增印至三版。[①]

## 二、巴黎“中国美术展”回响

其实，以今视之，中法双方的展览策略是互补的，因法国国立网球场现代美术馆正式名称为“巴黎国际与当代艺术博物馆”（Musée des Ecoles Etrangères et Contemporains A Paris），而为什么徐悲鸿感觉 Dézarrois 馆长气傲呢？ 肇因始洽展时，Dézarrois 便告知徐悲鸿等人，馆方曾于 1929 年举办过同性质的“日本美术展览会”，获致极大成功，该馆盈余达 10 万法郎。（图 3）该展览网罗日本的“当代古典学派”，原是经过明治晚期冈仓天心（1863—1913）改革之后的“日本

① 徐悲鸿：《巴黎中国美术展览会》，《艺风》1933 年第 1 卷第 11 期，第 74 页。

画”，讲究色泽华丽、构图典雅，本就容易讨好一般西方人士。然而，20世纪30年代的法国，大多数人可能熟悉“浮世绘”，尚未必了解“日本画”的来龙去脉，面对“浮世绘”，不免有着异国情调的视觉魅力（梵乐希序文中亦曾提到“牵涉生理学时，视觉本身岌岌可危”[①]）。而面对中国艺术则不然，透过丝路贸易，欧洲人很早就接触中国艺术品。远的不说，时任卢浮宫亚洲艺术部主任萨耳在《中国美术》展览图录中所撰专文，在2页“中国绘画”的一般性介绍概说之后，续以5页篇幅详细解释自汉代、三国、隋、唐、宋、元、明、清等历代画家、流派、作品发展等断代说明，足见法国汉学界已形成其法文视野的中国艺术史观。虽然，并不完全符合中国人的审美观，譬如徐悲鸿感慨欧洲私人收藏的中国艺术，品相良莠“……不能以其不古而鄙之也。此类图画，不足当中国收藏家一睬，中国人所爱者乃四王山水，览此画展，信令人生无穷感慨也”[②]。徐悲鸿面对法国汉学家、收藏家、博物馆学界的无奈，与1929年“全国美展”期间，徐志摩等面对他指责毕加索、马蒂斯等现代艺术的无奈，恰好形成有趣的对比。

图3 《日本美术展览会》图录，由藤田嗣治（1886—1968）绘制封面插图，［法］国立网球场现代美术馆，1929年版

典型的法国艺术界一般人士的回响，莫过于展览开幕后2天，1933年5月12日刊登在《费加洛报》（*Le Figaro*），由法国艺评人莫格雷（Camille Mauclair，1872—1945）所撰的展览评论《网球场博物馆的中国绘画》。（图4）与其说这是篇评论，不如说这是篇报道，（记者）先描述了干净明亮的会场，感谢主办单位，

① 梵乐希原文：“La Physiologie intervient，la vision meme est en jeu.” 摘录“Quelques mots au sujet de l’Exposition des peintres chinois”，ibid.，p.6。

② 徐悲鸿：《巴黎中国美术展览会》，《艺风》1933年第1卷第8期，第74页。

FIGARO. — VENDREDI 12 MAI 1933

LETTRES, THÉATRE, SCIENC

LA PEINTURE CHINOISE AU MUSÉE DU JEU DE PAUME

LA VIE LITTÉRAI

LA PHILOSOPHIE D'ARTHUR RIM

LES PREMIÈRES

图4《巴黎中国画展》法文原刊Camille Mauclair："La peinture chinoise au Musee du Jeu de Paume", Le Figaro, 12 May, 1933, p.5

唱名感谢前文所提各专家，如数家珍地形容几件印象深刻的画作，再对中国（及其艺术）作一个戏谑（生动?）的譬喻：

> 中国最初不过是“装饰字体”的蜕变，这种字体是抽象的，庄严的，寓意的，在千余年前，他已经实行了我们目下一般表现派与超现实派所谓的发明与尝试，只不过一个距离分开了卓绝的作品与幼稚的模仿。……①

原中译者此处“卓绝的作品”批注为“指中国绘画”，“幼稚的模仿”为“指欧人近代画”，在该篇文章中，莫格雷称赞徐悲鸿是中国当代最杰出的肖像画家、南京画派的领导人。信奉丹纳（H. Taine）的艺术哲学、作为象征派诗人马拉梅（Mallarmé）的弟子，莫格雷除了参与许多19世纪末的艺文刊物编撰，亦曾为许多印象派与象征主义画家的展览目录执笔（作序），是一位多产作家。他对后印象派画家如塞尚（Cézanne）及“野兽派”的敌视，也许使徐悲鸿引为知己。莫格雷还是徐悲鸿敬重的法国画家贝奈尔（Albert Besnard, 1849—1934，曾任1923—1932年巴黎高等美院校长）

---

① 法文原刊 Camille Mauclair：“La peinture chinoise au Musee du Jeu de Paume”, *Le Figaro*, 12 Mai, 1933, p.5。此处中译文依《克米尔莫格雷对中国美术之赞扬——为巴黎中国画展发论文》，摘自《文化消息——学术界消息拾零》，《湖北教育月刊》1933年第1期，第190—191页。

的传记作者。[①] 若徐悲鸿不是经由贝奈尔校长的介绍认识了莫格雷，恐怕也很难忽略这位当时几乎是巴黎最大发行量《费加洛报》的活跃专栏作家。在21世纪的今日，我们或许难以想象经历了普法战争及第一次世界大战（欧战）后的法国“第三共和”时期的保守氛围。然而，透过20世纪30年代莫格雷的观点，或可领略当时法国社会的法兰西沙文主义典型，尤其他的反犹太立场。比如关于“巴黎画派”的评论，莫格雷曾有一句涉及族群歧视的直白名言：“在‘巴黎画派’里的白种人当中，约有百分之八十的犹太人，几乎都是失败者……”[②]

在巴黎“中国美术”展览期间，巴黎仍聚集了为数不少的年轻中国艺术家，如常书鸿（1904—1994）等，于前一年（1932）耶诞前夕，曾组成了20余人的“中国留法艺术家学会”，成员皆是留法艺术学生。如果真要问徐悲鸿在此次的巴黎中国画展作品的选件，有无遗珠之憾？答案可能是，同为留法的中国艺术家作品，出现得太少了。另外，徐悲鸿可能不知道，被他认为气傲的法方策展人 Dézarrois 馆长，可是相当欣赏徐的画风。早在徐悲鸿的文章1933年底刊出于《艺风》月刊前，该刊同年第8期，已先刊行一篇署名“书鸿”的评论“巴黎中国美术”展的专文。[③]“书鸿”文中，很巧妙地借由巴黎美院绘画教授罗伦斯（Paul Albert Laurens，1870—1934，Jean Paul Laurens 之子，Pierre Laurens 之弟）与 Dézarrois 馆长的对话，品评会场中古代与近代绘画作品，生动地让读者明白博物馆馆长与画家教授之间的审美差异。罗伦斯感叹古代作品，如赵子昂的《骏马图》

---

① 据《蒋碧薇回忆录》，徐氏夫妇与友人子女一行4人于1933年1月22日于上海乘法国邮轮“博德士”号，前往巴黎筹办“中国美术展”。抵法后拜会贝奈尔，贝奈尔作蒋碧薇头像速写一幅，参见蒋碧薇《我与悲鸿》（二），《蒋碧薇回忆录》，皇冠出版社1981年版。另，王震编：《徐悲鸿年表》载“1933年10月2日，徐在巴黎拜访法国大画家倍难尔，并为倍难尔画像”。王震编：《徐悲鸿文集》，上海画报出版社2005年版。Camille Mauclair: *Albert Besnard, L' homme et l' oeuvre*（《贝奈尔：其人其作》），Edition Delagrave，Paris，1914.

② 参见 Romy Golan：“The Ecole Française versus the Ecole de Paris：The Debate over the Status of Jewish Artists in Paris Between the Wars，” *The Circle of Montparnasse：Jewish Artists in Paris 1905—1945*，Jewish Museum，New York，1985：81-87。莫格雷将1928—1929年间在《费加洛报》的专栏文章集结出版成书，文中引文出处：Camille Mauclair：*Les métèques contre l' art francais*，（《对抗法国艺术的异邦人》）La Farce de l' art vivant，tome II，Editions de la Nouvelle Revue Critique，1930。

③ 书鸿：《巴黎中国画展与中国画前途》，《艺风》1933年第1卷第8期，第9—15页。

流露出的真诚性（sincerité），在近代作品中已不多见。Dézarrois 馆长则欣赏齐白石的才干、张大千的诗意、熟练与张聿光《金鱼》的用墨精简，且向罗伦斯极力推介徐悲鸿的大幅寓意画作《九方皋》。Dézarrois 并推崇徐悲鸿是“中国当代画家中极少数能把在欧洲所受教育运用在国粹画中”，直指徐氏才是“西洋人所希冀的中国现代画家”。不料，Dézarrois 离开后，罗伦斯却向作者（常书鸿）表示忧心：“你要当心，这是最危险的！ 人可以说灰是介于黑与白之间的颜色，黎明是介于日与夜两者之间的时辰……然而世界上没有介于生与死之间的灵魂！艺术是相对的形而上的民族时代精神的表征，绝不是拿西洋画的技巧执行中国画的原则。这一来，就可以说是中西合璧的介乎中西之间的绘图！不，不……”[①] 法国学院派的画家罗伦斯是否真有这样的看法？虽然无从确认，但我们猜测这段话，至少反映了文章作者的观点。

## 三、“学院主义”与“现代性”绘画的刺点：裸女画

对法国而言，1933 年的“中国美术”展览，是两次世界大战期间，重要的欧亚艺术交流活动之一（稍早 1929 年，同一展馆亦举行过“日本现代美术展”）。经由常书鸿的《巴黎中国画展与中国画前途》，我们可以发现，该展览引起了留法艺术家前后世代交替之间不同的反应，也似乎预言了这一代留学生艺术家在中国艺术现代化过程中的命定与遭遇。

透过此文，我们亦可发现，对于欧洲学院派传统有自觉，且寻求中国绘画的现代出路，除了徐悲鸿，还有当时的常书鸿等人。现藏法国的常书鸿 1933 年的《女性裸体习作》及 1934 年的《我的妻子》（发热的病人）。（图 5）此两幅油画可供我们观察，当时留法的中国艺术家试图从学院派路线寻求自我出路的尝试。[②] 人体（裸女）写生亦是学院绘画的主流类型。关于“裸女画”究竟是作为“学院

① 书鸿：《巴黎中国画展与中国画前途》，《艺风》1933 年第 1 卷第 8 期，第 14 页。

② 常书鸿 1933 年的油画《女性裸体习作》，曾于 1934 年参展里昂美术学会沙龙（Salon de la Societe Lyonnaise des Beaux-arts），编号 151；1934 年的《我的妻子》（发热的病人），曾于 1934 年参展巴黎杜勒利沙龙（Salon des Tuileries），编号 676；1935 年参展里昂美术学会沙龙，编号 153，2 作现藏法国里昂美术馆。参见香港艺术馆编制《巴黎 · 丹青——二十世纪中国画家展》，康乐及文化事务署所 2014 年版，第 30—31 页。

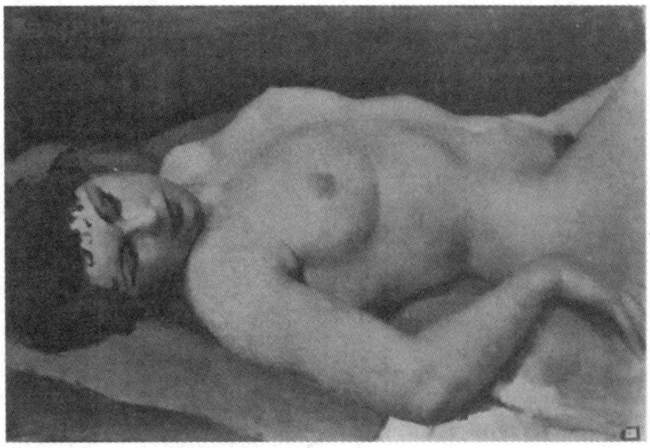

图5 常书鸿:《女性裸体习作》，油画，1933年（现藏[法]里昂市立美术馆）副本

主义”（Academism）绘画，抑或是一种“现代性”（Modernity）绘画？相信对常书鸿等中国艺术家而言，如同绝大多数的亚洲现代艺术家，关于二者的分野往往相当模糊。倒不如换个提问方式：如果还要画裸女，属于20世纪的“裸女画”到底是些什么风格呢？ 在两次大战期间、“巴黎画派”成气候以前，创作的策略大抵可分两种面向，一个面向是学院派的延续，但不再是甜腻的理想化公式。而是聪明地善用“假托”手法，比如东方主义的“宫女”（Odalisque），从安格尔的《土耳其后宫》、德拉克洛瓦的《阿尔及利亚女人》到马蒂斯的20世纪20年代，关于Odalisque的母题，一直不断地发酵、重生再进化。另一个面向是如“现代性”的提问法，如马奈《奥林匹亚》（l’Olympia）的“文以载道”：不断地抛出议题。换言之，不是为了看裸女而画裸女，而是将“裸女画”作为一个策略，如当年马奈向“官展”评审提出的大哉问，为什么是《奥林匹亚》？因宙斯是奥林匹亚山的众神之神。① 整个沙龙展不就是一座奥林匹亚山吗？ 到底是先有艺术家，还是先有评审？ 所以，一幅引起视觉愉悦的“裸女画”，可以是女神，也可以是异国情调的女奴，但不可以是双眼直视观众的活生生的女人。② 与常书鸿类似的例子，还有另一位留法艺术家秦宣夫（1906—1998）于

① 马奈的另一幅落选作，1863年的《草地上的午餐》（现藏巴黎Musée d’Orsay）透露了他的《奥林匹亚》的命题隐喻，画中3位主人翁的坐向姿势，巧妙地套用了文艺复兴后Marcantonio Raimondi的一幅《帕里斯的审判》铜版画的局部，帕里斯王子被马奈转性成一丝不挂，于二位西装革履的绅士之间弓足踞坐“直睨观众”的裸女。

② 虽然文艺复兴之后，欧洲不乏裸女绘画，但许多是王权时代统治阶级间互相馈赠的定制礼物（私房画），法国阿拉斯（D. Arasse，1941—2004）的研究以“错时论”阐明了民主时代后博物馆里的当代观众，往往忘记了彼时作品产生的历史背景，误读了作品。参见[法]阿拉斯《绘画史事》，孙凯译，北京大学出版社2007年版。

图6　秦宣夫:《宫女》(原题《中国宫女》), 1934,"独立沙龙"编号4351(现藏中国美术馆)

1934 年参展“法国独立沙龙”的《快乐的旋转》《宫女》。[①]（图 6）秦宣夫给家人的信中，亦曾提及马奈、雷诺阿（A. Renoir）与凡·高（Van Gogh）的影响。[②]

尚有第三种可能途径，是女性艺术家潘玉良。潘曾任教于上海“艺苑”绘画研究所、南京中央大学艺术系。[②] 除了她曾参展 1929 年“全国美展”的《酒徒》以外，另有一幅留法时期完成的《黑女》(图 7)，呼应了存世早她百年的一位法国女性画家 M-G. Benoist（1768—1826）的《黑女人肖像》(1800 年法国“官展”入选)。(图 8）彼时虽尚未发展出今日批判性的“东方主义”理论，M-G. Benoist 仍为拿破仑的“第一帝国”画出了某种“解放奴隶”的诉求。潘玉良无疑在卢浮宫见过此画，1925 年她至罗马艺术学院进修，曾获大奖。潘玉良 1927 年的《黑女》侧像，以一种睥睨的无畏神情持一陶瓶。我们可以说，这是一幅向同为女性

① 据“独立沙龙”(*Salon des Independants*）1934 年目录，秦宣夫（Tsing Shan Chun 秦善鋆）展出《快乐的旋转》(原题 Le Manège《旋转木马》)，编号 4350。《宫女》(原题 L’odalisque chinoise《中国宫女》）编号 4351。参见 P. Sanchez：*Ditionnaire des Independants，1920-1950*，tome ?è，L’Echelle de Jacob，Dijon，2008。

② “当时我的作品比较写实，受 Manet 和 Renoir 的影响，同时又受 Van Gogh 的影响。”节录自秦宣夫《给志宁的信》，1988 年。参见秦宣夫《快乐的旋转——秦宣夫诞辰 110 周年专题》，广西美术出版社 2016 年版，第 58 页。

② 徐悲鸿 1928 年任中央大学艺术系主任，开始创作“中体西用”风格的《田横五百士》，同时期的潘玉良显然关心的是自身绘画创作的题材选择与内容表达的挑战性，如《酒徒》的红色酒糟鼻；创作上专注呼应美术史的启发，如《黑女》。

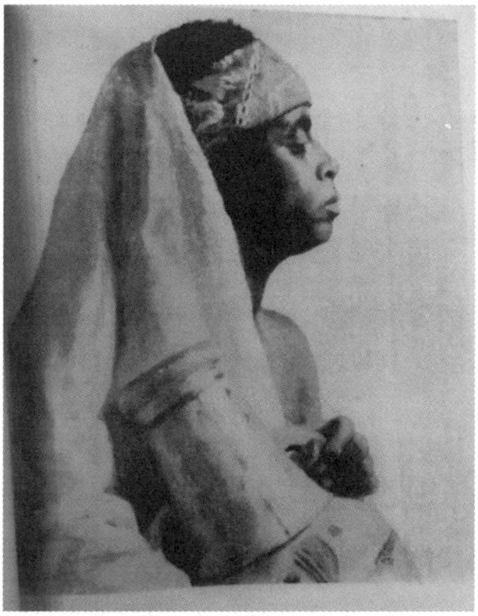

图7　潘玉良:《黑女》，1927年，原作佚失

图8　Marie-Guillemine Benoist:《黑女人肖像》，1800年（现藏［法］卢浮宫）

艺术家的 M-G. Benoist 致敬的作品。①

回顾 1933 年巴黎的“中国美术”展，其一是为了进一步理解策展人徐悲鸿的“中国现代绘画”改革观点，包括他自己的作品实践，以及他当时作品选件的审美；其二是观察两次大战期间法国官方美术收藏 / 展示的策略，理解“第三共和”时期法国国立网球场现代美术馆在国际艺术交流、欧亚现代艺术传播的角色；其三是透过当时留法艺术家的观点，观察面临战争阴影下的青年艺术家，在自身艺术前途的挣扎与中国现代艺术改革中如何碰撞及其歧路分途。

① 法国女性画家 M-G. Benoist 是经由大革命前的才女画家 Elisabeth Vigée-Le Brun 启蒙，后入拿破仑的画家戴维（J-L David，1748—1825）门下。《黑女人肖像》（Portrait d’une Negress），1818 年入藏巴黎卢浮宫。作品呼应 1798—1802 年拿破仑从鄂图曼帝国手中攻克埃及、叙利亚后的时代背景，曾对帝国前殖民地颁发“解除奴隶”法令。Benoist 此作以新古典主义风格画出一位黑人女性的侧坐肖像，纯白的头巾、褪至胸线以下的白长袍与椅背上披挂着深蓝丝绒布毯，都暗示着画家将画中的黑人女性置于高贵的“身份不凡”的情境中，这是女画家彰显画中人物的隐喻。半个多世纪后，1863 年马奈的《奥林匹亚》画作背景中，却讽刺地出现一位带着白色头巾、身着白袍的黑人侍女。

# 求真与人情：符罗飞留学意大利时期画作解析

陈　莺
独立研究者

**摘　要：** 本文选取画家符罗飞（1897—1971）可能作于留学意大利时期（1930—1938）的12幅画作，明确其留学期间作品的面貌，梳理影响来源，并探讨他对上述艺术影响的选择和吸收。经分析，符罗飞留学时期作品多为写实人物画，笔触生动粗放，重视对光线尤其是逆光的运用；在主题上多为对普通民众日常生活的直观呈现。这些特征的形成，与以那不勒斯美术学院为活动中心的那不勒斯画派关系密切，反映出符罗飞受19世纪以来那不勒斯绘画传统的陶染。其中，那不勒斯画派对现实生活关怀的态度对其影响至深，定下了符罗飞此后艺术人生的基调。

**关键词：** 19世纪那不勒斯画派　写实　逆光　绘画性用笔　真实呈现

## 引言：现状与问题

符罗飞（1897—1971）曾于20世纪30年代留学意大利。（图1）在踏足欧洲大陆以前，这位早年漂泊南洋诸岛的画家于五四运动后不久得以进入南京暨南学校师范科学习，又在短暂的留日学习军事经历后，重返上海，在上海美术专科学校高等师范科和新华艺专接受艺术训练，其间参与法租界工人运动并加入中国共产党。1927年在蒋介石清党过程中离沪转往新加坡，在新加坡养正中学教授美术。1929年末至1930年初启程赴欧，最初以巴黎为目的地，终由于健康原因逗留意大利那不勒斯，并在此地度过八年时光。在留意期间，他于1931—1933年就读那不勒斯皇家美术学院（今那不勒斯美术学院，Accademia di Belle Arti di Napoli）绘画系，以两年时间完成四年制的课程后顺利毕业。其后在那不勒斯东方学院（Istituto Orientale）教授中文，并由于东方学院在政治与宗教上担当的特殊角色而参与到30年代中期中意两国的外交活动当中。1936年，符罗飞以旅居意大利的外国艺术家身份，携三幅画作应邀参加第二十届威尼斯双年展（La XX Esposizione Biennale Internazionale d'Arte）。1938年抗战爆发后，由于意大利国内政治情势的恶化，并受个人爱国热情驱使，符罗飞离开意大利只身回国。到埠后他先在香港短暂停留，举办了一次大型个展并出版画集，其后辗转于湘、桂、粤、港等地，积极活动，作画办展，并于1947年在香港出任左翼美术团体"人间画会"的第一任会长。20世纪50年代以后定居广州，从事艺术创作与教学活动，至"文革"期间去世。

图1　符罗飞肖像照

关于符罗飞在意大利的学习经历，笔者在早前发表的《符罗飞留学意大利考》一文中，已经结合于意大利那不勒斯美术学院及东方学院两所机构中保存的档案与忆述材料进行了考证，厘清了一些此前一直悬而未决的基本问题，包括符罗飞的留学契机、时间、地点、院校、入学经过和学习概况等。① 而本文的写作目的，则是在已经大致了解符罗飞留学经历的基础上，通过分析他在留意期间创作的作品，探讨他在意大利习得的艺术风格之特色，并梳理出该风格的来源和历史脉络。

符罗飞的艺术中最为人所熟知的部分，当属他于40年代战乱中辗转华南各省期间所绘制的大量炭笔速写和讽刺时弊的主题创作。这些作品大都着眼于战争期

① 见陈莺《符罗飞留学意大利考》，《美术研究》2012年第3期。笔者为符罗飞留学意大利研究所进行的赴意调查，惠承洽蕙短期进修研究基金（2007）及之妍研究奖学金（2009、2011）资助，并得符氏哲嗣符和强先生，及香港雷伯培先生、郭喜伦女士指导，谨此一并致谢。

间贫苦民众颠沛流离、啼饥号寒的生活惨状，以浓烈笔触和带夸张变形的手法加以表现，形成了今日提及“符罗飞”便会浮现眼前的他的代表性风格。

至于目前已知符罗飞留欧期间的绘画作品，来源有二：

其一是符罗飞与意籍伴侣爱莲娜（Elena Ferro）所生长子东尼·非罗（Toni Ferro，1936—2004）[①] 的自传《穿越：一次自由的人生、一段快乐的经历、一个世代》（*Attraversamenti: Una Vita Libra, Una Storia Felice, Una Geneazione*，2004年）中谈及家族回忆时发表了两幅符罗飞画作的黑白图版，包括一幅符罗飞的自画像和一幅基督像。

其二则是1938年香港亚洲石印局出版的《符罗飞先生画集》，其中有10幅作品可能作于意大利，包括《痛定思痛》（*Suffering*）、《盲女》（*A Blind Girl*）、《林下》（*In the Woods*）、《流浪的歌人》（*Wandering Minstrels*）、《那坡利人》（*A Napolitan*）、《决心》（*Resolution*）、《仗义》（*A Friend*）、《奈波里人》（*A Napolitan*）、《死灵魂》（*The Soulless*）和《孤独》。[②] 这本画集中刊载的作品，是取自符罗飞回国两个多月后，于1938年10月在香港金陵酒家举办的个人画展中展出的部分画作。[③] 由于展览和画集出版给予了明确的时间下限，同时上述作品的面貌与画集中其他作于香港的水墨写生明显不同，因此，笔者根据风格、内容及题目等信息综合判断，认为它们有可能是在留意期间所作，或者它们的作风与画家在意大利所受训练之间关系密切。

上述共计12幅图版就是目前笔者所掌握的符罗飞留学时期相关作品。其中东尼自传中的两件是首次在中国国内公开；而《符罗飞先生画集》中收录的10幅则自1938年展览和出版时起就在画家周边流传，并收录于1984年人民美术出版社出版的《符罗飞画集》中。

此外，符罗飞在1946年的一次采访中提及他“从意大利回国时，有千多幅

---

① Toni Ferro 原名 Antonio Ferro，他在进行艺术及出版活动时皆使用 Toni Ferro 一名。在中文资料中亦可见译名“安东·非罗”。

② 上述作品的英文题名和拼写均根据《符罗飞先生画集》原文。笔者目前主要参照的香港中文大学钱穆图书馆藏本中仅存前九件作品，最后一件《孤独》见《符罗飞画集》，北京：人民美术出版社1984年版，图版12。

③ 《介绍符罗飞画展》，《大公报》1938年10月7—11日。符罗飞：《符罗飞先生画集》，亚洲石印局1938年版。

画不许出口，携带回国”[①]，这一说法后来演变为符罗飞为回国而放弃了千余件的油画[②]，在国内流传甚广，成为其留学传奇的一部分。[③]然而由于东尼在自传中明确表示他见过的父亲绘画原作只有《基督像》一件，可知至少符罗飞在意大利的家属手中并未保存他的大量作品。同时，符罗飞本人及40年代与他有亲交者中提及遗留在意大利的画作时，基本只使用“画”或“作品”这一更宽泛的说法[④]；另从常识上判断，一个画家八年内要积累逾千件油画（根据符罗飞的教育背景，此处的“油画”参照意大利绘画语境中“pittura”的定义，指使用油彩的完整的绘画作品）可能难以实现，因此不妨对符罗飞留在意大利作品的材质和数量都保持开放的态度。由于符罗飞1938年可能是在仓促和不得已的情况下离开意大利[⑤]，笔者并不怀疑他将大量画作留在意国的可能性。如果那些作品有幸保存至今，追寻其所在是日后令人期待却又漫长的工作。而在这批传说中的早期作品重现以前，1938年画集及在东尼书中保留下来的画作就成为了解符罗飞留意所学的重要依据。

关于符罗飞留意所学，长期以来一直处于众说纷纭的状态。仅大致整理出自画家1938年回国后与他有过直接接触的人群的叙述，就已经可以读到各种说法：

> 其早年作品，尚带个人浪漫色彩；迨欧游后，因对艺术理论之追求，与真实生活之体验，故其作风已根本改变，而倾向于现实主义矣。
>
> （卢逊，《符罗飞先生画集》，1938年）[⑥]

---

① 枢：《我们需要有血有肉的艺术——符罗飞教授访问记》，《建国日报》1946年8月22日。

② 梁琼：《〈符罗飞画集〉后记》，《符罗飞画集》，人民美术出版社1984年版。

③ 蔡畅璇：《杰出的人民画家符罗飞》，转引自广东美术馆、华南理工大学编《符罗飞研究资料汇编》，华南理工大学出版社2004年版，第158—159页。董丹东：《与人民同心，与时代同步——符罗飞评传》，转引自广东美术馆、华南理工大学编《符罗飞研究资料汇编》，华南理工大学出版社2004年版，第169、181页。

④ 王琦：《把艺术献给人民——怀念符罗飞同志》，《美术》1982年第6期。何芷：《符罗飞其人其画》，《羊城晚报》1984年5月13日。

⑤ 见拙著博士论文分析，《符罗飞（1897—1971）研究：20世纪前期中国艺术与革命关系之一斑》，香港中文大学，2013年，第一章“留学意大利”。

⑥ 卢逊：《序》，载《符罗飞先生画集》，亚洲石印局1938年版。

朋友告诉我他是在意大利学画才回来不久的，艺术倾向属于学院派这一类。

（宋桐，《关于符罗飞的画》，1947 年）①

返国初期，符罗飞的画以超现实主义而收到人们的指责。

（冬阳，《符罗飞和他的画》，1962 年）②

此外，还有不少后来的研究认为符罗飞 40 年代作品中的德国表现主义色彩是来自他在意大利期间受到的影响。③

上述各种关于派别和主义的笼统称谓交杂并存的情况，便是目前学界关于符罗飞留学意大利期间创作认识的现状。尽管在国内能见到的符罗飞留意时期作品数量不多，但绝大部分至少在 1984 年人美画集出版时已经得到广泛公开，然而在事隔三十余年的今日，其中包含的视觉信息却仍未得到准确读解。究其原因，或是由于符罗飞在形成“代表性风格”以前的创作和 20 世纪 30 年代的那不勒斯艺坛状况在现有的艺术史叙述中陷入了某种“同时失语”的状态。

众所周知，符罗飞的艺术创作在 1938 年回国后至 20 世纪 40 年代中期，存在一个历时将近十年的“中年变法”的过程。在这一过程中，符罗飞通过与活动于其周边的左翼作家、文艺批评家及艺术家们的批评互动，主动改变作风，力求使自己的作品更符合中国革命进程的需要，其成果便是吸取了表现主义养分的“代表性风格”，这一后来为人所熟知的新风格和之前的创作之间存在明显的面貌差异。同时，由于在战乱中辗转奔走，符罗飞 1938 年至 40 年代前期的画作大量遗失，又造成了作品的断层，更让人难以从 40 年代后期代表性风格出发去追根溯源地理解他 30 年代留学期间的画作。

至于那不勒斯画坛的“失语”，则是指现有的 18 世纪起即以法国为中心的

① 宋桐：《关于符罗飞的画》，《星岛日报》1947 年 7 月 27 日。宋桐为司马文森笔名。

② 冬阳：《符罗飞和他的画》，《大公报》1962 年 6 月 20 日。

③ 李公明：《符罗飞画笔下的道德激情——中国现代美术伤时忧国精神研究之一》，转引自广东美术馆、华南理工大学编《符罗飞研究资料汇编》，华南理工大学出版社 2004 年版，第 268 页。王子蚺：《符罗飞 1938—1946 年绘画考查及相关问题研究》，转引自广东美术馆、华南理工大学编《符罗飞研究资料汇编》，华南理工大学出版社 2004 年版，第 355 页。

西方美术史记述系统，造成了当前学界对20世纪30年代那不勒斯画坛几乎一无所知的状态。至今为止欧美编著的近代美术史过于偏重法国绘画而无视其他欧洲国家美术发展的做法，早已为人所诟病。这种偏颇的美术史写作造成的结果是对近代欧洲美术史刻板印象的形成，即19世纪末的法国在写实绘画的基础上产生出印象主义（Impressionism），再衍生出后印象主义（Post-Impressionism）、野兽主义（Fauvism）、立体主义（Cubism）等种种风格，而其他国家扮演的则是追随的角色。在这种史观下，19世纪至20世纪前期的意大利绘画，除了被视为现代派代表之一的未来主义（Futurism）以外，长期以来都未得到足够重视，仿佛拥有灿烂而悠久传统的意大利古典写实绘画突然间急剧衰落并销声匿迹，而艺坛就仅剩未来主义一枝独存。虽然在近年，上述单一中心视角的艺术史写作正逐渐朝着更丰富多元的方向递变，如19世纪中叶活跃于意大利北部的斑痕画派（Macchiaioli）因被视作印象主义的先声而进入欧美艺术史学界的视角，然而那不勒斯所在的意大利南部，则至今仍然游离于主流历史叙事之外。

因此，本文讨论符罗飞留意期间所学的重要性，首先在于就艺术家个案而言，它们是讨论符罗飞回国以后的艺术创作时无法回避的基础。换言之，若不能厘清符罗飞留意所学，就无从探讨他在40年代建立自己代表性风格的过程中所做的取舍，更无法完整地了解他对艺术的信念和理想所在。同时，近代的意大利艺术，不仅在国内学界对留欧美术学生的讨论中，甚至是整个欧洲近代艺术史叙述当中，都长期处于缺席的地位。借助符罗飞这个中国近现代美术史中罕有的留意学生的例子，也可以管窥以那不勒斯为中心的意大利南部地区在19世纪至20世纪初所拥有的艺术遗产的面貌，并观察它们和符罗飞这位充满社会责任感与底层民众意识的画家之间擦出了何种火花。

在上述背景下，本文将主要通过视觉分析的方法，分三个步骤讨论符罗飞的留意所学：符罗飞留意期间作品的面貌、他留学期间可能接受的训练和影响，以及所受影响的来源和历史脉络。

## 一、符罗飞留意时期画作

由于东尼自传中提供的两幅画作时间下限明确为符罗飞离开意大利以前，因

图2 东尼自传中的符罗飞自画像

此先行讨论。

两幅作品之一的符罗飞自画像是一幅胸像（图2）。画中人取3/4侧面角度，侧身转头直视画外。一束强光从右上方投射在他的脸上，沿着眼眶和颧骨造成强烈的阴影，由于背景也是单纯的暗色调，更使人物像是明亮的雕塑般从黑暗中浮现出来。画中的符罗飞身穿三件式的西服正装，戴深色领结，光线漏在白色衬衫的领子上，呼应着脸部的亮色调，形成纵贯画面的动线。这一纵向动线与人物眉眼及视线所形成的横向动线相交，互相牵扯，进一步强化了人物眼神坚毅的力量感。

在人物额头明暗交界处，有两块暗色的小点也特别引人注目。它们包含了符罗飞在审视和描绘自己时的巧思。东尼记叙的一则小故事说明了画家的意图：

> 我母亲曾经问父亲，为什么你的自画像要在自己的额角用少许颜色画上一块疤痕？那是用来表达什么呢？父亲回答道："那是对我学习生涯的一个记录。我从年轻的时候起，白天就必须工作赚钱，晚上才有空读书，所以我学习的时候常需要在桌面放上一根蜡烛来照明。当我忍不住低下头打瞌睡的时候，我的额头就会碰到蜡烛的火焰，因此那根蜡烛还有促使我保持清醒的作用。"①

上述对话说明符罗飞并非仅是一五一十地描绘自己的容貌，他还特意加上在作画当时已经消失了的火伤疤痕，通过这块代表了自己多年工读、刻苦求学的经历的疤痕，使自身形象变得丰满。关于这幅画的去向，东尼提到：

---

① Toni Ferro, *Attraversamenti: Una Vita Libera, Una Storia Felice, Una Gernerazione*, Catanzzaro: Edizioni Ecclissi, 2004, p.222.

父亲将这幅画送给了他在那不勒斯的一个朋友，这个人可能是一位名叫安东尼奥［Antonio］的医生或药剂师（我的名字即是来自父亲的这位好友），又或者是卡波拉烈上校［Colonnello Caporele］。①

由此可见，符罗飞对这幅画中展示出的自我形象应是相当满意的，还将其赠予最亲近的朋友以作留念。从这幅作品的图版上没有发现作者署名和年份，可能是东尼书中发表的图像质量欠佳，加之全画基本为暗色调，以致作者签名不容易看出。因为依照惯例，画家对自己满意并赠予他人的作品，必定会署上姓名；同时，参照符罗飞同时期的赠友之作，发表于1938年《符罗飞先生画集》中的《林下》，也有完整的名款，因此若东尼赠友说属实，这幅自画像未署名的可能性不大。东尼记载这幅自画像作于1936年，有可能是依据作者款署作出的判断。

至于另一幅《基督像》（图3），被认为作于1937年，是基于订件而绘制的。东尼叙述此画经纬时说：

一天，一位认识我父亲的摩纳哥传教士向父亲订制一幅基督像，父亲便应允了。我曾经告诉母亲，这幅画上也使用了蛋清，为的是要使画面产生无尽的透明感。事实上这幅画也达到了理想的效果，黑白分明的画面敏感地表现了光线，并具有高度的精神性。然而，那位摩纳哥人却很不满意，因为父亲所画的基督与中东地区信仰的形象并不相同。基督被画成一个站在关着的门外的人——他并未了解那扇门其实代表的是把人间的苦痛引向

图3 东尼自传中符罗飞作《基督像》

① Toni Ferro, *Attraversamenti: Una Vita Libera, Una Storia Felice, Una Gernerazione*, Catanzzaro: Edizioni Ecclissi, 2004, p.222.

永恒之爱的门——基督虽心知他的努力也许终将流于徒劳，却一直轻轻叩门，而大门也始终紧闭。这幅画一直留在了家里，它也是我能看到的父亲唯一的作品。①

这幅《基督像》以近距离的视角描绘了基督站在门外叩门的情景。画中基督面容瘦削，长发垂肩，身着深浅两件交叠的长袍。他眼望上方，右手轻轻敲门，左手则扶着一根细长的木杖。

正如东尼所言，这幅画中基督的行动颇为特殊，因为自古以来几乎从未有画家把基督描绘成执杖敲门的形象，尽管“门”的意象在《圣经》中多有出现，如“引到永生，那门是窄的，路是小的，找着的人也少”（太 7：14），“因为凡祈求的就得着，寻找的就寻见，叩门的就给他开门”（路 11：10）等，但都是说世人叩门，而神为他们开门，与画中情景皆不配合。由于基督叩门的事情在各个版本的《圣经》中都不见记载，所以这幅画被摩纳哥修士以形象不符为由拒绝也是情理之中。

意大利以天主教为国教，那不勒斯在文化上更是一座重视传统的城市，人们对天主教的信仰非常虔诚，数以千计大大小小的教堂遍布整个城区；此外市内还有许多陶人偶作坊，根据《圣经》故事的情节制作各色偶人，供家家户户在室内供奉（即俗称 Il Presepe 的宗教摆饰），符罗飞初至意国时很可能曾在这类作坊工作过；② 甚至符罗飞执教的那不勒斯皇家东方学院，就是一所传教与语言教育并重的机构。因此，符罗飞并不缺乏了解基督事迹的机会。通过画中褐色长发、面容白而瘦削、蓄有胡须、身穿长袍的基督形象来看，符罗飞显然对这个异国信仰中的神祇的相貌相当熟悉，更可以把基督在绘画中较为固定的特征一一重现。或许可以推测，他不按部就班地描绘《圣经》故事中关于基督的典型情节，却偏偏冒着遭退件的风险为这个宗教人物自创一个新行为，是有意为之的。目前未见关于符罗飞宗教信仰方面的资料，但若如东尼所说，对基督和门的寓意是出自符罗飞的本意，他应该也对基督及其思想有过自己的思考。或许对他来说，基督为将福

① Toni Ferro, *Attraversamenti: Una Vita Libera, Una Storia Felice, Una Gernerazione*, Catanzzaro: Edizioni Ecclissi, 2004, p.225.

② 符罗飞：《中山大学干部履历表》，未刊手稿，1952 年 12 月 4 日。

音传予世人而到处传教讲道，正是如同叩人心门。这幅在现今国内学界看来与符罗飞的固定形象差异甚远的作品，却恰好折射出符罗飞作为一名孤身来自遥远东方的画家，在那不勒斯时期创作和交游的宽度。

把上述两幅画作与《符罗飞画集》中的10幅可能作于意大利的作品相联系，更有助于全面分析符罗飞留意期间习得的艺术风格。

10件作品中，有5幅是意人肖像，包括《那坡利人》《奈波里人》《孤独》《死灵魂》和《仗义》。人物肖像似乎是符罗飞十分擅长的题材。其中《死灵魂》和《孤独》上未发现年款，其余三幅则都署于符罗飞回国以前的三年内。但由于像《那坡利人》上题写的签名和年代为后加的可能性较大，所以可能也不必过分执着于各画的精确年份。

《那坡利人》和《孤独》是这批肖像中的两幅炭笔速写。《那坡利人》(图4)以简略的笔触勾画出一位老者的面容。通过这幅画可以看出符罗飞作人物画时是如何起稿抓形的：他着眼于物象整体，不急于刻画细节，而是马上把握整体明暗变化，把光作为构成的画面重要元素。而《孤独》(图5)是一幅少女肖像，画中少女低眉抿唇，面庞的大部分处于阴影当中，使眼睑和颧骨处的亮部显得十分跳脱，整个画面明暗对比强烈。

另三幅肖像，《奈波里人》(图6)、《死灵魂》(图7)和《仗义》(图8)都是

图4 《那坡利人》

图5 《孤独》

图6 《奈波里人》

图7 《死灵魂》

图8 《仗义》

油画，但是处理方式各不相同。《死灵魂》和《仗义》皆为胸像，前者只以同样的大笔触处理画面，人物的脸、头发、衣服以至背景都大笔简略写出；后者则显然花费更多时间小心琢磨，人物头部以服帖的笔触仔细描绘，身体服装的用笔则显得粗放，抓住明暗转折和大体的动势，与皮肤部分的细腻表现形成对比。《奈波里人》是一幅头像，用笔灵活自由，同时仍然可看出作者非常重视表现光，仔细描绘来自右方的强光照在人物脸部时通过肌肉的转折形成的各个块面，而大块白色的衣领又担当了反光板的作用，使画面光线更复杂丰富。

在肖像画以外，另两幅作品《林下》和《流浪的歌人》则描绘了画家的日常所见。《林下》（图 9）根据款署作于 1936 年，是目前已知符罗飞画作中纪年

图9 《林下》

最早的一件，是一幅城市风景小品。当时居于那不勒斯的皇族阿奥斯塔亲王太妃（Duchessa d'Aosta madre，1871—1951）曾经于1932年致信符罗飞感谢他呈赠的风景画[①]，另外西辛也曾提到40年代初在桂林看过符罗飞从意大利携回的风景画[②]，可以推测符罗飞在意大利期间，除人物画外，也不乏风景画创作。根据画家自题，《林下》也是一件赠友之作。[③] 此画材料不详，通过画面效果推测是以水性画材绘成。画中疏落的树林里，身穿长袍、头戴礼帽的身影穿插其间，远处有成排汽车驶过。树的枝叶、草地、远处的树丛，以至人影互相交叠，溶解渗化，更显全幅水汽氤氲，而自马路映向树林的柔和逆光又进一步增添了浪漫气息。

如果说《林下》描绘的是中产阶级优雅闲适的日常，《流浪的歌人》（图10）则表现了城市贫民的生活。画中两位倚在围栏下低头演奏小提琴的琴师，令人不禁想起东尼曾饱含感情地叙述过的符罗飞初抵意国时被街头琴师感动而决意留在那不勒斯的故事。[④] 当时那不勒斯很多这种流浪的卖艺人，他们有不少是盲人，常流连于餐馆或街头，边奏乐边等待施舍。符罗飞对构图和人物动态的截取，使画面效果自

图10 《流浪的歌人》

① Toni Ferro, *Attraversamenti: Una Vita Libera, Una Storia Felice, Una Gernerazione*, Catanzzaro: Edizioni Ecclissi, 2004, p.222. 阿奥斯塔亲王太妃致符罗飞信件译文见拙文《符罗飞留学意大利考》，《美术研究》2012年第2期。

② 西辛：《"堕落"——符罗飞先生及其画展》，剪报，约1946年，转引自广东美术馆、华南理工大学编《符罗飞研究资料汇编》，华南理工大学出版社2004年版，第33页。

③ 符罗飞在画的左下方自题："Il / Cari.mo amico Ge…符罗飞 Fu Lofie 7.36"（致挚友G，符罗飞 Fu Lofie：1936年7月）。朋友名字部分由于字迹漫漶不清，有可能是Gennaro或Germano，此两人名皆不在笔者已知符罗飞在意大利期间交往友人的名单当中。

④ Toni Ferro, *Attraversamenti: Una Vita Libera, Una Storia Felice, Una Gernerazione*, Catanzzaro: Edizioni Ecclissi, 2004, p.219. 译文见拙文《符罗飞留学意大利考》，《美术研究》2012年第2期。

然得就像是观众亲身站在他们跟前欣赏一样。

余下的三幅，《痛定思痛》（图 11）、《盲女》（图 12）和《决心》（图 13）上未发现署名和日期，不能断定是作于意大利还是抵达香港以后，但由于技法和题材与其他留意时期画作具有明显的连贯性，无纪年这一点并不妨碍通过这三件作品来了解符罗飞留意所学。

图11 《痛定思痛》

图12 《盲女》

图13 《决心》

《盲女》如《流浪的歌人》般，将目光投向一个有身体缺陷的普通人。构图简单直接，聚焦在拄杖前行的盲女身上；笔触粗放简要，有些类似于《死灵魂》中的处理。

《痛定思痛》和《决心》两幅则都是符罗飞的自画像，分别是炭笔速写和油画。这两幅作品也显示符罗飞十分重视利用光线塑造形象的特点。如《痛定思痛》中，人物正面整体处于逆光之下，同时一道较强的光源自左侧平行投向脸部，而另一道略为微弱的光则自右侧平行射入，因此，人物的头部沿着额头、眼眶、鼻梁及面部肌肉形成一道居中的明暗交界面。画家把这一交界面作为全幅的重点着力刻画，人物颦起的眉头、深陷的眼眶、犀利的眼神、微皱的鼻翼、紧抿的双唇全都统括其中。这一脸部的纵向分界面同时又把人物的脸和头发及衣服上下联结起来，通过头发和衣服制造出的曲线活化画面，此幅虽为炭笔快速写成，却有气势完足之感。再观《决心》一画，画家以来自左上方的强光造成的阴影加强人物表情的力量感，使人物看起来充满压抑的张力。

若以上述 12 件作品为依据，试图总结符罗飞在意大利受到何种艺术趣味的影响，可以归纳出以下主要特征：第一，作品题材以人物为主，总体画风倾向古典写实，反映出符罗飞在意大利期间所受的基本训练；第二，在古典写实的范围内，他绘画笔触明显，松动灵活，强调绘画性（painterly）的效果，而非严谨的线性（linear）描写；第三，他注重通过光线塑造形象和营造画面气氛，尤其以多用逆光为特色；第四，他关注普通人的生活，除了肖像画外，现存几幅留意作品基本都是日常生活的记录与呈现。

这些特征，与那不勒斯美术学院及那不勒斯地区长期以来形成的地域艺术风格紧密相连，可以说，它们是受到那不勒斯艺术传统影响才得以形成或强化的特征。

## 二、那不勒斯美术学院的艺术传统

符罗飞就读的那不勒斯美术学院，当时名为那不勒斯皇家美术学院（Reale Accademia di Belle Arti di Napoli），由来自西班牙的君主卡洛三世（Carlo III di Spagna，1716—1788）成立于1752年，正逢18世纪中叶以来欧洲大陆美术学院纷纷涌现的时期。自建校以后它就成为南意艺术活动的中心。同时，与其他国家的美术学院组织严密、风格统一的作风相比，意大利各地的美术学院一直拥有宽松自由的环境，使意大利学院中的艺术家们得以各自发展出独特的画风，那不勒斯美术学院也作为高水平的代表一直引领了南意的艺术潮流。

这所美术学院的另一特色，还在于其中有一个收藏丰富的美术馆，由历任教授苦心经营，于20世纪早期已经藏有大量那不勒斯艺术家及本校师生的作品，包括500件以上的绘画及近300件雕塑，这个数量在当时全意的美术学院里面都是罕见的。通过研习馆藏作品，学生可以清楚了解整个那不勒斯地区自15世纪以来的艺术传统。同时，学院内的回廊壁上也时常展示大量绘画作品，可供学生随时自由观摩学习。

符罗飞在谈及那不勒斯皇家美术学院的学习时提到：

> 我在拿坡里艺术学院主要的生活是学习绘画……我在意大利艺术的实践是非常之努力的，一般教师和朋友对我都有很好的印象，两年来都是走写实主义

的路线，但是又是□□学院派的大师。①

我学的是学院派的油画，但我兴趣在文艺复兴。我崇拜几个历史名师：Giotto、Botticelli、Fra Angelico、Leonardo da Vinci。我在意大利学美术直接指导我有：Paolo Vetri、Giuseppe Casciaro、Carlo Siviero。所学都属于是技术的锻炼。②

上述提到的三位给予直接指导的老师中，西维埃罗（Carlo Siviero，1882—1953）是那不勒斯美术学院绘画系教授，在符罗飞就读期间同时担任美术学院的院长，符罗飞在那不勒斯美术学院入学和毕业即是出自这位教授首肯。③而白德

---

① 符罗飞：《自传》，1955 年，未刊手稿，第 11—12 页。□处为原文漫漶不清。

② 符罗飞：《中山大学干部履历表》，未刊手稿，1952 年 12 月 4 日。其中对外文人名的辨认有些是根据符罗飞的拼写所作的推测，如 Giot → Giotto，以及 Biat. Amgelico → Fra Angelico。

③ 西维埃罗生于那不勒斯，16 岁始入画家切连塔诺（Tommaso Celentano，1845—1920）门下习画，与许多活跃于那不勒斯的著名艺术家，包括杰米托（Vincenzo Gemito，1852—1929）、曼契尼（Antonio Mancini，1852—1930）和米盖蒂（Francesco Paolo Michetti，1851—1929）等多有来往。1899 年他进入那不勒斯皇家美术学院学习。1903 年起作品开始在那不勒斯、罗马和米兰等地展出。1908 年他在罗马科隆纳大街（Via Vittoria Colonna）开办画室，次年他的作品被里米尼国际博览会（International Exposure of Rimini）和威尼斯双年展（Biennale di Venezia）接受，并开始在法、德、西等多地展出，其间广泛结识了欧洲各国的艺术家，包括马蒂斯（Henri Matisse，1869—1954）和阿波利奈尔（Guillaume Apollinaire，1880—1918）等。1919 年他被选为罗马圣路加学院院士（Accademico di San Luca，罗马美术学院前身），并于 1921 年成为该校主席，此职位一直保持终身。1923 年起他开始为皇室成员绘制肖像，扮演着宫廷画家的角色。1930 年他被任命为那不勒斯美术学院绘画系主任，继而升任院长。由于在那不勒斯受到法西斯集团（Sindacato Fascista）的年轻画家持续攻击，1935 年他转往罗马美术学院任教。西维埃罗于 1950 年出版《此即那不勒斯》(*Questa era Napoli*）一书，记录了 19 世纪末南意画坛的情况，是十分重要的艺术史文献。

后来曾在其门下学画的陈学书曾回忆说："我们的老师 Carlo Siviero 是当时最有声望的宫廷画家，多替皇族、贵妇和淑女画肖像。他是南意奈坡利人，为人禀赋英明，处事敏捷，酷爱学问。他博览群书，不以美术一艺自限，晚年又喜医学，奋发钻研，是一位学者，也是一位成功的绘画教师。他的教学态度，严谨认真，门下学子，很多都能后继其业，在艺术领域里建立功绩。"（见陈学书《我的早期学画生涯》，《地平线》创刊号，1978 年 10 月，第 32 页。）

关于符罗飞入学前与西维埃罗的信件往来与美术学院学籍档案，参见拙文《符罗飞留学意大利考》，《美术研究》2012 年第 2 期。

利（Paolo Vetri，1855—1937）[①] 和卡夏罗（Giuseppe Casciaro，1881—1941）[②] 则是西维埃罗的前辈和同期。这三人的艺术都得到 19 世纪那不勒斯画坛耆宿莫雷利（Domenico Morelli，1823—1901）[③] 的指授，属于自 19 世纪中期兴起的以那不勒斯美术学院为中心的那不勒斯画派成员。

那不勒斯画派这一名称并非来自画家们自发结成的组织，而是后来美术史研究中的指认。[④] 其中成员包括了 19 世纪至 20 世纪初的那不勒斯美术学院出身并活跃于此地的画家们，包括西维埃罗、白德利、卡夏罗这三位指导过符罗飞的教授，以及他们的师长莫雷利、菲利波·帕里齐（Filippo Palizzi，1818—1899）

① 白德利是 19 世纪末 20 世纪早期那不勒斯非常重要的雕塑家和壁画家。他是意大利西西里人，早年移居那不勒斯，师从 19 世纪南意最重要的画家、那不勒斯皇家美术学院绘画系教授莫雷利学画，后更成为其养子。白德利早期的壁画常常基于莫雷利的底稿，到 19 世纪 80 年代他转往佛罗伦萨，与北意兴起的斑痕画派多有接触。其后再度回到那不勒斯，在那不勒斯皇家美术学院任教达 30 年之久，在南意许多城市的建筑中都留有他的壁画作品。

② 卡夏罗是那不勒斯人，在那不勒斯皇家美术学院师从人物画家托马学习绘画，毕业后加入莫雷利和风景风俗画家菲利波·帕里齐圈中继续研习，发展出极为出色的粉彩及蜡笔画技巧。他与那不勒斯顶尖的画家们，如米盖蒂等都保持亲密的友谊。而他最具代表性的作品是大量的风景画，特别是描绘那不勒斯周边壮美海景的油画，目前大多为意大利私人收藏。

③ 莫雷利 1823 年生于那不勒斯，1836—1946 年就读于那不勒斯美术学院，早期作品以宗教绘画为主。在 1848 年革命及后来的意大利统一运动（Risorgimento）中，莫雷利参与到军事斗争中，身受重伤并遭到逮捕。出狱后他继续艺术活动，以 1855 年参展巴黎万博会为契机，与法国画坛保持了长期交流，其后参与到北意斑痕画派对现实主义绘画的讨论中。莫雷利 1868 年起任教于那不勒斯美术学院，晚年更担任院长，其间获奖授勋无数。三十多年持续的教学创作，使他和他所在的圈子成为在南意影响巨大的那不勒斯画派的中心人物。

④ 本文中提及的那不勒斯画派在意义文献中常加上时代定义，作“la Scuola Napoletana dell’ Ottocento e l’ inizio del Novecento”（19 世纪及 20 世纪初的那不勒斯画派），为叙述方便也有略作“la Scuola Napoletana”（那不勒斯画派）。

兄弟①、奈提（Francesco Netti，1832—1894）②、切连塔诺（Bernado Celentano，1835—1863）③、卡马拉诺（Michele Cammarano，1835—1920）④、托马（Gioacchino Toma，1836—1891）⑤、帕提尼（Teofilo Patini，1840—1906）⑥、米盖蒂（Francesco

① 菲利波·帕里齐与他的兄弟朱塞佩·帕里齐（Giuseppe Palizzi，1812—1888）及尼古拉斯·帕里齐（Nicolas Palizzi，1820—1870）在那不勒斯皇家美术学院学习绘画期间，受到波西利波画派影响而走上研究自然（osservazione del *vero*）的道路，并与法国的巴比松画派等多有联系。菲利波·帕里齐擅长描绘动物和风景，同时是意大利最早研究摄影的艺术家之一。在那不勒斯美术学院画廊有由画家亲自选取作品和设计陈设的“帕里齐展室”（Sala Palizzi），在一个多世纪以来一直公开展示三位画家的大量绘画和习作。

② 奈提生于南意小城 Santeramo in Colle，早年立志成为律师，后转向绘画，1855 年入那不勒斯美术学院及其他校外独立美术教室学习，后进入菲利波·帕里齐和莫雷利的工作室工作。1866 年起他离开那不勒斯前往巴黎，与当地艺坛多有交流，普法战争之后回到那不勒斯，成为那不勒斯美术学院的名誉教授。除绘画作品外，亦有专著记述意大利艺术史及意大利艺术在巴黎的展览情况。

③ 切连塔诺生于那不勒斯，在那不勒斯美术学院接受艺术训练。他与莫雷利和菲利波·帕里齐为同僚，三人被认为是意大利现实主义运动最重要的人物，擅长历史与风俗画。

④ 卡马拉诺出生于艺术及戏剧世家，1853 年进入那不勒斯美术学院学习，师从菲利波·帕里齐等。卡马拉诺于 1860 年在加里波第引导下加入国民警卫队（Guardia Nazionale），这一经历使社会与军事问题成为他笔下的主要描绘对象。战争结束后他前往佛罗伦萨，与斑痕画派多有交流，并于 1870 年前往巴黎学习库尔贝（Gustav courbet）和籍里柯（Theodore Gericault），1900 年继承菲利波·帕里齐的职位成为那不勒斯美术学院教授。

⑤ 托马生于南意小城 Galatina，自幼孤苦，通过在那不勒斯陶器店工作自学绘画，并参与加里波第的意大利统一运动。在军中其名声开始为军队上层所知，接受订件并举办个人展览，并于 20 世纪 70 年代成为那不勒斯美术学院教授。托马晚年出版有小册自传《一名孤儿的回忆》（*Ricordi di un Orfano*）讲述其人生经历。

⑥ 帕提尼早年接受古典与哲学教育，后转入那不勒斯美术学院学习艺术，就读期间受加里波第的统一运动影响自发结成军队声援，同时获得奖学金前往佛罗伦萨和罗马研习绘画，后成为阿奎拉美术学校校长（La Suola di Arti e Mestieri di L' Aquila）。他的人生经历使他终生对描绘贫苦农民表现出极大热情，并因以宗教图式表现而知名。

Paolo Michetti，1851—1929）[①]、曼契尼（Antonio Mancini，1852—1930）[②]、杰米托（Vincenzo Gemito，1852—1929）[③]等人。

观察上述艺术家的作品，就能发现他们艺术的特点，在于都非常强调绘画观察的真实性（detailed observation to the true）。这一追求强化了传统中的某些特质，并造就了近代那不勒斯画派两个最重要的艺术特色，在绘画的技巧处理及内容表现上都极力求真，并突出表现在光线的使用和画面内容的选取及处理方面。这一新兴艺术潮流由那不勒斯美术学院的画家们引领，既与那不勒斯的美术传统息息相关，又可觅到来自同时代其他地区的共鸣。

要了解那不勒斯学院派写实绘画在欧洲古典绘画的范围内享有怎样的特色，就必须先简单回顾此地区的近世以来的绘画史。

那不勒斯拥有值得自傲的悠久的美术和工艺传统。在绘画领域，17 世纪和 19 世纪是两个最重要的时期，其间产生的具有地域特色的风格，分别标志了那不勒斯绘画特性（artistic identity）的建立和成熟。

17 世纪的那不勒斯画坛几乎都笼罩在巴洛克（Baroque）大师卡拉瓦乔（Michelangelo Merisi da Caravaggio，1571—1610）的影响之下。卡拉瓦乔作品中的典型元素——夜晚的场景、戏剧性的强光、普通以至“粗俗”的人物形象、忠实自然的描绘方法——在他的时代引起了强烈反响。尽管一般来说巴洛克绘画只

---

① 米盖蒂在那不勒斯皇家美术学院就读期间师从莫雷利，并与菲利波·帕里齐关系密切。他的作品常以那不勒斯附近的农村为题材。另外，与当时许多画家一样，米盖蒂也热衷摄影，同时曾被国王艾曼纽三世（Vittorio Emanuele III，1869—1947）任命为参议员。直接教授过符罗飞的美术学院教授卡夏罗曾在米盖蒂指导下学习风景画。

② 曼契尼生于罗马，幼年时便显现出艺术天分，1864 年 12 岁时入那不勒斯美术学院师从莫雷利和菲利波·帕里齐，1872 年两幅作品入选巴黎沙龙。曼契尼因多描绘那不勒斯的街头音乐人及贫苦儿童而被归入意大利现实主义运动的代表人物中。曼契尼于 20 世纪 70 年代寓居巴黎，其间与印象派画家德加、马奈及萨金特交往甚密。1881 年回到罗马定居。其作品多见于罗马国立现代美术馆（Galleria Nazionale d’Arte Moderna e Contemporanea），并因为 2007—2008 年在美国费城美术馆（Philadelphia Museum of Art）的同名展览开始备受学界关注。

③ 杰米托生于那不勒斯，是一位雕塑家和金工家。他虽未正式进入美术学院学习，但对莫雷利的艺术钻研很深，同时与米盖蒂及曼契尼深交。在孤儿院长大的经历，使他非常热衷于表现儿童，其儿童雕塑之生气勃勃为他赢得天才的称号。符罗飞的老师西维埃罗与杰米托关系非常密切，并著有杰米托的传记，见 Carlo Siviero, *Gemito*, Napoli: Morano, 1953。

从视觉层面抽取了其明暗对照画法（chiaroscuro）而忽视背后的现实眼光——多数人只注意到并接纳其画面的戏剧性，而未曾了解这种崭新视觉效果的来源，在于对真实的孜孜以求以及近乎物理精确的观察方式，导致只有这种绘画语言的表象被吸收，并在失去现实观察基础的情况下独自演变——但卡拉瓦乔激进的自然主义却在其人生最后的活动地那不勒斯由“那不勒斯卡拉瓦乔画派”（Neapolitan Caravaggisti）完整地传承下来，奠定了那不勒斯本地绘画重视光影表现和现实观察的取向，产生极为深远的影响。①

到 18 世纪，那不勒斯的绘画总的来说接近了欧洲整体的潮流，受到新古典主义（Neoclassicism）和启蒙运动（Enlightenment）影响。但是到 19 世纪，此地绘画的风格再次发生了巨变，抛弃了后期巴洛克风格（Late Baroque）的残余，而转向浪漫主义（Romanticism）和自然主义（Naturalism）。这场蜕变的代表就是在 1820 年到 1850 年之间兴起的，以那不勒斯皇家美术学院为活动中心的波西利波画派（La Scuola di Posillipo，英文 The School of Posillipo）。② 该画派于 19 世纪初期在南意把“外光”（en plein air）和“色彩”对绘画表现的重要性提到了新的高度——这也是 19 世纪中叶北意托斯卡纳（Toscana）地区的斑痕画派，以及 19 世纪末法国印象派画家们开始探求的主题。符罗飞所接触的 20 世纪 30 年代那不勒斯美术学院的学院派画风，就是在此基础上衍生而来。

自波西利波画派兴起以后，那不勒斯就逐渐成为欧洲写实绘画的重要据点，不仅延续了早期真实再现现实（pittura del vero，英文 painting from life）的传统，

① Clovis Whitfield & Jane Martineau，eds.，*Painting in Naples 1606-1705：From Caravaggio to Giordano*. Washington DC：National Gallery of Art，1983.

② 波西利波画派的名称来源于与维苏威火山隔海相望的波西利波山地，其主要成就表现在风景画方面。这场在 19 世纪初风景画领域展开的艺术变革，影响遍及后来各个题材的那不勒斯绘画。其来源就画种内部而言，植根于 17 世纪那不勒斯风景画家斯巴达罗（Micco Spadaro，1609/1610—1675）和洛萨（Salvator Rosa，1615—1673）并受惠于 18 世纪善于描绘辽阔的那不勒斯湾风景的哈克特（Philippe Hackert，1737—1807）“真实地模仿自然”（essere l’arte il ritratto del vero，英文 to be the true reproduction of the true）的艺术观念，以及受到同时代的英国画家康斯太布尔（John Constable，1776—1837）及透纳（William Turner，1775—1851）的启发。代表性画家则包括皮特卢（Anton Smick van Pitloo，1790—1837）、吉根特（Giacinto Gigante，1806—1876）、法果拉（Salvatore Fergola，1799—1874）和费内里（Achilles Vianelli，1803—1894）等。

还特别强调了对外光和自然色彩的表现。19 世纪 50—60 年代起，出身于那不勒斯皇家美术学院的另一批画家在继承传统的基础上，进一步发展出那不勒斯画派的特色，其中就包括莫雷利、帕里齐兄弟，以及他们的学生米盖蒂、杰米托、曼契尼、白德利和卡夏罗等人。

上述艺术家，包括比他们辈分稍晚的西维埃罗，都受莫雷利的影响很深。若要为 20 世纪 30 年代那不勒斯皇家美术学院绘画系的作风寻宗溯源的话，莫雷利就是他们与前述那些更早期本地传统的联结点。由于莫雷利长期主宰那不勒斯皇家美术学院绘画系，使他成为对 19 世纪中期以来的南意写实绘画影响最大的人物。

图14 《持扇女子》莫雷利 1873

承袭卡拉瓦乔明暗对照画法和波西利波画派的外光绘画传统，莫雷利也非常重视观察和利用光线。19 世纪的那不勒斯画家们已经离开了 17 世纪卡拉瓦乔派充满戏剧张力的强光，转而热衷于对自然光，特别是外光的探索。而莫雷利所代表的那不勒斯画派在外光探索方面的与众不同之处，在于他们对逆光的兴趣。

图15 《庞贝浴场》莫雷利 1861 年

莫雷利的《持扇女子》（*La Dama col Ventaglio*，1873）（图 14）就是一幅典型的使用逆光描绘的人像，此前这样的人物画非常少见。画中绘一位女子倚在沙发上，光线从上方柔和地洒落在她的头发和肩背上，她的脸和身体则处在暗部，但由于女子手执的扇子充当了反光板的角色，加以下面白色袍子的辅助，光线被巧妙地反射到她的正面，使脸到胸前的皮肤呈现出非常柔和微妙的光影效果。《庞贝浴场》（*Il Bagno Pompeiano*，1861）（图 15）也采取了同样的巧思，利用女仆手中的白布把来自天窗的光映在逆光的出浴女子身上，而女子裹身的白袍则是第二重反光板，再把光线微微地投射到地上。这幅画虽然采取古代题材，却不囿于表现精致的建筑和古典的荣光，反而呈现出真实平凡的世界。莫雷利的这些作品，既回响着古典主义的严谨优雅，又颠覆常规。他作了许多像《庞贝浴场》一类的作品，在重建古代世界的主题中，把历史带入实景，并通过大面积使用逆光而制造出阳光感洋溢画外的效果。

在对绘画内容的选取和处理方面，那不勒斯画派同样表现出面对现实的姿态。尽管历史和宗教绘画在那个时代仍然是最高尚的题材，但艺术家们的目光同样也投射到日常生活的所见所感上，努力描绘他们所处的真实的生活。像莫雷利的学生奈提的《舞会散场》（*La Sortie du Bal*，1872）（图16）描写盛装的人们穿过扬尘的街道时狼狈的样子，让人对画家流露出的狡黠不禁莞尔。米里亚诺（Vincenzo Migliano，1858—1938）的《比亚乔大街的书摊》（*San Biagio dei Librai*，1928）（图17）和波第尼（Giovanni Boldini，1842—1931）的《巴黎报人》（*Strillone Parigino*，1880）（图18）则宛如随着画家躲在角落窥视街头，也能让人想起符罗飞描绘街头小提琴手和盲女的方式。这些作品共同的特色是，他们看起来像是放弃了任何戏剧性的设计，而在全力执行着真实呈现的信条。因此不论是掩面穿过滚滚尘土的人们，或是在街角小摊拿起一本书翻

图16 《舞会散场》奈提 1872年

图17 《比亚乔大街的书摊》米里亚诺 1928年

阅的老先生，都使观众感到仿佛是他们在现场亲眼看见这一切。若比较奈提的《收获者》(*I Mietitori*，1893/1894)(图19)与比他稍早的法国画家米勒（Jean-François Millet，1814—1875） 的《拾穗者》(*Des Glaneuses*，1857)，就能清楚看出，奈提完全不追求米勒那种纪念碑式的英雄感，他似乎也没有其他意图，而只是真实地呈现。这一19世纪以来那不勒斯画家们非常重要的绘画态度对符罗飞也产生了很大的影响，贯穿于他此后几乎所有年代的作品当中。

图18 《巴黎报人》波第尼 1880年

同时，那不勒斯的画家也远较其他地区的同行更深入地观察下层民众的生活，这与那不勒斯的历史密切相关——那不勒斯画家们并非与生俱来地更具有悲天悯人的美德，而是对他们来说，脏乱、贫穷、绝望，这些都是他们能够观察到的日常生活的一部分。

图19 《收获者》奈提 1893/1894年

那不勒斯有史以来一直自成一国，久乱于兵燹，隶属无常，是意大利诸城中的一个特例。这座城市于公元前7世纪由古希腊人创建，后来为罗马人占领，其后又作为那不勒斯王国（Kingdom of Naples）及两西西里王国（Kingdom of the Two Sicilies）的首都，长期被诺曼（Normans）及西班牙等异族统治。这些异国统治者在战乱下变化更迭，执政期间也都甚少顾及民生，故那不勒斯虽是意大利南部最大的城市及贸易口岸，但其城区之失修、污秽，至今令人侧目。1861年加里波第（Giuseppe Garibaldi，1807—1882）在统一意大利的过程中率军征服那不勒斯，使成为意大利王国一部分的两西西里王国被迫向新成立的国库捐献巨额资金，造成整个那不勒斯地区经济在 19 世纪末 20 世纪初彻底崩溃，并导致了空前规模的大移民。在世纪之交游欧的康有为在其《意大利游记》首篇《先泊巴连的诗往奈波里道中》，就记载了这个他登陆欧洲时第一个访问的意大利城市，言当地人“至贫、多诈，而盗贼尤多”“未游欧洲者，想其地若皆琼楼玉宇，视其人若皆神仙才贤，岂知其垢秽不治，诈盗遍野若此哉”[①]，城区“惟极旧敝，道路污秽滑斜，果菜之渣及马矢盈积。……道中妇女贫人，褴褛相望，亦多乞者”[②]。在这样的社会状况下，19 世纪和 20 世纪初的那不勒斯艺术家们也把目光投射到那些挣扎求生的人们身上，他们的作品经常直接描写贫民生活，流露出悲凉的人生况味。这既是对卡拉瓦乔以来的现实传统的延续，同时也作为意大利现实主义美术运动（Verismo Movement）的重要组成部分，以响应 19 世纪在全欧流行的现实主义思潮。帕提尼的《继承者》（*L' erede*，1880）（图 20）和《重担》（*Studio per le Bestie da Soma*，1885）（图 21）就是这类作品的典型，特别像《继承者》，采取了类似基督诞生的图式来组织画面，使逝者已矣、生者家徒四壁没有任何东西可以继承的凄惨景象更显得触目惊心。这种画作充满感情和力量，既能令人回想起卡拉瓦乔那著名的拖着泥腿、如文盲般笨拙的圣

图20 《继承者》帕提尼 1880年

图21 《重担》帕提尼 1885年

① 康有为：《欧洲十一国游记》，社会科学文献出版社 2007 年版，第 27—28 页。

② 同上，第 31 页。

马太，又能明白符罗飞日后大量关于战争流民的主题创作的灵感来源。

如上所述，符罗飞在 20 世纪 30 年代能在那不勒斯美术学院接触到的学院派绘画，是来自从 19 世纪中叶起，以莫雷利为首的学院画家继承卡拉瓦乔画派和波西利波画派对描写光的热忱及观察现实的姿态的基础上，结合那不勒斯的社会历史状况，融入属于新时代的情感，才得以发展出既不失传统的优雅浪漫，又具现实主义特征的绘画风格。从这一角度看来，这所美术学院其实并非传统意义上的象牙塔，正是由于在艺术语言及内容表现两方面都极力求真，才形成 19 世纪末 20 世纪初那不勒斯学院派的最大特色。

## 三、符罗飞对那不勒斯近代美术传统的掌握

将符罗飞与那不勒斯画家的作品作直接对照，可以直观地看出二者之间在绘画技法面貌上明显的共通性。如符罗飞《自画像》和西维埃罗《自画像》（*Autorittratto*，1918）（图 22）比较，可以看见强烈的明暗对照法在塑造形象和传情达意时的作用；《痛定思痛》《孤独》，以及 1938 年画集中的女性肖像《无家者》（*The Homeless*）（图 23）中对逆光熟练大胆的运用，也可与曼契尼及米盖蒂两幅著名的逆光下的《自画像》（*Autorittratto*，1882 及 1895）（图 24、图 25）联系起

图22 《自画像》西维埃罗 1918年

图23 《无家者》符罗飞

来；另外像1938年画集中的风景写生《山村》(*Countryside*)(图26)中汽车在逆光中飞驰而去的感觉令人想起那不勒斯画家迪里提斯(Giuseppe de Nittis，1846—1884)的名作《亚平宁之路》(*Il Passaggio degli Appennini*，1867)(图27)。除了光以外，像在《流浪的歌人》及《仗义》等几幅肖像画中常常使用的粗放的笔触，这些都是19世纪末的那不勒斯画家们，包括莫雷利、帕里齐兄弟及曼契尼等人常用的绘画方式，他们跃动的笔法也是19世纪以来对传统绘画革新的表现之一，强

图24 《自画像》曼契尼 1882年

图25 《自画像》米盖蒂 1895年

图26 《山村》符罗飞

图27 《亚平宁之路》迪里提斯 1867年

调效果（effetto，英文 effect）与素描（designo，英文 drawing）的平衡。[①]

因此，尽管符罗飞声称，与“学院派的油画”相比，他的兴趣更在于乔托（Giotto，1266/1267—1337）、波提切利（Sandro Botticelli，c.1445—1510）、安杰利科修士（Fra Angelico，c.1395—1455）及达·芬奇（Leonardo da Vinci，1452—1519）等古代大师的艺术[②]，但是通过观察作品，恐怕绝难否认，在符罗飞的画作中显示出的意大利绘画的影响中，近代那不勒斯画派的气息，显然要比他提到的几位文艺复兴画家强烈得多。

然而，如果说符罗飞通过在美术学院两年的学习，或者加上毕业后在意国五年多的耳濡目染，就完全出色地继承了前辈们的画艺，仍是过于轻率的。他把在那不勒斯美术学院受到的训练归为“技术的锻炼”[③]，但观察他的留意作品，不难在技术层面指出许多未精之处。

例如，他笔下的一些人像常常出现基本的形体结构和透视上的偏差。像 1936 年《自画像》中人物五官的透视，以及《基督像》《盲女》《流浪的歌人》中人物的身体结构等。此外，观察符罗飞笔下的人物头像也能发现，即使是在这个他掌握得最熟练的部分，也仍然存在许多结构问题。例如在他留意期间所作的所有头像中，人物的鼻梁无一例外地被画得异常地宽，骨骼与肌肉的穿插衔接也没有准确交代，而常常被简化成过于宽扁的梯形平面，包括他的自画像和几幅意人肖像都是如此。

另外，从符罗飞的许多素描作品常常能看到他习惯采用许多重叠的短线。如表现《那坡利人》五官的线条，它们有些能交代结构或光影，但更多的则因为对造型没有实际作用而略显啰唆。在 1938 年香港画集中的许多作品，像《推进》（*On and On*）（图 28）和《流亡》（*Refugees*）（图 29）中也同样明显。观察曾在符

① Norma Broude, *The Macchiaioli: Italian Painters of the Nineteenth Century*, New Haven & London: Yale University Press, 1987, p.97. Bround 提及：“Effect” was a concept that appeared frequently in nineteenth-century handbooks of painting. As a quality that stands out above the detail in the finished work, effect was understood as that element of the whole that contributes order and harmony to the composition, and it was thought to be most readily perceived from a distance.

② 符罗飞：《中山大学干部履历表》，未刊手稿，1952 年 12 月 4 日。

③ 同上。

图28 《推进》符罗飞

图29 《流亡》符罗飞

罗飞赴欧前随其学画的陈学书（1915—1984）[①] 早年的素描，也能清楚看见这一习惯，或许就是来自符罗飞的影响。此外就陈学书晚年回忆，他后来在罗马美术学院就读期间，也曾在老师指导下花费大量的时间努力克服这一早年学艺遗留下的弱点。[②] 而符罗飞画中这种特有的细碎的笔触，既是个人习惯，另一方面也或许与他对形体结构掌握不够充分，不能潇洒肯定地下笔有关。

当然，以目前掌握的作品来评价符罗飞在美术学院两年间的学习，或许可以很容易地从技术的角度指出他的弱点，然而，更重要的是，那不勒斯画派对现实的关怀却充分地被他继承下来。他笔下的街头乐师、盲女，以及 1938 年回港后创作的大量关于城市贫民的水墨写生，都如那不勒斯画家笔下的人物般，看来往往普通得不加修饰，却各自蕴含着丰富的故事和感情张力，平凡而动人。符罗飞形容自己在学院受到的都是技术的锻炼，可能连他本人也没有意识到，他从学院得到的并非仅仅是对某种艺术技巧和样式的摹习，那不勒斯美术学院给予他最大的财富，其实更在于观察与呈现真实世界的姿态和眼光，以及这一过程中流露出的充满强烈人间情味的感受力和表现力。符罗飞能继承这项学院遗产，与他本人的人生历练密切相关。他日后时时直面现实，在描绘时融入自己爱恨感情的作风，

① 陈学书，海南文昌人，早年侨居新加坡和马来西亚，在新加坡养正书院就读时从符罗飞处接受绘画启蒙。1931 年往上海入读上海美专和新华艺专，其间加入“野风画会”活动。1934 年考入日本大学艺术科。1936 年前往意大利，就读于罗马皇家美术学院，师从西维埃罗，并于 1939 年毕业，此后长居意大利。20 世纪 60 年代早期回国，任教于中央美术学院，不久即转往澳门、香港，以私人画室课徒为主，同时任教于香港中文大学艺术系等。

② 蒙陈学书高足郭喜伦女士及雷伯培先生赐教，谨此致谢。

既出于自身的人生感悟，也回应着此前在意大利所受的陶染。也正是这种取向帮助他后来发展出强烈的个人风格，同时也弥补了他在形体结构掌握上的不足。

## 结语及题外

符罗飞留学意大利成果在中国的首次亮相，是在1938年10月于香港金陵酒家举行的个人展览中。当时在港《大公报》头版连刊四天广告，并有蔡元培、陈策、宋子文、吴铁城、周寿臣、叶恭绰等在港文化名人、党政要人及本地耆老共计18人联名热情推荐：

> 符君罗飞，乃现代中国画坛中一奇才。游学罗马，师友彼邦之耆宿，竭八年之力，悉穷西画之奥妙，故其近年作品，誉满欧陆。……①

然而，这样一位携留洋盛名归国、又在连日广告造势下隆重登场的画家，在展览后收到的却是截然相反的评价：

> 1938年，从意大利回到香港，他勤奋地创作，以最大的热情和生活结合，这就使许多曾经留学西方、学院派的支持者大吃一惊之余，感到非常可惜，认为他已经堕落到描写那些令人不屑一顾的东西。②

上述香港观众展后对符罗飞留意所学认识表现出的强烈落差，实质上也牵涉出符罗飞和他当时设定的观众之间对"学院"理解的偏差，并且这种偏差同样指向了前文提及的长期以来以法国遮蔽周边的近代艺术史观。由于法国在18世纪以来持续地掌握着艺术的话语权，更成为中国艺术家赴欧留学的首选地点，因此在香港及中国认识中的"学院"很自然地是以法国美术学院的作风作为预设蓝本，以之来想象符罗飞可能带回的留学成果。也因此，当符罗飞将南意美术学院这样

① 《介绍符罗飞画展》,《大公报》1938年10月7—11日。
② 黄蒙田：《符罗飞十年祭》,《文汇报》1981年1月10日。

一种完全陌生的式样展现在观众面前，自然不免令人失望和“大吃一惊”了。

符罗飞的“学院”不仅没有得到香港观众的接受，连在20世纪40年代及以后与他交往甚密的友人们也未能准确地理解。如黄蒙田对符罗飞40年代风格改造过程满怀深情的回顾，就十分有代表性：

> 他曾经在西方艺术宫殿里接受学院派的磨炼，并且被承认他的才能，对符罗飞来说这不能说不重要，但更重要的是，他的思想感情并没有为学院派所束缚，他从学院派突围出来，而且他知道画什么和怎样画才符合历史发展的轨迹。[①]

当然黄蒙田主要意在褒扬符罗飞改造自身艺术的努力，然而他未能了解的是，通过回顾那不勒斯的艺术传统可以知道，那不勒斯美术学院并非一个固定概念中的象牙塔，也不是远离民众、高高在上的“艺术宫殿”。从符罗飞1938年回国后马上在香港创作的大批描绘城市贫民的写生来看，在“画什么”和“怎样画”方面，学院与其说是某种需要突围的“束缚”，不如说正是19世纪以来以那不勒斯美术学院为活动中心的画家们的作品，在符罗飞以艺术记录和表现现实的早期实践过程中，为他提供了大量丰富且具体的视觉范本。

通过作品分析可知，符罗飞对那不勒斯学院写实绘画传统的承袭，并不完全在于对绘画技巧的把握，而更多地继承了当地自巴洛克后期以来便通过一代又一代的艺术家的作品传递下来的，对真实的关注、对日常生活的热情和带有批判性的社会现实眼光，这也是他与其他“曾经留学西方、学院派的支持者”最大的不同之处。

因此，若以“合理、准确、结实的造型和色彩”这一欧洲学院派绘画的固有技术标准来评价符罗飞留学时期的作品，可知他绝不是其中的佼佼者，那些现存的作品在技术上看绝算不上“悉穷西画之奥妙”。然而，符罗飞后来40年代的作品之所以能在艺术性上达到高峰，除了因为他那种强烈的画面所饱含的视觉刺激和道德感召力以外，从那不勒斯画派处得到的、讲求真实地记录和传达人间情味的作风，也发挥了不可忽视的作用。

从对那不勒斯近代绘画传统的吸收和延续，以及留学期间作品与回国后作品

---

① 黄蒙田：《符罗飞十年祭》，《文汇报》1981年1月10日。

的关系说开去，把符罗飞和他的学生兼同门陈学书做一番比较也饶有趣味。

陈学书不但是近代少数留意美术学生之一，更与符罗飞有过交集，他在 20 年代末期曾随暂居新加坡的符罗飞学画，后来又考入罗马美术学院，成为符罗飞在那不勒斯时的老师西维埃罗的弟子。师出同门的符罗飞和陈学书虽就读于不同的美术学院，但很有可能受到非常相似的训练。值得注意的是两人离开学院以后，其艺术探索逐渐分道扬镳，沿着不同的方向发展下去。

两者相较，显然陈学书更可称为一位那不勒斯学院传统的忠实传人，他在意大利进行美术活动凡 30 年，对南意不管在艺术上还是风俗民情上都有更深刻的理解，并掌握了更扎实的绘画技巧，同时更重要的是他不像符罗飞般，需要面对如何以自身艺术响应和表现中国革命现实的巨大压力。陈学书的作品完美地展示了一名中国艺术家对那不勒斯近代美术的传承，从探求自然的态度出发，在造型到构图以至情感表达方面，都力求真切。另外，尤其值得重视的是，如果以“熟习西方艺术的程度”作为衡量标准的话，陈学书作品中那不勒斯画派影响的持久性和稳定性都令人惊叹，可谓是中国早期美术留学生中极为少数归国前后艺术面貌和水平没有出现明显落差者，南意学院派写实艺术的元素贯彻他艺术道路的始终。（图 30）

图 30　陈学书作品

而与此相对，符罗飞则是主动改变画风的代表。他在技术掌握方面固然不如陈学书般纯熟，客观上使得他可能难以在回国以后继续稳定地保持留意时期的古典写实画风；然而他也不像其他许多欧洲学院出身的画家那样一直刻意坚持古典写实的作风和面目。符罗飞后来进行风格改造的要义，并非在于走出学院的象牙塔去观察和描绘现实这一模式化的认识，而在画面处理和情感表达方面都转而向所谓更爱憎分明的、更有指向性和更有战斗力的方向上去，从而最终建立了他在中国近代美术史中的声誉。

# 留学史视野下的中国留法艺术学会研究

董 松
安徽博物院

**摘 要：** 1921 年开启中国第一次大规模向法国派遣留学生，此后国内每年都会派出人数不等的艺术留学生前往法国学习深造，在 30 年代初达到高潮，大量留法艺术生在巴黎的聚集为“中国留法艺术学会”的成立提供了人员上的基本条件。中国留法艺术学会从 1933 年成立到 20 世纪 50 年代初都有活动，前后延续近 20 年，先后聚集了 112 名旅法艺术家，它是我们已知的活动时间最久、组织最完备、成员最多、影响最大的中国留学生艺术团体。他们中的大多数后来陆续回到祖国，为中国现代艺术的实践和理论做出了各自的探索和贡献，探索振兴中国艺术发展之路。中国留法艺术学会是在近代美术生留学法国的大潮中产生的，把学会作为留法美术生的研究样本，从留学史的角度去对学会进行考察，以及成员在法国的艺术历程以及学成回国后的艺术成就以及对中国现代美术的影响和贡献，将会大大推动“中国留法艺术学会”个案研究，进而推动中国早期留法艺术家的深入研究，探索中国近现代美术留学史的深入讨论。

**关键词：** 中国留法艺术学会　留学史　美术生　最佳样本

20 世纪初期，中国艺术留学生更多选择去日本留学，但是随着学习的深入他们认为巴黎是文艺复兴发生地，是世界艺术中心，不满足日本这样的江河，他们要去艺术之都法国探寻艺术的真谛。1921 年 8 月 13 日，吴稚晖率领在广东、上海和北京三地招收的一百多名学生，搭乘法国邮船博多斯号（Porthors）前往法国里昂。这是法国里昂中法大学（Institut franco-chinois de Lyon）在国内招收的第一届本部生，也开启了中国第一次大规模向法国派遣留学生的一代新风，其中就包括美术生苏梅（苏雪林）、方蕴、方裕、潘玉良、邱代明等，此后国内每年都会派出人数不等的艺术留学生前往法国学习深造，在20世纪30年代初达到高潮。加之，“九一八”事变爆发后，部分在日本的中国留学生中断学业前往法国等欧洲国家继续学习，大量留法艺术生在巴黎的聚集为“中国留法艺术学会”（以下简称“学会”）的成立提供了人员上的基本条件。

图1　明信片上的博多斯号（Porthors）

## 一、基本面貌

1930年前后，常书鸿、刘开渠、曾竹韶、王临乙、吕斯百、唐一禾、马霁玉等陆续进入巴黎国立高等美术学校学习。他们每年通常会举行圣诞聚餐会，在1932年的圣诞聚餐会上大家觉得“需要一个更紧密的、更纯洁的艺术团体的组织”[①]。于是，1933年1月14日，在留法美术生郭应麟回国的欢送会上，提出了成立一个留法艺术学生组织的想法，得到了大家热烈响应，这包括了常书鸿、刘开渠、曾竹韶、王临乙、吕斯百、郑可等前辈艺术家。他们从2月5日到3月5日的一个月里，连续召开了3次会议，讨论组织的目的、意义、名称、章程等问题。4月2日举行了成立大会，会上“决定本会名称为‘中国留法艺术学会’，同日通过本会简章，选出第一届委员，本会正式成立”[②]。常书鸿先生的女儿常沙娜先生回忆说：“在艺术家聚居的巴黎，我家成了学艺术的中国留学生的聚会场所，除王临乙、吕斯百之外，曾竹韶、唐一禾、秦宣夫、陈士文、刘开渠、滑田友、马霁玉、王子云、余炳烈、程鸿寿、郑可等人都是我家的客人，有画油画的、做雕塑的、搞建筑的。著名的‘中国留法艺术学会’就是在我家成立的。”[③]1934年第8

① 江鸟：《本会成立经过》，《艺风》1934年第2卷第8期。
② 同上。
③ 常沙娜：《黄沙与蓝天：常沙娜人生回忆》，清华大学出版社2013年版，第5页。

图2　1934年中国留法艺术学会成员合影

期的《艺风》杂志为“中国留法艺术学会专号”，其中刊登了化名“江鸟”的常书鸿《本会成立经过》一文，介绍成立该会完全是自发地认为“需要一个更紧密的、更纯洁的艺术团体的组织”，出于“互相了解、互相研究的真诚的态度”“自由地评论艺术界的现状，艺术上的问题”。

从上面的论述我们知道，“学会”是1933年在法国巴黎成立，它是一个综合性的海外艺术团体，是少有的“影响卓著，至及国内”①的海外艺术团体，常书鸿、刘开渠、曾竹韶、王临乙、吕斯百等都是发起人。

1933年8月出版的《艺风》（第1卷第8期）刊登了《中国留法艺术学会启示》“中国留法艺术学会会员录”以及“中国留法艺术学会简章”，第一次向国人宣告组织是“以联络感情共同研究艺术”。《中国留法艺术学会启示》中的“青年艺术家已决意要导引中国紊乱着的艺术事业运动在一个明确的标的上”，实际上就是宣誓他们今天在法国留学是为了今后改造中国艺术的决心。具体抄录如下：

> 要集中运动的力量，要确定进攻的方向，为中国留法艺术界智与灵的检练，为中国艺术界联合战线的预备，我们才集合了二三十个同志，草创这个“中国留法艺术学会”的集团。从1933年1月起，到现在已有六个月继续不断的聚会，六个月从头到尾的关于艺术问题的交谈，觉得这里的青年艺术家已决意要导引中国紊乱着的艺术事业运动在一个明确的标的上。自然，我们正在沉默努力的时候，用不着自己的鼓吹，更用不着别人的赞扬。至于我们的结果且待将来的事业来解答你们罢！②

学会成立初期，随着留法艺术生的持续增加而得到迅速发展，会员数量也较

① 朱伯雄、陈瑞林：《中国西画五十年（1898—1949）》，人民美术出版社1989年版，第327页。
② 《中国留法艺术学会启示》，《艺风》1933年第1卷第8期。

多，滑田友曾说过这是“我们穷艺术家组织的一个团体”。这一时期，大多数成员的艺术活动多集中于艺术院校学习。他们大多是在食不果腹、半工半读的状态下坚持学习，尽管如此，他们自强不息、刻苦攻读，以优异的成绩完成学业。同时积极参加各类沙龙展览，仅仅在1933—1934年的一年时间里，就有19位成员作品入选各类沙龙展。同时，成员之间交往频繁，学会的组织架构和日常运行等基本完善。

1937年日本侵华战争全面爆发前夕，大批留学生回国，学会成员减少很多。陆续回国的学会会员，投入保家抗敌的历史洪流中，同时也成为中国美术教育与艺术实践的积极推动者。剩余在法国的十余名成员，坚持开展学会的日常会议和活动。特别是，组织学会成员通过举办中国书画展览义卖、出版抗战救国专刊、购买救国公债及长期认捐等各种形式支持国内抗战，成员表示“抗战一天不停，捐款一天不止”“略表分羹共餐微意于三万里外”。

到1944年巴黎解放和1945年中国抗战胜利，学会活动进入第二个活跃期。1945年3月24日，学会第58次大会举行，潘玉良当选为会长，标志着学会重新步入正轨。这一时期，旅居法国的学会成员用各自的艺术实践积极探索中西合璧的艺术道路，他们的艺术成就越来越受到法国主流艺术圈的关注和认可。同时他们持续把中国艺术介绍给西方并产生影响，成为中法文化交流的重要桥梁。

## 二、主要史迹

翻开学会的档案是一页一页沉重的历史，我们最终找到了112位成员，其中有很熟悉的常书鸿、滑田友、刘开渠等艺术家，但更多的是如刘家峪、郭应麟、刘曲樵、路毓华、周思明、唐亮、毛宾等不被公众了解的艺术家，甚至还有一些如刘深山、朱志清、方墉、王衡芷等除了姓名我们一无所知的前辈艺术家，但是他们都曾经为了中国美术事业的发展做出过自己的努力，为了寻求现代艺术前往异国他乡，探索振兴中国艺术发展之路。

学会从1933年成立到20世纪50年代初都有活动，前后延续近20年，先后聚集了常书鸿、滑田友、潘玉良、吴冠中、赵无极、吕霞光等112名旅法艺术家。因此，它是我们已知的活动时间最久、组织最完备、成员最多、影响最大的中国留学生艺术团体。成员既有绘画、雕塑、音乐、建筑等专业的艺术生，也有汪德昭、蔡柏龄等物理、化学专业但爱好艺术的留法学生。他们中的大多数后来陆续回到祖国，也有一部分留在法国和其他国家，但是他们都为中国现代艺术的实践和理论做出了各自的探索和贡献。纵观学会发展的20年间，有几件重要的事情需要予以重视。

## （一）组织“巴黎中国留法艺术学会英伦中国艺术展览会参观团”

1936年春中国留法艺术学会组织“巴黎中国留法艺术学会英伦中国艺术展览会参观团”前往伦敦参观，共有常书鸿、滑田友、李瑞年、陈士文、黄觉寺、张紫屿、吕霞光、周轻鼎、廖新学、王子云、凌常（女）、张贤范（女）、陈芝秀（女）、唐蕴玉（女）、王衡芷（女）、刘家裕（女）、马霁玉（女）等22人和郑揆一、吕太太、王先生3名家属共计25位成员[①]，在伦敦的六天时间里，他们参观了多家博物馆、画廊以及英国皇家美术学会，大大开阔了他们的视野，滋生“一种无尽的民族自豪感”[②]。

## （二）有组织地向国内介绍西方艺术新思潮

1934年8月和1936年11月，中国留法艺术学会两次通过《艺风》杂志刊发“中国留法艺术学会专号”“现代艺术专号”，组织会员发表文章和美术作品，向国内系统介绍西方各种艺术流派和各国艺术发展情况，并从各自角度对现代中国美术的发展进行了阐释。仅常书鸿、陈士文、郑可、刘开渠、王临乙5人在《艺风》

① 关于中国留法艺术学会组织的“巴黎中国留法艺术学会英伦中国艺术展览会参观团”人数存在着多种说法，安徽博物馆收藏有一份“赴英参观中国艺术展览会记录”手稿，记载参观者有会员李瑞年、张紫屿、吕霞光、黄觉寺、凌常、周轻鼎、滑田友、张贤范、陈芝秀、唐蕴玉、王衡芷、王子云、刘家裕等13人和眷属郑揆一、吕太太、王先生3人，共16人。王子云在《从长安到雅典——中外美术考古游记》中第337页记载“这次去伦敦参观，有参加者22人”，参加者也与安徽博物院所藏文献记载有较大出入，故没有采用。滑田友家属提供有参观团全体在展览会门前合影共25人，除安徽博物院所藏文献记载的16人外，另有陈士文、常书鸿、马霁玉、廖新学4人出现在照片中，另有5人不详。结合几种文献，本文采取25人说。

② 王子云：《从长安到雅典——中外美术考古游记》，陕西人民美术出版社1992年版，第338页。

图3　1936年，中国留法艺术协会参观团在伦敦展览会门前合影

各期杂志中发表的文章就达到90篇，在中国播撒了西方现代艺术的种子，被评论界称为“划时代的论述”[①]，学会也成为世界现代艺术在国内的重要传播者。

## （三）举办“中国留法艺术学会会员作品展览会”

1946年10月1—20日，“中国留法艺术学会会员作品展览会”在巴黎国立高等美术学院举行，共有潘玉良、滑田友、严德晖、周麟、李风白、廖新学、郑可、周轻鼎、曾竹韶等13名学会成员的205件绘画、雕塑作品参展。这是学会成员作品第一次整体呈现在法国观众面前，“好游者纷至沓来，共饱眼福，学会诸同志之声誉，自必与时俱增，前途之美满，可以拭目俟之也”[②]。

## （四）学会组织机构的变化

学会的组织机构变化很频繁，主要原因是人员流动很大也很快。因此，他们

① 许志浩：《1911—1949中国美术期刊过眼录》，上海书画出版社1992年版，第91页。

② 《中国艺展在巴黎》，《申报》1946年10月16日第9版。

图4　1936年，中国留法艺术学会参观团赴伦敦，在巴黎火车站合影

图5　1934年第2卷第8期《艺风》杂志“中国留法艺术学会专号”

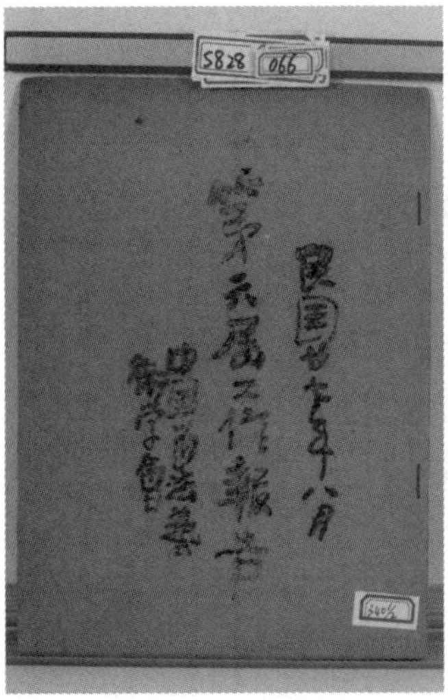

图6　1938年8月，中国留法艺术学会第六届工作报告

图7　滑田友《对谈抗战》，潘玉良购于救助中国抗战中被害妇孺抽彩募捐会，安徽省博物馆藏

图8　滑田友《水仙》，潘玉良购于救助中国抗战中被害妇孺抽彩募捐会，安徽省博物馆藏

图9　1938年，学会成员春游，滑田友家属提供

图10　1945年郊游，滑田友家属提供

会及时根据人员和局势情况来调整内设组成机构，以保证学会的正常运转。例如，1937年抗战爆发前，大批留学生回国，留法艺术生数量大为减少，内设机构就由最多时的6个股缩减为总务、文书、会计3个股。1936年召开的学会第四次大会对学会章程做了修订，规定采取委员制，设总务股、文书股、展览股、出版股、交际股、会计股6个股。每股设委员、副委员各一人，任期一年。全体大会每年一次，常会每两月一次。

1938年8月，第四十次全体会议再次修订章程，内设机构缩减为总务、文书、会计3个股。每股两人，每年由大会推举6人负责担任，其职务每四个月调换一次，每次常会主席由总务股担任。1940年6月德军占领巴黎，法国全境沦陷，学会成员纷纷离开巴黎，学会活动基本停滞。

## 三、最佳样本

海外华人艺术史是中国艺术史的重要一环，也是中国留学史的重要组成部分，但是长期以来，学界对这一内容了解不多，对他们的成就没有给予充分的观照和评价，特别是他们对新中国成立后中国艺术整体格局的影响和贡献，学界没有予以应有的认识。

学会先后集结了112名旅法华人艺术家，随着作为学会会长的潘玉良保存的一批珍贵历史档案的发现和整理，为学会的研究提供了丰富的、全新的材料。我们希望把学会作为研究留法艺术生的最佳样本，通过深入研究必将有助于丰富现代艺术史、海外华人艺术史以及民国美术社团的相关内容，填补美术、雕塑、音乐等专门史的一些空白。

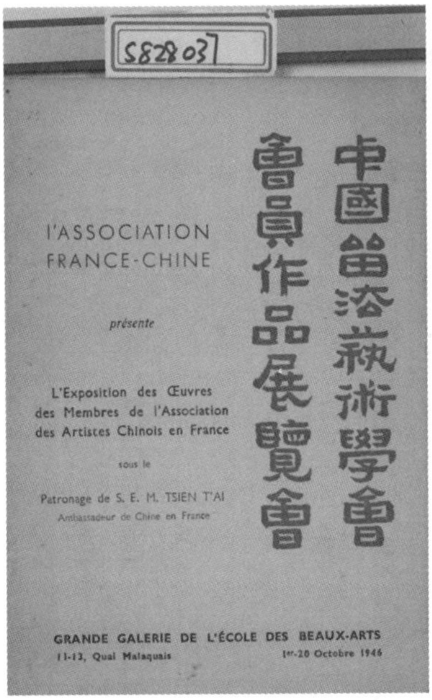


图11　1946年，“中国留法艺术学会会员作品展览会”目录

图12　学会成员在“中国留法艺术学会会员作品展览会”门前合影

## （一）时间跨度长

中国的留法学生起于1921年。1921年8月13日，广东、上海和北京三地一百多名学生，搭乘法国邮船博多斯号前往法国里昂。这是中国第一次大规模向法国派遣留学生，其中就包括美术生苏梅（苏雪林）、方蕴、方裕、潘玉良、邱代明等。此后国内每年都会派出人数不等的留学生前往法国学习深造，在30年代初达到高潮。1937年后留法生基本中断，直到1945年抗战胜利后，当时的国民政府才重新开始派遣留法艺术生，但是每年的名额只有1—2名，例如吴冠中就是这一时期的公费留法生。1949年新中国成立后，中国就不再派遣留法学生。

如前所述，学会从1933年成立活动延续到1952年前后，跨度近20年，这包括了中国现代绘画发展迅速的黄金十年（1928—1937），1937—1945年的全面抗战、第二次世界大战结束以及1945年到1949年中华人民共和国成立，这个时间基本涵盖了中国派遣留法学生的主要时期，可以反映留法美术生情况的基本概貌。

## （二）专业门类齐全

学会的112名成员中，大部分是学习艺

图13 “中国留法艺术学会会员作品展览会”展厅内景

图14 严德晖参加1946年展览会作品图片

图15 滑田友与作品《农夫》(又名，少年中国)在1946年展览会上

图16 1948年春节留法艺术家聚会名单，安徽省博物馆藏

图17 廖新学作品《自画像》

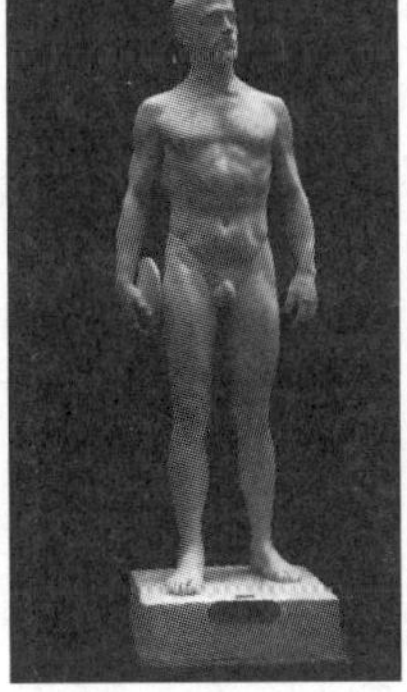

图18 廖新学雕塑《掷铁饼者》

图19 《风景》 李风白 水彩 1945年

术的留学生，和少量物理、化学、地质、政治等专业但是爱好艺术的留学生。绘画专业有常书鸿、常玉、陈士文、韩乐然、黄显之、李风白等；雕塑专业包括滑田友、王临乙、刘开渠、严德晖、周轻鼎、郑可等；音乐专业中既有学习演唱的周小燕、李献敏，还有演奏专业的马孝骏，以及作曲专业的陈德义、冯文元、丁善德等。此外，虞炳烈、何广乾、王艾、胡自能等学习建筑专业。应该说，中国留法艺术学会中的成员包括了绘画、雕塑、音乐、建筑等艺术门类，涵盖了留法艺术生的各个专业。

**（三）来源地多样**

中国留学生一个很特别的现象是，大部分留学生都是从国内来到法国。但是，还有一部分中国学生是从包括中国香港、澳门以及新加坡、马来西亚等东南亚国家和地区来到法国学习。留法学会成员中也存在这种现象，除了如潘玉良、王子云、李风白、廖新学等大部分从国内出发的学生，其他如郭应麟、谢投八从菲律宾，何佩珠从香港，周轻鼎从日本，周圭从印度尼西亚等不同的地方前往法国学习艺术。

**（四）留学前经历不一**

中国大规模留学起步于 1921 年，因此很多学生都错过了最好的学习机会，但是他们并没有放弃去法国求学的梦想，在工作一段时间后留学深造。例如，王子云、严德晖、吕斯百、郭应麟、滑田友、黄觉寺、韩乐然等学会成员就是这个情况。这也导致了另一个现象的出现，即很多美术生为了满足巴黎国立高等美术学校关于入学年龄在 23—25 岁之间的规定，修改自己的出生日期，成为很普遍的现象。例如，周轻鼎把实际年龄从 36 岁改到 23 岁，廖新学从 31 岁改到 23 岁，滑田友从 32 岁改到 21 岁等等。

**（五）去向差异很大**

学会成员的去向和留法生毕业后的去向是基本一致的。抗战前，大批学会成员回国投身祖国的抗敌活动中，比如常书鸿、吕斯百、秦宣夫、王临乙、王子云、唐一禾等艺术家。仅以雕塑为例，学会成员刘开渠、滑田友、曾竹韶、王临乙、程曼叔、廖新学、周轻鼎等就构成了新中国雕塑界的主体力量，他们对国内雕塑创作和教学的影响十分深远。1949 年后仍然留在法国的学会成员如潘玉良、常玉、赵无极、朱德群、吕霞光等的艺术探索和发展道路，可以勾勒出海外华人艺术家自觉探索中西融合道路，发展本民族绘画的轨迹。同时，研究成果可以和回国的成员进行比较性研究。此外，还有一批学会成员到其他国家地区定居，如陈士文在香港地区、刘曲樵在越南、郭应麟在印尼、陈宝琦和李献敏在美国，为所在地的美术发展做出了各自的贡献。

以上所述 5 个方面，是笔者认为学会可以成为研究留法美术生的最佳样本的基本认识。此外，112 人的留法艺术学会成员名单的存在，确定了学会研究有一个明确的边界，更容易看到学会的全貌，以此为样本来认识留法美术生的全貌一定会起到事半功倍的作用。

## 四、结语

学会是一个艺术团体，更像是一个孵化器，从这里走出的艺术家对中国 20 世纪艺术发展产生了十分重要的影响。他们努力建构的“爱国奉献、自强不息、勇于创新”的精神，把艺术融入生命、勇于担当的历史责任感，仍然是今天值得宣扬和提倡的艺术精神。

学会是在近代美术生留学法国的大潮中产生的，把学会作为留法美术生的研究样本，从留学史的角度去对学会进行考察，及其成员在法国的艺术历程、学成回国后的艺术成就以及对中国现代美术的影响和贡献，将会大大推动“中国留法艺术学会”个案研究，进而推动中国早期留法艺术家的深入研究，深入探索中国近现代美术留学史。

附：

中国留法艺术学会会员名录

（1933—1951 年）

（以姓名的英文字母为序）

| 序号 | 姓 名（生卒年） | 性别 | 省份 | 专业 | 到法时间 | 离法时间 |
|---|---|---|---|---|---|---|
| 1 | 蔡柏龄（1906—1993） | 男 | 浙江 | 物理 | 1923 | 长期旅法 |
| 2 | 常书鸿（1904—1994） | 男 | 浙江 | 绘画 | 1927 | 1936 |
| 3 | 常玉（1900—1966） | 男 | 四川 | 绘画 | 1920 | 长期旅法 |
| 4 | 陈德义（1905—1990） | 男 | 河北 | 音乐 | 1939 | 1945 |
| 5 | 陈世柏 | 男 | — | — | — | — |
| 6 | 陈荔秋 | 男 | — | — | — | — |
| 7 | 陈士文（1907—1984） | 男 | 浙江 | 绘画 | 1929 | 1937 |
| 8 | 陈翔冰（1907—1980） | 男 | 福建 | 文科 | 1941 | 1945 |
| 9 | 陈毅生 | 男 | — | 绘画 | 1920 | — |
| 10 | 陈芝秀（1908—1979） | 女 | 浙江 | 雕塑 | 1927.6 | 1937 |
| 11 | 陈策云 | 男 | 浙江 | 绘画 | 1932 | — |
| 12 | 陈宝琦（1924—？） | 女 | 辽宁 | 绘画 | 1949 | 1961 |
| 13 | 程曼叔（1903—1961） | 男 | 江苏 | 雕塑 | 1926 | 1936 |
| 14 | 丁善德（1911—1995） | 男 | 江苏 | 音乐 | 1947 | 1949 |
| 15 | 范年 | 男 | 贵州 | 绘画 | — | — |
| 16 | 方墉（1900—1970） | 男 | 四川 | 绘画 | 1919 | 长期旅法 |
| 17 | 冯文元（1921—2016） | 男 | 云南 | 音乐 | 1947 | 1955 |
| 18 | 郭应麟（1898—1961） | 男 | 福建 | 绘画 | 1927 | 1933 |
| 19 | 韩乐然（1898—1947） | 男 | 吉林 | 绘画 | 1929 | 1937 |
| 20 | 韩世济 |  | — | — | — | — |
| 21 | 何广乾（1920—2010） | 男 | 江苏 | 建筑 | 1947 | 1949 |
| 22 | 何佩珠（1927—2017） | 女 | 广东 | 绘画 | 1949 | 1951 |
| 23 | 洪士銈（1914—2003） | 男 | 福建 | 音乐 | 1947 | 1949 |

（续表）

| 序号 | 姓 名（生卒年） | 性别 | 省份 | 专业 | 到法时间 | 离法时间 |
|---|---|---|---|---|---|---|
| 24 | 胡绯（1926—？） | 女 | 广东 | 雕刻 | 1946？ | — |
| 25 | 胡自能 | | — | 建筑 | — | — |
| 26 | 胡善余（1909—1993） | 男 | 广东 | 绘画 | 1930 | 1938 |
| 27 | 滑田友（1901—1986） | 男 | 江苏 | 雕塑 | 1933 | 1948 |
| 28 | 黄显之（1907—1991） | 男 | 湖南 | 绘画 | 1931 | 1935 |
| 29 | 黄觉寺（1901—1988） | 男 | 上海 | 绘画 | 1935 | 1937 |
| 30 | 黄伯溶 | 女 | — | — | 1934年前 | — |
| 31 | 黄若瑛（1908—1968） | 女 | 江苏 | 政治 | 1933 | 1939 |
| 32 | 黄佑文（1918—1990） | 男 | 湖南 | 地质 | 1938 | 1948 |
| 33 | 黄智平 | 女 | — | 音乐 | — | — |
| 34 | 黄逸梵（1896—1957） | 女 | 湖南 | 绘画 | 1932 | 1936 |
| 35 | 黄宗默（1900—1989） | 女 | 江西 | 绘画 | 1937 | 1939 |
| 36 | 黄钻平 | | — | — | — | — |
| 37 | 姜亚梅 | | — | — | — | — |
| 38 | 蒋丽琳 | 女 | 江苏 | 绘画 | — | — |
| 39 | 蒋仁（1908—1983） | 男 | 江苏 | 绘画 | 约1937 | 1939.10 |
| 40 | 李风白（1903—1984） | 男 | 湖南 | 绘画 | 1933 | 1953 |
| 41 | 李惠年（1907—2007） | 女 | 天津 | 音乐 | 1936 | 1956 |
| 42 | 李平智 | | — | — | — | — |
| 43 | 李剑晨（1900—2002） | 男 | 河南 | 绘画 | 1938 | 1939 |
| 44 | 李瑞年（1910—1985） | 男 | 天津 | 绘画 | 1935 | 1937 |
| 45 | 李献敏（1911—1991） | 女 | 广东 | 音乐 | 约1935 | 旅居美国 |
| 46 | 李韵笙（1897—1980） | 女 | 浙江 | 雕塑 | 约1933 | 1934 |
| 47 | 李俊昌（1905—1964） | 男 | 山东 | 音乐 | 1932 | 1937 |
| 48 | 李慰慈（1907—2001） | 女 | 广东 | 美术 | 1929 | 1934 |
| 49 | 廖新学（1902—1958） | 男 | 云南 | 雕塑 | 1933 | 1948 |
| 50 | 凌卓（1905—1957） | 女 | 江苏 | 绘画 | 1933 | 长期旅外 |

（续表）

| 序号 | 姓 名（生卒年） | 性别 | 省份 | 专业 | 到法时间 | 离法时间 |
|---|---|---|---|---|---|---|
| 51 | 凌常 | 女 | 江苏 | 绘画 | | |
| 52 | 刘曲樵（1899—？） | 男 | 广东 | 绘画 | 1928 | 1933 |
| 53 | 刘开渠（1904—1993） | 男 | 安徽 | 雕塑 | 1928 | 1933 |
| 54 | 刘曾维 | 女 | — | 绘画 | 约1932 | — |
| 55 | 刘家裕（1906—2000） | 女 | 安徽 | 绘画 | 1935年前 | 1938 |
| 56 | 刘自鸣（1927—2014） | 女 | 云南 | 绘画 | 1949 | 1956 |
| 57 | 刘深山（1899—？） | 男 | 四川 | 绘画 | 1945年11月入会 | |
| 58 | 刘淑芳（1910—？） | 女 | 广东 | 绘画 | 1941 | 1946 |
| 59 | 刘文清（1918—1980） | 男 | 云南 | 绘画 | 1947 | 1949 |
| 60 | 陆传纹（1906—1996） | 女 | 江苏 | 绘画 | 1930 | 1932 |
| 61 | 吕霞光（1906—1994） | 男 | 安徽 | 绘画 | 1948 | 长期旅法 |
| 62 | 吕斯百（1905—1973） | 男 | 江苏 | 绘画 | 1928 | 1934 |
| 63 | 马霁玉（1914—1996） | 女 | 辽宁 | 绘画 | 约1930 | |
| 64 | 马孝骏（1911—1991） | 男 | 浙江 | 音乐 | 1936 | 1947 |
| 65 | 毛宾（1897—1958） | 男 | 浙江 | 绘画 | 1932 | 长期旅法 |
| 66 | 潘玉良（1895—1977） | 女 | 江苏 | 绘画 | 1937 | 长期旅法 |
| 67 | 秦善鋆（1906—1998） | 男 | 广西 | 绘画 | 1930 | 1934 |
| 68 | 齐尔品（Alexander Tcherepnin，1899—1977） | 男 | 俄国 | 音乐 | 1921 | 旅居美国 |
| 69 | 谈锦澜（1917—？） | 女 | 湖北 | 绘画 | 1937 | 约1945 |
| 70 | 唐一禾（1905—1944） | 男 | 湖北 | 绘画 | 1931 | 1934 |
| 71 | 唐亮（1903—1944） | 男 | 江苏 | 绘画 | 1929 | 1933 |
| 72 | 唐蕴玉（1906—1992） | 女 | 江苏 | 绘画 | 1930 | 1938 |
| 73 | 汪华（1937— ） | 男 | 巴黎 | 外交 | 1937 | 1956 |
| 74 | 汪德昭（1905—1998） | 男 | 江苏 | 物理 | 1934 | 1956 |
| 75 | 王艾 | 男 | — | 建筑 | 1937年在会 | |
| 76 | 王纪音（1934—1984） | 女 | 江苏 | 音乐 | 1947 | 长期旅欧 |
| 77 | 王熙民（1917—2015） | 男 | 山东 | 雕塑 | 1947 | 1950 |

（续表）

| 序号 | 姓 名（生卒年） | 性别 | 省份 | 专业 | 到法时间 | 离法时间 |
|---|---|---|---|---|---|---|
| 78 | 王临乙（1908—1997） | 男 | 上海 | 雕塑 | 1929 | 1935 |
| 79 | 王子云（1897—1990） | 男 | 安徽 | 美术 | 1931 | 1937 |
| 80 | 王衡芷（1908—1984） | 女 | 江苏 | 绘画 | 1933 | 1937 |
| 81 | 吴冠中（1919—2010） | 男 | 江苏 | 绘画 | 1947 | 1950 |
| 82 | 萧石君 | 男 | — | 美术史 | 约1930 | — |
| 83 | 邵太太 | 女 | — | 绘画 | 1949年入会 | |
| 84 | 熊秉明（1922—2002） | 男 | 云南 | 雕塑 | 1947 | 长期旅法 |
| 85 | 谢景兰（1921—1995） | 女 | 贵州 | 音乐 | 1948 | 长期旅法 |
| 86 | 谢投八（1902—1995） | 男 | 福建 | 绘画 | 1928 | 1934 |
| 87 | 谢天济 | 男 | 广东 | 绘画 | — | 1937年前 |
| 88 | 熊启渭（1905—2001） | 男 | 广东 | 化学 | 1922 | 1945 |
| 89 | 严德晖（1908—1987） | 男 | 浙江 | 雕塑 | 1938 | 长期旅法 |
| 90 | 杨炎 | 男 | 广东 | 绘画 | 1931 | 1937年前 |
| 91 | 杨慧莲 | 女 | 上海 | 绘画 | — | 1937年前 |
| 92 | 虞炳烈（1895—1945） | 男 | 江苏 | 建筑 | 1921 | 1933 |
| 93 | 袁姝贞（1912—1999） | 女 | 浙江 | 绘画 | 1936 | 1939 |
| 94 | 赵无极（1921—2013） | 男 | 北京 | 绘画 | 1948 | 长期旅法 |
| 95 | 曾竹韶（1908—2012） | 男 | 福建 | 雕塑 | 1929 | 1939 |
| 96 | 曾玉然（1914—2008） | 女 | 福建 | 音乐 | 1939 | 1947 |
| 97 | 詹耀曾 | 男 | 浙江 | 生物 | 1937 | 旅澳 |
| 98 | 张澄江（1911—1941） | 男 | 江苏 | 雕塑 | 1929 | 1936 |
| 99 | 张宁和（1927—？） | 男 | 安徽 | 音乐 | 1947 | 1953 |
| 100 | 张贤范（1901—1997） | 女 | 湖南 | 绘画 | 1932 | 1938 |
| 101 | 张紫屿（1902—1984） | 男 | 江苏 | 绘画 | 1935 | 长期旅法 |
| 102 | 张洪岛（1913—） | 男 | 河北 | 音乐 | 1947 | 1949 |
| 103 | 郑新庭 | 女 | — | 音乐 | 1947 | — |
| 104 | 郑志声（1911—1941） | 男 | 广东 | 音乐 | 1927 | 1937 |

（续表）

| 序号 | 姓 名（生卒年） | 性别 | 省份 | 专业 | 到法时间 | 离法时间 |
|---|---|---|---|---|---|---|
| 105 | 郑可（1906—1987） | 男 | 广东 | 雕塑 | 1927 | 1934 |
| 106 | 周圭（1906—2001） | 男 | 上海 | 雕塑 | 1930 | 1935 |
| 107 | 周思明（1912—1951） | 男 | 湖南 | 绘画 | 1935年前 | 约1937 |
| 108 | 周轻鼎（1896—1984） | 男 | 湖南 | 雕塑 | 1931 | 1945 |
| 109 | 周小燕（1917—2016） | 女 | 湖北 | 音乐 | 1938 | 1947 |
| 110 | 周麟（1915—？） | 男 | 江苏 | 文学 | 约1937 | 长期旅外 |
| 111 | 朱志清 | 男 | 四川 | 绘画 | 1919 | 长期旅法 |
| 112 | 庄子曼（1907—1969） | 男 | 湖北 | 绘画 | 1929 | 1934 |

说明：

（1）“姓名”，本表中采用本人在学会中使用的名字，如袁姝贞又名袁枢真，但在会中为袁姝贞；

（2）“省份”为会员出生地；

（3）“专业”，为会员在法学习的专业，非留学生从事工作的专业；

（4）个别会员（如常玉、朱志清等）虽未正式加入学会，但参加学会活动，根据学会的惯例这些人属于外围会员，本表也一并列出；

（5）“到法时间”，对于有多次赴法经历的成员，本表采用参加学会活动的那次到达法国的时间，如潘玉良曾先后于1928年、1937年两次赴法，因而本表采用了她参加学会活动的1937年为她的“到法时间”；

（6）“离法时间”，对于有多次离法经历的成员，本表采用参加学会活动的那次离开法国的时间，如吕霞光第一次旅法时间为1930—1937年，他于1937年离开法国回到国内，1948年再次赴法后一直旅居法国，因此本表中他的“离法时间”即为“长期旅法”。

# 巴黎国立高等美术学院的中国艺术家

［法］Philippe Cinquini（菲利普·杰奎琳）[①]/文

宋鑫/译

**摘　要：** 20 世纪上半叶，中国留法艺术家目标锁定巴黎国立高等美术学院，其时间之久，数量之多令人瞩目。在对法国国家档案馆的档案进行分析（编号 AJ52）之后，我们甚至可以将其称为“巴黎高美的中国现象”。1914 年至 1955 年间，注册在研习长廊（预备班）(les galeries）和油画、雕塑画室[②]（les ateliers）的中国学生人数共计为 132 人。同时，“巴黎高美的中国现象”也成为中国艺术家留法甚至留学西方的浪潮中最重要的特征。由此，这一浪潮通过一种“文化转移”（transfert culturel）的渐进过程，在中国现代艺术领域社会性、技法及艺术层面的演化中，起到了极为关键的作用。这归功于中法两国 20 世纪初的特殊关系（即“两个共和国之间的对话”）。但同时，巴黎高美也是持不同主张的中国艺术

① 菲利普·杰奎琳（M. Philippe Cinquini），法国高等院校考古学与艺术史教授协会会员、中国人民大学徐悲鸿艺术研究院研究员、法国夏尔戴高乐—里尔三大（Charles-de-Gaulle – Lille 3）历史与艺术史博士。本文内容为其研究成果，取自由其撰写并于 2017 年 3 月 30 日完成答辩的论文 Les artistes chinois en France et l’École nationale supérieure des beaux-arts de Paris à l’époque de la Première République de Chine（1912—1949）: pratiques et enjeux de la formation artistique académique。

菲利普·杰奎琳先生 2007 年开始对中国早期留法艺术家与巴黎国立高等美术学院及当时法国艺术生态环境的关系进行研究。作为策展人，菲利普·杰奎琳先生曾担任“大师与大师——徐悲鸿与法国学院大家作品联展”（中华世纪坛、河南博物院、中华艺术宫，2014—2015 年）、“学院与沙龙——法国国家造型艺术中心 巴黎国立高等美术学院珍藏展”（中国国家博物馆、云南省博物馆，2018 年）的主策展人，“先驱之路：留法艺术家与中国现代美术（1911—1949）”（中央美术学院，2019 年）的专题策展人，“美术的诞生：从太阳王到拿破仑——巴黎国立高等美术学院珍藏展”（上海博物馆，2019—2020）的主策展人。菲利普·杰奎琳先生的著述《巴黎国立高等美术学院的中国浪潮》将于 2020 年出版。

② 译者注：李超士《杂感——巴黎美校的实况谈》，《艺术》1923 年 6 月 24 日第 8 期，第 4 页。李超士文章中将 Atelier 称为“画室”。

家们的竞争之地，曾求学于高美各画室的他们之后也成为了中国现代艺术各流派的领军者。其中，徐悲鸿（1895—1953）的地位尤其重要，他所践行的社会及艺术谋略契合一致，摆出高美经历及学院派艺术教育的基石本位；在精准掌握学院派素描、艺用解剖和历史题材绘画之后，徐的创作历程转向中国，以油画和水墨为媒，开创出从诸多角度审视都前所未有的崭新的艺术表达。此外，经过20世纪10、20年代的共识阶段后，自30年代起，巴黎高美中国现象成为徐悲鸿在中法两国艺术创作和教育的主导。这一依附于学院教育和法国学院派艺术的巴黎高美的中国现象，成为阐释20世纪中国艺术现代性的重要元素。

**关键词：** 巴黎国立高等美术学院　艺术教育　中国现代艺术　徐悲鸿　阿尔伯特 · 贝纳尔　费尔南德 · 柯罗蒙

---

……关于我的学生Fan Ying，关于共和天朝（Céleste République）。天朝曾是帝国，我猜想它同样会成为一个共和国。Fan Ying是个勇敢的男孩，他一点也不笨，甚至可以称得上聪明，虽然说他出勤有些不规律，但学习很努力。我知道他的膳宿费很少，得养活自己。所以说，亲爱的朋友，请提供一些信息吧。[①]

这份短笺是柯罗蒙于1915年7月写给他在巴黎国立高等美术学院[②]的同事拉斐尔 · 柯兰（Raphaël Collin）教授的，费尔南德 · 柯罗蒙（Fernand Cormon）很幽默，他在短笺中把人们对中国那种过时的天朝目光与中国自1912年以来新的政治环境结合在了一起。在对中国背景环境的讽刺中，柯罗蒙欣喜地提及了1914年3月在他巴黎高美的画室注册的中国学生。也许这位老教授并不知道，他指出了中国人在巴黎高美的初步亮相，即20世纪早期规模庞大的中国人在波拿巴街的出场，他们的出场持续至1949年。实际上，两次世界大战期间，所有留学巴黎高美

① 来自Fan Ying的学生个人档案资料，他是第二位注册在巴黎高美学习的中国人，国家档案，巴黎高美档案资料，AJ/52 1183。

② 译者注：以下简称“巴黎高美”。

绘画和雕塑科的外国学生中，中国学生人数是最多的，远远超过了美国学生，更不用说日本学生（他们几乎已经抛弃了巴黎高美这所美术院校）。

自20世纪10年代末起，第一批留法[①]艺术家的回国改变了中国有关艺术创作和艺术教育的论争方向。继对日本的借鉴之后，中国人在巴黎直接找到了他们曾在东京隐约看到的西方典范之源泉。如此一来，巴黎高美在长达30年的时期内成为中国艺术家在法国的主要活动场所，以及中西方文化转移的中心地带。

那么，留法现象如何能够在法国展开并且在中国产生影响，且直到20世纪50年代初期都完全处于中国艺术的中心？首先，这一切源于20世纪初中法两国之间的友好关系。中国艺术家在巴黎高美的出场呼应了一种从法国学院派典范汲取灵感的共和式审美观，法国也对此予以支持。其次，巴黎高美的中国现象成为不同流派角力的关键所在，最终得以为那些在法国写实主义和自然主义当中探索的艺术家提供养料，后者在寻求能让中国艺术走向现代化的要素。最后，画家徐悲鸿在演变过程中扮演着关键角色。通过对学院派素描和油画技法的精湛掌握，他更新了中国水墨画的成画方式，始终与共和国的规划和最初的人文主义观念契合。直到1953年，随着徐悲鸿的早逝，几代留学巴黎高美中国艺术家的遗产也逐渐消失殆尽。

## 一、中国的共和式审美暨中国师从法国艺术教育体制

既成观念认为，两次世界大战期间的巴黎是一座世界性的艺术之都，但这不足以解释留学巴黎高美的中国人数量庞大之原因。阐释留法现象起源的深层次意识形态原因要归于中国对法国所抱持的审视目光。从19世纪末起，中国的改革者就曾设想与西方发展一种新型关系。尽管1898年的百日维新失败了，但中国并未放弃向西方发起挑战，也并未放弃在现代强国中找到自己的位置。有关文化和教育方面，中国呼应了一种西方化[②]的东方主义，这种西方化结合了对西方成果的研

① “留法”常用来指中国人去法国留学。

② 容闳（1828—1912）是19世纪中叶中国第一个海外留学生。讲述容闳留学美国的中文著作发表于1915年，名叫《西学东渐》，从中可以找到起源于日本的“西学”和“东渐”两个古老概念。

究与其在中国的实践，也完全没有减少欧洲视野中的想象空间。振兴民族的种种尝试推动着大量中国学生去国外留学，比如美国、英格兰、日本以及欧洲，他们回国后成为中国现代化进程的倡导者与参与者。

中国最为前卫的改革者中，很多人选择了法国作为典范。他们在给继承于法国大革命的政治体系与科学工业时代多产的人文主义文化之间建立联系时，法兰西第三共和国似乎是具有代表性的。法兰西的文化光辉建立在其强国实践之上，而中国精英正好也看到了这种显而易见的相关性。至少到 20 世纪 30 年代，所有法国的美术院校仍旧在传授人们所谓的学院派法兰西艺术，因为它被看成法国精神的一种体现。蔡元培（1868—1940）是一位伟大的文人，也是同盟会[①]的主要成员，他与亲法的无政府主义倾向知识分子李石曾（1881—1973）和吴稚晖（1865—1953）关系密切。蔡元培曾任教育总长一职，他在 20 世纪 10 年代将共和式审美与新文化运动联系在了一起。在科学与民主思想的支持之下，蔡元培这种革命性的观念在社会变革中给艺术赋予了极为重要的功用，而这种极具意识形态特色的艺术功用在整个民国时期（1912—1949）都占据着支配地位。直到 1942 年，它才让位于在延安文艺座谈会上确立的新的艺术观念，后者先在鲁迅艺术学院进行实践，1949 年过后则由中央美术学院（1950 年在北京成立）进行推行。

对蔡元培来说，艺术就是变革的力量，它可以增强民族凝聚力，必须处于与外国建立关系的中心位置。艺术旨在替代儒家甚至宗教常规的影响力，国家需要通过公共教育机制——能够通过有关艺术与美的教育理念改变人的精神状态——激活其功用。然而，虽然存在对外国（其中包括法国）影响力的抵制与对《凡尔赛条约》的拒绝，但当时，处于共和国背景之下的中国审美仍然在很大程度上遵循着法国典范。此外，蔡元培也声明：中国美术朝向法国美术的转向存在一种政治基底，它使其有别于日本应力。蔡元培在 1916 年 3 月 29 日华法教育会成立之际发表于巴黎的讲话中，以法国大革命为参照肯定了法兰西共和国与民国之间的对话。世俗、人文主义、普遍主义以及实证主义都是法国教育的活力所在。尽管蔡元培曾在莱比锡大学学习，但他把中国置于了法国学院的情境之中：

---

① 孙中山（1866—1925）于 1905 年创立了秘密的革命组织同盟会，同盟会对 1911 年的革命以及国民党在 1912 年的成立而言非常重要。

……然不得科学之助，故不能有精密之技术，与夫有系统之理论。此诚中国所深欲以法国教育为师资，而又多得法国教育之助力，以促成其进化者也。[①]

1918 年是一个转折点，北京成立了两个试点艺术机构。3 月份，北大校长蔡元培成立了画法研究会，该研究会由艺术专家构成，类似一个美术实验室。从理论到实践再到教学，它推动着东西（建立在科学观念之上的学院派艺术方法）画法的结合。4 月份，蔡元培主持成立了中国首座公立美术院校，即北平艺专。画法研究会就是用来给北平艺专的学生培养教师的。在这两个机构中，艺术家想要重新运用自己在日本、在欧洲，尤其在法国探寻收获的经验。写实主义、学院派素描、艺用解剖，甚至还有自 17 世纪以来便为中国人所知的油画技法，这些都构成了实现改革的主要元素。在中国，蔡元培的具体理念以及新的教学方法给予了图像一种全新的意义。它如同一个被制造出来的研究对象，以前所未有的方式位列艺术作品行列。作品通过在社会空间中表现出的塑形而获得自身的价值：作品不再只是体现了作者的道德价值，也通过外在形式而成为大量事实的运载工具。要学习如何制作艺术图像，巴黎高美就成为一个可信的参照。

蔡元培在 1914 年发表的一篇文章[②]中曾提及巴黎高美是学生流动的典范场所，通过罗马大奖，巴黎美术大学（即巴黎高美）将最优秀的学生送到了罗马的法兰西学院。蔡元培也概括了巴黎高美的奖学金及游学机制，他发自内心呼吁的游学也被制度化。艺术院校有国家政府的支持，它们或是急切地派遣学生去国外，或是接受极优秀的学生。经由这样的循环，巴黎高美成为历史与现代关注点进行结合的合理场所，它将热爱美的艺术大师与准艺术家聚集一堂，在公众的支持下传播艺术作品对社会带来的好处。

---

① 蔡元培：《华法教育会之意趣》，载高平叔《蔡元培全集》（第二卷），中华书局 1984 年版，第 414—416 页。

② 蔡元培：《〈学风〉杂志发刊词》，载高平叔《蔡元培全集》（第二卷），中华书局 1984 年版，第 338 页。

## 二、法式教育尝试与法国在中国的影响

《法文上海日报》[①] 于 1928 年 2 月 19 日的版面中报道了法国驻华大使在南京的外交出访之行。南京这座城市历经灾难，它承载着北伐带来的破坏和伤痕。大使率领法国一行人等于 2 月 4 日周六抵达南京时，民族主义倾向的官员们簇拥到了他们周围，因为当时的南京城被危险的大兵占领。然而，法国代表团于次日在衙门受到了蒋介石（1887—1975）总司令的款待：他们从庭院来到大堂，经过的地方有乐队在演奏《马赛曲》和时兴的曲调。代表团在宴会上认出了李石曾：他的放荡不羁的态度、优雅的举止以及一口地道的法语与军队的粗鲁形成对照。此外，代表团还拜访了教育总长。通过以下片段，我们看到法国——在中国始终享有盛誉却又无能为力——对教育以及留法学生的关注：

> 下午的时候，马特尔（Martel）受邀前往教育部，他在那里会见了几位留法归国的学生。马特尔懂得如何向学生们表达好感，他还表达了与学生进行有益合作的希冀。至于蔡元培，他像往常一样恭谦，很有品位，且举止优雅。

有关 19 世纪中叶起法国在中国的出场出现了诸多悖论。一方面，法国的殖民地与保护地[②] 日渐增多，后在 20 世纪初期开始急剧减少；另一方面，法国的共和与政教分离思想通过文化和中国美术发挥影响力，最终深入中国革命当中。“一战”过后，法国的利益——至少暂时地——与中国的利益交织在了一起。中国必定要跨过帝国体制，以恢复其大国地位，而法国在尝试克服殖民统治所遇到的困难以维护其威望。此外，法国在中国的教育工程成功培养出了一批亲法的中国精英，其中最成功的教育机构便是 1903 年在上海成立的震旦大学。这是对土山湾耶稣会教士办学的继承，即便在 1905 年政教分离法案颁布之后，法兰西共和国依旧提供大量的资金并对其进行管理。格罗布瓦先生（M. Grosbois）是上海法租界的教育督学，他宣称：

---

① 《法文上海日报》于 1927 年至 1940 年在中国出版发行，电子版在法国国家图书馆官网上可以找到，纸质版收藏在上海徐家汇藏书楼里。

② 19 世纪，中国大多数的天主教传教士都是法国人，条约只承认对法国天主教团的保护。

> 建立共和国的一代人曾被法兰西的政治哲学和大革命记忆所吸引。当下的一代人同样需要在各个领域创立国家所必需的体制框架，他们当中的一大部分精英分子依旧转向了我们。①

在这样的背景之下，上海法租界成为中法两国的纽带，它是探寻外国影响力的中国青年艺术家和知识分子展开角逐、进行尝试的场所，他们当中的很多人在抵达巴黎之前已身处其中。通过法租界，蔡元培以公众艺术的形式重新诠释了法国典范，这使很多人产生了对取得政治、社会进步的共和制度的憧憬。从满是梧桐树的街道，装饰讲究的广场、阁楼、住宅、博物馆以及公园，直至激发艺术家想象力的坟墓和废墟，法租界给出了人们对真实巴黎的预设，同时也列举了能够成为中国现代城市新框架的典范。

## 三、巴黎高美的132名中国学生以及1914—1955年间的三个群体

李超士（1893—1971）是留学巴黎高美后回到中国的首批留法学生之一。1919年12月24日，他在上海美专开了一场讲座。上海美专直到20世纪30年代都是中国极为重要的私立美术院校。作为本次讲座的总结，校长刘海粟（1896—1994）在学生和老师面前发表的讲话具有非常重要的象征及实践意义：

> 听李先生之谈话；知日本之美术学校及各种研究所，展览会办法，完全为摹仿法国的，其情形亦甚相同。并劝诸同学，以后如赴日留学，不如直接赴法。②

① 节选自格罗布瓦先生撰写于1937年的文章《法文于中国存在的问题》，M. Grosbois，“Le problème de la langue française en Chine”，J. Weber（éd.），*La France en Chine*（1843—1943），Nantes：Presses académiques de l'ouest / Ouest Editions，1997，pp. 108，128。

② 李超士：《演讲法国美术》，《申报》1919年12月25日第3版。

档案资料指出，相比派遣中国学生前往巴黎高美[①]求学的事实而言，前文提及的中法关系更多的是为涌向波拿巴街的学生提供了指引。先前的研究已经在着手建立就学巴黎高美中国学生的完整名单，但那些研究不完整，也没有深入细致地对国家档案 AJ /52[②]文件中所有可用信息进行分析，仅限于研究三类文档：通过入学竞考被录取的学生名单，入画室的注册名单以及可获得的学生个人档案[③]。但是，这三类资料不能用来识别所有留学人员，因为其中不包括“研习长廊”（galeries）（石膏模型教室）的情况，而这恰恰是繁复的留法现象中尤其重要的一部分[④]。这些文档也仅仅给出了整个留法现象的一个静态图局：注册情况并不能从时间或质量方面说明学生在学院学习的真实情况。就连“学生个人档案”也不能给出完整的解答，更何况并不是所有在研习长廊学习的学生都有相应的注册档案可查，且“二战”后这些档案资料几乎全部缺失。因此，这就需要甄别一类能够帮助我们了解学生在学院做什么、何时、持续时间长短的文档，最终，“出勤记录”（relevés de présence）给我们带来了解决方案[⑤]。这些文档几乎日复一日记录着中国学生在不同场所进行的实践（研习长廊、画室、夜课等等）。

调查研究工作有助于我们理解巴黎高美学生的求学历程。但是，巴黎高美的教育跟大学课程完全不同，跟大学校（grande école）的课程也不同，其特殊之处通过巴黎高美自 1648 年皇家绘画与雕塑学院创立以来积累的历史厚度表现出

① A. Warnod, “L’art d’à présent - L’École de Paris” *Comoedia*, 27 janvier 1925；安德烈·瓦诺德（André Warnod, 1885—1960）创造了“巴黎画派”（l’ École de Paris）一词并断言巴黎高美的教学毫无希望：«[...] l’École des Beaux-Arts offre un enseignement sans espoir [...]»。

② B. Labat-Poussin and C. Obert, *Archives nationales. Archives de l’E cole nationale superieure des beaux-arts. Inventaire*, Paris：Centre historique des archives nationales, 1998. AJ/52 分册：巴黎国立高等美术学院。孙淳美女士（台南大学）曾建立过一个“1911—1950 年中国留法艺术家名单”，并于 2011 年发表于 É. Lefebvre (éd.), *Artistes chinois à Paris* (*cat. exposition*：*Paris*, 2011), Paris：Musée Cernuschi / Éditions des musées de la Ville de Paris, 2011, pp. 236, 237。

③ 没有任何研究曾整理过战后（1945—1957）画室学生名录（即 AJ/52 1353 号档案资料），以及前一个时期的名录（AJ/52 248 号档案资料）。

④ 研习长廊的注册记录比画室的注册记录更不连续，需要交叉研究几个不同的档案资料，尤其是编号为 AJ/52 572、AJ/52 573 和 AJ/52 973 的档案资料。

⑤ 存在两种类型：绘画、雕塑科以及研习长廊年度摘要（如 1910—1921 年间的 AJ/52 473），每个画室的注册记录，每周记录（如 AJ/52 556，苏弗尔皮画室使用的注册记录）。

来。巴黎高美由令人称奇的历史建筑物构成，想要解读档案资料信息的人就得明白它的构成，如“研习长廊”——主要位于研习宫（Palais des études）和礼拜堂（Chapelle）——与位于辛迈馆（l’Hôtel de Chimay）的“画室”不大相关。这些场所都有相对应注册入学的学生，需要与通过入学考试后被正式录取的学生区分开来①。1914—1955 年在巴黎高美的中国留学生的实际人数有 132 人。两次世界大战期间，中国学生在绘画和雕塑学科所占的比例是外国学生中最多的。通过一份中国学生的完整名单，再加上对他们实践活动演变的细致研究，我们得以遵循留法现象在法国长达 40 年的发展轨迹，并理解这一现象对中国的意义。

我们截取学生名录信息制作了一个简化版本（图 1），对 1914—1955 年间三个相承接的主要留学群体进行了区分，分别为“先驱者”（précurseurs）、“继承者”（continuateurs）和“承接者”（héritiers）。

先驱者于 1914 年踏上留学之路。这一代人是无政府主义倾向的共和派精英人士，他

Les principaux élèves chinois à l'École des beaux-arts de Paris entre 1914 et 1955

| n° | Nom | 姓名 | Dates | Sexe | Section | Professeur | Entrée | Sortie |
|---|---|---|---|---|---|---|---|---|
| 1 | WU Fading | 吴法鼎 | 1883 - 1924 | h | peint | Cormon | févr. 1914 | mars 1918 |
| 5 | FANG Junbi | 方君璧 | 1898 - 1986 | f | peint. | Humbert | févr. 1918 | mai 1924 |
| 7 | XU Beihong | 徐悲鸿 | 1895 - 1953 | h | peint. | Flameng | oct. 1920 | nov. 1924 |
| 11 | LIN Fengmian | 林风眠 | 1900 - 1991 | h | peint. | Cormon | mai 1921 | avr. 1922 |
| 12 | LI Jinfa | 李金发 | 1900 - 1976 | h | sculpt. | Boucher | mai 1921 | nov. 1924 |
| 13 | SANYU | 常玉 | 1901 - 1966 | h | peint. | Flameng | juil. 1921 | juil. 1921 |
| 18 | LIU Jipiao | 刘既漂 | 1901 - 1992 | h | peint. | Laurent | janv. 1922 | janv. 1924 |
| 27 | WU Dayu | 吴大羽 | 1903 - 1988 | h | peint. | Roger | févr. 1924 | juil. 1924 |
| 28 | PAN Yuliang | 潘玉良 | 1895 - 1977 | f | peint. | Simon | févr. 1924 | juil. 1925 |
| 37 | ZHANG Xian | 张弦 | 1898 - 1936 | h | peint. | Laurent | janv. 1927 | juil. 1930 |
| 46 | ZHENG Ke | 郑可 | 1906 - 1987 | h | sculpt. | Boucher | oct. 1928 | janv. 1938 |
| 49 | YAN Wenliang | 颜文樑 | 1893 - 1988 | h | peint. | Laurens P. | mars 1928 | mai 1930 |
| 51 | ZHOU Bichu | 周碧初 | 1903 - 1995 | h | peint. | Laurent | janv. 1929 | avril 1930 |
| 53 | LIU Kaiqu | 刘开渠 | 1904 - 1993 | h | sculpt. | Boucher | févr. 1929 | juin 1932 |
| 58 | YANG Huaguang | 杨化光 | 1905 - 1993 | f | peint. | Simon | nov. 1929 | juil. 1932 |
| 62 | QIN Xuanfu | 秦宣夫 | 1906 - 1998 | h | peint. | Simon | avr. 1930 | juin 1934 |
| 73 | WANG Ziyun | 王子云 | 1897 - 1990 | h | sculpt. | Landowski | janv. 1931 | janv. 1935 |
| 75 | LÜ Xiaguang | 吕霞光 | 1906 - 1994 | h | peint. | Simon | févr. 1931 | janv. 1937 |
| 76 | TANG Yihe | 唐一禾 | 1905 - 1944 | h | peint. | Laurens A. | mars 1931 | juil. 1934 |
| 80 | WANG Linyi | 王临乙 | 1908 - 1997 | h | sculpt. | Bouchard | oct. 1931 | mars 1935 |
| 81 | LÜ Sibai | 吕斯百 | 1905 - 1973 | h | peint. | Devambez | avr. 1932 | avr. 1934 |
| 85 | ZENG Zhushao | 曾竹韶 | 1908 - 2012 | h | sculpt. | Bouchard | oct. 1932 | juin 1939 |
| 86 | CHANG Shuhong | 常书鸿 | 1904 - 1994 | h | peint. | Laurens A. | oct. 1932 | juin 1936 |
| 88 | ZHOU Qingding | 周轻鼎 | 1896 - 1984 | h | sculpt. | Boucher | nov. 1932 | déc. 1944 |
| 91 | CHEN Zhixiu | 陈芝秀 | 1908 - 1979 | f | sculpt. | Sicard | déc. 1932 | mars 1937 |
| 93 | HUA Tianyou | 滑田友 | 1901 - 1986 | h | sculpt. | Bouchard | oct. 1933 | janv. 1947 |
| 96 | LIAO Xinxue | 廖新学 | 1903 - 1958 | h | sculpt. | Boucher | oct. 1933 | juin 1942 |
| 102 | LI Ruinian | 李瑞年 | 1910 - 1985 | h | peint. | Simon | avr. 1935 | avr. 1937 |
| 103 | ZHANG Ziyu | 张紫玙 | 1902 - 1984 | h | peint. | Devambez | oct. 1935 | oct. 1947 |
| 109 | YAN Dehui | 严德晖 | 1908 - 1987 | h | sculpt. | Bouchard | avr. 1938 | oct. 1949 |
| 114 | WU Guanzhong | 吴冠中 | 1919 - 2010 | h | peint. | Dupas | oct. 1947 | juin 1950 |
| 117 | ZAO Wou-Ki | 赵无极 | 1921 - 2013 | h | peint. | Souverbie | mai 1948 | mai 1948 |
| 121 | XIONG Bingming | 熊秉明 | 1922 - 2002 | h | sculpt. | Janniot | mai 1950 | nov. 1954 |
| 122 | LIU Ziming | 刘自鸣 | 1927-2014 | f | peint. | Narbonne | oct.1952 | juil. 1955 |
| 131 | CHU Teh-Chun | 朱德群 | 1920 - 2014 | h | peint. | Souverbie | déc. 1955 | juil. 1956 |

Les précurseurs (1914-1924)

Les continuateurs (1924-1940)

Les héritiers (1947-1955)

图1　1914—1955年间留学巴黎高美的主要学生名录。名单是根据学生的求学历程和他们对中国艺术场域的重要性来筛选的，留学巴黎高美的学生完整名单中，按注册时间计数总共有132位中国学生。

① 巴黎高美不给艺术家颁发文凭（与建筑学家不同），而就算通过名次竞试被正式录取也不会对注册入画室方面有所帮助。直至今日，很多外国研究者对这种体系依然难以理解：如何能够在一所精英院校度过十多年，而离开时却没有文凭呢？

们曾被卷入1911年的革命之中，也预示了1919年的五四运动。巴黎的留法现象就建立在该群体确立的实践和思想基础之上。他们确立了一套课程模式：先在巴黎高美之外进行准备（通常在朱利安画院），然后在内部的研习长廊学习素描，接下来是在画室的实践学习。学生们迟早都要参加入学考试。吴法鼎（1883—1924）是第一个在巴黎高美注册学习的中国人，他通过名次竞试获得了正式生的身份。女性画家和雕塑家自1918年起开始出现，比如王静远（1884—1970）和方君璧（1898—1986）。女性的出现是留法中国艺术家的一大特点，与留法的日本人不同。

20世纪20年代初期直到1940年，出现了继承者的留学浪潮。这个群体人数众多，有一百来个学生。其中20世纪30年代的雕塑家极为引人注目，他们在巴黎高美入学竞试中表现出色，比如多次获得奖章的滑田友（1901—1986）。在这一时间段里画家始终占大多数，但我们从中可以看到这个群体多样化及专业化的特征。他们中的大多数在抵达巴黎之前已经在中国的艺术院校接受过美术培训，并已在那里获得了回国的先驱者们带去的经验。1934年左右，将近30名中国学生同时在巴黎高美的画室和研习长廊学习。考虑到巴黎高美当时的物质条件，这个数字已十分可观。辛迈馆和研习宫的每个楼层都可能有人讲中文①。

在中国及接下来在欧洲发生的战事打断了浪潮，但是并没有完全使其终止，整个德国占领时期都有中国人在巴黎高美留学。1947年起，留学巴黎高美浪潮开始复兴。承接者人数虽然变少了，但这个群体经过1949年直至20世纪50年代中期都持续存在。接下来，中国人的出场相比其他人数更多的亚洲留学生而言开始淡出留学群体的视线，比如：越南人、日本人和印度人，中国留学生甚至不再来自中国大陆，而是来自台湾地区以及海外。另一段历史开启，而我们所说的自20世纪10年代起出现的留法现象宣告终结。

## 四、自1924年斯特拉斯堡共识至20世纪30年代的中断

要集中运动的力量，要确定进攻的方向，为中国留法艺术界智与灵的检

① 四个画室里，每个画室大约有30名学生，雕塑室的学生更少。算上研习长廊，巴黎高美只有几百名学绘画和雕塑的学生，而学习建筑的学生上千人（巴黎高美最初是一所建筑学校），大多数分散在外面的画室里。

验，为中国艺术界联合战线的预备；我们才集合了二三十个同志，草创这个“中国留法艺术学会”的集团。从一九三三年一月起，到现在已有六个月连续不断的聚会，六个月从头到尾的关于艺术问题的交谈，觉得这里的青年艺术家已决意要引导中国紊乱着的艺术事业运动在一个明确的目标上。①

一旦在法国确立中国留法艺术学会简章的内容，就有可能确定留学巴黎高美中国现象的艺术身份，也有可能理解该现象如何在中国艺术场域的演变中发挥作用。两个重要的阶段可以对此进行说明。

第一个阶段，留学巴黎高美的中国学生数量非常少，即便波拿巴街的学院式培训曾得到过所有艺界人士的一致赞许，但他们回到中国后仍然无法主导艺术场域上的论争。20 世纪 10 年代直至 20 年代中期，在巴黎高美获得共识的艺术创作方法处在一个几乎必须遵循的启蒙位置，但引入中国时却经过了简化，同时也不得不或多或少承让处于中心地位的上海美专（由刘海粟领导的私立学校）粗俗的现代主义之下。如果说学院派和写实派没有被强加给中国，那现代派也没有打断法国美术的相关课程。林风眠（1900—1990）也是从中汲取自己所需之后才与之脱离关系（图 2）②。

1924 年举办于斯特拉斯堡的中国美术展览会③标志着留学巴黎高美中国现象的最初十年已步入尾声。当时的展览大会汇集了大多数重要的先驱者，他们回顾了自己在法国获得的经验，他们的绘画才能以及此后成为流派杰出人物的那些艺

① 《艺风》1933 年第 1 卷第 8 期，上海嘤嘤书屋。

② 林风眠于 1923 年创作的《平静》（又名《渔村暴风雨之后》），后来遗失，我们看出这件作品与吕西安·西蒙（1861—1945）的风格接近。图片刊登于郎绍君《林风眠：中国名画家全集》，河北教育出版社 2002 年版，第 44 页。

③ “Exposition chinoise d'art ancien et moderne, organisée sous le patronage du Commissaire général de la République à Strasbourg et du Ministre plénipotentiaire de Chine en France, Palais du Rhin mai – juillet 1924” 图录：刘既漂，前言：蔡元培，装订：未知，1924 年。

图2 《平静》(又名《渔村暴风雨之后》) 林风眠 1923年 此后遗失

术家的艺术谋略也得以被记录下来[①]。林风眠受到蔡元培的提携，回国后于1926年出任北平艺专校长，后于1928年出任在杭州新成立的国立艺术院（今中国美院）院长。至于刘海粟，由于创办上海美专的成功，因此对法国归国人员以及赴法留学人员存在某种操控。作为前辈，他尤其对画家潘玉良（1895—1977）艺术生涯的初期有很大影响。

在这种情景之下，20世纪20年代初期，徐悲鸿对法国学院派绘画以及自然写实主义所抱持的根本地位处于孤立状态。徐悲鸿在1927年年末回到中国后利用留学巴黎高美的中国现象作为手段着手征服中国艺术界，因为当时中国学生的数量显然开始膨胀。徐悲鸿最终受蔡元培之邀任职于南京中央大学，此后，他得以打破有助于温和的现代派发展的平衡局面。根据我们的阐释，可以看到，徐悲鸿回国后实践的法国经验以戏剧性的方式吸引了各方的争论。1929年正值第一次全国美展的举办，他打破了人们的共识，论战由此爆发[②]。1932年，论战被激化，当时，徐悲鸿直接指责刘海粟在中国利用自己跟阿尔伯特·贝纳尔（1948—1934）之间的关系（图3和图4），此时的中国艺术界发生了分裂。徐悲鸿逐渐将所有巴黎高美的中国留学生争取到了自己这一边。自1928年起，他开始派送学生去巴黎留学，其中就有颜文樑（1893—1988）。1933年，徐悲鸿为了国立网球场美术

① 有关斯特拉斯堡的中国美术展览会，柯律格（Craig Clunas）的分析似乎有待探讨，因为他不了解留学巴黎高美的中国现象，也不了解斯特拉斯堡在当时法式抱负中的特殊地位。莱茵宫是举办展览的地方，在“一战”后成为巴黎高美的分部，尤其是成为了建筑师的分部。C. Clunas，“Chinese Art and Chinese Artists in France（1924—1925）”, *Arts asiatiques*, Tome 44，1989，pp. 100-106.

② 1929年4月22日，徐悲鸿在《美展》杂志上发表文章《惑》，引发论战。

馆的中国艺术展[1]而重返巴黎，从照片中可以看到，他位于当年1月份成立的中国留法艺术学会（Association des Artistes Chinois en France）成员当中（图5）。中国留法艺术学会聚集了三十多位艺术家，他们几乎都是巴黎高美的学生。徐悲鸿成功抓住了留学巴黎高美的中国现象，并将其形成自己在中国展开艺术规划和教育规划的有用工具：徐悲鸿学派。战后，徐悲鸿学派成为北平艺专向央美过渡的基础。

图3　刘海粟在阿尔伯特•贝纳尔画室的照片，拍摄于1930年，发表在1931年10月的《良友》杂志第62期，第23页

图4　徐悲鸿20世纪30年代初在南京的画室，立于作品《田横五百士》前，左下角的女性肖像画由阿尔伯特•贝纳尔赠予

第二个阶段是指20世纪20年代末到30年代。这一代人的鼎盛时期具体体现在画家常书鸿（1904—1994）、吕斯百（1905—1973）、秦宣夫（1906—1998）和雕塑家刘开渠（1904—1993）、王临乙（1908—1997）以及滑田友（1901—1986）的身上，他们全都赞同徐悲鸿所捍卫的写实画法。由此，留学巴黎高美的中国现象在30年代以写实流派占据主导地位而结束。此后直至“二战”末，写实流派的追随者在中国艺术界占据着首要地位。

整个这一时期内，巴黎高美在中国艺术内部的功用发生了变化，它从大家

---

① Exposition de la peinture chinoise – Exposition d’art chinois contemporain ：Paris，Musée du Jeu de Paume，mai-juin 1933，由巴黎 Musée des écoles étrangères et contemporaines 举办，前言：保罗・瓦莱里，序言：乔治・萨莱，引言：Ju Péon（徐悲鸿），网球场美术馆，巴黎，1933 年。

图5　摄于1933年春，徐悲鸿位于中国留法艺术学会成员中

一致认同的中心地位——巴黎高美和它提出的学院派艺术方法在20世纪20年代末期和30年代初期发生了变化——过渡到了由徐悲鸿主导自然主义流派一方。1937年，在中国爆发的战事终于让处于对立位置的刘海粟和林风眠所捍卫的形式主义潮流开始减弱并位居边缘。

我们更少去关注1945年后的局势，因为此时的巴黎高美在中国的使命已经完成。吴冠中（1919—2010）的留法历程以及1950年归国后的处境，很像是整个留法现象将要消失殆尽的明显征候。巴黎高美传授了已能传授的技能知识，就此不再单独处于中国艺术家留法经历的中心。如果说后续的大部分艺术家仍选择留学巴黎高美，从赵无极（1921—2013）到朱德群（1920—2014）等，那是因为他们始终追随先辈的求艺历程。一方面，巴黎高美展现出了新的风格，这在中国新生画派眼中却似乎有失正统；另一方面，面对自由画院的艺术培训，巴黎高美的优势地位逐渐被削弱。在国立美术院受过偏形式主义艺术教育的吴冠中，留法时曾于巴黎高美师从让·苏弗尔皮（Jean Souverbie，1891—1981）、在蒙帕纳斯拜学安德烈·洛特（André Lhote，1885—1962）和奥东·弗里茨（Othon Friesz，1879—1949），归国后却难以在新中国的格局中找到一个可以施展其色彩斑斓的法国学艺经历的空间。巴黎高美即便有苏弗尔皮这样享誉盛名的经典立体主义大师作为代表，也没能助他融入徐悲鸿的流派中，更何况相比“延安画派”而言，后者自身从1949年起也处在相对局限的地位。20世纪50年代初，由留学巴黎高美中国现象发端酿成、又自行化解的“中国绘画的法式危机”终告一段落。1947年9月，徐悲鸿以标志性的文题《世界艺术之没落与中国艺术之复兴》在重庆《世界日报》发表了署名文章。赵无极已决定不再回中国。

## 五、徐悲鸿（1895—1953）与中西融合的问题

先生乃言："艺事至不易，勿慕时尚，毋甘小就。"①

徐悲鸿在文章中谈到了达仰－布弗莱（1852—1929）在20年代初期给他提出的建议。徐悲鸿没有追随时尚，认为这对艺术家来说是一种弊端，他怀揣着一个宏大的美术规划：对西方艺术进行筛选，从中汲取有用的元素用以更新中国艺术。徐悲鸿的求艺历程及其作品严格遵循着"文化转移"②的条件，而巴黎高美的中国现象就是其载体。徐悲鸿的个例完美阐释了前文谈到的中法关系的要素：他与上海法租界有着密切关系，临近上海的租界，经历了从处于危机中的农村向城市（转向西方）的转变，而这位年轻、来自乡村的文人画家却对城市不大有好感。徐悲鸿周围的人使他在年幼时就关注美术，并使他看到了赴法学习的机会。他先后在上海和北京加入了当时的精英知识分子圈，这一点值得关注。在学生社团及震旦大学学习法语对徐悲鸿的选择具有决定性。亲法的改革者，其中包括蔡元培，帮助徐悲鸿明晰了自己有关学院写实主义的想法。即便赴日学艺帮助徐悲鸿认识到巴黎高美是在西方获取艺术源泉的发源地③，但他的性格和他个人的传统文化积淀支撑着他的想法：要通过自身的努力与对传统艺术家画法的研究而走向成功。徐悲鸿调动了有关古代以及存疑的中国艺术文化。这种在中国积累起来的精神压力应当在法国转化成一种个人与艺术的解放，由将学院素描与写实主义结合在一起的实践理论主导（图6）。即便徐悲鸿也认为勤工俭学不仅可以使他能够接近"一战"前赴法留学的先驱者，同样也可以使他接近里昂中法大学（成立于1921年）的学生，但他并没有于1919年加入勤工俭学运动。对传统以及制度抱持的根深蒂固的观点都将徐悲鸿推向了波拿巴街。

---

① 节选自徐悲鸿1930年4月撰写的《悲鸿自述》，徐悲鸿：《悲鸿随笔》，江苏文艺出版社2007年版，第12—13页。徐悲鸿每周日前往帕斯卡·达仰－布弗莱位于讷伊的居所拜访达仰。

② Mise au point récente dans M. Espagne, "La notion de transfert culturel", Revue *Sciences/Lettres* [ En ligne ], 1 | 2013.

③ 1917年，徐悲鸿在东京拜访中村不折（Nakamura Fusetsu，1866—1943），后者曾在朱利安画院学习。

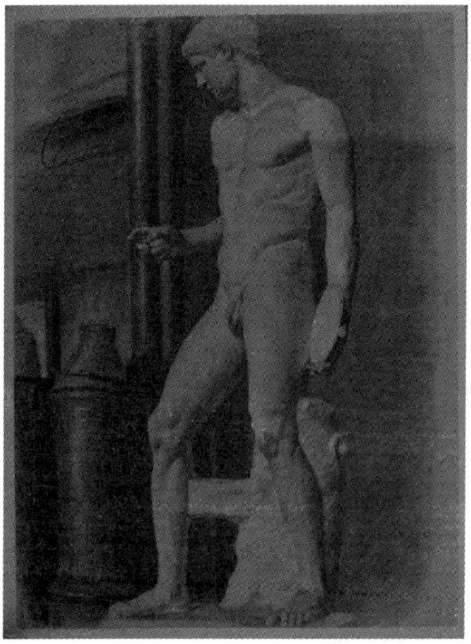

图6 《男人体(石膏)》(静止的掷铁饼者)，纸上铅笔素描，徐悲鸿，1921年，62.5cm×46.5cm，徐悲鸿纪念馆。这件素描是徐悲鸿在巴黎高美入学竞试时依照古代石膏模型素描考试创作的

徐悲鸿必须要看向西方世界，再回到中国本源。现代化的提出就像是一次合成，所有得到西方典范滋养的艺术流派都在尝试做出回复。但要给现代化赋予什么样的内容呢？“西化运动”在中国传播了油画，它早晚都会触及中国水墨画，以此与气韵的审美标准保持一致。这样看来，即便是自然主义艺术在今天都不能被看成对西方式样、苏维埃式样的简单模仿，抑或简化为一种政治功用。如同中国的其他流派一样，自然主义在当时满足了不能与中国绘画割裂的中西结合的需求①（图7）。要称赞徐悲鸿，就得看看他的绘画作品中精神层面上的悲天悯人之情②，这是一种古老的价值观念，但这在20世纪随着中国现代人文主义的出现具有了新的意义。徐悲鸿在赴法之前加入了蔡元培在北京成立的画法研究会，他的这种经历对接下来的职业生涯而言具有决定性。

诚然，徐悲鸿没有垄断与法国美术交锋过后的新的绘画形式——林风眠主张继承费尔南德·柯罗蒙（1845—1924）——他参照这种绘画形式主要是为了去除20世纪初的各种“主义”，如野兽主义、立体主义等等。因此，有两个要素给人印象特别深刻。第一点与主题有关：徐悲鸿赞同当时法国学院派绘画的关注点（图8）。在他的绘画作品当中，对人体的表现于叙事之中展开，通过土地和历史

---

① 徐悲鸿的“马”就是一个普遍的例子，这是将中国写意与西方写实结合在一起的成功范例。

② 有关儒家思想和基督教传统之间的关系，我们能联想到仁和牺牲。有关徐悲鸿的悲悯情怀参见艾中信《悲天悯人》，载《徐悲鸿研究》，上海人民美术出版社1984年版，第43—44页。

形成一个整体、富有特色的画面①。第二点与技法相关：徐悲鸿创作出了大尺幅油画作品，他通过对自己在法国获得的对写实素描技法的精湛掌握更新了水墨成画方式。艺用解剖在学艺过程中起到了非常重要的作用②，徐悲鸿所有作品中都存在对躯体描绘的执念。对徐悲鸿来说，他非常熟悉费尔南德·柯罗蒙于1880年创作的《该隐》③，并将其运用在自己的创作规划中，以期确定一个前所未有的现代中国人形象，徐悲鸿这种表现人体的方式属于历史观范畴，画面上的中国人基本上都与土地紧密相连。徐悲鸿希望这种绘画方式能在技法和符号维度朝其他文明开放，以此来呼应蔡元培的人文主义规划。

图7 《天马行使太空中》，国画，徐悲鸿，1948年，110cm×54cm，徐悲鸿纪念馆

《愚公移山》是徐悲鸿艺术探索过程中的成功作品。1940年，徐悲鸿随泰戈尔一起在印度的圣迪尼克坦（Santiniketan）小镇，他创作了同一主题的水墨和油画两个版本作品

---

① 1920年罗马大奖获奖作品和徐悲鸿早期的油画作品之间的相关性很明显。一方面，有埃米尔·博姆（Emile Beaume，1888—1967）的《圣·安东尼的隐没》（*L'Ensevelissement de Saint Antoine*，藏品编号为PRP 170，创作于1921年）和皮埃尔·杜高思德拉海耶（Pierre Ducos de la Haille，1889—1972）的《财富和丰盛出自劳作者的耕犁》（*La Fortune et l'Abondance sortant du sillon creusé par le laboureur*，藏品编号为PRP 172，创作于1922年），还有《奴隶与狮》（1924）、《田横五百士》（1928—1930）和《徯我后》（1930—1933）。

② Ph. Comar（éd.），*Figures du corps，une lecçon d'anatomie à l'École des beaux-arts de Paris*，（cat. exposition：Paris，2008）Paris：Beaux-Arts de Paris éditions，2008.

③ Chang-Ming Peng，"Fernand Cormon's Cain：Epic Naturalism In Nineteenth-Century History Painting"，*Twenty-First Century Perspectives on Nineteenth-Century Art：Essays in Honor of Gabriel P. Weisberg*，Edited by Petra ten-Doesschate Chu et Laurinda S. Dixon，New York：University of Delaware Press，2008，pp. 238-246.

图8《财富和丰盛出自劳作者的耕犁》(*La Fortune et l'Abondance sortant du sillon creuse par le laboureur*),布面油画,皮埃尔•杜高思德拉海耶(Pierre Ducos de la Haille)1922年,114cm×146cm,巴黎国立高等美术学院。

(图9)[①]。因为作品尺幅巨大,水墨版本只能通过打格起稿和绘制预备习作来创作,这种做法在中国水墨画,即"国画"的创作中是前所未有的。《愚公移山》中,徐悲鸿同样加入了对印度模特的描绘,他希望创作中国人的全新形象,并展现出另一种亚洲文明。通过这种方法,徐悲鸿平息了中国论争中存在的种族问题[②]。通过徐悲鸿,我们可以理解带有求学巴黎高美中国经验特色的三个方面及与其在中国的"再语义化"的相互结合:

1. 学院派素描和技法优势的获得(图6)。

2. 人体、土地和历史在一个民族化和世界化的主题循环中出现(图9)。

3. 外国影响力的同化,由素描和油画向中国水墨画同化(图7)。

徐悲鸿的画法和目标清晰地体现出了他的艺术规划,他想要创作出一件有用的典范作品,以此在自己身边聚集一个艺术家群体,形成一种流派,一个中心,他可能将自己树立为这个流派在中法的领头人。1933年的照片——徐悲鸿与中国留法艺术学会成员在一起——显示出徐悲鸿通过留学巴黎高美之中国现象已经在同胞当中获得了较高的地位(图5)。

20世纪初,中国对西方的关注至少使其文化和艺术部分地被西化。此外,现代化也是一个比较突然的同化过程,对中国革命起到了一定的影响,而在这个过程中,去国外留学的学生对新的思考、写作和绘画方式的创立而言十分重要。但

① 国画(143.5cm×424cm),布面油画(213cm×462cm),收藏于北京徐悲鸿纪念馆。

② 2018年4月,中央美术学院百年校庆之际,我们得以再次看到和对照两个版本。徐悲鸿似乎在他的作品中加入了一个黑人,他参照了泰奥多尔·籍里柯(Théodore Géricault)在1819年创作《梅杜莎之筏》(*le Radeau de la Méduse*)的做法。

图9 《愚公移山》，国画，徐悲鸿，1940年，143.5cm×424cm，徐悲鸿纪念馆

是，更准确来说，中国艺术家不只是发挥外国典范的影响力或简单地对其进行模仿，他们懂得接受、改变一些在欧洲精挑细选的技法和审美要素，以此为中国自己的艺术目标服务。这些艺术家在20世纪20—30年代显然扩大了对要素的选择及民族化过程。在艺术方面，例如通过“回归秩序”运动，即使艺术家通过在西方收获的画法（素描、色彩、写实主义、解剖、裸体、历史，等等）对中国水墨画成画方式进行了更新，但似乎还是有必要再次回到中国水墨画本身。

因此，我们认为学院派艺术——以自然写实画法为主，但包括当时所有多样化的形式——应当被看成初期的中国艺术现代性出现的一个重要元素。留学法国巴黎高美是中国艺术家留欧运动的主要部分。哪怕要在历史文献中打开一个缺口①，我们仍然认为，与其说20世纪10—50年代波拿巴街的中国现象为毛泽东时代艺术的传播奠定了基础，这一现象实际上更多地滋养了一种共和国的、人文主义的审美观。

---

① 迈克尔·苏立文（1916—2013）的开拓工作将法国在中国现代化进程中的影响最小化了，他传达了该过程对学院派艺术的拒绝。由此，苏立文认为留学法国和学院派艺术继承者的徐悲鸿不甚重要；M. Sullivan, *Art and Artists of Twentieth-Century China*, Berkeley: University of California Press, 1996, p. 72：“He [Xu Beihong] may have been a passionate patriot and a dedicated teacher, but he was not passionate or single-minded, as were Liu Haisu and Lin Fengmian, about the only thing that in the end matters to be a painter-painting itself. As a result, his work is seldom more than merely competent.”（“徐悲鸿也许曾是激情的爱国者和甘于奉献的老师，但他不像刘海粟和林风眠那样热情、专注，他最终唯一关注的只是画家和绘画本身。因此说，他的作品极少是出色的。”）

# 中　篇

# 1915年巴拿马太平洋国际博览会上的中国艺术品与交织的视角

胡　斌

广州美术学院美术馆

**摘　要：** 拥有一百多年历史的世界博览会曾被视作全方位展现各国成就的国际舞台。艺术也是其中被展示的极为重要的方面。但是如若检视中国近现代美术史，却鲜有世博会上的艺术展示情况介绍。本文以 1915 年巴拿马太平洋国际博览会为例，阐述该届博览会上各类中国艺术品的具体情形和背后承载的文化与政治意涵。同时也试图揭示这些展品的选择与审查机制，以及围绕它们所交织的国内外的观看视角与评价话语，从而为有关 20 世纪早期跨文化境遇中的中国艺术的研究打开另一视域。

**关键词：** 巴拿马太平洋国际博览会　政治诉求　传统型展品　交织的视角

在国际性展会中，涉及面最广、持续时间最长、社会效应最突出的展览便是世界博览会了。在这当中，中国与世博会的关系日益受到人们的重视，研究亦逐步走向深入。

世博会上，展品被看作其灵魂所在，主办国和参展国都给予了相当的重视。世博会的展品包罗万象，从商品、物产到体现人情风俗、文化教育的物品、模型及图表，甚至原生态人种陈列展演都被纳入进来。因此，展品从政治、文化、经济、人种等各个方面反映着一个国家的总体形象。①当然，随着世博会主题性的加强，每届博览会的展品选择会有所侧重，并且随着展示活动的多元化，实物陈列所占比重在减轻，但展品对于一个参展国的形象凸显仍然具有不可替代的作用。

也许很多人将世博会看成经济活动的盛会，实际上，它与艺术也有着密切的联系，是艺术品展示和艺术表演的重要平台，不少重要的艺术作品以及艺术现象就在此呈现。本文以1915年巴拿马世博会上的中国艺术品为例，来阐述中国透过这一窗口向世界呈现的自身形象以及所汇集的内外视角。

## 一、“新造之国”的政治诉求

1915年2月，美国旧金山市为庆祝巴拿马运河开凿通航而举行巴拿马太平洋国际博览会（Panama Pacific International Exposition，以下简称巴拿马博览会），成立不久的中华民国政府力图在国际上塑造自己作为新造之国的形象，努力组织参展，而此届世博会也被认为是近代参展史中对中国影响最大的一届。中华民国按照紫禁城太和殿来仿制了国家馆（图1）。中国展品参展的陈列范围较之以前大为扩展，农业、工业、教育、美术、文艺、交通、矿物、食品、园艺等9馆及政府馆皆有展示。那么，备受瞩目的中国馆为什么要如此设计呢？太和殿位于北京紫禁城南北主轴线的显要位置，与至高无上的皇权和天下观念紧密相关，是象征清政府统治的政治符号之一；拥护共和制度的革命者推翻了清政府，但在国际舞台上塑造自己的政治实体形象时，却又继续沿用被推翻者的政治符号，来发挥新的宗教和政治场所的功用，虽然这种功用与清朝早期的那种祭祀有着根本区别。这表明在中华民国参展者看来，这一历史符号对于自身形象的塑造依旧不可或缺。②在这里，还有必要补充与分析这个历史符号相关的另一细节。1915年12月袁世凯称帝，决定将太和殿的皇帝宝座撤除，其缘由是觉得太和殿的旧式宝座不

① 洪振强：《民族主义与近代中国博览会事业（1851—1937）》，博士学位论文，华中师范大学，2006年，第36页。

② ［美］苏珊（Susan R. Fernsebner）：《一个预置的紫禁城？——记1915年中华民国参加巴拿马—太平洋世博会》，肖笛译，载王璜生主编《美术馆》（总第十五期），同济大学出版社2009年版，第81页。

图1　1915年巴拿马太平洋国际博览会中国馆开幕全景

够现代，下令另行打造一个中西合璧的新宝座。[①] 袁世凯称帝既要显示其与清王朝皇帝截然不同的形象，即他要打造一个新宝座，但是却又要将宝座置于太和殿这一旧王朝皇帝加冕和举行国家重大仪式的特殊场所，来宣示自己政权的合法性和至高权威。这个细节可以帮助我们回过头来理解在世博会上复制太和殿作为中国馆建筑的行为。而如果我们对照其他经历新旧更替的国家，比如法国，也能发现引发我们相关思考的有趣例子。在王权颠覆、法兰西共和国诞生一周年的纪念日——1793 年 8 月 10 日，法国历代君王陵墓被下令摧毁与卢浮宫博物馆开放均选在此一天进行，摧毁旧的象征物，树立新的象征物对于新政权的确立至关重要，当然新的象征物同样需在传统基础上提供，以填补民众的情感空白。[②]

从国家馆出现始直至今天，世博会中一直都存在用历史经典建筑形式强调国

① 刘禾：《帝国的话语政治——从近代中西冲突看现代世界秩序的形成》，杨立华等译，生活·读书·新知三联书店 2009 年版，第 298 页。

② 李军：《地域的中心化：卢浮宫与普世性博物馆的生成》，《文艺研究》2008 年第 7 期。

家形象的国家馆，当然形式和内涵几经变化。[①]1915 年巴拿马博览会中国馆复制太和殿的做法，当时就有人表示了肯定，说太和殿模型作为国家馆如若在前清政府会被视为亵渎而不可能付诸实施（晚清政府的国家馆有仿公署、皇家居室、城墙、孔庙等，但没有搬用紫禁城建筑的例子），这正说明中华民国已开启新途。[②]洪振强在《民族主义与近代中国博览会事业（1851—1937）》中从场馆命名和会场布置设施情形总结出晚清政府在国际博览会上所塑造的"国家"形象有两层含义："王朝国家"与"文化国家"，并非西方的以整体民族为核心的"民族国家"形象。而 1915 年中华民国参加巴拿马博览会则从馆名、馆式设计、会场布置、出品以及相关的维权斗争和国民外交看，所体现的不是晚清的"王朝中国"，而是具有共和政体的中华民国形象。对于巴拿马博览会馆式参照故宫太和殿设计，他认为不是为了宣扬传统文化，而是因为那是袁世凯的总统府驻地，并且是易于辨识的中国标志。[③]的确复制太和殿这座前清建筑作为中国馆，使得中国馆矗立在国家馆群体中显得格外突出，但突出的主旨是要发挥这一前清政治符号的威力，为新的礼仪与政治秩序服务，标示其政权的合法性。[④]从这种展示模式看，其政权观念里还没有完全割舍"王朝中国"的情结，同时它又和民族主义纠结在一起而获得了存在的十足理由。

而在展品上，体现政治权力形象的图像也时有彰显。1904 年圣路易斯博览会开了先例，晚清政府特意展出了美籍女画家凯瑟琳·卡尔绘制的慈禧油画像，以向外展现清政府统治者的形象。1910 年比利时布鲁塞尔博览会中国馆便有了皇帝和摄政王像的展示。1915 年巴拿马博览会，中华民国在那仿造北京太和殿的国家馆里铺设北京地毯，摆设桌椅绣屏、雕玩字画等精致优美"有文明古国之风"的

---

① 李洁：《多维视野下的世博会建筑表达》，博士学位论文，同济大学，2008 年。

② 《博览会上的紫禁城：1915 年中国对世界资本的推动》，《旧金山纪事报》1915 年 5 月 2 日，转见［美］苏珊（Susan R. Fernsebner）《一个预置的紫禁城？——记 1915 年中华民国参加巴拿马—太平洋世博会》，肖笛译，载王璜生主编《美术馆》（总第十五期），同济大学出版社 2009 年版，第 83 页。

③ 洪振强：《民族主义与近代中国博览会事业（1851—1937）》，博士学位论文，华中师范大学，2006 年，第 66—67、169 页。

④ ［美］苏珊（Susan R. Fernsebner）：《一个预置的紫禁城？——记 1915 年中华民国参加巴拿马—太平洋世博会》，肖笛译，载王璜生主编《美术馆》（总第十五期），同济大学出版社 2009 年版，第 83 页。

品物[①]，并挂上袁世凯和美国开国元勋华盛顿、总统威尔逊的画像。时有革命人士冯自由便批评悬挂总统像是延续晚清做法的崇君体现。[②]

与之相对的却是，新政权符号在展示中的凸显。晚清中国参加世博会，往往在会场中遍插龙旗；中华民国参加巴拿马博览会则注意减少“龙”的形象，而高悬代表新政权的五色旗。杨锦森在《为巴拿马博览会敬告国人》一文中谈到那些不适合赴展而又极易于放入展品中的物品时，首先就提到“龙”图案的商品。他说：“西人每谓龙为华人迷信之一端，然在前清，龙为国旗，故商品之图龙者，犹得免迷信之讥。今则民国新设，专制国之遗章，大应删除，断不可更任在赛品中占一位置。然吾国国货，绣货中最畅销于外洋者，为龙椅垫及龙旗，磁器亦有绘龙者，景泰蓝销行甚广，而其用龙者犹多，广东银器，刻龙者亦多，如纸烟匣、手杖之类，刻龙者纷纷皆是也。即福建漆器，亦多图龙，其余各商品之以龙为商标者，更无论矣。凡此种种，均须排斥，一则以免人迷信之讥，一则以示人清室之亡。”那么在他看来，什么又是“可以增吾国之荣光”的物品呢？他提到了绘有民国五色旗图案的物品：“如绣货、磁器、银器、景泰蓝、漆器、木刻物之类，均可以五色国旗为花。而如邮片图画亦可以绘吾国旗。更以此类推，则绸制五色小国旗，亦可多制。旧金山博览会开幕之日，适为吾中华民国成立之纪念日。当局者大可于是日在会场中举行民国成立第三年纪念大庆祝，遍赠购物之人以五色小国旗。此亦于吾中华民族之荣誉，至有关系者也，况又能为吾国赛品作一绝妙之广告乎！”[③]当然，杨锦森除了说明西方人对龙的不良印象之外，更多的是从树立民国新形象的政治与文化宣传角度来摒弃“图龙”物品的。

## 二、走向现代过程中的传统型展品

研究者赵祐志总结晚清中国参加世博会的官、商参展品情形时说：“除专门博览会外，居首位的大致是江西的磁器、北京的景泰蓝、闽赣的茶叶、苏杭的丝绸、

① 屠坤华：《万国博览会游记》，上海商务印书馆 1916 年版，第 160 页。
② 冯自由：《巴拿马太平洋万国大赛会游记》，少年中国报社 1915 年版，转自陈占彪编《清末民初万国博览会亲历记》，商务印书馆 2010 年版，第 279 页。
③ 上海经世文社辑：《民国经世文编》，北京图书馆出版社 2006 年版，第 4581、4583 页。

苏粤的绣货、广东的牙雕、福建的漆器等，其次则是古董、字画、玩物、桌椅、玉石、竹器，虽然中国展品在世博会中获得的奖牌数日渐增多，但凭借的主要是早有口碑的传统型商品，比较缺乏开创性。”[①]

民国时期参展，国人的商战意识加强，故强调展出的贸易性质，不过，此时的中国，打开贸易销路只能多依仗传统优势物产。对于参加世博会的另一目的——展现国家文明程度，中国参展也多依赖于传统型文化物品。对于参加 1915 年巴拿马博览会，高劳便在《东方杂志》上撰文指出：展品的作用有两种，“一为表示己国文明之程度，二为扩张己国物产之销额”。教育、文化、武备、工程以及国有殖产中关系国家荣誉而不含贸易性质的物品属于前者；工商物品中归入贸易范围的属于后者。对于前者，他又特别提到：“古物为文化之一，自当陈列，惟不必过事矜炫，使人笑我开化先而进步后耳。”[②] 杨锦森也在《为巴拿马博览会敬告国人》中说：“吾国为数千年之古国，凡关吾国粹之事物，均足以引起观者崇敬之心，故如古画、古器物、古钱、古磁器之类，赴赛者多多益善，又如竹刻、木刻或图画之至圣先师孔子遗像，亦足以使人起尊崇之心者也。”在此，他们都提出了传统文化物品在展现中国文明成就的作用。这的确与中国的悠久文化历史有关，中国对外展示自身时无法割舍庞大的传统文化资源，但同时传统文化展示的比重过大也就加深了外界对于中国古典国家形象的印象。

中国参加世博会虽然屡屡凭借着传统展品的优势博得声名，但也不是没有危机。实际上晚清以来，不少有识之士就在为这些中国传统优势展品所遭遇的危机担忧，为其如何改良以适应时代尤其是吻合西方市场的需求而出谋划策。

《申报》刊文谈到中国参加巴拿马博览会各展品情形：瓷器方面，日、德、法、奥等国都力求推陈出新，尤其是日本的瓷器，颜色鲜明夺目，备受关注。“幸而上海商人沈敦和氏在御窑厂定制仿古瓷二百件（图 2），式样既各各不同而着色纯用天然矿石，颜料绘工尤极精致，故虽未花样翻新而质地之佳、制作之妙实驾平列邦以上，而江西瓷业商人亦复剔选精品赴会争赛，故瓷品一宗竟得大奖。”“至绣货，则意大利、日本、法兰西三国均极擅长，且近来均以西洋油画法

① 赵祐志：《跃上国际舞台——清季中国参加万国博览会之研究（1866—1911）》，《台湾师范大学历史学报》1997 年第 25 期。

② 高劳：《对于筹备巴拿马赛会之意见》，《东方杂志》1914 年第 10 卷第 1 号。

施之，绣品远近分明，尤易动目，乃相形之下，转不如吾华北京、湖南、江苏绣货之美，故亦获邀上奖焉。”文中亦提到，中国使用最早的毛笔画本应高于其他国家，但因为以仿古为多，与此次美国博览会提倡新发明的宗旨不合，故难以合格，而“日本则变通办法，或以西洋油画法画树石，参用中国唐宋法人物，或用华法画树参以西洋法之翎毛，故觉耳目一新，的列前茅”①。

除了传统型的展品，中国世博会团队和一系列的企业家、艺术家和教育者还是力图借助这次盛会来向世界展现一个现代的中国。在世博会的“环球大厅”内，中国所展示的内容广涉小商品、艺术品、学校展示、教育成果以及广袤国土上的自然资源分布等各方面。②

图2　巴拿马赛会仿古瓷器，沈敦和、沈瑞清：《中国新美术品留影美国巴拿马万国博览会陈列》，中国上海白克路34号退思斋，1915年

然而如果跟西方及日本的展出比较，中国最大的不足仍是缺乏制造业和电气、化工类产品。同时，在对办展会的了解和经验方面，中国商人也不及欧美和日本等国。这种中外比较反映在各个方面。比如此次世博会美术馆内，以油画最盛，而中国展出的油画少，水彩较多，除此之外，还有地毯、瓷器、漆器、竹器、景泰蓝、刺绣、果核雕刻、象牙制品等展品（图3），在这当中，上海余沈寿的刺绣耶稣冠荆像尤其受到好评。古画数量较多，主要由上海收藏家刘松甫提供，包括了唐宋元明清名家之作及部分复制品。这些因为是古物，依例不能评奖，获奖

① 《观巴拿马赛会归客谈》，《申报》1915年11月2日。

② ［美］苏珊（Susan R. Fernsebner）：《一个预置的紫禁城？——记1915年中华民国参加巴拿马—太平洋世博会》，肖笛译，载王璜生主编《美术馆》（总第十五期），同济大学出版社2009年版，第85页。

图3　巴拿马太平洋博览会美术馆中国陈列部分，陈琪主编：《中国参与巴那马太平洋博览会记实》，1917年

的是姜颖生的雪景中堂、邢韵琴的四季花卉屏风等。①

陶幽庭（Katharine P. Burnett）在研究文章中说，那些不被看作“高级”或重要的艺术品不少获得了最高奖项或荣誉奖，而我们现在较为熟知的岭南画派创始人高剑父的山水和高奇峰的老虎（图4），以及早期美术教育家周湘的水彩等，这些带有现代意识的画作却没有受到任何批评，也没能获奖。② 实际上，根据《巴拿马太平洋国际博览会艺术部精装目录》，高奇峰有《落花》（*Falling Flowers*）和《鸳鸯》（*The Drake and Duck*）两件作品参展并获金牌，老虎画应指的是《草泽雄风图》，其曾在南洋劝业会被评为三等奖，在此并未见到；高剑父亦有《昆仑雨后》（*Rain Stopped*）和《野塘》（*Field Pond*）两件作品参展但未获奖。③ 陶幽庭所依据的是江苏筹办巴拿马赛会出品协会编辑的《江苏筹办巴拿马赛会出品协会报告书总目次》，这是该省为赴世博会组织的出品预展，该展览检选出的准备赴美的美术作品中，高氏二人的作品多达 12 件。但很

① 屠坤华：《万国博览会游记》，上海商务印书馆 1916 年版，第 45—47 页，其中姜颖生误写作蒋鹰生，应为作者根据现场英文拼写所误。另据陈琪主编《中国参与巴那马太平洋博览会记实》，1917 年，第 182 页，姜颖生《云栈图》获名誉优奖章。

② ［美］陶幽庭（Katharine P. Burnett），“Inventing a New ‘Old Tradition’: Chinese Painting at the Panama-Pacific International Exposition”，载范景中、曹意强、刘赦主编《美术史与观念史（IX）》，南京师范大学出版社 2010 年版，第 31—33 页。

③ John E.D.Trask and J.Nilsen Laurvik edited, *Catalogue Deluxe of the Department of Fine Arts Panama-Pacific International Exposition*, Paul Elder and Company Publishers, p.242. 此图录由贾客暮（Giacomo Bruni）先生提供，特此申谢。

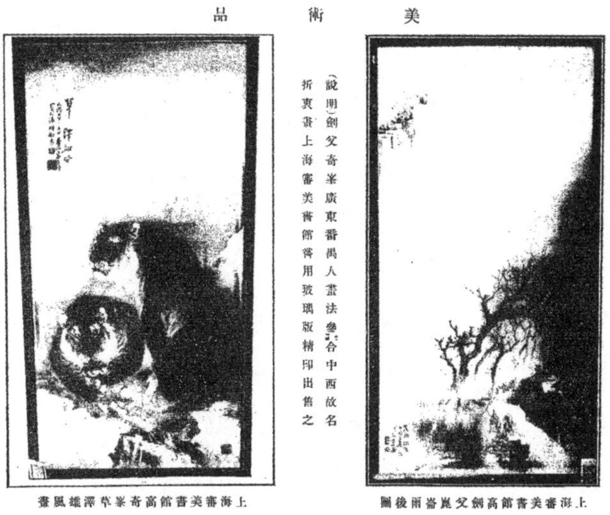

图4　高剑父《昆仑雨后》、高奇峰《草泽雄风画图》，江苏筹办巴拿马赛会出品协会:《江苏筹办巴拿马赛会出品协会报告书总目次》，上海商务印书馆1914年版

有可能，这个人选目录与正式参展作品有出入。而且，在该报告书中，作为评点优劣和提出改良办法的评议员们对二高的作品给予了极高评价，肯定了他们中西折中之举，甚至认为美术门中除他们之外乏善可陈。[①] 而这种评论中国绘画的观点在当时并不鲜见。有留美学生乐森璧观看了中国在巴拿马博览会上的绘画展品就指出：中国画与西洋画比较，西洋画具光学之理，浓淡晦明，十分鲜明，中国画着色手法则不如人，中国画家应该向西画学习。[②] 这样的说法正反映出当时的人们渴望学习西方，追赶“现代文明”的心态。然而，究竟是什么原因导致了中国最终以传统为主导的参展面貌呢?

## 三、参展的各方力量与交织的视角

刚成立不久的民国政府自接到美国巴拿马博览会的邀请后，在舆论界参会热情高涨的情形下，约一年后，即1913年5月，决定由农商部负责筹备参展事宜，并专门成立了筹备巴拿马赛会事务局，对展会的经办人进行了审慎的选择。要求

① 江苏筹办巴拿马赛会出品协会:《江苏筹办巴拿马赛会出品协会报告书总目次》，上海商务印书馆1914年版，评议录一、十四、十八、十九、二十四。

② 乐森璧:《巴拿马赛会游记》，《留美学生季报》1916年第1号，转引自梁碧莹《民初中国实业界赴美的一次经济活动——中国与巴拿马太平洋万国博览会》，《近代史研究》1998年第1期。

必须具备六项条件："一、通外国语言；二、有赛会经验；三、游历欧美；四、与外商接洽；五、有交际才能；六、识外交关系。"还通令各省市成立物产会和出品协会，协助筹备。而陈琪由于才识广博，屡次游历欧美，之前又担任过南洋劝业会总办，办了场规模宏大、卓有成效的博览会，成为首选人物。临时大总统袁世凯根据工商部的提请，任命陈琪为赴美赛会监督兼充筹备巴拿马赛会事务局局长。

上任伊始，陈琪便提出参加巴拿马世博会的十大目标："一、恢复固有国产之名誉；二、扩张土产输出额；三、采外人嗜好改良输出品；四、比较各国改良大宗出产；五、诱起国民世界的企业心；六、研究运河开通商业大势变迁后国际贸易办法；七、循世界企业潮流确定吾国商业上之进行方略；八、乘机调查万国出产中与我国同类物品之竞胜办法；九、表示我国民商业道德，以植国际贸易之本源；十、联络美国，共图太平洋之商业权。"并领导事务局展开一系列工作。第一是编订规则，对各地筹备工作予以指导，尤其注重对展品的调查和改良；第二是为了学习日本的经验，了解日本筹备巴拿马博览会的情况，中国组团参加了 1914 年 4 月的大正博览会；第三是举办地方性展览会，以作为赴展的准备和预演。最终为参展征集到了 19 个省的 10 万多件展品。[①]

如此倾注心力，本届世博会可谓成绩斐然，最终中国展品共获奖 1211 枚，包括大奖章 57 枚、名誉奖章 74 枚、金牌奖 258 枚、银牌奖 337 枚、铜牌奖 258 枚、状词奖 227 枚，在全部参展国中占有一席之地，也是近代中国参加历届世博会中最成功的一届。

总体来说，此次外界对于中国展区的评价还是不乏好评。《金山日报》便盛赞中国参展，认为中国此次参加世博会虽然因为"民国新造，内乱又起，赛会经费屡次核减，规模不得不因此稍形缩小"，然而如果以中国陈列各馆及政府馆之物品与包括日本在内的赛品最多的七国比较，"中国固形优胜也"。中国物品遍及各馆，面积颇广，"且均足表示中国近日实业之进步"。所以经万国审查会审查，中国赛品获得诸多荣誉。其中尤应为世人所注意的有这样几项：品质优美、做工精良的

① 谢辉：《陈琪与近代中国博览会事业》，博士学位论文，浙江大学，2005 年，第 96—101 页。

丝织品、花边、草帽缏、刺绣、瓷器、北京景泰蓝、绘画、漆器、红木器具等手工艺；茶、蚕桑、丝茧、植物油、谷类、黄豆、药科、皮毛等农产品。尤其值得一提的是，日本《东京时事新报》亦对此次中国参展面貌给予肯定。报载："从前美国所开之赛会，其最形不振者，则中国之出品也。即任何馆出品均杂然乱投，绝无头绪可言。而此次与赛则大异其趣，即各馆之出品，其制品自身虽未见大有进步，而其计划及陈列等颇形阔大，使由此以进殆未可轻视云。"①

从现场的反应以及获奖的情况来看，那些吻合外国人口味的工艺类型的作品获得了最热烈的效应。而有数量较多的艺术展品来自两位藏家，一位是沈敦和，一位是刘松甫，他们为博览会印制了专门的目录，提供的多是一些古代画作和器物的复制品。这些展品显然不能代表当时艺术领域对于中国传统的认知，更不能显示艺术最新的变革。但是，这些展品是如何被选择进入博览会的呢？在博览会出品的筹备过程中，中国的巴拿马赛会事务局派出了调查员和劝导员到各地方进行劝导，督促各地举办出品协会和出品展览会；并派审查员到各省举办的展览会帮助审查、选择出品。审查结束后，各方人员一起将出品运往上海集中，由事务局审定验收，以及进行赴美展出工作。②这些展品为什么能够经过这重重审核？有研究已经谈及收藏家在中外关系网络中的具体情形，比如刘松甫或许得到了在中国的外国人的认可和帮助，尽管他们不直接地参与展品的评选。再则，传统精品的缺失或许还缘于当时中国博物馆的稀缺、私人藏家秘不示人以及文物流失等原因。③然而，更为重要的是在世界舞台上，相对于未知的现代文明的不确定性，内外组织者都更倾向于展示一个持久文明的力量和稳定，这通过复制传统艺术就可以象征。④这实际上与我们前文中谈到的与一个新生中国的合法性塑造有关。

而这种塑造本身又是摇摆的，并且遭遇到内外观者复杂的目光。在以上陈述

---

① 陈琪主编：《中国参与巴那马太平洋博览会记实》，1917年，第268—270页。

② 洪振强：《民族主义与近代中国博览会事业（1851—1937）》，博士学位论文，华中师范大学，2006年，第144—145页。

③ 屠坤华：《万国博览会游记》，上海商务印书馆1916年版，第45页。

④ ［美］陶幽庭（Katharine P. Burnett），"Inventing a New 'Old Tradition': Chinese Painting at the Panama-Pacific International Exposition"，载范景中、曹意强、刘赦主编《美术史与观念史（IX）》，南京师范大学出版社2010年版。

图5　沈敦和、沈瑞清:《中国新美术品留影美国巴拿马万国博览会陈列》书影

的过程中，我们已经介绍了不少对于中国艺术展品两种分裂的看法：一为学习西方；二为保持自身特点。中国实业杂志社社长李文权在《中国对外博览会之失败及对于本年日本、巴拿马、三宝垄三博览会出品意见书》中说："西人之对于东方也，注重东方固有之古文明，而不注意模仿之新文明。……日本之特长，曰善学人。今日本之工艺，得自中国或欧美，而自己加以改良，遂成一特质。中国之新工艺，尚属幼稚，不必陈于美洲。"[①]在沈敦和、沈瑞清专门为自己展品编辑的图录中（图5），序言部分谈到了中国美术最为突出的绘画和瓷器的历史演变，瓷器在康雍乾三朝之后衰退，而绘画则在元明以降便日趋没落，所以他们推出的展品主要是邀请本地名家仿造的前清三朝的古瓷，以及海内外收藏家的唐宋元明大家画帧（图6）与内府珍藏历代帝王像等。图录的英文介绍，则论述了中西绘画在表现对象时的不同，中国绘画不是准确的再现，并且与书法、诗歌相结合，如果放弃中国自身特点而去学习西方技巧，其所能达到的效果是值得怀疑的。[②]由收藏家刘松甫出品，上海皇家亚洲学会名誉秘书长、上海亚洲博物馆董事会成员、上海国际学院董事会成员弗洛伦斯·艾思柯（Florence Wheelock Ayscough）编辑的《中国古今名人图画录》（图7）收录了其提供给博览会的作品目录及详细介绍。书中印有中外同人致刘松甫的颂词，说到刘氏不惜巨资收藏中国古今名人图画，曾陈列于上海博物院供游人观赏，后应邀送展巴拿马

① 《中国实业杂志》1914年第1期，上海商务印书馆，转引自上海图书馆编《中国与世博历史记录（1851—1940）》，上海科学技术文献出版社2002年版，第278页。

② 沈敦和、沈瑞清:《中国新美术品留影美国巴拿马万国博览会陈列》，中国上海白克路34号退思斋，1915年。此图录由贾客暮（Giacomo Bruni）先生提供，特此申谢。

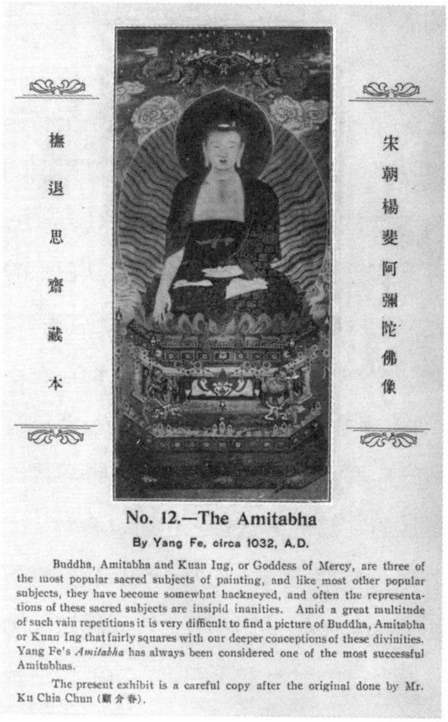


**No. 12.—The Amitabha**

**By Yang Fe, circa 1032, A.D.**

Buddha, Amitabha and Kuan Ing, or Goddess of Mercy, are three of the most popular sacred subjects of painting, and like most other popular subjects, they have become somewhat hackneyed, and often the representations of these sacred subjects are insipid inanities. Amid a great multitude of such vain repetitions it is very difficult to find a picture of Buddha, Amitabha or Kuan Ing that fairly squares with our deeper conceptions of these divinities. Yang Fe's *Amitabha* has always been considered one of the most successful Amitabhas.

The present exhibit is a careful copy after the original done by Mr. Ku Chia Chun (顧介春).

图6　顾介春仿宋朝杨斐阿弥陀佛像获银牌奖章，沈敦和、沈瑞清:《中国新美术品留影美国巴拿马万国博览会陈列》，中国上海白克路34号退思斋，1915年

图7　刘松甫出品，弗洛伦斯・艾思柯(Florence Wheelock Ayscough)编辑:《中国古今名人图画录》书影

博览会。另有艾思柯撰写的文章表明了与上类似的中西绘画差异的看法，并称在刘氏的收藏中，发现了中国艺术黄金时代的绘画作品。[①] 艾思柯的这一文章又以《古代中国艺术》(*Ancient Chinese Art*)为题出现在《巴拿马太平洋国际博览会艺术部精装目录》之中。这些言论表明了中国艺术今不如昔以及中西迥然不同的观点。有趣的是，该精装目录同时还介绍了法国的现代艺术、意大利的未来主义画家和雕塑家等，与古代中国绘画正好形成鲜明的对照。

与之相对的是另一种声音。台湾学者周芳美的论文《1915年中华民国和日本参展巴拿马太平洋万国博览会美术宫之初论》通过比较中日参展在认识、展陈、

① 刘松甫出品，弗洛伦斯・艾思柯(Florence Wheelock Ayscough)编辑:《中国古今名人图画录》，旧金山，1915年，第1—9页。此图录由蔡涛先生提供，特此申谢。

出品及获奖等方面的差距，评述道："在西方人士的眼中，中国仍是泥古不化，但是日本能善学欧美之新法而改良传统艺术。"①

有西方学者指出，仅从历史原因的角度来看，即便不是因为艺术线条至高无上的美感，日本和中国从一开始也应该受到重视。因为有着独特的、高度原创的传统风格，日本和中国的艺术广为流传。在这次的巴拿马博览会的美术展示中，日本展区的屏风画让他赞不绝口，他感叹："我们现在的艺术学院真应该从日本的艺术教育方法中汲取养分，学习他们怎样教学生从自身的爱好选择艺术创作的对象。"另外，他还对一件毫不做作的表达立体主义观点的木雕给予肯定；而对看不出任何日本传统艺术痕迹的模仿西方风格的作品则表示非常的费解。他说："只有这些任性的孩子快点回归到他们真正的东方同伴群中，日本艺术这一全世界最深刻的艺术才会有更好的发展。"② 其实相似的评价在其他博览会上也可以看到，比如在 1910 年日英博览会期间，日本的美术作品受到西方媒体的很多赞扬，但也不乏批评，甚至被形容为"幼稚""野蛮"。原本欲迎合欧洲口味而仿效欧洲西洋画的作品被评为不入流，他们认为日本专注发展自己的美术文化即可。有的说日本在装饰艺术上的确值得肯定，但恐非真正的美术（Fine Art）③（这种说法亦可见于 1893 年芝加哥世博会西方对日本美术的评价）。而对于中国，他认为中国展厅给人的第一印象是令人失望的。展出的作品无一点生气，当中的许多仅仅是传统艺术珍宝的现代复制品——尽管其中不乏精良的制作。中国人似乎十分满足于沉浸在过去的荣光……这些作品里面掺杂了太多宗教和感情色彩，以致普通观众往往因为阅读艺术品附加的冗长的典故而感到兴味索然。④

从各种矛盾的反馈可以看出，在作为帝国视野的演练场的世博会上，中国是

---

① 林文淇、吴方正主编：《观展看影：华文地区视觉文化研究》，台北书林出版有限公司 2009 年版，第 114—115 页。

② Neuhaus，Eugen，*The galleries of the exposition : a critical review of the paintings, statuary and the graphic arts in the Palace of Fine Arts at the Panama-Pacific International Exposition*，P. Elder and Co.，1915，pp.34-38.

③ 吕绍理：《展示台湾：权力、空间与殖民统治的形象表述》，台北麦田出版社 2005 年版，第 174 页。

④ Neuhaus，Eugen，*The galleries of the exposition : a critical review of the paintings, statuary and the graphic arts in the Palace of Fine Arts at the Panama-Pacific International Exposition*，P. Elder and Co.，1915，p.38.

被放在文明秩序的另一端的，因此，西方既会因为新奇的异域景象或者错位判断而赞叹，也会因为异域的景象离他们所定义的文明形态相距甚远而贬斥。在这种交错的目光底下，混合着传统与现代、接续与新生的艺术以及国家形象在挣扎中展露身姿。

# 留美雕塑家滕白也的指画与现代艺术运动新样式①

洪再新/文
美国普吉湾大学艺术与艺术史系
岳丹枫/译，洪再新、华天雪/校

**摘　要：** 滕圭（1900—1980），字白也，以字行，上海奉贤人。1924年赴美国华盛顿大学专攻雕塑，前后留学、工作十年，为推动中西文化艺术交流做了积极的贡献。早在出国前，《申报》刊出由沪上名流为其所定指画润例，使其留学的经历，不局限于学习雕塑，而是同时传授中国书画艺术，曾以指画担任华大教员，在美国许多城市举办展览，使这一中国独特的画法成为现代艺术表现的新样式。他还得到哈佛—燕京学社访学资助，调查流传海外的中国文物，特别是在芝加哥作关于《中国现代艺术》的演讲，为传播现代中国画在国际上的声誉，具有开创意义。这一留学经历，在滕白也回国后，继续在国内外发挥影响。其中他在华盛顿大学留学期间与美国现代艺术家马克·托比（1890—1976）结下深厚友谊，以传授碑学书法为重要途径，直接关系到现代抽象艺术运动在美国的兴起和繁荣。本文根据笔者2014年4月17日在西雅图福莱美术馆演讲稿修订而成，通过2014

① 本文根据笔者于2014年4月17日在西雅图福莱美术馆演讲稿修订而成。承琼－安·丹泽克馆长之邀，笔者在演讲中以2014年该馆的“马克·托比/滕白也：西雅图/上海”特展呈现的国内外相关研究成果，加之新发现的一手资料，讨论了滕白也运用指画作为现代艺术运动新样式的努力和成就。2019年，笔者承华天雪博士邀请，参加“中国近现代美术留学史料研究国际交流工作坊”，尽管因为时间冲突未能与会，笔者提交的论文，仍将收入会议文集，并由华博士指导岳丹枫女士将其译成中文，与英文原文参见。笔者在中译本更新了若干中外史料及其叙述，使之更切合工作坊“美术留学”的主题。为节省篇幅，除了新增的外文史料在中文本里提供原文外，其他出处原文，请对照英文本，在此从略，敬希读者留意。考虑到英文原文的听众对象，所以除增补了少量中外史料，叙述结构基本保存不动。林山石（Peter Wiedehage）博士提出宝贵建议，并和童宇博士一同帮助处理图版，张书彬博士校读了文稿，在此一并表示感谢。

年西雅图福莱美术馆的“马克 · 托比 / 滕白也：西雅图 / 上海”特展呈现的国内外相关研究成果，加之新发现的一手资料，进一步探讨滕白也运用指画作为现代艺术运动新样式的努力和成就。

**关键词：** 滕圭　指画　书法　现代中国画　马克 · 托比　现代艺术运动

1944 年，美国现代主义画家杰克逊・波洛克（Jackson Pollock，1912—1956）由一个偶然的机会在纽约撞见了马克・托比（Mark Tobey，1890—1976）的抽象书法作品[①]，鬼使神差，遂引发了抽象表现主义绘画的滥觞，[②]整个世界的艺术中心，不久从法国巴黎转到美国纽约，产生出现代主义奇异的“蝴蝶效应”[③]。随着时间的流逝，越来越多的跨语境研究表明，不仅马克・托比对美国抽象表现主义的

① 参见普莱斯萨拉・朗（Priscilla Long）“马克・托比 1935 年 11 月或 12 月绘制他最早独具影响的白画风格作品”（Mark Tobey paints the first of his influential white-writing style paintings in November or December 1935），2002 年 7 月 17 日刊于《历史链接》（https：//historylink.org/File/3894），文中介绍了 1944 年由马克・托比的友人魏丽丝（Elizabeth Bayley Willis）将其《木棒和连枷》（Bars and Flails）介绍给波洛克看，后者认真观赏后，创作了《蓝色柱干》（Blue Poles），为澳大利亚政府后以 200 百万美元购入收藏。

② 2017—2018 年先后在意大利威尼斯佩姬・古根汉美术馆和美国马萨诸塞州菲利浦学院爱迪生美国艺术馆展出的“马克・托比：透光”（Mark Tobey：Threading Light）力图纠正美国抽象画史主流叙述的一个误差，马克・托比当年被有些欧洲人视为美国最前卫的画家，但其名声却因波洛克（Jackson Pollock，1912—1956）、克莱因（Franz Kline，1910—1962）和德库宁（Willie de Kooning，1904—1997）等更后起强势的抽象表现主义画家的出现而遭屏蔽，最多只是一个注脚，如鲍博・维因伯格（Rob Weinberg）在展评标题中所称，他成了“抽象表现主义被遗忘的教父”（The forgotten father of Abstract Expressionism），见《阿波罗》杂志（Apollo Magazine）2017 年 5 月 17 日，https：//www.apollo-magazine.com。

③ 参见张兰《中国书画与美国抽象表现主义——马克・托贝与滕白也》的综述，http：//collection.sina.com.cn/plfx/2017-08-11/doc-ifyixtym0327895.shtml。“蝴蝶效应”的概念，源自数学家爱德华・诺顿・洛伦茨（Edward Norton Lorenz，1917—2008）在 1972 年美国科学发展学会第 139 次会议上发表的一篇演讲。他在“可预测性：巴西一只蝴蝶扇动翅膀，能否在得克萨斯州掀起一场龙卷风”（Lorenz：“Predictability”，AAAS 139th meeting，1972）的演讲中，指出一个微小的初始条件变化可能导致一连串逐渐放大的改变，最终导致完全不同的结果——这个看似荒谬的论断，打碎了所有人“关于因果决定论可预测度”所存的幻想，最终产生了“混沌理论”。

影响功不可没，而且还需要添上激励他于1935年发明“白色书法”创作的身后人物[①]，即他在西雅图结识的留美雕塑家和指画家滕白也（英文名Benjamin K. Dun，威绥玛拼音Kwei Teng，Kwei Dun，1900—1980）。尽管在太平洋彼岸的上海，滕白也后半生湮没无闻，但他在留美期间传授中国书法绘画的启蒙，却一直在为“西雅图画派”的现代艺术家们所怀念，可以形象地称之为“失之东隅，收之桑榆”，也使滕白也成为20世纪中国人“美术留学”时尚中的奇葩。

与2004年慕尼黑斯塔克别墅博物馆在“上海摩登：1919—1945”展览[②]有直接关联的2014年西雅图福莱美术馆“马克·托比/滕白也：西雅图/上海”展览[③]，是我们了解20世纪现代艺术运动的一个新的风向标。福莱美术馆的展品向我们提供了留美艺术家滕白也的若干原始资料，包括其字画、历史档案、媒体报道，也包括他与西雅图杰出的现代画家马克·托比的特殊友谊。展览图录中琼-安·丹泽克（Jo-Anne Danzker）馆长和祁大卫（David Clark）教授的两篇专题论文[④]，分别更新了他们此前在慕尼黑展览图录中的研究，并从书写和表现主义的关系等方面，推进了祁大卫[⑤]、万青力（1945—2017）教授近30年来向国内读者

① 参见珍·格拉维斯（Jen Graves）《马克·托比画风丕变背后的人：福莱美术馆揭秘滕白也对美国艺术被忽略的影响》（The Man Behind Mark Tobey's Famous Breakthrough Frye Art Museum Reveals Teng Baiye's Overlooked Influence on American Art），刊于《奇异客》（*The Stranger*）2014年5月14日 https：//www.thestranger.com/seattle/the-man-behind-mark-tobeys-famous-breakthrough/Content？oid=19531227。

② 琼-安·丹泽克、郑胜天、林耀强编：《上海摩登：1919—1945》，慕尼黑斯塔克博物馆，2014年。

③ 琼-安·丹泽克、斯科特·劳里莫尔编：《马克·托比和滕白也：西雅图/上海展》，西雅图：福莱美术馆，2014年。

④ 琼-安·丹泽克：《书法的脉动》，第10—20页；祁大卫：《跨文化对话和艺术创新：滕白也和马克·托比》，第48—63页，后者是《上海摩登：1919—1945》（第84—104页）同名文章的修订版，冯华年将2004年一文译成中文，题为《文化间的对话与艺术创新：以滕白也和马克·托比为例》，刊于《水墨研究》2004年第9期。

⑤ 大卫·克拉克：《中国艺术家滕圭和美国画家马克·托贝》，香港《美术家》（总第79期）1991年第6期，第38—48页。其英文修改稿“Teng Baiye and Mark Tobey：Interaction between Chinese and American Art in Shanghai and Seattle”，后发表于Pacific Northwest Quarterly，Autumn，2002，No.4，pp. 171-79。

介绍的这一跨文化对话的精彩命题。① 包铭新教授于2008年与其团队发表了《画坛遗珠——滕白也研究》，是目前所见较为详尽的中文研究资料，慕尼黑与福莱的展览中都有他出借的两幅滕白也指画立轴及相关介绍。②

滕圭，字白也，以字行，上海奉贤人。他于1924年底赴西雅图华盛顿大学学习雕塑前，已是国内颇有名声的指头画家。在考察这位留美艺术家之前，有必要先说明一个事实。在福莱美术馆的展品中，除了西雅图美术馆收藏的几件他的山水和花鸟画外，其作品的稀缺性与马克·托比形成了鲜明对比。不同于美国抽象艺术史主流叙述对西雅图画派的忽略，马克·托比的档案材料保存完好。遗憾的是，滕白也在1949年后基本上销声匿迹，与他此前在上海的活跃身影，全然不同。③ 除了在家乡有关于他晚年的零星回忆外，其作品和文献大多散佚无存。近年来，上海媒体关于这位被遗忘的艺术家的信息，有两则值得注意：一是1978年他为一位年轻朋友滕国俊（1953—　）所作的

图1 《墨竹》，指画，纸本水墨画，滕白也，1978年，私人收藏

① 《一个对美国抽象表现主义绘画有过影响的中国人——滕白也》，原载《雄狮美术》1991年第249期；《广东美术家》1992年第1期再载；收入《万青力美术文集》，人民美术出版社2004年版，第225—237页。

② 包铭新、王瑞华：《画坛遗珠——滕白也研究》，东华大学出版社2008年版，也收录了几篇滕氏英文原文。此时刘礼宾发表于《雕塑》杂志2008年第2期的《民国时期留学美国的雕塑家滕白也》一文，虽未能参考，但雕塑部分的内容，大致提及。

③ 笔者据上海《新民报》晚刊1957年5月7日题为《仇视国画院，怀恨念毒咒——滕白也居心何在》的文章，比较稍晚《解放日报》7月12日发表滕氏6月18日致上海市政协副秘书长、民盟中央委员、复旦大学历史系教授、留美博士陈仁炳（1909—1990）信，可知滕身为农工民主党党员、民盟盟员。而7月14日《解放日报》报道“本市文艺界揭发右派分子，滕白也是陈仁炳的帮凶”，8月12日《解放日报》继续报道“滕白也在奉贤农村干了些什么”，翌年被划为右派。后三条信息，采自包铭新、王瑞华《画坛遗珠——滕白也研究》，东华大学出版社2008年版，附录壹“滕白也大事年表”，第69—70页。

图2 《雕塑家滕白也》，纸本水墨设色画，季仁葵（1944— ），2006年，私人收藏

指墨画《墨竹》（图1）[①]；二是画家季仁葵（1944— ）在2006年绘制的滕白也肖像（图2）[②]，不断捡回关于这位留美雕塑家独具一格却又为时代尘封的历史记忆。[③]

在“美术留学”的跨语境范畴中重新反思滕白也和马克·托比这个在海外不断升温的热门话题时，对国内的20世纪艺术研究，意义同样重要。鉴于目前对其雕塑创作、表现主义观点等方面已经展开的讨论，本文拟集中于指画一端，做更具体的观察。参考现有关于滕氏的中外文原始资料，本文将阐明以下几点：一、在上海、西雅图等地重新发现滕白也；二、指画作为国际舞台上的一种新艺术样式；三、重新审视20世纪全球范围内的现代艺术运动。这是对中国人“美术留学”在世界现代艺术史上发生“蝴蝶效应”的一次微观考察，以期更整体全面地认识中外文化交流的大势。

## 一、在上海、西雅图等地重新发现滕白也

季仁葵在其滕白也肖像上，有“雕塑家滕白也”的题记，强调了这位留美艺术家的特长。有趣的是，如果比较滕白也在美国和中国的艺术实践情形的话，我们会问，他所学的雕塑与他擅长的指画是什么关系？或者从艺术手段上说，手与指

① 观复：《滕白也指画赠小友》，《新民晚报》，2012年4月14日。在《新民晚报》2018年4月21日华振鹤《让指画走向新时代》一文中，滕国俊提及这段往事。

② 参见《画坛奇才：季仁葵人物作品》一文他对滕白也的回忆。http：//www.360doc.com/content/12/0709/14/1720781_223170013.shtml，2012-09-07。

③ 参见前揭包铭新、王瑞华《画坛遗珠——滕白也研究》，第131—132页。

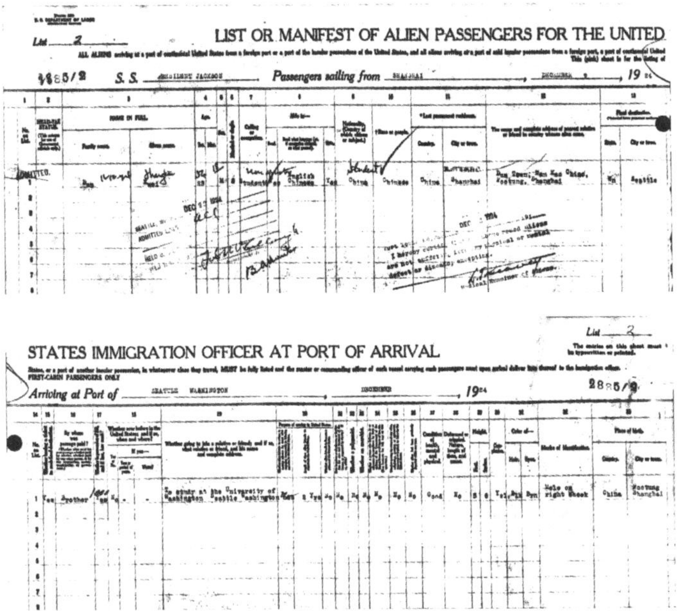
LIST OR MANIFEST OF ALIEN PASSENGERS FOR THE UNITED STATES IMMIGRATION OFFICER AT PORT OF ARRIVAL

S. S. PRESIDENT JACKSON Passengers sailing from SHANGHAI DECEMBER 19 24

Arriving at Port of SEATTLE WASHINGTON DECEMBER 19 24

To study at the University of Washington Seattle Washington

Mole on right cheek

图3 滕圭，西雅图旅客，1924年12月9日滕圭进入西雅图美国海关登记记录，华盛顿大学档案馆目录

ARRIVES TO STUDY ART

CHINESE FINGER PAINTER TO ENTER UNIVERSITY.

One of Two in Native Country Who Have Won Popular Approval Nationally.

DUN KWEI

OLDEST of all picture art is the finger painting of ancient China; devised before the brush and pencil period, as the first artist of Far Cathay transferred to rice paper or silk the impressions of forest, streams and mountain as they appealed to his imagination and vision, through wonderfully delicate tracery wrought solely by deft fingers and India ink.

Today in China, two men alone have become sufficiently great in finger painting art to win popular approval nationally, and one of these, Dun Kwei, a young Chinese student from Soochow University reached Seattle Tuesday evening on the Admiral Oriental liner President Jackson. He will enter the University of Washington for a course in architecture and art, and will also continue his work as a finger painter as much as possible.

"Since a boy I have always been a student of finger painting and it has been my good luck to gain no little appreciation from my own people through my work, and also in Japan and other countries of the Orient," Dun Kwei said. "I have made a close study of this very old-art, and more than half of my original fortune has been spent in my investigations and the purchase of ancient literature and records having to do with the subject. My collection of this material is, I believe, one of the most complete in existence and much of it is very old indeed."

图4 “滕圭前来学习艺术”，《西雅图每日时报》，1924年12月25日

之间的关系是什么？特别是他从1924年到1932年在美国和欧洲近十年期间，为何以指画享誉一时呢？

据美国移民局入境口岸管理处的外籍人员名单显示，来自上海浦东的滕圭，于1924年12月9日抵达西雅图（图3）。他此行的目的是入华盛顿大学学习雕塑（图4），这对当时正在起步的中国高等美术教育来说还是个空白。

正如他首次接受当地媒体采访时所说：“我从小就喜欢指画，并非常有幸通过我的作品赢得了中国、日本和其他亚洲国家艺术爱好者的欣赏。”[①] 事实上，滕白也在抵达西雅图半年前，已经在6月16日的《申报》上被称为“殆且园（高其佩，1660—1734）一流人物也”。吴昌硕、顾逸鹤、王一亭、姚叔平、刘海

① “滕圭前来学习艺术”，《西雅图每日时报》，1924年12月25日。该报称他“进入一个建筑和艺术的课程，同时继续尽可能多地从事他身为指画家的创作活动”。

粟、陈迦仙、张一麐、汪荣宝、黄炎培、吴湖帆、陈子清、刘临川等画界名流联名代定“滕白也指画润例”，意味着这位24岁的年轻艺术家在竞争激烈的国内市场上获得了主流社会的肯定。其润例如下：

堂幅整帧三尺八元　四尺十二元 五尺十六元　六尺二十四元　八尺四十元丈疋六十元 屏幅每条视堂幅整帧半之　卷册每尺四元　扇面每柄四元[①]

均加墨费一成 先润后墨　约日取件

收件处　苏沪各大笺扇庄 通讯处 上海西门区普安坊五号

值得注意的是，同一《润例》也收入有美堂1925年的《金石书画家润单汇刊》。[②] 这表明除了奖学金和工读收入外，滕白也可以利用他在中国卖画所得来支付他在西雅图留学的部分开销。换言之，他和中国画的国内外市场建立了有效的沟通渠道。

以《申报》刊登为滕白也定制润例的人脉可以想见，他是一位富有创造力且擅长社交的艺术家。在美国留学伊始，他就显示了和公众与媒体沟通的才干。对他的个人魅力[③]，报纸时有报道，并附有照片，风流倜傥，光彩照人。约在1928年，某地记者以“白圭与指尖”为题，这样回忆初来乍到太平洋西北角的滕白也：“他21岁（实际为24岁）到西雅图时，带了一箱子考究的行头，宣纸、画绢和用以作画的扇面，还有一只小腰包。”而1925年3月1日当地报纸预告在西雅图的一家俱乐部中，这天“下午滕圭的艺术演示将非常独特并作《中国艺术》演讲”[④]，指的就是他的指画和书法。同一报道介绍：“滕先生虽然不把他的艺术商业化，但身为华大的学生，他在学习西方艺术时，力图向西方人介绍东方艺术。虽然才到

① 20世纪20年代一元（一银圆）可以买10.94千克大米，4.25千克猪肉和2.13米棉布。参见前揭王中秀、茅子良、陈辉编著《近现代金石书画家润例》王中秀《序》，上海画报出版社2004年版。

② 参见前揭《近现代金石书画家润例》，第150页。

③ 参见前揭琼-安·丹泽克、斯科特·劳里莫尔编《马克·托比和滕白也：西雅图/上海展》，第75页出处失考的媒体报道。

④ 《西雅图每日时报》，1925年3月1日。这是笔者唯一所见采用滕氏英文名字本杰明·滕（Benjamin K. Dun）的英文资料。

这里不久，他的英文进步神速，并身为美国对中国艺术屈指可数的宣传者，已经在与其艺术相关的几个公众场合做了演说。在奥林匹克饭店最近由钱社（音译，Chien Society）组织的中国工艺展上，滕先生展示了罕见的才艺，赢得了许多朋友和仰慕者。”在这些朋友和仰慕者中，应该包括定居西雅图不久的马克·托比。[①]这在1926年12月16日滕白也赠给托比的照片签名中（图5）可以证实。马克·托比酷爱周游世界，所以滕白也回国不久，他就来到上海、杭州，继续向他学习书法。

图5　滕白也给马克·托比的签名照片，1926年12月16日，华盛顿大学图书馆，特别收藏区，编号UW 23723z.

福莱美术馆的展览导言中指出，马克·托比现代艺术努力中一个理智和精神的层面来自“巴哈伊教”的世界主义，其核心教义为“世界乃一国，万众皆其民”。而中国书法成为世界主义文化的视觉组成部分，它所揭示人的个性，也表现人类的共性。在这种国际化的氛围中，马克·托比以开放的心态，吸收东西方不同艺术的精华。那么，滕白也是怎么向托比示范中华文化这一辉煌的视觉传统的呢？所幸的是，从马克·托比1934年来华期间保存下来的作品中表明他练习了一些著名的法帖，其中一件作品有“不遑日月。好是正直，待后守先。和璧韫石，隋珠辉川。伊吕之佐，尧舜之年。颉颃往哲，伯仲前贤”36个汉字（图6），[②]就是临习唐初欧阳询637年所书《唐故特进尚书右仆射上柱国虞恭公温公碑》（简称《虞公温彦博碑》）（图7）所得。[③]1934年马克·托比的另一幅书法习作，有“克己复礼，久而诚矣。人有秉彝，本乎天性”16个汉字（图8），出自明嘉靖十年（1531）颁行天下的《程子四箴》，滕白也显然以此为示范，讲授北宋程颐的理学要义。

① 关于马克·托比在1921年到西雅图生活工作的情况，参看妮丽·康尼诗《妮丽阿姨：妮丽·康尼诗自传》，西雅图华盛顿大学，1964年，第134—135页。

② 据主编慕尼黑与西雅图两个展览图录的琼－安·丹泽克馆长告知，此前编辑曾询问该书法习作的参考出处，均无结果，便以书作上的字数为题，颇为无奈，现予补正。

③ 从临写的文本看，滕白也提供的参考当是所收字迹最全的嘉庆内府藏拓本。

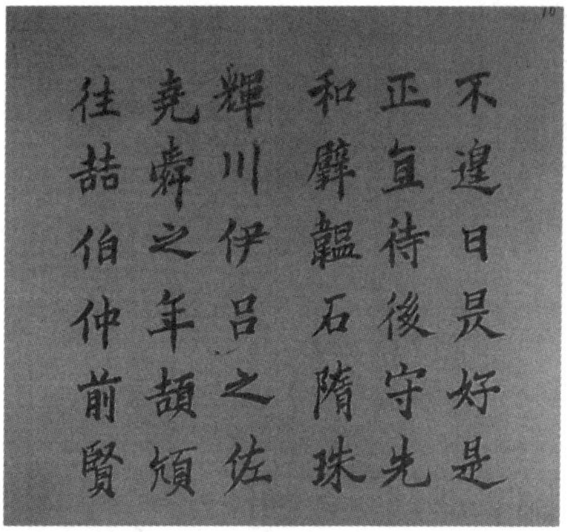

图6 [美]马克·托比临写《虞公温彦博碑》，纸本墨笔，27.3cm x31cm，1934年。经达丁顿霍尔信托公司许可，托特尼斯，C2014年纽约马克·托比－艺术家权利协会的财产(ARS)

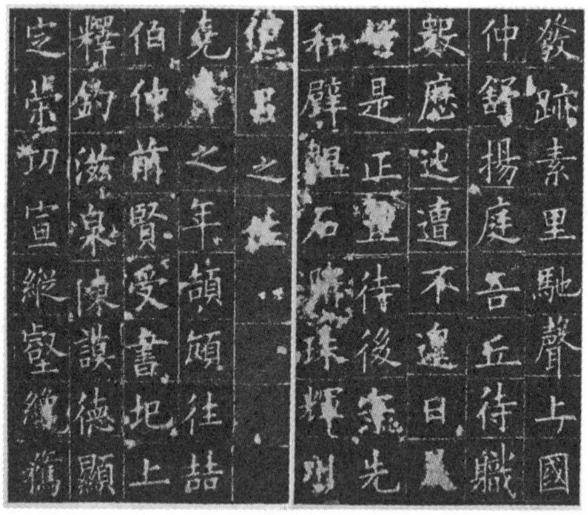

图7 (唐)欧阳询:《虞公温彦博碑》，637年，嘉庆内府藏拓本

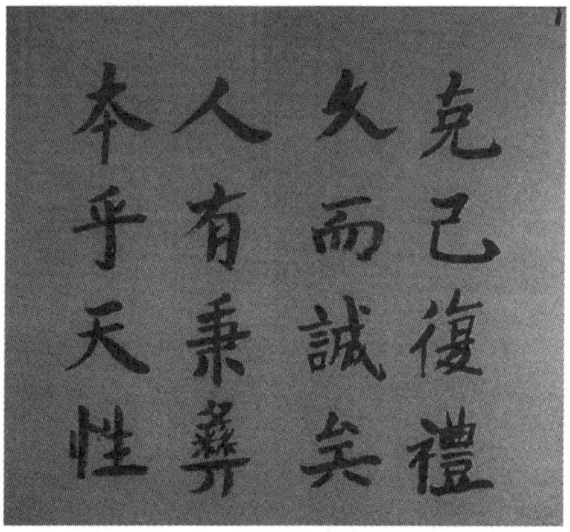

图8 [美]马克·托比临写《程子四箴》，纸本墨笔，27.3cm x 31.1cm，1934年。经达丁顿霍尔信托公司许可，托特尼斯，C2014年纽约马克·托比－艺术家权利协会的财产(ARS)

中国书法传统中一向尊王羲之为书圣，但是其《兰亭序》原作已被唐太宗用来随葬，仅存摹本和再摹本，如现存于北京故宫博物院的冯承素摹本。但碑学是完全不同的风格，如北魏时期《龙门二十品》中的《始平公碑》，虽然书者和刻工均名不见经传，但从其刻石和拓本却能看到铿锵有力的别样风格。

如果比较滕白也早年留下的墨笔题画书迹就不难发现，1934年马克·托比在上海等地的书法习作与滕不尽相同。马克·托比的用笔带有金石意味，说明他从观摩临写碑帖范本，对清中后期以来的金石碑学运动有所体验，譬如上海藏家刘松甫1915年参加在旧金山举办的巴拿马太平洋国际博览会的《中国古今名人图画录》，标题的书写就受碑学风格影响。[①] 正是嘉庆、道光以来流行的书法新样式，加强了金石篆刻与主流文人画传统的融合。除了诗歌、绘画和书法并称“三绝”，雕刻这一原本属于工匠之事的艺术实践，通过金石篆刻被纳入了近代中国画家的视线。从某种意义上说，铁笔作为篆刻工具给予了传统书法创作以新的活力。正是在这个关纽上，身为雕塑家的滕白也，把运用金属工具的厚重感，加到他的指头画创作中，而不拘于三维立体效果的刻画。

在回到滕白也的指画之前，我们有必要简单提到书法在美国现代艺术中的另一应用，如活跃在大西雅图地区塔科马市的摄影家、版画家维娜·哈弗（1899—1974），她用汉字书写的《世界和平》等摄影艺术作品，[②] 受到了亚裔社团和滕白也的影响，因为她曾在1928年、1929年间应用相同的技法，以他的肖像照片创作过两件题为《滕圭》的摄影版画作品（图9），现藏于塔科马公共图书馆。[③]

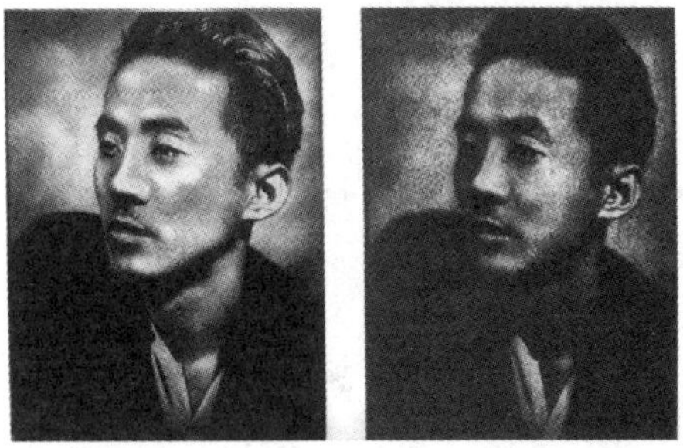

图9 《滕圭》，版画，[美]维娜·哈弗，24.8cm x 19.2 cm，约1928年，塔科马公共图书馆藏

在美国的哈佛燕京学社研习一年并获得硕士之后，滕白也先后去英、德等欧洲七国访问，举办展览，推进中西艺术交流。1932年应燕京大学校长约翰·司徒雷登（1876—1962）之聘，担任文学系美术史论讲师，他在这一年的《燕京月刊》上发表了《浪淘沙·春晨闲步达园》四阕，反映他放洋归来由家乡赴燕京时的复杂心情：

闲步小斋西，聊展愁眉，池塘芳草已萋萋。白鹭飞来寻旧梦，花瘦鱼肥。

① 相关的讨论，参见笔者的英文论文《爱诗客：美国宣传中国现代绘画的先行者》，收入来国龙和杰森·斯图博主编《藏品、藏家与收藏史：古物出洋的前世今生》（庚斯维尔：佛罗里达大学，2014），第五章，第119—150、313页。

② 参见维娜·哈弗等《躁动的镜头：维娜·哈弗的摄影艺术》，塔科马美术馆，2011年，第18页。

③ 参见前揭琼-安·丹泽克、斯科特·劳里莫尔编《马克·托比和滕白也：西雅图/上海展》，第66—67页。

介紹美術家
滕白也
（潤例）
銅像
油像
筆畫
指畫
介紹人
王一亭 江小鶼 吳蘊初 徐悲鴻 葉恭綽
王曉籟 朱子[illegible] 吳鐵城 袁履登 鄭洪年
王雲五 李大超 吳湖帆 傅筱庵 蔡元培
江一平 杜月笙 吳經熊 虞洽卿 劉海粟
錢永銘
滕君通寓

图10 《滕白也雕塑绘画润例》，《申报》1933年11月5日

魅柳碧成丝，摇曳多姿，好凭风力任东西。流水浮云留幻迹，是也还非。

晴佳话梅枝，泄漏天机，晨光到处总相宜。客里不知愁是乐，乐道忘饥。

轻露湿苔衣，鸿印留泥，碧桃无语惜芳菲。折得好花随意佩，人伴春归。①

从哈佛到旧都，同为燕京，却语境各异，旧梦幻迹，“是也还非”。然而“晨光到处总相宜”，在给燕京大学的赠画上，他以指画绘出两对飞雁，题为《秋信》，他随后将其发表在美国著名的文艺刊物《公开论坛》上，显示这一表现形式是他深感自信的艺术语言。

关于他的艺术创作，最集中的中文资料是1933年10月10日私人出版的《滕白也雕塑绘画润例》，从其中的两条通信地址可知，1933年他曾在南京和上海挂单卖画，并在沪江大学任教。同一润例见于1933年11月5日《申报》（图10），是一篇海归艺术家春风得意形象的生动素描：

滕君白也，留学十年，迹遍大地，曾任美国华盛顿大学绘画教授，连得哈佛大学奖学金，遣派游历全国各大美术中心，其眼界之广，胸藏之富，自不待言。一九三〇年荣被英国皇家美术院选为名誉会员。滕君博雅能文，雕塑绘画尤为杰出，作品已为欧美博物馆所珍藏。去岁回国任燕京大学美术教授，今应暨南及美专之聘莅沪，顾以作品公诸同好，爰缀数语，乐为介绍。

铜像每立方尺千五百元　石膏减半　石像加倍

① 《燕京月刊》1932年第9卷第1期，第150页。

油像每方尺二百元　素描每方尺一百元　笔画每方尺十元　点品加半

指画每方尺十四元　玉版夹贡加半　单宣不画　墨费一成

滕君沪寓法租界辣斐德路三百八十号　电话八五〇六六

介绍人

王一亭　江小鹣　吴蕴初　徐悲鸿　叶恭绰　王晓籁　朱子奎

吴铁城　袁履登　郑洪年　王云五　李大超　吴湖帆　傅筱奄

蔡元培　江一平　杜月笙　吴经熊　虞洽卿　刘海粟　钱永铭[①]

和前面介绍1924年6月《申报》的滕氏润例相比，9年之后，他的留学资历使他得到更多社会名流的联名推荐，足见其社交能力之强。在这些推荐人中，除了著名的艺术家，亦不乏政界、商界最具影响力的赞助人。除了参加1935年在南京举办的孙中山塑像创作竞赛中拔得头筹，并在各地制作了各种国父雕像。[②]雕塑的订件，通常只有首都南京和大都会上海的社会名流和富有之家能支付酬金，如上海最富有的银行家朱葆三（1848—1926）的雕塑像和中央银行总裁的孔祥熙（1880—1967）素描肖像（图11），《申报》1936年《图画特刊》227号有图片报道"雕塑家滕白也为唐绍仪氏造像"[③]，都说明这一点。除人物塑像外，订件中尚有数量可观的各种创作题材，如"天女像浮雕"和"家中二友"猫犬宠物等等，展现了雕塑家留美期间掌握的坚实造型功力。

图11　滕白也作朱葆三雕塑像和孔祥熙素描肖像，采自《滕白也雕塑绘画润例》

① 《滕白也雕塑绘画润例》上还有徐朗西、刘湛恩、孔祥熙、史量才、汪亚尘、褚民谊、黄任之、穆藕初同订。

② 参见前揭包铭新、王瑞华《画坛遗珠——滕白也研究》，"滕白也大事年表"1936年项下诸条目，直到1956年3月12日孙中山诞辰90周年，"塑孙中山胸像，发表于《解放日报》《文汇报》"。

③ 据滕白也在上海文史馆的馆员传略，"雕塑作品有《唐少川先生像》等"，足见他本人对该作品的重视。http：//wsyjg.sh.gov.cn/d/71/1806.html。

在艺术史论方面，滕白也笔耕不辍，如刊于《文艺春秋》的《青年画家刘狮画评》[①]和《文化建设》的《新人与新艺术》[②]等。在为《文化建设》所写的另一篇长文《中国的美术》中[③]，滕氏强调了中国古代工匠所做建筑、雕塑和工艺品的重要影响，和它们在以往的中国艺术史中被长期忽视的情形形成对照，为丰富我们的理解做了积极的贡献。他也积极参与社会公益事业，根据上海民国报刊和市政档案，滕氏还参与了诸如上海博物馆筹备委员会的工作[④]，并在1935年9月4日被上海市政府任命为教育局视察员等职。[⑤]

在抗日战争期间，1938年的《战时中国》杂志曾对滕氏负责汉口的“新生活运动促进总会难胞生活改进团”有这样的报道：“雕塑家滕圭，哈佛训练出身，作品永久陈列在美国各大美术馆。现在把雕塑家管理铸造工场的本领，作为报效祖国的手段。他目前正在汉口负责成百上千的难民，组织他们为前线抗战的中国军人编织袜子，制作扇子和草鞋。”[⑥]当时的媒体以图片报道了他所塑的蒋介石委员长骑马造像和他在造像前的工作照，表达其坚定的抗战爱国立场，并在给马克·托比的信中重申这样的信念。[⑦]

综上所述，可以看到1949年以前滕白也在国内外艺术圈内是位活跃而且多产的艺术家。但有一个问题仍然没有解决，即在世界现代艺术的视野下，滕氏是作为雕塑家还是指头画家发挥了更为重要的作用？在其独特的艺术成就中，雕塑和指画的内在关联又是什么？

---

① 《文艺春秋》1933年第1卷第5期。刘狮（1910—1997），江苏武进人，刘海粟侄子。

② 《新人与新艺术》，《文化建设》1934年第1卷第1期。

③ 同上。

④ 关于滕白也发起筹备成立上海博物馆的系列报道，参见1934年6月12日至1935年6月17日的《时事新报》。

⑤ 《上海市政府公告》第161卷，1935年10月10日。

⑥ 《战时中国》1938年第1卷第3期。

⑦ 参见前揭大卫·克拉克《中国艺术家滕圭和美国画家马克·托贝》中祁大卫有关的介绍，那是滕白也和马克·托比最后的一封通信。

## 二、指画作为在国际舞台上的一种新艺术样式

滕白也在 1924 年第一则指画润例中被许为“殆且园一流人物”。高其佩是康雍时期辽宁铁岭的汉军镶黄旗满人。身为非汉族君王，康熙（1654—1722）和雍正（1678—1735）要求把他们的肖像画画成手握“管城子”的姿态，来显示汉文化修养。但身为旗人画家，高其佩却在激烈的文化竞争中碰到挑战。平时他用毛笔画画，如《松鹰图》（辽宁省博物馆藏），但难以成名。据说某夜他在土室梦到一位老人教他用手指画画，梦醒后便发明了指画。[①] 若比较其指画《松鹰图》（上海博物馆藏）和毛笔所作的《松鹰图》，便可看出其非正统性。在毛笔作画的千年传统中，指画确实独创一格，为不同笔墨功力的画家从事创作的新样式。这也从一个角度，说明清初以来，为什么有如此众多的满族画家参与到指画游戏中来。[②]

中国传统文房四宝，有笔墨纸砚。在金石碑学运动中，需要用刻刀（亦称铁笔）、印石或其他材料刻章。但对指画家来说，绘画的主要工具不再是兽毛制作的毛笔，而是他的手指。中国书法家协会前主席、满族皇族爱新觉罗氏后裔启功（1912—2005）先生曾为高其佩作品题跋：

> 铁岭高且园先生松鹰图真迹。且园翁意气干云，才情迈古，诗文翰札不超逸离群，于康雍之际允推巨擘。其画法特闲情所寄，而指画尤其游戏狡狯，聊舒郁勃之思者。后世只称其指画，只知其指画，浅乎其窥且园翁矣。[③]

显然，启功先生在此陷入了两难：过高强调且园翁毛笔画的传统性，就等于过低评估其指头画的原创性。我们来看《申报》滕白也的润例怎么解决这个两难：“古来善指画者，惟高且园享大名，以其于指画外，别有大学问焉，余子碌碌，罕足齿也。”几个世纪以来，滕白也成为第一位将高氏新画法在本土与国外发扬光大

---

① 参见（清）高秉《指头画说》。

② 参见笔者编著《满族美术史》，收入王伯敏主编《中国少数民族美术史》第一编“东北、内蒙古地区”，福建人民美术出版社 1995 年版，第 33—34 页。

③ “一九七九年十月，友人自太原携来见示，因识。乡后学启功书于北京。”见高其佩《松鹰图》立轴，中国嘉德 2012 春季拍卖会。www.zhuokearts.com/auction/art/27305069.shtml。

的指画画家，亦如《滕白也雕塑绘画润例》所形容的那样："白也博雅能文，又善指画，山水人物花木鸟兽，兴之所至，信手挥洒，沉劲活悦，几乎与指俱化。"据当地媒体报道，滕白也为当代三位指画家之一，赢得了在华盛顿大学担任艺术教习的竞争，从1927年7月起教授包括指画在内的中国艺术。正如当时媒体及后来祁大卫共同强调的一点，这同样史无前例。[①]

指画的英文，通常译作 nail painting（指甲画）或 finger-tip painting（指尖画），让人想起德国画家丢勒（1471—1528）在1493年22岁时所作的《自画像》。这幅素描显示了丢勒那双神奇的手，有如魔法，所谓"与指俱化"是也。用手指、指甲和手掌作画可能有点像小孩的游戏。我们不妨仿效时尚品牌 H&M，而将 H&F 作为指画的标识，这对于理解90多年前在美国接受训练的雕塑家滕白也来说，不失为合适的参考。

如前揭地方媒体的报道，滕氏在西雅图俱乐部的首次独特亮相很成功，使三个月前第一篇报道他来华大学习艺术时介绍的指画，变成了美国公众亲眼所见的东方画法。美国各地大众媒体凡是宣传滕氏，总以这一新样式作为标题，抓人眼球。福莱的展览图录就收集了一些例子。例如，《西雅图每日时报》从滕氏在西雅图登陆之时开始，一直在跟踪报道他的活动："滕圭的指画正在展出——华盛顿大学画廊举办非同寻常的艺术展览今日开幕"，并刊登他在其指画作品前以指示意的照片（图12）。[②]随后，称滕氏为"西雅图指画家"，"于今日在西雅图接受了哈佛大学授予的1600美元奖学金。他在纽约展出指画

FINGER - PAINTER—
Kwei Dun, Chinese artist, paints with his finger-tips and nails. His work is on exhibition at Henry Gallery.

图12 "滕圭的指画正在展出"，《西雅图每日时报》1928年5月18日

① 《西雅图每日时报》1927年8月22日。
② 《西雅图每日时报》1928年5月18日。

作品”[①]。在哈佛期间，他走访了美国各地，示范展览，美国一些较具影响力的媒体也对他频繁报道，如北加利福尼亚州《圣马托时报》和《每日新闻先驱报》报道，在旧金山的东西画廊，滕氏身为指画家，是“中国三位与众不同的艺术家之一，揭示了一种古老艺术形式。……期待滕氏能于六月来旧金山就其画展举办公众演讲”[②]。在滕氏访问过的伊利诺伊州洛克福德市，该市《洛克福德晨星报》报道了这位“中国艺术家”的最新消息：“中国指画家应纽约布鲁克林博物馆的邀请，来为孩子们演绎《马可·波罗》这本书。该馆负责人对他的作品很满意，如果滕氏能够接受聘请，他可以在该馆永久工作。他目前正在哥伦比亚大学完成硕士学位，此后他将于暑期赴欧洲继续收集资料，动手写书。这本书的题目是《中国艺术哲学》。”[③]半年后，俄亥俄州克利夫兰市的《老实人报》有摄影报道：“目前正在哈佛深造的中国著名艺术家滕圭，以指蘸墨，比使用毛笔更完美地控制水墨效果，在画面上表现他的理念。”同时发表他创作指画《钟馗》的照片（图 13）。[④]20 天后，弗吉尼亚州首府的《里士满时代电讯报》也刊发了摄影照片，报道“中国艺术家在哈佛”：“在哈佛的中国研究生滕圭不用油画笔和画布，而以手指在纸上作画，使用的是从唐代就已发明的画法。这里看到的是他在自己绘制的一幅山水画前的照片，这些作品将在纽约和波士顿展览。”[⑤]比其个展更令人印象深刻的，是将指画与当代西方艺术并置同列，从而产生现代实验艺术的动人效果。马萨诸塞州《波士顿邮报》刊登了艺评家福伦德博士的文章，评论在纽约的艺术展览，包括“用

图13　“以手指作画”，俄亥俄州克利夫兰《老实人报》1929年12月9日，美联社照片

① 《西雅图每日时报》1929 年 8 月 23 日。
② 《圣马托时报》《每日新闻先驱报》1928 年 6 月 26 日。
③ 《洛克福德晨星报》1929 年 5 月 12 日。
④ 《老实人报》1929 年 12 月 9 日。
⑤ 《里士满时代电讯报》1929 年 12 月 29 日。

手指作画的滕圭”和其他艺术家的作品：“在旁邻的展厅里，这位年轻的中国画家展示了一组‘现代中国画’，它们大多采用粗放的墨蕴渲染。令人欣慰的是，这并不是对西方艺术的模仿，其可以追溯到绝妙的中国传统，比如留白的暗示作用等等。与这些画为伴的是几件由西班牙人何塞·德·克里夫的雕塑创作，其中部分是着东方装束的人物，这些作品极其简洁却充满力量。还有一则醒目的标题写着‘西方的雕塑和绘画’，其作品出自因表现这类主题而著名的美国艺术家 J. 克林顿·谢菲尔德之手。”①

滕白也留学期间表现了出色的学术研究能力，比如在哈佛燕京学社时所写之《流散在海外的中国文物调查和评价》并获得硕士学位等，但这位被称作“哈佛训练出身的中国艺术家”，无疑是以指画作为立足画坛的重要标识。如前所示，几乎美国各地的媒体，都瞄准滕白也指画的新奇性。从西雅图艺术博物馆 1962 年所藏他的绘画，如《松鹰图》（图 14）②等，应该就是滕白也留美期间所出售的作品，到 1933 年回到上海出版《滕白也雕塑绘画润例》和 1937 年由白玉文艺社出版《滕白也指画第一集》，都继续表明这一独特的艺术实践成就了他在国内外的声誉。

图14 《松鹰图》，指画，纸本设色，滕白也，53.02cm x 38.42cm，1928年，西雅图美术馆藏，玛莎·凡·霍腾夫人赠品，63.137

1947 年 1 月 5 日的《申报》发表了一篇留英美术家许士骐（1900—1993）撰写的关于滕氏艺术的文章，重申了滕白也作为“指画画家”的特色，和稍后编辑出版的《美术年鉴》中“滕白也”条目，可以互见：“氏曾漫游欧洲，专攻雕塑，旁及绘画，而指画尤精。抗战时，辗转于桂林重庆成都之间，旅程所历，饱览西南各省雄伟秀拔指好山水，

① 《波士顿邮报》1930 年 1 月 12 日。

② 这幅滕白也的指画《松鹰图》，作于 1928 年，由玛莎·凡·霍腾夫人于 1963 年出资购藏捐赠给西雅图美术馆。

作品乃亦益形嵚奇。”[①] 蹊跷的是，滕氏有意将留美十年的骄人履历一笔勾销，而只提他游历欧洲七国的海归成就，颇可玩味。而且在雕塑一栏中，不见其作品的踪影，亦说明商业化订件和政教宣传题材并不能真正体现他在华盛顿大学的教学宗旨，即艺术乃为一种哲学，目的是让学艺术者在所学的专业中发现自己。[②] 对此，《西雅图每日时报》记者介绍了他在纽约举办的指画展所发表的艺术理念[③]，概述了他此前不久和《洛克福德晨星报》记者介绍他接下来去欧洲准备收集资料，撰写《中国艺术哲学》一书。[④] 事实上，其直接结果，是他 1933 年发表在芝加哥《公开论坛》上的《中国现代艺术》一文。[⑤] 而他从 1944 年到 1947 年先后在重庆、昆明、成都、宜昌、上海、南京等地举办的画展，均以指画见称，名副其实。[⑥]

## 三、重新审视20世纪全球范围中的现代艺术运动

对滕白也在西雅图、上海等地艺术活动的再发现引发了对雕塑和指画两种艺术门类之间关系的探寻。在滕氏指导托比练习书法的实践中，他通过强调碑学笔法，在视觉艺术中揭示了一个雕塑的新维度，这一维度在滕氏求学于华盛顿大学时有较为明确的体现。但这在他此后的艺术实践中将其更进一步，或者更确切地说，是后退了一步，因为他用手指、指甲和手掌创作的指画，更像在创作一件表现主义艺术品。就像西雅图媒体对他的最后一篇报道所言[⑦]：

关于他的艺术哲学，滕圭在纽约的个展简介中写道：

> 所有人在画家展览中所看到的只是画家思想的物质呈现，技法的好坏，艺术品质的优劣。但这与画家理念的好坏没有关系。我们大家都活着，但很少有人问为什么活？我们看画，但我们不去问它们背后是什么。一个看到一个圆

① 王扆昌等编：《美术年鉴》，上海市文化运动委员会 1948 年版，第 168 页。

② 参见《西雅图每日时报》1927 年 8 月 22 日。

③ 参见《西雅图每日时报》1929 年 10 月 17 日。

④ 参见《洛克福德晨星报》1929 年 5 月 12 日。

⑤ 《中国现代艺术》，《公开论坛》1933 年第 47 期。

⑥ 参见前揭包铭新、王瑞华《画坛遗珠——滕白也研究》“滕白也大事年表”，第 68 页。

⑦ 参见《西雅图每日时报》1927 年 8 月 22 日。

圈，可能会想到马戏团的转盘，或他手上的戒指；但他很少会想到一个永恒的象征。这个科学的时代使得人们看重物质主义，他们很少超越这个层面。

我感到很可惜，但我这不是抱怨。我画画是因为我不得不画。天才涌动激荡，除非你找到一个表达的途径来调节。调节的结果就是给公众一件艺术品，但对我自己，在于追求内心的平衡。具体的结果和我没有关系。就像你一样，我喜欢这作品，但下一步呢？

我们可以重新审视滕白也对现代艺术所做的重要但却为世人遗忘的贡献。[①] 上面提到出版于1948年的中国第一本《美术年鉴》中，滕氏被归类为“雕塑家”，他的生平被记录为：“滕白也，男，名圭，以字行，江苏奉贤人。专攻雕塑和指画。”[②] 需要强调的是，这则介绍的重点在于，通过国内外市场对其指画的认可，其展现了中国画中作为中国现代主义标志的雕塑维度。

图15　蔡元培浮雕肖像，滕白也，采自《滕白也雕塑绘画润例》

1933年显示，蔡元培先生不仅向公众推荐了他的艺术创作，而且委托其制作了浅浮雕肖像（图15），同时收藏有滕氏的指画（图16），作为实际的支持。更重要的是，蔡元培是将中国现代艺术推向世界的积极倡导者，如在其“中国现代绘画展”序言中所言：

欧西之研究东方文化者，往往因陶醉于我国古代美术品，对于中国现代艺术多所忽视，甚且有谓我国现代无艺术之可言，殊属谬见。即以绘画而言，数千年来，其作风继承勿替，从

① 参见前揭包铭新、王瑞华《画坛遗珠——滕白也研究》，刘礼宾文，文中对滕白也的理论概述，未能参考从1924年开始到1933年滕白也以英文发表的“艺术哲学”观点；徐欢：《滕白也艺术思想之研究》，《大众文艺》2014年第22期，也未涉及滕白也独到的教学和创作思想。

② 《波士顿邮报》1930年1月12日。

未间断，迄于今日，其画风非惟依然留存，且更发扬光大的现代作家，不独对于本国古代作家有深邃的探究，即于西洋大家的作品，亦深得其奥妙，故以此等现代作家之学养，而从事于整理发扬我国固有艺术，当有新颖不凡之见地与意匠。此次国际剧院所筹办之现代中国画展，其出人类皆此等负有复兴中国现代艺术之作家也。[①]

图16 《白头翁》，指画，纸本，滕白也，蔡元培藏，采自《滕白也雕塑绘画润例》

毫无疑问，滕白也在复兴中国现代艺术的努力中是有代表性的。除了他在西雅图、洛克福德、纽约、波士顿、伦敦、巴黎、柏林、北京和上海的创作和展览外，他还担当了中国现代主义的信使。我们发现，在20世纪30年代国际艺术市场上，对以滕白也为主的指画收藏的需求在攀升，这从另一个面向有助于我们理解这种新的艺术实践。美国人博晨光夫妇的收藏中有观音和山水画；美国德雷克夫人的藏品中有一幅《柳树》；通过日本驻南京总领事须磨弥吉郎（1892—1970）的关系，滕白也在外交官中声名鹊起。京都国立博物馆的须磨藏品中有一张1934年的新年贺卡，上面就有滕白也的墨笔水仙；德国前驻日大使威廉·海因里希·索尔夫（1862—1936）收藏有滕氏的《老鹰》和《钟馗》（图17），后者于1934年的柏林“中国现代绘画展”中展出；[②]1935—1938年驻华公使陶德曼（1877—1950）藏有一幅滕氏的水墨作品《山雨已来时》；在1937年慕尼黑斯图克博物馆举办的现代中国画展中也有一些滕氏绘画。这些画作大多记录在《滕白也雕塑绘画润例》

① 蔡元培为国际剧院主办“中国现代绘画展”撰写的前言，《申报》1936年2月24日。
② 《中国现代绘画》，柏林：乌尔费尔·维拉格，1934年。

图17 《钟馗》，指画，纸本，滕白也，1933年，[德]威廉·海因里希·索尔夫藏，采自《滕白也雕塑绘画润例》

图18 《松鹤图》，纸本设色指画，滕白也，129.9cm×45.1cm，1949年以前，包铭新藏

图19 《花鸟山石》，纸本设色指画立轴，滕白也，74.3cm×33cm，1949年以前，包铭新藏

中。在福莱展中，有两件滕氏的指画精品，《松鹤图》（图 18）和《花鸟山石》（图 19），均是作于 1949 年之前的指画，若比较前者及其局部（图 20）和他的墨笔兰花，即可看出他在艺术表达上的非传统性。

如前所述，滕白也以艺术史论见长。他调查美国收藏中国艺术的情况，把艺术史和汉学研究直接联系起来，特别是把现当代中国画引进西方艺术史学的视野，是继爱诗客（Florence Ayscough，1878—1942）之后，一次非常重要的突破。福莱展览中强调了滕白也在《公开论坛》这一美国文化思想界著名月刊上发表的文章，因为它讨论了该文之于中国艺术中表现主义的重要性。该文列举了滕氏自己和同时代中国画家的作品，其中大多是曾参与为他定制润例的名家，如吴昌硕、顾逸鹤、徐悲鸿和王一亭等。他很清楚自己在中国现代艺术中的地位，因此他在该文中配有三件自己的指画，即燕京大学收藏的《秋信》，美国人齐格罗瑟收藏的《雨后》，以及《鸡群》。与其他画家的作品相比，他的指画显得自成一体。他在1933—1934年在欧洲展出指画作品的同时，也将文人画中墨竹一科介绍给上海的外国人，这在《申报》① 和《华北捷报》② 上均有详细报道。

现代主义的命运在中国大陆和在世界的其他地方，特别是美国，各不相同。滕白也在1978年政治上获得平反，但要从美术界复出，已回天无力。而在此前后的西雅图却展现了另一种艺术图景——马克·托比、莫里斯·格雷夫斯（Morris Graves，1910—2001）和一些日裔美国艺术家如George Tsutakawa（1910—1997）作为“西雅图画派”，正活跃在现代艺术舞台上。马克·托比继续运用毛笔，发挥书法表现力，创作其抽象画作品（图21）。在福莱展中，托比于1948年用水墨、粉彩创作的《过渡》（图22），颇具碑学意味，显然受益于多年前滕白也的启发。

1949年8月，西雅图的摄影家玛丽·兰德利特（1924—2019）在伍德威公园抽象派画家莫里斯·葛兰维斯的凯尔兰登庭院中，为马克·托比拍摄了一组精美的照片。其中一张是托比面前的桌子上放了两只玻璃杯（图23）。想象一下，当时的滕白也

图20 《松鹤图》，纸本设色指画局部，滕白也，129.9cm×45.1 cm，1949年以前，包铭新藏

图21 ［美］约瑟尔·Namkun摄：马克·托比在George Tsutakawa 家作画，1961年，照片，Irene Namkun藏

① 《申报》1934年5月7日。

② 《中国艺术专家在当地俱乐部发表演讲：中国艺术中的表现主义》，《华北捷报》1934年1月31日。

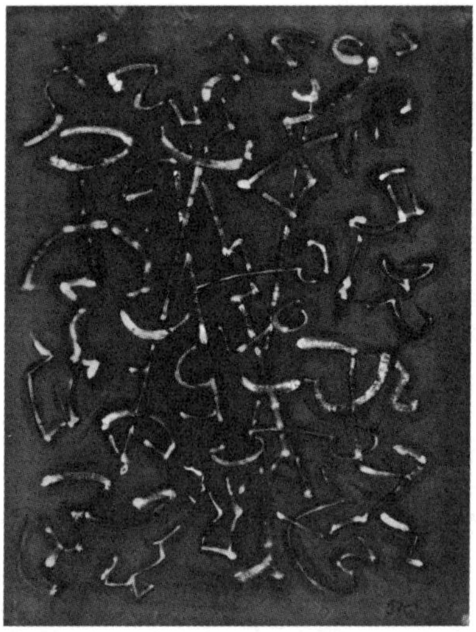

图22 《过渡》，水墨、粉彩，[美]马克·托比，62.2cm x 48.3cm，1948年，纽约大都会艺术博物馆，乔治A.赫恩基金，1949.160.1，大都会艺术博物馆，艺术家权利协会(ARS)，纽约。图片来源：纽约Art Resource

图23 [美]玛丽·兰德利特摄：马克·托比在莫里斯·葛兰维斯的凯尔兰登庭院，西雅图伍德威公园，1949年8月，照片6.75-7

即将从上海的艺术界淡出，马克·托比会怎么念叨他的这位老友呢？两年之后，马克·托比的《回忆与梦想》刊于《艺术杂志》，[①] 他深情地回忆起20多年前的那次认识飞跃：

> 自从在艺术家朋友滕圭那里上了第一堂毛笔课画后，我再看见一棵树时，那树便不再是实心的了。它在土壤中分解成了更小的实体，在高光效果中又分解成了更小的实体。这里有压力和释放。像雪地上的印记，每一个行动都被记录在案，都生动可爱。一条巨龙正在吞噬天空、雷电和阴影；智慧和精神焕然一新。

如同万青力、祁大卫和许多学者注意到的那样，马克·托比身为西雅图画

① [美]马克·托比：《回忆与梦想》，《艺术杂志》1951年第44卷第6期。

图24 《无题》，1954年，粉彩画，［美］马克·托比，33cm x 23.5 cm，珍妮特和道格·杜鲁收藏，2014年马克·托比－艺术家权利协会的财产（ARS），纽约

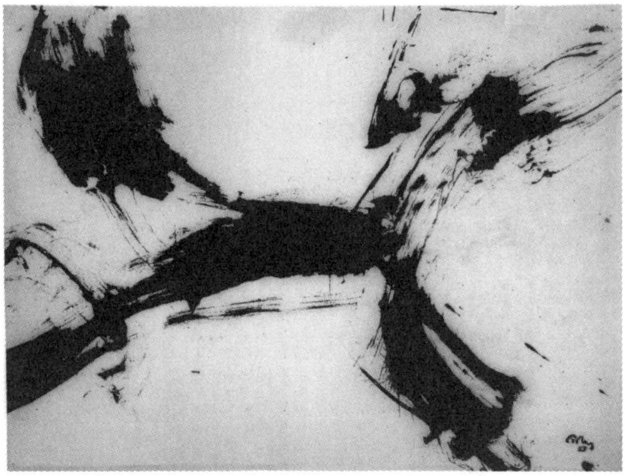

图25 《无题》，水墨画，［美］马克·托比，24.1cm x 32.4 cm，1957年，珍妮特和道格·杜鲁收藏，2014年马克·托比－艺术家权利协会的财产（ARS），纽约

派的核心人物，从未停止艺术探索，他于1954年创作的纸本粉彩画《无题》（图24），令人想到中国历史上的女皇帝武则天在699年书写《升仙太子碑》采用的飞白体。当滕氏在被错划成右派后，只能依靠指头寄托幻想之时，[①] 托比在1957年的水墨画《无题》（图25）中大胆地使用了飞白笔法，成为他最具表现力的代表作之一。也许是命运的安排，1978年刚获平反的滕白也看到年轻朋友滕国俊的指画尝试，情不自禁地为他演示了指画《墨竹》（图1）。两相比较，尽管他们在不同时间、不同地点、不同语境中采用了不同的画法，但谁又能否认这两幅作品在精神上的相似性呢?!

概言之，在20世纪初为数不多的指画画家中，滕白也在留美旅欧前后一直是位有成就的指画家，颇具国际知名度。他所担当的文化大使的角色，将中国书画艺术，尤其是指画，介绍给了西方的同人和艺术爱好者。作为毛笔画的另一种表现形式，指画从中国清中叶开始成为一种非主流的艺术实践。一方面，他将此

① 参见前揭琼-安·丹泽克、斯科特·劳里莫尔编《马克·托比和滕白也：西雅图/上海展》。

独特方法作为现代艺术运动中表现主义的新样式；另一方面，他通过碑学书风影响马克·托比，反映了中国悠久书学传统的新样式，大胆地抒写鲜明的个性特征和深邃的文化蕴涵，就像一只小小的蝴蝶，扇动翅膀，从西雅图开始，再到上海、杭州，引发了马克·托比于 1935 年的画风丕变，并在纽约和世界各地掀起了一场意想不到的现代艺术风暴。见微知著，这一效应形成了我们重构和解构自然和历史现象内在联系的契机。在中国人“美术留学”的历史上，呈现如此契机者，正是不应为世人忘却的雕塑家和指头画家滕白也。

# 跨文化视野下看绘画“装饰性”：从庞薰琹眼中的波提切利说起

杨　肖

中国艺术研究院美术研究所

**摘　要：** 本文将20世纪20年代游学法国的中国艺术家庞薰琹有关波提切利绘画“装饰性”的说法放置在法国20世纪初的时代艺术语境中加以解读，探讨中国艺术家是如何基于跨文化视野，在波提切利绘画的形式特征中既看到了“现代感”，又看到了东西方艺术跨文化对话的可能。这种跨文化的视野，使庞薰琹与同样在20世纪初自东亚到欧洲求学的日本艺术史家矢代幸雄有关波提切利的理解颇具可资比较之处。来自欧洲和日本的双重视野，在庞薰琹日后的艺术探索中持续地发挥作用，亦使他在20世纪40年代创作出旨在融通东西方古代绘画语言表现中国传统与民间主题的系列作品。在东亚语境之中，这些作品再次与在泛亚洲主义理想下试图融合东西的现代日本画家形成对照。

**关键词：** 跨文化视野　绘画“装饰性”　庞薰琹　波提切利

20世纪20年代游学法国学艺的庞薰琹（1906—1985）在其晚年完成的自传中回忆，20世纪20年代中后期，他在巴黎的博物馆中临摹波提切利的绘画[①]、在先贤祠反复观看夏凡纳所作壁画的经历，开启了他对“装饰艺术”的长久着迷。他说：“在文艺复兴时期的几个画家中，我最欣赏波提切利，当时我自己也说不出来为什么欣赏波提切利的作品。从我喜欢波提切利和夏凡纳的作品，就可以理解

① 庞薰琹：《就是这样走过来的》，生活·读书·新知三联书店2005年版，第58页。

为什么在我一生中，花去了很多时间去研究装饰艺术的问题。”① 这部自传的写作始于20世纪70年代末，完成于80年代初，这是庞薰琹经历浩劫之后，在晚年对自己艺术生涯的追溯。这种“追溯”作为一种自我历史书写，追溯什么，如何追溯，是具有选择性和策略性的。在19世纪下半叶到20世纪上半叶的欧洲——尤其是法国——艺术语境里，当有人评价一幅画是“装饰性的”(décoratif)，意味着什么？波提切利的绘画与“装饰艺术”有何关联？对于20世纪的中国艺术家庞薰琹来说，研究波提切利的绘画与“装饰艺术”之间关联的意义又何在？

19世纪50年代到70年代中期，当一位欧洲——尤其是法国——评论者指称某幅架上绘画作品是“装饰性的”，其所指通常是：这幅画的样式风格十分新颖，具有某些怪诞的图像特征，以至于无法被称为任何传统意义上的架上绘画(tableau)。到了1876年，“装饰性”一词成为贬义词，被一些批评家用来贬斥当时被视为离经叛道的印象派画风，在他们看来，印象派画家“仅仅”关心“装饰性和色彩”，而不关注被传统的古典写实派画家视为至高无上的素描技艺；在他们看来，“装饰性绘画”根本无力呈现外在世界，它既不是曾经地位至高无上的历史画，也不具备任何思想深度和复杂性。从19世纪70年代中期起，“装饰性”在批评界往往被用来指称一切“非写实的”绘画语言特征，包括有悖于惯常视觉经验和图像惯例的构图、笔触、用色或是缺乏深度空间营造的画面空间表现等。总而言之，绘画“装饰性”指向一条通向现代主义实验的离经叛道之路，因为一幅画中的“装饰性”元素并不追求“逼真”地“写形”，不服务于对客观世界的再现。② 也就是说，在19世纪末20世纪初的欧洲语境中，一个人表现出对绘画“装饰性”的特别兴趣，就意味着他自觉认同于一个现代主义者的身份，试图反抗代表着“陈规”的学院派传统。到了“一战”之后，特别是20世纪20年代，随着欧洲现代主义潮流，绘画“装饰性”更成为“现代性”“现代感”的一个别称。庞薰琹对波提切利的绘画与“装饰艺术”关系的思索，正是在这样的时代艺术语境中展开的。

尽管波提切利并非活跃于20世纪的欧洲艺术家，但他的许多画作是在19世

① 庞薰琹：《就是这样走过来的》，生活·读书·新知三联书店2005年版，第57页。

② Aimee Brown Price, *Pierre Puvis de Chavannes*, New Haven and London: Yale University Press, 2010.

纪末才开始进入德、法、英国的博物馆馆藏的。[①] 因此，20 世纪初求学于法国的中国艺术家会容易接触到他的作品。更重要的是，之所以庞薰琹会对波提切利绘画的“装饰性”产生特别的兴趣，是因为他在这种形式特征中不只感受到西方语境中所谓的“现代感”，还感觉到东西方古典艺术跨文化对话的可能。

无独有偶，这种跨文化的视野，使得庞薰琹与同样在 20 世纪初自东亚到欧洲求学的日本艺术史家矢代幸雄有关波提切利的理解也颇具可资比较之处。实际上，受到好友傅雷影响，庞薰琹很可能接触到活跃于欧美的美国艺术史家贝伦森（Bernard Berenson，1865—1959）及其日本学生矢代幸雄在对波提切利作品作为“文艺复兴”早期艺术个案呈现出的另类风格进行重新发现和阐释时采用的思路。20 世纪 30 年代傅雷在上海美专教授西洋美术史时，即参考了贝伦森有关文艺复兴艺术史的论述。经由下文论述可知，这两位文艺复兴艺术史家都关注欧洲文艺复兴绘画与东方古代绘画中的形式元素之间的联系，但他们的具体思路既有联系又有差异。其中，矢代幸雄与庞薰琹的视角颇为相似。

1903 年，贝伦森开始在他的写作中探究东西方艺术的对话。当时他受任职于波士顿美术馆的厄恩斯特·菲涅罗萨之托，为波士顿美术馆整理一批菲涅罗萨采购的中国古代绘画。他在之后撰文讨论了锡耶纳画家 Sassetta 的画作与一幅 12 世纪中国佛教绘画之间的关系。[②] 贝伦森认为西方艺术有“一种致命的科学化倾向（a fatal tendency to become science）”和“一种先天的精神性表达上的无能（an inherent incapacity for spiritual expression）”，由此他开始收藏唐宋时期的中国绘画。[③] 如他的日本学生矢代幸雄所言：“按照贝伦森先生的观点，在波提切利的画中人们会感受到一种精神性成分，它与东方艺术中诗意或是神秘的特质很接近，

① Michael Levey，“Botticelli and Nineteenth-Century England”，*Journal of the Warburg and Courtauld Institutes* 23，No. 3/4（July—Dec.，1960）：291-306.

② 在 1894 年 3 月出版于欧洲和美国的 *Venetian Painters of the Renaissance* 一书中，贝伦森在威尼斯和亚洲艺术的形式之间进行了类比。

③ 与菲涅罗萨在波士顿一同观看一批 12 世纪的中国绘画的经历，使贝伦森看到了一个有关亚洲艺术的新世界。从那以后，贝伦森开始对中国艺术（特别是唐宋时期的艺术）产生特别的兴趣。贝伦森在看到一批来自大德寺的宋代绘画（其中有些是为波士顿美术馆收购的藏品）之后，在锡耶纳绘画和东方艺术之间进行了比较。参见 Joseph Connors and Louis A. Waldman，eds.，*Bernard Berenson：Formation and Heritage*，Boston：Harvard University Press，2014.

而在西方艺术中却不常见。”[①] 20 世纪上半叶，在所谓“远东艺术”与西方艺术之间进行文化比较的思想实践在欧美世界延续着，而这种比较往往是建立在一种有关“精神性的”亚洲文化与“物质性的”欧洲文化的美学二元对立之上的。

1925 年，贝伦森的日本学生矢代幸雄在伦敦出版了他的英文专著（*Sandro Botticelli*）。不同于他的美国老师，矢代幸雄是一位在 20 世纪 20 年代初从日本来到欧洲的油画家，他经由大英博物馆东亚艺术部的宾雍介绍，跟随贝伦森学习欧洲文艺复兴艺术史。基于他作为日本艺术家的敏感，他特别关注波提切利绘画的形式细节，在波提切利绘画的美学特征中看到一种可与东方古代绘画线条造型相呼应的“线性优雅（linear grace）”。与贝伦森不同，矢代幸雄并未试图寻找东方对于早期欧洲文艺复兴艺术的直接“影响”。他认为波提切利的作品体现了“艺术的普遍性”，并认为“我们不应夸大东方对于波提切利的（直接）影响”。在他看来，更重要的是“东西方的理想”在波提切利的艺术“天赋”中“恰好自发地汇合（spontaneous confluence）”。[②]

矢代幸雄将波提切利作品中富于和谐韵律感的装饰美视作一个东西方艺术发生对话的枢纽。在这个意义上，矢代幸雄挑战了 19 世纪末以来盛行于日本和欧洲的冈仓天心所强调的东西思想二元对立的思维方式。受到冈仓天心的思想影响，许多学者认为西方艺术推崇物质，东方艺术追求精神。[③] 冈仓天心认为“西方的荣耀是亚洲的羞辱”，他视欧洲文明对亚洲的影响为“白祸（the White Disaster）”。[④] 冈仓天心及其追随者们渴望建立一个鼓动人心的、统一的亚洲图景。20 世纪初，他的思想为日本的大东亚主义铺设了思想基础，而大东亚主义思想日后又引向了日本在亚洲范围内对中国、朝鲜等的军国主义扩张性侵略。[⑤] 与

---

① 参见矢代幸雄《私の美術遍歴》，东京：岩波书店，1972 年。

② Yukio Yashiro, *Sandro Botticelli*, London: The Medici Society, 1925.

③ Jonathan Nelson, “‘Sandro Botticelli Seen Through Oriental Eyes’: Yukio Yashiro’s 1925 Monograph.” 2017 年初，在我于美国西北大学（Northwestern University）准备博士毕业论文答辩之际，Nelson 教授与我分享了这篇尚未发表的文章，使我及时在毕业论文完稿前再次修订了文中的部分观点和论述。在此向 Nelson 教授致以诚挚感谢。

④ 参见 Okakura Tenshin, *The Awakening of Japan*, New York: The Century Co., 1904。

⑤ *Okakura Tenshin and Pan-Asianism: Shadows of the Past*, ed., Brij Tankha, Folkestone: Brill, 2008.

他们相反，在20世纪20—30年代有关西方价值的文化论争中，矢代幸雄“站在国际主义的一方”，认为“事实上，……尽管存在地理上的差别，艺术是普遍的（in reality…leaving geographical distinctions behind，Art is Universal）”[①]。

图1 ［日］矢代幸雄，Sandro Botticelli扉页所夹插图

与矢代幸雄相似，庞薰琹在20世纪40年代上半期创作的《贵州山民图》系列绘画中，也采取了一种细腻的跨文化视角。不同于以往的欧美文艺复兴艺术研究者，矢代幸雄在他的专著中插入了大量高度剪裁过的图片，以展现波提切利画面中的具体细节，比如维纳斯的头部，一朵前景草丛中的花朵，等等（图1）。[②]在《贵州山民图》中有一幅题为《盛装》（图2）的作品，画中面向观众的苗女有着谜一般的面部表情，很容易令人联想到波提切利著名的《维纳斯的诞生》。《盛装》中的女性人物鬓角处发丝浮动，与画幅左上方迎风飘动的柳条相互呼应；她衣角上扬和略微倾斜的身姿仿佛暗示出迎着微风缓行的姿态。这些造型细节以富于韵律的线描勾勒，使此画中人物与波提切利画中人物呈现相似的慢律舞般的微妙动感。《盛装》中，人物姿态所蕴含的动势与精细勾勒的轮廓线之间形成充满视觉张力的平衡，这种高度风格化的形式语言令人联想起20世纪30

图2 《盛装》，纸本水彩，庞薰琹，中国美术馆藏，1942年

① Jonathan Nelson, "'Sandro Botticelli Seen Through Oriental Eyes': Yukio Yashiro's 1925 Monograph."

② 同上。

年代傅雷在上海美专教授西洋美术史时有关“波提切利的妩媚”是“源于其和谐的线条”的说法。[①] 庞薰琹从波提切利绘画中吸纳灵感的方式呈现出类似的碎片式和细节化特征，包括他对人物鬓角浮动的发丝、微倾的头部、谜一般的表情等的刻画。

对艺术形式的特别关注，使庞薰琹的作品呈现一种带有乌托邦色彩的世界主义观念。在这种观念中，“建设时代的民族文化”，其基础是“尽量吸收各种文化来培养自己，充实自己”，其远景是“向世界大同的路上前进”[②]。这种观念又与矢代幸雄试图在东西方艺术中发现普遍性价值的观念相一致。无论这种观念的乌托邦主义色彩有多浓厚，对于矢代幸雄和庞薰琹这样的艺术家来说，其重要之处在于强调一种见解：西方艺术与东方艺术之间的差异并不是本质性的，并不是“物质性的”艺术与“精神性的”艺术之间的二元对立。

图3 《唐装舞俑图》，绢本水彩，庞薰琹，庞薰琹美术馆藏，1942年

在富于“装饰性”的壁画风格中寻找跨文化交流潜能的兴趣，同样体现在庞薰琹对唐代敦煌壁画人物画技法和造型风格的研究之中。与创作《贵州山民图》系列同期，他创作了《唐装舞俑图》系列工笔人物画（图3）。《唐装舞俑图》不仅与张大千在敦煌临摹基础上创作的唐装仕女图（图4）运用了相近的传统绘画语言，画的也是相近的传统绘画题材，而且两者在同一时期展出于战时西南大后方，令观众不免对二者进行比较。1944年，庞薰琹在观看张大千敦煌临摹画展后，发表了《敦煌壁画有感》一文。当时，四川美术协会所编《张大千临摹敦煌壁画展览特集》，收录

① 傅雷：《波提切利的妩媚》，载《世界美术名作二十讲》，生活·读书·新知三联书店1998年版，第58页。

② 庞薰琹：《略谈图案》，《中央日报》（成都版）1944年2月13日。

了陈寅恪、谢无量、沈尹默、蒙文通、吴作人、郭有守等20余名学者和艺术家的评论文章，其中有多人从民族主义角度盛赞张大千敦煌壁画临摹之举，甚至有人将其誉为"中国文艺复兴"之体现[①]。与上述见解不同，庞薰琹强调的重点是：敦煌壁画是跨文化的交流与融合在艺术创造领域的体现。他写道：

图4 《红拂女》，纸本设色，张大千，原为张大千友人张群私人收藏，1944年

> 我想大千先生介绍敦煌的壁画，大概也是希望介绍这些作品内在的一种伟大精神。什么是它内在的伟大精神？这些作品吸收了无数的外来文化，而立刻融会了它们成为自己的文化。这种精神也是中华民族最伟大的精神。……原先的侵略者现在也投入中华民族的怀抱，成为相亲相爱的兄弟。同时也只有创造的精神始能促进民族的进步，所以模仿古人模仿别人，我们都坚决地反对。[②]

张大千将自己对敦煌壁画的临摹视为"复原"式临摹，尤其追慕盛唐时期的敦煌壁画画风。庞薰琹则在其1943年成都个展的序言中，这样解释《唐装舞俑图》的创作缘起和目的：

> 因为十几年前读邓肯的自传，看惠特曼的表演，又曾数次仔细观看印度尼

① 参见四川美术协会编著《张大千临摹敦煌壁画展览特集》，西南印书局1944年版。

② 庞薰琹：《敦煌壁画有感》，转引自《庞薰琹文选——论艺术、设计、美育》，江苏教育出版社2007年版，第96页。

奥太·依奥迦的舞蹈。自那时起在我胸中脑间时时起伏种种幻象。我曾有过这样痴愿，想研究久已绝亡的汉族的“舞”，可惜环境、时间、精神，都不允许我实现我的理想。近年来，我的兴趣又转向古代的图案，连带对于服装也发生了兴趣。然而我还是怕环境、时间、精神，不允许我作进一步的研究。所以，我利用手边有限得很的参考资料，凭我的想象作此舞装。若因此而有人对此发生了兴趣，那么今天的粗砖，一定能引来明天的精玉。……似乎因为我画这些唐装，有人就说我画“美人儿”。这新的“头衔”，我只能拒谢。我不单不是唯美主义者，而且我也反对唯美论。这类作品我第一次试作，但也将成为这类作品的最后一次试作。……到今天为止，我只知道展览会最高至上的目的，是艺术运动。①

敦煌壁画中有大量乐舞形象，这是庞薰琹会关注张大千敦煌临摹的重要原因。但张大千所谓的复原式临摹在他看来意义有限。在他看来，《唐装舞俑图》作为“试作”，被创作出来的过程就是自己研究古代绘画语言的过程。他希望这些作品的展出能起到“抛砖引玉”的作用，为下一步开展“艺术运动”做准备。“艺术运动”的最终目的，是在新一轮“东西方文化的交流”中“一个较之文艺复兴时期远为伟大的时代”的“来临”，换句话说，他期待一场跨文化意义上的“文艺复兴”运动。因此，他在这篇序言中说：

我认为世界上的艺术，将有一个较之文艺复兴时期远为伟大的时代行将来临。由于东西方文化的交流，渺小的我在这个时期，一步紧一步地感到惶恐，我虽想全身投入东西方文化的怀抱，不过我太渺小了。也许，我只能像流沙一般，被洪流吞没。但是我明白，这原本是我的命运。这些水底的沙石也许有一天会被拿来筑成往那光明的境地去的大路；这些沉默的沙石，会微笑地看着别人从它们身上踏过，去收获丰富的果实。②

---

① 庞薰琹：《自剖》，《中央日报》1943 年 9 月 12 日。

② 同上。

图5 《女史箴图》局部临摹稿，庞薰琹，庞薰琹美术馆藏，1941年

也就是说，庞薰琹对唐代时期敦煌壁画勾染体工笔重彩画风加以研究，还是源于他对绘画“装饰性”问题产生的兴趣。他对装饰性绘画的研究并非以民族主义为出发点，而是试图以形式研究为中介，搭建“东西方文化的交流”与对话的空间。

出于对东西方艺术跨文化互通性的研究兴趣，庞薰琹不仅曾在20年代留法期间临摹和研究波提切利的作品，还在40年代初临摹过自20世纪初进入大英博物馆馆藏后就开始备受欧洲和日本艺术史学者与艺术家追捧的传为顾恺之所作的《女史箴图》局部（图5）。上述由文字和绘画体现的观念表明了他对晋唐时期中国工笔画的浓厚兴趣。正是这个时期，他创作了《贵州山民图》系列和《唐装舞俑图》系列，这两个系列是他在现代装饰性绘画领域的重要探索成果。

来自欧洲和日本的双重视野，在庞薰琹日后的艺术探索中持续地发挥作用，亦使他在20世纪40年代创作出了这批旨在融通东西方古代绘画语言表现中国传统与民间主题的系列作品。在东亚语境之中，这些作品又再次与在泛亚洲主义理想下试图融合东西的现代日本画家形成对照。他在《贵州山民图》中勾勒贵州女

图6 《花农》，纸本水墨设色，前田青邨，国立东京博物馆，1924年

性山民形象时对游丝描技法的娴熟运用，与日本美术院画家前田青邨（1885—1977）以日本劳动女性为题材创作的绘画，有不少可资比较之处。1922—1923年间，前田青邨和小林古径（1883—1957）一同前往大英博物馆对《女史箴图》进行长期临摹，两者汲取了相同的中国古典绘画资源。[①]1924年，也就是在完成《女史箴图》临摹之后的一年，前田青邨创作的一幅表现距京都市中心不远的北白川区两位女性花农的画作（图6），即体现出现代日本画家从《女史箴图》临摹中学习到的线描勾勒技法。

## 小　结

作为一位中国艺术家，庞薰琹从波提切利的绘画"装饰性"里看到一套特定的绘画语言，其形式特征及其创作方式，与中国古代白描和工笔重彩绘画及其所崇尚的美学宗旨——"以形写神"（顾恺之语）、"吴带当风"（郭若虚语）、"笔彩生动"（米芾论晋唐画）等之间，存在颇多跨文化对话的空间。作为一位现代艺术家，庞薰琹称道波提切利和夏凡纳的绘画"装饰性"，意在研究画家通过特定的线条造型与色彩选择来表达对象精神与自我情感的图画智力。他从绘画"装饰性"里，努力发掘出了中西绘画传统在现代艺术语境中的对话与会通。

① Shane McCausland,"Nihonga Meets Gu Kaizhi: A Japanese Copy of a Chinese Painting in the British Museum", *The Art Bulliten*, Dec., 2005, Vol. 87(4): 688-713.

# 关良、谭华牧、丁衍庸的现代艺术实践与“东洋回顾”现象

蔡 涛

广州美术学院艺术与人文学院

**摘 要：**三位广东出身，并在日本大正后期留学东京的中国艺术家——关良、谭华牧、丁衍庸（图1），他们归国后在油画、水墨画之间展开的日常性的跨媒介实践，提示我们重新思考中国现代美术运动从20世纪20年代以来所经历的一场被忽视了的文化实验——面对日本美术界陡然提升的文人画关切，和以巴黎为中心的西方现代艺术潮流，拥有文化比较视野的几位留日艺术家，开始重新审视本土文化传统，形成了一种具备文化反思力和创新格局的跨媒介创作模式。而在东西文化激烈互动的过程中发生的“东洋回顾”现象，不仅伴随了“中国画”概念的生成，同时，也催生了“中国美术优胜论”的抬头。

**关键词：**关良 谭华牧 丁衍庸 日常性跨媒介实践 东洋回顾 留日艺术家

1949年11月17日，一幅由香港“人间画会”集体创作的毛泽东巨幅画像，被艺术家们全程护送运至广州，悬挂在爱群大厦外墙上（图2），以此迎接新生的中华人民共和国。艺术家们同时还接管了坐落于佛教名刹光孝寺的广东省立艺术专科学校和广州市立艺术专科学校①，将这两所民国时期的艺校合并为华南人民文艺学院。这是广州美术学院的前身。（图3）

① 广东省档案馆档案号307-3-23-134~151，《秘书组工作日志》，1949年11月6日，广州市军管会文艺处。

图1-a　关良（1900—1986）广东番禺人

图1-b　谭华牧（1896—1976）广东台山人

图1-c　丁衍庸（1902—1978）广东茂名人

图2　“人间画会”集体创作的毛主席巨像悬挂在广州爱群大厦，1949年11月

图3　广州市立艺术专科学校校长高剑父访问广东省立艺术专科学校，前排左四：高剑父，前排右一：丁衍庸，二排左二：谭华牧，后排左三：杨秋人，约1948年

在迎接新政权的浪潮中，两所艺专的校长——丁衍庸和高剑父离开了广州，分别前往香港和澳门，开始了流亡生涯。在特定意义上，1949年发生在珠江三角洲的艺术家“回归”和“离散”路线图，无形中也确定了此后华人现代美术史的叙事框架。

在广东省立艺专曾经作为支柱的两位艺术家——丁衍庸和谭华牧，1949年后都离开了大陆。而他们的挚友关良，则留在了杭州国立艺专，后来转入新成立的上海中国画院，成为新中国的知名画家。流寓香港的丁衍庸一直孤寂潦倒，直到退休前他只是香港中文大学艺术系的一名临时教员，1978年在香港去世。谭华

图4 《自画像》布面油彩 丁衍庸 东京艺术大学藏 1925年

牧1956年从澳门回到广州定居，后被聘为广东画院画家，他个性沉默，极少与外界接触，1976年在广州去世。和关良相比，丁衍庸和谭华牧在中国内地一直缺少认知度[①]。

这三位广东艺术家的交往始于留日时期。日本大正时代后期，他们都在东京学习西洋画。1917—1922年间，关良就读于川端画学校和太平洋画会[②]；谭华牧1919—1924年间就读于东京美术学校[③]，丁衍庸稍晚，于1921—1926年间也就读于此[④]。（图4）归国之后，三位艺术家在上海、广州的多所学校共事过，教授西洋画[⑤]。谭华牧很少参加公开活动，关于他仅有的几条记录，也多是和两位好友同时出现的。1928年7月，三人参与发起成立了上海艺术协会，紧接着，在8月，

① 李伟铭最早指出了这三位艺术家在作品风格语言上的共通性——“在一个类似的族群中，关良与丁衍庸无疑是谭氏更合适的比较对象”，并结合大正时期日本现代画坛的历史语境进行了深入讨论。参见李伟铭《寻找“失踪者”的踪迹：谭华牧（1896—1976）及其绘画——兼论现代主义在20世纪中国美术历史中的命运》，《美术研究》2004年第4期。

② 参见关良自述，陆关发整理《关良回忆录》，上海书画出版社1984年版，第11—29页。

③ 谭华牧于大正八年（1919）2月1日入川端画学校，自费生。1924年6月从东京美术学校毕业，藤岛教室（藤岛武二教授主持）特别学生（吉田千鶴子：《近代東アジア美術留学生の研究——東京美術学校留学生史料》，ゆまに書房2009年版，第158页）。1921年元旦，关良和二哥关德寅寄贺年卡给同在东京的谭华牧，李伟铭推测，贺卡背面的水彩很可能出自关良手笔，这可能是现存最早的关良画作（前揭李伟铭《寻找“失踪者”的踪迹：谭华牧（1896—1976）及其绘画——兼论现代主义在20世纪中国美术历史中的命运》）。

④ 丁衍庸，大正十年（1921）4月川端画学校入学，同年9月20日，东京美术学校西洋画选科入学。1924年第5回中央美术展出作品《食桌上》，1926年3月毕业，和田教室（和田英作教授主持）特别学生（前揭吉田千鶴子《近代東アジア美術留学生の研究——東京美術学校留学生史料》，第160页）。

⑤ 他们曾经共事过的学校包括上海艺术大学（谭、关）、（上海）中华艺术大学（丁、关、谭）、广州市立美术学校（关、谭、丁）、（上海）人文艺术大学（关、谭）、上海美术专科学校（关、谭）、上海艺术专科学校（关、谭）、（重庆）国立艺术专科学校（关、丁）、（广州）广东省立艺术专科学校（丁、谭）等。

丁衍庸、关良、陈之佛、谭华牧成立了上海艺术俱乐部，主要目的是想以“在野”性质的艺术界力量，抵制大学院筹办的“第一次全国美术展览会”。当时在中华艺术大学任职的丁衍庸是主要推动者之一。一定程度上，这是延续了法国的“落选沙龙”和日本的“二科会”的“在野展”对决“官展”的模式。值得注意的是，谭华牧在参与发起上海艺术协会不久就悄然退出了[①]。1935 年 5 月，当年轻一辈的留日前卫画家组织的中华独立美术协会在广州举办展览时，他们邀请的是关良、丁衍庸二人参展[②]。

抗战爆发之后，国家控制的艺术宣传活动和全国性的美术家组织成为大势所趋，强调艺术独创性的洋画运动被逐步边缘化，但丁衍庸、关良在此期间仍然积极介入洋画运动。如“孤岛时期”，1941 年 6 月在上海举办的“现代绘画展览会”，丁衍庸、倪贻德、关紫兰、关良、赵无极等人作品参展[③]，该展览集结的现代艺术家阵营，在价值取向上显然和同时期在武汉成立的“中华全国美术界抗敌协会”遥相对应[④]。抗战临近胜利之际，丁衍庸更是推动洋画运动的活跃人士，1945 年 1 月 18 日，在重庆开幕的“现代绘画联展”，以及 1945 年 6 月 1 日在重庆举办的“第一届独立美展”，这两个重要的现代艺术展览，他和关良都有参加。

在现代美术批评家如倪贻德的笔下，我们不难看到关良、丁衍庸的活跃身影。倪氏写作的《艺苑交游记》基本上列出了活跃在上海、广州一线的留日洋画家的

---

① 上海艺术协会第一届展览会筹备委员会的筹委名单最初公布为：丁衍庸、陈抱一氏、徐悲鸿、朱应鹏、张聿光、梁得所、关良、谭华牧、陈之佛、洪野、陈宏、宋志钦、周劲豪、俞寄凡、郭谷尼、陈秋草、孙师毅、鲁少飞、陆尔强、江新等数十人（参见《上海艺术协会筹备展览会》,《申报》1928 年 8 月 2 日），但是到了次月公布审查委员名单时，谭华牧的名字没有出现。参见《上海艺术协会第一届展览会审查委员已推定 共计二十一人》,《申报》1928 年 9 月 21 日；另参见《上海艺术俱乐部成立宣言》,《申报》1928 年 8 月 4 日。

② 《中华独立美术协会第一回展出品人名录》,《独立美术》1935 年第 1 期。

③ 《申报》1941 年 6 月 21 日。

④ 参见拙文《“新写实主义”的流变——折衷的理论策略与“孤岛”时期倪贻德的洋画创作》,《文艺研究》2014 年第 2 期。

阵容①，但谭华牧未被提及。他偶尔被人提起，也多是与关良做伴的场合②。

表1

| 作者 | 作品 | 材质 | 出版 |
|---|---|---|---|
| 谭华牧 | 凝思 | 油画 | 《青年艺术》第2期，1928年 |
| 关良 | 少女 | 油画 | 《青年艺术》第3期，1928年 |
| 谭华牧 | 姐妹 | 油画 | 《广州市市立博物院成立概况》，1929年 |
| 关良 | 恋歌 | 油画 | 《广州市市立博物院成立概况》，1929年 |
| 丁衍庸 | 肖像 | 油画 | 《广州市市立博物院成立概况》，1929年 |
| 谭华牧 | 女肖像 | 油画 | 《美术》(广州市美)创刊号，1936年 |
| 谭华牧 | 风景 | 油画 | 《美术》(广州市美)第4期，1936年 |
| 关良 | 风景 | 油画 | 《美术》(广州市美)第4期，1936年 |
| 谭华牧 | 风景 | 油画 | 《广东美术：第二次全国美术展览会特刊》，1937年 |
| 关良 | 清供 | 油画 | 《广东美术：第二次全国美术展览会特刊》，1937年 |

这份表格统计了谭华牧在民国时期发表的作品，以及在这些发表场合，他和关良、丁衍庸二人发生的交集。从中也可以把握三人绘画风格和题材的大致变化：从留学归国至20年代末期，他们多以现代洋画风格表现都市题材（尤其是青年知识女性）(图5、图6、图7)；30年代初期到抗战爆发，关、谭二人开始了融合中西画风的洋画实验。抗战期间，关、丁二人在重庆任教，前者的京剧人物水墨画成为画坛瞩目的现象；战后丁、谭二人为广东省立艺专同事，他们各自强烈的风格面貌，可以说就是形成于这个时段。

---

① 参见倪贻德《艺苑交游记》书中《南游忆旧》《决澜社的一群》《关良》等篇，上海良友图书印刷公司1936年版；《中华独立美术协会第一回展出品人名录》，《独立美术》1935年第1期。

② 赵士铭曾回忆了广州市立美术学校时期关良、谭华牧的亲密交往：“当时和关良先生打一对儿的是谭华牧先生。也许大家对于艺术的见解差不多，何况无聊时可以一伙儿上酒楼碰酒杯，上城内大新天台看‘聊胜于无’的女班京戏。所以，在我们看来，正是‘莫逆之交’了。”参见世铭（赵士铭)《介绍画家关良——关良先生印象》，《青年艺术》1937年第4期。

图5《姐妹》谭华牧 约1928年

图6《肖像》丁衍庸 约1928年

图7《恋歌》关良 约1928年

虽然就活动区域而言，三位艺术家并非一直保持着密切接触，尤其是1949年之后，丁衍庸和大陆美术界基本断绝了联系。我们关注的是他们特殊的艺术实践方式所体现出的鲜明的共通性，即并不固定于某一画种，而是在水墨画、水彩和油画等多种媒介之间的“日常性滑动”。1935年，倪贻德在一篇评论关良的文中谈道：“本来潇洒脱俗的他的作风，现在是更接近于文人画的趣味了，那微妙的调子，淡雅的色彩，那洒脱不羁的用笔，把东方风的题材，疏疏落落地毫不费力地表现出来。他似乎融合石涛、八大的作风在洋画的技法中了。”① 倪贻德记起，20年代中期关良曾对他说过，“谭鑫培的戏，和塞尚的画，正有异曲同工之妙，虽然所取的艺术方式完全不同，而所以成为佳妙的原则是相同的”②。关良很早就已经有了这种跨媒介、跨文化的现代艺术认知，而到了30年代初期，他一方面对西方现代艺术保持着广泛的兴趣，同时对中国传统文化的兴趣也开阔了起来：“我想只是从古画中去发掘还是不够，更应从多方面的，例如石刻、佛像、书法，以及民间艺术方面去研究，这样下去或者在我们的画面上可以有点新的发现吧。”③

原来被戏称为“丁蒂斯”，后来又被改称“洋八大”的丁衍庸，也体现出这种

① 《青年界》1935年第1期。

② 倪贻德在文中未说明具体年份，他只是提到当时关良在南京某私立美术学校教书，应该是1924—1926年间（倪贻德：《关良》，载《艺苑交游记》，上海良友图书印刷公司1936年版）。

③ 倪贻德：《关良》，载《艺苑交游记》，上海良友图书印刷公司1936年版。

跨媒介、跨文化的创作模式。40年代末期，丁衍庸在和谭华牧共事于广东省立艺专的阶段，便极力主张兼容并包的教学方式，让学生自由接触西方现代画派和他本人收藏的书画古董[①]。流亡香港后，丁氏有了更多的时间潜心创作，在油画、水彩、水墨画和书法、篆刻之间往复穿梭，他的学生莫一点将这种方式描述为“一时一时的疯狂”[②]。对于丁衍庸的油画创作，（图8）作家李克曼（Pierre Ryckmans）曾有过一段评价，认为丁衍庸能“将中国画家特有的精神修养，和毛笔的工夫运用于油画上，把这些长处跟西画中的新表现法自然地结合”，从而摆脱了中西画彼此界限森然的束缚；李克曼认为：“从他的画我们对中国画得了一个新的观念：‘中国画就是中国人所画的画。’”“依靠这个新的定义与解释，将可取消过去技巧和材料上的各种狭窄分类，更解决了中国近代艺术界所遇到的痛苦矛盾。”[③]

图8 《唐马》布本油彩 丁衍庸 1971年 私人藏

关于谭华牧，则言者寥寥。广东美术馆收藏的民国时期的一份展览场刊——《西洋名画欣赏会》，是见证谭华牧参与现代美术运动的极为罕见的历史文献。这

① 杨青：《忆丁师的几次教课》，载广州艺术博物院、香港中文大学文物馆、香港艺术馆编《丁衍庸艺术回顾文集》，岭南美术出版社2009年版，第530—532页。

② 莫一点：《师生情缘话当年——怀念丁衍庸老师（1902—1978）》，载《丁衍庸笔下的花花世界》，一点画室2009年版，第10页。此外，不少评论将丁衍庸的创作轨迹理解为从洋画回归中国画。耐人寻味的是，他本人也时常配合这种论调。他曾经向来访者诉说：“The oil painting was after all foreign to me. Besides, who would like to take notice of a Chinese artist doing western art？ I felt much more comfortable with Chinese art.”（油画对我而言是外来的，话说回来，谁会在意一个中国艺术家去做西方艺术？我对中国艺术更觉得舒心。）T. C. Lai, *Three Contemporary Chinese Painters: Chang Da-chien, Ting Yin-yung, Cheng Shih Fa*, Seattle: University of Washington Press, 1975, p.49.

③ 李克曼：《写在丁衍庸教授画展前》，载广州艺术博物院、香港中文大学文物馆、香港艺术馆编《丁衍庸艺术回顾文集》，第172—175页；原载《华侨日报》1963年11月29、30日。

是40年代末期广东省立艺专和广州市立艺专教授丁衍庸、谭华牧、庞薰琹、杨秋人等人，以自藏之西洋美术画册及画片举办的展览[①]。场刊罗列了从文艺复兴以来西洋绘画的重要流派，并重点介绍了现代美术的部分，其中仅有的两幅插图都是马蒂斯画作，封面图片的说明文字特别标明了“马蒂斯东方风味的作品”，这无疑标示出丁衍庸主政下的艺术学校的现代艺术趣味。我们无法确认谭华牧当时送展的品目，但谭氏家族及亲近友人仍保留着一批那个时期的美术印刷品，其中或许就有当年送展的内容。这批幸存的图像参考物，有力佐证了本文要讨论的跨媒介创作方法。而在经历了多次迁徙和动乱之后，关良和丁衍庸的早期收藏已很难追溯。

这些明信片和画册关涉日本现代洋画运动的发展脉络：包括1922年至1928年间在日本举办的法兰西现代美术展览会的展品——保罗·塞尚（Paul Cézanne）的《沐浴》、亨利·马蒂斯（Henri Mattise）的《风景》（图9）、拉乌尔·杜菲（Raoul Dufy）的水彩画《旺斯风景》，以及包括“文展”“帝展”“二科会”“独立美术协会”在内的日本现代美术展览会发行的作品明信片（表2）。这批新发现的资料，可以帮助我们进一步了解与这批留日艺术家紧密关联的东亚洋画运动的历史现场。

图9　谭华牧旧藏明信片法国画家亨利·马蒂斯之《风景》，法兰西现代美术展览会，东京，1928年

① 《西洋名画欣赏会展览目录》，日期不详，提供展品的收藏者有：丁衍庸、王益论、左军、李育中、胡根天、欧永祥、陈湘燕、杨秋人、阳太阳、黄超、曾顷、张孟鲁、谭庭荫、谭牧（谭华牧）、庞薰琹。广东美术馆人文图书馆黄志坚文库藏。

表2

| 作者 | 作品名 | 发表场合 | 发表年份 | 发表形式 |
|---|---|---|---|---|
| 斋藤与里 | 秋 | 文部省第十一回美术展览会 | 1917 | 明信片 |
| 矢崎千代二 | 熔矿炉 | 文部省第十一回美术展览会 | 1917 | 明信片 |
| 满谷国四郎 | 源泉 | 文部省第十二回美术展览会 | 1918 | 明信片 |
| 林倭卫 | 秋 | 第六回二科美术展览会 | 1919 | 明信片 |
| 熊冈美彦 | 采茱萸的女人 | 帝国美术院第一回展览会 | 1919 | 明信片 |
| Maurice Asselin | 读书女 | 画报社发行 | 不明 | 明信片 |
| Edgar Degas | （无题） | 不明 | 不明 | 明信片 |
| Jean-François Millet | 铡草的农妇 | 不明 | 不明 | 明信片 |
| Jean-François Millet | （无题） | 不明 | 不明 | 明信片 |
| Jean-François Millet | （无题） | 不明 | 不明 | 明信片 |
| Jean-François Millet | （无题） | 不明 | 不明 | 明信片 |
| Jean-François Millet | （无题） | 不明 | 不明 | 明信片 |
| Jean-François Millet | （无题） | 不明 | 不明 | 明信片 |
| Jean-François Millet | （无题） | 不明 | 不明 | 明信片 |
| Hans Thoma | 天堂 | 不明 | 不明 | 明信片 |
| Edgar Degas | （无题） | 不明 | 不明 | 明信片 |
| Paul Cézanne | 沐浴 | 清和堂 | 1920 | 明信片 |
| Edgar Degas | （无题） | 清和堂 | 1920 | 明信片 |
| 铃木诚 | 三人的裸妇 | 帝国美术院第三回展览会 | 1921 | 明信片 |
| 浅野草之助 | 受胎女的羞耻 | 未来派第二回美术展览会 | 1921 | 明信片 |
| 横井礼市 | 高田马场郊外风景 | 第八回二科美术展览会 | 1921 | 明信片 |
| 安井曾太郎 | 人物 | 第八回二科美术展览会 | 1921 | 明信片 |
| 中川纪元 | 习作 | 第八回二科美术展览会 | 1921 | 明信片 |
| 堺时雄 | 迈进的意气 | 东京美术学校工艺部成绩品展览会 | 1922 | 明信片 |
| 铃木诚 | 三人的裸妇（晨） | 东京美术学校工艺部成绩品展览会 | 1922 | 明信片 |
| 远山五郎 | 少女裸像 | 帝国美术院第四回展览会 | 1922 | 明信片 |

（续表）

| 作者 | 作品名 | 发表场合 | 发表年份 | 发表形式 |
|---|---|---|---|---|
| 三宅克己 | 多摩川上游 | 帝国美术院第四回展览会 | 1922 | 明信片 |
| 片冈银藏 | 绿荫小憩 | 帝国美术院第四回展览会 | 1922 | 明信片 |
| 新井完 | 水浴女 | 帝国美术院第四回展览会 | 1922 | 明信片 |
| 佐佐贵义雄 | 十五之女 | 帝国美术院第四回展览会 | 1922 | 明信片 |
| 满谷国四郎 | 若草 | 和平纪念东京博览会 | 1922 | 明信片 |
| 海老名文雄 | 浴女 | 第九回二科美术展览会 | 1922 | 明信片 |
| 安井曾太郎 | 靠着椅子的女人 | 第九回二科美术展览会 | 1922 | 明信片 |
| Ossip Zadkine | 长椅和站着的女人 | 第九回二科美术展览会 | 1922 | 明信片 |
| François Xavier Bricard | 靠着长椅的女人 | 法兰西现代美术展览会 | 不明 | 明信片 |
| Georges d’Espagnat | 裸体 | 法兰西现代美术展览会 | 1923 | 明信片 |
| Lucien Joseph Simon | 束发的裸妇 | 法兰西现代美术展览会 | 1923 | 明信片 |
| André Fraye | U 岛的红船 | 法兰西现代美术展览会 | 1923 | 明信片 |
| Charles Picart Le Doux | 水池旁 | 法兰西现代美术展览会 | 1924 | 明信片 |
| Henri Manguin | 红毯和裸妇 | 法兰西现代美术展览会 | 1924 | 明信片 |
| Charles Camoin | 沐浴的年轻女子 | 法兰西现代美术展览会 | 1924 | 明信片 |
| Georges d’Espagnat | 年轻的浴女 | 法兰西现代美术展览会 | 1924 | 明信片 |
| 下山木钵郎 | 运河 | 帝国美术院第五回展览会 | 1924 | 明信片 |
| 满谷国四郎 | 采果 | 帝国美术院第五回展览会 | 1924 | 明信片 |
| 满谷国四郎 | 采果 | 帝国美术院第五回展览会 | 1924 | 明信片 |
| Maurice Asselin | 画室里的女人 | 第十二回二科美术展览会 | 1925 | 明信片 |
| Roger Bissière | 手持花篮的女人 | 第十二回二科美术展览会 | 1925 | 明信片 |
| 林重义 | 有孔雀的风景 | 第十二回二科美术展览会 | 1925 | 明信片 |
| Andre Favory | 床上的女子 | 法兰西现代绘画展览会 | 1925 | 明信片 |
| Edmond-François Aman-Jean | 美术爱好者 | 法兰西现代绘画展览会 | 1925 | 明信片 |
| Kees van Dongen | 肖像 | 法兰西现代绘画展览会 | 1925 | 明信片 |
| Henri Manguin | 横卧裸女 | 法兰西现代美术展览会 | 1925 | 明信片 |

（续表）

| 作者 | 作品名 | 发表场合 | 发表年份 | 发表形式 |
|---|---|---|---|---|
| 片冈银藏 | 裸妇卧像 | 帝国美术院第六回展览会 | 1925 | 明信片 |
| 片冈银藏 | 裸妇 | 帝国美术院第七回展览会 | 1926 | 明信片 |
| 满谷国四郎 | 裸妇 | 帝国美术院第七回展览会 | 1926 | 明信片 |
| 小寺健吉 | 水边裸妇 | 帝国美术院第七回展览会 | 1926 | 明信片 |
| 北岛浅一 | 假睡 | 帝国美术院第七回展览会 | 1926 | 明信片 |
| 牧野虎雄 | 裸妇 | 帝国美术院第七回展览会 | 1926 | 明信片 |
| 原田虎猪 | 浴后 | 帝国美术院第七回展览会 | 1926 | 明信片 |
| Henri Mattise | 风景 | 法兰西现代美术展览会 | 1928 | 明信片 |
| Georges d’Espagnat | 读书女 | 法兰西现代美术展览会 | 1928 | 明信片 |
| Maurice Denis | 斗水牛的男人 | 法兰西现代美术展览会 | 1928 | 明信片 |
| 水户范雄 | 裸妇 | 帝国美术院第九回展览会 | 1928 | 明信片 |
| 熊冈美彦 | 裸女 | 帝国美术院第十回展览会 | 1929 | 明信片 |
| 片冈银藏 | 画室 | 帝国美术院第十二回展览会 | 1931 | 明信片 |
| André Lhote | 卧姿裸妇 | 第十八回二科美术展览会 | 1931 | 明信片 |
| 木村磐男 | 习作裸女 | 第十八回二科美术展览会 | 1931 | 明信片 |
| 安藤信哉 | 裸女 | 帝国美术院第十三回展览会 | 1932 | 明信片 |
| 石桥武助 | 摆有蔬菜的裸妇 | 帝国美术院第十四回展览会 | 1933 | 明信片 |
| 田中繁吉 | 三人裸像 | 帝国美术院第十四回展览会 | 1933 | 明信片 |
| 桑重仪一 | 林 | 帝国美术院第十四回展览会 | 1933 | 明信片 |
| 耳野卯三郎 | 裸妇 | 帝国美术院第十四回展览会 | 1933 | 明信片 |
| 池部钧 | 儿童游乐园 | 帝国美术院第十四回展览会 | 1933 | 明信片 |
| 阿以田治修 | 齐唱 | 帝国美术院第十四回展览会 | 1933 | 明信片 |
| 平冈权八郎 | 披肩 | 帝国美术院第十四回展览会 | 1933 | 明信片 |
| 熊冈美彦 | 笋 | 帝国美术院第十四回展览会 | 1933 | 明信片 |
| 阿以田治修 | 裸妇 | 第二部会第一回美术展览会 | 1935 | 明信片 |
| 竹内梅治郎 | 初秋的山 | 第二部会第一回美术展览会 | 1935 | 明信片 |
| 佐藤敬 | 海边裸妇 | 第二部会第一回美术展览会 | 1935 | 明信片 |

（续表）

| 作者 | 作品名 | 发表场合 | 发表年份 | 发表形式 |
|---|---|---|---|---|
| 北岛浅一 | 裸妇 | 第二部会第一回美术展览会 | 1935 | 明信片 |
| 伊原宇三郎 | 明貌 | 第二部会第一回美术展览会 | 1935 | 明信片 |
| 中村研一 | 濑户内海 | 第二部会第一回美术展览会 | 1935 | 明信片 |
| 太田三郎 | 房州的姑娘们 | 第二部会第一回美术展览会 | 1935 | 明信片 |
| 中山巍 | 沙丘 | 独立美术协会第六回展览会 | 1936 | 明信片 |
| 中山巍 | 夏日所见 | 独立美术协会第六回展览会 | 1936 | 明信片 |
| 里见胜藏 | 女 | 独立美术协会第六回展览会 | 1936 | 明信片 |
| 东乡青儿 | 持花的姐妹 | 不明 | 不明 | 剪报 |
| 古岛松之助 | 难民给予 | 不明 | 不明 | 明信片 |
| 石井光枫 | 海南岛海旬村 | 不明 | 不明 | 明信片 |
| 古城江观 | 在杭州西湖畔 | 不明 | 不明 | 明信片 |
| Andre Derain | 果盘 | 不明 | 不明 | 剪报 |
| Charles Haslewood Shannon | 花环 | 不明 | 不明 | 剪报 |

谭氏旧藏文献的另一部分是日本战前出版的现代美术理论书籍（表 3），以及一批民国时期出版的明清文人画线装图录（表 4）。

表3

| 著者 | 书名 | 出版机构 | 出版年份 |
|---|---|---|---|
| 板垣鹰穗 | 西洋美术史概说 | 东京，岩波书店 | 1922 |
| 板垣鹰穗著，鲁迅译 | 以民族底色彩为主的近代美术史潮论 | 上海，北新书局 | 1929 |
| 坂崎坦、仲田胜之助 | 美术之话：第二朝日常识讲座第二卷 | 东京，朝日新闻社 | 1929 |
| 外山卯三郎编 | 新洋画研究6・现代绘画的人体研究 | 东京，金星堂 | 1931 |
| 北原义雄编 | 油画新技法讲座第六卷・油画沿革篇 | 东京，画室社 | 1931 |
| 外山卯三郎编 | 技法的研究（学生版） | 东京，金星堂 | 1933 |
| 外山卯三郎编 | 素描的研究 | 东京，成光馆 | 1934 |

（续表）

| 著者 | 书名 | 出版机构 | 出版年份 |
|---|---|---|---|
| 外山卯三郎编 | 风景画的研究 | 东京，成光馆 | 1934 |
| 外山卯三郎编 | 水彩画的研究 | 东京，成光馆 | 1934 |
| 外山卯三郎编 | 静物画的研究 | 东京，成光馆 | 1934 |
| 外山卯三郎编 | 绘画的精神研究 | 东京，成光馆 | 1934 |
| 外山卯三郎编 | 构图的研究 | 东京，成光馆 | 1934 |
| 羽名扬 | 美术讲话 | 香港，美术会丛书之二 | 1947 |

表4

| 书名 | 出版机构 | 出版年份 |
|---|---|---|
| 无书名，收入董其昌、八大山人等作品（图10） | 不明 | 不明 |
| 石涛画谱 | 不明 | 不明 |
| 石涛山水册（图11）① | 商务印书馆 | 1929年出版 |
| 石涛山水图咏 | 商务印书馆 | 1932年印 |
| 胡元润金陵古迹图册 | 商务印书馆 | 1934年出版 |
| 罗两峰画罗汉册 | 中华书局 | 1935年第三版 |
| 华新罗人物山水画册 | 中华书局 | 1940年第三版 |
| 柳堉山水册页 | 不明 | 不明 |

倪贻德在谈到对关良有影响的西方艺术家的时候，说他最早受到“塞尚（Cezanne）、雷诺阿（Renoir）”的影响，中间又经过了“朋那（Bonard）、阿思朗（Asselin）、罗拔斯克（Lebasque）、卡芒（Camoin）等色彩画家的影响”，直到最近的“特朗（Derain）、佛拉芒克（Vlaminck）、勃拉克（Braque）、于德里罗（Utrillo）等”。倪贻德回忆说，他和关良常常搜集了这些艺术家的作品在一起欣

① 谭华牧旧藏1929年商务印书馆影印的这套石涛册页当时由林朗庵收藏。这本画册的出版时间，对应了几位艺术家创作方式发生变化的关键时段——20世纪20年代末期，不排除这本画册在关、谭、丁几个人之间传阅的可能性。

图10 谭华牧旧藏画册之八大山人山水画册页

图11 谭华牧旧藏画册《石涛山水册》之一页，林朗庵

赏①。关良心仪的现代艺术家名单，也大致反映了关、谭、丁三人的现代艺术趣味的交集——谭华牧旧藏日本美术印刷品，就基本对应了倪贻德的这份名单。回顾三人的早期作品，可以看到温婉时尚的读书女性形象是当时的流行题材，他们当时的画风的确可见阿塞林（Asselin）等人的显著影响。

谭氏搜集资料呈现出的现代洋画和石涛、八大山人等明清文人画的结构性关系，是极为重要的线索——向我们提示了更为具体的艺术家学习与创作之间的互动关系，以及他们融合中西画风的实验过程。如谭氏最引人注目的油画作品《风景》（图12），就是在现代洋画

① 前揭倪贻德《关良》，载《艺苑交游记》，第161页。

图12 《风景》谭华牧 广东美术馆藏 约20世纪50年代初

的都市时尚表现和传统文人画的隐逸主题之间发展出的一种全新图式。我们从谭氏现存的大量画稿中，可以进一步确知他发展出此类风格图式的具体步骤。这些日常的练笔，包括了在牛油纸上细心勾摹宋画中的牧牛、牧童造型，以及意临石涛画风的山水画。但谭氏研习传统水墨画风，绝非一般意义上的回归传统。在研究传统绘画的造型时，他会使用不同媒介，而不仅仅局限于毛笔、宣纸和水墨媒介——既可以用水彩绘制云山图，也会使用铅笔临摹八大山人的八哥造型，还会以铅笔的排线法意临山水画的构图。这种不拘一格的研习手段，尤其在不同媒介之间发生的语言会通的日常状态，的确耐人寻味。不过需要明确的是，谭华牧的这种语言会通状态，主要指向一种富有中国趣味的新的洋画——他对水墨画语言创新并无明确兴趣，在这一点上，谭华牧和关良、丁衍庸有很大不同。

三位年轻的洋画家对传统水墨画表现出的特殊兴趣，在他们从日本归国后就开始了①。大概从 1925 年开始，归国不久的关良，尝试用毛笔作舞台人物形象的“速写”——时人称为“漫画”②。而从 30 年代初期开始，关良开始了在现代洋画中融入文人画意蕴的实验③，1936 年同时发表于《美术》杂志（广州市立美术学校主编）的两幅油画《风景》（图 13），反映了这一阶段他和谭华牧高度同步的风格转

---

① 发表在《关良回忆录》的一张黑白插图，题为《1927 年作戏曲人物画（崔然题）》。该作品很可能是 1938 年创作的，感谢罗立火先生提示（前揭《关良回忆录》，第 60 页）。倪贻德曾提到，1929 年丁衍庸从上海回到广州之后才开始对石涛、金农感兴趣，并画起了文人画（前揭倪贻德《艺苑交游记》，第 22 页）。

② 陈建宏认为，1925 年 11 月 3、4 日连载于《申报》的《罗筱宝之汾河湾》与《罗筱宝之四郎探母》是目前所见最早的关良戏剧题材画作。参见陈建宏硕士学位论文《激变时代的抉择：民国时期关良（1900—1986）的人生形式及其艺术实践》，广州美术学院，2010 年，第 40—50 页。

③ 张亦菴：《关良先生访问记》，《文华》1931 年第 25 期。

图13-a　关良:《风景》，刊载于《美术》第4期，广州市立美术学校编

图13-b　谭华牧:《风景》，刊载于《美术》第4期，广州市立美术学校编

型，不管在构图的文人画意的调和上，还是对于书法性笔调的倾向上，都有类同处。二人似乎都使用了调得比较稀薄的油画颜料，以产生一种水性状态，便于在画布上挥写出“水墨晕章”的效果[①]。

在当时的现代艺术阵营看来，这种融合了文人画风的洋画，是对保守的学院派洋画和一味崇古的中国画的双重抵制，被认为是“一种纯中国的艺术的风格”[②]。然而，关良赢得画坛更广泛的关注，并非是以现代洋画家的身份。1942年在战时陪都重庆，他的戏剧人物水墨画获得了文艺界领袖人物郭沫若的盛赞，认为创造了一种发扬中国作风、中国气派，即反映了中国的“民族特质”的绘画形式[③]。从此，关良在中国画领域积累的名声，逐渐盖过了洋画的“本业”。

关良三四十年代创作的油画《西樵》(中国美术馆藏)、《猎》(图14)、《山水凉亭》，就是这种洋画融合水墨画意的成功尝试，如果将这种洋画风格与他鼎盛时期的水墨画代表作——1960年前后赠送给谭华牧的水墨画《戏剧人物》(图15)加以比较的话，我们就更能理解其跨媒介实践的整体性格局。从这个视角来看，

---

① 丁羲元曾说：“关良善于发挥‘油’的特长，而且常用薄油，更觉鲜丽明净。”丁羲元：《稚拙、和谐之美——关良油画简论》，《美术史论》1982年第3期。这两件创作于1935年前后的油画作品，可以用来比照现藏于中国美术馆的关良油画《西樵》(1935)，从用笔和用色来看，《西樵》的画风偏硬朗一路，或有后期改笔的可能。

② 温肇桐：《记关良》，《申报》1939年6月7日。

③ 郭沫若：《关良艺术论》。据关良回忆该文刊于1942年初之成都《中央日报》，为土报纸印刷之一页增刊。转引自前揭丁羲元《稚拙、和谐之美——关良油画简论》。

图14 《猎》油画 关良

图15 关良赠谭华牧《戏剧人物》纸本水墨 20世纪50年代末期 私人收藏

关良的戏剧人物水墨画，无疑是融通了东西文化的一种现代绘画形式——或可比喻为“水墨画化”了的野兽派画风。正是洋画家关良变革绘画语言的企图，发展出了水墨画家关良的独特风格。尤其在社会主义时期，供职于上海中国画院的关良，能够将这种非写实主义的绘画实践一直持续到1976年之后，显示了艺术家在复杂境遇下“瞒天过海”的策略和能力①。

近期笔者发现了关良1939年赠送给决澜社画家倪贻德的两张水墨戏剧人物，

① 关良的学生，抗战时期留学日本学习西洋画的黑沙骆（李骆公，1917—1992）曾经对老师有一段评价：“他老人家有‘瞒天过海’的雄心，想让不懂戏和水墨画的人，甚至只重写实现实主义的人，都被画面打动甚至震撼；让只能接受一种审美方式的观者，悄悄地不全自觉地领略被先生对立和谐地写入画中的其他审美观。他让在画上观剧者爱上水墨淡彩的挥洒与潜在的现代感；让水墨画激赏者接受京剧与西方现代审美意识；让观念很洋的现代派人士获得共鸣的同时，接纳了京剧和水墨中的东方自然观，写意传神的洗练与深沉。……他用不可分割的方式‘批发’给大众，三类观众都成了关老师的知音。在中国艺术史上还没有第二个人能包容这么广泛的群众基础。他用实践一声不响地走到世界艺术的最前列，可与20世纪任何国家、任何大师平等对话。”这段评价至为中肯。关良可能是社会主义中国时期“潜伏”时间最长的现代派画家，很可能是由于京剧题材和笔墨等传统媒介的包裹，他才得以“瞒天过海”。参见北京画院编《高妙传神：关良绘画艺术研究》，广西美术出版社2015年版，第261页。

图16　关良赠倪贻德《游龙戏凤》纸本水墨 1939年

图17　关良赠丁衍庸《戏凤图》 纸本水墨　1945年（重庆）

是目前所知最早期的同类作品[①]（图16）。一个有趣的现象是，1945年在重庆举办的独立美展之后，丁衍庸和关良曾互赠水墨画，关良赠送给丁衍庸一幅《戏凤图》（图17），丁衍庸则回赠了一幅《竹雀图》。（图18）这次展览是抗战末期中国现代艺术界最重要的一次展览活动，丁衍庸、关良、倪贻德、林风眠、李仲生、赵无极等十数位艺术家参展。值得注意的是，这个由现代派洋画家主办的展览会，还特别设立了附展，展出了八大山人、吴昌硕和齐白石、经亨颐等文人画家的作品。

① 2013年10月间，倪贻德家属在整理旧居的过程中，意外寻获一批倪氏生前遗留下的文献资料，其中有一本他本人制作的1934年个展报道的“贴报簿”。笔者在受家属委托整理这批文献的过程中，发现了两张关良于1939年题赠倪贻德的戏曲人物水墨画。这两件绘制于抗战初期的作品，不仅是对关、倪两位现代洋画家早期交游的历史见证，同时对我们理解关良在抗战期间投入此类水墨画创作，具有重要的研究价值。另外据刘海粟回忆，在1939年11月前往南洋之际，他也获得了关良赠送的一幅水墨戏剧人物（前揭北京画院编《高妙传神：关良绘画艺术研究》，第254页）。

显然，关良、丁衍庸在展览之后互赠水墨画的行为，并非偶然的举动，他们的默契，反映了中国洋画运动的一个新动向。

1949 年后，丁衍庸和内地断绝了联系。谭、关二人仍保持来往，谭华牧家族至今还保存着新中国成立后关良绘赠谭华牧的京剧人物水墨画、瓷盘画以及画册、明信片等[①]。这些艺术文献既反映了二人长达半个世纪的友谊，同时更反映出他们在洋画和中国画之间穿梭游移的艺术实践方式。

洋画家参与中国画创作，这在民国时期是一个较为普遍的现象，其原因也很复杂。我们这里要集中讨论的是这三位留日艺术家共有的特殊现象，即他们从日本归国后开始出现的这种对传统绘画，尤其是八大山人、石涛的文人画的特殊兴趣，以及由此衍生出在水墨画、现代洋画之间进行的日常性的跨媒介创作模式。这种创作方式，虽然和同时期的洋画家如刘海粟（1896—1994）[②]、林风眠（1900—

图18　丁衍庸赠关良《竹雀图》 纸本水墨画 1945年(上海)

① 《关良回忆录》提到，他在 1952 年曾受广州美协秘书长黄笃维之邀访问广州举办画展，此后由谭华牧、余本陪游湛江、七星岩等地（参见前揭《关良回忆录》，第 92—95 页）。笔者多方查证此事，认为可能《关良回忆录》有误。中国美协广州分会（后改称广东省美术家协会）是 1956 年才成立的，而谭华牧、余本也是 1956 年才回国的。谭华牧画稿中有一幅是 1960 年 9 月在肇庆七星岩画的，根据吴瑾回忆，1960 年秋，关良在广州访问，其间还曾经与谭华牧合作一幅国画，吴子复题字，“文革”中这幅画丢失了。（吴瑾：《怀冰堂藏关良作品的掌故与考证》，载《子复心赏：怀冰堂藏友朋书画》，岭南美术出版社 2016 年版，第 14—15 页。）

② 最典型的一个案例是现存刘海粟美术馆的《言子墓》（1924），是艺术家针对两年前同名的油画作品绘制的水墨画，目前还没有关于这幅油画作品的图像资料。但可以联系他在 1922 年创作的油画作品《日光》（刘海粟美术馆藏），这件作品以浓烈的色调对比，显现出了野兽派的风格特征，可以联系日本画家万铁五郎的油画《裸体美人》（1912）。刘海粟 1919 年访问日本考察现代美术，是否亲眼见过万铁五郎的油画作品，待考。

1991）[①]、张弦（1893—1936）[②]、王悦之（1894—1937）（图 19）[③] 等人有相似之处，但更具独立性。这和他们的留学经历以及日后的亲密交往不无关系。因此，需要对他们归国前后的经历做更细致的考察。

图19 《西湖风景系列三》纸本水彩 王悦之 1928—1929年

近年来日本学界的相关研究，聚焦于一个重要的现代美术史现象——日本大正后期洋画界的“东洋回顾”。“东洋回顾”，或称“东洋的倾向”“东洋趣味”等，在日语文献中，用语并不一致。就具体现象而言，特指日本大正时

① 林风眠的早期水墨画创作可以追溯到 1925 年巴黎万国装饰艺术博览会期间展出的岭南画派风格的作品，但从 20 年代末期开始，他的水墨画明显和他的洋画创作之间形成了一种积极互动关系——呈现出跨越特定画种的实验性意图，一方面是他对中国民间装饰艺术的趣味消化——这也是来自 Art Deco（艺术装饰）运动的启发；另一方面，需要讨论他同时期和一些交往密切的艺术家的风格共生关系，如法国艺术家克罗多（André Claudot），他在 1929 年前后创作的一批水彩和水墨风景画近年在中国公开展出，值得关注。参见中华艺术宫编《上海与巴黎之间——中国现当代艺术精品集》，上海人民美术出版社 2014 年版。

② 张弦的线描作品与藤田嗣治和常玉关系密切，显示出洋画运动的上海—巴黎传播路线。李仲生曾经这样回忆张弦：“张弦的真正意图，是想把中国传统美术的特色，糅合到西洋素描油画去，希望将来能够在巴黎世界一显身手的。……于是，他又停止作画一个时候，开始搜购李龙眠、仇十洲等的仕女画，关在上海金神父路中华学艺社一间房子里面，悉心研究。在中国毛笔和中国纸上，大画其素描。可惜他始终未曾发现中西绘画融会贯通的关键所在，亦即从现代世界美术的眼光看，中国仕女画有什么特点？仕女画的某些优点，才是含有现代的意义，而可以作为现代美术底造型语言解释？且可以与西方现代美术汇合的呢？他不但未研究出来，而且亦未曾从这方面考虑过。只知道中国美术的优点应可糅合于西画的原则而已。更可惜的是，正在他关著门研究著中西绘画合流的时候，竟溘然长逝了。”原载《联合报》1956 年 9 月 21、24 日，引自《李仲生文集》，台北市立美术馆 1994 年版。

③ 王悦之创作于 20 年代末期的一批西湖写生水彩画，融合了塞尚的水彩风景画、新印象派、装饰艺术和明清文人画的表现特点，呈现出极强的风格原创性。他和谭、关、丁是否有交往，尚不清楚，但他的跨媒介艺术实践方式和“油画民族化”的风格特点是最接近这三者的。他关于绘画艺术形式“单纯化”的讨论也和关良多有共通处。关于王悦之的研究，参见吕采芷（羽田ジェシカ）《从刘锦堂（王悦之）看中日台现代艺术之关系》，载岩佐昌暲等主编《桌子的跳舞：“清末民初赴日中国留学生与中国现代文学”日中学术研讨会论文集·下》，花木兰文化出版社 2016 年版，第 267—279 页。

期（1912—1926）的洋画界开始反思如何在东洋的传统和风土之上发展出独立而自觉的现代艺术，以和以西方为中心的艺术世界进行对话与抗衡。在日本洋画界，艺术家们普遍开始对东亚地区的艺术传统，产生了重新评价和关注的热情，其代表人物包括了岸田刘生（1891—1929）、万铁五郎（1885—1927）、小杉放庵（1881—1964）等人。

山梨绘美子指出，进入大正时期后，一方面，通过当时极具影响力的文艺杂志《白桦》的大力传播，年轻的艺术家们开始狂热效仿塞尚、凡·高、高更、马蒂斯的画风，掀起了年轻艺术家标榜“自我”与“个性”的极具诱惑力的一个风潮；另一方面，不少洋画家从海外回国，在看到水墨画、文人画之后大为倾倒，画风也随之改变，其理由往往是出于东洋文化的“优越感”。不管是采用西方的现代手法，还是回归到南画传统之中，自命处于时代先端的艺术家们，都是希望寻找到表达内心的恰当方式来处理造型的问题，这在当时是普遍情形[①]。而当时在东京留学的中国艺术家，全力投入洋画研习，自然是他们的首要目标。但是对日本洋画界的上述潮流，尤其是关涉南画—文人画的价值重估，他们不可能没有意识。

关良、谭华牧、丁衍庸留学期间，这股“东洋回顾”的风潮正急速升温。《国华》第330号刊登了重新评估南画价值的专辑，指出当下关心南画的并不仅仅局限于日本画家，洋画家也受到波及。1922年，园赖三的《艺术创作的心理》出版，将康定斯基的绘画理论与“气韵生动”的文人画理论进行了比较和联系。同年，东京帝国大学教授泷精一出版了《文人画概论》，同样支持了将文人画原理和西方表现主义艺术进行比较的立场，他指出了文人画的三个特质，即非职业性、诗意表现、和书画的密切关系。[②]

这一系列新潮理论迅速影响到日本的洋画家，其中万铁五郎尤其突出。大正时期的前半段，他是日本最活跃的前卫洋画家之一，而此时的他正力图将文人画的表现力融入洋画实验中去[③]。在此期间，万铁氏还绘制了相当数量的水墨画。

① 山梨绘美子：《大正後期の洋画壇における東洋的傾向についての一考查》，载米倉迪夫ほか《日本における美術史学の成立と展開》，東文研2001年版，第323—327页。

② 西槇偉：《中国文人画家の近代：豊子愷の西洋美術受容と日本》，思文閣2005年版，第259—269页。

③ 关于万铁五郎的研究，参见Alicia Volk，*In Pursuit of Universalism-Yorozu Tetsugor ō and Japanese Modern Art*，University of California Press，2010。

1927年，在他去世前不久发表的一篇文章中，他还特别指出洋画家从事东洋画研究具有特殊重要的意义，因为这种经验支持了日本洋画家与世界艺坛对话时的独创性境界①。（图20、图21）

图20 《岔路》纸本水墨 万铁五郎 岩手县立美术馆藏 1923年

另一位值得关注的洋画家是岸田刘生，他在1921年左右，转向对浮世绘和中国宋元写生画的热忱研究，晚年更开始了水墨画创作（图22）。1922年，也就是法国现代绘画展在东京盛大举办的同年②，岸田氏开始对日本的旧剧（歌舞伎、义大夫剧）产生浓厚兴趣，撰写了不少剧评。这一动向，也让我们联想到关良回国之后的另一项兴趣转向——从小提琴转向京剧③。而岸田等人对东洋艺术“卑近美”和“涩感”的强调，是否也对关良、丁衍庸后来的一些怪诞造型风格的形成有所影响，值得探讨。如《鲶坊主》（1922）（图23）这样的表现舞台戏剧形象的油画作品，其造型中的民俗化倾向与关良日后的创作应该不无相似

① 万铁五郎：《東洋復帰問題の帰趨》，《美術新論》昭和二年六月号，《鉄人画論》，中央公論美術1968年版，第71—74页。

② 第一回现代法国美术展1922年5月1—31日在东京上野的农商务省陈列馆举办，这一展览是欧洲现代绘画原作的首次大规模展出，对日本美术界影响巨大。而关、谭、丁三人此时都在东京，此后数年“法展”每年都有举办。《关良回忆录》中有较大篇幅描述他对这些来自欧洲原作展的观展感受（前揭《关良回忆录》，第19—21页）。丁衍庸对这个展览留下了极其深刻的印象：“一共有数百家的作品在那里陈列，我那时受了他们的作品的影响非常之大。我对于艺术的认识，更加了一重自信。”（前揭倪贻德《艺苑交游记》，第19页）而谭华牧旧藏明信片中，仍然可以看到法国美术展览会的明信片。

③ 关良从小提琴转向对京剧痴迷，可能也和都市新风尚的转变有关系。如1926年初，在一个宴请日本作家谷崎润一郎等人的消寒会上，已经不见关良的小提琴演出，而代之以剑舞、京剧、昆剧、大鼓等传统曲艺以遣余兴。这次出席的上海文艺界人士亦包括了戏剧界的田汉、欧阳予倩等人（参见《上海文艺界发起消寒会》，《申报》1926年1月27日）。而30年代中期，关良、谭华牧在广州还经常结伴去大新天台看女班京戏。［前揭士铭（赵士铭）《介绍画家关良——关良先生印象》，第272—274页。］

图21 《坡路》纸本水墨 谭华牧 年代不详 私人收藏

之处[①]（图24）。

此外，京都画坛的桥本关雪也密切关注着日本洋画界的东洋趣味动向，而且他和中国美术界关系密切。稻贺繁美在近期研究中指出，桥本关雪的文人画理解不同于一般的日本洋画家，有堪比中国文人的理解深度。在日本画创作上，他有着统合日、中、洋文化的雄心，也特别注重东洋绘画通过书写性用笔上体现出的表现主义特质。桥本氏在20年代中期陆续出版了《南画的路程》（《南画への道程》，1924）（图25）、《关雪随笔》（《関雪随筆》，1925）、《石涛》（1926）等著作，阐明了他将石涛、八大山人的文人画与西方现代艺术，尤其是后期印象派、表现主义进行比较的观

图22 《春闲小流》纸本水墨 岸田刘生 1925年

图23 《鲶坊土》木板油画 岸田刘生 1922年

① 岸田刘生：《洋美術の“卑近美”に就て》，载《岸田刘生全集》，岩波書店1979年版，第111—117页。

图24 《吴素秋、姜铁麟之依巴尔罕》油画 关良

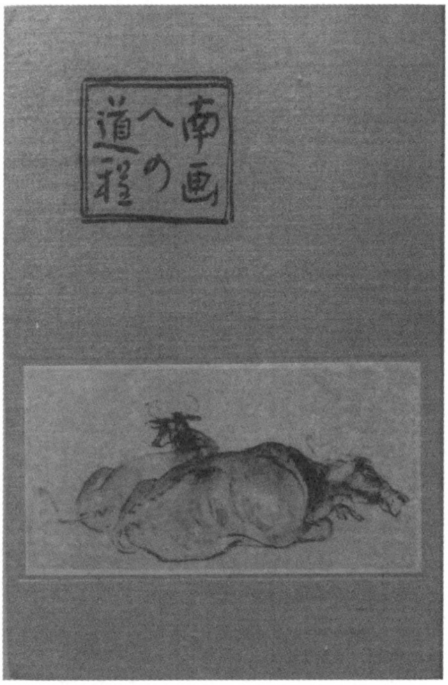


图25 桥本关雪:《南画的路程》,中央美术社1924年版

点[①]。这些与中国传统美术密切相关的讨论,和关、谭、丁的艺术认知之间有着诸多类同处[②]。

桥本关雪1924年在上海绘制了一幅水墨画《杨妃醉酒》(图26),1925年底关良也在《申报》发表了两幅京剧写生作品,作为京剧题材水墨画的早期案例,其中可能存在的关联性值得重视。从1913年起,被称为“支那通”的桥本数十次前往中国旅行,其中1928年4月还在上海的日本人俱乐部举办了个展。当时身在上海的关良、谭华牧(图27)、丁衍庸,是否也参观了桥本关雪的画

① 稻贺繁美:《表現主義と気韻生動 - 北清事変から大正末年に至る橋本関雪の軌跡と京都支那学の周辺》,《日本研究》第51期,第97—125页。

② 丁衍庸的论述与桥本关雪有不少相似处,这类“中国艺术优胜论”,与丁氏在立达学园的同事丰子恺有很多神合之处。如丁衍庸认为,八大山人在300年前已经创造出了“新艺术典型”,“东方色彩”遂成为现代欧洲艺坛的风尚,而西方现代艺术比中国迟了300年才觉醒(丁衍庸:《中国绘画及西洋绘画的发展》);以及认为马蒂斯所追求的中国的线条及色彩,毕加索所向往的中国水墨及线条,都说明了中国艺术精神表现之可贵,中国艺术在世界艺术中的不可替代之地位(丁衍庸:《中国艺术在今日世界之地位》)。以上两篇文章都收录于《丁衍庸艺术回顾文集》,岭南美术出版社2009年版。

展呢[①]？

徐悲鸿1917年访日期间，拜访了太平洋画会的中村不折，并受到后者中国题材历史画创作模式的深刻影响[②]。同年来到东京的关良，显然选择的是另一条现代美术之路，而在他长期就读的太平洋画会中，中村不折正是关良的导师，后者受到的影响是否仅止于西画写实技巧上的训练呢？值得注意的是，中村不折同时还是洋画领域的“日本主义”最早的提倡者之一[③]，以及明治、大正时期日本最重要的中国美术史写作者，在拓展东西美术比较的文化视野方面，显然是当时的一位领军人物。此外，中村本人在洋画和书法领域齐头并进，他认为，“洋画本来的精神是和书法的精神相通的”[④]。

图26 《杨妃醉酒》纸本水墨 桥本关雪 1924年

图27 《合唱》布本油画 谭华牧 广东美术馆藏

三人留日时期都相继问学过的导师——藤岛武二，也是当时在日本画坛

① 《桥本关雪展览作品已完全售去》：“日本名画家桥本关雪此次在沪假蓬路日本人俱乐部举行个人作品展览会，经驻沪日领事矢田七太郎及田中喜平诸氏之赞助，成绩颇为良好。桥本凡作品共30件，以山水为多，已以每帧150元之代价，用抽签法完全售去。”（《时报》1928年4月7日）另外，桥本关雪与上海美专同人也熟识。感谢王中秀先生赐教。

② ［日］松谷省三：《徐悲鸿东渡日本的收获》，刘幸宇译，《外国问题研究》1996年第1期。

③ 永井隆则：《セザンヌ受容の研究》，中央公論美術出版社2007年版，第261页。

④ 中村不折：《書と画》，《塔影》1936年12月。转引自《画家・書家中村不折のすべて：台東区立書道博物館蔵品集》，台東区立書道博物館2013年版，第18页。

提倡“日本主义”的重要人物[①]。1932年，藤岛提出，应该打破东洋、西洋的观念壁垒，来创造出“日本独自的油画风格”；30年代，藤岛在油画风景画创作中就融入了水墨画的技法，强调了笔触和线条的自由挥写[②]。可见当时这种“日本主义”倾向的洋画创作观，已经形成了一股风潮。

有意思的是，藤岛武二的另一位中国学生、决澜社画家倪贻德，在1935年的一篇讨论关良艺术的文章中，有着类似的表述：“我们已经感觉到洋画不仅仅是模仿西洋的技巧而已，用了洋画的材料来表现中国，是我们应走的路。但是所谓表现中国的，不仅在采取中国的题材，也不仅在采用些中国画的技法而已。要在一张油画上表现出整个中国的气氛，而同时不失洋画本来的意味——造型，才是我们所理想的。”[①]

应该注意到，关良表达的是对中国现代艺术的新方向加以开拓的愿望，并非对单向回归传统，尤其是转向国画创作的兴趣。他的终极目标，和藤岛武二等人的“日本独自的油画风格”有着结构性的共通之处，他们希望探索现代洋画与本土传统融通的潜力，而尽量避开文化二元论的争执。就其立足点而言，仍然是现代洋画运动的脉络。

---

① 据说关良一直保留着川端画学校期间与藤岛的师生合影，但未见发表（前揭丁羲元《稚拙、和谐之美——关良油画简论》，第91页）。丁衍庸也是在川端画学校期间师从过藤岛武二。而在东京美术学校直接就读于藤岛画室的谭华牧，受到的影响是最大的。从题材而言，二者绘画主题中都有对于女性和风景题材的重视，以及在构图的严谨性和生命力表达之间的平衡等。藤岛武二完成于1919年的油画双联画《卡比托利欧广场一带》，目前还保存着为油画创作而准备的两幅水彩画稿（尺寸约为16厘米 ×12厘米），右幅画稿中对阶梯行走的人物进行了不同位置的配置，这种构图蒙太奇的工作方法，让人联想到同年进入东京美术学校的谭华牧可能受到的影响，谭氏一直保持着起小稿并在画稿上反复修改的工作习惯（《生誕150年記念——藤島武二展》，東京新聞2017年版，第78—79页）。另外，大正后期东京美术学校的教养环境，也是一个培植“东洋回顾”思潮的重要温床，如大村西崖教授的中国美术研究和中国旅行、正木直彦校长的中国旅行等，在文化外交、民间交流、艺术市场、美术教育等多个层面积极展开。東京芸術大学百年史編集委員会:《東京芸術大学百年史　東京美術学校篇》，東京：ぎょうせい，1997年。

② 藤岛武二的文章《屋岛》发表于《美术新论》杂志第7卷第12号，1932年12月。児島薫:《藤島武二研究拾遺——“天平時代”および“東洋”の表現について》,《近代画説》第20号，第44—55页；児島薫:《藤島武二——油彩絵の探求者》，载《生誕150年記念——藤島武二展》，第12—14页。

① 前揭倪贻德《关良》，载《艺苑交游记》，第157页。

一份倪贻德旧藏的文献保存至今，反映了东亚现代美术运动在当时活跃的网络关系。日本美术批评家外山卯三郎1934年发表的这篇文章，题为《绘画上的日本主义》，倪贻德将它从原杂志上裁剪下来，或见其重视程度。该文写道：“本来所谓西洋画，并非东洋的绘画，是指西洋的绘画整体。我们选择了作为材料而言最进步的油画，并从西洋学习它的表现方法和形式，但就此而言，绝不是西洋画。严密地说，这是在日本画之上移入了西洋画的方法和材料。”外山认为，他所提倡的“绘画上的所谓日本主义，原本也不是什么理论学说，只是画家们想要将持有的民族感情、意志、感受性直接地表现出来，是这样的东西”①。

与之可资比较的是，1931年一位记者对关良艺术创作的观察：“关先生之发表这些意见，并不是像一般国粹家的敝帚自珍的排外主义，他并不是要盲目地去学习中国画。他是主张要确切认识自己的东西的好处在哪里，坏处在哪里，把那值得保留发挥的好处选剔下来，再用近代的立场，近代的方法去运用起来。他所用的还是油画布、油画笔，他有深邃的西洋画根柢，他以这稳固的西洋画根柢作为根据，然后用真灼的眼光，再一番刻苦的努力，采入中国画的好处。”②

20世纪10年代末期，当罗杰·弗莱（Roger Fry）等西方批评家从中国文人绘画、书法的理论话语中获得启示之际③，东亚地区也兴起了重新评价自身传统的风潮。与日本美术界的“东洋回顾”热潮相对应，1922年，陈师曾将大村西崖和自己的文章合编为《中国文人画之研究》，在上海出版；上海的一些和日本关系密切的洋画家如汪亚尘、刘海粟等人也热烈地参与了相关讨论。这里尤其值得我们重视的是，从东亚洋画界发起的对文人画价值进行重新评价的独特现象，在东西文化互动过程中，不仅是“中国画”概念生成的重要历史阶段④，同时也促进了“中国美术优胜论”的抬头。这方面的代表人物是和关、谭、丁三人同期游学日本的丰子恺。因为滞留时间较短，丰氏并未进行过深入的西洋画学习，但作为在大

---

① 外山卯三郎：《絵画に於ける日本主義》，《洋画研究》1934年17号，第265—267页。感谢倪亮先生提供相关文献。

② 前揭张亦菴《关良先生访问记》，第37—38页。

③ 包华石：《现代主义与文化政治：中国体为西方用》，载宋晓霞主编《“自觉”与中国的现代性》，（香港）牛津大学出版社2006年版，第94—114页。

④ 洪再新：《中外现代绘画的交汇点：回顾一九二〇年代初上海的“国画复活运动”》，《诗书画》2014年第2期。

众媒体上频繁发表文章和漫画的知名作家，其在民国时期发挥了重要的影响力。

20 年代中期，丰子恺在立达学园期间和关良、丁衍庸等人有过合作，致力于推动现代洋画教育，但另一方面，他是“中国美术优胜论”最重要的提倡者。尤其是发表于 1930 年的《中国美术在现代艺术上的胜利》[①]，丰氏认为，“现代西洋美术显著地蒙了东洋美术的影响，而千余年来，偏安于亚东的中国美术忽一跃而雄飞于欧洲的新时代的艺术界，为现代艺术的导师了”[②]。不能否认关、丁日后在公开场合的一些表述中也出现了类似的“优胜论”调，但是如果长时段来考察他们的创作模式，就可以看出绝非此类简单的此方压倒彼方的逻辑，而是在不同文化、不同媒介之间的持续性滑动，这种并没有终点的日常性实践，经由抗战开始的对中国画语言的再创造，形成了他们共有的一种具备文化反思力和开阔格局的跨媒介创作模式。

从 10 年代末期以来直到“二战”终止的这个时段里，在中日洋画界此起彼伏的关于传统回顾的讨论与风潮中，也潜伏着巨大的认知隔阂。千叶庆认为，这一时段日本美术界的南画—文人画再评价现象，与日本美术界的思想在“一战”后趋向帝国主义化有关——这一思想构造使得一部分日本艺术家和理论家以“东洋的代表—支配者”的高傲姿态来面对东亚[③]。千叶庆的观点，或可以帮助我们理解中国洋画家对日本的复杂心理。关良在 1931 年曾说过，“日本人所作的西洋画常常运入东方的情调，东方的趣味，故此日本人的西洋画能够自树一帜而不至于跟在西洋人的屁股后头”，但“自从日本人把由中国学去的毛笔画线条到西洋去宣传而诩称是日本人所独创之后，西洋人便也学会了毛笔的线条画，而且承认这是一种日本的画法了”[④]。关良的此番批判性言谈，也表明了他对日本现代艺术现场的持

① 针对丰子恺这篇文章的深入分析，详见西槇偉《中国文人画家の近代：豊子愷の西洋美術受容と日本》，思文閣 2005 年版，第 262—287 页。

② 婴行（丰子恺）：《中国美术在现代美术上的胜利》，《东方杂志》第 27 卷第 1 期，1930 年。

③ 千葉慶：《日本美術思想の帝国主義化：一九一〇—二〇年代の南画再評価をめぐる一考察》，《美學》54（1），2003 年 6 月 30 日，第 56—68 页。以桥本关雪为例，他认为值得将明末清初的中国画坛与法国现代画坛进行对比，而当代中国画坛则乏善可陈，他甚至说，自己的老师是中国的自然，每年去两三次中国，但很少会去访问中国的当代艺术家（桥本关雪：《关雪随笔》，中央美术社 1925 年版，第 243—248 页）。

④ 前揭张亦菴《关良先生访问记》，第 38 页。

续关心。同样，当1935年倪贻德评述关良洋画创作中的“中国性”的时候，他的此类观点，也是以熟知日本的相关讨论为前提的。他们一直在搜集、跟进日本的美术杂志和出版物①。

1931年之后，随着民族危机的加深，中国艺术家对“东洋主义”的话语越发持谨慎态度；同时，这股来自东邻的持续压力又无形中推助了中国现代艺术的民族意识和文化自觉性的发育。这个过程尤其曲折，以这三位现代艺术家为例，他们所供职的美术学校，也往往处于左翼文化急速发展的旋涡中心②。随即而来的全面战争、激进的革命文化、占据画坛支配性地位的写实主义，削弱并遮蔽了他们的文化实验的影响力③。

（本文思路最初发表于2015年5月5日在北京画院举办的“高妙传神——关良绘画艺术研讨会”，此后，在何香凝美术馆、广东美术馆、墨尔本大学等公开讲座和研讨会场合，逐步发展了这一研究。2017年11月18日，论文初稿在日本福冈亚洲美术馆举办的国际学术报告会“移動する画家と東アジア近代美術の形成”上进行了宣读，曾发表于《文艺研究》2018年第8期。感谢李伟铭教授、洪再新教授、王中秀先生、吉田千鹤子女士、五十殿利治教授、Claire Roberts 教授、吴洪亮先生、谭立为先生、莫一点先生、罗立火先生、倪亮先生、吕采芷女士、后藤亮子女士，以及同门陈建宏、杨凡舒、陶美坚诸位在论文写作中提供的帮助。）

---

① 前揭倪贻德《艺苑交游记》，第61页。近期于中央美术学院美术馆开幕的大型回顾展“悲鸿生命——徐悲鸿艺术大展”中，徐悲鸿长期订阅的数种日本美术杂志和书籍也被陈列了出来，由此亦可见日本美术出版物在民国时期的普遍影响力。

② 1929年前后，丁衍庸和陈抱一的文化理想，是想把中华艺术大学打造成一个自由创作和研究的学园，但很快这里变成了左联活动的基地。1946年当丁衍庸和谭华牧主政广东省立艺术专科学校时，他们不久便发现，在中共地下党组织推动之下的学生运动此起彼伏，最终他们选择离开广州。

③ 参见笔者博士学位论文的结论部分，《1938年：国家与艺术家——黄鹤楼大壁画与抗战初期中国现代美术的转型》，中国美术学院，2013年。

# 早期留美艺术家与香港西洋画之发展

## ——从黄潮宽的绘画艺术看本地画坛的窘境

李世庄

香港艺术历史研究会

**摘　要：** 黄潮宽祖籍广东开平，是最早留学美洲的中国青年艺术家之一，20 年代末期归国后活跃于粤港沪三地，以写实风格的西洋画闻名。黄潮宽的名字一直在近现代中国艺术史及香港艺术史中缺席，本文旨在介绍黄潮宽的艺术发展，透过他在不同时期的活动，展示从事西洋画的青年艺术家所遭遇的困难，包括最受争议的人体写生。

**关键词：** 黄潮宽　香港艺术　人体写生　裸体模特

19 世纪末晚清时期，已经有中国青年远赴海外学习艺术，当中最广为人认识的，自然要数有“东亚巨擘”之誉的李铁夫。李早于 19 世纪末年便入读美国的美术学校，是目前所知最早留学欧美的中国画家之一，有关他留美时期的资料至今所见不多，但 1913 年间他在纽约艺术学校考得冠军后[①]，相信曾引起当地华人社会的关注，因为此消息很快亦传遍香港甚至广东地区。

虽然黄潮宽（1896—1971）比李铁夫年幼 27 岁有多，但当李在纽约获奖的时候，黄已在波士顿工作了 3 年，他极有可能听闻过李铁夫的得奖事迹。[②]1916 年，李铁夫已经加入了纽约国际艺术设计学院，而同年黄潮宽亦终于到了纽约省，入

① 李铁夫获奖的消息，最早应见于 1913 年 5 月的《华字日报》，见黎健强、李世庄《1900—1930 年香港视觉艺术活动年表》，《左右》1997 年第 1 期。

② 根据黄潮宽家人的忆述，黄在美国时已认识李铁夫。

读该地的百佛庐美术学校（The Buffalo Fine Arts Academy），正式迈出他艺术事业的第一步。黄潮宽在百佛庐肄业后，辗转到了费城的艺术学院（Pennsylvania Academy of the Fine Arts）学习，在半工半读的情况下，完成了为期四年的课程。20年代末期美洲的经济环境欠佳，谋生不易，黄潮宽毕业后仍只能靠当苦工维生，相信这是促使他返回中国发展的主要原因之一。事实上，较后到美洲学习艺术的李秉、余本、李毓棠等也是为了相同缘故，在30年代初期完成学业后，先后返回香港寻找出路。

## 一、开本地文艺杂志插画新风格

20年代末至30年代初期的香港，文艺活动渐见滋长，不少有兴趣文艺创作的青年都跃跃欲试，组织不同形式的艺术社，互相结识。[①] 黄潮宽来香港定居前，除早已参加了广州的赤社美术研究会外，亦与本港的文艺活动沾上一点关系。1928年8月，香港第一部新文艺杂志《伴侣》创刊，黄潮宽和另一位本地画家司徒乔，分别负责绘制美术插图，为杂志创出了别树一帜的风格。[②] 以第五期“初吻专号”为例，首页编排了黄潮宽一幅题为《接吻》的插画（图1）。黄只以简洁的线条，数笔即勾勒出人物的轮廓，充分显示出他熟练的素描技术，当时的文艺杂志，少见有这般精美的插图。其中颇有趣的是插图中的男女主角，无论相貌、打扮均是西方人的造型，而非东方人的脸孔。类似的风格在后来期号中也不时出现，而且图画的装饰味道

图1　黄潮宽为《伴侣》杂志画的插图《接吻》

① 陈福善曾在他的文章中忆述，当时“一般热心艺术的人们，都感到组织一所美术社是一件刻不容缓的事情”。见陈福善《香港艺术研究社的沿革》，《香港工商日报》1937年5月22日。

② 有关《伴侣》的创办背景和内容，见侣伦《向水屋笔语》，香港三联书店1985年版，第11—14页。

愈见浓厚。黄潮宽笔下塑造的西方人像，依我估计一方面是为了配合其时一般新文艺杂志爱仿效“新艺术”（Art Nouveau）的时尚[①]，部分原因又可能是他留美学画，长期习惯了绘画西方模特所致。

一直以来，黄潮宽似乎很少向人提及他早期为文艺杂志写插画的事。除了在《伴侣》创刊号为编辑关云枝的诗画插画，以及《接吻》一作是以本名示人外，黄后来其余的插画均是以“水朝”署名。[②] 消极一点的推测，可能在黄心目中插画始终算不上纯艺术，所以他亦不愿在作品上留名；况且看他后来以笔名所作的插画，予人颇粗糙的感觉[③]，明显地跟最初如《接吻》是两码事。或者对黄来说，画插画大抵是一份纯粹的工作，非出于自己主观意愿的创作。

## 二、强调模特写生

黄潮宽对艺术的炽热心情，从他多番尝试在港组织画社中则表露无遗。30 年代初期，陈福善、李秉、李毓棠、王少陵、余子强全都是 20 余岁的年青小伙，黄潮宽较他们年长不到十岁，再加上年纪资历最高的李铁夫，基本上已组成了一个小规模的本地西画圈子。无论由最初的青华艺术社、青松艺术社，到后来加入香港美术会或自组香港艺术研究社，这批画家都是本地西画发展的骨干分子。对于黄潮宽或其他画家来说，开设画社的最大意义，除了让大家可以有一个聚脚点外，更重要的就是提供了一个雇用模特的场所，作裸体写生（nude sketching）的练习。战前在香港寻找模特并非易事，尤其是裸体模特，费用昂贵之余，一般华人都不愿做这种工作。为解决写裸体画的问题，这些画家通常会合资雇用一位模特，然后一起在画室进行练习。自 30 年代起，黄潮宽经常与陈福善、李秉和余本等，在后者位于九龙城的画室练习人体绘画，从今天这些画家尚存的早期人体画中，也

---

① 见郑树森、黄继持、卢玮銮编《早期香港新文学作品选（一九二七— 一九四一）》，香港天地图书有限公司 1998 年版，第 18—19 页。

② 侣伦指出“水朝”是黄潮宽在《伴侣》插画中的署名。见前揭侣伦《向水屋笔语》。

③ 黄潮宽在《伴侣》第 7—9 期间以“水朝”署名为小说写插画，每期数量平均有 6—7 幅，数量虽多，但水准却明显不如前。

可看得出他们当时写画的场地布景、模特姿态等，基本上是一致的。[①]

一直以来，黄潮宽都是以擅画人像见称，只要细心比较他现存的作品，相信这是明显不过的。毫无疑问，黄的人像画技术，跟他留学美国时接受的训练有莫大的关系。在费城的美术学院，他有机会接触到人体写生，从西方古典艺术中学习人体结构、比例和立体感等学问，为他后来绘制人像画，打好了相当稳固的基础。如《画室里》（图 2）是他罕见的早期人体习作，无论模特的外型、线条和明暗处理都表现得相当娴熟。跟徐悲鸿留学时期的人体素描比较（图 3），黄潮宽这幅以水彩完成的习作，看来其处理手法更为轻松和饶富趣味，展示了他无论对物料或是描绘对象都有充分的把握。也曾留学加拿大的李秉跟黄属好友，其习作同样地表现出画家对人体结构的理解，色彩运用自然流畅（图 4）。可以说，黄、李二人绘画人体的技术，是西方学院式训练出来的成果，这些技术，正是当时一些本地自学画家如陈福善或王少陵所缺乏和渴求的。故此，当黄潮宽最初在港筹组画社，与其他本地画家一起作人体写生时，他在绘画方面的学问，必定为其他年轻画家带来新的启发。

图2　黄潮宽《画室里》，约20世纪20年代，已佚

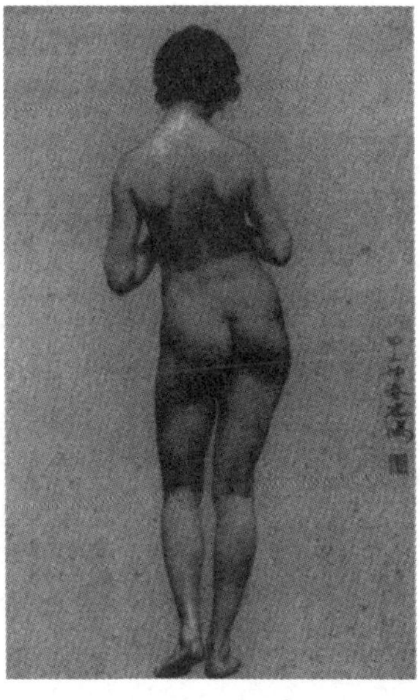

图3　徐悲鸿的人体素描作品

① 有关早期本地画家写裸体画的种种问题，可参考 Lee Sai Chong Jack，*Painting in Western media in early twentieth century Hong Kong*，硕士学位论文，香港大学，1996 年。

图4 《裸女》，李秉约，20世纪30年代，私人收藏

## 三、西方写实形式绘画的影响

黄潮宽接受的是学院式训练，他的绘画受西方艺术影响是自然不过的事。虽然黄并不像陈福善般常公开发表对艺术的见解，亦鲜有在教授学生时谈艺术理论，以至很难知道他的艺术取向，不过观察他现存的作品，不难发现他的绘画风格大体上没有经历明显的转变，终其一生都是以图像写实形式（pictorial realism）为本，对于现代艺术[①]，似乎并不太感兴趣。30年代中期，上海的画坛就西洋画的观点发生激烈论争，以徐悲鸿为核心的写实派跟以徐志摩为代表的现代派，就各自崇尚的艺术主张展开"笔战"，黄当时正身处上海，按理是清楚知道这场中国西画运动史上第一次的公开论争[②]，也应该会接触到如野兽派、立体派、超现实主义等在上海风靡一时的艺术潮流，然而他却未为这些新兴的艺术风格所动，在绘画上做出新尝试或回应。

图5 黄潮宽摄于上海，20世纪30年代

相反，黄潮宽在留沪期间的作品，最能反映他受西方传统艺术的影响，其中为简又文绘制的一幅壁画，便是一个很好的例子。1934年，黄在上海为当地的证券交易所和银行共绘制了3幅大壁画，成为他艺术事业中的一大里程碑，因为此项工程很快为他提高了知名度，让当时的中国人认识这位很早已留学西方的青年画家。（图5）这些壁画的内容具有很浓厚的中国味道——

① 此处的现代艺术，泛指继后印象主义（Post Impressionism）出现的艺术潮流，包括表现主义（Expressionism）、野兽主义（Fauvism）、立体主义（Cubism）等。

② 朱伯雄、陈瑞林：《中国西画五十年》，人民美术出版社1989年版，第498页。

图6　黄潮宽为简又文绘制的壁画《夏娃的苹果》

孔雀、双鹭和仿明代画家仇英的青绿山水——跟西洋艺术看来没有什么关系，主要是因为它们都属于委托的工程，题目并非由他个人决定。然而，黄却因绘制了这些大型壁画，辗转认识了简又文，并应对方的邀请为其书室绘制壁画。黄潮宽为简作的壁画，题为《夏娃的苹果》(图6)，则是典型的西方宗教题材，根据简又文所言，黄当时也承认此乃他最得意之作。[①]《夏娃的苹果》整幅约五尺高，十八尺宽，面积较黄之前绘制的孔雀、双鹭为小，但内容却绝不比它们逊色，单是画中的动植物共30余种之多，可说是包罗万象，而当中不同的品种又包含了不同寓意，整体构思可说费尽心机。至于画中的主角亚当和夏娃，二者皆为裸体人像，夏娃的姿态和造型，尤其是她以手遮掩身体的动作和站立的方式，很明显是受古希腊神话中的维纳斯女神雕像所启发，或者说是直接地挪用；至于亚当以背部面向观众的侧卧姿势，则可在文艺复兴时期的壁画或雕塑中找到类似造型，而这种造型实际上也是人体素描常见的。黄潮宽在制作此壁画时，选取了裸体形像的亚当和夏娃，相信对他来说是熟悉不过的题目，正好让他有机会展示他在绘制人体方面的技巧，将在学院所学的尽情发挥。故此，黄对此作感到称心，实在是不难理解的。

## 四、人体写生的困难

虽然目前可见黄潮宽的裸体人像，仅得《画室里》和《夏娃的苹果》两幅，

① 简又文在1935年通过朋友介绍，邀请黄潮宽为其新建的书室绘制壁画，花了一个月时间始竣工，而当时协助黄绘画的有余子强。见简又文《黄潮宽的画》,《逸经》1973年3月5日第25期，第46页。

而且都是在香港地区以外完成的，但我深信黄在居港的近半个世纪期间，应该创作了相当数量的人体画[①]，因为从他的画友李秉的作品中，依然可找到大量战前的人体写生水彩和油画，而正如前言，这群画家通常是一块雇用模特的，所以黄必定有参与其中。遗憾的是黄潮宽人体画的命运就像余本的遭遇一样，今天早已不存，余本的人体写生主要是在大陆“文化大革命”爆发前销毁的[②]，黄的则相信是在“七七事变”和香港沦陷两次逃难时遗失的。这些人体画对研究本地早期西画的发展，固然是不可多得的宝贵材料，如今绝大部分已不存，要借它们去了解当时画家们的技巧和对西方艺术的认识，就变得格外艰难。然而，作为一个常受争议的题材，裸体画的出现或息微，本身已隐约反映了当时本地艺术发展的状况，而我认为从黄潮宽与人体写生两个题目上，更可进一步窥探到黄甚至其他画家，在早期本地创作时所面临的种种问题。

战后黄潮宽很快便返港投入工作[③]，但从此时开始他似乎少有进行人体写生方面的练习。虽然暂时尚没有充分资料，证明黄是在何时减少或甚至完全放弃人体写生练习，但在他现存的作品里，却竟然找不到半幅战后所作的人体画。[④] 本地早期的西画家中，相信除了李铁夫说过不喜欢画女性裸体画外[⑤]，其他画家，特别是在外地留学归来的，都十分重视人体写生，只要看看李秉、伍步云在晚年依然坚持人体写生，即可见他们十分重视这方面的练习，亦反映了学院时期的训练对他们有深远的影响。黄潮宽的人体写生不多，我相信是由几方面原因造成的。其一是黄潮宽日间在岭南中学的教务工作，占去了他大部分时间，平日寄居在校内的宿舍，使他很少参加李秉、陈福善等画家之间的写生活动。实际上，自黄在

---

① 黄潮宽的学生彭佐营向作者透露，他在 60 年代随黄学画时，曾在黄的家里看过其裸体画作。据“彭佐营访问”，1999 年 9 月 18 日，香港。不过，现存黄的遗作中，并未发现有此方面的作品。

② 此点是余本家人及学生向作者透露的。

③ 据邓尔雅的儿子向作者透露，黄潮宽至迟在 1946 年已经回港，因为同年邓的儿子入读岭南中学，正是由黄出任图画科老师。

④ 1950 年 8 月 22 日的《华侨日报》曾报道了当时举行的西洋画十四人联展，其中刊登了一幅题为黄潮宽所作《睡女》的裸体画，但实际上该画应是李秉的作品，至今仍由李的家人收藏。直至目前为止，作者尚未见过黄在战后的人体写生画。

⑤ 陈挺秀：《追忆李铁夫逸事》，载广州美术学院、鹤山县文化局编《李铁夫诗联书法选集》，第 145 页。

1946年回港到1949年间，竟并未发现任何有关他的艺术消息，在此三年间所作的绘画亦仅见一幅静物画《大红花》，可以说黄潮宽这段时期是十分沉寂，看来他几乎已完全丢下画笔。黄的绘画创作遇上低潮，部分原因可能跟他回港后发现遗失了所有战前作品有关，因为历来他对这批作品都有很高评价，失掉了令他一直耿耿于怀，难免会对他的艺术生产有所影响。

黄潮宽减少了人体写生练习，我以为并非出于偶然。早在30年代初，黄与李秉等合办的青松艺术社规模虽小，且最后亦只维持了几个月，但他当时已尝试仿效西方美术学校的课程，上课时采用石膏像，每天晚上更设模特儿写生班①，强调锻练人体素描的重要性。但自1960年开始，黄分别在香港美专和岭海艺专任职，负责教授油画高级班，学生并非一般初学者，但出乎意料之外他没有把人体写生纳入课程之内。另外，黄私底下教授学生，亦没有人体写生的练习，与他初期的教授方式相差很大，个中原因，我相信跟当时社会环境的限制不无关系。50年代中期，在香港找裸体模特是一件很敏感的事情，曾经有一段时间，本地一些色情场所假借办“人体写生”之名，开设变相的画室作非法勾当，引起了社会各界和政府的关注。② 当时的执法部门严厉扫荡这类色情场所，而一些真正需要雇用模特的画家，为免无端惹祸，唯有不再公开教授人体画。以李秉为例，他现存的裸体习作或油画，大都是在战前至50年代初所作，50年代中的反而难得一见，大抵也是受了“人体写生”案件影响所致。③ 至于黄潮宽，他一直都缺乏私人画室，私下教授学生时，需要长期向外间团体借用场地上课，雇用裸体模特始终是很不方便的事④，所以他基本无法向学生示范人体写生的技巧。故此，除了裸体模特难寻或是费用昂贵等因素外，过往的“人体写生”案件，恐怕也为黄潮宽或本地的美术学校带来一定压力，否则以黄在人像画方面的兴趣和过往的教学经验，是绝对有条件将自己在西方所学全面地介绍给本地的年轻一辈。无奈，谁又会未料到

① 陈福善：《香港艺术研究社的沿革》，《香港工商日报》1937年5月22日。

② 有关“人体写生”的色情案件报道，见《华侨日报》1954年8月13日及14日；至于“人体写生”的掌故逸闻，见秋子“三节棍”专栏，《信报》1995年7月27日。

③ 作者从李秉生前遗留下来的本地艺术消息剪报里，发现他有存起“人体写生”案件的报道，而他的好友陈福善当时亦就此案在报章上发表声言，敦促政府关注艺术家作人体写生的权利。故此，作者相信此案对本地一些艺术家曾构成相当程度的困扰。

④ 据“彭佐营访问”，1999年9月18日。

五六十年代在本港画裸体画，遇到的社会障碍竟然会比战前还多，这种情况不单窒碍了画家本身的创作，同时间亦扼杀了他们把在西方学院所学的传授给本地青年的机会。

## 五、好友相继淡出 黄潮宽深受影响

本来类似“人体写生”案的歪风只是昙花一现，短时间内可能会为艺术工作者们带来滋扰和不便，长远而言应不会妨碍他们正常的人体写生研究。不过，对黄潮宽来说，50 年代中期的确是他艺术事业的灰暗时期，在“人体写生”案件过后不久，本地很多从事西洋媒介的画家相继离港，其中他认识 20 多年的好友李秉、余本和徐东白的退出，我相信为黄的绘画创作带来很大的打击。① 本地的画家并非轻易有个人的画室，李、余二人的画室，一向都是本地早期从事西画研究者驻足的热点——李铁夫在余本画室为冯钢百写肖像，李秉在娱乐戏院阁楼画室搞聚会等事大家都早已耳熟能详——如今他们的画室结业，其他没私人画室的画友顿时失去了工作室，昔日集体聘请裸体模特写生的安排亦难以实行，而黄潮宽大概应是由这时开始，停止人体写生方面的练习，甚至减少其他题材的创作。②

50 年代末年，黄潮宽的另一画友陈福善已开始脱离写实风格，要“暂时抛开大自然的描写，另辟蹊径”③，尝试转写抽象画，以追上当时的现代艺术潮流。此时黄潮宽分别在岭海艺专、香港美专和私下教授油画，仍旧坚持以写实手法为本，对于抽象艺术无动于衷。没有人体写生练习，黄潮宽只能教学生画肖像画，而肖

---

① 李铁夫是战后最早由港返回大陆定居的画家之一，1950 年 8 月他应广州华南文联的邀请，回广州养病长住。据黄潮宽家人忆述，黄当时一度考虑随李同行，移居大陆，后来又打消了念头。至 1955 年，李秉举家返回加拿大卡加利居住。翌年，余本与徐东白亦先后返回广州定居。

② 以风景画为例，30 年代的时候，黄潮宽每逢假日必与李铁夫、李秉等到九龙城一带写生，战后偶尔也会随同其他画友到户外画风景，但自从李秉、余本离开后，本地早期西画的班子几近瓦解，个性沉默低调的黄潮宽亦显得有点心灰意冷，此时已绝少外出写生。在他现存的风景画中，1958—1959 两年间竟然交了白卷。一直到 1960 年左右，在学生不断怂恿鼓励下，黄潮宽才愿意重拾画箱，假日在学生陪同下，一起跑到沙田、大埔、元朗、流浮山等地写生。

③ 陈福善：《在第十五届个展中我对抽象画的观感》，《华侨日报》1959 年 9 月 24 日。

图7 《印度老人》，黄潮宽 1958年，私人收藏

图8 《波斯人》，黄潮宽 1958年，私人收藏

像画的内容通常是苦力、补鞋匠、农妇等人物[①]，取材跟他的画友如余本、伍步云同类作品极为近似。这种题材上的雷同，不一定表示他们有一致的兴趣，实际上它却反映了当时艰难的创作环境。即使岭海和美专都是渐具雏形的美术学校，但限于资源匮乏，要雇用专业模特上课谈何容易，一般只能找街上待业的苦力或流浪汉，无聊发呆的老妇或玩耍的孩童充当肖像画的模特。故此，黄潮宽这时期的人像画如《印度老人》（图7）、《波斯人》（图8）或《补鞋匠》（图9）等，都是上述社会基层的人物。值得注意的是，这些肖像主要为半身像，特别集中在脸部细致的刻画，甚少再见到如早期《土夫人肖像》（图10）般全面的描绘。可以想象得到，学生透过这些人像画，最终所能学到的亦只局限于绘画头部脸相的技巧，要系统地处理人体比例、肌肉、结构等课题，缺少了人体写生的训练始终是很难办到的。

自60年代起，本地传统西洋画的活动已不如昔日般活跃，或者说当时的焦点

① 除了上述题材之外，黄潮宽也会接受委托的肖像画，他的学生彭佐营忆述当时有不少人找黄写肖像，义和隆米行的老板便是其中一个例子。

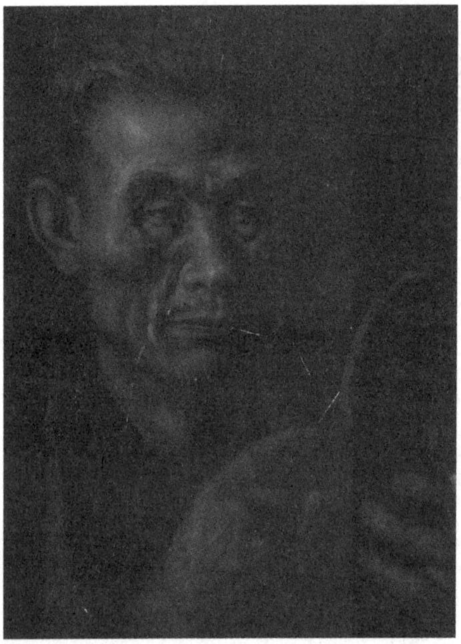

图9 《补鞋匠》，黄潮宽 1958年，私人收藏

图10 《王夫人肖像》，黄潮宽 20世纪30年代，已佚

已由刚冒起的新水墨画取而代之，不少写传统西洋画的画家，都尝试改变创作风格。此时，黄潮宽主要专注在教授绘画，除参与一些联合展览外，似乎看不到他在创作上有进一步突破。本地早期从事西方媒介的画家中，像黄潮宽般默默把半生时间和精神投放在艺术教育工作上的没有几个，但因为个人遭遇加上社会环境的限制，我以为黄尚未完全发挥所长，尤其是战后居港时期，实在是令人感到惋惜。试想同时期广州市政府已于 1947 年成立了市立艺术专科学校，吸纳了不少艺术工作者[①]，逐步改善艺术教育的环境，但香港官方依然未考虑在这方面做任何投资，白白浪费了当时大量留港的艺术工作者，包括像黄潮宽这类曾在外地留学的画家，作为建设本地艺术教育的良好资源。

当黄潮宽在 30 年代崭露头角的时候，简又文已对他有很高的期许：

① 据《岭南书画篆刻时贤通讯录》在 1947 年 5 月的第一次调查，当时本港至少已有 214 位艺术工作者在港留居，其中黄潮宽的名字亦榜上有名。

> 黄君之品性，其为余所钦佩——温静文雅，沉默寡言，谦虚有礼，好学不倦，刻苦勤劳，实事求是，动机纯正，生活恬淡；从无好高骛外，奔竞钻营，为名为利，自炫自大等等时人风气，尤不染各种嗜好恶习，其最奢侈浪费的生活只是每日吸几根国货纸烟，每日唯在校内埋头工作，孳孳屹屹从事绘画，是诚一个纯粹艺人也。其未大见知于世者以此，然而，然而——我敢预言——将来必能成功为吾国一个不朽的艺术名家而为国家为艺坛增光荣者亦以此，因为一个艺术家成功的条件，他已具备了，而正当的途径，他又已踏上了。[①]

纵使黄潮宽具备了成功的条件，但缺乏良好客观环境的支持和配合，事情未必可如愿发展，黄在艺术上的成就，跟简又文心目中所谓“不朽的艺术名家”，恐怕还有一段距离。今天，在中国油画史的出版里，已找不到半张关于黄潮宽的作品，就连本地官方编制的《香港艺术家》目录中，黄的名字也不见经传，相信这点也是简又文在当年从未料到的。

① 见前揭简又文《黄潮宽的画》，第49页。

# 谈留欧“写实主义”倾向艺术家抗战时期的绘画①

## ——由1942年四川美术家协会第一次展览及引发的批评所见

季海洋

北京师范大学艺术与传媒学院

**摘　要：** 1942年成都举办了四川美术协会的第一次联合展览，邀请了吴作人、吕斯百、王临乙、秦宣夫、李瑞年、吕霞光、唐一禾、黄显之八位“写实主义”留欧油画家联合画览，此次展览遭到了洪毅然的尖锐批评。洪毅然则认为他们的作品题材上不够抗战，过于西洋化，缺乏民族性，此外旧的技术阻碍了现实生活的表现。他号召作“宣传艺术”而反对“纯艺术”，认为“抗建时代最纯正的艺术唯有抗建宣传艺术；其他的，都不是艺术！”笔者通过对这次展览及相关批评的来龙去脉进行梳理，认为抗战题材创作对于当时的大部分画家而言都是全新的领域，吴作人、吕斯百等人需要借助熟悉的方法和路径逐步把欧洲留学的经验转化为现实的抗战题材，留欧“写实主义”艺术家在运用过去的经验的同时根据自己的技术特点逐步地发展出更加适应国情的创作。

**关键词：** 四川美术协会第一次联合画展　写实主义早期团体　洪毅然　“新写实主义”绘画模式

1942年元旦，吴作人、吕斯百、王临乙、秦宣夫、李瑞年、吕霞光、唐一禾、黄显之八位留学欧洲归来的画家在成都共同举办了一次展览，即“四川美术协会第一次美展”，这次画展也是20世纪30年代留学欧洲并具有写实倾向的艺术

① 本文受到中国博士后基金科学基金资助，编号为2018M641238。

家回国后的一次比较集中的展览。作为成都“美术年”和四川美术协会的首次展览，举办七天，《中央日报》、《新新新闻》和《华西日报》皆有报道。对于这次画展，几位参展艺术家的传记和研究中有所记载，但除2018年沈宁先生的文章《蓉城八人画展与孙佩苍藏画》一文进行了准确详细的记述外，大部分资料包括笔者的博士论文中都将此画展的年份误以为是1941年。当时洪毅然对此画展进行了批评，发表了《谈“艺术生活”——为“美术年”开幕作》和《评八画家联合画展及其他》文章，并于1943年3月和叶正昌、梁正宇、谢趣生、郭乾德、张漾兮、苗勃然举办了七人画展。如果将这次展览以及与之相联系的一些事件进行比较，笔者认为或许有一些问题值得思考。

## 一

四川美术协会第一次展览于1942年1月1日到7日在省立图书馆举行，成为成都的“美术年”的第一个展览，美术协会理事长教育厅长郭有守于1941年12月23日午后特邀美术界及新闻界人士茶会，说明此次展览会之意义及美术教育之重要性，并由展览作家吴作人及美术家罗文谟分别报告，展览共100幅作品。相关报道有《新新新闻》的民国31年（1942）12月31日的第9版，为四川美术协会第一次美展特刊，其中有《四川美术协会新年献词》、《四川美术协会之回顾与前瞻》以及《谈“艺术生活”——为“美术年”开幕作》等文章，民国31（1942）年1月2日中央日报的第4版中央副刊登了郭有守的《第一次美展出品人介绍》、徐仲年的《吴吕两画师印象记》、庞薰琹的《读画随笔》，《华西日报》刊登了洪毅然的《评八画家联合画展及其他》。

在《四川美术协会之回顾与前瞻》中有这样的表述：“抗战军兴，吾川已形成后防唯一根据地，政治文化中心，早为世所公认，不但各省学术名流，冠盖云集即友邦人士，大使外宾亦莫不□□□□，如能利用此种机会，于我政府抗战同时建国的国策之下，一面发展我固有文化，一面赶上世界新兴艺术，奠定我国文化之□基，激发我族之优美崇高意识，实目前最好之机会，亦本会所应积极努力者也，世界战祸，现已弥漫全球，人类的文明幸福，□□被毁灭□□的暴力□□之下……唯有以美育以陶冶其感情，导引人生使之返于‘真’、‘善’之德性，消弭世界战争，奠定人类之永久和平□□这是今日艺术界人士，最大的责任，亦即本会应积极努力之最大目的。”①

从“消弭世界战争，奠定人类之永久和平”是最大目的，可以看到美术协会执行的文化政策之一就是寄希望于联合英美苏等国家，获得抗击日本的各项支持的政治需要。翻看1942年元旦期间的报纸，可以看到媒体非常密切地报道国际战争形势，并通过反对轴心国联盟的建立鼓舞民众抗战信心，如仅1942年1月1日《新新新闻》第5版报道就有《日寇向英美宣战等于“饮鸩止渴”》《暴日之三大国策已被我抗战打破》《反轴心阵营雄厚，中英美苏等紧密联系，德意与日实际不能连络》《国际形势彻底有利，亟需打定立国基础，一致努力实行三民主义，保障国家民族永久生存》等题目，第9版又有《三十一年元旦，除旧布新增强抗战力量迎接胜利年》，1月4日报道了《反轴心国签订公约发表宣言作战到底，中英美苏等廿六国在美签字，我国以宋新外长为签字代表》等文章，报纸中还可见《陪都国际文化团体昨举行反侵略大会，参加十万人，通过四提案，英美苏三使均发表演说》等文章。由此可见“唯有以美育以陶冶其感情，导引人生使之返于‘真’‘善’之德性，消弭世界战争”的理念，应是一种抗日战争的外交宣传途径和策略，并持续了一段时期，秦宣夫就曾回忆道：“1943年1月，教育部为了鼓励抗战信心，在联合国宣言、开罗会议、美国十四航空队到渝、空袭停止的条件下举办了第三届全国美展。”四川美术协会1942年的“美术年”以及八人画展的性质应该是与之类似的。

文中还有“于我政府抗战同时建国的国策之下，一面发展我固有文化，一面赶上世界新兴艺术”的主张，美术家协会的首次展览选择举办留法艺术家联展或许代表的就是“赶上世界新兴艺术”的愿望。郭有守在《第一次美展出品人介绍》中写道：“我国近年的留欧□学生□各国□有其专长的部门，他们也自有其成功的学科。以美术论，尤其是绘画与雕塑，以留法去的人数最多，成就最大。这是事实，以此次四川美协所主办的画展来看，就可以证明。……他们服务的处所，足以代表国□□□的艺术教育和研究机关，他们都是四十岁以内的少壮作家，中国

---

① 《四川美术协会之回顾与前瞻》，《新新新闻》1942年12月31日第9版，四川美术协会第一次美展特刊。文中□处为漫湮不清之文字，本文其余处与此情况相同，不再一一说明。

近20年内所培植成功的美术人才中他们是占了很重要的位置，□外画家如常书鸿、庞薰琹，最近都在成都举行过画展。雕刻家刘开渠，□□和他的作品是成都所熟识而钦佩的。这三位又都是留法同学。这十一位艺术家都集中在四川，这是四川的得天独厚。□次八大作家慨允选集作品百幅，来蓉公开展览七日，这是空前之举。”①（图1、图2）

中央副刊
第一次美展出品人介绍

图1 《中央日报》1942年1月2日第4版

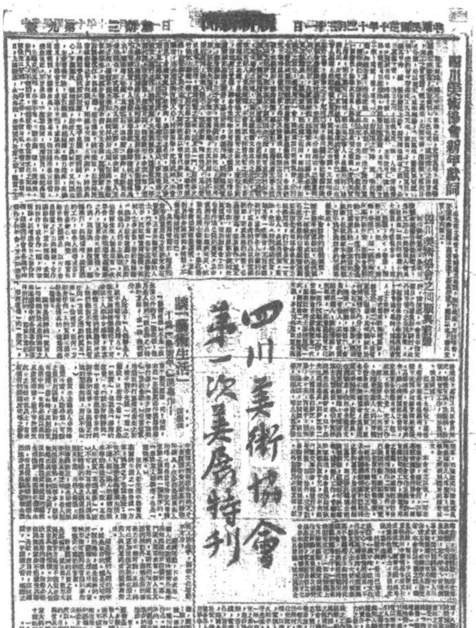
四川美術協會第一次美展特刊

图2 《中央日报》1942年1月2日第9版

庞薰琹的《读画随笔》对此次画展的举办进行了赞扬，他认为：“今日全中国的艺术作者不单□联合起来，而且今全中国的艺术作者□站在一个阵线上为中华民族的文化奋斗努力。想全中国的艺术作者不会有人否认这句话吧！而这次四川美术协会在三十一年元旦日举办第一次美术展览会，就可以说是这种团结精神的表现。我在开始介绍这次画展之前，谨在此预祝：在十年之内，中国能领导全世界的艺术运动，以中华民族之优秀，以过去文化之辉煌，想来也绝无人笑我此预祝为狂妄。”②

他还认为：“这个画展第一个特点就是：假若不因为抗战，这八位作家绝不会聚集在一起，更不会联合起来举行这么一个大规模的绘画展览，就因为这个特点，所以打开了我的话匣子，写上了上面的一大堆‘闲话’。”③自1937年7月7日后，秦宣夫、王临乙随北平艺专出逃；

① 郭有守：《第一次美展出品人介绍》，《中央日报》1942年1月2日第4版。

② 庞薰琹：《读画随笔》（上），《中央副刊》1942年1月2日第4版。

③ 庞薰琹：《读画随笔》（下），《中央副刊》1942年1月3日第4版。

李瑞年回国后自上海一路逃至昆明安江村；吕斯百和中央大学由南京内迁至重庆；因徐悲鸿赴南洋募款，吕斯百代理主任、唐一禾随武昌艺术专科学校 1938 年被炸迁至宜都，后转移到四川江津；吕霞光就职的苏州美专 1937 年 10 月解散，后与吴作人曾在武汉政治部三厅工作；黄显之曾在广西桂林师范学校；几年内画家们由于从各地辗转至内地，作品多有毁坏，举办展览确实不易。

值得注意的是，庞薰琹以画家的角度分辨出八位画家皆具各自的风格特点：“这八位作家虽然都是留学法比，虽然有好几位都是徐悲鸿先生的弟子，虽然他们所走的路径相仿佛，然而这八位作家的作风各不相同。由这点看来，更可以相信苏格拉底的一句话：‘艺术的任务，恐怕还是表现出心灵的内容。’”[①] 之后他对每位作者的作品进行了评价。当然除了以上夸赞的文章外，对画展也有批评的声音。

## 二

洪毅然发表了《评八画家联合画展及其他》文章对八画家进行了批评，“吕霞光先生，李瑞年先生，秦宣夫先生，与王临乙先生，技巧既极幼稚，内容更无是取”[②]。吴作人、唐一禾、吕斯百、黄显之成就较大，“不过，上述几位画家虽然各有千秋，但以艺术运动之历史的，时代的观点看，却仍不能认为满意！”[③]“吴先生选定题材的时候虽然是要表现‘不可摧毁的生命’，可是在制作的过程中，多年习惯了的旧技巧诱逼他无意中仍走了老路，一切传统的原理与法规俘虏了他，从构图到笔触，从光暗到色彩，不期然而然地务求形式的优美，而忘记主题，结果所表现的与所要表现的不能一致。……抗战以来大部分技巧比较成熟的作家都没有把握着时代，都没有反映出现实，仍然隐藏在风景静物等色线的玩赏生活中，辜负时代历史的机运，必为时代历史所淘汰！……所谓现实主义的创作方法，绝不是仅指写实主义的描写技巧。如仅指后者而言，那末，吴，吕，唐，黄诸先生可谓□已具备，但他们的创作方法中却甚缺乏深入现实，在本质上去体认现实的能

① 庞薰琹：《读画随笔》（下），《中央副刊》1942 年 1 月 3 日第 4 版。

② 洪毅然：《评八画家联合画展及其他》，《华西日报·华副》1942 年 1 月 17 日第 3 版第 2582 期。

③ 同上。

力和态度。”[1]（图 3）

图3 《华西日报》1942年1月17日第3版

《新新新闻》于 1941 年 12 月 30 日刊登了《记一个艺术座谈会》一文，可以看出洪毅然等人在八画家开展之前就对此画展抱不赞成的意见，文中记述，全国艺界抗敌协会蓉城分会为认清艺术道路，洪毅然、梁又铭、谢趣生、王希瑾、王舜钦等人进行了自由讨论，“画家梁又铭，前个星期他参加过美术协会，为了八个画家在新年开展览会的讨论会上。前说有位画家曾经那么说，‘美术□消灭战争□’，是的，世界大战的侵略□者，□如何在贪婪的夺取，奸淫和掳掠，这□极其残□行为，始终不会满足他们的□□欲，倘若说，用艺术美化人生，这样的时候，还嫌太早，我们也需要从绘画□□身去研究中心思想，这不是理□的说教，我们一定□□□行动，例如过去的艺术为艺术的那一副精神，同样的，吃饭而吃饭都不能成其的理由。所以为艺术而艺术是走不□的□路，法兰西和比利斯。她们艺术家们的摇篮，同样被战争摧毁了，吞噬了，光是美术来消灭战争是不够的！现在的中英美苏已经来联合成功，正在进行反侵略的正义战，而我们要用美术□□□抗战各部门中去，□□切实的配合起来”。[2]

1941 年 12 月 14—15 日常书鸿在成都举办画展，在某种程度上和八画家的展览是具有延续性的，12 月 24 日洪毅然在《华西日报》发表文章《论常书鸿的艺术及其他》，在文章第一部分“真正西洋画”写道：“常先生在画面上所表现的‘美’是完全从□洋绘画的□感态度所见出的‘美’，与中国艺术传统的关系实远不如其与西洋艺术传统的关系密切。因之，我们说他是我国第一个真正的西洋画，实含有推崇和责备两种意义。”[3] 文章第二部分为“现在不需要”，他称：“首先，我不赞同常先生此次展览会中几乎全部作品都是‘无关抗战’的风景静物一类粉

① 洪毅然：《评八画家联合画展及其他》，《华西日报 · 华副》1942 年 1 月 17 日第 3 版第 2582 期。

② 《记一个艺术座谈会》，《新新新闻》1941 年 12 月 30 日第 7 版。

③ 洪毅然：《论常书鸿的艺术及其他》，《华西日报》1941 年 12 月 24 日。

图4 《华西日报》1942年12月24日第3版

图5 《华西日报》1942年12月24日第3版

饰升平的创作题材。其次我不赞同常先生在所□风景静物中尽是‘恬然自乐’与‘玩物丧志’一类风雅的和玩赏的创作态度。最后我尤其不赞同常先生渗透所有作品，来自传统的西洋艺术之‘唯美主义’的创作精神。……常先生如上所述的作品在目前对抗战所要求的艺术恰恰背道而驰！请设想：如果目前四万万同胞，都深受了常先生艺术之感染，潜移默化，而统整日价“浑忘物我”的遐思盘桓与青山绿水之间，还有谁愿意应征服兵役呢？领袖告诉我们应“改正醉生梦死的生活，至低限度，我们怕也该不鼓励醉生梦死的生活，对啊！故敢说：常先生的艺术，在目前，我们不需要！”①（图4、图5）

## 三

一同举办画展的八位画家出国的时间较为接近，年龄接近，关系密切。吕斯百留学时间为1928—1934年，先入里昂美专、1931年入巴黎国立高等美术学院，师从德旺拜斯。王临乙留学时间为1928—1937年，先入里昂美专，1932年入巴黎国立高等美院学习雕塑，师从亨利·布沙尔。吴作人留学时间为1930—1935年，最初短暂停留巴黎，后赴比利时布鲁塞尔皇家美术学院，师从巴思天。吕霞光留学时间为1930—1937年，最初短暂停留巴黎，后赴比利时布鲁塞尔皇家美术学院，师从巴思天，后回到巴黎国立高等美术学院学习师从吕西安·西蒙。秦宣夫留学时间为1930—1934年，就读于巴黎国立高等美术学校，师从吕西安·西

① 洪毅然:《论常书鸿的艺术及其他》,《华西日报》1941年12月24日。

蒙。唐一禾留学时间为1931—1934年，就读于巴黎国立高等美术学院，师从皮埃尔·劳伦斯。黄显之留学时间为1931—1935年，就读于巴黎国立高等美术学院，同时还到里昂学院、巴黎北欧学院学习。李瑞年留学时间为1933—1937年，先是比利时布鲁塞尔皇家美术学院，1935年就读于巴黎国立高等美术学院，师从吕西安·西蒙。

吕斯百和王临乙于1928年12月一同赴法，吴作人和吕霞光于1930年4月一同从上海赴法，后来去比利时布鲁塞尔皇家美术学院，李瑞年1933年赴比利时，在吕霞光的推荐下专门学习了两年素描，后来两人一起在法国进了西蒙画室。常书鸿于1927—1936年留学，最初也在里昂美专，1932年入巴黎国立高等美术学院，师从皮埃尔·劳伦斯。1933年4月中国留法艺术学会在常书鸿家成立，《中国留法艺术学会启示》附“中国留法艺术学会会员录”中，黄显之、吕斯百、王临乙、秦宣夫、唐一禾五位皆在，吴作人、吕霞光、李瑞年此时在比利时，但互相之间都有交往。这些艺术家在留欧时大部分相识，回国后分散在各校教学，后因日本侵华，逐渐向大后方迁徙，与此同时，北平和杭州这两派本就艺术上持不同观点的艺术家发生了一系列的人事纠纷，或许刺激了团体意识的进一步形成。（图6）

图6　常书鸿、李瑞年在吴作人布鲁塞尔家中

1937年日军侵略，北平艺专校长赵太侔率一部分老师和同学从北平逃出，杭州艺专在林风眠带领下从杭州出逃，于1938年2月到沅陵，因国民政府教育部无力开支两校经费，杭州艺专与先到此地的北平艺专奉命合并，易名国立艺专。取消原来的校长制，除林风眠和赵太侔外，又增加常书鸿成为三位校务委员，李有行为教务主任，北平方面教师有庞薰琹、李有行、王临乙、王曼硕等，杭州方面有林文铮、吴大羽、刘开渠、蔡威廉、雷圭元等。合校后出现了多次矛盾和学潮，1938年3月12日，王曼硕、李朴园、王子云、雷圭元、王临乙、刘

开渠、李有行、庞薰琹八位教授写信给林风眠，敦促他同意将学校迁往昆明。事实上这八位教授中，杭州艺专也有四位。林风眠突然离校，并于3月14日给赵太侔、常书鸿修书一封，拜托他们两位照顾好“随弟多年不无念念”的杭校员生。后因学生强烈要求校长林风眠返校，教育部不得不同意请林风眠返校并由常书鸿专程前往请林风眠回来主持校务。但林风眠坚持不肯回校，在各方的劝说下，林风眠最终同意回沅陵，在常书鸿的陪同下到了长沙。3月24日林风眠给陈立夫写信指责北平艺专众人，并向张道藩请辞，表示风波难平需在长沙等待，4月12日再次向陈立夫请辞，后一人返回上海。

1938年6月，教育部令国立艺术专科学校恢复校长制，任命滕固为校长兼教务主任。后因躲避轰炸迁入安江村。1938年滕固任国立艺专校长时，常书鸿任造型艺术系、西画系主任。1938年12月迁校工作时，滕固生病，常书鸿奉命代理校长职务。1939年1月，学校迁入昆明，1939年3月10日，林风眠在香港听闻国立艺专恢复校长制，曾向戴季陶写信提出复职的请求。3月15日，戴季陶将信转陈立夫。4月，陈立夫回信拒绝了林风眠的复职请求：“两校合并伊始，风潮即起。风眠先生遽尔高蹈远行。经部迭电挽留，并派员到校指导，始允返校，暂行维持。暑假期届，又电请辞职。本部以该校校务，亟待改进，因准其请，改聘滕固先生为校长，以期彻底整理，半年以来，渐入正轨……滕校长努力于内部之改进，并无他就之意，未便再加更动。”[①] 林风眠知晓回校任职无望，便离香港回上海。

后因方干民与常书鸿矛盾，滕固未续聘方干民，引起原杭校学生学潮，并升级为斗殴事件。安江村学潮虽仅三日，却在昆明“杭校”同学会中躁动并不断扩散，引起了教育部高层注意，甚至提出学校可暂行归并他校，待抗战结束后再行建立的方案，陈立夫电致顾一樵，称如“艺专风气已坏至极点，可停办”[②]。后在滕固提出学潮仅由校务引起，并无政党介入，建议续办后，才又令：“艺专可乘此机会迁壁山切实整顿。”[③] 教育部派员调查后针对安江村学潮，在呈文中分析：

① 朱朴编：《林风眠全集》（第五册年谱），中国青年出版社2014年版，第137页。

② 侯云汉：《校务治理分歧引发的学潮对民国专门美术教育的挫伤》，《美术研究》，2014年第4期。

③ 同上。

> 吾国艺术教育方针尚未十分确定，教者常以专门家中某一派别之态度传授艺术知识，而学者一入艺专亦即以专门家某一派自相比拟，以致艺术之基本常识与技能虽尚未俱，而派别与门户之见已甚深，浮靡放纵之习惯亦必养成。于是各派固执成见，一面自相推崇，一面互相攻击。此种教学态度常为历来各处艺术学校风潮之远因。①

对于杭州艺专的“新派”艺术风格，教育部的态度也不予支持，“教育部针对画风发出训令，指责前杭校少数教员从事倡导，导致‘部分学生绘画习作渐涉诡异’，尤‘以西画组为甚’。要求‘基础训练必求端严、整肃，该校为唯一国立艺术学校，应知使命之重大，教学，训导均应趋入正轨，造成切实健全之人才’”②。

据朱膺、闵希文回忆：

> 滕固来校后，杭州方面的老师绝大部分离开了，仅剩方干民、赵人麟、雷圭元3位先生，北平的老师基本上没走。……原先是蔡威廉先生教我们油画，后由常书鸿先生来替代，常先生的学院画风与杭州的现代派风格格格不入，同学们仍沿着杭州的画法去画。常先生创作了一幅《日寇暴行图》没有引起同学们的重视和赞赏，因为他这幅画既没什么表情，也不激动人，又一丝一毫没真实感。1936年我们曾去南京参观“第二届全国美展”常先生的几幅作品倒是让杭州艺专学生十分钦佩，还建议林校长把常先生请来任教。但这次经过沅陵半年的教学，不免使杭州艺专同学有点失望。当学校从沅陵迁到昆明安江村上课的时候，校长滕固让方干民先生出任教务长，可是不到半年，出于人事上的纠缠，解聘了他。杭州艺专同学在感情上接受不了，要求滕固收回解聘令，滕校长却坚持自己的意见，于是又引发了一场学潮，前后持续了两个多月。教育部另派国画家吕凤子先生来接替，解聘了滕固。为给滕固一点面子，开除了吴芷石和丁天缺两位同学，解聘了方干民先生和洪毅然先生（洪毅然曾为方干民

① 《中国第二历史档案馆馆藏：国民政府教育部档案5-5645》，转引自侯云汉《校务治理分歧引发的学潮对民国专门美术教育的挫伤》，《美术研究》2014年第4期。

② 同上。

学生，此时任图书出版科主任，笔者按）。……吕凤子了解到学校的情况，怕发生什么纠葛，只让学生去，老师一个不聘。[①]（图7、图8）

秦宣夫1952年4月所写的一篇思想改造学习检查中对这一事件进行了回忆：

1940年8月，学校发聘书，方干民未被聘，引起了潜伏两年多（杭州北平两艺专合并后）宗派斗争。闹得校长滕固无法行使职权，只好辞职。后来教育部为了迁就新校长吕凤子的要求（也可以说是条件），决定迁校到重庆（或后应为璧山，笔者按）。同时教育部为了安插几个聘书未到期而又不愿留校的教员，组织了一个“美术教育委员会”，由张道藩兼主任委员。我于1941年1月到了重庆。滕固也把我安插在内。因此认识了张道藩。后来又加入他一手包办

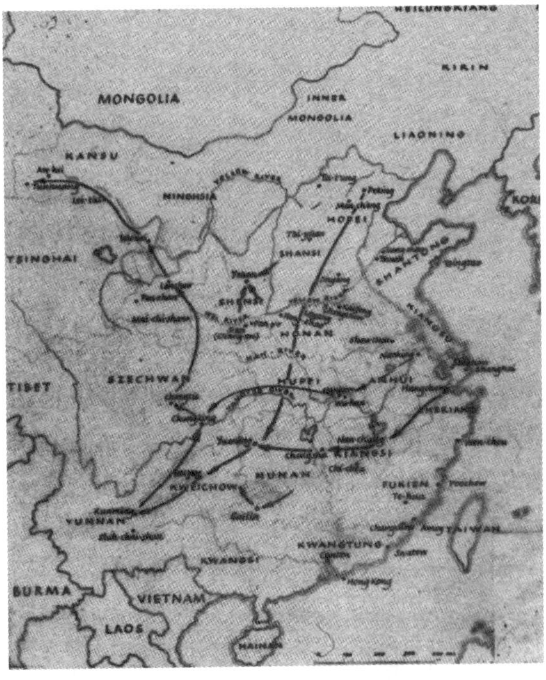


图7　艺术院校的撤离路线（1937—1945）

图8　1940年洪毅然在安江村

① 朱膺、闵希文：《风风雨雨的国立艺专》，载《烽火艺程》，中国美术学院出版社1998年版，第18页。

的伪“中华全国美术会”并任历届理事。我在美术教育委员会任专门委员（有薪水，“委员”是名誉职）一年半，既不用到部办公，又无一定工作。张道藩事忙，只是偶然（一两个月一次）来看看。唯一的公事，只有秘书常书鸿每月到青木关拿薪水。因此我可以埋头画画，这种生活我认为很理想，符合了我当画家的愿望。①

教育部美术教育委员会借用四川教育学院在凤凰山的宿舍作为会址，秦宣夫、常书鸿、王临乙、吕斯百每家两间，尚余两间作为公共画室兼办公，后吴作人和李瑞年也集聚此地，成为“凤凰山画家群”。艺术主张的冲突和人事上的纠葛，有可能从另外一种方式上促成了艺术团体和派别观念的形成。

1942 年元旦画展的半个月前，常书鸿也于成都举办了个展。具有类似教育背景、审美倾向、生活经历的八人艺术家联展，多少会给人以一种“写实主义”艺术家群体宣言的感觉。吉春阳在其博士论文《秦宣夫研究》中也认为“如果将这个事件（1940 年 8 月的国立艺专风波）和‘八人油画联展’相联系，可以认为后者是针对国立艺专事件的回应，他们试图通过公开展览展示他们的实践成果表明他们的群体意识”②。

吴作人、吕斯百、王临乙、吕霞光曾是徐悲鸿的学生，其余四位不是，发生这一系列事件时徐悲鸿并不在场。徐悲鸿巨大的影响力使他成为早期“写实主义”团体的领袖人物，但中国早期写实主义绘画的面貌，既有和他同时期的同道郭有守、孙佩苍等支持倡导，也由比他稍晚的常书鸿、李瑞年、秦宣夫、唐一禾、吴作人、吕斯百、王临乙、黄显之等人共同构成，后来者在人数上更多，也更加专注于西方绘画形式的创作。他们的艺术理念都来源于欧洲学院派的严谨作风和传统。正如吕斯百在《艺术学系之过去与未来》中所写：

在欧洲的艺术教育上，有所谓“学院派”，这是中大艺术学系往往被人误解指摘词。其实我们虽然受之有愧，倒亦不愿加以否认。就如法国学院派乃凭

---

① 秦宣夫：《秦宣夫自述》，载《秦宣夫文集》，南京师范大学出版社 2006 年版，第 399 页。（本文原为秦宣夫 1952 年 4 月所写的一篇思想改造学习检查）

② 吉春阳：《秦宣夫研究》，博士学位论文，南京师范大学，2005 年，第 90 页。

> 长时期严格的传统，在欧洲艺术教育上至今未失重要的地位。“学院派”可以说是在学校有一种严整的作风，不是落伍者所做的抄袭与因循，我们向后者宣战而嗤之以鼻。[①]

当然和他们艺术观点不同的新派，也是以林风眠、林文铮、吴大羽等留法的艺术家所组成的。

## 四

洪毅然对八画家和常书鸿的批评大致如下：

（1）吕霞光、李瑞年、秦宣夫、王临乙，技巧既极幼稚，内容更无足取。

（2）常书鸿技术好，但过于西洋化，缺乏民族性，此外作品不抗战，现在不需要。

（3）吴作人、吕斯百、唐一禾、黄显之成就较大，但还不够。吴作人技术好，题材也抗战，但是其旧的技术阻碍了现实生活的表现，没有用现实主义的创作方法。

1939年洪毅然发表了《“新写实主义”与“革命的浪漫主义”——再论抗敌艺术的内容与形式》：

> 我们说新写实主义就是经过了所有一切现代的非写实主义乃至反写实主义之洗礼的，素朴的旧写实主义之充实化与升高，即等于新写实主义就是融化了印象主义的以后一切后印象主义，新印象主义，与立体主义、未来主义、构成主义、表现主义、野兽主义，甚至超现实主义与达达主义……等等等等的，极多样、极复合的素质的一种写实主义。[②]

---

① 吕斯百：《艺术学系之过去与未来》，《国立中央大学艺术学系系讯》，1943年刊行，载赵力、余丁编《中国油画五百年》2，湖南美术出版社2014年版，第1076页。

② 洪毅然：《“新写实主义”与“革命的浪漫主义”——再论抗敌艺术的内容与形式》，《战斗美术》1939年第1期。

文中认为“新写实主义”和“革命的浪漫主义”本来是可统一，可综合的。

接着他在第2—3期发表《战地写生之必要》，在第4期发表《老作家为什么不参加新运动》、同期用尼印笔名发表《全美抗协应有工作表现》等文章。他在1940年发表的《纯艺术与宣传艺术：参加重庆美术节庆祝大会有感》中写道：

> 目前的时代既已是抗战建国的时代，换言之，即人们既已在抗战建国的生活中，那末，除直接反映与表现抗建生活之现实诸状况，并反而具有对于现实的抗建事业能尽其组织，引导，和推进之任务的抗建宣传艺术而外，怎能够还另有一种什末“纯”艺术呢！既然是不能或不愿意作宣传画的，就请他进坟墓去吧！我怀疑这还就是必要的。因为我确信：抗建时代最纯正的艺术唯有抗建宣传艺术；其他的，都不是艺术！（说得客气些，都不是有价值的艺术！）①

洪毅然这一时期文章大都是号召作“宣传艺术”而反对“纯艺术”，如在《老作家为什么不参加新运动》中写道：

> 他们不参加新运动的真正原因说出来怕有些人会脸红吧？乃在于他们意识到他们一向在享乐的艺术至上主义（实则只好是“技术”至上主义）的狭小的studio中所玩弄着的一套贫血的技术太不宜于应付广大的新的题材之软弱无能，与其坦白地在大众眼前暴露出自己的弱点而被戳穿一向受人恭维惯了的纸老虎，那当是何等的不智，并且是何等的难为情哪！②

1941年底至1942年元旦常书鸿和八位画家的展览成为洪毅然批判的具体的靶子。不知是否巧合，洪毅然批判的力度最大的也恰巧是两校冲突时曾在原北平国立艺专工作过的常书鸿、吕霞光、李瑞年、秦宣夫与王临乙等人。

笔者尚未看到八画家对洪毅然批评的回应，1942年1月周延在文章《我怕批评》中写道：

---

① 尼印（洪毅然）：《纯艺术与宣传艺术：参加重庆美术节庆祝大会有感》，《战时后方画刊》1940年第8期。

② 毅然（洪毅然）：《老作家为什么不参加新运动》，《战斗美术》1939年第4期。

近来一些批评家，真了不起，“洋洋乎”大块文章，不是骂张三的文章太柔性，就是骂李四的作风太陈腐，什么“现在不需要”呀！“名利双收”呀！“抗战八股”呀！咕哩聒噪吵闹一阵，吓得被骂者气息奄奄，甚至死去，文场才得清静了，就是批评家们，戴之桂冠，坐之茶楼，吠之香烟，傲然而言曰“某者素□文坛红星，经吾一击，遂体无完肤矣！”听者亦未尝不“神摇”“心动”……“批评”因需要，但不只是攻击，还应指出弥补的方法，及作者的长处，态度应当是研讨的，和蔼的，同情的，不是一味的恐吓、打击或讽刺……所以批评家们，不仅应当认清楚作者的生活环境，及作者的好的契机，与坏的成分给以批评或颂扬，还□认清楚时代及现实矛盾正确的统一方法，然后用最现实的目光，来观□作品，批评作品，这样文艺远景，才会有光辉的色调涂上，批评家们自己，也才算得上一位好的批评家。[①]

## 五

据沈宁《蓉城八人画展与孙佩苍藏画》文中统计：“综合各类信息，百幅参展作品的大致情况如下：吴作人的《缝纫》《吴夫人像》《浣衣女》《虞美人》《月季花》《重庆燃烧中》《不可毁灭的生命》《燃烧后》《子母难》（均油画）及军人生活速写等；吕斯百的《院内》《嘉陵江》《冬菊》《辛夷》《芍药》（均油画）及素描等；秦宣夫的《藕》《插秧》《赶场》《云南乡女》（均油画）及素描等；唐一禾的《红衣女》《女团员》《像》三幅油画人像；王临乙的《云南乡女》等素描五幅；吕霞光的《重庆之雾》《风景》（油画）等；李瑞年的《老妇》（素描）等；黄显之的《武运长久》静物油画一幅。”[②]当时的报道中称作品“共一百幅，多静物寄生，其中如《重庆燃烧中》《不可毁灭的生命》及《重创再战》《难民》等帧，不独富有艺术价值，尤饶抗战精神”[③]。据1942年1月7日《新新新闻》刊登《川美术协会明开座谈会，请艺术界交还意见》：“四川美术协会主办之第一次西画展览会，元旦开

① 周延：《我怕批评》，《华西日报·华副》1942年1月25日第3版第2589期。

② 沈宁：《蓉城八人画展与孙佩苍藏画》，《中国美术》2018年第4期。

③ 《新新新闻》，1941年12月24日。

幕以来，参观者络绎不绝，作品中除少数未标价外，其余大半为爱好艺术者订去，尤以吕斯百吴作人二君之画作售去特多，今为最后一日，展览毕，吕吴二君即将赴渝，此间美协，将于明日主办一座谈会，邀请艺术界人士交还意见，届时并由吕吴二君讲述创作经验。”[①]（图 9、图 10、图 11、图 12、图 13、图 14）

1943 年 3 月 14—16 日在祠堂街四川美术协会举行西画联合展览，洪毅然和叶正昌、梁正宇、谢趣生、郭乾德、张漾兮、苗勃然举办了七人画展，作品计 140 余幅。张漾兮的作品有水墨速写《佣妇》《小工人》《陋巷》《村后》《拾薪者》《荒谷》

图9 《重庆燃烧中》油画 吴作人 80cm×100cm 1940年

图10 《不可毁灭的生命》油画 吴作人 尺寸不详 1941年

图11 《云南乡女》秦宣夫 1940年

图12 《炸后》吕斯百 尺寸不详 1939年

① 《川美术协会明开座谈会，请艺术界交还意见》，《新新新闻》1942 年 1 月 7 日。

图13 《素描》李瑞年 尺寸不详 1934年

图14 洪毅然（前排右二）等人成立的“四川漫画社”，1938年1月

《寒野》，谢趣生的作品有《晚妆》（妓女、漫画）、《冬之晨》、《野店夕阳》、《盲人》、《江平》、《午》、《炊烟》、《小巷》、《关口》，叶正昌的作品有油画《读》《红衣》《花》，苗勃然的作品有水彩《荒郊放牧》《初春》《赶集》《楼头》，梁正宇的作品有水彩《吃酒》、《抬草》、《楼头》（近于图案）、《游泳池》（立体派）、《私语》（油画人像后期印象派），郭乾德的作品有《湘水之云》《白庙子》《江畔》《沅溪江流》《菊花》《复兴门》，洪毅然的作品有油画4幅《三人》《女佣》《绿衣女郎》《风景》（后期印象派）、速写《在休息室》《夫人肖像》，如果根据评论文章看，抗战题材的作品比重不算高，风景、静物、肖像较多，且风格颇多都是偏后印象派，从描绘抗战题材的数量这个角度看，和洪毅然所批判的八人画展、常书鸿展览，似乎区别不大。苏文在《略谈七人画展（下）》中写道：“此外郭先生的作品也很值得注意，只是古雅了一点，在观众看了之后，除了欣喜而外，再没有激起观众向上的热情。梁先生的静物确实用了工夫。”[①]

陈觉玄在《参观七人联合画展》中写道：“洪君是素来反对末世纪艺术的，而画风不觉与之接近，这是有意为之的吧？”[②] 王希瑾认为此次画展“在质的方面，虽与我们要求尚远，以此地过去有的西洋画展而言，此次实可谓差预人意也”[③]，

① 苏文：《略谈七人画展（下）》，《华西日报》1943年3月25日第4版，艺术评论第14号。

② 陈觉玄：《参观七人联合画展》，《华西日报》1943年3月24日第4版，艺术评论第13号。

③ 王希瑾：《联合画展评述》，《华西日报》1943年3月21日第4版，艺术评论第12号。

评价洪毅然“不仅离去现实尚远，□似奇异，与他平时对艺术所持论调□相突冲……希望洪君不要因探讨尝试而忘却艺术的途径与忽略技术的修养因为最□的艺术作品，须藉技术来完成”[①]。王舜钦写道：“至于绘画表现时代的问题，主要是有纯熟的技巧，希望诸位把技巧弄得更加纯熟以后，完成表现时代的任务，并该努力接受西洋画的遗产，如学国画然。”[②]苏文在 1943 年 3 月 20 日所写《略谈七人画展（下）》中对洪毅然的评价为：“洪先生的作品趣味多而技巧少，有许多作品的讽刺意味很浓厚，也许是我的鉴赏能力不够，我总觉得洪先生的艺术理论高过于他的表现技术……今天我对于这七位艺术家的总批评，就是还没有把‘细心观察’和‘深入研究’做到合一的程度。”[③]（图 15、图 16）

图15 《静物》洪毅然 40cm× 50cm

图16 《静物》洪毅然 55cm× 40cm

## 六

为什么强调“新写实主义”理论以及强调抗战题材洪毅然等人的展览也没有达到理想的目标呢？笔者以为，因为在当时来讲，反映现实的抗战创作是难的，即使是有“新写实主义”做理论支撑，也需要一种技术路径的支持。被认为绘画

① 王希瑾：《联合画展评述》，《华西日报》1943 年 3 月 21 日第 4 版，艺术评论第 12 号。

② 《七人画展茶话会记录》，王舜钦部分，《华西日报》1943 年 3 月 21 日第 4 版，艺术评论第 12 号。

③ 苏文：《略谈七人画展（下）》，《华西日报》1943 年 3 月 25 日第 4 版，艺术评论第 14 号。

图17 《纤夫》布面油彩 吴作人 150cm× 100cm 1932年

图18 《开会》布面油彩 吴作人 110cm× 140cm 1933年

技术好的常书鸿和八画家同样面临着挑战，因为抗战题材创作对他们来言也是全新的领域，即一时间没有了熟悉的视觉图像的依凭了，和徐悲鸿相比，30年代留学的艺术家们在欧洲更少受到历史画创作的训练。（图 17）（图 18）

吴作人曾在比利时画过《纤夫》《小组会》《打铁趁铁热》，也曾给巴思天做过壁画工程的助手，艾中信在文章中写道："当时留学法、比、英等国的美术青年，很少有画主题性创作的，画劳动题材、社会生活的更是少见。这三幅创作是吴作人在个人画室独立工作的成果。无论中国的留学生，其他国家的留学生或比利时学生，对这样的创作都不重视，因为它卖不了钱，展览会征集作品时也不受欢迎。"[①] 李瑞年曾回忆："在西蒙的画室中，虽然不进行完整的创作，但他每星期来两次，每两周的四次指导中，有一次是专看创作的构思草图。他把基本功和创作，构图和技法融合在一起灌输给学生，告诉你用什么技法才表现出你的构图，怎么练功才能完成你要搞的创作。这种授课法，使学生们也经常处在基本功与创作构思的讨论中。"[②] 常书鸿、秦宣夫等人的自述中也

① 艾中信：《吴作人的油画造诣及其风格变迁》，《美术研究》1982 年第 1 期。

② 李瑞年：《在岁月的河流里》，《艺术的召唤——文学艺术家的自述》，中国文史出版社 1986 年版，第 106 页。

未看到在法国受到历史画创作系统训练的回忆文字。

贡布里希认为：“艺术家会被可以用他的惯用手法去描绘的那些母题所吸引。他审视风景时，那些能够成功地跟他业已掌握的图式相匹配的景象就会跃然而出，成为注意的中心。风格跟手段一样，也创造了一种心理定向，使得艺术家在四周的景色中寻找一些他能够描绘的方面。……艺术家倾向于去寻找他们的风格和素养已为之做好准备的母题……‘艺术的语言’一语并不是一个不确切的比喻，即使是用图像去描写可见世界，我们也需要一个成熟的图式系统。”[①]

简而言之就是艺术家创作时，往往会倾向靠近一个自己相对熟悉的范本，如果是用一种新的方式进行绘画，往往要借助自己比较熟悉的方法和路径逐步达到。笔者认为，吴作人、吕斯百等人也需要一个过程，逐步把欧洲留学的经验转化为现实的抗战题材，对比张安治《群力》(1936)(图19)、李宗津的《大地之歌》(1940)、许九麟的《同心协力》(1940)，吴、吕等人最初的创作其实并未比国内的青年画家更加精彩，但如果看他们曾在欧洲受到大量训练的肖像、人体、静物、

图19 《群力》油画 张安治 150cm×280cm 1936年

① [英]贡布里希：《艺术与错觉——图画再现的心理学研究》，杨成凯等译，广西美术出版社2012版，第75—77页。

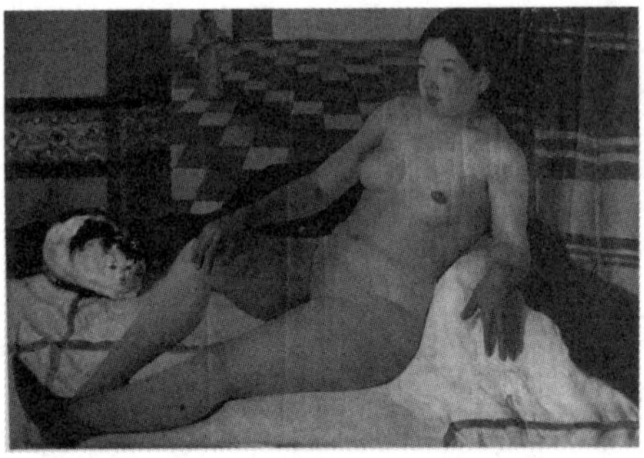

图20 《猫与裸女》油画 常书鸿 161cm×100cm 1937年北平

图21 《乌尔比诺的维纳斯》布面油画 提香 119cm×166cm 约1538年

风景、素描等作品，则水平高出很多，对艺术性的理解也要深刻得多。

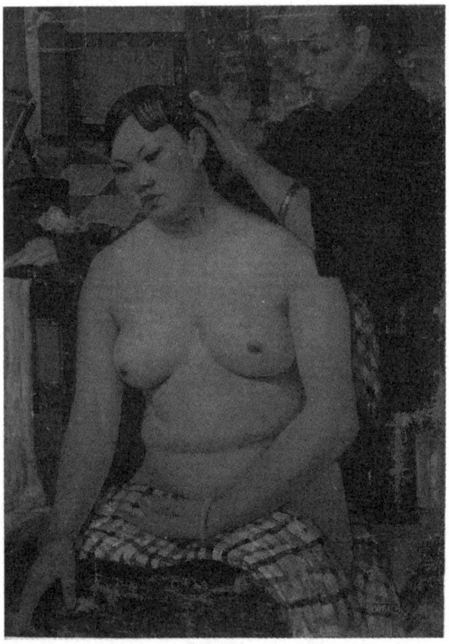

图22 《梳妆》油画 常书鸿 1939年 云南昆明

常书鸿的两幅作品可以看作“写实主义”留欧艺术家回国初期作品受到西方绘画模式影响的例子，1937年的《猫与裸女》（图20）采取了和提香的名作《乌尔比诺的维纳斯》（图21）基本同样的构图方式，模特和其他细节部分或许是摆好之后写生所得。1939年的《梳妆》（图22）中人物的组合和鲁本斯、伦勃朗所描绘的《大卫王召见拔示巴》类似，从一般情况来讲，中国家庭的主妇让女仆为其梳妆时裸着上身的情景是不多见的。当然这种借助西方经典作品的构图、情境，而采用中国人的具体形象来创作的方法也并不只为常书鸿所独有。

唐一禾的《胜利与和平》（图23、图24）也是借用了欧洲图式来表现的，也引来了不少的争议。“朱金楼在《中央日报》发表文章，认为此画作者的意图与艺术的手法，内容与形式是不协调的，是矛盾的，对作品充满西洋古典气息的图式，

图23 《胜利与和平》油画 唐一禾 169cm×133cm 1942年

图24 《胜利与和平》唐一禾 1942年在四川江津武昌艺专校内创作

对作者关注现实的态度提出了质疑。”[①]“有人说，这是象征主义，是鼓励人去做抗战英雄来拯救这个国家的子孙的，可是黄种英雄为什么要穿希腊战袍，和平女神为什么定要金发玉肤。我还是不了解。因此，看了《胜利与和平》使人想到吸收西洋文化的问题。”[②]

唐一禾的学生刘一层称：“我们现在所见到的这一作品与原稿不同，……不知是什么原因，他却又重作草图，竟把一个具有黄河一带农民典型的游击健儿改画成一个勇士，他手中的大刀也改画成了一柄长剑。小路上走过来的一位老大娘改画成了前景的和平使者，野蛮的‘皇军’剥去了军衣。环境上的景物改画成了代表中华民族文化的龙柱，石碑等等被笼罩在战火硝烟之中……”[③]

陈克环的文章对这张作品也有所提及：“《胜利与和平》完成的进度很慢，又

① 赵志红、黄宗贤：《直面现实关注民众——唐一禾的艺术追求及其启示》，载范迪安主编《唐一禾》，人民美术出版社 2007 年版，第 87 页。

② 王琦：《难忘的回忆——纪念唐一禾先生诞辰 100 周年》，载范迪安主编《唐一禾》，人民美术出版社 2007 年版，第 79 页。

③ 刘一层：《唐一禾的艺术道路》，载范迪安主编《唐一禾》，人民美术出版社 2007 年版，第 18 页。

正值放假期间，我几乎可以说是逐渐看着完成。我那时才十几岁，而且那时尚未予以命题，我不能了解那幅画的含义，只觉得美得好像希腊神话一般。有一天，我忍不住问一禾教授：'我知道这幅画一定有一个故事，到底是说些什么呢？'一禾教授微微地笑了笑，以他一贯温和的揶揄回答道：'小丫头，你要是看不出是什么意思，我这画就是白费心思了！'话是这么难听，他还是耐心地向我解说一番：拿个剑的美男子代表什么，在他身边的美女代表什么，而那可爱的胖娃娃又代表什么。"[①]不管原稿和绘画的过程是否有反复，唐一禾对于最终确立的人物形象，是赋予了其一定的象征意义的。

"一战"之后，"几百万法国青年死亡，使每家都有人戴孝。说到对死者的悼念大家的语言都是一致的"[②]。巴黎美院及学术圈中出现了不少描绘战争与和平题材的作品，"巴黎美院在一战中作出了血的贡献。一部荣誉榜书列举了学生获得的颂扬，一座阵亡者纪念碑让人们永远铭记这些逝者的名字。战后 15 年间，在美院桑园烈士纪念碑前，聚集过所有战后的幸存者，他们举办纪念活动，一起庆祝胜利与和平，缅怀逝者"[③]。如杜高斯德拉海耶的作品《胜利大阅兵》、夏里尼的作品《阵亡者祭堂装饰》、阿尔诺的《和平抑或和平的重视》，这些作品都将胜利女神等象征形象和现实中的人物表现在同一个画面上，"基督徒心中的天堂以及异教徒心中的黄金时代在人们脑中依然浮现，可画面却令人联想到战争前夜……和平只不过是一个神话，一种根据过去而创造出来的忧伤幻觉，为了让大家忘记此时此刻的不幸，去梦想一个美好的未来"[④]。应该说在这一时期，这种方式的绘画是作为一种范式大量存在着的，有些获得学院奖励并被收藏的作品，唐一禾在法国时也有可能见到。（图 25、图 26、图 27）

留欧"写实主义"艺术家在运用过去的经验的同时，根据自己的技术特点逐

---

① 陈克环：《记"武昌艺专"——唐粹盦、唐一禾兄弟的奋斗小史》，载范迪安主编《唐一禾》，人民美术出版社 2007 年版，第 12 页。

② 玛努埃尔·施瓦茨：图录 02《阵亡者祭堂装饰》注释，中华世纪坛世界艺术馆、徐悲鸿纪念馆编《大师与大师——徐悲鸿与法国学院大家作品》，2014 年，第 74 页。

③ 玛努埃尔·施瓦茨：图录 03《胜利大阅兵》注释，中华世纪坛世界艺术馆、徐悲鸿纪念馆编《大师与大师——徐悲鸿与法国学院大家作品》，2014 年，第 75 页。

④ 玛努埃尔·施瓦茨：图录 40《和平抑或和平的重视》注释，中华世纪坛世界艺术馆、徐悲鸿纪念馆编《大师与大师——徐悲鸿与法国学院大家作品》，2014 年，第 127 页。

图25 《胜利大阅兵》着色素描 亨利·皮耶尔·杜高斯德拉海耶 38.5cm×46cm 1919年 赛弗丹蒂弗利奖

图26 《阵亡者祭堂装饰》安德烈－奥古斯特·夏里尼 105cm×90cm 1924年 若凡达丹韦尔奖

图27 《和平抑或和平的重视》雷诺·阿尔诺 116.6cm×147.8cm 1939年 罗马大奖

图28 《母教》布面油彩 秦宣夫 81.5cm×100cm 1942年

步发展出更加适应国情的创作，其中吴作人、常书鸿、唐一禾、秦宣夫运用自己擅长的肖像画的方式进行创作，作品从题材、主题，以及描绘的人物形象方面更加贴近社会现实，创作出了一批如秦宣夫的《母教》(图28)、《民以食为天》，唐一禾《穷人》(图29)、常书鸿《园丁陈贵》等更加具有民族特点和生活气息的作品。吕斯百、李瑞年专注于静物、风景题材，他们在对于画面色调的把握、具体物象形的趣味方面研究得较为深入，保持了对写实绘画艺术语言的提炼和追求。

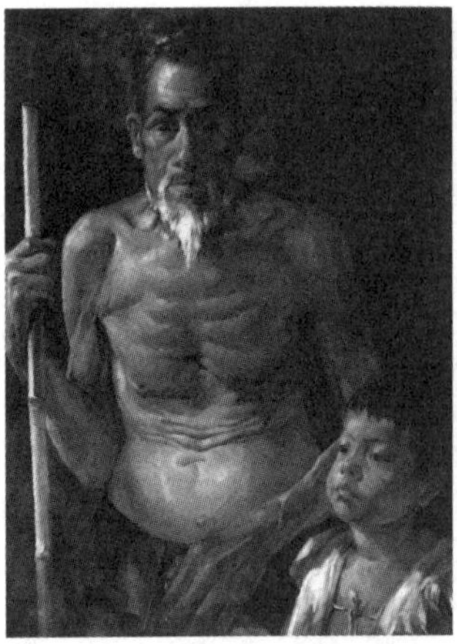

图29 《穷人》布面油彩 唐一禾 84cm× 65cm 1943年

图30 洪毅然、吕斯百合影

1942年12月25日至1943年1月10日在重庆市区两浮支路的中央图书馆举办了中华民国第三次全国美展。此时抗战进入相持阶段，美展有激励公众抗战的意味，门票收入用作文化劳军。西画组收到406件作品，决定展出180件。其中一等奖无，二等奖两位：秦宣夫《母教》、吴作人《空袭下的母亲》，三等奖六位：吕斯百《庭院》、李瑞年《静物》、唐一禾《女战士》、胡善余《西康古物》、黄显之《战时小工业区》、常书鸿《静物》。

新中国成立后，留学苏联或者在“马训班”进行过主题性创作训练的画家们一是有可以借鉴的视觉样板，二是有充裕的时间和明确的目的去训练创作。部分留欧“写实主义”艺术家在新中国成立后没有受到重视，但是他们精研艺术语言，注意艺术修养，并最早地转向了油画民族化的探索。

洪毅然后来主要是从事美学方面的研究，新中国成立后“现实主义”成为艺术家正确的创作方法，他所提倡的“新写实主义”有一定的现代派倾向，和“写实主义”一样都不太多提了。1950年他和吕斯百都分派到西北师范学院，1958年成立兰州艺术学院时，洪毅然、吕斯百随系加入，常书鸿担任院长，又产生了交集。1988年6月洪毅然发表了《一位有功于西北艺术教育事业的画家——忆吕斯百同志》的文章。（图30）

# 介入与融合：近代西南民艺考察与工艺研究初探

赵帅　岳阳

四川大学艺术学院

**摘　要：** 本文主要围绕在20世纪30—40年代，西南一隅的民艺调研为研究对象，探索民艺研究在中国早期工艺成型中所发挥的作用和价值。而参与民艺考察的主要人员，以庞薰琹、雷圭元、谭旦冏、李有行等人为代表，他们都有着西学的经历和背景。在西方实证科学的影响下，这批人的研究方法促成了民艺考察成果的深化，而民艺资源和文化传统、又对研究者产生了深远的影响。这体现在工艺实践、工艺研究和工艺教育之中，参与考察的主要人员，其自身工艺观念的成型和转变，亦是本文主要研究的内容。

**关键词：** 民艺　工艺　民族　手工艺

近代以来，在时局动荡的背景下，针对民艺资源的挖掘和考察逐渐兴起，这不仅是对洋货充斥的市场的回应，也是溯本求源、挖掘历史文脉和确证民族身份的具体体现。留法归国的李有行、庞薰琹、雷圭元、谭旦冏等人，以西南民艺资源为基础，将之置于工艺教育、实践和研究中，提出的土产物品、新图案学、传统纹样与器物应用在早期设计教育的成型中占有重要的地位。以民艺为出发点，为近代工艺史的书写和考察提供了参考和借鉴，近代工艺教育由此逐步成型，实践成果在新中国成立后持续发展，对传统与本土化的认知在今天的设计中仍具有启示意义，衍生出《中华民间工艺图说》《工艺美术集》《新图案学》等重要的著作成果。

## 一、民艺研究的若干问题

“民艺”是“物质文化研究”中的一个重要学术领域，古代即有“博物志”和“格物致知”的表述，近代以来，“博物”和“格致”逐渐向“科学”缓慢地实现着知识体系的转化。① 在西方现代学术的影响下，形成诸如人类学、民俗学等物质文化研究，以“民艺”为代表的学科，主要囊括以手工艺人为代表的技艺、装饰和图样等文化传承。目前，“民艺”作为一个较为广泛的概念，与民俗学、民族学等有着较为紧密的联系，亦逐渐演变为“民艺学”，出现在诸学者的研究成果中。

“民艺”是一门广义上的民俗学，其研究对象与人类学、民族学和考古学关注对象相仿，又同时注重民众日常生活中使用的用具器物，关注于民族文化传统、艺术史和工艺美术。1941 年 7 月至 1946 年 10 月，国立中央博物院民间工艺调查与研究部门即展开针对四川民间工艺的调查与研究。② 而此时，“民艺”以“土产物品”“土产货品”一词，出现在报端，③ 针对市场中所出现的“洋货”的“对应名称”，以当地的材料、旧式的生产方法和传统工具配合所制造出来的物品，凝练着独有的地域文化和特点。

和较早时期以考古学、民族学的物质文化研究相比较，近代以来国人对于“民艺”的关注，突出强调的是“物”在文化脉络中的意义，其语境性、文化关联性、社会生命史，对人的自我认同、社会身份建构的特殊价值，以及物性对人性的影响等等。

## 二、西南民艺资源考察阶段

我国西南区域囊括云、贵、川、藏等地，自古以来即是民族交流、文化互动的活跃地带，是南方丝绸之路的主要分布区域，保留了浓厚的民艺传统和文化资

① 金观涛、刘青峰：《观念史研究——中国现代重要政治术语的形成》，转引自周星《物质文化研究的格局与民具学在中国的成长》，《民俗研究》2018 年第 4 期，第 31 页。

② 谭旦冏：《中华民间工艺图说》，中华丛书委员会 1956 年版，第 285 页。

③ “民艺”，作为土产物品、土产货品在报刊、期刊中出现，如谭旦冏的《土产物品的前途》，《工艺》1941 年第 2 期；《筹办土产展览会》，《新新新闻》1936 年 9 月 25 日第 9 版。

源。针对西南民艺资源的考察，大致分为几个时期：清末民初，对少数民族“猎奇”性质的调查成为这一时期的主要特征，而民艺资源的考察多囊括在民族调研之中，如早期黄宗羲的《滇考》、束世澂的《蜀汉开辟南蛮考》、黄曼侬的《黔西苗族概况》等文章。关注边疆少数民族的历史、重视社会科学方法的新史学的出现[①]，陆续客观地反映出西南各民族的基本情况。随着战事南迁的发展和演变，至20世纪30年代，在四川一隅才出现了关于手工艺的考察。

20世纪30年代，针对民艺的考察是伴随着工业考察和民族调查同时展开的，因国民政府南迁计划的影响，围绕西南实业和资源储藏的考察渐成热点。以四川为例，其实业和储备已经逐渐引起各方的关注，其中尤为重视涉及前线物资供给的“工业”。[②]随着大批人类学、民族学学者、专家和机构的南迁，西南边疆少数民族调查研究也逐渐进入高潮。[③]

这一时期的工业考察和民族调研，虽然涉及研究范围和关注对象都不尽相同，但是均逐步生发出一门新兴的学科范畴，即关于民族文化、民族工艺和物质文化研究的“民艺”逐渐明晰。民艺开始与艺术、工业相互动是在1940年国立中央博物院筹备处前往四川南溪县李庄，一批专业的工艺美术家、教育家南下入蜀之后开始的。以四川省立艺术专科学校为代表，创办《工艺》《技与艺》期刊，将艺术引入工艺考察当中，并针对四川的民艺，先后发表《“设计”职业》《“工”字一解》《工艺的价值》《民间艺术》《谈谈工艺》《土产物品的前途》《略谈民间工艺的调

---

① 葛兆光：《〈新史学〉之后——1929年的中国史学界》，《历史研究》2003年第1期。

② 如1934年4月，受川省善后督办刘湘聘请，中国工程师学会组织25人入川考察实业；参加了中国工程师学会四川考察团的成员顾毓珍，撰写的《四川工业之初步报告》（顾毓珍：《产业：考察四川化学工业之初步报告》，《四川月报》1934年第5卷第3期）为早期考察成果之一。

③ 仅民国政府主导的西南少数民族调查就达4次（关于4次官方调查的详细研究，详见马玉华《20世纪上半叶民国政府对西南边疆少数民族的调查》，《中国边疆史地研究》2005年第1期），关于民族研究中民艺研究的成果也陆续呈现。1928年至1929年，即有黎光明撰写的《川西民俗调查记录》，记录了在川西藏族、羌族地区的研究；1934年，庄学本历经6个月，对四川西北、青海南部和西康北部地区藏族、羌族进行调查；1937年1月至1938年，中央博物院组织川康民族考察团，针对四川川南地区、川康一带16个地区彝族、羌族、藏族等十余个少数民族进行实地调查（《国立中央博物院筹备处概况》，1942年3月，第63页），并于1939年夏完成报告。

查研究》等多篇文章。[①] 四川民艺的发展，在这一时期呈现出双向的影响：四川的手工艺刺激了这样一批南下的学者，开始对物质文化产生兴趣，引发关注；而其论述又刺激了地方工艺的良性发展，而这一时期，四川逐渐成为西南一隅民艺研究的重心之地。

## 三、西南民艺介入工艺实践

1939 年，李有行在郭有守的支持下，于成都开办四川省立成都高级工艺职业学校，即后期的四川省立艺术专科学校，聚集了一批由国立艺术专科学校图案科南下的教师，如雷圭元、庞薰琹、沈福文、谭旦冏等人，这一批艺术家、工艺家、教育家深受法国装饰艺术的影响和熏陶，在面对中国工艺市场时，充满着焦虑和困惑。一方面，机械发达、洋货充斥，时代的发展本无暇顾及国民性的装饰艺术的形与色等诸多问题；另一方面，中国大多数民众的需求紧随欧洲人的脚步、向着近代新生活的方向发展着，这是美的天性的自然体现。在“抵制外货”的口号下，社会中爱美的人士在危殆的国运面前，不允许其美的本性有所发展已成为事实，对中国工艺美术改进的希望越来越强烈。在欧洲，对生活的美化，衣、食、住、行的探寻近乎考究，而国内的同胞，“困死在半开化的穷乡僻壤间的生存形式”[②]，这种落差在同时代的一批人中埋下了种子。这就是充实人们生活的精神世界的前提，尽自己所能在可能的范围内给予实现。

在这样的背景下，西南民艺考察的成果逐渐深入工艺实践之中。随着四川省立艺术专科学校的建立，工艺科获得了独立发展的契机，建校者首先关注到的即为与生活相关的“土产物品”，也为其进一步发展奠定了基础。其中的契机是：其一，四川地区保留着较为完整的传统手工艺技法，它成为发展土产物品的基础；其二，中央博物院的参与，带入了新的研究视角和研究方法，民族学、社会学的研究方式体现在“土产物品”的调查之中；其三，在特殊时期之中，洋货冲击的市场环境，赋予土产物品研究新的使命。在这三点的影响下，土产物品的发展已

① 文中所例举文章，发表于《工艺》1941 年第 1 期、第 2 期，《技与艺》1942 年第 1 期。

② 常书鸿：《法国近代装饰艺术运动概况》，《艺风》1934 年第 2 卷第 8 期。

经来临。

首先，土产物品的地域性特点，吸引雷圭元赋予其地域特色的创作实践。雷圭元这一时期以四川等地劳动、民俗场景为元素，在瓷盘中设计实践；而其搜集到不同时期、不同区域的民族图案，汇集形成这一时期创作的《圭元图案集》，在民族、民俗传统图案的基础上，运用变形和平面构图的基本方式，形成新的图案元素，将之应用在传统的器物之中。在理论上，雷圭元尝试在空间上对土产物品进行重塑，从功能实用的角度考量土产物品变化的多种可能性，这一方向突破了庞薰琹从二维的角度、传统纹饰的出发点对器物加以改变的途径。土产物品影响了雷圭元对器物的认知方式，而雷圭元也找到了土产物品新的发展方向。

图1　雷圭元瓷盘装饰设计，由左至右：《晨》《转糖花》《杜鹃声》，20世纪40年代，清华大学美术学院档案馆藏

其次，源于原始时期的器物纹饰，其发展引发庞薰琹创作出了《工艺美术集》，前期创作的《中国图案集》，展示了由秦汉至唐宋时期的纹样演变；庞薰琹于1950年撰写的《图案问题的研究》，出现了200张装饰纹样，其自20世纪40年代就开始收集各种拓片、纹样，这部分资料成为其研究的基础。庞薰琹用现代的设计方式，赋予传统纹样新的形式生命，其中较为关键的是，庞薰琹选用与人类息息相关的器物造型，在器物的表面进行纹饰的改变。这样的尝试，为刚刚接触到图案的学生，提供了新的思考方式，也奠定了学生由二维转向三维空间的认知基础。应该看到，在这本图案集中，对漆器的应用和图案的改变，在一定程度上亦是受到沈福文漆器创作实践影响的。

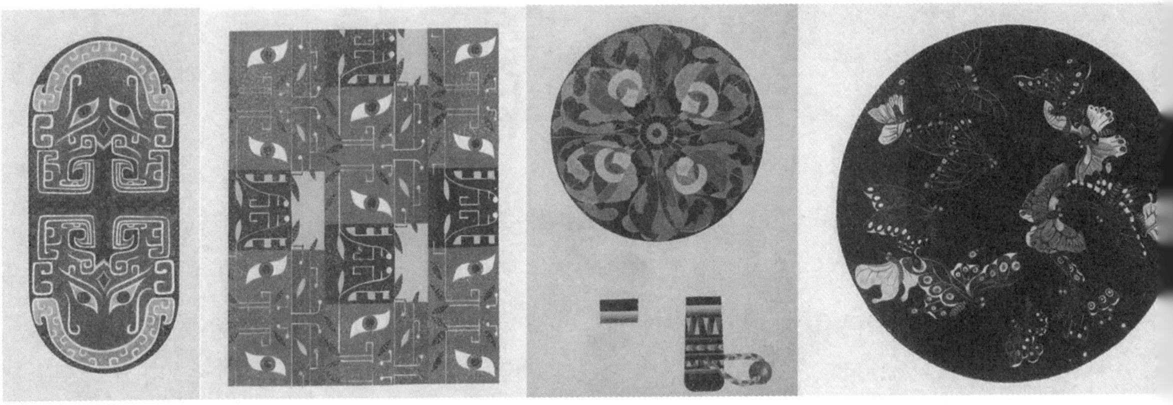

图2　庞薰琹20世纪40年代作品，从左到右：毛织，床前地毯；沙发或窗帘布；印花纸伞；碟盘

再次，谭旦冏和沈福文在中央博物院的实践和调查，为土产物品的研究提供了新的视野和研究纹样的角度。谭旦冏深入民间工艺之中，其原因是“农村里大半还保留着固有的技能与工具”①，对不同区域的器物造型、图样进行调查、制图并收购相关器物，忠实记录不同区域对器物的制作工艺流程和制销途径。链接工艺的产生与社会学的关系，探索土产物品愈见衰颓的原因，在战争的环境中，发掘其发展的方向和社会制度应有的相应改变。

最后，四川省立艺术专科学校教师们的探索和关注，也影响着梁启煜。在这一时期，他尝试从艺术的角度对四川地区典型的陶器加以改变，并开始了相关素材的收集。新中国成立之后，梁启煜钟情于四川民间艺术的研究和制作，出版《西南少数民族图案集》《四川陶器工艺》等书，并尝试创作针对四川器物的创作研究，创作出《卷草纹泡菜坛》《刻花蜂糖罐》等作品。这种对器物的创新和发展的思路，与沈福文的实践同出一辙。通过沈福文在1945年和1947年所举办的两次展览所呈现出的作品，即可发现在这一时期沈福文的创作中，在探索传统漆器技法恢复和改良的过程中，也尝试着将传统的纹饰应用在其漆器作品中。尤其是1947年，以敦煌为主体的漆器展览，将敦煌藻井等不同的纹样应用在漆器中，尝试与漆器形体相结合，这些努力都在新中国成立后的四川美术学院教学中得到延续。

---

① 谭旦冏：《略谈“民间工艺调查与研究”的重要性》，《技与艺》1941年第1期。

## 四、民艺资源介入工艺研究

西南民艺资源考察成果，较为直接地体现在工艺史研究过程中，这以庞薰琹、雷圭元、谭旦冏等人为代表。

首先，风格研究介入工艺研究之中。民艺研究中“物”之图案和纹样装饰，凝练在图案、纹样作品的制度、样式、容貌、气韵上面，体现出某位作家、某个地域、某个民族或某个时代的特有风味，这特有之风味，即称为“格式”，英文名为 Style。这就是今天所提到的风格，是文化积淀、社会阶层的整体价值结构。

对于图案的摹刻、拓印、勾勒等采集方式，古已有之，近代以来以任伯年、吴昌硕、赵之谦等艺术家为代表，融合拓印与图画相结合所形成的拓本博古花卉，逐渐滥觞。[①] 对于图案的关注也出现在了庞薰琹于 20 世纪 40 年代创作的《贵州山民图》系列中，他以工笔画的方式，认真雕琢苗族服饰中的图案和纹饰，其对于纹样、拓片的收集至 20 世纪 40 年代中期已达万余[②]，而这并不是个案。以庞薰琹等人为代表的收藏并不仅仅是个人爱好，同时也是从研究的视野介入图案与纹饰的研究，这在庞薰琹 20 世纪 50 年代撰写的《图案问题的研究》中，即有所反映。庞薰琹所言：“在这些图案中，充分表现出中国人民的品质，表现出纯厚、雄伟、朴实的风格，这种风格也就是民族形式的精神基础。”[③] 图案的风格问题成为此书主要框架之一。

更深层次的原因，是研究者在图案风格背后所看到的民族精神和品质，研究者在民艺考察所获得的图案、纹样，将其通过研究、设计、置换和实践这一途径，将新的图案纹样附着于民众器物之中，重新发挥其价值和功能。希冀与社会的底层民众发生直接的联系，影响这一阶层的生活方式与审美水平是其探索途径之一。雷圭元说：“因为中国，古老到快到麻木的程度——民间生活，离开艺术太远太久

---

① 关于古器物图谱、拓印与图画的研究，可以参考石炯、孔令伟的《拓本博古花卉：从吴昌硕“鼎盛图”谈起》，《新美术》2016 年第 1 期。

② 庞薰琹的拓片收藏，在 20 世纪 40 年代的成都，已经非常有名，“庞氏收藏中国古代图案拓片甚多，闻艺术界中人谓：他收集中国古代图案在一万张以上，可谓集大成之图案画家也”。(《华西晚报》1944 年 5 月 22 日第 4 版)

③ 庞薰琹：《图案问题的研究》，大东书局 1953 年版，第 13 页。

了。不相信生活与艺术有着密切的不可分的因素。”[①] 通过新的研究角度介入，为与生活相关的、走向衰退的传统手工艺找寻到新的出路与生机。

其次，传统器物的制作，多与衣食住行用相关，民间器用的传承古老、悠久，是农耕生活一脉相承的产物，体现着更多的区域性和地方特色。经过岁月洗礼传承下来的器物，“所体现出的技艺与尺度构成了物与物、人与物关系的和谐空间，不断地规范和调整着人们社会生活的行为方式和思维方式，却又因与人们的日常生活密切相伴而显得平凡”[②]。川省艺专教员谭旦冏对“物”的研究，是回归于设计史本体的研究，同时赋予其人类学、民俗学和社会学的关注视角与方法。

近代以来，“‘重道轻器’思想的滥觞，被视为‘奇技淫巧’的器几乎到了万劫不复的境地”[③]。谭旦冏强调对民间工艺的调查和研究，在《中华工艺图说》中，他对一器物的研究，由基本的史料记载为背景，实地考察器物的产地区域，至产地区域之中的一户作坊，采用图文结合的方式，就加工步骤、选取原料、销售渠道、价格定位等作详细的记录。他提出这是为了新工业对传统工艺的创造和改进，对传承千年的旧工艺作详细的认知，可以“温故知新”“饮水思源”，提高民族自信心，肩负起建国重任。1942 年，正值战乱时期，谭旦冏的工艺实践透露着极深的民族自尊。

庞薰琹的《工艺美术集》，是对器物的实践与摸索。这本图集，单就“物”的本体进行研究，考察物之器形、物之色彩、物之纹样，这种研究方式，隐去了个人的、艺术的、英雄的“新事物”的发生发展，以及与民生的关系，更为纯粹。雷圭元在教学中，要求学生亲自感悟器物的器形，体会器形之间的空间尺度，从功能实用性的角度，感受人与物之间的关系尺度。

## 五、民艺资源介入工艺教育

近代以来，有意识地将民艺资源引入课程体系，自北京美术专门学校建校之

① 雷圭元:《器物文明》,《工艺》1941 年第 2 期，封面页。

② 徐艺乙:《丛书总序》，载柳宗悦《日本手工艺》，张鲁译，广西师范大学出版社 2006 年版，第 2 页。

③ 杭间:《原乡・设计》，重庆大学出版社 2009 年版，第 20 页。

始即已经萌生，自杭州艺术专科学校、国立艺术专科学校等美术类专门学校的实践，其课程体系渐趋于成熟，至20世纪40年代，在四川省立艺术专科学校有了进一步的深化。这是由多方面原因促成的，但是，不可忽视的是成都浓厚的手工艺传统和资源，以及留法归国的一批设计实践和研究者的持续关注。

在南迁的过程中，李有行等人对四川手工业现状就抱有了极大的兴趣，一路所看所感，不断丰富着和改变着这批人的设计观点和教育意识。留法归国的李有行等人，当其由国立艺专南下成都，所选择的第一份职业并不是教学，而是开办“中华工艺社”，并于1935年筹划“实用艺术品定期展销会”①。利用土产集成花伞及各漆器、台灯等，这为李有行、沈福文等人进行“土产物品”实践带来新的认知。在学校初期的办学宗旨中，就更多地开始考虑传统工艺的改良和与地方实业的结合。

以谭旦冏为代表的教师，则先后完成《工艺的估价》《民间艺术》《不记名的艺术作品》《土产物品的前途》《略谈民间工艺的调查与研究》等文章。这一时期，中央博物院的计划和支持对这所学校有着深远的影响。前文已述，20世纪30年代，针对手工艺的考察日趋增多，形成了研究和调查手工艺的风尚；1940年，中央博物院已经计划针对四川旧式手工业品进行研究，1941年7月，委派四川省立艺术专科学校教师谭旦冏参与调查；1942年，又邀请沈福文随手工业调查团一行考察。随着川省艺专的教师参与到中央博物院的调查之中，对四川地区的手工业现状有了更为清晰的认识，沈福文进行了针对四川猪鬃的调查，写下了《我国的主要输出品——猪鬃》，②而学校教师谭旦冏前往川南各地，调查采集手工业制品，1942年度组成手工业调查团，由川中、川西等地开始考察，在考察的过程之中，谭旦冏引入民族学的考察方法，做系统的采集。他们对手工业的制造方法均做记录、绘图和摄影，在此基础之上，收购原料和工具，进行进一步的研究。

经由此，利用西南地理的优势，师生对四川少数民族地区文化的挖掘有显著成效，在课堂教学中，学校开始引入工艺史的课程，并鼓励学生主动研究工艺史料、参观各种工艺器与民间艺术品，以描绘等方法搜集之，通过实地调查不断补

①《实用艺术品定期展销会》，《新新新闻》1939年5月10日第8版。

② 沈福文：《我国的主要输出品——猪鬃》，《外交部周报》1948年3月17日第4版。

充工艺美术内容。该校组织学生于“1941年春，开展了‘中国固有手工艺职业调查与访问’工作；又于1942年春，进行‘中国旧有工艺品之搜集整理与研究工作’”[①]。同时，有意识地将西南民艺资源引入课堂教学之中，在四川省立艺专的课程安排之中，在实习课之中出现整理、编结、刺绣、编结工、髹漆工等与四川手工艺较为相关的课程学习。

对于学生知识体系的构建，学校明确提出，凡各种乐器及日用品制造工厂、原料产地、商店陈列品、公私建筑物、机械或手工的工作程序，随时领导学生参观以期明了；凡属手工艺概况等之讲授课，应酌量地调查以资正确；各种参考资料，古代遗留之乐器工艺品，建筑装饰等以及民间艺术品，用征求、购买、描绘、照相等种种方法搜集之；使学生多作实物或习题之工作图样及写作之设计以发挥其制造能力。

对于民艺的认知和实践，这所学校主要体现出这样几个特点。首先，该校认为民艺与人的生活有着密切的联系，并主动将民艺置于日常生活的场景之中，以此正视土产物品在生活中的价值，并进行改良。谭旦冏认为，日本以其与生活关系密切工艺产品，“既能表现他们固有的‘小巧’的风格，而又能极力模拟欧美及其他推销的嗜好，追踪购买者的兴味”[②]。在此产品的侵略下，如何吸引普通民众购买这些土物产品，其样式的改良迫在眉睫。其次，重视“工艺程序”在土物制作中的重要性，学校注重机械或手工作坊的工作程序，这一点在漆工组之中，将技法程序在分门教学中体现出来。最后，重视手艺的重要性，建校之始，以“改良工艺”为宗旨的川省艺专，很早就将手艺的地位及其价值放在教学目标之中。这一时期，教员庞薰琹所绘制的《工艺美术集》和雷圭元所绘制的《圭元图案集》，所呈现出的器物，就是在这个背景之下产生的。

## 六、工艺研究者的视线转换

早期工艺大致等同于“图案”，而20世纪20年代“图案科”明确标注其隶

---

① 袁熙旸：《中国艺术设计教育发展历程研究》，博士学位论文，南京艺术学院，2000年，第46页。

② 谭旦冏：《工艺的价值》，《工艺》1941年第1期。

属于工业门类之下，在专门学校升格运动中，被细化到工业之染织、纺织和艺术门类之中，图案科的范畴也相对呈现出了模糊性。偏处西南一隅的工艺研究者们，对于民艺的关注和实践，直接带来了早期设计教育理念的成型。留法归国的一批艺术家在商业资本主义运行的模式中，呈现出水土不服的焦虑，20 世纪 40 年代的课程结构设置，引入民间手工匠人、开办工作室制度、拓展课程野外考察和实践，民艺视野下的物质文化资源、手工艺传统和装饰图案等均成为课程讲授和研究的对象。

在民艺的影响下，早期工艺的研究历程，体现出研究者对于“工艺”“图案”认知视野的转变和深化。1918 年，许衍灼编著的《中国工艺沿革史略》，坦言“神州立国最古，民性优秀、思想之妙、技巧之精、发明创造之富，代有名家”[①]。进而工艺划分为饮食、服饰、化学、土木及器械、杂项等类，分类阐述，是较早以工艺切入的研究书籍。20 世纪 30 年代，图案科发展逐渐与艺术接轨，“工艺美术”概念更为明确，1936 年，雷圭元编著的《工艺美术技法讲话》出版，雷圭元在“自序”中指出“中国的图案界沉寂的厉害……社会上还不十分明了我们学图案的人到底是干些什么的”[②]，书中关注于“技法”，集成蜡染、漆装饰法、玻璃窗装饰，雷圭元设想的技法还包括陶瓷、金工和制版等等。相较早期的“工艺”划分，这一时期的“工艺”更侧重于艺术门类范畴。而至 1947 年，在雷圭元编著的《新图案学》中，更进一步明确为“图案事业，是文明社会新兴事业之一种……是近代应用艺术和应用科学作用调和而使现实得到活泼新鲜的艺术生活”[③]。而这也成为新中国成立后设计事业发展的共识。

在南迁的过程中，对于民艺、古物的接触，使得研究者形成新的研究视野和艺术实践创作的风格。决澜社重要成员庞薰琹，在早期艺术作品《如此上海》《如此巴黎》中，采用构成拼贴的现代主义艺术表达方式，重构其对于世界、生活的认知。而庞薰琹的这一创作手法出现在《中国图案集》《工艺美术集》的图案设计和工艺实践设计之中，应当看到，庞薰琹在留学期间所感知的艺术表达，修习的技法和艺术风格未曾改变，而发生转变的是他对于工艺认知的角度和观念。庞薰

① 许衍灼：《中国工艺沿革史略》，上海商务印书馆 1918 年版，“自序”页。
② 《雷圭元文集》，山东美术出版社 2011 年版，第 7 页。
③ 雷圭元：《新图案学》，商务印书馆 1947 年版，第 208 页。

琹曾直言，“为什么日用一切的制造不是单纯的一种工业，而是工艺，就因为人类有这种爱美的本能……工艺可以教育民众，鼓励人民”[①]。可以看到，在物质文化的浸润中，庞薰琹在看待设计、面对工艺时的转变。

以民艺研究为契机的研究，进一步促成“审美”和“美育”的发展。近代以来，留法艺术家们在南迁途中，对于其艺术观念和风格的转变与成型的例子，不胜枚举。就工艺实践而言，主要的从业者亦同时具有艺术家的身份，他们对于设计的实践和感知，更萌生出一种对“美”的追求。在实业救国的背景中，对于“美”的认知和倡议，成为大后方艺术板块中较为突出的特点之一。李有行曾直言“美化人生”，并将其作为图案教育的旨归，也体现出以李有行等人为代表的转向和变化。李有行早期留法专攻丝绸印染，深受现代主义艺术的影响，这在其早期的艺术设计中即可窥见，而其中也有着其对于东方意蕴的追求，在南迁的过程中，李有行逐渐深化了对于“美”的认知。（图 3）李有行强调的“艺术”和“生活”，是美化人生的两种重要方式。艺术是从精神层面讲，与信仰和人生观有着密切的联系：“离开人生便无所谓艺术，因为艺术是情趣的表现，而情趣的根源就在人生，反之，离开艺术也便无所谓人生，因为凡是创造和欣赏都是艺术的活动，无创造物欣赏的人生，是没有意义的虚度人生。”[②] 由此看来，艺术关乎人生的发展和生命的意义。而生活是从物质层面谈的，为了生活条件的增进，形成了有目的的活动方式，“人为物”在这个时候被制造了出来，而对这种物品的改进，就是工艺的原始方式，工艺产生于物质层面的需求，它为了满足人类的衣食住行而出现。

由此，工艺教育通过培养人才、设计产品，可以使得生活和谐，更希冀通过设计之物来美化人生。经历近十年的沉淀，雷圭元仍强调其对于图案风格的凝练和设计，“‘文明’赶走了繁琐的生活方式……图案设计者应提倡简单朴素的新生活方式，和创造简单朴素的新生活用品……我们每个人，都有五千年培育着的最高标准的神圣的美的陈恩，也有着五千年来图案设计上美学的最高成就”[③]。这批设计者有意识地探索在传统技艺与尺度的空间中，构成物与物、人与物关系的和谐

① 庞薰琹：《工艺美术运动的一声号角》，转引自庞薰琹《庞薰琹文选——论艺术、设计、美育》，江苏教育出版社 2007 年版，第 52 页。

② 李有行：《美化人生》，《技与艺》1942 年第 2 期。

③ 雷圭元：《新图案学》，商务印书馆 1947 年版，第 181 页。

图3　李有行封面设计，从左到右：1934年《艺风》，1937年建筑装饰设计《大公报星期影画》，纸壁1937年《美术生活》

空间，进而不断规范与调整人的社会行为模式与思维方式，并紧密联系在人的普通日常生活之中。

在社会学、人类学、民族学等研究视野的介入下，民艺考察活动、研究成果更为严谨、全面和科学；民艺考察成果开始尝试与市场、教学相结合；图案教育教学中引入地方工艺、文化资源，培养和储备了一批艺术家和教育家，更为新中国成立之后的工艺美术公私合营转型提供了借鉴与参考。主要参与民艺考察的学者，在新中国成立后筹备了首次“全国民间美术工艺品展览会”、中央工艺美术学院建院等工作，依托于这批“土产物品”逐步打开外销出路，在国际舞台中转化为文化认同和身份确证的符号产品。

# 下　篇

# 吴大羽留法前后生平史料考证（1917—1927）

李雨涵　李大钧
势象空间

**摘　要：** 吴大羽 1903 年生于江苏宜兴一个江南乡绅家庭，祖上是读书人，受家庭文化熏陶自幼习画。1917 年，他离开故乡宜兴赴沪向画师张聿光学画，初入上海文艺界。1920 年进入上海申报馆任美术编辑，负责漫画、插图绘制工作，并向多家报刊供稿。目前已发现这一时期吴大羽的漫画、插图作品数量多达百余幅。同年，吴大羽加入晨光美术会，成为该会早期会员之一。1923 年 9 月，吴大羽赴法留学于巴黎国立高等美术学院，其间曾得布德尔、乔治·勃拉克指导，并与林风眠、林文铮等人相识，发起“霍普斯学会”，为日后三人在国立艺术院（国立杭州艺术专科学校）共事奠定基础。1927 年 9 月吴大羽回国，10 月赴上海新华艺术专科学校任绘画教授。由于学术界此前对吴大羽留法前后的状态知之甚少，本文就其 1917 年至 1927 年十年间的生平史料进行了考证，整理了吴大羽自述和手稿中的相关记录，并披露一些尚未发表的文献资料。

**关键词：** 吴大羽　申报馆　晨光美术会　巴黎国立高等美术学校　霍普斯学会　上海新华艺术专科学校

## 一、留法前的国内活动（1917—1923）

### （一）家庭背景

吴大羽本名吴待，字有玉。1903 年生于江苏省宜兴县宜城镇茶局巷的一个江

图1　吴大羽儿时照片

图2　漫画《芝兰玉树，以子弟为玩物》，《申报》1921年9月30日

南乡绅家庭。吴家祖居宜兴徐舍镇，清时迁至茶局巷定居，有祖遗业田三百多亩及商铺住宅多间，家道殷实。吴大羽的父辈兄长皆从事文化教育有关事业：祖父吴梅溪曾教授徐悲鸿的父亲徐达章学画；父亲吴冠儒开办学堂；大哥吴子政为晚清秀才出身，除教书外，还是宜兴知名的诗人；三哥吴子楚和五哥吴子勉也为有名的文化人。家中排行最末的吴大羽自幼开始便受家庭文化熏陶。现存吴大羽手稿中记载了其回忆自己幼年学画的经历：

> 第一次接触丹青语言发蒙，记得才六七岁左右，徐达章前辈携其笔色纸卷来我家，住了些日子。为其文化业师、我的祖父造像的时候，他连续创作过不少张幅，只觉得面相雍容，身像庄严，群像肃穆。之外山树芳影，飞鸟走兽，笔落新彩，都经他精心洗练，郑重点染。正当问李问栗的稚龄，不许我认真探测画理的乾坤，作为孩子眼目中首次遇到的沐手挥毫的新鲜，是把风貌端庄居乎重要的位置来领选的。基于这一认识，着实引起过童心的切怀，也感染到一定程度上的画学兴趣。[①]

① 引自吴大羽手稿。本文中吴大羽生平记述除标注外，均以《飞羽掠天——吴大羽作品集》（商务印书馆 2019 年版）及吴大羽手稿为依据。

图3 《无题I-472》，纸本蜡彩，14.8cm×10.4cm，约1980年

图4 《无题110》，布面油彩，53.2cm×46.6cm，约1980年

在1982年3月与陈创洛的对谈中，吴大羽说道：

> 我幼年七八岁时自己就喜欢画画。徐悲鸿的父亲当时是我祖父的学生，他会画画，人物、风景、静物，几乎什么都画。他不时背着挎包，里面装着画具、画笔到我们家里来。我那时还小，看到那些画具好奇，又高兴……这样，我对美术就慢慢有了兴趣。
>
> ……我家里都是读书人。收藏了几十幅古人的画。我小时候就接触中国画了。我母亲在鞋上、枕头上描图绣花，我就站在旁边看着。[①]

吴大羽受母亲季氏绣花的影响，从七八岁时即开始画花。[②] 回顾吴大羽的作品，花卉元素实际贯穿了他的一生。据可考资料，在吴大羽早期作品中，有1921

① 陈创洛：《吴大羽谈艺录》，载《上海油画雕塑院：陈创洛》，上海三联书店2015年版，第111页、第120页。

② 引自吴大羽手稿，原文为“你知道我从七八岁画花算起，已蹉跎了七十多年”。

年在《申报》上发表的漫画《芝兰玉树，以子弟为玩物》；1929年国立艺术院艺术运动社第一届展览会出品油画《莲》[①]；20世纪50—70年代的一系列《瓶花》作品；以及更多20世纪80年代的抽象作品。此外在诗稿、杂文、书法作品中也多次出现“花”的字眼。儿时良好的家庭学养为吴大羽未来从事艺术事业埋下了种子，并使其受用一生。

## （二）初入文艺界

1917年，吴大羽的父亲吴冠儒去世，大哥吴子政主持家道。吴大羽在这一年离开宜兴前往上海，跟随画家、艺术教育家张聿光学习。张聿光身为当时上海滩文艺领域的旗帜人物之一，涉猎绘画、漫画、摄影、舞台等多个方面。吴大羽曾自述自己跟随张聿光在上海新舞台做过舞台布景，但并未向其学习油画（吴大羽在手稿中写道，出国学习之前自己的油画为自学）。[②]

张聿光是吴大羽走入20年代上海文艺界的领路人。据《申报》1920年7月3日的报道，时任中国青年会学堂图画科主任的张聿光在这一年的7月2日，于上海四川路青年会童子部策划布置了“青年会图画展览会”。除校内学生作品外，还展出了“校外俊美之画百余帧及雕刻石膏模型多种”，李叔同、张聿光、丁悚、梁鼎铭、胡伯翔、谢之光、胡旭光、吴大羽（吴待）等人均在参展画家之列。这是吴大羽迄今可考参与的首个公开展览，但其参展作品未有记载。[③]

图5　1921年春季，申报馆编辑同人合影，后排左一为吴大羽

同年，吴大羽进入上海申报馆负责漫画编绘工作。吴大羽进入申报馆的介绍人为晨光美术会发起人之一

① 见国立艺术院艺术运动社编《国立艺术院艺术运动社第一届展览会特刊》，1929年。

② 引自吴大羽手稿。

③ 《青年会两展览会记》，《申报》1920年7月3日。

朱应鹏。朱应鹏在《送吴待君赴法》一文中写道："前年我在申报馆当记者，兼作讽刺画，吴君常常来帮忙。后来我因事辞职，荐吴君继其事……"[①] 据吴大羽自述，在申报馆办公室中，他的座位对面为文化名流、中华民国临时政府国歌《五旗共和歌》的词作者沈恩孚。吴大羽开始以本名"吴待"署名绘制漫画，题材广泛涉猎时事政治、伦理道德、生活小品等方面。目前已知吴大羽在《申报》上刊发的第一张独立绘制的署名作品为 1920 年 7 月 30 日绘《今昔之蝙蝠观》。此后至 1923 年 8 月，陆续在《申报》《时代图画周刊》《世界画报》《笑画》等杂志上独立或与他人合作发表漫画，署名作品数量多达百余幅。

图6　漫画《今昔之蝙蝠观》，《申报》1920年7月30日

图7　漫画《拾遗不昧之可风》，1921年绘，《世界画报》1921年第31期

20 年代初期的吴大羽除了任职漫画作者外，还加入了晨光美术会。1920 年 8 月 16 日，晨光美术会在上海报会联合会召开"发起人谈话会"，公推朱应鹏为主席。朱应鹏在会上发表该会宗旨："今日中国美术界，旧的抱秘密主义，新的抱信仰自然主义，两者各趋极端，长此以往，中国美术界前途实无希望，吾人有鉴于兹，故共同研究此会云云。"该会之志趣为："一、使美术家晓得发挥个性；二、使中国人明白东西洋美术的精义；三、鼓励社会领会美的兴趣。"[②]1921 年 6 月，晨光美术会会刊《晨光》出版，刊登了组织章程及会员题名录，张聿光、吴大羽、张光宇、谢之光、萧公权、陆景兰、胡旭光等人均在名单内。[③]

① 朱应鹏：《送吴待君赴法》，《艺术评论》1923 年第 23 期。

② 《晨光美术会谈话会记》，《申报》1920 年 8 月 17 日。

③ 见晨光美术会会刊《晨光》1921 年 6 月。

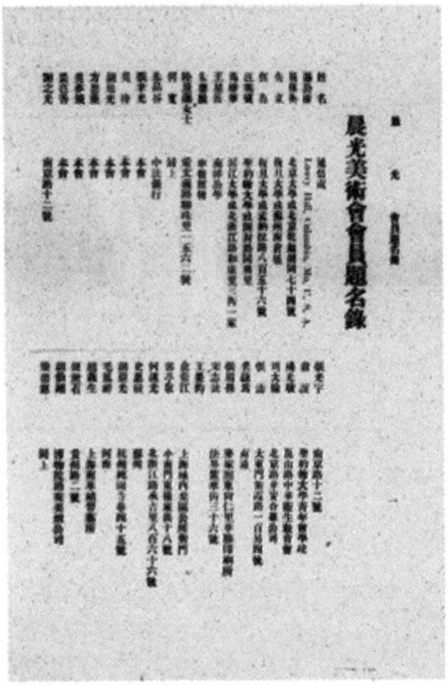
晨光美術會會員題名錄

图8 《晨光美术会会员题名录》,《晨光》1921年6月

晨光美术会自成立以来，积极组织学术研讨、联谊及美术展览活动。《申报》1921年2月18日报道：“晨光美术会自去年发起以来，研究图画、书法、雕刻、金石、摄影等，近来会员渐形发达，各大学如北大、圣约翰、复旦、南洋、沪江等均有会员加入，上海名画家及金石家入会者亦复不少。”[①] 列举该会早期举办的重要活动，值得一提的有在1921年3月6日举办的以“我们中国人要学的是哪一种西洋画”为题的学术谈话会，会上提出“真正之西洋画及其性质为自然的、活泼的、客观的”“注重艺术不可空谈主义”“印象派、新印象派、后期印象派、立体派、未来派等各画派特征”“中国人学西洋画不可迷信主义，须从艺术根本研究，然后参以哲学、心理学、科学、各种学理，使能发生一种新派也”等关乎中国艺术发展走向的重要思考。[②] 另有1922年2月，晨光美术会设立“西洋画研究所”，宋志钦任主任，张聿光为指导员，并接受社会报名（男女皆可）。《申报》报道：“晨光美术会同人为提倡平民艺术起见，自本年二月起特设西洋画研究所，以便工商学界同志之研究。研究所之组织简单而有力，实为发展劳动界艺术之利器。同时打破现行学校制度之束缚，尤便于学者之发挥天才，在中国实为创例。”[③] 此外在1923年8月，晨光美术会附设图画函授部开设讽刺画科，杨左匋、朱应鹏、吴大羽、鲁少飞任教员。[④]

该会会员亦出国实地考察国外艺术。1921年9月14日，张聿光、朱应鹏赴日本考察美术，晨光美术会在上海一品香酒店设宴欢送。赴宴者有唐吉生、谢之光、张光宇、胡旭光、吴大羽、张眉荪、钱瘦铁、梁鼎铭、吴梦飞等数十人。宴

① 《晨光美术会开会记事》,《申报》1921年2月18日。
② 《晨光美术会学术谈话会记事》,《申报》1921年3月7日。
③ 《晨光美术会设立西洋画研究所》,《申报》1922年2月18日。
④ 《晨光美术会消息》,《申报》1923年8月29日。

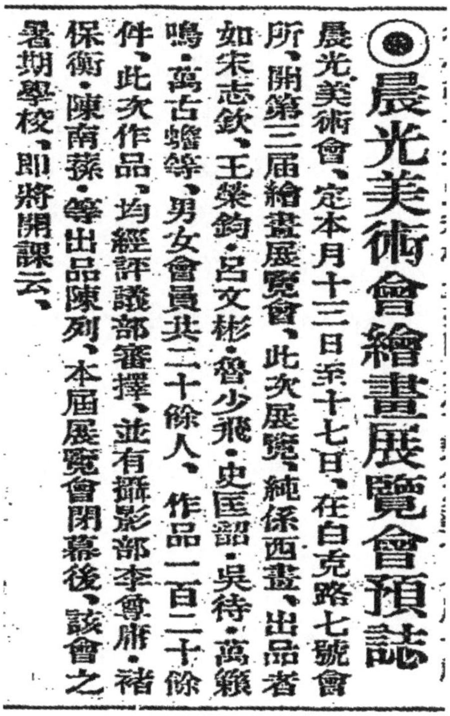
晨光美術會繪畫展覽會預誌

晨光美術會、定本月十三日至十七日、在白克路七號會所、開第三屆繪畫展覽會、此次展覽、純係西畫、出品者如宋志欽、王榮鈞・呂文彬・魯少飛・史匡韶・吳待・萬籟鳴・萬古蟾等、男女會員共二十餘人、作品一百二十餘件、此次作品、均經評議部審擇、並有攝影部李尊庸・褚保衡・陳南蓀・等出品陳列、本屆展覽會閉幕後、該會之暑期學校、即將開課云、

图9 《晨光美术会绘画展览会预志》,《申报》1923年7月11日

本埠新聞二

晨光美術展覽會昨聞

晨光美術會繪畫展覽會、開幕已三天、各界往觀者自晨迄具、絡繹不止、蘇州南昌等處、亦有快郵往詢該會閉幕日期、以免晚來流憾、足見該會不時精神之一斑、該會會員素取自性、故此屆陳列之作品、頗多特殊之精神、如丁女士之「花」、王榮鈞君之「某君像」、史匡韶君之「怨」、朱應鵬君之「海濱」、宋志欽君之「圖三角」、李竹衡君之「倦」、呂文彬君之「病室中」、吳待君之「農夫」、陸炘蘭女士之「和合」、張亦颺君之「村落」、張扁蓀君之「燈光」、萬籟鳴君之「物質的壓迫」、萬古蟾君之「雨後」、魯少飛君之「歡呼」、樓金聲君之「微光」等、此尚該會代表作品中之一部分耳、

图10 《晨光美术展览会昨闻》,《申报》1923年7月16日

毕，报界名人汪英宾代表众人致辞，称“此次张朱二君，虽赴日考察日本美术，实即考察世界美术”。汪英宾还做了对张朱二君赴日“三大希望”之发言，言辞中可看出此时中国人对走出国门与拥抱世界艺术、继而振兴中华艺术的期望。① 张聿光、朱应鹏二人赴日考察有一月余，《申报》于 10 月 23 日报道二人“赴日考察美术并参与帝国二科两大展览会，闻调查公私立美术学校及社会上各种研究美术之组织，颇为详晰”，并展望二人回国之成果。②

美术展览方面，晨光美术会择期遴选会员佳作举办公众展览会，场面热烈。据现有资料显示，吴大羽参加了 1922 年 6 月 15 日至 6 月 20 日在上海半淞园四面

① 《晨光美术会欢送会记》,《申报》1921 年 9 月 15 日。

② 《美术家赴日考察回国期》,《申报》1921 年 10 月 23 日。“帝国二科”，指帝国二大展览会及二科会展览会。

厅举办的“晨光美术会第二届展览会”，参展作品未知①；1923 年又参加了 7 月 13 日至 7 月 17 日于白克路七号会所举办的“晨光美术会第三届绘画展”，另有宋志钦、王荣钧、吕文彬、鲁少飞、史匡韶(史东山)、万籁鸣、万古蟾等会员共 20 余人参加此展。展览展出的 120 余幅作品皆为西画。② 该展览吸引“各界往观者，自晨达旦，络绎不止”，吴大羽作品《农夫》则被报道为该展代表作品之一。③

由晨光美术会的活动情况可见，此时中国艺术界对西方文化艺术的追求和向往已经形成。吴大羽在 1983 年 2 月 6 日对陈创洛谈及自己当年赴法学艺的缘由：“历史是不断地重复，周而复始。当时是在‘五四’新文化运动的感召下，去欧洲为的是‘取经’和‘取图’。”④ 新文化运动和五四运动的发生、蔡元培“以美育代宗教”学说的提出、中国艺术界自身的讨论和反思等，都是促使吴大羽走出国门接受西方美术教育的因素。

## 二、留法时期(1923—1927)

### (一)赴法日期的更正

现有吴大羽相关画册年表中记录的吴大羽出国时间几乎都为 1922 年。经查，1922 年一说出自吴大羽 1983 年 2 月 6 日与陈创洛的对谈记录《吴大羽谈艺录》，原文内容为：“1922 年，我搭乘法国油轮去的巴黎，先学半年法语，是秋考入巴黎国立高等美术学校，从鲁勒（鲁热）教授学习素描。”⑤

然而查询吴大羽手稿发现，吴大羽在第 568 号手稿《吴大羽简历》及第 569 号手稿《简历 · 吴大羽》中均写道：“一九二三年，就学于法国巴黎国家高等美术专门学校。继从雕塑大师蒲尔代尔（布尔代尔）学习。”第 4617 号《简历》中记录自己的学历为“1923—1927，法国国立高等美术专门学校学习”。

除以上三份吴大羽手稿外，另有多篇民国时期吴大羽留学相关报道证其赴法

---

① 《晨光美术会第二次展览会》,《申报》1922 年 6 月 8 日。

② 《晨光美术会绘画展览会预志》,《申报》1923 年 7 月 11 日。

③ 《晨光美术会展览会昨闻》,《申报》1923 年 7 月 16 日。

④ 陈创洛:《吴大羽谈艺录》，载《上海油画雕塑院：陈创洛》，上海三联书店 2015 年版，第 121 页。

⑤ 同上。

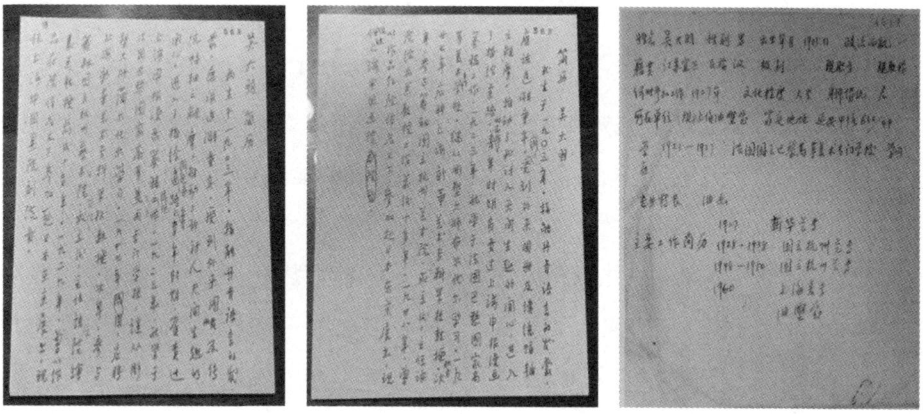

图11　吴大羽手稿第568号、第569号、第4617号（图源：吴大羽艺术基金会）

时间，整理如下：

（1）《时代图画周刊》1923年9月24日报道《赴法留学美术之吴待君》：

画家吴待君字有玉，宜兴人。为晨光美术会会员，将于本月二十八日起程巴黎，学习图画。吴君在国内，已著盛名，此次赴法，必能精益求精，为我国艺术前途作伟大之贡献也。①

（2）朱应鹏文章《送吴待君赴法》，发表于1923年《艺术评论》第23期（1923年9月24日）。文中提及吴大羽将于二十八日启程赴法，并提到其出国缘由和为人性格。全文如下：

晨光美术会会员吴待君，将于二十八日，起程赴法，留学绘画。我和吴君同抱留法志愿。吴君屡想和我同行，但是我总因为有种阻碍，不克如愿。现在吴君居然单独的成行了，我当然有一种感想，拉杂写在下面，已当送别。

我认识吴君，是在五年前。我很愿意将他的生平，介绍于同志。他的性情，狷介孤冷。交游甚少。平时又不喜和人多谈话，不深知吴君为人的人，往往说他脾气大。前年我在申报馆当记者，兼作讽刺画，吴君常常来帮忙。后来

① 《赴法留学美术之吴待君》，《时代图画周刊》1923年9月24日。

我因事辞职，荐吴君继其事，因为讽刺绅阀和一般伪艺术家，遭疾视，受中伤，愤而去职，就立志出洋。他的作画，不喜合群，往往单独去写生，不使人知。我们最初发起晨光美术会，组织画室时，他从不来共同研究，有人问他，笑而不答。画得不称心时，就用刀刮破画面，也是他的懒性。

近来出洋留学艺术的同志，渐渐多了。不过一般教育者，和所谓资送学生出洋的慈善家，还是一味持拜金主义，再也不注意到文化事业。

傅彦长君的《斥陈简》说得非常痛快。我还有一件因吴君赴法而引起联想的事情。从前我的朋友□□□君，他是由清华出洋，原有意学美术，但是他填写名单上学何科，竟不敢把美术的字样写出，据说若填了必定要受当事的斥责，后来到了美国，依旧选习实利主义的科学。这真是悲惨的现象！

原来赴欧洲研究美术，已经出国的，据我所见，要算陈晓江君，最有供献。我尤其佩服的，是他临摹介绍名画，为美术馆立雏形，为初学者正眼目，正和介绍学说的功效，同其伟大。不过困于经费，不能充其志愿，是很可惜的。留学的价值，不是说在国外毕业，必定是了不得的，是要看他归国之后，能否有供献的判断。这是我最希望于吴君的。①

（3）《申报》1923年9月27日报道《画家吴待赴法》：

晨光美术会员吴待君准于二十八日起程赴法自费留学，入巴黎美术学校研究绘画，同行者有上海大学图案科毕业之杨秀涛君云。②

（4）《申报》1924年3月27日报道《晨光美术会员联袂赴法》：

……该会会员吴待君于去年赴法，顷接来函，知已入巴黎国立高等美术学校肄业，来信地址如下……③

---

① 朱应鹏：《送吴待君赴法》，《艺术评论》1923年第23期。
② 《画家吴待赴法》，《申报》1923年9月27日。
③ 《晨光美术会员联袂赴法》，《申报》1924年3月27日。

赴法留學美術之吳待君

畫家吳待君字有衣，宜興人。爲晨光美術會會員。將於本月二十八日起程赴法，學習圖畫。吳君在國內，已著盛名，此次赴法，必能精益求精，爲我國畫界前途作偉大之貢獻也。

图12 《赴法留学美术之吴待君》，《时代图画周刊》1923年9月24日

送吳待君赴法

图13 《送吴待君赴法》，《艺术评论》1923年第23期

综合以上文献资料可知，如准时启程，吴大羽启程赴法时间应为1923年9月28日，非《吴大羽谈艺录》及以往画册年表采用的1922年。

## （二）吴大羽的留学生活

吴大羽携宜兴吴氏家族卖掉部分家族田地所得的3000银圆，乘邮轮启程赴法国巴黎。有关吴大羽留法期间的学习和生活，吴大羽手稿、法国国家档案馆巴黎国立高等美术学院档案、吴大羽访谈记录等资料均有记载。下面分为学习经历及人际交往与艺术活动两大方面简要分析吴大羽的五年留法生活。

### 1. 学习经历

吴大羽自述，其在抵法之后先学习了半年法语。关于吴大羽在巴黎国立高等美术学校注册的时间，据法国学者菲利普·杰奎琳（Philippe Cinquini）研究，法国国家档案馆巴黎高美卷中编号AJ52-572的文件记录了中国学生吴待（OU-TAI，即吴大羽）在1924年2月4日注册于廊庭，教师为Louis Roger（1874—1953）。[①] 此档案中吴大羽的个人地址与《申报》1924年3月27日《晨光美术会员联袂赴法》一文中通告国内的吴大羽通信地址一致，即巴黎近郊丰特奈玫瑰镇

① ［法］菲利普·杰奎琳：《亚洲与西方间一大显象之研究新法：中国艺术家学艺巴黎国立高等美术学院（1914—1955年）（上）》，董智宏译，《油画艺术》2018年第1期，第97页。

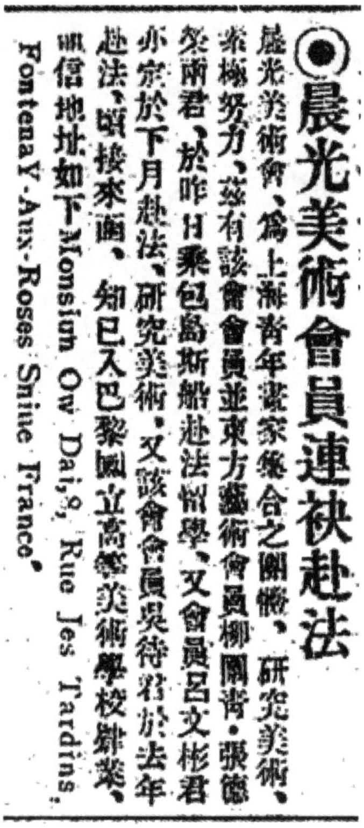

◉晨光美術會員連袂赴法

晨光美術會、爲上海青年畫家集合之團體、研究美術、素極努力、茲有該會會員並東方藝術會員柳關靑・張德榮兩君、於昨日乘包島斯船赴法留學、又會員呂文彬君亦定於下月赴法、研究美術・又該會會員吳待君於去年赴法、頃接來函、知已入巴黎國立高等美術學校肄業、通信地址如下Monsiun Ow Dai,8, Rue Jes Tardins, FontenaY-Aux-Roses Snine France・

图14 《晨光美术会员联袂赴法》，《申报》1924年3月27日

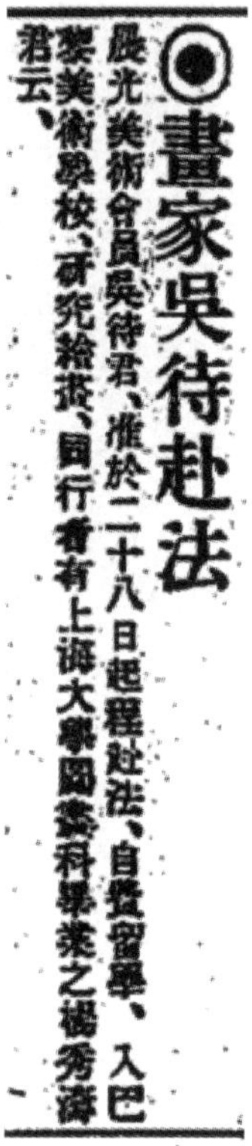

◉畫家吳待赴法

晨光美術會員吳待君、准於二十八日起程赴法、自費留學、入巴黎美術學校、研究繪畫、同行者有上海大學國畫科畢業之楊秀濤君云、

图15 《画家吴待赴法》，《申报》1923年9月27日

（Fontenay-aux-Roses），当时译名为“芳墩岩”或“芳墩尼”。

另外，出版于1978年的法国国家档案馆《巴黎国立高等美术学院及巴黎国立高等装饰艺术学院档案分析（AJ52 & AJ53）》一书，对档案号AJ52-470巴黎高美外国学生的注册信息进行分析时列出了吴大羽和王代之二人：“Ou-Tai，Chinois，1924；Ouang-Dai-Tche，Chinois，1923.”由于未见原始档案信息，此篇中仅列举吴大羽和王代之两名中国学生的原因尚不明确，有待日后研究。[①]

吴大羽还在1979年与中国艺术研究院研究员陶咏白的访谈、1982年3月和1983年2月6日两次与陈创洛的对谈，以及手稿杂文中详细回忆了自己的学习经历，部分内容整理如下：

我留法的时候，也正是巴黎画坛受塞尚影响最多的时候。另外就是野兽派、立体派、抽象派等现代绘画，但当时的巴黎美专仍是学院主义作风。

到了巴黎后，记得是画家李超士的哥哥（李骏）热心接待，到处张罗帮助我们。那时巴黎美术学校的校长是贝纳尔（Albert Besnard，1849—1934），当时的巴黎美校就是学院派的，整个学校像个“联络点”，白天学生都外出画画，

① Archives Nationales（France）& Labat-Poussin，B.（1978）. *Archives de l'* École nationale supérieure des beaux-arts et de l' École nationale supérieure des arts décoratifs. Paris：La Documentation française，p.72.

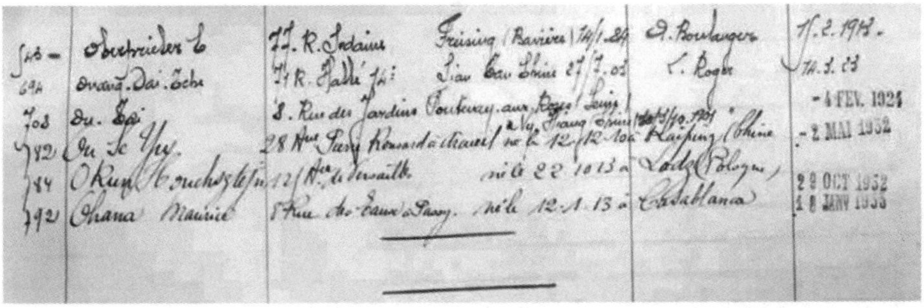

- 4 FEV. 1924
- 2 MAI 1932
29 OCT 1932
18 JANV 1933

图16　图中第三行为法国国家档案馆AJ52-572号文件中吴大羽在巴黎高美的注册记录（图源：杰奎琳文化艺术）

整个学校学术空气沉寂。记得当时印象派也不时新了，老师们画的风格、笔触虽有像印象派，但笔触滑腻腻的，野兽派这一新派画家开始抬头。我的素描老师是罗杰，颜文樑、常书鸿、周方白的老师是劳伦斯。[①] 我的油画完全是自学的。记得我那时的学习生活也比较专一，就是整天往返于学校与画廊、博物馆之间，整天画。我自费留学五年。

旅外之际，（经费）不足用时，常藉勤工所得助学，曾为巴黎漆刻美术工艺厂制作过出品，又曾帮助部署过（1925年）巴黎万国博览会会场，均获得相应酬致。

当时巴黎对学院派不感兴趣，我后来就自学，想多学点东西。到研究室去画油画人体、风景、静物，也学雕塑。

记得有一次在巴黎美术学校的画室里，我画了一张用自己的方法的肖像，可能是画出了自己的想法、个性，同学们都围观来，很赞赏。

在巴黎留学期间，曾得到法国立体主义绘画创始人之一乔治·勃拉克（Georges Braque）的指导。

我还经常到博物馆去看，博物馆就是“先生”。我只是看看，不临摹。临摹只重技法，往往把感觉忽略了。当然，看，也要看它如何制作的。还要看理论，重理论的学习。

早年旅外习画的日子里，已能接触到毕加索艺术风格的点滴。随着疏远学

① 吴大羽在其手稿中有时将罗杰教授写作鲁热教授（Rouge）。

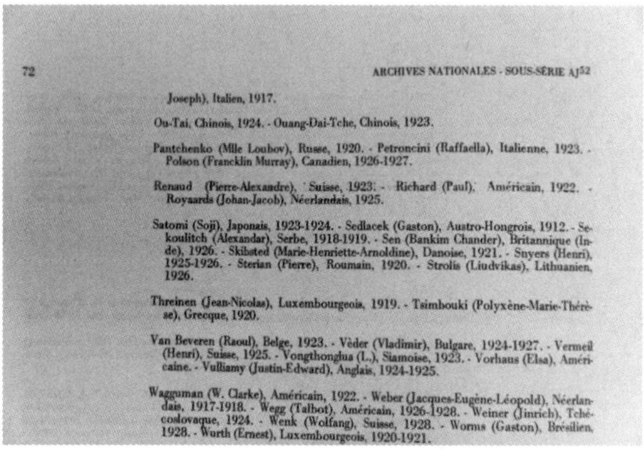

72 ARCHIVES NATIONALES - SOUS-SÉRIE AJ52

Joseph), Italien, 1917.

Ou-Tai, Chinois, 1924. - Ouang-Dai-Tche, Chinois, 1923.

Pantchenko (Mlle Loubov), Russe, 1920. - Petroncini (Raffaella), Italienne, 1923. - Polson (Francklin Murray), Canadien, 1926-1927.

Renaud (Pierre-Alexandre), Suisse, 1923. - Richard (Paul), Américain, 1922. - Royaards (Johan-Jacob), Néerlandais, 1925.

Satomi (Soji), Japonais, 1923-1924. - Sedlacek (Gaston), Austro-Hongrois, 1912. - Sekoulitch (Alexandar), Serbe, 1918-1919. - Sen (Bankim Chander), Britannique (Inde), 1926. - Skibsted (Marie-Henriette-Arnoldine), Danoise, 1921. - Snyers (Henri), 1925-1926. - Sterian (Pierre), Roumain, 1920. - Strolis (Liudvikas), Lithuanien, 1926.

Threinen (Jean-Nicolas), Luxembourgeois, 1919. - Tsimbouki (Polyxène-Marie-Thérèse), Grecque, 1920.

Van Beveren (Raoul), Belge, 1923. - Vèder (Vladimir), Bulgare, 1924-1927. - Vermeil (Henri), Suisse, 1925. - Vongthonglua (L.), Siamoise, 1923. - Vorhaus (Elsa), Américaine. - Vulliamy (Justin-Edward), Anglais, 1924-1925.

Wagguman (W. Clarke), Américain, 1922. - Weber (Jacques-Eugène-Léopold), Néerlandais, 1917-1918. - Wegg (Talbot), Américain, 1926-1928. - Weiner (Jinrich), Tchécoslovaque, 1924. - Wenk (Wolfang), Suisse, 1928. - Worms (Gaston), Brésilien, 1928. - Wurth (Ernest), Luxembourgeois, 1920-1921.

图17　1978年出版的法国国家档案馆《巴黎国立高等美术学院及巴黎国立高等装饰艺术学院档案分析》中，第72页第二行列举1924年注册的吴大羽和1923年注册的王代之两名中国学生（图源：吴大羽艺术基金会）

院教育上的束缚，能领略虔汲感觉的探索精神。实是如此，在整个人类文化史上着眼，艺术正应循着历史前进而创造新鲜。因为艺术有推动历史长流动力的任务。从真善美各个角度，衡量到整个真理的面貌时，不可缺少艺术居乎其中的新创。

毕加索的绘画语言，对我们欣赏者来说，已不陌生。用一句话结束我们理解的是，他同所有历来画家的活动一样，他的创造也正是他为自己记录虔事其心眼活力创造的个人历史。他是站在新生岗位上吐露其挚诚的，多变也就是寻求真理的歌唱节奏，显出其对人类美好生活尊严的肩荷。

当时在学习中，对印象派后的东西有兴趣，因印象派以前的艺术已有人总结了，而印象派后还在发展中。要使自己的艺术处在游离状态，不断地变化发展。我崇尚毕加索、马蒂斯，他们不断地在创造，他们也绝不喜欢停留在他们的水平上，他们是后来者前进的踏脚板。我崇敬他们的创造力。我当时年轻，很蠢，不能进入正确的轨道。在法国五年，由于自己的懒惰、愚蠢，把生命抛在一些无谓的琐事上，浪费了时间和生命。①

吴大羽还曾跟随布德尔在其工作室学习雕塑。他对陈创洛谈道：

“我曾短时间转入雕塑家布德尔（Bourdelle）的工作室里，学习过雕塑，他

---

① 整理自1979年中国艺术研究院研究员陶咏白与吴大羽的访谈录，刊于《历史是公正的——吴大羽先生学术讨论会纪要》，中国油画学会秘书处编《油画家》1996年第4期；陈创洛：《吴大羽谈艺录》，载《上海油画雕塑院：陈创洛》，上海三联书店2015年版，第111页、第121页；吴大羽手稿第1836号、第2260号。

是罗丹的学生和助手，后来形成自己的风格，作品很有力度。他个子矮矮的，有胡须，很胖。当时有两位日本人也在那儿学习雕塑。”[①] 与吴大羽同在布德尔工作室学习的两名日本学生中，其中一名为后来成为著名雕塑家和艺术理论家的清水多嘉示先生，他于 1944 年编著了《巨匠布德尔》一书。

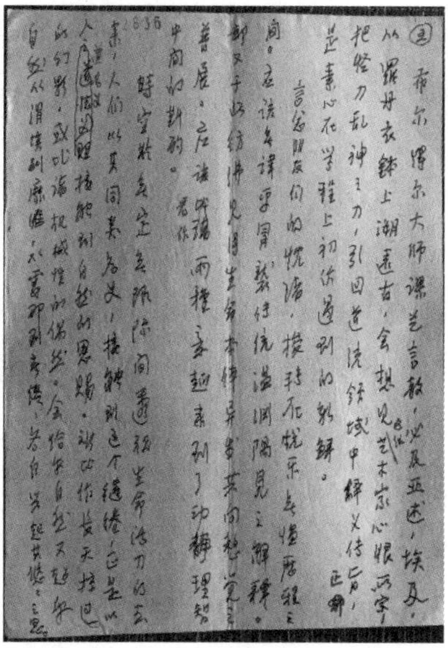

图18　吴大羽手稿中有关留法期间随布德尔学习的部分记录（图源：吴大羽艺术基金会）

而在手稿中，吴大羽也多次回忆布德尔教学的场景：“布尔得尔大师课艺言教，必及亚述、埃及，从罗丹衣钵，上溯远古，会想见这位艺术家心眼所宗，把怪力乱神之力，引回道统领域绎义传旨，是素心在学程上初次遇到的新鲜。”[②]

综合以上文献资料不难看出，吴大羽在法国学习期间，并没有完全遵循巴黎高美学院派的教学方式。他没有固定地追随某位导师，而是博采众长，频繁出入各家画室。他欣赏毕加索、马蒂斯等人的创造精神，并将自己的“自学”能力从国内延续到了国外。实际上，“创造”正是贯穿吴大羽一生的关键词之一。对现存吴大羽手稿的文字内容进行统计发现，“创造”一词出现高达百处以上：

> 创造为上，不限于绘画。诚知新的不一定是好的，但它总是生的活的。
>
> 创造为上，绘画人应当勤勉修炼其艺术，成为人类天才事业的一点一滴，不等待旁一件天才事业的驱役为足意。
>
> 所谓创造，无非是以新的活力，突破陈腐的桎梏而已。
>
> 一定要把自己浸入到艺术的境界才能再现自己，要从创造着眼，不是理论的。

---

① 摘自陈创洛《吴大羽谈艺录》，载《上海油画雕塑院：陈创洛》，上海三联书店 2015 年版，第 111 页。

② 摘录自吴大羽手稿第 2836 号。

> 艺术来到了美术家眼里，会产生两种意义，一是美育教学，二是创造的哲学。将由这两个信息，决定他进行工作的程序。
>
> 艺术上展示一种创造，也是一种发明，是一种摸索，也是一种贡献，是一种教育，也是一种学习。①

上述字句是吴大羽一生遵循的“创造为上”艺术观点的重要内容。对照他在法国学习的经历，他为学习西方艺术来到法国，但对待西方艺术，坚持批判思维和自己崇尚的风格。留学法国不仅让他学习了西方绘画的理论和技法，更重要的是在思想层面，强化了“创造”意识，形成了自己的艺术审美。他也因此能够在此后的人生中提出“势象”等独特的艺术理论，并最终成为中国抽象艺术的奠基人之一。

2. 人际交往与艺术活动

除了在学校、工作室和博物馆的学习外，吴大羽的人际交往活动以其居所芳墩岩镇为中心。吴大羽在 1968 年 7 月 22 日“文革”时期的交代材料中回忆了自己初到巴黎时的人际交往：

> 在巴黎学习艺术的同学中间，我同唐隽、刘既漂是国内先已认识的。到法后，才又认识了林风眠、林文铮、李风白、李金发、曾以鲁、王代之等人。因为我同林风眠、林文铮同住过郊外，又同住过同一座屋子的缘故，来往比较多。那时有个青年党人曾琦，先曾住过我住的屋子，在路上、在饭店里，不时也会碰到。唐隽住在另一条街。那是指我初到时的情形。②

上文中提及的吴大羽租住的房子为巴黎近郊芳墩岩镇蒲克太太的玫瑰别墅。与他同租此别墅者有中国青年党发起人曾琦等人。吴大羽写于约 1945 年的《大羽随笔·子阳见》一文记录了自己在巴黎改“吴待”名为“大羽”的原因：曾琦以吴大羽不乐政治、行使独立称赞其为“高尚人士”，吴大羽则答曰：“道大无朋，

① 摘录自吴大羽手稿及李大钧《创造为上——中国现代艺术的创造大师吴大羽》，载《吴大羽纸上作品集》，商务印书馆 2016 年版，第 4—5 页。

② 摘录自吴大羽交代材料，1968 年 7 月 22 日。

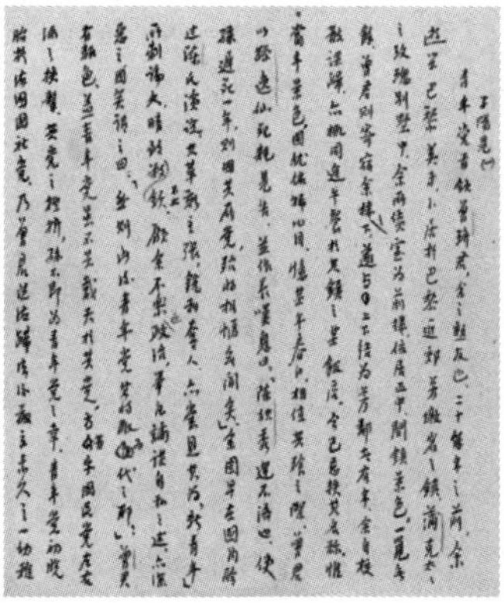

图19　吴大羽《大羽随笔·子阳见》，约1945年（图源：吴大羽艺术基金会）

◉留法藝術界新組織團體訊

近年來我國赴歐研究藝術者甚多、而以法國爲最、僅以巴黎・里昂計算、已有二十餘人、聞在巴黎之劉既漂・林風眠・林文錚・王工・曾以魯・唐雋・李淑良・吳待等・發起一藝術研究會、以研究和介紹藝術爲宗旨、中國留法研究藝術者、向無具體之組織、該會所具旨願宏大、想將來對於中國藝術前途、當有偉大之供獻、聞該會於本年一月二十七號在巴黎開成立大會、將發刊宣言、徵求國內外具有同情之會員、並聞凡中外研究藝術的創作・理論・及文藝・與該會表同情者、均有入會之可能云、

图20《留法艺术界新组织团体讯》，《申报》1924年3月12日

图21　1924年5月，法国斯特拉斯堡"中国美术展览会"合影，后排左四为吴大羽

感君相知，余因去朋字之两撇，定余大羽之名，人所不知也。”[①]

相比曾琦等青年党人，“不乐政治”的吴大羽真正的“朋友圈”是林风眠、林文铮等留法学艺的中国学生。林风眠先就读于第戎美术学院，后进入巴黎高美；林文铮则在巴黎大学学习文学和艺术史。吴大羽到法国后，“二林”也自德国游学归来。这些中国留学生在日常交往中即以探讨艺术为好。据吴大羽自述：

> 记得有一次，在巴黎美专附近的一家咖啡店里，开了一个学会。李风白、曾以鲁、林风眠、林文铮、李金发、刘既漂、唐隽和我都与会。徐悲鸿迟到早走。中间不知是王代之还是别人，伴同了几位不相熟稔的朋友来到会上，参加了会议。当时的情形，已很模糊。后来经人谈起，说是这几位朋友中间，有我们的周总理在内。我记得在会上，有十多个人，气氛很好。后来，唐隽在议题上曾与人发生了争吵，拍桌而起，不欢离席。似乎是为了艺术为用或是为自由的问题，唐隽是不主张艺术为用的。[②]

---

① 摘录自吴大羽《大羽随笔·子阳见》，约1945年。

② 摘录自吴大羽交代材料，1968年7月22日。

艺术讨论的具体成果在1924年逐渐形成。1月27日，林风眠、李金发、刘既漂、吴大羽、王代之、曾以鲁、唐隽、林文铮等在巴黎发起组织了“Opus Society”，中文译名为“霍普斯学会”或“阿波罗学会”，后改称“海外艺术运动社”。林文铮被推选为会长。据《申报》报道：

近年来我国赴欧研究艺术者甚多，而以法国为最，仅以巴黎里昂计算，已有二十余人。闻在巴黎之刘既漂、林风眠、林文铮、王工、曾以鲁、唐隽、李淑良、吴待等发起一艺术研究会，以研究和介绍艺术为宗旨。中国留法研究艺术者，向无具体之组织，该会所具旨愿宏大，想将来对于中国艺术前途当有莫大贡献。闻该会于本年一月二十七号在巴黎开成立大会，将发刊宣言，征求国内外具有同情之会员，并闻凡中外研究艺术的创作、理论及文艺，与该会表同情者，均有入会之可能云。①

接下来，5月21日，一场以“霍普斯学会”和另一留法学生美术组织“美术工学社”为主，联合留学德、比、英、意等国美术界、文化界、政界人士发起的“中国美术展览会”在法国斯特拉斯堡（Strasbourg）的莱茵河宫（Palais du Rhin）盛大召开，展期至七月。蔡元培参与会务，并为展览作序言。国内媒体报道本次展览作用不仅在学术，更是中国人在国际上所作之重大宣传。两大留法美术团体中，“霍普斯学会”注重美术学理研究，“美术工学社”则注重美术工艺之制造。“霍普斯学会”会员吴大羽、林风眠、徐悲鸿、李金发、刘既漂、王代之、曾以鲁、唐隽等人皆入选参展。展览出品“新画中殊多杰作，如林风眠、徐悲鸿、刘既漂、方君璧、王代之、曾以鲁诸君，皆有极优之作品。新雕刻则有吴待、李淑良诸君之作品”②。林风眠评价吴大羽为“非凡的色彩画家，宏伟的创造力”。异国评论家也评价其作品“形象生动、热情奔放、感人肺腑”。③

以上活动是吴大羽与林风眠、林文铮一生交往的起源，也为三人此后在国立

① 《留法艺术界新组织团体讯》，《申报》1924年3月12日。

② 李风：《旅欧华人第一次举行中国美术展览大会之盛况》，《东方杂志》1924年第21卷第16号。

③ 闵希文：《心灵的彻悟——忆中国油画第一代垦荒者吴大羽》，《画刊》2004年第2期。

图22　青年时吴大羽像

图23　林风眠、林文铮、吴大羽合影

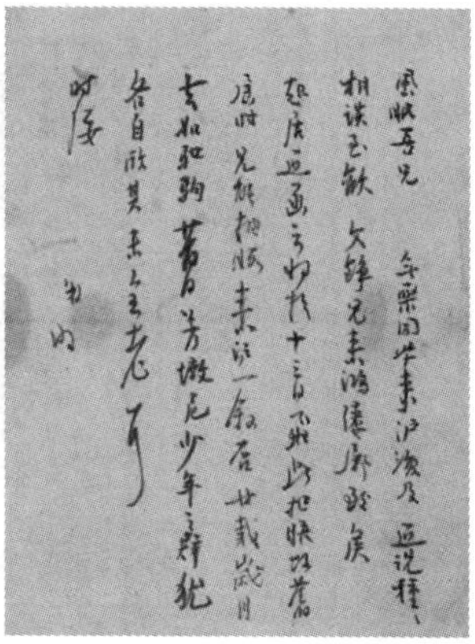

图24　吴大羽致林风眠书，1947年（图源：吴大羽艺术基金会）

艺术院（国立杭州艺专）共事奠定基础。吴大羽在1947年致信林风眠时，仍在感慨回忆这一号称“芳墩尼少年”的群体，信件内容如下：

风眠吾兄：

无极同学来沪，复及近况种种，相谈至欢，文铮兄来鸿，屡属致候起居，近函云将于十三日飞此，把晤故旧，届时兄能抽暇来沪一叙否？廿载岁月，去如驰驹，昔日芳墩尼少年之群，犹各自欣其未全老耳。

时绥。

弟羽

1927年9月，吴大羽结束五年的留法学习，回国开启作为教授吴大羽的人生新篇章。

## 三、归国初年（1927）

以十年为节点，吴大羽自1917年离开宜兴老家前往上海学艺，1927年又从法国学成回到上海。吴大羽的大哥吴子政听闻吴大羽归国，特作诗一首《闻季弟

藝術界
應鵬編輯

留法畫家吳待君回滬

晨光藝術會會員吳待君、於十二年夏、赴法留學、研究藝術、已歷四年、於上月偕同畫家李玉堂、取道西比利亞回國、留北京一月、茲與前北京藝術專門學校校長林風眠、教授王代之等、一行數人、於前日到滬、聞新華藝術大學已聘吳君爲繪畫教授、吳君近日歷訪在滬同人、並擬稍事休息、即到校任事、吳君之作品、已由法直寄上海、尙未到埠、俟寄到後、滬藝術界同人、擬爲之舉行展覽會云、

图25 《留法画家吴待君回沪》,《申报》本埠增刊1927年10月12日

大羽由巴黎归国感赋》，后登于《钱江月报》上。[①]

1927年9月，吴大羽先同画家李玉堂取道西伯利亚坐火车回国，随后在北京停留一月。10月10日，再同林风眠、王代之、李朴园等人到沪，赴任上海新华艺术专科学校教授。[②]上海新华艺术专科学校创办于1926年，发起人有张聿光、潘天寿、俞寄凡、潘伯英、许开甫、俞剑华、谭抒真等，当时由张聿光任副校长。10月12日，由朱应鹏编辑的《申报》本埠增刊艺术界栏目头条报道《留法画家吴待君回沪》，公告晨光美术会会员吴大羽归国，并将于上海新华艺专就职：

> 新华艺术大学已聘吴君为绘画教授，吴君近日历访在沪同人，并拟稍事休息，即到校任事。吴君之作品已由法直寄上海，尚未到埠，俟寄到后，沪艺术界同人，拟为之举行展览会云。[③]

关于这场吴大羽“归国展览会”，目前未见文献记载，只能了解到吴大羽将其在法期间的学习成果寄回了国内，可惜如今这些作品都已不复存在。

然而吴大羽的精神成果却流传了下来。如今对作为艺术教育家的吴大羽进行研究，通常从他在国立杭州艺专时期的学生吴冠中、赵无极、朱德群、闵希文等人的回忆文章及师生间的往来书信入手分析。实际上，早在1927年赴任上海新华艺专教授前，吴大羽就将自己的艺术教育理念写信讲述给了李朴园。

---

① 吴子政:《闻季弟大羽由巴黎归国感赋》,《钱江月报》1928年第8卷第3期。

② 据日本外务省外交史料馆存1930年国立杭州艺专赴日考察及举办“中华民国国立西湖艺展”相关档案资料，吴大羽履历为“巴黎国立美术学校毕业，曾任上海新华艺术大学洋画科主任，现任本校教授”。

③《留法画家吴待君回沪》,《申报》本埠增刊，1927年10月12日。

1927年11月30日，上海《申报》本埠增刊艺术界栏目头条发表了署名“朴园”的文章《关于艺术教育的一封信》。文章作者李朴园（1901—1956），毕业于国立北平艺术专门学校戏剧系，擅长艺术理论及戏剧创作，曾任国立艺术院、国立杭州艺专出版课课长、图书馆馆长等职，并主持《亚波罗》《亚丹娜》等刊物的编辑工作，是“艺术运动社”重要成员之一。

李朴园作《关于艺术教育的一封信》一文，源起于刚刚旅法归来、即将就任上海新华艺专绘画教授的吴大羽写给他的一封私信。在这篇文章中，李朴园表达了个人对吴大羽的看法，并摘录了吴大羽致其信件中有关艺术教育的重要观点。这份珍贵的史料此前鲜少被学界提及，现整理全文内容如下。

关于艺术教育的一封信

朴园

这封信是上海新华艺术大学新聘绘画教授吴大羽先生写给我个人的一封私信，因其中所谈，颇有关于教授方法的话，且其所论，在我个人也觉得十分同

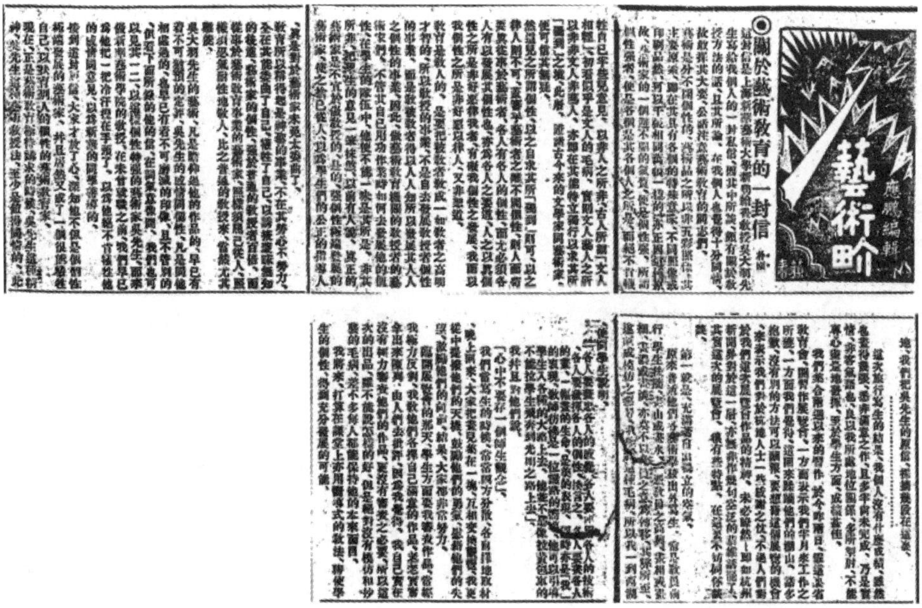
關於藝術教育的一封信

图26　李朴园《关于艺术教育的一封信》，《申报》本埠增刊1927年11月30日（图源：吴大羽艺术基金会）

情，故敢择其大要，公诸注意艺术教育的同志们。

艺术是分不开个性的，艺术品之所以非五彩照像，其主要原素，即在其具有各个的特殊意味，不同照像或印刷品然，可以千张相同万张一样的，亦正因这种原故，艺术家的一个避不开的气质，便是个性强，所谓个性强者，便是各个是其各个人之所是，而绝不肯牺牲自己半些儿意见，以非人之所非，古人所谓“文人相轻”，初看似乎是文人的毛病，实则文人艺人之所以非文人非艺人，亦即在其能特立独行以求其所“独到”之境，此层，证诸古今来的文学家同艺术家，便可信其无疑。

然这儿之所谓个性，以之自求其所“独到”则可，以之律人则不可，盖审乎艺术者之离不开个性，则人而苛要真从事于艺术者，各人有各人的个性，而尤必须各人有以发展其个性也，亦为各人之要道，人之以真个性之所是非好恶律我者，有碍我个性之发展，我而以我个性之所是非好恶以律人，又非恕道。

教育是教人的，是要把被教者教成一如教者之高明才智的，所以教授的事业，不是自去发展教授者个性的事业，而是教被教者得以人人知所以发展其人人之个性的事业，因此，做艺术教育机关的教授者的艺术家们，不管其自己用功作业时如何去发展他的个性，在学生的队伍中，他便不能一味是其所是，非其所非，把学生的意见一笔抹煞，以前有人说，真正的艺术家是不宜于做教授的，是的，强个性极端发展的艺术家，使之舍己从人，以为学生们的公正的指导人，真是对艺术家未免太委曲了。

教育所以称得起是神圣的事业，不在其劳心不劳力，全在其能委曲了自己，牺牲了自己，以诱掖蒙昧无知的后进，艺术家的个性，强于普通的教授者百倍，而从事于艺术教育事业的艺术家，照样须屈己从人，照样须忍气耐性地教人，比之普通的教授来，当然尤其难能。

吴大羽先生的艺术，凡是瞻仰过他的作品的，早已有着不可犹豫的定评，吴先生的感情同个性，凡是同他相处过的，也早已有着不可磨灭的印像，且不管别的，但看下面所录的他的信，在词气意像间，我们也可以见其一二，以这样个性特强的艺术家吴先生，而来做新华艺术学院的教授，在未曾就职之前，我们早已为他把一把冷汗捏在手头了，以为他绝不肯牺牲他的感情同意见，以为新华的同学善导的。

接到这封短信，大家才放了心，深知他不但是个个性极端发展的艺术家，并且居然又成了一个很能牺牲自己，以扶育别人的个性的艺术教育家。

现在，正是艺术教育极待讲求的时候，吴先生这种精神，吴先生这种艺术教授法，至少是值得同情的，此地，我们把吴先生的原信，择摘几段在这里。

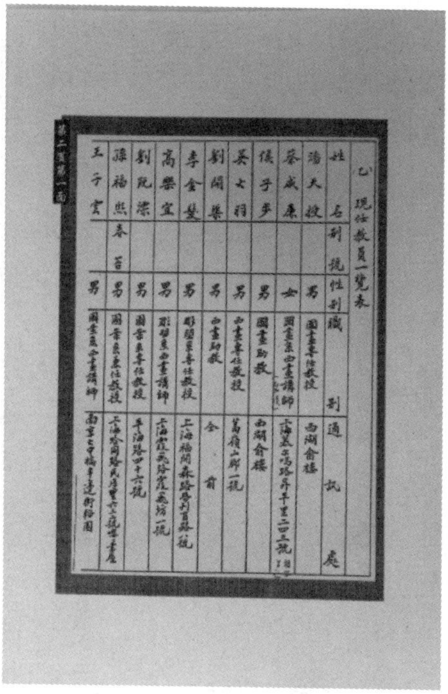

乙 现任教员一览表

| 姓名 | 别号 | 性别 | 职别 | 通讯处 |
|---|---|---|---|---|
| 潘天授 | | 男 | 国画专任教授 | 西湖会楼 |
| 蔡威廉 | | 女 | 国画系西画讲师 | [illegible] |
| 侯子步 | | 男 | 国画助教 | 西湖会楼 |
| 吴大羽 | | 男 | 西画专任教授 | 葛岭山脚一号 |
| 刘开渠 | | 男 | 西画助教 | 仝前 |
| 李金发 | | 男 | 雕塑系专任教授 | [illegible] |
| 高乐宜 | | 男 | 雕塑系西画讲师 | [illegible] |
| 刘既漂 | | 男 | 图案系专任教授 | [illegible] |
| 孙福熙 | 春苔 | 男 | 图案系专任教授 | [illegible] |
| 王子云 | | 男 | 国画系西画讲师 | [illegible] |

图27　1928年《国立艺术院院友录》，吴大羽职位为西画专任教授

（以下为吴大羽致李朴园信内容）

这次旅行写生的结果，我个人没有什么成绩，虽然也画得几张，悉非满意之作，且多半尚未完成，乃是实情，非客气语也，良以我所处地位关系，多所掣肘，不能专心尽量地发挥，至于学生方面，成绩甚佳。

我们集合两周以来的习作，于今昨两日，假这里省教育会，开习作展览会，一方面表示我们半月来工作之所获，一方面我们觉得，这回来蹂躏他们的湖山，诸多抱歉，没有别的方法可以酬报，要想借这个展览的机会，来表示我们对于杭地人士一些感谢之忱，不过人们对于我们这次展览会作品的精神，未必了然，即如杭州新闻界对于这一层，亦无非作几句空泛的恭维话罢了，其实这次的展览会，很有些特点，在这里不妨同你谈谈。

第一就是，充满着自由独立的空气。

原来普通他们各艺术学校出外写生，常是教员前行，学生从随，画山或画水，一凭教员之高兴，画粗或画细，画浓或画淡，亦莫不以教员之意为转移，其弊所致，遂演成模仿之恶习，我鉴于这种毛病，所以我一到西湖，便向学生说明：

图28　1935年，国立杭州艺专部分教师及友人于白龙潭郊游留影（邱玺摄影）前排左起：校长林风眠夫妇和女儿蒂娜、国画系主任教授潘天寿、西画系主任教授吴大羽、西画教授蔡威廉、教务长林文铮；中排左起：西画助教刘开渠、图书馆馆长李朴园；后排左起：作家郁达夫、校长秘书侯慕彝、西画教授叶云、俄籍图案教授杜劳、法籍油画教授克罗多、西画教授方干民

"各人要尽忠各人的感觉，各人要运用各人的技术，各人要发挥各人的个性，换言之，各人要画各人的画，一幅画的生命，是美的表现，同时亦是'我'的表现，教师仿佛是一位职路的向导，他可以引导学生入各种的大路上去，他并不是像拉黄包车的不能拉学生飞奔到光明之路上去。"

我并且对他们说，"心中不要存一个师生观念"，我们当写生的时候，常常四方分散，各自择地取材，晚上回来，大家把画儿集在一块，互相交换观览，我更从中提拔他们的天机，鼓励他们的勇气，慰藉他们的失望，激励他们的向前，结果，大家都非常努力。

临开展览会的那天，学生方面要我审查作品，当经我极力反对，我教他们各择自己满意的作品，老老实实拿出来陈列，由人们去批评，因为我觉得，我自己实在没有权利审查他们的作品，更没有审查之必要，所以这次的出品，虽不能说怎样的好，但是绝对没有模仿和抄袭的毛病，差不多每人都能保持他的本来面目。

我将来，打算在课堂上亦用向导式的教法，务使学生的个性，得到充分发展的可能。①

以上文字是对吴大羽早期艺术教育观点的重要记录。从中可以看出，此后频繁被吴大羽的学生吴冠中、赵无极、朱德群等人提起的“吴氏教育”之特点：自由、独立和个性；打破陈规、注重感觉、善用鼓励；艺术的根本在于道义；师生之间是道义关系等等。其教育法早在吴大羽留法归来，刚开始身份转变时已逐步形成，并在此后的教学和创作道路上得到贯彻和进步。这一珍贵文献，是研究吴大羽的重要史料，有待学界进一步分析探究。

留法五年，是吴大羽的人生、艺术、思想走向进步和成熟的五年，也是他的艺术事业伙伴——“芳墩尼少年之群”的形成期。1928 年 3 月，国立艺术院在杭州筹建。4 月，林风眠就任国立艺术院校长，林文铮担任教务主任兼教授。吴大羽就任西画系主任兼教授，开启了一个艺术家、艺术教育家、诗人的新的人生。②

① 李朴园：《关于艺术教育的一封信》，《申报》本埠增刊，1927 年 11 月 30 日。

② 1929 年，国立艺术院国画系与西画系合并为绘画系，吴大羽任绘画系主任。

# "看不见"的艺术史：早期留法油画家郭应麟的发现与研究

董　松
安徽博物院

**摘　要：** 郭应麟是美术史上一位独特的"失踪者"，有关他的发现来源于《巴黎中国留法艺术会会员录（1936 年 4 月—1937 年 4 月）》的记录，此后的很长时间，对他的认识仅仅停留在人名，对他的生平和创作一无所知，也看不到他的任何一件作品，他成为一位"看不见"的艺术家。通过长期的研究，目前可以基本勾勒出郭应麟的人生轨迹，并寻找到 17 幅郭应麟创作的油画。纵观其一生，具有一般艺术家不同之处，大致可分为四个阶段：留学法国（1928—1933），在厦门美专和南洋美专从事美术教学（1933—1941），保护陈嘉庚（1942—1945）和参加印尼华侨美术活动（1950—1961）。郭应麟的研究仅仅才开始，他在厦门美专和南洋美专的教育实践和美术创作需要进一步研究，他在印尼美术活动的事实需要搞清楚，他对当地美术的影响也需要从印尼现代美术发展的角度来更多关照，这些对于研究福建美术史、东南亚华人艺术史以及福建和南洋地区的美术互动都将有积极的意义。

**关键词：** 郭应麟　留法　失踪者　艺术史

20 世纪 80 年代以来，潘玉良、李青萍、唐蕴玉等一批 1949 年后在国内"消失"的艺术家重新出现在公众的视野中，他们在美术史上的价值和地位逐渐被认识。他们一个共同的特点都是因为大批作品的重新面世，从而带动了艺术界对画家的研究和认知。但是郭应麟无疑是一位独特的"失踪者"，因为有关他的发现来源于《巴黎中国留法艺术会会员录（1936年4月—1937年4月）》的记录。

1984年2月，潘玉良的7大箱遗作和遗物从法国运回国内收藏在安徽省博物馆，其中的一份《巴黎中国留法艺术会会员录（1936年4月—1937年4月）》上记载：“郭应邻 男 绘画 通信地址厦门集美学校，已回国。”这是笔者第一次看见他的名字，然而此后的很长时间，对他的认识仅仅停留在人名，对他的生平和创作一无所知，也看不到他的任何一件作品，他成为了一位“看不见”的艺术家。

商報畫刊

美術作品

图1 《商报画刊》1932年第10卷第23期

关于郭应麟的生平，1932年《商报画刊》上登载的“画家郭应麟小史”（图1）可以了解到一些，其记录道：

> 郭应麟君，闽海澄人，民九之春，由集美中学转入南京国立暨南学校师范科，翌年毕业，由该校校长赵正平先生荐任岷埠中西学校执教，教学之余，辄到菲大美术科研绘画，如是者五年。民十七年之夏，因颜文初先生而得林珠光先生资助留法。翌年正月，投考法国国立巴黎高级美术专门学校雕像写生班，录取后即注意木炭画之练习，晚间则别入一市立美术夜学，仍作炭画。一九三〇年四月，加入美专正式生考试（此种考试一年一度，选录极严，不论参加者多至若干，总以前列十五名轮选，由十六名至六十名则为暂时正式生，期以一年，期到取消）落选，自是倍加努力。翌年第二次与试获选，乃为该校永久正式生。同年六月加入校中有奖炭画竞试，又以名列第五得一奖状，中国学生在该校之得有奖状者，以郭君为第一人，此固君力学之结果，亦体君慷慨乐育有以成之也。[①]

① 《商报画刊》1932年第10卷第23期。

图2 郭应麟油画《花卉》，20世纪30年代作于法国

图3 郭应麟20世纪30年代在法国创作油画《巴黎鲁佛博物馆写生》

尽管如此，我们对郭应麟的了解还是碎片状，特别是对他1932年以后的情况一无所知。这个问题，直到2014年10月笔者去厦门实地调查后才有了突破性的进展。

这次调查，笔者寻访到了郭应麟的孙女郭玫女士（其父亲郭一飞为郭应麟的长子，现在疗养院居住，交流困难），以及住在鼓浪屿岛郭家老屋的郭应麟的侄子林明杰先生和定居在印尼的郭应麟女儿郭一心女士。通过他们的陈述，可以基本完整地勾勒出郭应麟的人生轨迹，最可贵的是在郭家老屋里发现了14幅郭应麟创作的油画，其中就包括1932年《商报画刊》上刊登的油画《花卉》（图2）和1933年《艺风》杂志上发表的油画《巴黎鲁佛博物馆写生》（即下文提到的《巴黎罗佛尔美术馆维纳斯陈列室》）（图3）。这是我们第一次看到他的原作，也是他的作品第一次出现在研究者面前。

郭应麟1898年9月27日出生于印度尼西亚东爪哇省文都鲁苏（Bondowoso）。6岁时母亲早逝，他被父亲偷偷带回国内，先在家乡海澄镇（今属福建省漳州龙海市）浮宫私塾就读，后随宗叔郭美丞到集美师范学校学习。1918年与谢投八、邱应葵等成为新式集美中学首届学生，同班同学谢投八的回忆“我原就读厦门玉屏中学，1918年陈嘉庚先生创办集美中学，便去参加插班考试，我和黄晋卿等八人被录取，编入集美旧制中学第一组，同班还有郭应麟、邱应葵等人”[①]可以佐证这一点。不久集美师范学校闹学潮，郭应麟转入南京国立暨南学校师范科继续学习，毕业后“由该校校长赵正平先生荐任岷埠中西学校执教”[②]，岷埠中西学校即菲律宾马尼拉中西学校。郭应麟在该校教课之余，到菲律宾大学美术科学习绘画。

郭应麟十分热爱体育，喜爱游泳和田径，即使到了菲律宾依然热衷参加体育活动，如1925年5月8日的《申报》就报道过他在菲律宾参加三级跳远比赛的消息。

1922年9月27日，时为集美中学第1组学生的郭应麟和刚任集美学校海上童子军总教练的顾拯来[③]，从集美学校出发经厦门西海岸游泳近3小时抵达鼓浪屿岛，这在当时是一大壮举，轰动一时，《申报》做了《游泳三十华里之顾拯来君郭应麟君》[④]的报道。顾拯来将照片赠予集美学校美术教师蔡谦吉，并在照片背面用钢笔写道：“民国十一年九月二十七日，友人郭君应麟，招为集美岛与鼓浪屿间之长距离游泳。晨自集美岛出发，历三小时而达目的地，共游三十华里，诚为弟向所未有之进步，因摄此以志之云。此赠谦吉先生惠存。弟顾拯来敬赠。”左下角钤印“拯来”[⑤]。（图4）蔡谦吉（1902—1955），漳州人，美术家，1918年考入上海美术专科学校，1922年应聘集美学校任教，后返乡执教龙溪中学（今漳州一中），同时兼任漳州各所学校美术主任。1945年抗战胜利，蔡谦吉作为国民政府派员前往台湾接收日据时期资

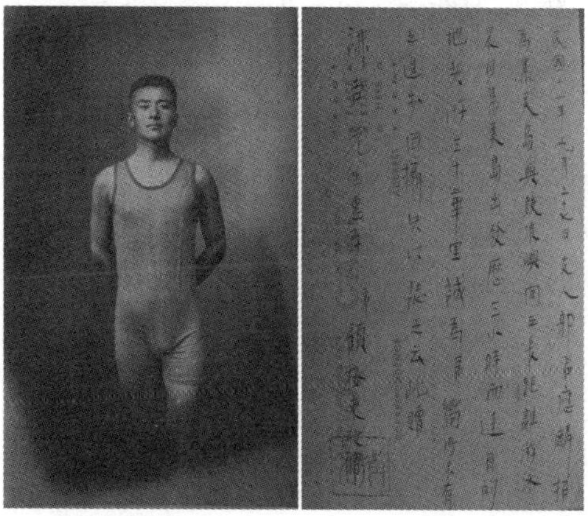

图4　顾拯来赠予蔡谦吉像，背面为顾拯来文字

① 陈墙仁、林锦伙：《正直的画家辛勤的园丁——访福师大美术教授谢投八校友》，载厦门市集美中学校友会编《桃李争艳》（第2辑）。

② 谢投八：《画家郭应麟小史》，《商报画刊》1932年第10卷第23期。

③ 顾拯来，20世纪20年代毕业于中国体操学校，曾任江苏童子军总教练。

④ 《申报》1922年10月13日，第14页。

⑤ 原件为福建漳州藏家林南中先生收藏。

产，后在台湾省立博物馆任美术组长，1955 年去世，他也成为福建美术史上的另一位“失踪者”。近年随着蔡谦吉遗物陆续被发现，这张照片成为记录郭应麟历史的重要证物。蔡谦吉也从“失踪者”行列进入研究者的视野，此不赘述。

1928 年，郭应麟经教育家颜文初[①]推荐，得到侨商林珠光[②]的资助赴法留学，并于 1930 年考入巴黎国立高等美术专科学校（以下简称巴黎高美）学习绘画，靠半工半读完成油画学业。1933 年 1 月，郭应麟自法国返厦门，3 月被集美学校聘为美术馆主任，并兼任厦门美术专门学校西洋画教师。

1934 年，郭应麟在厦门与林翠锦小姐结婚，此后一直在厦门从事美术教学。抗战爆发后，全家避难南洋，1938 年 3 月出任南洋美术专科学校美术教员。1941 年底新加坡战事紧张，南洋美专停办，全家迁到印尼泗水，先后在华侨小学教书、开办礼品店，弃画从商。1942 年，为掩护避难到印尼的侨领陈嘉庚，主动放弃礼品店，辗转到梭罗（Solo）、玛琅（Malang）居住，帮助陈嘉庚屡次躲过日本人的搜捕，直到日本战败。此后，其子女渐渐长大成人，生活趋于稳定。50 年代与画家李曼峰、周碧初有了联系，重拾画笔，并加入了印尼华侨美术团体。1956 年曾随印度尼西亚华侨美工团回国访问并有多幅作品参加展览，展览后回到鼓浪屿老家居住一段时间，创作了一批画作。回印尼后，得以过几年安定生活，应为其一生最惬意的一段时光。1961 年 10 月 19 日突发心肌梗死去世，享年 63 岁。其生前曾多次嘱咐妻子要把画作捐献给祖国。

纵观郭氏一生，具有一般艺术家不同之处。他为了生计主动放弃了绘画，经商多年。从一个职业画家和美术教师变成一个商人，最后把绘画当作一种爱好。其一生大致可分为四个阶段：留学法国（1928—1933），在厦门美专和南洋美专从事美术教学（1933—1941），保护陈嘉庚（1942—1945）和参加印尼华侨美术活动（1950—1961）。

---

① 颜文初（1882—1942），福建晋江人，著名华侨教育家。先后担任菲律宾《公理报》报社编辑、主笔，“小吕宋华侨中西学校”校长。同时撰写大量文稿介绍菲律宾华侨的教育情况。抗战爆发后，他率领师生积极开展抗日救亡工作。

② 林珠光又名林聚根，祖籍福建厦门禾山镇，1901 年生于菲律宾。其父林云梯，早年因家境贫寒，13 岁便赴菲谋生，后来自营胜泰布庄，曾有“棉布大王”之称。林珠光长期担任厦门双十中学董事长，同时又是菲华体育活动的积极倡导者和热心组织者。

## 一、留学法国（1928—1933）

1928 年，郭应麟受侨商林珠光资助赴法留学。按照法方提供的资料显示，郭应麟是 1930 年 2 月 11 日入校，1932 年 7 月 9 日离校。他考入巴黎高美时填报的出生日期为 1908 年 12 月 10 日（农历是十一月二十七日），而其家属提供的出生日期是 1898 年 9 月 27 日。如果按梁锡鸿《巴黎的美术学校 · 讲座 · 研究所 · 模特儿》一文之“巴黎高等美术学校规定绘画、雕刻专业学生的入学年龄应该在 23—25 岁之间，毕业年限在 26—28 岁之间”[①]的说法，如果郭应麟生于 1898 年，则时年 32 岁，超过了录取年龄的上限，是不能被录取的；而如果填报 1908 年，按照中国虚一岁的传统，则是 23 岁，正好符合学校规定。因此我们推测，郭应麟当年报考时，为了符合相关规定，修改了自己的年龄。这类情况在中国学生中很普遍。但奇怪的是，中国学生修改年龄通常只把生年推迟若干年，而出生日期不会改动，而郭氏不仅生年后调 10 年，出生日期也与家属提供的材料不相符，不知何故，还需进一步考证。（图 5、图 6）

图5 留法时期的郭应麟

图6 郭应麟照片（林明杰提供）

根据谢投八的记述，1929 年初，郭应麟被巴黎高美“雕像写生班”录取，白天在学校练习木炭画，晚上又进入另一家市立美术夜学学习木炭画。1930 年 4 月，郭应麟参加了巴黎高美一

① 梁锡鸿：《巴黎的美术学校 · 讲座 · 研究所 · 模特儿》，《美术杂志》1937 年第 1 卷第 3 期。

年一度的正式生考试，但是没有被录取。这种考试每年只录取成绩最好的 15 名，第 16 至 60 名作为预备生（预备期一年），一年后自动取消。落选后，郭应麟又刻苦练习了一年，1931 年继续报考正式生，终被录取，成为巴黎高美油画专业学生。同年 6 月，他参加学校组织的炭笔画比赛，“名列第五得一奖状，中国学生在该校之得有奖状者，以郭君为第一人”①，这是中国学生第一次在巴黎高美的学校绘画比赛中获奖。郭应麟在巴黎高美求学非常用功，“基本功掌握得极其扎实。所作人物画，造型严谨，设色明朗；间作风景画，色光夺目。得者宝之”②。常书鸿也曾说过“郭君（郭应麟）为同学中成绩最好的一个人”③。1932 年《商报画刊》第 10 卷刊载了郭应麟炭画《雕像》及油画《静物》《花卉》《风景》《人体》等多幅画作。1933 年 8 月 31 日出版的《艺风》杂志第 1 卷第 8 期也刊登有其《静物》和《巴黎鲁佛博物馆写生》两幅油画作品。

三年中他“节衣缩食、生活清苦，而精力极其充沛”④，基本是靠半工半读完成了学业。尽管生活艰难，他仍经常出入卢浮宫，特别热衷于临摹世界油画名作，“有大幅油彩画多幅，乃系其在法临摹法美术馆所陈列之作品，如‘琴课’‘圣母图’‘拾穗’‘牧羊’‘早晨’等，均为享有盛誉之作品”⑤。至于其临摹的艺术水平，黄永玉曾说：“（集美学校）走廊里挂着大幅他（郭应麟）从巴黎临摹回来的油画，装在金框子里。其中一个老头子在钢琴边教一个漂亮之极的女孩子弹钢琴的画，让人心跳，仿佛她是郭应麟先生的亲生女儿，怕郭先生生气，只好偷偷多看了几眼。”⑥可见其较高的临摹能力和写实能力。

遗憾的是，郭应麟 1961 年去世后，这批作品的去向就成了一个谜。他的家属都认为是通过“印尼大使馆转送北京美术馆”，具体细节却一无所知，虽历经半个

---

① 谢投八：《画家郭应麟小史》，《商报画刊》1932 年第 10 卷第 23 期。

② 谢投八：《郭应麟事略》，转引自政协厦门市集美区委员会编《陈嘉庚的亲属、族亲及事业襄助者》（资料选编），2002 年，第 388 页；原文载《集美校友》1981 年第 4—5 期。

③ 江鸟：《本会成立经过》，《艺风》1934 年第 2 卷第 8 期（中国留法艺术学会专号）。

④ 谢投八：《郭应麟事略》，转引自政协厦门市集美区委员会编《陈嘉庚的亲属、族亲及事业襄助者》（资料选编），2002 年，第 388 页；原文载《集美校友》1981 年第 4—5 期。

⑤ 《华侨画家郭应麟返国经星 携有作品多件以饱侨界眼福》，《南洋商报》1933 年 2 月 24 日第 6 版。

⑥ 黄永玉：《在集美的日子》，《中国校园文学》2004 年 6 月，第 41 页。

多世纪的多方查找，但是这批作品还是杳无音信。直到2018年10月31日，公派去印尼的王聪丛在中国驻印尼使馆文化参赞周斌、二等秘书王智显的帮助下，通过对艺术家马永强、曹达立以及郭应麟后人的仔细调查，最终确定郭氏作品捐赠给了中央美术学院。随即，中央美术学院美术馆典藏部主任李垚辰确认，该馆确实收藏有郭应麟的三件作品，入藏时间大概是20世纪60年代，分别是《拾穗（临）》、《弹钢琴（临）》和《林妖的舞蹈（临）》。

不久，吴作人基金会秘书长吴宁也帮助查找到在吴作人文献中曾经记录了此事：

> 在印尼过去有个“中华美术会（？）”是华侨画家的组织，在1956（？）这个组织的成员有部分来过祖国观光。他们中间现在我记得姓名的只有周碧初、郭应麟、李曼峰、叶泰华。后两人是这次我才见着的。郭应麟说他已多年不画，现在他在印尼经商（开饮食店），他说在巴黎学画时，曾在博物馆临摹过几幅名画，有三张，想赠给中央美术学院，下次有便托人带来。他这个愿望是实现了，记得是在1959（？），有由印尼来的便人，是谁现在记不起了，带来了郭应麟的（三张）临摹，已转捐赠给中央美术学院的陈列馆。①

由此可知，1956年6月，郭应麟随印度尼西亚华侨美工团回到国内，10月在北京举办了美工团作品展览会。在京期间，他见到了在巴黎留学时的老友，时任中央美院副院长的吴作人②，并表达了欲将留法时期在博物馆临摹的三张世界名画捐赠中央美术学院的愿望，并最终约于1959年托人将这三幅画带回国内交吴作人，吴再转给当时的中央美术学院陈列馆，成为该馆的正式藏品。至此，寻找了半个多世纪的郭应麟画作有了最终的着落，捐赠的时间和过程也有了圆满的答案。

郭应麟在留学期间，还有一件重要的事情就是参与发起成立了著名的“中国留法艺术学会”。“中国留法艺术学会”是1933年4月2日在巴黎常书鸿寓所成立

---

① 吴作人1968年6月材料，家属提供。

② 据吴宁女士介绍，吴作人先生是1930年5月到达法国巴黎，9月考入巴黎高美西蒙教授油画工作室，并靠友人借款交纳了学费。后因获得比利时布鲁塞尔皇家美术学院的庚子赔款助学金名额，于同年10月11日离开巴黎前往比利时学习。

的一个以留法艺术学生为主体的海外华人艺术团体，先后聚集了常书鸿、滑田友、潘玉良、吴冠中、赵无极、吕霞光等112名旅法艺术家，活动一直延续了20年。它是目前已知的活动时间最久、组织最完备、成员最多、影响最大的海外华人艺术社团。

1934年，化名“江鸟”的常书鸿在《本会成立经过》文中写道：

> 记得还是在一九三二的圣诞节假期中，感得异乡的况味怪使人无聊似地，于是由斯百、开渠发起了新年聚餐会的动议。……恰巧在这个时候，同学郭应麟有离法归国的消息。郭君为同学中成绩最好的一个人，加之和蔼可亲的善良态度，使我们留恋了不少好的印象。在这个归去的时际，大家似乎需要一个同情的表示。一方面，我们希望能够在郭君去国之前，见到艺术会的雏形（因为他也是竭力主张的一个），所以就在一月十四号召集艺术同志，在欢送郭君的集会中，公开提出我们最近的企图。当时刘开渠、秦善鋆、郭应麟、郑可等都有极恳挚的讨论。大家以为应该保持我们共同合作的实际，而不需要虚空的名目。[①]

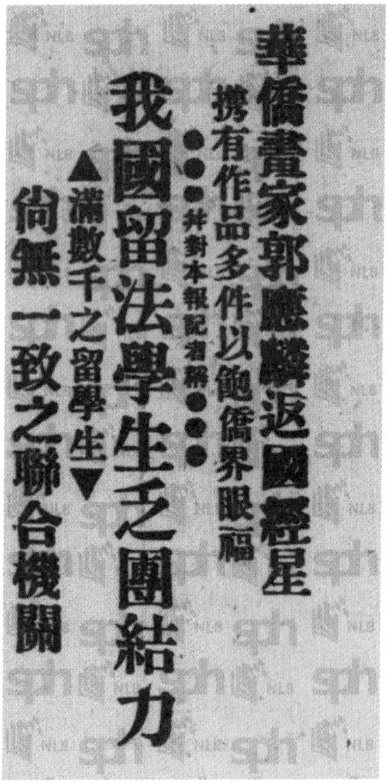
華僑畫家郭應麟返國經星
携有作品多件以飽僑界眼福
●●●并對本報記者稱●●●
我國留法學生乏之團結力
▲滿數千之留學生▼
尚無一致之聯合機關

图7　1933年2月24日《南洋商报》

由此我们可以知道，郭应麟是主张成立该社团的最积极的倡议者之一，而且参加了学会正式成立之前的预备会，可以说他是该会的发起者和初创者之一。他对于建立留学生团体的迫切愿望，也可从另一篇谈话中看出。1933年2月24日《南洋商报》（图7）刊登了从法国返国途经新加坡时，该报记者对他的采访，他说道“我国之留学法都

① 江鸟：《本会成立经过》，《艺风》1934年第2卷第8期（中国留法艺术学会专号）。

者，……素乏团结能力，至今尚无一全体学生联合会，仅有局部之联合而已，如美术研究会、文学会、化学学会等，各自为政，其原因盖旅法都之我国学生，派别复什，意见分歧，甚至或有公共会议，在会场中常闹出种种笑柄，贻笑友邦，远不及里昂留学生界之团结也”①。所以成立中国留法学生组织是郭应麟非常迫切的渴望。

## 二、美术教学（1933—1941）

郭应麟1921年从南京国立暨南学校师范科毕业后前往菲律宾马尼拉中西学校任教，但是否教授美术课程不得而知。因此，我们考察郭应麟的美术教育工作，主要是从1933年受聘集美学校至1941年底南洋美专停办。资料所限，考察重点放在1933—1937年郭氏在集美学校和厦门美术专门学校这两所学校的任教情况。

1933年1月，在法国完成油画学业的郭应麟启程回国，同年3月18日即被聘为“厦门集美学校及美术馆主任”②。

1918年3月，爱国华侨领袖陈嘉庚创办集美中学，后改校名为“福建省私立集美学校”，包括师范、中学、小学等各部。集美学校在创办初期就非常重视艺术教育，在各部开设美术和音乐课，建造了美术馆、音乐馆等。1933年，师范部增设艺术专修科，分设美术系和音乐系。郭应麟在集美学校“主持师范艺术科科务多年，培养不少艺术师资”③，使集美成为培养艺术人才的摇篮，其中就包括著名画家黄永玉。当年黄永玉在集美中学校初中班第49组，他曾多次在文章中谈及对老师郭应麟的印象：“集美学校我第一个美术老师是郭应麟，他是真正正式的法国巴黎美术学院毕业（有的人不是），油画人物和风景都行。我敬畏他是因为我不懂油画，他提到的一些外国画家我大部分不认识。”④（图8、图9）

郭应麟在集美学校任教的同时兼任厦门美术专门学校西洋画教职。1923年，

---

① 《华侨画家郭应麟返国经星 携有作品多件以饱侨界眼福》，《南洋商报》1933年2月24日第6版。

② 《艺风》1933年第1卷第8期。

③ 谢投八：《郭应麟事略》，转引自政协厦门市集美区委员会编《陈嘉庚的亲属、族亲及事业襄助者》（资料选编），2002年，第388页，原文载《集美校友》1981年第4—5期。

④ 黄永玉：《在集美的日子》，《中国校园文学》2004年6月，第41页。

图8　郭应麟，约1933年后拍摄

图9　郭应麟作《集美学校图书馆主任黄村生君画像》，《艺风》1935年第3卷第2期

著名画家黄燧弼与同样自菲律宾留学回国的杨庚堂创办厦门美术学校，当年9月1日正式开学，黄燧弼任校长。1929年，厦门绘画学院创办人王逸云与黄燧弼商议两校合并为“私立厦门美术专门学校”，黄燧弼任校长，王逸云任教务主任。1930年，学校改称“厦门美术专门学校”（以下简称厦门美专）。厦门美专在福建高校中首次开设了四年制的西画专业，对福建近代西画的传播影响较大，也因此成为当时福建西画艺术教育的中心。[①]

1933年，刚从法国归来的郭应麟被厦门美专聘为西画教授，其后还担任过一段时间的西画系主任，教授木炭画、西画和法文课程，“当时郭家住鼓浪屿，周末回鼓，兼任厦门美专半日素描课，教学严格，为学生敬重”[②]。在此期间，郭应麟还在厦门举办了首次个人油画展。[③] 目前，关于郭应麟绘画教育思想未见文字，但从他留存的画作及相关人的记述来看，他非常崇尚写实主义，我们从收藏在中央美

---

① 参见陈晓萍《美育先锋——厦门美术专门学校述略》，《美术》2012年第10期。

② 谢投八：《郭应麟事略》，转引自政协厦门市集美区委员会编《陈嘉庚的亲属、族亲及事业襄助者》（资料选编），2002年，第388页，原文载《集美校友》1981年第4—5期。

③ 厦门市地方志编纂委员会编：《厦门市志》，方志出版社2004年版，第3015页。

术学院美术馆的三幅临摹作品可见一斑。

第一幅作品《拾穗》(82cm×108.5cm，原画藏巴黎卢浮宫博物馆)，米勒1857年作。让－弗朗索瓦·米勒（1814—1875）是19世纪法国最杰出的以表现农民题材而著称的现实主义画家，他以乡村风俗画中感人的人性在法国画坛闻名，《拾穗》就是其最广为人知的代表作（图10）。第二幅作品《林妖的舞蹈》(95cm×125.5cm)，是法国写实主义风景画和肖像画家让·巴蒂斯特·卡米耶·柯罗（1796—1875）1863年之作，也是其获奖的代表作之一，原画现藏巴黎卢浮宫博物馆。柯罗早年师从古典派画家贝尔坦，因学业的优秀而获罗马奖（图11）。第三幅作品《弹钢琴》(147cm×109cm)，原作者不详，但从画面风格上看，属于典型的法国古典学院派风格。我们仅从郭应麟选择临摹的这三件作品来看，他对写实绘画是十分推崇的，否则他也不会花费大量时间和精力来临摹这几件作品（图12）。据1934年在北京出生后移居印尼的画家曹达立说，他十七八岁学画的时候，因为在印尼看不到西方原作，就三天两头去郭应麟家看挂在墙上的这几幅临摹作品。郭应麟曾告诉他，一幅临摹作品光起稿子就要花费一个月时间。谢投八也认为“其临摹柯罗、

图10 《拾穗》，米勒（法）1857年作，郭应麟临，82cm×108.5cm，原画藏巴黎卢浮宫博物馆

图11 《林妖的舞蹈》，柯罗（法）1863年作，郭应麟临，95cm×125.5cm，原画藏巴黎卢浮宫博物馆

图12 《谈钢琴》(法)，郭应麟临，147cm×109cm

米勒等名家作品，对原作极端忠实，反复推敲，直至可以乱真，始行搁笔”①。唯有对原作的极端推崇，郭应麟才可能“极端忠实”地去临摹原作吧。

郭应麟在厦门美专任教时的学生，后来旅居台湾的画家庄索也证实郭应麟秉持“写实主义”。庄索在《厦门美专的追忆》中写道：“历届厦门美专的教授，都持折中的写实主义，平衡了古典的稳重画风和现代的自由技巧，尤其是郭应麟、谢投八二位，更是‘择善固执’地默默耕耘，不求闻达，故国内画界，除其留法同学外，知之者鲜少。”庄先生写到此，觉得还不能让读者形象地了解郭应麟的写实能力，他甚至假设“如集全国写实的有志者一同于电视台上，作素描或油画的才艺竞赛，(李铁夫缺席)由在下糟老头来评审，则徐悲鸿得三粒灯，张充仁得四粒灯，郭应麟和谢投八各得五粒灯”②。由此可见，老师郭应麟的写实能力给学生庄索留下了极为深刻的印象。徐悲鸿曾说：“年来中国教育，渐上轨道，而归国之艺术家与新进之画家，颇有卓绝人才。……居福建者，有郭君谢君。”③“郭君谢君”即郭应麟和谢投八，并称赞他们是中国艺术界的“卓绝人才”。

客观来说，郭应麟作为美术教育家与周碧初、谢投八等，都是厦门以及福建现代西画教育和实践的先驱者，对福建写实性油画创作风格倾向的形成有很大影响，对福建和中国近代美术教育做出了贡献。

1937年抗日战争全面爆发后，集美学校内迁安溪县城。为躲避战乱，郭应麟

---

① 谢投八：《郭应麟事略》，转引自政协厦门市集美区委员会编《陈嘉庚的亲属、族亲及事业襄助者》(资料选编)，2002年，第388页；原文载《集美校友》1981年第4—5期。

② 索翁：《厦门美专的追忆》，《艺术家》1969年第59期。庄索(1914—1997)，原名五洲、笔名索翁，台湾高雄人，著名画家。1932年毕业于厦门美专，新四军“N4A”臂章的设计者，1947年回到台湾。

③ 徐悲鸿：《自传之一章(续)》，《宇宙风》1938年第72期。

携全家到南洋避难。

1935年，原厦门美专校长黄燧弼（1937年逝世）到达新加坡，希望在当地创立一所美术学校。1937年林学大[①]抵达新加坡，在陈厥祥（陈嘉庚之子）以及校友会的推动下，"南洋美术专科学校"（以下简称南洋美专）成立，揭开了南洋本土美术教育的序幕。1938年2月10日，南洋美专在新加坡开始上课，郭应麟出任该校美术教员。当时新加坡《星洲日报》与《南洋日报》分别刊文："此间美术界人士为推广美感教育，培植美术人才起见，特为设立'南洋美术专科学校'，校址设于芽笼一六七号，教员为林学大（校长），邱应葵、郭应麟、钟鸣世、谢投八、高沛泽、林俊德等，诸氏皆曾服务国内美术界或任专校教授的教学经验。顷悉该校筹备以还，业经就绪，并订本月10日开始上课"[②]云云。1941年底，日军占领马来半岛，准备入侵新加坡，南洋美专被迫停办。

谢投八曾说："南洋美专是厦门美专在海外的延续。"[③]（图13）南洋美专的创办被视为20世纪初中国现代美术教育体系向东南亚华人区域延伸的典型范例，郭应麟无疑是中国现代美术教育对东南亚传播和影响的重要人物之一。

图13　郭应麟（左二）林翠锦（右二）在厦门中山公园厦门美术专科学校前结婚照

## 三、保护陈嘉庚

陈嘉庚（1874—1961），著名爱国华侨领袖、企业家、教育家、慈善家及社

① 林学大（1893—1963），字伟甫，福建厦门人，新加坡南洋美术专科学校创办人。1916年毕业于福州省立高级师范艺术教育系，1915—1917年在福建省立第十三中学任教。

② 钟瑜：《南洋美术之父——林学大在马华美术史上的定位》，《美术研究》2012年第2期。

③ 同上。

会活动家，今福建厦门集美区人。新中国成立后，曾任中国人民政治协商会议全国委员会副主席、中华全国归国华侨联合会主席等职，被毛泽东誉为“华侨旗帜、民族光辉”。

郭应麟与夫人林翠锦都曾就读于陈嘉庚创办的集美学校。1933 年，刚从法国回到厦门，郭应麟即被集美学校聘为美术教师和美术馆主任。第二年与出生鼓浪屿的林翠锦结为伉俪。林翠锦 1904 年 12 月 15 日（农历十一月初九）在菲律宾依琅出生，年少时回到鼓浪屿岛接受启蒙教育，后就读于集美师范学校，曾在上海、南洋等地工作。特别是，林翠锦的三位表姐分别嫁给了陈嘉庚先生的三个儿子，因此郭应麟、林翠锦夫妇与陈嘉庚就有了姻亲、校主和同乡三层关系。

1941 年底，新加坡局势危急，南洋美专停办。郭应麟全家先是到了印度尼西亚的泗水避难，在一所华侨小学教书，后又与友人开办了一家礼品店。1942 年 1 月底，日军占领了马来西亚全境，在友人的一再劝说下，担任新加坡华侨抗敌动员总会主席的陈嘉庚到印尼暂避，计划从印尼转道他国，但瞬息变化的时局使之无法转道他国，被困印尼，成为日军的首要搜捕对象。危急时刻，郭氏夫妇和其他几位华侨挺身而出，承担了保护校主的使命。郭林夫妇主动放弃礼品店，先到中爪哇的梭罗租屋暂住，之后又迁至东爪哇的玛琅。《陈嘉庚回忆录》中即有多处记载，“五月十五日上午，郭君应麟、廖君天赐来胶园，余甚欣慰。下午……即同郭廖二君来芝安术，待晚饭后搭透车来泗水”“乃与黄郭二君商妥，就此租屋匿君。即日租一半洋式平屋，房间颇多，其他亦均适用，月租四十盾。并请郭君往泗水搬眷同往。郭君夫人林翠锦，亦校友，有干才。……自七月起，……乃决移匿玛琅”[①] 等等。陈嘉庚在玛琅避难期间，化名“李文雪”。郭应麟提前将“李文雪”名字，登入他夫妇俩曾在泗水开办的丽都礼品公司户口簿内。这样，“李文雪”就成了战前迁入爪哇，在泗水住过五年的居民，并取得了身份证，这个“李文雪”与日军追捕的陈嘉庚就是毫无关联的两个人。在郭氏夫妇及李荣坤、黄丹季等人的保护下，陈嘉庚得以一次次摆脱日本军警的追捕，安然无恙。

到抗战胜利的三年间，郭应麟靠土产生意提供家庭生活费用，后又在玛琅开设牙刷工厂，完全放弃了作画。

---

① 陈嘉庚：《陈嘉庚回忆录》，山西古籍出版社 1996 年版，第 471—472 页。

1945年8月，日本宣布无条件投降。9月底，郭应麟、黄丹季陪同陈嘉庚离开玛琅，乘火车赴印尼首都雅加达。陈嘉庚在离开玛琅前，将亲自誊写、装订的《南侨回忆录》共十本，交给郭应麟、林翠锦夫妇保存。为防不测，郭应麟夫妇把手稿装进一个大玻璃瓶中封好，深埋在自家后花园的树下。20世纪80年代，林翠锦委托子女分两次将十本手稿捐献给国家，现藏于陈嘉庚纪念馆，成为该馆的镇馆之宝。①

## 四、参加印尼华侨美术活动

20世纪50年代后，郭应麟的生活条件逐渐好转，加之留法同学周碧初的到来，让他和李曼峰等印尼华侨画家有了联系，才又拿起画笔，开始油画创作。他和周碧初、李曼峰等先后到巴厘岛及其他风景区写生，并参加了“印华美术协会”（图14）。

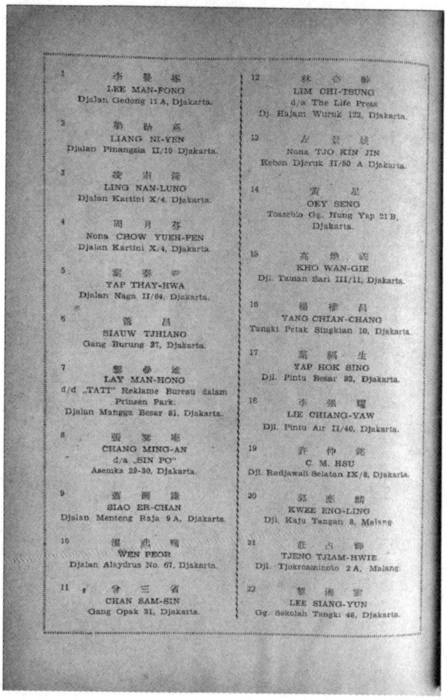

1 LEE MAN-FONG
Djalan Gedong 11 A, Djakarta.

2 LIANG NI-YEN
Djalan Pinangsia II/10 Djakarta.

3 LING NAN-LUNG
Djalan Kartini X/4, Djakarta.

4 Nona CHOW YUEH-FEN
Djalan Kartini X/4, Djakarta.

5 YAP THAY-HWA
Djalan Naga II/64, Djakarta.

6 SIAUW TJHIANG
Gang Burung 37, Djakarta.

7 LAY MAN-HONG
d/d „TATI" Reklame Bureau dalam Prinsen Park.
Djalan Mangga Besar 81, Djakarta.

8 CHANG MING-AN
d/a „SIN PO"
Asemka 29-30, Djakarta.

9 SIAO ER-CHAN
Djalan Menteng Raja 9 A, Djakarta.

10 WEN PEOR
Djalan Alaydrus No. 67, Djakarta.

11 CHAN SAM-SIN
Gang Opak 31, Djakarta.

12 LIM CHI-TSUNG
d/a The Life Press
Dj. Hajam Wuruk 122, Djakarta.

13 Nona TJO KIN JIN
Kebon Djeruk II/50 A Djakarta.

14 OEY SENG
Toasebio Gg. Hung Yap 21 B, Djakarta.

15 KHO WAN-GIE
Djl. Taman Sari III/11, Djakarta.

16 YANG CHIAN-CHANG
Tangki Petak Singkian 10, Djakarta.

17 YAP HOK SING
Djl. Pintu Besar 93, Djakarta.

18 LIE CHIANG-YAW
Djl. Pintu Air II/40, Djakarta.

19 C. M. HSU
Djl. Radjawali Selatan IX/8, Djakarta.

20 KWEE ENG-LING
Djl. Kaju Tangan 8, Malang.

21 TJENG TJIAM-HWIE
Djl. Tjokroaminoto 2 A, Malang.

22 LEE SIANG-YUN
Gg. Sekolah Tangki 48, Djakarta.

图14　印华美术协会会员名单

周碧初与郭应麟相识于巴黎，此后一直保持联系。1949年底，周碧初在香港、台湾地区举办个人画展后，赴印度尼西亚定居雅加达，直到1959年秋回到国内。周碧初在印尼侨居十年，得到包括郭应麟宗叔郭美丞在内的很多华侨的无私资助，这也是他形成艺术风格的关键时期。周碧初在印尼时也曾去郭家小住一段时间，两人在一起画画聊天，非常惬意。

① 参见林翠锦《我陪校主避难玛琅的一些回忆》，载《回忆陈嘉庚》，文史资料出版社1984年版，第103—104页。

1955 年 3 月 20 日，在印尼的中国画家发起成立了“印华美术协会”，希望团结在印尼各地的华侨艺术家，不断提高印尼华侨的艺术水平。李曼峰当选为第一届主席，郭应麟、周碧初、曹达立都是会员。

1956 年 1 月 7—14 日，印华美术协会第一届美展在椰城南洋大旅馆迎宾馆举行，包括李曼峰、凌南隆、庄占辉等印尼华人美术界的 48 位画家共 242 件作品参展，但是郭应麟没有作品参展。据其后人回忆，当时郭应麟得了中风一直在医院治疗，这可能是他未参展的主要原因（图 15）。

图15　1956年印华美术协会第一届美术展览特刊

奇怪的是，1957 年 9 月 29 日—10 月 5 日，印华美术协会第二届展览会又在椰城南洋大旅馆迎宾馆举办，郭应麟依然没有作品参展，目前还无法知道原因。

郭应麟中风后治疗一段时间，病情好转。1956 年 6 月，他和李曼峰、叶泰华、张乙鸥、凌南隆、温悲鸥、庄占辉、黎曼雄等十位画家组织了“印华美工团”来祖国访问，他任代表团副团长。同年 10 月，代表团一行在北京北海公园道宁斋举办了印度尼西亚华侨美工团作品展览会，共展出十名团员的 140 余件作品，郭应麟有三幅油画作品参展，分别是《鸡蛋》、《巴黎罗佛尔美术馆维纳斯陈列室》和《花》[①]。（图 16—18）这次展览也是新中国成立后海外华侨美术团体第一次回国举行的展览会。《美术》杂志报道如下：

① 鲁少飞、张贻来编：《印度尼西亚华侨美工团作品选集》，人民美术出版社 1958 年版，第 77—79 页。

图16　油画《鸡蛋》

印度尼西亚华侨美工团作品展览会，由中国美术家协会主办，在北海公园道宁斋展出，展品共一百四十余件。作者有李曼峰、叶泰华、张乙鸥、周月芬、凌南隆、庄占辉、温悲鸥、郭应麟、黎曼雄、韩日光等十位美术家，他们都是“印华美术协会”的会员。这些美术家具有多方面的艺成修养和才能，不同的画家，甚至是同一画家的风格，也是鲜明而多样的。他们的作品，无论是描绘印度尼西亚的风土习俗或是描绘祖国的名胜、建筑等，都很动人。华侨美术团体回国举行展览会还是首次，这种活动对于华侨美术家与国内美术家相互之间的学习和友谊的增进，是极其有益的。①

图17　油画《巴黎罗佛尔美术馆维纳斯陈列室》

图18　油画《花》

① 《北京美术展览简述》，《美术》1956年第11期。

郭应麟在北京见到了很多老朋友，包括留法时的同学吴作人、集美学校学生黄永玉等。展览后，代表团其他成员都去游览祖国各地名胜，郭应麟留在天津一个留法同学家里休养，继续治疗中风后遗症，不久后回到厦门鼓浪屿岛，住虎头山 2 号二楼。这是一栋依山面海的别墅，非常安静，他每天在阳台支起画架画画，现存的一幅画作就是别墅对面的鼓浪屿伏鼎石（现郑成功雕像的大石），有时也回祖屋看望老岳母。（图 19、图 20）第二年初回到印尼，直到 1961 年突发心肌梗死去世。

通过对早期留法艺术家郭应麟的发现和初步考察，笔者有以下几点感悟：

（1）寻找美术史上的“失踪者”，最重要的是要找到作品，从唐蕴玉、蔡谦吉到郭应麟莫不如此。蔡谦吉 1955 年在台湾逝世，包括台湾研究者也对他知之甚少。直到 2002 年其位于漳州的蔡家老宅中保存的一批画作和文献流入收购废品的小贩之手，后经当地藏家的悉心搜集整理得以部分保存，蔡谦吉的面貌才逐渐呈现在世人眼前。尽管对郭应麟的研究是从文献开始的，但是如果不是 2014 年

图 19　郭应麟 1956 年作油画《虎头山》

他14幅作品的发现以及2018年中央美院的三件藏品重见天日，对他的研究也只能停留在不多的文献上，很难通过作品让艺术家展现在公众面前。

图20　郭应麟1956年12月在厦门鼓浪屿岛虎头山与家人合影，中排左二为郭应麟

（2）从谢投八、周碧初到蔡谦吉、郭应麟等，这些曾经活跃在福建的美术先驱，从单一的个体是无法看到近代福建美术的整体面貌的，我们只有在对个体的充分研究基础之上，才能看到福建早期美术家的群体形象。反过来说，蔡谦吉、郭应麟这些被“遮蔽”的艺术家如果不被发现，势必会阻碍我们对福建区域早期美术发展的研究，影响我们对福建美术在全国美术的影响和地位以及对东南亚美术辐射力的认识。

（3）“边缘化”和“中心化”的问题。周碧初退避上海、郭应麟远走印尼、蔡谦吉早逝台湾，他们终被遗忘似乎是理所应当的。但，谢投八雄踞福建一隅，对福建美术的重要性和影响力不言而喻。2019年中央美院举办的“先驱之路——留法艺术家与中国现代美术（1911—1949）”展上，谢投八两幅作品出现，引起很大轰动，让人始料未及、唏嘘不已。长期以来，美术研究对北京、上海等中心区域关照较多，其他区域却很难发声或者关照很少，这必然导致中心以外的区域被“边缘化”，这些区域里很多的艺术家成为“失踪者”，希望能通过学术研究不断减少“边缘化”和“中心化”的出现。

（4）目前对于郭应麟的研究仅仅是开始，他在厦门美专和南洋美专的教育实践和美术创作需要进一步研究，他在印尼美术活动的事实需要搞清楚，他对当地美术的影响也需要从印尼现代美术发展的角度来更多观照，这些对于研究福建美术史、东南亚华人艺术史以及福建和南洋地区的美术互动都将有积极的意义。

# 不该被遗忘的美术先贤[①]

## ——留法美术家王代之生平及对民国美术教育的贡献考述

彭 飞

岭南师范学院美术与设计学院

**摘　要：**本文通过对留法美术家王代之生平及其对民国美术教育的贡献考述，指出：王代之是民国早期美术教育史上一位发挥过重要作用的美术家，对民国美术的发展曾起到过积极的作用，其功绩不应该被抹杀，我们不应该遗忘这位美术先贤。通过对王代之生平及其对民国美术教育贡献的研究，对我们了解真实的国民美术史亦有着一定的意义与价值。

**关键词：**王代之　生平　民国美术教育　贡献

说王代之是民国早期美术史上一位发挥过重要作用的美术家，显然是不为过的，因为无论是中国美术留学生1924年在法国史太斯埠（即斯特拉斯堡）组织的海外第一次中国美术展览会及1925年的巴黎万国美术展览会中国馆展览，1926年林风眠出任国立北京艺术专门学校校长，1927年齐白石出任国立北京艺术专门学校教授，还是1928年（杭州西湖）国立艺术院的创办，都有他的功劳。创建国立艺术院最重要的那份《创办国立艺术大学计划书》就是他的手笔，可惜至今学界多将此文归于蔡元培先生的名下。林风眠先生还曾专门为王代之写过一篇文章，在林风眠文集中亦不见收入。至今学界对他的认识与了解亦很少，笔者虽曾写过

① 论文写作中蒙王代之先生外孙陈强先生提供相关资料，对此深表谢意！

两篇文章[①]，但由于当时搜集的材料有限，也未能更加全面地认识与了解王代之先生，显然还有必要对此进行探究。

## 一、王代之生平略历

王代之（1900—1974），湖南湘潭人（图1）。关于其生平，家属藏《留田王氏小佳瓦屋家事备忘录》中《王氏几名后裔简历》记载云：

图1　王代之像

十七派——王代之，派名裕沄，号沛秋，清光绪二十六年七月二十七日午时在小佳瓦屋出生，他半岁丧母，二岁丧父，由继母颜氏哺乳长大，六岁由祖父则忠公教读启蒙课本，在留田王氏祠储英学校寄读八年，十六岁考取北京新办的国民大学，十九岁考取华法教育会留法预备班，第一批赴法国勤工俭学，进入巴黎国立高等美术专科学校学习，五年后留法同学推举他回国筹措一九二五年中国参加巴黎万国博览会所需资金，当时国民政府批银圆二万圆，到财政部实给一万圆，如期展出了侨商的中国工艺品，不久因岳父朱毅章在北京去世而回国，当时教育部派他到刚恢复的北京艺术专科学校初任图案系教授，闻一多任教务长，他兼总务长，一九二七年教育部长蔡元培派他去杭州成立国家博物馆，他任常委兼秘书长，随后又与北京艺术专科学校校长林风眠在浙江筹办国立艺术学院，他任总务长，后辞职重返北京，先后在北平大学、华北大学任教授主任兼秘书长并代理院长，农矿部视察国难委员会议员、世界教师职业联合会中国协会主席。一九三八年七月上旬回小佳瓦屋

① 彭飞：《艺术运动的重要助手王代之——林风眠研究之七》，《荣宝斋》2007年第2期。彭飞：《〈蔡元培全集〉中误收的一篇王代之文章》，《民国档案》2009年第3期。

看望继母颜氏，随后去了香港。一九四二年前夕在徽江由广州市迁去的中山大学任教，后到昆明中国银行运输处任总务，一九四九年在昆明中国电力制钢厂任主任，解放初期被选为昆明市人民代表。在行左实右路线的年代对任何一个出国留过学的人都不曾放过，他被调往晋宁县文史馆，“文化大革命”中受严重冲击，一九七四年与世长辞，终年七十四岁。

从这份材料的行文语言及内容来看，应该是改革开放后其后人根据相关材料撰写的。除“北京艺术专科学校”（实际校名“国立北京艺术专门学校”）等名称的叫法有误外，大体是翔实可靠的。

关于王代之的名字，互联网上还有“又名王裕沄，册名代之，原字南溪，号佩秋，行桂五”的说法，有待查实。

其生卒年，王代之在云南晋宁的墓碑记载为“光绪二十六年七月二十七日午时（生），公元一九七四年十月二十六日寅时（卒）”。但其生年，在王代之的一份自述手稿（家属藏）曾云“余系公元1899年生于湖南湘潭花石旗山西村”，在其手稿《我的回忆》（家属藏）及历年填写的各类履历表则云1900年出生。其卒年，1997年6月内部发行的中国人民政治协商会议云南省晋宁县委员会文史资料委员会编《晋宁文史资料选辑》第七辑第164—166页发表有宋业鉴《忆王代之》一文，云“1974年11月因病去世”。笔者认为还是应以墓碑所载为准，因墓碑所载时日更为具体翔实，更为可靠。（图2、图3）

图2　王代之墓碑

关于王代之的家庭及赴法留学前在国内的学习情况，王代之在其手稿《我的回忆》（家属藏）中云：

公元1900年，我出生于湖南湘潭

旗山西村，一个占有六十亩田的地主家庭。半岁时，母亲去世，两岁不到，父亲又去世了，由继母抚大。（继母1943年去世）……

1906年冬，祖父教我识字启蒙，第三年开始离家上学，一共读了八年，从储英学校毕业，已经十六岁了。前岳父朱毅章，在北京书局工作，叫我到北京去读大学，我考取了新办的“国民大学”。那时华法教育会主办的“留法勤工俭学会”设有法文夜班，我征得岳父的同意，也考上了。

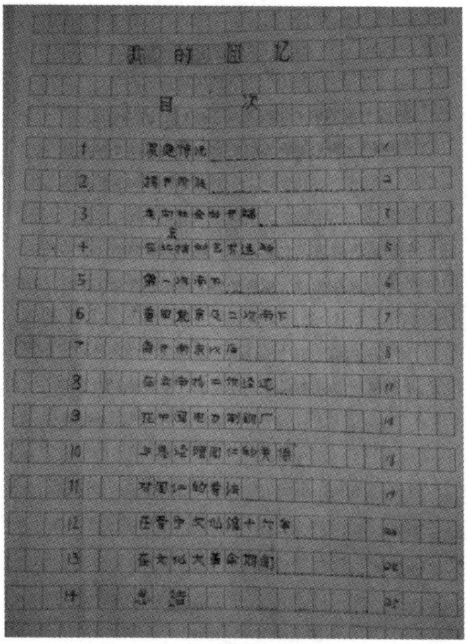

图3　王代之《我的回忆》手稿目录

王代之幼承家学，其先世多酷爱艺术，据留学好友林风眠云，王代之青少年时期在艺术上即有良好的表现。“代之，湖南湘潭人，先世多酷爱艺术，凡诗歌、绘画、雕刻、音乐之属，代有能者。代之幼年临摹叔祖善应公稿，旋从漱石居士问学，天性聪颖，十四岁时所作诸画，即为乡党所重，山水尤见特长。民国六年，其岳丈朱岳樵先生挈之来京，入民国大学。”①结合民国报刊所载王代之的画作及诗歌来看，林风眠所云王代之少年时期在绘画上即有良好的表现是可信的。

## 二、王代之留法及其艺术活动情况

王代之在其手稿《我的回忆》中谈到其留法情况云：

1919年春，我离开“民大”，参加第一批勤工俭学生九十多人一同到了巴黎。住在巴黎西郊华侨协社。不久，由华法教育会介绍到一家广告公司做套印

① 林风眠：《王代之君创作》，《世界画报》1926年12月5日第66期。

着色工作，利用业余时间，我考取了巴黎市办的美术工艺夜校。一年以后，因实业又到了法国南方一个汽车工厂学过钳工，随后又进过人造丝工厂，搪瓷工厂，分在美术装饰车间。几年以后，才正式进了巴黎国立美术学校。夜间仍继续到工艺夜校上课，同时还经常包揽一些玻璃美术加工活计，补助一部分学膳费。北京军阀政府和个别省政府，对整个勤工俭学生虽有过接济，仅能在罢工或失业的学生中，发一点维持费。我们第一批去的时候，正在第一次世界大战刚刚结束，法国工业上马，需要工人，所以失业的很少。我到了法国以后，因找工作和集会等关系，在华侨协社、华法教育会等地方，先后认识了李石曾、肖瑜、蔡元培、褚民谊等人，他们当时，有的是进修如褚，有的是出国考察如蔡，有的是办华法教育和勤工俭学事业，如李，如肖。肖是一般工作人员，后来才当了李的秘书。

林风眠《王代之君创作》亦云：

民国八年，（王代之）复得其岳丈资助赴法，入巴黎果伯兰图画学校，及灼米尔美术学院，选大雕刻家蒲尔德来 Bourdelle 之图画功课而习焉。当代之初入西洋写实主义艺术之门，思想激变，尽弃所学，成为纯粹西洋画之新信徒，且常发鄙弃中国画之论调。盖东西艺术之出发点与工作方法，根本不同，代之以为中国画家缺乏科学的修养，即并气韵之说亦根本推翻之，其调和东西艺术之主张与作品，殆最近二三年事也。代之以法国工艺美术，异常发达，尝入巴黎美术夜学校研习图案。民国十年春，入巴黎国立美术专门学校，尝谓中国艺术之所以一蹶不振，半由于研究西洋艺术者，缺乏系统的介绍，半由于研究中国艺术者对于固有艺术，缺乏系统的整理功夫，此种主张，与余所见，如出一辙。

由上述可见，王代之是第一批留法勤工俭学生，于 1919 年 3 月 17 日由上海启程，先在巴黎市办的美术工艺夜校，随后在巴黎果伯兰图画学校，及灼米尔美术学院，选大雕刻家蒲尔德来（Bourdelle）之图画功课而学习，1921 年春入巴黎国立美术专门学校。

巴黎市办的美术工艺夜校，据 1921 年 6 月进入该校的陈晓江《我在法京巴黎研究塑造的经过》云：巴黎市立夜课美术学校（Cours Superieurs Dessin et de modelage）“当我进去的时候，完全没有繁复的手续，只需将姓名填写在划到册上就是了，并不收纳学费，因为他是市立的”。“夜校内容，分三科：就是绘画、塑造、建筑。校长李显（Richard），是当代的写实派画家，他画白鹅极有特长，年约六十多，须发已白，精神却很康健，很勤俭的，每夜到校监察，每科有教员一人，学生大约七十余人。绘画科学生人数占据全数一半。”“我因为日里研究绘画，所以夜里就进了塑造科。这科的教员，是巴黎当代有名的一个雕刻家特勒宾（Delepine），年约五十岁左右，他的作品，也是写实派。”①

“果伯兰图画学校”应该就是李风白（1900—1984）回忆中所说的“哥贝兰画毯厂”设立的图画班。“大雕刻家蒲尔德来 Bourdelle”即罗丹学生布德尔（1861—1929）。这个时期，与王代之同为霍普斯会成员的吴大羽、李风白等人都曾向布德尔学习过。可见王代之应该也曾向布德尔学习过，也是布德尔的学生。

留学期间，王代之最大的功劳应该是与林风眠等人发起组织“霍普斯会”及“美术工学社”，并组织中国美术留学生 1924 年在法国史太斯埠举办海外第一次中国美术展览会及 1925 年的巴黎万国美术展览会中国馆展览。

霍普斯会是林风眠与刘既漂、林文铮、王代之、曾以鲁、唐隽、李金发、吴大羽等人于 1924 年 1 月 27 日在巴黎发起成立的。1924 年 3 月 12 日《申报》有《留法艺术界新组织团体讯》的报道：

> 近年来我国赴欧研究艺术者甚多，而以法国为最，仅以巴黎里昂计算，已有二十余人。闻在巴黎之刘既漂、林风眠、林文铮、王工、曾以鲁、唐隽、李淑良、吴侍等发起一艺术研究会，以研究和介绍艺术为宗旨。中国留法研究艺术者，向无具体之组织，该会所具旨愿宏大，想将来对于中国艺术前途当有莫大供献，闻该会于本年一月二十七号在巴黎开成立大会，将发刊宣言，征求国内外具有同情之会员，并闻凡中外研究艺术的创作、理论及文艺，与该会表同情者，均有入会之可能云。

① 陈晓江：《我在法京巴黎研究塑造的经过》，《艺术评论》1923 年第 1 期。

这里提到的“王工”，应该就是王代之。李淑良即李金发、吴待即吴大羽。

对于1924年5月在法国史太斯埠举办的海外第一次中国美术展览会，1924年8月25日《东方杂志》第21卷第16号第31—35页刊载记者李风1924年6月5日从巴黎寄回国内的《旅欧华人第一次举行中国美术展览大会之盛况》云：

> 林风眠、刘既漂、林文铮、王代之、曾以鲁等十人为筹备会员，主持其事。外间学界则多被邀请为名誉会员。正在旅居史太师埠之蔡孑民校长及前里昂中法大学副校长褚民谊君被请为正副名誉会长，一致赞襄。其搜集作品与会务之筹备，实始于去年年底。其最尽力于其事者为王代之、曾以鲁、刘既漂三君。先由美术学会等捐金进行，至今年二月初，才正式成立中国美术展览会筹备委员会，向外界发布公启，加征作品。
>
> 会场为莱因河宫（Palais du Rhin），即德皇旧行宫，外观极为壮丽。宫内正殿作为会场。分三大室：中厅陈列古代美术品，多图画。两旁大厅，悬置近代作品，图画雕刻刺绣等均备。殿内外各处，均悬以极精美而新制之中国式灯彩（褚君民谊等自制）。场内电灯无数，每日电灯费，如使用全日，亦须数十佛郎。事前布置一月有余。由刘既漂君等经手其事（开幕以后，则由王代之君经理）。每日工人十余，亚罗省署美术司派来之秘书等员，尚不在内。
>
> 新画中殊多杰作，如林风眠、徐悲鸿、刘既漂、方君璧、王代之、曾以鲁诸君，皆有极优之作品。
>
> 五月二十一日开幕……是晚九时正式开幕……最后由褚民谊、王代之君等演戏法以助余兴。

可见在这次展览中，王代之出力甚多。

林风眠《王代之君创作》亦云：

> 代之赋性爽直，平日常闲静少言，其交友以趣味相尚，具艺术化之合群性，留法研究艺术者，无不乐与之往还。彼天才既高，而又善于吸取他人之长，观其作画用色，光怪陆离，实则融合各方面之意味，以热烈之情感出之，

是以具活泼丰满之精神，而无一笔松懈处。代之在侪辈中兼长于理事，尝热心有关艺术运动之组织，如霍普斯会，巴黎美术共学社，代之皆为发起人。民国十二年（时间有误，应为1924年，笔者注）与同学组织海外第一次中国美术展览会，于法国史太斯埠，颇受欧人士之欢迎。明年冬，以运动参加巴黎万国美术博览会回国，翌年事竣。

王代之在其手稿《我的回忆》中对其回国事由则有更清楚的交代：

1924年，我因积蓄的钱不多了，准备回国。到下半年，前岳父患了重病，汇了旅费给我。正在这个时候，同学和华侨，鉴于前年北欧召开的万国运动会，中国没有派选手参加，中国国旗，由一个斯那夫族的外国人扛着在场上绕了一圈，认为有失国体。在爱国思想的激励下，一致认为即将到来的1925年巴黎万国博览会一定要参加。因为我已凑足旅费，准备要回国，就推我当代表回来，向北京政府提出要求，我带了驻法公使馆的公函，方向农商、教育两部，递了报告，他们首长提到国务会议讨论，因时间来不及，只通过用华侨名义参加。会议席上倒是批交财政部拨给两万元经费，而到了财部以后，则以种种借口，左推右推才答应实拨一万元，还是分两次拨到手的。当时军阀政府，财政困难，发不出工资的现象，普遍存在，许多款，都打折扣。我把情况告诉了巴黎筹备处，作了一万元的计划，在大会内，盖了一间中国式厅房，展出侨商的中国工艺品和艺术品。这部分工作是留在巴黎的同学们负责办的。一共开支九千五百元。国内方面，我动用了五百元，还了旅费和其他开支。我回到北京的时候，我的前岳父已逝世。社会上对我们的要求，大力支持的，有舆论界、教育界、名流中有李石曾，教育部次长马叙伦，农商部次长刘治洲等人。从这时起，是我出了学校门，走向社会的开端。

又据1925年8月15日《申报》第6版《巴黎通信》报道云："幸得旅法美术工社王代之君竭力向巴黎总领事赵诒涛自告奋勇回国向京政府请求补助款项建筑一陈列厅，赵领事甚为赞成，王君遂即回国进行此事。"

国内报刊对此事及王代之回国操办情况有连续的报道。1924年9月28日

《京报》第 5 版《海外传来艺术界之新消息》报道云:“艺术界代表王代之先生行将归国。”1924 年 10 月 9 日晚，王代之离开马赛回国。临别前萧子升、陈鹏及霍普斯会会员刘既漂、林风眠、曾以鲁、李风白、林文铮等为其饯行，大宴于巴黎酒楼，宴罢，全体欢送王代之至里昂车站。①

1924 年 11 月 20 日《申报》第 14 版刊登《筹备征集美术出品之驻法使馆函》，1924 年 11 月 22 日《申报》第 10 版报道《总商会今日开常会》云“特派代表王代之君回国与贵会接洽一切”“将派代表王代之君回沪与本会有所接洽”。

1924 年 11 月中旬，王代之到达上海。1924 年 11 月 25 日《申报》第 11 版报道《留欧美术界特推总代表王代之到沪》:“特派留欧美术家王代之君为总代表专程回国与美术界接洽，王君已于一星期前到沪。……并闻王代表现已移居本埠美专。再耽搁一二星期即行北上接洽。北方已由李石曾君设法进行矣。”

在上海，王代之与上海美术界广泛接触。上海美术界还专门成立了上海分办事处，由刘海粟任主席。1924 年 12 月 2 日《申报》第 9 版报道《国内外美术界之协进筹办海外中国美术展览会上海设分办事处》云:

> 前日下午四时假上海美专一院开谈话会，到会者有中华教育改进社、美育社、天马会、江苏省教育会美术研究会、青年书画会、艺术学会、上海美专各团体代表数十人，公推刘海粟为主席，先由海外艺术团体代表王代之氏报告海外艺术界之现状，次经出席代表多数提议应根据巴黎总筹备处章程第二条于上海设立分办事处，当即拟定草案，由主席逐条宣读，复经各代表长时间之讨论付表决后又根据细则公推刘海粟为主任，华林、王一亭、陈宏、王济远、李骧、李祖鸿、张辰伯、俞寄凡、汪亚尘、陈伽洛、许醉侯、唐吉生等二十人为干事，即日筹备第二届展览会。

1924 年 12 月 23 日《申报》第 11 版《巴黎中国美术之会筹备》，也对王代之的此行活动进行了报道。

---

① 《海外通信：旅欧艺术界欢送海外美术展览会筹备处总代表王代之君回国之盛况》,《京报》1924 年 11 月 22 日第 5 版。

在上海期间王代之曾与刘海粟数度磋商。稍后，王代之北上北京，北京的报章同样对王代之的活动给予了跟踪报道。如1924年12月19日《京报》第7版《留欧美术界代表王代之抵京，为参预万国美术博览会之准备》，1924年12月19日《晨报》第6版《留欧美术界代表王代之抵京》，1924年12月19日《顺天时报》第7版《筹备参与万国美术赛会留欧代表王代之抵京》，1924年12月22日、23日《晨报》第6版《留欧美术界代表王代之致全国各界电》，1924年12月25日《晨报》第6版《美专欢迎王代之昨在该校开会》，1924年12月31日《晨报》第6版《阿博洛学会欢迎王代之》等。根据这些报道及1925年1月5日《申报》第10版《中国参与万国美术博览会之进行》，1925年1月8日《申报》第11版《参与万国美术博览会之筹备，王代表在京积极进行，政商各界均允援助》，1925年6月1日《申报》第6版《全国商联会第十次会议纪》等，可知，在北京期间，王代之与李石曾、熊希龄、易培基、熊秉谦、范源廉等进行了接洽，得到支持。王代之此行还得到了北京国立美专师生的大力招待与支持。1924年12月29日阿波罗学会还为王代之举行了欢迎会。“美专学生二百余人皆同声鼓舞，欲请王君住留。该校于上月二十九日午后二时阿波罗学会王子云、王悦之、郭志云、陈启明等邀约京师画家假中央公园开会欢迎王氏。”

由于政治时局等原因，王代之的筹款计划并不顺利。他多次往返于北京与上海之间，热心奔走。半年后，才有眉目，北京政府拨款1万元。1925年7月19日，王代之由京返沪。1925年7月21日《申报》第17版报道《艺术界新事业之发展中国美术之海外宣传》云：

> 巴黎总事务所代表王代之君去冬归国征集中国美术……前日由京返沪，即由海外美展驻沪办事处主任刘海粟君会同名艺术家在美专开会欢迎，讨论此事进行之步骤及以后中国美术在海外宣传之标的，并将本届艺术会一部之精品由王君运往巴黎加入第二次万国美术之出品，又计议着手征集海外美术名作运到中国展览俱有具体办法，期以短促时间内完成国际上文化交换之事业。席终共摄一影。当晚在消闲别墅欢宴，列席者王、刘二君外，有李超士、王济远、滕固、俞寄凡、李金发、陈宏、刘海若等十余人，席间又讨论筹办一种大规模之艺术杂志，共推滕固君担任主撰，即将着手进行。

根据相关报道，1925 年的巴黎万国博览会中国工艺美术展览还是很成功的，虽然所采用的经费并非全部出自王代之的筹款，但其中的费用主要部分还是来自王代之的筹款。

## 三、王代之回国后对中国美术教育的贡献

王代之回国的主要任务是为 1925 年在巴黎万国博览会中国馆举办展览等筹款，任务完成后，他本拟返回巴黎，但由于教育部的挽留，他便在国立北京艺术专门学校担任美术教授，自此到 1938 年抗战爆发，他都在从事教育工作，为中国美术教育做出了自己的贡献。其最重要的贡献主要有：一是极力推荐林风眠出任国立北京艺术专门学校校长。二是代表林风眠聘请齐白石到国立北京艺术专门学校担任国画教授。三是协助林风眠在国立北京艺术专门学校举办北京艺术大会。四是任大学院艺术教育委员会秘书，筹划展览及草拟艺术教育文献，特别是提出创办国立艺术大学并撰写计划书。五是具体操办创建国立艺术院的事务。六是对传统文学艺术的宣传传承。

关于 1926 年林风眠出任国立北京艺术专门学校校长之事，笔者曾写有专文，提到王代之是其中最重要的幕后组织推动策划者，由于种种原因当时没能具体交代材料来源。

据林风眠 1969 年 10 月 27 日的外调材料云："王代之和萧子升回国是同住在一起的。我回国是肖子升引见易培基、李石曾的。"

又据林文铮 1969 年 10 月 24 日的外调材料云，是王代之通过萧子升，并通过萧子升的老师易培基，易培基是当时的教育部长，易培基任命林风眠出任国立北京艺术专门学校校长。

王代之在其手稿《我的回忆》中自述云：

> 北京有个美术专门学校，因闹风潮，被军阀停办，刚刚恢复，改名艺专。因我才从国外回来，学生很喜欢和我接近。教育部和学校方面，也都要我参加学校工作，初任图案系教授，闻一多比我先进去一两个月，当着教务长。学生

对学校提了很多改革意见，得不到实现，对校长刘百昭极端不满。因为他是学经济的，在教育部任高等教育司司长的时候，镇压过女师大学生运动。北京流传过两句口语，就是：“美专不美，医大难医。”那时医科大学，也是在党的地下领导下闹革命，与美专学生同样的激烈有名。艺专学生欲造刘百昭的反，提出“医学家办医学校，艺术家办艺术学校”的口号。同时又提出民选校长的办法。我向学生介绍了海外艺术运动的情况和同学林风眠的学习成就，推荐把他列为候选人之一。报上去以后，我与教育部连续反映学生对刘百昭的不满情绪。组织学生请愿，教育部骇怕学潮再起，同意了学生的要求，发表以林风眠为艺术专门学校校长。

王代之在另一份手稿中又说：

那时北京政府教育部长是章士钊，国立美专刚刚恢复，改为艺专，坚留余担任教授，返回巴黎计划遂告中止。艺专校长系教部高等教育司司长刘百昭兼任，有许多措施欠周，学生深表不满，咸欲拥余长校，余荐同学林风眠自代，由学生以选举方式产生，呈请教部任命，为中国民选校长之第一次，当时林君尚在巴黎，余急电促其到校。余临时又兼任总务长，延续达三年之久。国立九校校务讨论会及教职联合会余皆代表艺专参加。

结合当时北京、上海地区的报章报道来看，1969 年“文革”期间林文铮、王代之、林风眠等人的外调自述是真实可信的。说王代之是林风眠出任国立北京艺专校长之事最重要的幕后组织推动策划者是不为过的。

1927 年王代之代表林风眠坚请齐白石到北京国立艺术专门学校担任国画教授之事，也有原始文献可证。

1927 年 7 月 5 日《顺天时报》第 8336 号第 5 版刊登过一篇齐白石的《与王代之书》。（图 4）全文如下：

日前惠谈，厚意良可感激。惟老夫年逾六十，精力衰退，教授之事，终不敢任。兼以生性疏放，可自适其适，而不可责以职守。吾辈相交，当以神契，

藝林

與王代之書（齊白石）

日前思談、厚意甚可感激、惟老夫年逾六十、精力衰退、敎授之事、終不敢任、稟以生性疏放・可自適其適、而不可責以職守、吾與相交、當以神契、求相補益、足下愛我、當愛之以德・更當諒我所不欲為、而不加以督責、令就功役也、韓退之有云、人各有能有不能、若此者、非愈之所能也、抑而行之、必發狂疾、鄙人之於教授、正退之所謂不能者也、足下必欲抑使行之、則狂疾發、足下其忍坐視而不顧耶、去年京華美術專門學校、曾迭次來聘、彼時曾登報聲明・不好為人師・邱生嘗及門、終未允諾、三十年前余年未及四十、衣食猶患不給、僦居蕭寺・詩酒自娛、蔡公松坡、憐其艱苦、屬為某校教授、猶未應也、生性使然、欲變不可、事實具在、非敢鳴高、今也鬚髮盡白、齒牙搖落、淡飯粗茶、差可自給、行將跌宕風光・漫遊歲月、以遊戲於人間、不為馮婦之攘臂下車、而取衆人之笑也、足下年壯氣銳、抱異居奇・吾國藝術重責、舍君莫屬・引領企望、惟有增羨而已、若仍欲責既跛者以馳驅、既盲者以辨視、詩不云乎、其室則邇、其人甚遠・固將閉門謝客、韜匿深藏、不復敢與世相見、高誼隆情、惟有心感而已、茲倩某君代達一切未盡之意、故畧報不具、風眠先生處同此致聲、恕未另函・

图4　1927年7月5日《顺天时报》第8336号第5版刊载齐白石《与王代之书》a 副本

求相补益。足下爱我，当爱之以德，更当谅我所不欲为，而不加以督责，令就功役也。韩退之有云："人各有能有不能，若此者，非愈之所能也，抑而行之，必发狂疾。"鄙人之于教授，正退之所谓不能者也。足下必欲抑使行之，则狂疾发，足下其忍坐视而不顾耶？去年京华美术专门学校，曾迭次来请，彼时曾登报声明，不好为人师。邱生尝及门，终未允诺。三十年前余年未及四十，衣食犹患不给，僦居萧寺，诗酒自娱。蔡公松坡，怜其艰苦，属为某校教授，犹未应也。生性使然，欲变不可。事实具在，非敢鸣高。今也须发尽白，齿牙摇落，淡饭粗茶，差可自给。行将跌宕风光，漫游岁月，以游戏于人间，不为冯妇之攘臂下车，而取众人之笑也。足下壮气锐，抱异居奇，吾国艺术重责，舍君莫属，引领企望，惟有增羡而已。若仍欲责既跛者以驰驱，既盲者以辨视，《诗》不云乎："其室则迩，其人甚远。"固将闭门谢客，韬匿深藏，不复敢与世相见。高谊隆情，惟有心感而已。兹倩某君代达一切未尽之意，故略报不具。风眠先生处同此致声，恕未另函。

关于此事详情，笔者曾写有专文[1]，不赘述。

王代之是林风眠任职国立北京艺术专门学校校长时期最得力的助手，在教职员学生名录中也是排名第二号的人物。无论是教务管理如北京艺专《艺术教育大纲》的修订，还是北京艺术大会的举办，以及日常事务如姚宗贤等被捕、就义学生事务的处理，以及代表艺专对外处理事务，都有王代之的功劳。据当时的报章报道，1926年10月王代之还曾因病一度辞去学校总务长之职，由黄怀英兼任。

① 彭飞：《不好为人师——齐白石与国立北平艺专两题》，《美术学报》2019年第1期。

林风眠对王代之的工作也是高度肯定。1927年林风眠曾撰文云："（王代之）将再赴巴黎，适国立北京艺术专门学校成立，当局力挽之担任教授。风眠承乏斯校，请其兼任总务长，校中一切规划，代之与有力焉。"

当然，王代之也是当时国内详细阐述林风眠绘画艺术创作及风格演变的第一人。为宣介1926年3月的林风眠个展，庶务繁忙的王代之写作了《林风眠艺术成功的三时期》发表于1926年3月13日《京报副刊》第437期第4—5页，稍晚，1926年4月3日《申报》第20版经朱应鹏之手，此文得以转载。这样使得北京、上海地区的美术界对初回国的林风眠艺术有了一定的了解。

1927年由于张作霖入关，北京艺专被改组，林风眠、王代之等人不得不辞职南下，于10月10日到达上海①，1928年元旦，他们在首都南京举办了美术作品展，1928年1月5日《申报》第11版《首都美术展览会开幕》报道云"出品者有林风眠、王代之、刘既漂、吴大羽、乌叔养、吕凤子、刘开渠、李朴园、王子云、蔡仁达、韩天眷、张聿光等二十余人"。（图5）很快林、王二人被蔡元培任命为大学院艺术教育委员会重要成员②。林风眠为主任，王代之任秘书，他们筹划展览及草拟艺术教育文献，积极谋划创建国立艺术院。王代之在其手稿《我的回

图5　1928年元旦，林风眠（前排右三）、王代之（前排左三）等在首都南京举办美术作品展合影

① 《留法画家吴待君回沪》，《申报》1927年10月12日第23版；《刘氏建筑展览会》，《申报》1927年10月18日第17版。

② 《中国大学院各委员 各种委员会》，《申报》1927年11月7日第16版。

忆》中交代说：

我们1927年离开北京，是因为大军阀张作霖入关，借口画裸体画，败坏风俗，封闭了我们的学校，整个北京的学生运动，受到镇压转入地下。我与林风眠，首先南下，接着留在巴黎的同学，也乘西伯利亚火车回到了北京。如刘既漂（学建筑）、李树化（学音乐）、林文铮（学美学）、吴大羽（学西画）等人，一同到了南京。我同林风眠会见了大学院（即教育部）院长蔡元培，汇报了北京一般情况，如艺专被封经过。那时大学院正计划把南京古物保存所扩大为博物馆，聘林风眠和我为筹备委员。我们了解南方还没有国立艺术学校，由我草拟一个建议，在大学院成立艺术教育委员会的计划，获得批准。我与林风眠、林文铮、李金发、吕彦直、刘既漂等都被聘为委员。林风眠任主委，我任常委兼秘书。第一次会时，我便提出办学校的意见，经过讨论，一致通过。地点决定在西湖风景区。我和林风眠辞了博物馆筹委，负责筹备国立艺术院的工作，成立后，林风眠被任为院长，我们由巴黎回来的同学都参加了学校教书。林文铮兼任了教务长，我兼任了总务长。

林风眠、王代之等人此期筹划展览及草拟艺术教育文献等，笔者已有专文详述[①]。这期间最重要的贡献自然是1928年在杭州西湖创建国立艺术院。对于国立艺术院的创建，过去学界多云，林风眠、林文铮等人是最重要的功臣，由于种种原因，基本没有人提及王代之，由上述王代之交代可见，国立艺术院的创办是王代之提议的，创办国立艺术院的计划书也是王代之撰写的，具体事务也是王代之等人操办的。王代之是其中的重要功臣。事实是否真像王代之所云呢？

据林文铮1969年10月24日的外调材料云：王代之提议在杭州建立国立艺术学院，蔡元培接受了这个建议，1928年2月着手筹建杭州艺术学院，“我是三月初到西湖艺术学院做教务长”。1928年1月26日《申报》第12版《国立艺术院址在西湖哈同花园》报道：“中华民国大学院采纳艺术教育委员会建议，决在最近

① 彭飞：《大学院时期林风眠与蔡元培的合作——林风眠研究之一》，《荣宝斋》2005年第1期。

时间，筹办国立艺术大学，兹闻该校因选定美的环境起见，决以西湖哈同花园为校址。”亦可佐证王代之、林文铮的说法。亦可见，创办国立艺术院是王代之的提议。此前笔者根据刘海粟的回忆，曾撰文提到创办国立艺术院之事与刘海粟有关联①，亦不确定。

创办国立艺术院最重要的文献是《创办国立艺术大学之提案摘要》，发表于1928年出版的《大学院公报》第2期上，署名为“大学院艺术教育委员会提”。查1928年1月15日出版的《贡献》旬刊第5期上发表有一篇署名为王代之的《创办国立艺术大学计划书》，仔细审读这篇文献会发现，这其实几乎就是《创办国立艺术大学之提案摘要》的原版，因为，《创办国立艺术大学计划书》与刊载于1928年第2期的《大学院公报》上的《创办国立艺术大学之提案摘要》在内容上几乎一样，只是在少量地方有无关紧要的字句删改。（图6、图7）关于这一情况，笔者已有专文。②可见王代之的回忆是可信的。

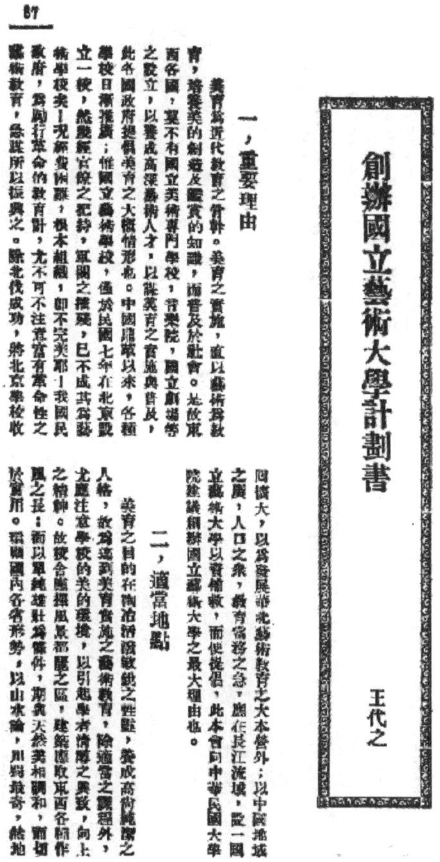

創辦國立藝術大學計劃書

王代之

一，重要理由

美育為近代教育之骨幹。美育之實施，直以藝術為教育，培養美的創造及鑑賞的知識，而普及於社會。是故東西各國，罔不有國立美術專門學校，音樂院，國立劇場等之設立，以養成高深藝術人才，以謀美育之實施與普及，此各國政府提倡美育之大概情形也。中國鼎革以來，各種學校日漸擴張；惟國立藝術學校，僅於民國七年在北京設立一校，然幾經官僚之把持，軍閥之摧殘，已不成其為藝術學校矣！現經費困難，根本組織，即不完美耶！我國民政府，為勵行革命的教育計，尤不可不注意富有革命性之藝術教育，急謀所以振興之。除北伐成功，將北京學校收回擴大，以為發展華北藝術教育之大本營外；以中國地域之廣，人口之衆，教育需務之急，應在長江流域，設一國立藝術大學以資補救，而使提倡，此本會向中華民國大學院建議創辦國立藝術大學之最大理由也。

二，適當地點

美育之目的在陶冶活潑敏銳之性靈，養成高尚純潔之人格，故為達到美育實施之藝術教育，除適當之課程外，尤應注意學校的美的環境，以引起學者情緒之興致，向上之精神。故校舍應擇風景秀麗之區，建築應取東西各種作風之長；而以單純雄壯為條件，期其天然美相調和，而切於實用。環顧國內各省形勢，以山水論，則蜀最奇，繪地

图6　1928年1月15日《贡献》旬刊第5期发表王代之《创办国立艺术大学计划书》书影

至于筹备时期具体事务的操办，王代之也是出力最多，《申报》《中央日报》等多有报道。1928年12月8日出版的《国立艺术院周刊》第14期《本院开办费收支计算报告书》也提到王代之的功劳，却没有林文铮的名字。（图8）

1928年1月26日《申报》第12

① 彭飞：《林风眠与国立艺术院的创建》，《美术观察》2004年第7期。

② 彭飞：《〈蔡元培全集〉中误收的一篇王代之文章》，《民国档案》2009年第3期。

版《国立艺术院址在西湖哈同花园》报道云：

分南京、上海、杭州三处招生，3月1日前授课。

中华民国大学院采纳艺术教育委员会建议，决在最近时间，筹办国立艺术大学，兹闻该校因选定美的环境起见，决以西湖哈同花园为校址。刻已由大学院行文至第三中（山）大学，将该园拨出，改作艺术大学校址，其筹备事项，则由大学院院长特委艺术教育委员会主任委员林风眠，及该会秘书王代之，负责办理，期于本年3月1日以前，开始授课，并嘱林等即日赴杭，一面着手修葺校舍，购置校具，一面从速订定招考简章及一切开学事宜，学校名义以开办伊始，不愿袭用何种大学之滥调，故决定改用国立艺术院名义，至其内容，则仍与各大学无异，又以人材及经费关系，原有之建筑一院，亦决暂行缓办，第一年先招中国画系及西洋画系新生两班，雕塑及图案系新生各一班，各系教授择优延聘，大约定1月18日，开始报名，2月25日开始考试，报名地点约为上海陶尔裴斯路国立音乐院，南京大学院及西湖本校等处。

1928年2月10日《申 报》 第10版《国立艺术院成立二院》又云：

图7 1928年1月15日《贡献》旬刊第5期介绍王代之及其画作

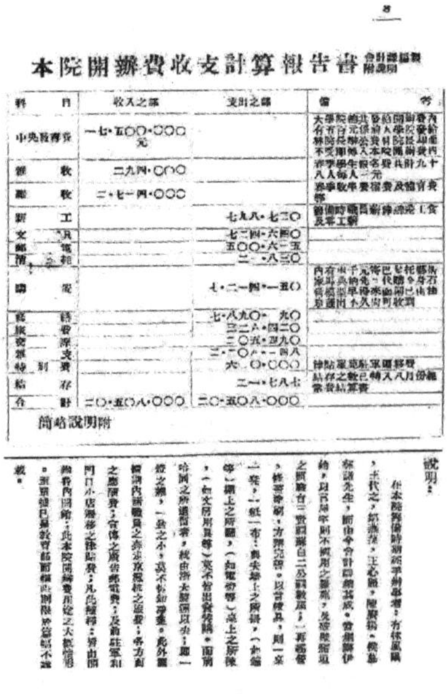

本院開辦費收支計算報告書

| 科目 | 收入之部 | 支出之部 | 備考 |
|---|---|---|---|
| 中央補助費 | 一七·五〇〇·〇〇〇元 | | 大學院前共發給開辦費內有有百元係由大學院發給林院長辦公費由院長却重不受即轉入本院開辦費內 |
| [illegible]收 | 二九四·〇〇〇 | | 准予學生報名費共計九十八人每人一元 |
| 雜收 | 二·七一四·〇〇〇 | | [illegible]季收學費宿費及體育費等 |
| 薪工 | | 七九八·七二〇 | 籌備時職員薪俸[illegible]工食及夫工薪 |
| 文具 | | 七二四·六四〇 | |
| 郵電 | | 五〇〇·六一五 | |
| 消耗 | | 二一·八三〇 | |
| 購置 | | 七·二一四·一五〇 | [illegible] |
| 修繕 | | 七·八九〇·九〇 | |
| 旅費 | | 三二八·四二〇 | |
| 交際 | | 二〇九·四九〇 | |
| 雜支 | | 二·二〇八·一四八 | |
| 特別費 | | 六·〇·〇〇〇 | [illegible] |
| 結存 | | 二一一·七八七 | 結存之數已轉入八月份經常費結算表 |
| 合計 | 二〇·五〇八·〇〇〇 | 二〇·五〇八·〇〇〇 | |

簡略說明附

說明：

图8 国立艺术院开办费收支计算报告书

第一院在罗苑，第二院在三贤祠。西湖罗苑拨借艺术院作院址，该院筹备委员王代之曾至罗苑规划一切，驻苑军队，因辎重过多，一时未能全部迁出，已函致军事厅，请转电蚌埠，转饬该留守主任查照，从速迁让，俾便修葺，该院虽属初办，招生不多，但至少亦须8个教室，罗苑房屋尚不敷用，故该院拟以罗苑为第一院，对面之三贤祠及照瞻台为第二院，除呈请大学院咨浙政府转饬借用外，为便利起见，已以艺术教委会名义请第三中大先为交涉，俾以实现大学院长蔡氏拟划西湖为艺术区之主张云。

1928年2月13日第10版又报道《国立艺术院近讯》说：

西湖国立艺术院以罗苑为校舍，该苑建于孤山之前，雕梁画栋，备极辉煌富丽，唯以楼台亭阁为多，只合画室之用，理论讲室与展览会所，均嫌狭小，近由筹备专员王代之，在罗苑北对面，觅得照瞻台与三贤祠两座大房，构造宏大，光线充足，堪作理论教室，尤适于作大规模美术展览会场之用，已由艺术教育委员会呈请大学院长，转饬浙江省政府指拨该房予艺术院应用。又西湖快讯云，该院自院长林风眠由新都抵杭与总务长王代之商定，以3月10日前后开学，2月27日起，由杭、沪两方同时举行新生考试，第一日考主科，第二日（2月28日）考副科，录取新生登沪报通知云。

1928年2月19日《晨报星期画报》则报道说："西湖国立艺术院筹备员林风眠、王代之二氏，近已由宁（南京简称）至杭（杭州）。一日与李文堂同游灵隐寺，观飞来峰石刻，在佛像前摄影。"

1928年2月17日《申报》第11版又报道《艺术院迁入罗苑办公》说：

由三中大派员同往接收。国立艺术院，自筹备以来，大致业已就绪，惟院址问题，至15日方始解决，盖因罗苑管理者从中作梗之故，但该苑既系省政府没收之产业，其主权自操诸政府，今省府既又拨为该院之用，其旧有之管理者，当然无权可再把持，现艺术院诸筹备委员，以开学期近，若不积极布置，势将不及，故由王代之委员，连日与三中大校长接洽，于15日由三中大派沈肃文、汤鼎梅二君，会同委员王代之、该院职员邹燕孙，前往罗苑接收，即于下午迁入办公，又该院对面之照瞻台、三贤祠两处全部房屋，前由该院函请省政府，借拨作为讲舍，亦经第78次省委会议决通过，由第三中大接洽办理云。

在这期间，大学院艺术教育委员会于1928年2月26日上午10时（星期日）在上海法界霞飞路10922号国立音乐院会议室召开了第三次会议，蔡元培、张继、周峻、林风眠、萧友梅、李金发、李重鼎等出席了会议。国立艺术院总务长，该会秘书王代之报告了杭州国立艺术院筹备经过情形。[①]

1928年3月3日下午，西湖国立艺术院在杭州哈同花园大礼堂举行林风眠就院长职典礼，大学院艺术教育委员会秘书王代之报告了该会筹备及创办国立艺术院的经过，随后代表大学院艺术教育委员会给林风眠授印。[②]（图9）

林風眠就藝術院長
▲王代之代表藝委會授印
西湖國立藝術院院長林風眠、於三日下午在杭州哈同花園大禮堂舉行就職典禮、一切如儀、首由大學院藝術教育委員會秘書王代之代表藝術教育委員會、報告該會籌備經過、大致謂國立藝術院原為藝術大學、後經藝術教育委員會通過時改為今名、此今年一月初事也、此後即由藝術教育委員會主席林風眠先生及代之會同藝會辦事人員立即到杭著手籌備、關於院址、初因有軍隊駐紮、不能接收、直至二月二十四日、始將哈同花園全部接收、同時由第三中山大學幫忙、將本院對面之蘇白二公祠、三賢祠、照膽台、收歸藝院借用、現已著手修理、由美術建築家劉既漂先生監督裝飾、關於經費方面、大學院原議以本年一二兩個月經費共一萬二千元為籌備費、以後月撥六千元為經常費、此次（四次）藝術教育委員會開會時、大學院蔡院長在座已允許、如籌備不足時、尚可稍加增補、次將院內辦事經過略同報告、後即代表藝術教育委員會親授國立藝術院印記與林風眠、再次由林氏宣誓舉照會開會秩序為院長致詞、林氏略謂、適聞王氏之先生報告、可知藝院籌備、實屬不易、現在既已大體就序、仍望在院各同志益加努力、俾不負黨國委託之重、我們以為人類進化有兩大方向、一方是物質的、當須依賴政治同實用科學之進步、一方是精神的、則又不能責望於藝術及其他之一般科學、在後一說法、則藝術尤在感情方面有絕大效力云云、繼進茶點、攝影而散、

图9　1928年3月6日《民国日报》第5版《林风眠就艺术院长，王代之代表艺委会授印》

由上述可见，在筹建国立艺术院的具体操办事务中，王代之出力最多。

王代之因身体等原因，国立艺术院建成开学后不久，就离开杭州到北京西山养病。1928年6月5日《申报》第12版《美术展览会定期举行》云："大学院艺术教育委员会于本月三日上午九时在国立音乐院开第四次常会，列席委员蔡元培、张继、周峻、林风眠、萧友梅、李金发、李树化、林文铮、唐家伟。由蔡院长主席，开会如仪。报

① 《艺术教育委员会第三次常会纪》，《申报》1928年2月27日第7版。亦见大学院公报编辑处编，1928年6月出版的《大学院公报》第1年第6期，第76页。

② 《林风眠就艺术院长，王代之代表艺委会授印》，《民国日报》1928年3月6日第5版。

告艺术教育委员会秘书王代之已受大学院聘为国外特约编辑员，不久即将赴法，本会秘书事务由林文铮办理，随即由林文铮报告会务进行……”

事实上，他再也没能重返法国。1929年王代之回到北平大学艺术学院任教，开始了在北京地区的美术教育生涯，此后又到私立的华北大学任教，一直到抗日战争爆发。王代之《我的回忆》云：

> 1929—1930年，我回到北京，学校已并入北平大学，成为一个学院。第一任大学校长徐炳昶（现在科学院考古所）继任校长徐诵铭（不知此在哪里）。我在艺院任教授，并曾兼任过西画系主任。曾向教育部要求重到法国进修。因部长换了人，多方推诿没有圆满答复。
>
> 1930—1935年，在华（北）大学任过秘书，办过一个艺术部，设有国画、西画、雕塑三系，院长褚民谊。留法同学王静远、曾一橹分任西画、雕塑系教授。名画家胡佩衡、凌直支担任了国画系教授。在此期间，我兼任过《华北日报》画刊编辑，时间不长，阎锡山反蒋时停刊……
>
> 华北大学，系成立很久的一个私立大学，经费来源，全靠学费收入。主要是社会科学，收容过朝鲜义勇军方面的学生。意大利大使齐亚诺，曾企图以庚子赔款为饵，插手这个学校，遭到我们的坚决拒绝。我为了学校立案问题须到南京活动，当李书华任教育部次长代理部务时，得到“暂准立案”的结果。需要有专人在京继续交涉，我便长住在南京，不久教育部长换了朱家骅，事情更不好办，为了不向学校报销开支，褚民谊替我在行政院挂了一个一等书记官名义，每月工资120元，维持在京的开销，便未向学校领过工资。大约一年多，期间编过议事索引……因战事影响，我未再回北京。

又据王代之日记记载：1930—1935年其在华北大学工作期间任董事会秘书长（家属提供聘书），曾任农矿部视察国难委员会议员，参与洛阳国难会提案，提议从速完成粤汉铁路工程，以利对日抗战。1937年全国高校西迁，王代之于1938年到达昆明创办世界小学教师联合会，在云南省教育厅（龚自之）支持下，在昆明翠湖景贤祠办公，宣传世界和平、反法西斯思想。其间同潘天寿、林文铮夫妇等教友分别到校执教。

此后，王代之娶湖南老乡谭茶仙为妻，辗转流落到云南昆明安宁、晋宁一带，其人生轨迹彻底改变，离开了美术教育界，命运坎坷，特别是“文革”时期，受

图10　王代之夫妇合影

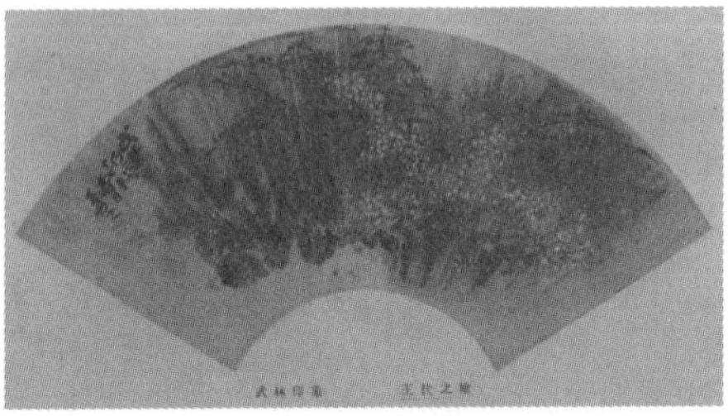

图12　王代之1928年绘画作品《武林印象》

图13　王代之1927年绘画作品

图11　王代之1927年绘画作品《古趣》

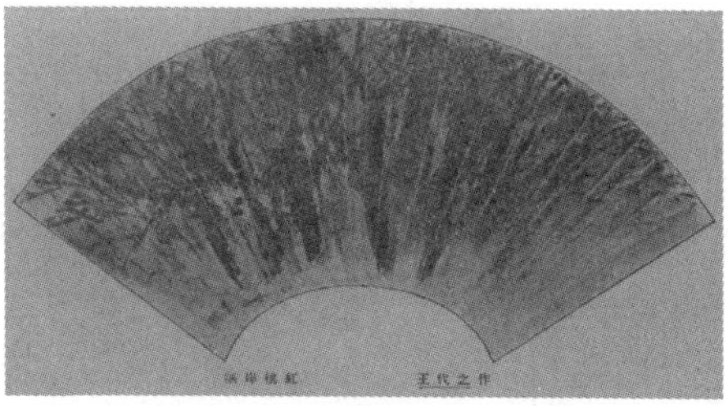

图14　王代之1927年绘画作品《隔岸桃红》

到不公正待遇，经历多次批斗、三次抄家，多年所绘书画[①]毁于一旦，（图10—14）他对民国美术教育的贡献也被人们所遗忘。学界甚少有对他的生平介绍，对他的生平履历也相当模糊，其间，虽有云南晋宁文史资料发表过宋业鉴对他的回忆专文，但直至2018年云南省昆明市《晋宁区志》人物篇才对王代之的生平做了较为完整的记载。

## 结　语

由上述可见，王代之对早期民国美术事业，特别是美术教育事业曾做出自己的贡献，我们不应该遗忘这位美术先贤。至于王代之的艺术思想及艺术创作，囿于本文主题及篇幅所限，只得留待以后再研究。

① 1969年潘天寿先生外调资料提到，1928年与王代之同在杭州教书，见到王代之所画荷花，功力不差。查潘天寿先生诗集，其中“题王代之松啸楼集句稿兼以代简”和往来书信得知，王代之写有《松啸楼集句诗集》，并多篇发表；此种诗词的文学创作在新中国成立初期几乎泯灭，仅见到郭沫若用毛主席诗词写过文学作品。

# 关于留欧雕塑家岳仑

彭　飞

岭南师范学院美术与设计学院

**摘　要：** 通过相关原始材料对留学欧洲的雕塑家岳仑生平履历及艺术活动等进行考察，可以让我们对岳仑的生平履历及艺术活动等有更全面的了解，同时对我们考察民国现代雕塑的生存发展环境及其历史也有一定的意义与价值。

**关键词：** 岳仑　生平　雕塑　生存环境

关于留欧雕塑家岳仑的生平与艺绩，目前国内的美术工具书中以2002年12月上海辞书出版社出版的由邵洛羊总主编的《中国美术大辞典》和2004年12月上海书画出版社出版的由徐昌酩主编的《上海美术志》（其中有两处）两书介绍的略为详细。此外，2005年1月上海书画出版社出版的由王震编的《二十世纪上海美术年表》一书中也有零星的5个条目提到了岳仑当年艺术活动的情况。专题论文方面，刘礼宾所写《民国雕塑个展第一人——岳仑》[①] 是目前国内较深入的专门探究岳仑生平与艺绩的文章，有着较高的学术价值。

以上是目前对岳仑介绍与研究的主要成果。笔者研究发现，这些介绍与研究，有不少值得商榷的地方。其实，早在1989年，罗愿、李岳就在该年《老人天地》第11期上发表了一千多字的短文《岳崙，一个被遗忘的雕塑家》（有少许讹误），可惜未能引起学界的关注。

岳仑的名字，按照民国时期的通用繁体字的常规，应确如罗愿、李岳文章，

① 刘礼宾：《民国雕塑个展第一人——岳仑》，《雕塑》杂志2008年第3期。

写为“岳崙”较为准确，岳仑在他的速写画作上也是这样签名的，发表文章也是这样署名的。其生年学界多认为是1901年，值得商榷。罗愿、李岳文章明确说其生年为1905年，卒于1989年6月13日，终年84岁。这个说法也可以得到官方报道的印证。

1989年6月29日《人民日报》有一则题为《国务院参事岳仑先生逝世》的报道：

新华社北京电　国务院参事、无党派爱国人士岳仑先生因病于1989年6月13日在北京逝世，终年84岁。岳仑先生是湖南邵阳人，长期在国民党政府从事外交工作，曾任驻米兰领事馆副领事，驻曼谷总领事馆领事，驻伊朗、比利时、埃及、意大利、扎伊尔等国使馆一等秘书、参赞等职。1984年回大陆定居，他目睹祖国翻天覆地的变化，心情无比激动，认为只有共产党领导的社会主义才能救中国。全国政协副主席程思远、国务院副秘书长席德华、中央统战部副部长武连元、国务院参事室主任吴庆彤等同志6月23日下午在八宝山革命公墓出席了岳仑先生的遗体告别仪式。

事实上，国务院参事室网站上还有类似的记载：

1989年6月13日 国务院参事、原国民政府驻法国外交官、无党派爱国人士岳崙因病逝世，终年84岁。岳崙参事遗体告别仪式23日在八宝山革命公墓堂举行。国务院秘书长罗干、副秘书长席德华，以及国务院办公厅、中共中央统战部、国务院参事室等送了花圈；中共中央统战部副部长武连元、国务院副秘书长席德华参加了告别仪式。遵照岳崙参事遗愿，其骨灰分成两份，一份送往法国，与其已故法国籍夫人合葬，一份安放在八宝山革命公墓。新华社发了通稿，中新社和《人民日报》发了消息。

以上两则材料一般不会与雕塑家岳仑联系起来，其实其中的“岳仑”就是民国时期的雕塑家岳仑，《中国建设》[现为《今日中国》(中文版)] 1986年第12期上发表的一篇署名为“岳崙”的《“我感到真正地回到了‘家’”》一文，即证明

图1　1928 年《贡献》第3卷第1期刊载留法雕刻家岳仑作品三幅

了这一点：

我今年八十一岁了。二十年代初就到日本读书，嗣后又去法国学习雕塑。毕业后回国，鉴于当时国内对雕塑尚不重视，没有发展前途，又想出国深造。于是通过父亲的关系，被派到意大利使馆工作，同时继续学习雕塑。我考入罗马皇家美术学院，毕业后，虽有回国之意，但当时国内对雕塑仍不重视，我就留在使馆继续工作。这一“留”，竟是三十余年。我曾先后在意大利、土耳其、阿富汗、泰国、伊朗、比利时、埃及、刚果等国担任随员、秘书、领事、参赞等职。在这期间，我只回国四次。一次是在京、沪两地举办个人雕塑展览会；两次是奉调回外交部；一次是探亲。每次时间不过一年半载，总起来在国内生活时间不到二十年。当时所见到的祖国是国情落后，社会黑暗，疮痍满目，民不聊生。在国外我也常常因为是中国人而受到歧视。因此，渴望自己的祖国有朝一日能富强起来。一九八三年五月，我第一次回到一别四十年的祖国，看到祖国天翻地覆的变化，心情的激动和喜悦真是难以形容。

这次我是怀着半信半疑的心情回来看一看的。我不知道像我这样一个在国外几十年的旧外交官，共产党对我采取什么态度；对于与官方接触，我也十分犹豫。因为我不善辞令，加上新的词汇一点也不掌握，更不愿意讲话。可是

◉留法雕刻家岳崙歸國

岳崙君於民國十二年赴法國里昂美術學院、研究雕刻五年、後改入巴黎研究院、從法國彫塑巨子執藝術界牛耳之浦得爾 Bourdelle 及栢赫郎 Bernard 二氏研究、極為該二氏所贊許、謂其作品駕乎其所有生徒之上、得未曾有、出品沙龍會、獲最優名譽獎、一時遍傳巴黎各報、認為藝術界勇進之士、開東方人陳列該會之新紀元、使我國增光采、其夫人 CelCile 氏、係法候爵 de Vains 之愛女、亦負美術界之聲望、均已於日昨法郵船歸國、携帶作品多件、即將公開展覽、以餉國人、

图2　1930年11月22日《申报》第16版报道《留法雕刻家岳仑归国》

在受到人民政府各有关部门领导人的亲切接见和热情款待之际，我亲身感受到了祖国的温暖，感受到了国家领导人肝胆相照，平易近人的作风。一些莫须有的顾虑顿时便打消了。

这一年，我在北京、南京、长沙各地探亲访友，看到各地城市建设繁荣、道路扩修，人民生活水平普遍提高，……其进步之快，确实是惊人的。不是目睹，实难令人置信。

…………

自从我第一次回国观光后，思乡念国之情终日萦回在脑际。我妻子是法国人，早已去世。虽有儿孙在法，但俗语说“儿孙自有儿孙福”，也不用我来照顾他们。近代交通工具发达，空间距离缩短了，十几个小时飞行，也算不得什么。尤其有“来去自由”的政策保证，互相探访也很方便，因此，叶落归根的传统观念使我毅然决定第二次返国并作出了定居祖国的决定。

一九八四年十二月，我回国定居后，于去年七月被安排在国务院参事室当参事。一年多来，各级领导对我关怀无微不至，使我感到真正回到了“家”。我……有时还学习中央文件。每周二、五都去参事室参加学习会议，讨论国家大事。晚上，和侄女一家看看电视，听听音乐，聊聊家常，谈谈异国风情……四世同堂，乐趣融融。

政府为了让我更多地了解祖国建设情况，安排我到各地参观。今年五月的四川之行，给我留下了深刻的印象。我先到成都，游览了峨眉山、乐山大佛、杜甫草堂、灌县都江堰、武侯祠等名胜古迹，后来又到重庆。我在四十五年前曾在那里住过一段短短的时间，那时正值抗日战争时期，日本帝国主义大轰炸重庆之后一年多……

“少小离家老大回”，我这在海外飘荡半个世纪的一片叶子，终于归根了。

我的侄女说："叔叔不但在形体上叶落归根了，而且在政治生命上也寻求到了最理想的归宿。"的确如此。今年，当我列席参加全国政协六届四次大会时，我不仅感到光荣，而且看到了祖国统一的美好前景。我盼望海外同胞、同学、朋友们早早地回来看看，并能为祖国的现代化建设做出各自力所能及的贡献。

可见，前述《国务院参事岳仑先生逝世》中的岳仑就是民国时期的雕塑家岳仑，1986年，岳仑先生81岁，上推则其生年应为1905年。①

结合上述资料，再加上1931年刊行的《岳仑雕刻展览会会刊》中的岳仑自述以及笔者掌握的一些其他相关材料，我们可以大致勾勒出岳仑一生的生平履历。

岳仑（1905—1989），字刚克，湖南邵阳宝庆人，岳森（1880—1957）将军次子。中国近现代雕塑家，职业外交官，国务院参事、无党派爱国人士。1920年毕业于日本成城中学②，1921年12月由日本回国③，1923年9月被上海美术专门学校招生录取为新生④，1924年9月4日与尚其煦等人从上海乘法国邮轮赴法留学⑤，在里昂美术专门学校学习绘画，练习石膏和人体素描，并师从该校雕刻教师普罗斯特（Frost）学习雕塑达四年。后到巴黎入巴黎研究院，在雕塑大师布德尔

① 据国务院参事室网站载："1986年3月12日国务院参事室主任吴庆彤在日坛宾馆为岳仑举办了81岁寿宴，全国人大常委会副秘书长程思远，全国政协常委、对外友协顾问李铁铮以及参事王森、张可曾和参事室副主任王海容、吴空等出席。"可见，1986年岳仑先生确为81岁，其言是可信的。

② 1924年6月27日《申报》第14版《行将赴法留学者》："尚其煦，长沙人，现年二十二，系北京阿博洛学会会员，去年毕业于上海美术专门学校。兹感于国内艺术幼稚，乃决心赴法留学，更从事研究雕刻建筑云。岳仑，宝庆人，年二十，一九二〇年毕业于日本成城学院，素有志于艺术，此次赴法学习绘画、音乐，将于八月十四日乘法邮公司盎高尔号邮船起程。"

③ 1921年12月22日《申报》第15版《航运杂讯一束》："本埠葡萄牙使馆职员尼威氏，姬路学校教员里特氏及留日学生岳崑、岳仑并日本海军第五联队派往汉口独立队之军士多人咸于昨日搭乘日邮社之竹岛丸来沪。"

④ 1923年9月10日、11日《申报》第2版《上海美术专门学校录取新生案》："一年级乙级……陈德怀、余耀远、方矩、岳仑、王景诒、张鸿吉、姚学渠。"

⑤ 1924年9月4日《申报》第15版《留法学生今日放洋》："中国赴法留学生经法当道新律限止后，赴法者甚形困难。及至美政府允许留美生动身，法当道亦急将新例变更，允许中国学生至法，但须得有一可靠之铺便可签照。今日法轮合理社出口有留法生梁继志、王克捷、林权英、刘余寰、岳仑、尚其煦、黎泽清、沈承焘等十一名起程。"

（Bourdelle）工作室学习一年，布德尔去世后，拜柏赫纳（Bernard）为师，学习一年。1928 年冬季开始到 1930 年春，岳仑在巴黎郊区的农村建立了自己的工作室，创作了六七件大型作品，参加法国艺术家联合会巴黎春季沙龙展，其中一件作品获“最优等名誉奖”。在此之前，还曾获得“里昂艺术研究会一九二九展览会名誉奖状”。1930 年 11 月回国抵达上海，1931 年 3 月在上海法租界开个人雕塑展，该展览是中国雕塑家第一次在上海举办的雕塑个人展览，同时刊行有《岳仑雕刻展览会会刊》。随后，被派往意大利使馆工作，同时继续学习雕塑，1933 年考入罗马皇家美术学院。师从雕塑家阿·查勒里，毕业后长期在国民政府中从事外交工作。先后在意大利、土耳其、阿富汗、泰国、伊朗、比利时、埃及、刚果、扎伊尔等国担任国民政府使馆随员、秘书、领事、参赞等职几十年。其间，他还曾参加过 1929 年及 1942 年国民政府教育部举办的第一届和第三届全国美展。1937 年获里昂艺术研究会银牌及巴黎春季沙龙展览会铜牌。1943 年后正式成为职业外交官，长期滞留海外。1983 年 5 月第一次回国探亲。1984 年 12 月再次回国并定居北京，1986 年 2 月 26 日被国务院任命为国务院参事。1989 年 6 月 13 日在北京逝世，终年 84 岁。与法国 Devains 侯爵之女赛西尔（Celcile）结婚，生一子。

至于岳仑的雕塑活动，首先要说说 1929 年岳仑参加的由国民政府教育部主办的第一届全国美术展览。该展于 1929 年 4 月 10 日至 4 月 30 日在上海市国货路新普育堂举办，共有 52 件雕塑作品参展，《教育部全国美术展览会出品目录》刊登了 34 件，其中岳仑出品 5 件。这应该是岳仑雕塑作品的首次国内亮相，尽管他本人没有回国，只是将作品邮寄回国参展，但其艺术得到了国内的充分肯定并被寄予了厚望。

李寓一撰写之《教育部全国美术展览会参观记（二）》长文，是详细介绍展览会的原委、宗旨、经过和展出作品的最有价值的文献。李氏虽然特别推崇女雕塑家王静远的 5 件作品并做了详细描述，但他同时认为，除王静远外，“当推江小鹣之谭组盦像、邵洵美像及岳仑氏之雕塑五件”，并对岳仑的天才与际遇给予了高度肯定，对其未来寄予了无限希望：“岳仑氏方学于法，于雕塑之基本工夫，致力最深，复熟于各种方法，非拘于一种雕像者所可及。吾于彼之天才，彼之际遇，觉有无限之希望。闻其入法美术院，习雕刻仅三年，即得法人之爱好，将来当能成伟大之雕刻师。”[①] 同时，刊登李寓一长文的《妇女杂志》同期第 16 页还登载了岳仑这次参展的一幅雕刻作品《雕像》的图片，第 45—46 页还有其翻译的 Franck N. 的《今日之新画家纳格兰》一文。1928 年《贡献》第 3 卷第 1 期还刊载了其《英女郎 Kitty 相》《裸体练习》《肖像》等四件雕刻作品。想必此展激发了岳仑投身雕塑创作热情，不到一年便回国，并随后在上海举办了个人雕塑作品展。

岳仑是 1930 年 11 月 21 日回国到达上海的，并非学界通常认定的 1929 年前、1930 年春天之后或 1931 年 4 月之前。1930 年 11 月 22 日《申报》第 16 版报道之《留法雕刻家岳仑归国》云：“岳仑君于民国十二年赴法国里昂美术学院研究雕刻，五年后改入巴黎研究院从法国雕塑巨子执艺术界中耳之浦得尔（Bourdelle）及柏赫郎（Bernard）二氏研究，极为该二氏所赞许，谓其作品驾乎其所有生徒之上得未曾有出品沙龙会获最优名誉奖，一时遍传巴黎各报认为艺术界勇进之士，开东方人陈列该会之新纪元，使我国增光采。其夫人 Celcile 氏系法侯爵 Devains 之爱女，亦负美术界之声望，均已于日昨法邮船归国携带作品多件，即将公开展览以饷国人。”文中明确提到他于该年 11 月 21 日回沪。

岳仑在上海举行雕塑个展之事，1931 年 3 月 11 日、17 日，4 月 2 日、29 日的《申报》均有报道，其展览时间为 3 月 13—23 日。

1931 年 3 月 11 日《申报》第 10 版报道之《岳仑雕刻展览会将举行》云：“岳仑君留法研究雕刻八年，去冬归国，携有作品多件，闻将于本月十三日假法租界环龙路十一号法国学校大厅，开个人雕刻展会……此实创举，届时当可一饱沪人士之眼福也。”对于此事，聂耳日记里也有记载：“1931 年 3 月 23 日，岳仑雕刻展览会今天最后一天了，要不是今天的《申报》特别提醒，我简直把这件事忘了。”[②]

在岳仑举办个展之前，1930 年 12 月 21 日南京《中央日报》副刊第 16 版刊载黎叔平摄岳仑《人体研究》女裸体雕刻一幅，并介绍说：“左图为人体研究，乃雕刻家岳仑氏经意之作，曾于巴黎沙龙会陈列，获最优奖，巴黎报纸传颂一时。岳氏已于前月偕夫人 Celcile 归国，闻携作品甚多，将在沪公开展览。”

---

① 李寓一：《教育部全国美术展览会参观记（二）》，《妇女杂志》1929 年第 15 卷第 7 期。

② 《聂耳全集》编辑委员会编：《聂耳全集》（下卷），文化艺术出版社、人民音乐出版社 1985 年版，第 273 页。

1931年2月1日的《申报图画周刊》第37号第36版，专门刊有岳仑雕刻女人体两幅及岳氏肖像一幅，并介绍说："岳仑氏，湘人，初学于日本东京成城中学，继赴法入里昂美术专校研究雕刻五年，再入巴黎研究院受雕刻名家之指导，故一九二九年曾出品于沙龙展览会获最优等名誉奖，现学成归国于二月在沪上开展览会，此为岳氏小影及作品之一斑。"1931年2月6日《上海画报》第672期第2页刊有《最近由法归国之雕刻塑像专家岳仑君所作某女士半身像》照片一张。1931年《艺友》第10期第9页刊有一幅岳仑在巴黎沙龙获名誉奖的雕塑作品照片，介绍曰："右为雕刻家岳仑氏之人体研究，曾在巴黎沙龙获名誉奖状，为吾国雕刻界得获之第一人，巴黎各报称颂一时，氏已于月前归国，携有作品甚多，闻不久将在沪开一个人展览会云。（黎叔平赠）"

1931年3月13日《申报》第3版刊载蔡元培、李石曾、邵力子、褚民谊、熊希龄、易培基、谭泽闿等政、学界名人联名撰写的《介绍岳仑雕刻展览会》："岳仑先生新近由法归，携有作品多件，定于三月十三日午后三时起至三月二十三日止，在上海法租界环龙路十一号法国学校大厅，举行个人雕刻展览会。同人等以今日时有个人或团体之绘画展览会，而于雕刻一艺，除故有之佛像塑刻外，几无供献者。岳君本天赋之才，研究八载，已得奥妙，且获巴黎沙龙最优等奖，则其成绩宜有飨国人也。"① 随后《申报》3月15日第5版、3月17日第7版、3月19日第4版、3月21日第6版、3月23日第3版以及《时事新报》3月15日等均刊载了上述蔡元培等人的介绍文章。

关于岳仑的生平履历、从艺经历及展览情况，1931年4月2日《申报》第13版刊载方二的《岳仑雕刻展览会》一文颇为重要：

> 岳仑雕刻展会设于环龙路法国学校大厅，阅时旬日，最后一日，余抽暇往观。岳君为余新交，见其雕刻影片已动余欣赏之情而不能不一睹其真也。
>
> 岳君吾湘人，岳副师长（名森字宏群）之公子，留法八年。初于一九二三年在里昂国立美术专校习画，同时又在该校雕刻教师普罗斯特私人研究室学雕

---

① 转引自中国蔡元培研究会编《蔡元培全集》（第七卷），浙江教育出版社1997年版，第42页。

刻。普氏室中多陈新旧名作及其个人得意之作。岳君徘徊其间，得极深刻的观摩与理解，如此学习四年，更走艺术中心之巴黎改入巴黎国立美术专校，师事布德尔。布氏为现代第一雕刻家，有罗丹后第一人之誉。其艺术特点在着重力的表现。岳君颇思尽其长技，适及一年而布氏物故，岳君又师事柏赫纳。柏氏之艺以细腻擅长，与布氏雕刻的表现方法相反。岳君以曾受刚强方法的训练忽受柔软方法的训练，感觉一种强烈的给予，思取两家之长为一己研究之的。大受柏氏奖进。不久，岳君租居巴黎郊外离师独习。自一九二八之冬至一九三零之春制成作品不少。先与里昂艺术研究会一九二九展览会独获名誉奖状，继赴法国艺术家联合会一九三零年巴黎沙龙展览会，又获最优等名誉奖状，且获得巴黎报纸上之盛誉。

此次回国展览系携其可以携归者凡十数件，余观其作品就劲健言则爱其《老人》与《人体》，就柔细言则爱其《自造像》与《R女士像》《余妻之像》，他如《孙中山遗像》《廖仲恺遗像》《谭组庵遗像》亦皆惟肖惟妙也。

其展览会刊有当代名人题语，余最爱易培基先生之题语“其术裔皇”，字极别致，署印“白官居摄”则尤为别致云。

岳仑此次展览会出版有《岳仑雕刻展览会会刊》，为会刊题词的政、学界名流有蔡元培、胡汉民、褚民谊、邵力子、易培基、郑洪年等7人。

这些显然都是在做展览舆论宣传。仔细算起来，这次展前宣传舆论，动用了政、学界名流13人次，除去重复的，共有9人，宣传阵容不可谓不强大。其中熊希龄是湖南凤凰人，易培基是湖南长沙人，谭泽闿（谭延闿之弟）是湖南茶陵人，都是岳仑的湖南老乡。岳仑自述中说自己中学留学，且后来能“通过父亲的关系，被派到意大利使馆工作”，现在又能请动这么多政、学界名流出山宣传，可以想见其家庭背景之非同一般。其父岳森（1880—1957），字宏群，号华园老人，湖南邵阳宝庆人，生二子二女，长子岳昆，次子岳仑。岳森少师国学家王闿运（湘绮），与杨度、齐白石等同门，后毕业于保定速成学堂，早年追随至交蔡锷等参加反清革命，任广西新军随营学堂、广西讲武堂教官，后为谭延闿部下，曾被聘为黄埔军校第一期毕业生毕业演习总评判长，与朱培德、陈树人、周恩来等人多有共事，历任国民革命军参谋长、师长、军长等职，参加过北伐战争、抗日战争，曾对中共领导人李富春、徐特立等给予掩护。1938 年后任军事参议院中将参议，继任湖南省第六区（邵阳）行政督察专员兼警备司令、保安司令，积极支持抗战。1949 年 8 月响应湖南和平起义。中华人民共和国成立后任湖南省军政委员会顾问，省政协常委、省人大代表等职。在书法上有一定的造诣。《近代名人小传》《中国国民党百年人物全书》《民国军人志》《当代湖南人名辞典》《湖南民主人士》《邵阳文史（第 34 辑）》《邵阳市文史资料（第 13 辑）》等书都有他的传记。如此，岳仑能请动这么多政、学界名流助阵也就在情理之中了。

当然，用这样的阵容来宣传自己的个展，亦可见岳仑对这次个展是精心筹备了的。其宣传显然还有夸大其词的嫌疑，如“1923 年入里昂国立美术学院”“留学八年”等，据已知材料，他是在 1924 年 9 月才赴法留学的。

学界有说法：“1931 年，岳仑举办现代意义上的第一个个人雕塑展，其意义非同一般——展览所需雕塑作品量、雕塑家对于公共领域的介入、现代展览机制在雕塑领域的引入，这些都具有开创性的意义。某种程度上说，这是西方雕塑引入中国的一个里程碑式事件，在现代雕塑史的发展进程中具有重要意义。”笔者认为此说值得商榷，并认为这只不过是一次普通的个展，对岳仑来说，除了想让国内民众认识自己的雕塑外，恐怕更有为谋生，即为能接到雕塑业务的谋算。

笔者以为，即便将之置于美术史上去观照，此次雕塑个展最多也只能算是中国雕塑家第一次在上海举办的雕塑个展而已。因为，首先，早在 1929 年 6 月，王静远就在杭州西湖博览会中举办过自己的雕塑个展（20 余件作品，有原始文献记载及照片为证）。而在上海，这样的雕塑个展，也早已多次举办，只不过均是外国人的，如 1926 年 4 月 9 日、16 日的《申报》有报道说 1926 年 4 月 16—30 日，捷克雕刻家高祺个人展览会于万国储蓄会举办，这期间的《申报》还有专文介绍捷克雕刻家高祺的文章；此外，还有俄罗斯

蔡元培 邵力子 李石曾 鄭洪年 褚民誼 熊希齡 易培基 譚澤闓 介紹 岳崙雕刻展覽會

图3　1931 年 3 月 15 日《申报》刊载蔡元培、李石曾、邵力子、褚民谊、熊希龄、易培基等《介绍岳仑雕刻展览会》

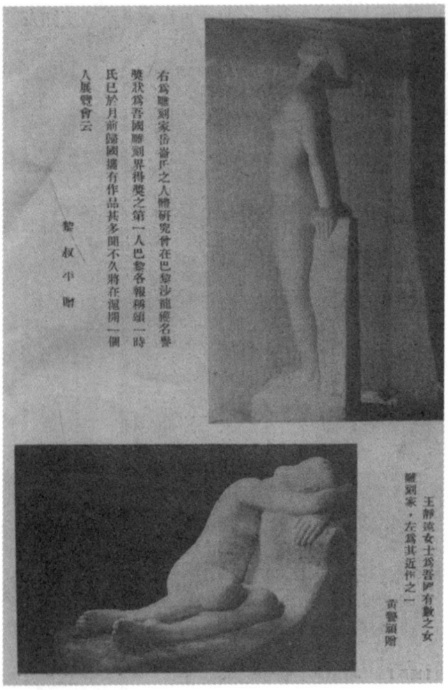

图4　1931年《艺友》第10期刊载雕刻家岳仑在巴黎沙龙获名誉奖消息及作品

画家的绘画与雕塑个展等等，这些都远远早于1931年岳仑在上海举办的雕塑个展。

其次，这次展览在法租界举行，据《申报》报道，展品仅十余件，展览会刊上也只有9幅作品，这样的规模似乎用不着这样宣传，因此其目的是显而易见的。

另外，此展并未给民国雕塑造成影响，若真如前述研究者的所谓“里程碑式事件”的话，岳仑也不会最终放弃自己的雕塑事业而改行做职业外交官。虽然客观上，展览应该会对艺术发展有更多好作用，但此展似乎只是让他感到：“国内对雕塑尚不重视，没有发展前途，又想出国深造，于是通过父亲的关系，被派到意大利使馆工作，同时继续学习雕塑。我考入罗马皇家美术学院，毕业后，虽有回国之意，但当时国内对雕塑仍不重视，我就留在使馆继续工作。这一‘留’，竟是三十余年。”事实上，这种情况一直到1949年前都没有太大改变。当然，民国雕塑的发展受到时代政治、经济及人们对雕塑的认识等诸多因素制约，这种情况即使在今天也依然还或多或少地存在着。当然也与雕塑，特别是大型户外雕塑的特点有一定关系，这一点明显与绘画是不同的。

《申报》对这次展览除上述报道宣传外，还在1931年3月22日刊行的《申报图画周刊》第44号第34版刊有岳仑雕刻展览会照片一幅，并有《岳仑氏雕刻展览会》云：“留法专攻雕刻之岳仑氏以其个人作品于三月十三日起在法国学校开展览会之情形。”1931年《中央画刊》第104期第3页刊有岳仑氏个人雕刻展览会出品之监察院于右任院长像、蒋介石像和岳仑近影三幅。1931年4月29日《申报》第19版相关评论文章也对该展给予了高度评价。1931年6月21日《申报图画周刊》第29版《巴黎春季沙隆》所载许士骐《记一九三一年春季沙隆展览会》

图5　1931 年《中央画刊》第104期刊载岳仑个人雕刻展览会出品

也对岳仑入选沙龙等成绩宣扬有嘉。

虽然我们不必无限夸大岳仑这次雕塑个展的意义，但此展之《岳仑雕刻展览会会刊》及诸种报刊报道，却为我们留下了不少了解岳仑早年艺术生涯的史料。对此，刘礼宾也有详细的叙述，笔者就不赘述了。

上海个展后，岳仑又在南京举办了第二次展览，1931 年的南京《民众周报》第 184 期刊载了岳仑的《最忠实的贡献——献给一般爱好刻雕的同志》，并附刊 4 版岳仑雕刻作品包括其夫妇二人照片等共十幅。还刊载了尚其煦撰文之《在雕刻展览会场里》，岳文主要谈到自己研究雕刻经过情形，主要内容及十幅图版，曹庆晖已有介绍[①]，可参看。

据《申报》报道之“1932 年 9 月 14 日，美艺鉴赏社模型展览在该社举行，展出石膏模型一百五十种，内有法国原作及雕塑家岳仑、Cetarecon、李寓一三氏作品数十件，免费参观”，说明岳仑在办完个展一年多后，还与别人在上海举办过作品展。其间还发表过两篇有关法国艺坛的报道和文章，即 1931 年 8 月 14 日

① 曹庆晖：《中国留学生和法国雕塑大师布德尔》，《中国美术》2019 年第 1 期。

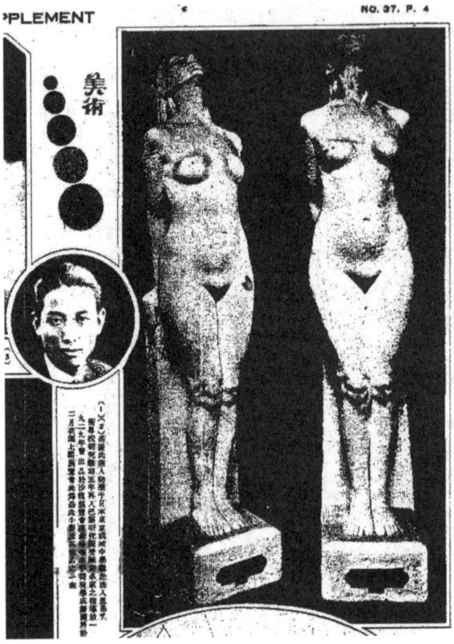


图6　1931年2月1日《申报图画周刊》刊载岳仑肖像及作品

《申报》第20版的《法国讽刺画家佛汗（Forain）逝世》的报道，和1932年第1卷第14期《南华文艺》第64—66页的《巴黎沙龙，五十周年》的文章，并刊载有一幅岳仑的速写《沙巴德先生像》，后一篇文章是岳仑1931年1月从罗马寄回国的，却在一年后才发表。

此后10年，未见岳仑参加国内艺术活动的报道，想必是鉴于国内的雕塑现状而到罗马皇家美术学院学习去了。1933年9月出版的《文华艺术月刊》第40期第49页《鬼斧神工》报道："湘人岳君仑，字刚克，早岁负笈扶桑，弱冠转学巴黎，专攻艺术尤精雕塑，旅法八年，迭受各沙龙之褒奖，前岁归国省亲，便中曾在京沪举行个展，颇享盛誉，去秋再度来欧侨居于艺术发祥地之罗马，旨在继求深造，兼受浙教厅之聘考察欧西艺术教育，近塑女体一座，高与人齐，观其风格已入化境，询不愧为法国大师Bourdelle之入室弟子也，且闻仅费三十小时即告藏事，皇家美术院雕刻教授Zenclli钦其成功而惊其神速，叹为难能可贵云。兹觅得照片一帧，特介绍予国人。"并刊登了该作品的照片。1934年《外部周刊》第42期第59页《外交同仁志》刊有驻意使馆学习员岳仑的照片。这期间，1934年1月，岳仑还曾应来罗马办展的徐悲鸿之约，"同往访Z先生"，徐悲鸿并因此感叹道"岳君在法习雕塑，颇著声誉，今弃业为罗马大使馆馆员，亦人生伤心事也"（见徐悲鸿《自传之一章》）。不过据罗愿、李岳文得知，1937年"二战"前，当岳仑作品获巴黎春季沙龙展铜牌时，法国《美术杂志》评论道"布德尔的高徒岳仑懂得如何将东西方不同的审美意识和不同的艺术表现手法之优长、特点融合在一起进行创作"，并认为其作"充分表现出他已经走出自己，表现出他对美感的虔诚追求"。可见，他还没有完全放弃自己的雕塑事业。

据1941年5月5日《申报》第3版报道，经行政院院长蒋介石、外交部部长

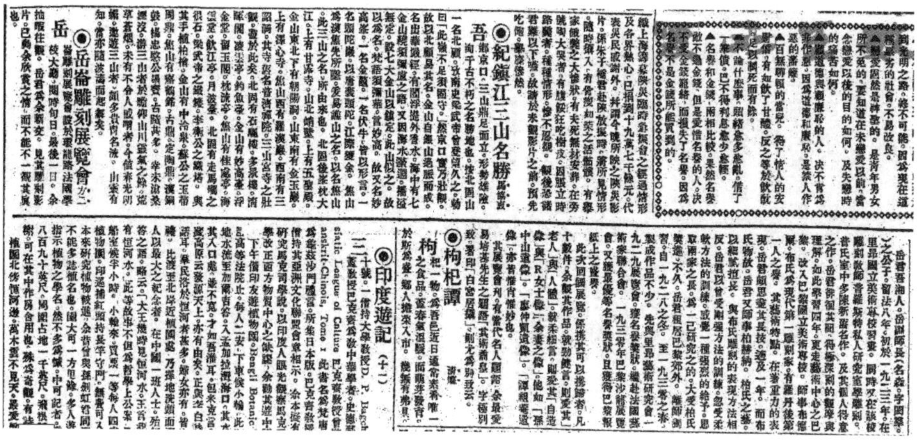
紀鎭江三山名勝
岳崙雕刻展覽會
印度遊記
枸杞譚

图7　1931年4月2日《申报》第13版刊载方二《岳仑雕刻展览会》

王宠惠呈报，国民政府于5月2日令岳仑由“驻意大使馆随习领事”升为“驻米兰领事馆副领事”。

岳仑最后一次在国内参加展览是1942年国民政府教育部举办的第三届全国美展。第三届全国美展于1942年12月25日至1943年1月10日在重庆两浮支路中央图书馆举行。岳仑担任了“第三届全国美术展览会”审查委员①，并曾参加该展第三次筹委会②，展出《人像》《我与妻》《我的父母》三件雕塑。而这次展览可能是因抗战，全国只有33件雕塑作品参展，这样看来，岳仑的参展数量算多的。作品也受到了好评，如常任侠在《第三次全国美展参观记》一文中称：“岳仑铜铸人像，及其浮雕夫妇像，线条简净，都很可爱。”③此后，岳仑再次感受国内雕塑界之难于发展，便于展览后不久的1943年，决意去做职业外交官，与雕塑界脱离了关系，并与大陆一别40年，直到1983年5月第一次回国探亲访友。

鉴于妻子早已去世，子孙已不需照料，再加上此前回国探亲所见祖国繁荣昌盛的发展和受到的友好款待，益发思念乡土的岳仑，终在1984年12月回国定居。回国后居北京，积极参加各种社会活动，如1985年3月12日上午参加首都各界人士在中山公园中山堂举行的纪念孙中山先生逝世60周年仪式；1986年2月被

① 《教育部第三届全国美术展览会审查委员会委员名单》，南京第二历史档案馆档案。
② 《教育部第三届全国美术展览会第三次筹备委员会会议记录》，南京第二历史档案馆档案。
③ 常任侠：《第三次全国美展参观记》，《文化先锋》1943年3月第24期。

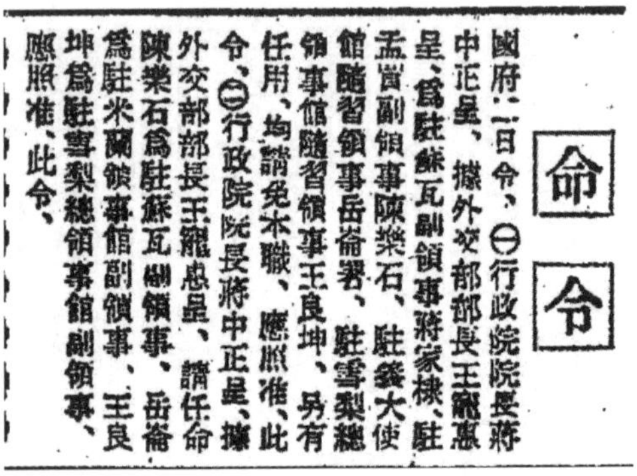

命令

國府二日令、㈠行政院院長蔣中正呈、據外交部部長王寵惠呈、爲駐蘇瓦副領事蔣家棟、駐孟買副領事陳樂石、駐義大使館隨習領事岳崙署、駐雪梨總領事館隨習領事王良坤、另有任用、均請免本職、應照准、此令、㈡行政院院長蔣中正呈、據外交部部長王寵惠呈、請任命陳樂石爲駐蘇瓦副領事、岳崙爲駐米蘭領事館副領事、王良坤爲駐雪梨總領事館副領事、應照准、此令、

图8　1941年5月5日《申报》第3版刊载任命驻意大使馆随习领事岳仑职务升迁消息

国务院任命为国务院参事等。其间虽曾短暂回法探亲[①]，但其生命的最后几年，主要参与考察调研及统战工作，如1986年7月，万里副总理就岳仑与胡子昂、周培源、费孝通、贾春旺、卢嘉锡、阳翰笙、廖沫沙、沈从文、刘海粟、于光远、王朝闻、李可染、黄胄、谢添、侯仁之、张道一、刘力上、俞致贞、张兆和等50多位著名人士给党中央、国务院“将黄山市辟为中国的世界公园”的建议作了重要批示：“请叶如棠同志认真研究这个建议，我认为是可行的。如何设置管理机构，严格法律管理，请与安徽省委省政府商量办理。”1987年5月8日至26日与张可曾、陈修和、余湛邦、韩钧等参事赴陕西考察，6月18日，他们向国务院和有关部门报送了《关于赴陕西考察文物的情况和建议》和《关于赴延安考察教育的情况和建议》。1987年10月16日，国务院参事室吴庆彤主任在日坛宾馆宴请国务院参事唐鸿烈的老同学、台湾国民党评议委员陈尧圣，岳仑与唐鸿烈、陈先生老友萧乾夫妇、国务院港澳办主任柯在铄以及参事室副主任王海容、吴空等一同出席等等。综上，岳仑任国务院参事期间，和许多爱国华侨一样，是充满了爱国情怀的。

岳仑，这位当年被人们寄予厚望的雕塑家就是这样一步步由一位雕塑家转变为一名职业外交官，最后作为一位爱国民主人士，走完了曲折而丰富多彩的人生之路。通过上述对岳仑生平履历及艺术活动等的考察，亦可见民国雕塑家雕塑创作环境之艰难。

本文初稿写于2009年，未刊稿

2019年5月修改稿

① 据国务院参事室网站载：1986年11月3日国务院参事室吴庆彤主任在紫金宾馆为即将去法国探亲的岳仑饯行。

# 灯火阑珊觅斯人：民国雕塑家岳仑生平史实钩沉

沈　宁

中央戏剧学院

**摘　要：** 留法雕塑家岳仑于 1931 年在上海举办了现代意义上的首次个人雕塑展，成为中国现代雕塑史研究中值得记录的人物。本文基于近年来有关研究成果，依据掌握的相关资料，对岳仑早年赴日求学、晚年海外归国事迹，特别是在上海、南京举办雕塑个展的具体时间略做钩沉、考订，意在为百年留法美术专题研究中的岳仑个案研究提供些许参考资料。

**关键词：** 岳仑　雕塑　展览会

本文基于近年来有关研究成果，依据掌握的相关资料，对岳仑早年赴日求学、晚年海外归国事迹，特别是在上海、南京举办雕塑个展的具体时间略做钩沉、考订，意在为百年留法美术专题研究中的岳仑个案研究提供些许参考。

## 一、岳仑的生卒籍贯与20世纪30年代后的行踪

曹庆晖在《中国留学生和法国雕塑大师布德尔》文中曾感叹：“在 20 世纪 20 年代后期和布德尔学习的岳仑，和王如玖一样，其实原本在中国美术界并非无名之辈，尽管我们目前对他的年龄、籍贯等基本信息都未掌握，但他却是迄今为止唯一一位能够在自述中简明扼要地回顾他在法国的留学以及和布德尔学习雕塑的

中国留学生。”[①] 足见从事美术家个案研究对掌握基本材料的迫切性与重要性，所见材料的多少，往往影响到研究者对研究主体的价值评判，而新材料的出现，往往可以厘清史实，质疑成说，甚至达到对研究主体的重新认识。其实，岳仑的基本材料还是可以查到的，只是有待辨析。由于岳仑有在上海生活、举办雕刻展的经历，所以《上海美术志》[②] 中已有记载：

> 岳仑（1901—1931年后）近代雕塑家。长期居住上海。1920年前后赴法留学，在法国美术学院学习雕塑，仅三年即功力不凡，作品深受法国人喜爱。1929年前回国，有五件雕塑作品参加过美展，以其基本功扎实、手法多变而颇受赞誉。1931年4月在上海法租界首创举办个人雕塑展，展出人体雕塑、肖像雕塑及浮雕作品，展览结束后，去法国、意大利等国展出。人像雕塑，作风严谨，造型优美，代表作品有《老人全身像》。

该条目由于没有注明出处，致使对其生卒年、留学时间、从艺经历、办展详情等显得概略，当年可资引用的资料稀缺是其成因，这一方面为日后研究形成障碍，造成延续“成说”而有陈陈相因、以讹传讹之虞；另一方面随着史料的不断发掘，为厘清史实、接近真相、展开学术交流与商榷也提供了空间。

有关岳仑20世纪30年代之后的行踪，可以参考岳仑1986年发表的自述文章《“我感到真正地回到了‘家’”》[③]（图1），关于其生年，从开篇第一句“我今年八十一岁了”，及“当我列席参加全国政协第六届四次大会时”[④] 等，可以推算出他生于1905年。1989年6月13日病逝于北京时，6月28日《人民日报》发表了《国务院参事岳仑先生逝世》消息：

---

① 曹庆晖：《中国留学生和法国雕塑大师布德尔》，《中国美术》2019年第1期。

② 徐昌酩主编：《上海美术志》，上海书画出版社2004年版，第453页。

③ 原载《今日中国（中文版）》1986年第12期。中国人民政治协商会议邵阳市委员会文史资料研究委员会编《邵阳市文史资料·第6辑》（1986年，第64—67页）以《树高千丈叶落归根》为题转载。

④ 中国人民政治协商会议第六届全国委员会第四次会议于1986年3月23日在北京召开，中心议题为讨论、通过“七五”计划。参见《全国政协六届四次会议在京开幕》，《人民日报》1986年3月23日第1版。

国务院参事、无党派爱国人士岳仑先生因病于6月13日在北京逝世，终年84岁。岳仑先生是湖南邵阳人，长期在国民党政府从事外交工作，曾任驻米兰领事馆副领事，驻曼谷总领事馆领事，驻伊朗、比利时、埃及、意大利、扎伊尔等国使馆一等秘书、参赞等职。

「我感到真正地回到了「家」」

岳崙

图1　岳仑《“我感到真正地回到了‘家’”》

该消息强调了岳仑的国民政府外交官、无党派爱国人士身份①，忽略了早年从事雕塑创作的艺术家经历。（图2）遥想徐悲鸿1933年旅欧时所感叹之“岳君在法习雕塑，颇着声誉，今弃业为罗马大使馆馆员，亦人生伤心事也”②，深觉世事无常和历史的错位，反使今天艺术史研究者对岳仑中年之后的行踪产生隔膜，身份的肢解竟以难于复原对位而深陷迷雾。

据岳仑自述：20世纪20年代初曾赴日读书，以后去法国学习雕塑，毕业后

① 有关岳仑条目介绍大致依据《人民日报》报道：岳仑（1905—1989.6.13）无党派爱国人士。湖南邵阳人。长期在国民党政府从事外交工作。曾任驻米兰领事馆副领事，驻曼谷总领事馆领事，驻伊朗、比利时、埃及、意大利、扎伊尔等国使馆一等秘书、参事。1984年回国定居，任国务院参事。参见周新民主编《中国近现代名人生平暨生卒年录1840—2000》，经济管理出版社2008年版。

② 徐悲鸿《旅欧行记》：“意大利近代最大雕刻家彼斯笃非先生，在1933年8月逝世，吾至意时已不及见。惟心钦维克托·伊曼纽尔二世伟像下一周高刊作者蔡内理（Zanelli）教授。既返罗马，因约岳仑先生，同往访Z先生。岳君在法习雕塑，颇着声誉，今弃业为罗马大使馆馆员，亦人生伤心事也。Z先生时年六十余，壮健无比，其掌如巨灵之掌。与人握手，几非手之感觉。先生曰：‘建国意王像旁云石高刊，余工作凡十四年而成。’其每日操劳七八小时，所用铁锤重二十斤，宜Z先生有此手也，其人谈吐笃实，不似近世意大利人，作品甚多，令人咋舌，盖雕刻非画之比，艺既精妙如此，又产如此多量，安得不心折耶。”参见徐悲鸿著，文明国编《徐悲鸿自述》，安徽文艺出版社2013年版，第28页。

图2 驻意大利使馆学习员岳仑副本

回国，因感到雕塑在国内没有多大发展前途，又通过父亲岳森[①]的关系，在外交部获得一个学习员的名义，被派赴驻意大利使馆工作，同时继续学习雕刻，考入罗马皇家艺术学院，毕业后鉴于国内对雕塑的不重视，仍留使馆工作。他曾先后在意大利、土耳其、阿富汗、泰国、伊朗、比利时、埃及、刚果等国担任随员、秘书、领事、参赞等职。其间回国四次，一次是在京（南京）沪两地举办个人雕塑展览会，两次是奉调回外交部，一次是探亲。1983 年 5 月回到阔别四十年的祖国，在北京、南京、长沙各地探亲访友，感受到祖国建设的成就，遂有“叶落归根”的决定，于 1984 年 12 月作为旅法归侨归国定居，翌年被委任国务院参事。

另据岳广芝《岳仑传》:（岳森）“次子岳仑（字醉芸，岳飞 25 代孙），生于 1904 年，在 20 世纪 20 年代初与其长子岳昆同去日本东京成城学校留学，后又留学法国，学习雕塑，为我国外交部派驻意大利使馆工作，并考入罗马皇家艺术学院，毕业后长期在国外使馆工作。”“他不仅是位出色的外交官，而且又是一位造诣很高的雕塑家，曾在北京、上海举办过‘岳仑雕塑艺术展览会’。他在国外长达 60 年，与法国一位侯爵的女儿结婚，生有一子和三个孙女，取名‘思华’‘念华’‘慕华’，均定居法国。他自己始终保持中国国籍，1985 年回归祖国，任国务院参事，撰写《树高千丈　叶落归根》一文，抒发其深切的爱国热情。”[②]文中除对岳仑出生、归国定居年份与办展地点等叙述与岳仑自述略有出入外，还透露了

① 岳森（1880—1957），字宏群，湖南邵阳人。早年追随孙中山，曾在谭延闿湘军中任职。1935 年被国民政府授中将军衔。曾任湖南省第六区行政督察专员。1943 年闲居邵阳，筹办邵阳松坡图书馆，并任主任委员。1955 年当选为政协湖南省委员会第一届常委。

② 载岳振容等邵阳岳氏六修《岳飞家史》，1992 年计算机排印本。转引自徐明德编《中国古代名人与经济文化研究》，浙江大学出版社 2012 年版，第 62—63 页。

其字“醉芸”和早年与兄岳昆（季莼）同赴日本东京成城学校留学的信息[①]。成城学校校史可以追溯到明治1884年创立的“文武讲习馆”，1886年8月更名为“成城学校”，1898年设“清国留学生部”，主要为武备生教授预备军事知识和简单的中学课程，大部分学生毕业后进入陆军士官学校进一步学习军事知识。这些学业有成的学子日后活跃于国内军政界。1903年该部重新开设并专门招收以文科为志愿的留学生，设有日本语文、英语、历史、算数、博物、物理、化学、图画和体操等课程。较此前的军事预备课程，多了一门英语课，而未设典令教范、射击、剑术等课。1912年中华民国成立后，留学生部更名为“成城学校中华留学生部”[②]。从岳仑考入中学的年龄推算，应该在1920年前后。这样一种“借路扶桑”与“欧西之旅”的求学经历，无疑对他日后从事艺术创作及外交官生涯产生重要影响。

至此，这位消逝四十多年的外交官，重新回到了祖国；这位失踪七十多年的雕塑家，再次引起研究者的关注。

## 二、关于岳仑第一次个展的时间

“1931年，岳仑举办现代意义上的第一个个人雕塑展，其意义非同一般——展览所需雕塑作品量、雕塑家对于公共领域的介入、现代展览机制在雕塑领域的引入，这些都具有开创性的意义。某种程度上说，这是西方雕塑引入中国的一个里程碑式事件，在现代雕塑史的发展进程中具有重要意义。”[③] 刘礼宾如是说。

被称作“中国雕塑第一个展”的举办时间，大多数的研究材料显示为1931年

---

① 有关岳昆情况不详，仅在《实业公报》1935年第250期查到1935年9月16日实业部颁发命令公字第二五一一号“委任岳季莼为本部一等技佐”的信息一则。

② 参见邱佩文《明治时期成城学校中国留学生之研究》，硕士学位论文，浙江工商大学，2017年。

③ 刘礼宾：《民国雕塑个展第一人——岳仑》，《雕塑》2008年第3期。

4月[①]，有可能根据1931年4月2日《申报》“自由谈”栏目中刊登的方二《岳仑雕刻展览会》一文误读而致，将文章标题与发表日期断为举办展览会时间。这篇有关介绍岳仑生平与雕刻艺术的参观记，对应日后发表的岳仑自述性文章，具有相互印证的重要文献价值，故抄录如下：

岳仑雕刻展览会 方二

岳仑雕刻展览会设于环龙路法国学校大厅，阅时旬日。最后一日，余抽暇往观。岳君为余新交，见其雕刻影片，已动余欣赏之情，而不能不一睹其真也。

岳君吾湘人，岳副师长（名森，字宏群）之公子。留法八年，初于一九二三年，在里昂国立美术专校习画，同时又在该校雕刻教师普罗斯特私人研究室学雕刻。普氏室中多陈新旧名作，及其个人得意之作。岳君徘徊其间，得极深刻的观摩与理解。如此学习四年，更走艺术中心之巴黎，改入巴黎国立美术专校，师事布德尔。布氏为现代第一雕刻家，有罗丹后第一人之誉，其艺术特点，在着重力的表现，岳君颇思尽其长技，适及一年，而布氏物故。岳君又师事柏赫纳。柏氏之艺，以细腻擅长，与布氏雕刻的表现方法相反。岳君以曾受刚强方法的训练，忽受柔软方法的训练，感觉一种强烈的给予，思取两家之长，为一己研究之的。大受柏氏奖进。不久，岳君租居巴黎郊外，离师独习。自一九二八之冬，至一九三零之春，制成作品不少。先与里昂艺术研究会一九二九展览会，独获名誉奖状，继赴法国艺术家联合会，一九三零年巴黎沙龙展览会，又获最优等名誉奖状，且获得巴黎报纸上之盛誉。

此次回国展览，系携其可以携归者，凡十数件。余观其作品，就劲健言，则爱其《老人》与《人体》，就柔细言，则爱其《自造像》与《R女士像》《余妻之像》。他如《孙中山遗像》《廖仲恺遗像》《谭祖庵遗像》，亦皆惟肖惟妙也。

其展览会刊，有当代名人题语，余最爱易培基先生之题语“其术矞皇”，

① 相关的论述：“美术家的个人作品展览和作品联展，在20年代和30年代也是活跃的展览活动的一个方面。不少在美术史上有影响的美术家的第一次个人作品展览在上海展出，先后有：……1931年4月2日岳仑雕塑展览。”参见徐昌酩主编《上海美术志》，上海书画出版社2004年版，第246页。

字极别致，署印“白宫居摄”则尤为别致云。

这位自称“岳仑新交”的作者有待考证，他对岳仑生平与求学经历、艺术创作显然比较熟悉，然文章内对其艺术评价也只停留在欣赏的层面，不及近年来的相关研究论著中给予的评价，在此不赘。笔者关心的是：“阅时旬日”的最后一日是哪一天？当然不是发表文章的1931年4月2日，也就基本排除了“1931年4月在上海法租界首创举办个人雕塑展”的成说。

查音乐家聂耳日记[①]1931年3月23日条，恰好也有“最后一天”观展的记载：

> 三月二十三日
>
> 岳仑雕刻展览会今天最后一天了，要不是今天的《申报》特别提醒，我简直把这件事忘了。作品中的一个《X女士》像，这是在一个平面上刻出的，看去简直如一张照相，它的阴阳当然来得比所谓美术照相的配光真确。
>
> 其次是那《裸体女》和《他的妻》还好。也不过是好而已，好到什么程度却说不出来。根本我对雕刻就向无研究，连一些儿浅近的常识都怕不知道。
>
> 我之觉得《他的妻》是好的，因为一个法国少妇坐在这屋子角落，好像一个监视者一样。同时看到那雕像，两相对照，简直是一个人，再翻开会刊一看，完全证明了。

也就是说，展会的最后一天是3月23日，聂耳按照当日《申报》的“特别提醒”前往参观，不仅观看了雕塑作品，顺便也见到了塑像的原型“他的妻”，还从赠送的会刊图文中得到了印证。

其实《申报》也并非刊登有“展期最后一日，莫失观展良机”之类的消息，

---

① 《聂耳全集》编辑委员会编：《聂耳全集·中卷·文字编》（增订版），文化艺术出版社2011年版，第303页。

自3月11日刊登《岳仑雕刻展览会将举行》[①]（图3）的消息后，在13日至23日展览期间，隔日在不同版面刊登由蔡元培、邵力子、李石曾、郑洪年、褚民谊、熊希龄、易培基、谭泽闿具名介绍岳仑雕刻展览会广告而已。（图4）一众倡导留法先驱及教育名流的推荐，已显示出对此国内首次举办雕刻个展的不同凡响，其文曰：

岳崙雕刻展覽會將舉行

岳崙君留法研究雕刻八年、去冬歸國、攜有作品多件、聞將於本月十三日假法租界環龍路十一號法國學校大廳、開個人雕刻展覽會十日、任人觀覽並贈送極精美之印刷刊物、國人雕刻展會、此實創舉、屆時當可一飽滬人士之眼福也、

图3《岳仑雕刻展览会将举行》（1931年3月11日《申报》第三张十版“本埠”）

岳崙雕刻展覽會 介紹

蔡元培 李石曾 褚民誼 邵力子 鄭洪年 熊希齡 易培基 譚澤闓

图4 岳仑雕刻展览会广告(《申报》1931年3月13日 至23日隔日刊登）

介绍岳仑雕刻展览会

岳仑先生新近由法归，携有作品多件，定于三月十三日午后三时起至三月二十三日止，在上海法租界环龙路十一号法国学校大厅举行个人雕刻展览会。同人等以今日时有个人或团体之绘画展览会，而于雕刻一艺，除故有之佛像塑刻外，几无供献者，岳君本天赋之才，研究八载已得奥妙，且获巴黎沙龙最优等奖，则其成绩宜有飨国人也。

随意入门参观并赠精美刊物

① 《岳仑雕刻展览会将举行》：“岳仑君留法研究雕刻八年，去冬归国，携有作品多件，闻将于本月十三日假法租界环龙路十一号法国学校大厅，开个人雕刻展览会十日，任人观览并赠送极精美之印刷刊物。国人雕刻展会，此实创举，届时当可一饱沪人士之眼福也。”《申报》1931年3月11日第三张十版“本埠”。文中明确了岳仑“去冬归国”（即1930年冬），其“国人雕刻展会，此实创举”之语，当为“民国雕塑个展第一人”之滥觞。

值得注意的是展会地点：法租界中的法国学校，实际上即中法人士组办华法教育会上海办事处所在地，由吴稚晖、张继两人负责①。有了这样的机构背景，也就不难理解蔡元培等人具名推介留法雕塑家举办个展的含义了。因此，在上海法租界举办的岳仑首次雕刻个展的确切日期为1931年3月13日至23日。那册配合展览印制的精美刊物《岳仑雕刻展览会会刊》仅40页，内收人体雕刻照片9幅，岳仑业师布德尔、柏赫纳、普罗斯特三人小传，以及《为岳仑个展书怀》《刚克雕刻展览会以后》等题跋文字。

## 三、岳仑在国内举办第二次个展的时间

岳仑在“回家”自述中提及“在国内京、沪两地举办个人雕塑展览会”②，通过上文的资料梳理，大致厘清了在“沪”首次举办展览会的日期及内容，那么，还应当有一次被研究者忽视或混淆的在“京”展览会。笔者通过刊登于南京《民众周报》上的岳仑《最忠实的贡献——献给一般爱好刻雕的同志》一文③，发现除却作为作者早期从艺自述文章外，还可以从该刊的其他信息内获得有关第二次展览会的文献记载。

《民众周报》创刊自1927年，为江苏省立民众教育馆民众周报社主办，社址初在南京，办刊宗旨“始终站在社会最前面，以忠实诚恳的标准为记事立言，以

① 韩晶《中共创建初期对上海工人运动的领导——沪西工友俱乐部的诞生和发展》：“自1918年第一次世界大战后，中法人士为沟通中法文化，组织华法教育会，倡议中国学生赴法勤工俭学。中国方面参加发起者有蔡元培、吴稚晖、李石曾、张继。法国方面参加发起者有班乐卫（巴黎大学天文学教授）、哀里欧（法国激进社会党领袖，先后任里昂市长、众议院议长、内阁总理等职）、穆岱（法国社会党律师，众议院议员）、于格罗（法国民主共和党、上议院议员）等。1919年五四运动后，华法教育会即在上海各报发表新闻，并登载留法勤工俭学章程，鼓励中国学生赴法勤工俭学。华法教育会分设办事处于北京与上海。上海办事处由吴稚晖、张继两人负责，办事处设于法租界霞飞路法国学校（即现在的淮海中路375号比乐中学）内，主持日常事务者为沈仲君。”参见中共一大会址纪念馆编《中国共产党创建史研究》，上海人民出版社2012年版，第719页。

② 《“我感到真正地回到了‘家’”》，《今日中国（中文版）》1986年第12期。

③ 岳仑：《最忠实的贡献——献给一般爱好刻雕的同志》，《民众周报》1931年第184期。按，“刻雕”当为“雕刻”之误排。

光明磊落的态度与国内外同胞相见”。1926 年由于政局动荡，画家王子云从北京到南京担任中山大学与教育部共辖之南京民众教育馆美术部主任，该馆后迁镇江，更名江苏省立民众教育馆。王子云于 1930 年 10 月间受到林风眠的影响，离开国立西湖艺术院赴法国巴黎学习绘画与雕塑时，曾受《民众周报》社委托，以特聘“通讯员”身份撰写《到巴黎去》系列通讯等文章，成为研究中国留学生赴法学习艺术的重要史料。

岳仑《最忠实的贡献——献给一般爱好刻雕的同志》一文及作品图片十张（其中一张为工作照）刊登在《民众周刊》第 184 期，出版日期为 1931 年 7 月 19 日。同期还有尚其熙《在雕刻展览会场里》展评一篇，也是破译岳仑在南京举办第二次雕刻展的重要佐证[①]，兹照录如下，以便分析：

在雕刻展览会场里 尚其熙

我看了刚克的作品，虽不能说是极圆满的艺术，然以八年时间，能得到这地步，至少可说是很努力的一个结果。他的雕刻技术，极规矩外，还带有趋时的趣味。即如出品中人体：由两手平行往后支出，头朝上成直视，下肢排置的姿势，可看到肩部胸部的着力与凸露，劲腹的伸长与紧张，无处不是用的细致方法，表现女性内部筋肉骨节的变化。最精巧工夫，还得算背面两个背盖骨及肌肉的迭合，好像是用了“爱克斯”镜在眼前，那解剖上的合则，是很能使人满意了。头发的下垂，以一种简单塑法，作成含有硬笨的味儿，这是巴黎新派的时髦，所以在“自造像”和“女头”比较上，可看出同样长发后梳，同时全露的颈部，确一是强硬一是柔软。这不同的工作就是新旧雕刻的区别了。

法国的雕刻，原多本希腊罗马的技术。“文艺复兴”后，到十九世纪罗丹 Rodin 郭波 Carpen 等而一大变。迄经马乐 Maillot 得斯比呵 Despiau 布德尔 Bourdelle 等，乃成今日之大观。中国的塑像石刻雕凿，就宗教方面宫殿建筑等遗留下的，亦复极伟大：如大同石岩的刻佛，五岳各刹的塑佛，宫殿庙宇等的透雕浮雕——所谓蟠龙舞凤等——虽未能尽奏自然，但取意的深刻，技艺的

① 从研究文章的引文中，可以推断出此篇即《会刊》中《刚克雕刻展览会以后》一文的转载或改写，标题“以后”到“场里”的更换，也预示着“沪”“京”展览是计划之中的安排。参见刘礼宾《民国雕塑个展第一人——岳仑》，《雕塑》2008 年第 3 期。

巧妙，实为东方艺术的特长，未见得逊于希腊罗马。今日欧西雕刻，已渐趋向意趣的单简化，构形则更接近东方化了，所以“新”“旧”的区别，就很有“东”“西”的不同了。

中国的艺术至现在仅保存着历史上的价值，图其复兴，因须精究“国粹”的特长，但是对于西洋写实的技术，万不能忽略了。今日绘画倡导颇不乏人，雕刻一艺，无论其对于东方的或西欧的，研究者实不见多。刚克对于雕刻能取东西新旧之长，努力研究，并愿以其作品在首都公开展览，冀能引起一般艺术同志于雕刻研究的兴味；在这展览会以后，当更可得到其他的雕刻展览会，尤其对于中国的雕刻一艺继承光大起来，这不仅是刚克个人开展览会的意思了！

该文在对“刚克”[①]的雕塑作品做精细赏析后，又对中西雕塑艺术历史沿革及各自特色进行了比较，得出“东方艺术的特长，未见得逊于希腊罗马”的论断，认为欲图中国艺术复兴，应精究“国粹”、借镜西洋写实的技术，而“刚克”之作能取东西方艺术新旧之长，得“规矩”与“趋时”之趣味，是与当时“取法西方，融合国粹”的思潮相适应的。文中“愿以其作品在首都公开展览，冀能引起一般艺术同志于雕刻研究的兴味；在这展览会以后，当更可得到其他的雕刻展览会，尤其对于中国的雕刻一艺继承光大起来”这段话，不仅是一种希望，也明确了公开展览的地点为“首都”南京。对应岳仑自述之“趁着在首都第二次展览会的时候，把我个人研究雕刻经过情形，简单的述点出来”，似可确认展览时间。

查 1931 年在南京举办之展览会有多种，较为贴近者两种：一为南京特别市美展，筹备人为徐悲鸿、周玲孙、潘玉良及白鹅画会、晨光社等人员团休；一为西湖艺专之展览会，由艺术运动社侯慕彝、李朴园、沈天梦、沈培春、赵人麟等筹备。两美展都是为同年 5 月 5 日举行之国民会议而点缀，前者于 5 月 19 日在夫子庙开幕，而后者于 5 月 16 日在民众教育馆举行。从《民众周刊》隶属关系分析，岳仑所言“首都第二次展览会”应当是指西湖艺专举办的美术展览。何以为证？林文铮《此次西湖艺专在首都举行展览会之意义》[②]文中，称民国十七年（1928）

① “刚克”之称谓，似为岳仑字号或外文音译，有待考证。

② 林文铮：《此次西湖艺专在首都举行展览会之意义》，《亚丹娜》1931 年第 1 卷第 5 期。

元旦举行首都第一届美展，“他们因致力于教学，远离首都三年于兹，但亦未尝忘怀也。现值国民会议之盛大时期，素来代表吾国艺术最高学府之西湖艺专对于国民代表与首都民众势不能不有热忱的敬礼藉申庆祝”。从行文逻辑关系表述上看，“远离首都三年于兹”，正可视为在首都举办的第二届美展。但此种分析仍然是举办岳仑雕刻展览的大致时间范围，确切的办展时间到底是何时呢？

笔者从1931年7月9日出版的《民众周报》第183期查到一则“本馆消息”：“本馆艺术部陈列游艺两室，已由雕刻家岳仑、画家桑子中[①]商借，举行雕刻展览会及西画展览会，业于本月十七日开幕，名作纷陈，任人观览，并无须入场券云。”（图5）

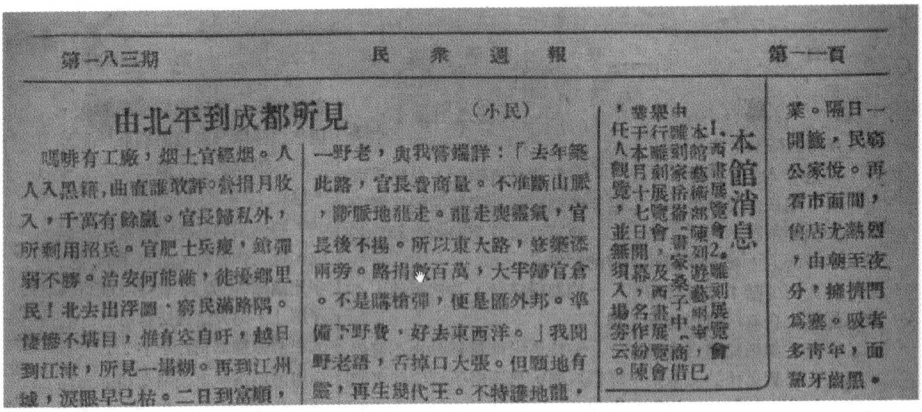
第一八三期　民衆週報　第一一頁

由北平到成都所見　（小民）

嗎啡有工廠，烟土官經烟。人人入黑籍，由官護敢評。若捐月收入，千萬有餘贏。官長歸私外，所剩用招兵。官肥士兵瘦，鎗彈弱不勝。治安何能維，徒擾鄉里民！北去出浮圖，窮民滿路隅。悽慘不堪目，惟有空自吁，越日到江津，所見一塌糊。再到江州城，淚眼早已枯。二日到富順，一野老，與我嘗嬉詳：「去年築此路，官長費商量。不准斷山脈，斷脈地龍走。龍走喪靈氣，官長後不揚。所以東大路，蜿蜒添兩旁。路捐數百萬，大半歸官倉。不是購槍彈，便是匯外邦。準備下野費，好去東西洋。」我聞野老語，舌掉口大張。但願地有靈，再生幾代王。不特護地龍，

本館消息

1.西畫展覽會2.雕刻展覽會
本館藝術部陳列遊藝兩室，已由雕刻家岳侖、畫家桑子中商借，舉行雕刻展覽會及西畫展覽會，業于本月十七日開幕，名作紛陳，任人觀覽，並無須入場劵云。

業。隔日一開籤，民窮公家悅。再看市面間，僨店尤熱烈，由朝至夜分，擁擠門為塞。吸者多青年，面黧牙齒黑。

图5　南京《民众周报》第183期刊登“本馆消息”副本

虽然没有展期结束时间，但岳仑在南京民众教育馆陈列室举办第二次雕刻个展的史实已经得到确认，详情或可通过查阅同时期南京的相关报刊来充实。至于这部分作品在国内展出后，又“去法国、意大利等国展出”有待考证。实际上，有关岳仑赴法、意学习雕塑的学籍档案等尚未得见，举办展览的信息更有待查阅当时中外媒体的报道来印证。追究细琐史实，看上去无关紧要，实则可以引发出新的话题。

① 桑子中（1906—1992），笔名元和，山东蒙阴人，画家。1928年毕业于国立北平艺专。1929年起应赵太侔之邀任山东济南省立一中教员。1949年后执教于四川美术学院。

# 余 论

在法国经过8年的勤奋学习与创作，带着满腔热忱回国举办雕塑成绩展览，收到的效果并不乐观。论其展览场地，一在上海法国学校大厅，一在南京民众教育馆陈列室，不算宽敞；论其展品数量，限于场地及运输条件，也仅有十余件而已，从展览图录（《会刊》）中的9幅及刊物发表件10幅看，应该不会太过精选；论其媒体报道与艺术评论，不外乎简要的消息及广告，谈不上轰动一时，也缺乏更多同道与研究者的关注，虽然作者已有心理准备："如果要以多以巧制胜，那么，我个人这展览会，就用不着开了。如果不以艺术研究的无穷止，成功的不易而言，那么，我的作品实在愧于示人，也就不便公开了。"[①] 但艺术理想与现实社会的差距太大，面对所见到的祖国是国情落后，社会黑暗，疮痍满目，民不聊生，特别是"当时国内对雕塑尚不重视，没有发展前途"的切身感受，导致岳仑再次出国深造。（图6）任职使馆工作期间，曾考入罗马皇家美术学院继续学习雕塑，毕业后，虽有回国之意，囿于"当时国内对雕塑仍不重视"的传闻，以及从事使馆公务后的游走生涯，无法静心于雕塑艺术创作，使得他的艺术之梦渐行渐远而最终专事外交事业。他的弃艺从政，乃至"落叶归根"，都有其从学经历与家庭背景的影响。当年的艺术追梦人，为社会环境所趋，昙花一现后的黯然转身，使中国现代雕塑家的早期行列中又缺少了一位给予人更多期待的人物，但其以留学欧洲，师从现代雕塑名家，从艺八年精心创作，以举办展览的形式开中国雕塑家个展之风的气度，实在令人感佩而值得在中国现代雕塑史上留下一笔。

图6　岳仑回国后照片

2019年5月20日于京城残墨斋

① 岳仑：《最忠实的贡献——献给一般爱好刻雕的同志》，《民众周报》1931年第184期。

# 唐蕴玉油画研究

## ——20世纪前期留法与留日艺术的交汇

李　超

上海大学美术学院

**摘　要：** 在中国油画的前辈中，有不少优秀的女性画家，唐蕴玉即是其中代表性的一位艺术家，其影响“与潘玉良女士相伯仲”。唐蕴玉是一位在第一届全国美术展览会上已经展露风采的女画家；这是一位集留日与留法传奇经历于一身的女画家。这位在 20 世纪 20 年代已经从事多方面美术教育和创作的女画家，至今依然显现着明珠重光的魅力。这自然源于我们对历史的尊重和人文的情怀，使得我们“为了忘却的记念”，努力去解读画家自早年至晚年的艺术生涯中所蕴藏的深厚内涵——那是中国油画未知的宝藏，那是中国现代美术隐现的光芒。

**关键词：** 唐蕴玉　油画　印象主义

## 一、唐蕴玉之识

在中国油画的前辈中，有不少优秀的女性画家，比如蔡威廉、潘玉良、关紫兰、荣君立、孙多慈、方君璧、丘堤、范新琼、梁白波和唐蕴玉等。早在 20 世纪 20 年代，她们的名字已经出现于重要的展览和期刊之内，唐蕴玉即是其中一位代表性的艺术家，其影响“与潘玉良女士相伯仲”。

唐蕴玉油画有一个明显的标记，那就是早年时常在画面角落多签上一个“蕴”字（另也有其他以英文的签名，尤以晚年居多），工整而得体，与她那淡泊而宁静的画风，相得益彰——这使人们又一次想起这位独特的女性油画前辈，纪念中总是隐隐渗透着某种遗憾。她是流逝的星，艺术的光芒只是昨日的追忆。她的作品留下了个性化的色彩和笔触，留下了诗意般的风景和人物，留下了那特有的“蕴”字签名……令我们后人为这些重要的艺术遗产，认真地琢磨，细细地品味，尽可能地以我们的知识和我们的情感，去接近这位杰出的女性艺术家，去沉浸在那个远逝的时代。

目前我们能够掌握的较早的关于唐蕴玉生平介绍的历史文献，主要来自民国时期的相关著述和文章。其中有来自 1929 年 7 月出版的《妇女》杂志第 25 卷第 7 号（教育部全国美术展览会特辑号），其中关于她的评介是这样的（图 1）：

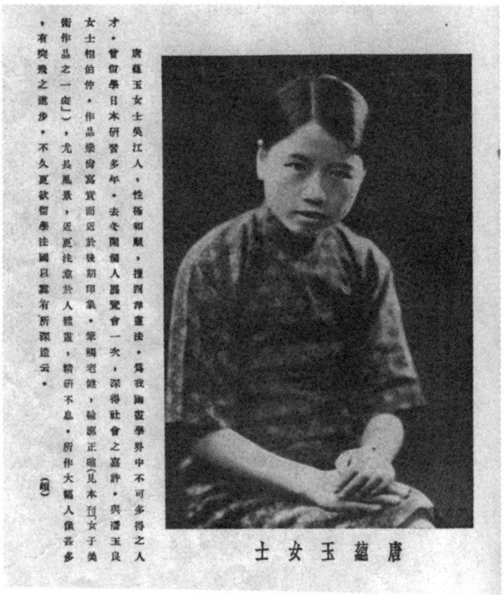
唐蘊玉女士吳江人，性極和順，擅西洋畫法，爲我國畫學界中不可多得之人才。曾留學日本研習多年。去冬開個人展覽會一次，深得社會之嘉許。與潘玉良女士相伯仲。作品崇尚寫實而近於後期印象。筆觸老健，輪廓正確（見本刊女子美術作品之一斑），尤長風景，近更注意於人體畫，精研不息。所作大幅人像甚多，有突飛之進步。不久更欲留學法國以冀有所深造云。（硯）

唐蘊玉女士

图1　1929年7月出版的《妇女》杂志第25卷第7号（教育部全国美术展览会特辑号）关于唐蕴玉的介绍

唐蕴玉女士，吴江人，性极和顺，擅西洋画法，为我国画学界中不可多得之人才，曾留学日本研习多年。去冬开个人展览会一次，深得社会之嘉许。与潘玉良女士相伯仲。作品崇尚写实而近于后期印象。笔触老健，轮廓正确，尤长风景，近更注意于人体画，精研不息，所作大幅人像甚多，有突飞之进步。不久更欲留学法国以冀有所深造云。[①]

在 1929 年张若谷所著《女作家号》，其中刊登唐蕴玉在画架前进行创作的留影（图 2），并附文记：

唐蕴玉女士，江苏吴江人，上海神州女校绘画科毕业，东方艺术研究会会

① 《妇女》第 25 卷第 7 号（教育部全国美术展览会特辑号），1929 年 7 月。

唐蘊玉女士，江蘇吳江人，上海神州女校圖畫科畢業，東方藝術研究會會員。上海美術專門學校教員，十六年東渡日本，從石井柏亭氏習畫，又得橋本關雪及滿谷國四郎諸名家之指導，現任上海藝術研究所指導。於去年十二月間，上海舉行個人洋畫展覽會。

图2 1929年张若谷所著《女作家号》关于唐蕴玉的介绍

员。上海美术专门学校教员，十六东渡日本，从石井柏亭氏习画，又得桥本关雪、满谷国四郎诸名家之指导，现任上海艺术研究所指导。于去年十二月间，上海举行个人洋画展览会。[①]

之后，还有1948年出版《中国美术年鉴》，其中关于唐蕴玉的介绍，也是民国时期相关文献中十分重要的内容：

唐蕴玉，女，江苏吴江人。擅长西画。女士毕业于神州女学美术专科，民十六年东渡日本，从石井柏亭诸家求深造，其作品曾列入东京展览会。民国十九年，赴法国巴黎美术学校，专习油画。后又游历荷、比、意、英、瑞、德诸国，研究各画派之流别精髓所在，其作品因得先后入选巴黎国家春季沙龙、秋季沙龙，及杜而利沙龙。归国后任美术学校教授。女士作风，构图极新颖，色彩淡泊而宁静，尤以善绘肖像与风景名于时。曾于民三十五年五月，假上海大新画厅公开展览，作品凡百数十幅。[②]

以后在将近半个世纪的中国美术专业方面的研究资料中，几乎难以寻找到关于唐蕴玉的生平介绍。[③] 近年来，由于唐蕴玉家属的努力，在其家乡有关的出版物

① 张若谷编：《真善美·女作家号》，上海真善美书店1929年版。

② 上海文化运动委员会：《中国美术年鉴》，中国图书杂志公司1948年版。

③ 在1995年出版的拙著《上海油画史》中，曾经列有唐蕴玉的简历，其基本依照《中国美术年鉴》中所提供的资料信息整理，当时对于唐蕴玉的后期情况了解“基本不详”。

《吴江近现代人物录》中，发现了唐蕴玉的生平介绍[①]：

> 唐蕴玉，女，1906年生，1992年卒，吴江松陵镇人。旅美华侨，画家。早年，就读于张默君女士创办的神州女学美术科，拜名画家陈抱一、许登（敦）谷、关良、王济远、李超士为师。毕业于神州女学美术科，旋在上海启秀女学教美术，并参加朱屺瞻画家所创办的画室。1927年随柳亚子夫妇同往日本，拜日本著名油画家石井柏亭、满谷国四郎为师，攻习油画。翌年回国。与画家陈士夫同参加朱屺瞻先生的画室，旋又考入法国巴黎美术学院，在莱勃及沙巴特教授的画室学习正统油画，当年，由何香凝证婚，与郑揆一博士结婚。她创作了大量的油画和中国画，参加法国的春秋两季美术展览会。她崇尚印象派画家西赞、梵高。她的作品苍劲有力，无女性的柔软之风，色彩鲜明、纯朴、无夸张奇异。她的静物和风景画最能表达大自然的优美。她常利用旅游休假，描写祖国各地的风光。可惜创作的许多作品，大都毁佚。
>
> 1938年返回祖国后，分别在上海新华艺专和上海美专教授油画。1946年，她曾假上海大新公司举办个人画展，参观人士络绎不绝，蔚为盛事。晚年与丈夫郑揆一旅居美国，加入加州美术协会、华人美术学会。虽年愈八旬，犹坚持作画。1993年9月11日南加州华人美术学会、美国加州中华艺术研究会、洛杉矶华人艺术家、美国中国书画学会主办"唐蕴玉遗作展"在美国展出。[②]

这是20世纪后期我们所发现的关于唐蕴玉的唯一一份印刷版的生平资料。这使得我们可以感受到画家在后半生几乎淡出画界而为人们所遗忘的印记。这平生的起伏透现着世态炎凉。不过，这位在第一届全国美术展览会上已经展露风采的女画家，这集留日与留法传奇经历于一身的女画家，这位在20世纪20年代已经从事多方面美术教育的女画家，依然显现着明珠重光的魅力。这自然源于我们对历史的尊重和人文的情怀，使得我们"为了忘却的记念"，努力去解读上述三段

---

① 有关《吴江近现代人物录》的资料，由唐蕴玉女婿郑季芳先生于2007年由美国回国期间，专赴唐蕴玉家乡调查时所获得。

② "唐蕴玉简历"，载吴江市政协文史资料委员会编《吴江近现代人物录》[《吴江文史资料》（十三辑）]，第269—270页。

生平文献中背后的内涵——那是中国油画未知的宝藏，那是中国现代美术隐现的光芒！

目前，根据我们所掌握的唐蕴玉的生平与艺术活动的文献资料，基本划分三个主要时期：（1）早期活动（1906—1949）；（2）中期活动（1949—1980）；（3）晚期活动（1980—1992）。这样的基本段落，连接着的是唐蕴玉生平的相关重要历史变迁，这里，我们以“早期活动”对应着其早年的留学生涯；“中期活动”则对应着其中年的上海生活；而“晚期活动”又对应着其晚年的美国经历。

## 二、日本与欧洲的双重留学背景

在中国现代美术史上，具有日本与欧洲的双重留学背景的画家是不多见的，而唐蕴玉即是其中的佼佼者。她的艺术人生的传奇性，正是基于这样的留学生涯。

唐蕴玉的日本之行始于1926年年初。据《申报》1月30日报道，江苏省特派赴日考察艺术教育委员王济远、滕固、唐蕴玉赴日本，同行者另有江苏省立一女中师范艺术科教员张辰伯、省立五师艺术科教员杨清磐、省立四师艺术科教员薛珍及画家潘天寿等。[①] 这次日本之行为短期美术教育方面的考察。而唐蕴玉第二年的日本之行，则具有游学性质，此行与柳亚子先生的热情支持是分不开的。唐蕴玉早年作品曾经多次受到柳亚子先生题词赞誉，其中有诗写道：“参天峭壁绝跻攀，爱听松涛镇日闲，写尽胸中灵气来，无双立壑几青天。”[②]1928年春季，唐蕴玉随同柳亚子夫妇东渡日本，先到神户和京都，遇日本画家桥本关雪，见其作品曾经题词云：“水墨换为油彩新，剪裁红紫万年春，十年读画江南北，纤手推君第一人。”[③] 桥本关雪誉其为“中国江南一才女”。[④] 同年继往东京，向日本西洋画家石井柏亭、满谷国四郎学习油画。

关于1928年春天东渡日本的经历，唐蕴玉曾经在半个世纪后，写过一篇题名为《柳亚子东渡日本》的文章。关于其此次日本之行，唐蕴玉进行了相关的描述。

---

① 《申报》1926年1月30日。

② 相关文献由唐蕴玉家属收藏。

③ 相关文献由唐蕴玉家属收藏。

④ 相关文献由唐蕴玉家属收藏。

其中写道：

一九二八年春，亚子先生为逃避国民党右派的迫害，化名“唐隐芝”，作为我的“阿哥”，(我们自幼是亲友，所以一直叫他阿哥)。与其夫人郑佩宜，还有他的妹妹郑光颖和女儿无非、无垢一同东渡日本。我们乘的是油船“长崎丸”，由于初次航海，我们均尝到晕船之苦。到达神户，住在一家旅馆，每日旅馆费按当时的货币需要四日元，我们觉得太贵，就迁居京都，住在一家日本式“宿屋”。承当时有名的日本画家桥本关雪等人的热情品尝了日本的料理、冰薄鸡片及生鱼片、鳗鱼片等等和日本的“正宗”酒，并导游金阁寺、银阁寺、岚山等名胜古迹，泛舟琵琶湖。京都为日本故都，风景优美，文物丰富，尤其春天盛开的樱花、秋天满山的红叶更使世界的旅游者陶醉，亚子先生诗兴大发，写了不少美丽的诗篇。

不久，我们又去日本首都东京，暂住在神田町“日华会馆”，这是为了招待中国客人而特地安排的，会馆设备简单，收费便宜，每人每日只收一日元。过后我们在东京郊外井之头公园旁租一日本式房屋居住。亚子先生偶尔游览名胜古迹外，为避免日本警察的注意，极少出外，大部分时间集中精力专心整理各文集，暂过着隐居生活。亚子先生自幼承母教，既聪敏又勤学，诗思敏捷，谈笑饭食之间不加思索，兴之所至，信手立即作好诗篇赠送亲友。我早年习作中国画，他多次为我题诗。

在井之头寓次我只陪居了半年，向日本名油画家石井柏亭、满谷国四郎先生进修油画，半年后就与光颖姊先回沪了。[①]

目前，我们关于唐蕴玉在日本活动方面的资料所知甚少。除了上述唐蕴玉此篇文章外，只有唐蕴玉家属保存的1927年唐蕴玉与石井柏亭妹妹合影，以及日本画家桥本关雪的题词手稿，成为相关方面珍贵的佐证资料。石井柏亭曾经来中国访问，并在上海美专讲学，与中国画家之间的交流具有一定的基础。其与唐蕴玉之间的师承关系，虽然不比当时在东京美术学校和川端画学校学习的中国留学生

① 唐蕴玉：《柳亚子东渡日本》，《解放日报》1987年6月14日。

所受日本画家的长期的学院派影响，但是同样也反映了当时日本画坛在西洋画方面的变革之风。

我们知道，近代日本美术的发展，曾经是我国近代美术演变的一个重要参照。20 世纪最初的 10 年代和 20 年代，是日本“洋画”发展的重要时期。1896 年日本最高美术学府东京美术学校开设西洋画科，聘请刚从法国回日的黑田清辉等人任教。黑田清辉等人在欧洲学习时接受了法国印象主义前期的外光派作风，他们结成了外光派的美术团体“白马会”，在反对古典写实作风的斗争中，形成了日本外光派——印象派画风的学院主义。① 进入 20 世纪，到西欧留学的日本画家越来越多，他们对于西方艺术有了更全面的了解，特别是西欧新兴艺术潮流的感染，使他们摆脱了过去的门户之见。油画家进行实实在在的研究，从而使日本的油画呈现出多元的倾向，欧洲的新兴艺术流派纷纷传人，以迅速的步伐弥补上日本“洋画”与西方绘画原有的差距。1911 年白马会的解散。1912 年日本官方美术展览文部省美术展览会（“文展”）的日本画部分裂为第一科（“旧派”）和第二科（“新派”），作品分别审查分别展出，形成了新旧艺术的对立，对“文展”旧作风早已不能忍受的青年洋画家要求按照日本画部的先例，在洋画部也设“二科”制。学院派的权威人物黑田清辉则以“洋画没有新旧之分，全部都是新派”为理由断然拒绝。结果石井柏亭、梅原龙三郎、有岛生马、小杉未醒、岸田刘生、坂本繁二郎等人在 1914 年结成“二科会”，揭起反官展、反外光派学院主义的大旗。

因此由于近代前期黑田清辉的倡导和后期石井柏亭等画家的探索，逐渐形成了日本油画主流——“淡薄了特意作为摹本的油画的本来长处——如形体的确实再现及其写实主义和印象主义的方法，向着感情的、甜美的、讲究形式感的方向发展。可以认为已如实地标记出日本油画的特征”②。这时期，日本艺术家在教学实

① 日本油画虽然没有欧洲油画那样悠久的写实传统，但于近现代亚洲地区最早引进了欧洲的油画，在中国留学生于 20 世纪 10—30 年代大批云集东瀛的时代，西方现代艺术正全面倾入日本，形成了日本近现代美术史上最开放、风格最多元的一个历史阶段。由于地理位置的临近，这种历史效应自然也影响到中国。可以说，中国这批留学生正是通过日本画坛间接地学习西方美术，其留学的攻读方向主要以油画为主，约占 80%，其余有学雕塑、陶艺、漆艺、图案和美术史等。川端画学校和东京美术学校，又是其中两个重要的留学所在地。

② 刘晓路：《明治时期日本油画的兴起》，《美术史论》1988 年第 9 期。

践中，一方面要求中国学生打好扎实的素描基本功，另一方面又鼓励他们不为纯学院派的传统“摹拟说”所束缚和禁锢。在他们的指导下，“写实基础已融会了印象主义革命的因素在内。因此在这时已无形中引起和培养了我对印象主义以及各个流派的兴趣和探索”[①]。在唐蕴玉日本之行时期，日本画界十分活跃，欧美各个流派的美术作品经常到东京来展出。由于西欧来的画展大部分属于西方现代美术，与学校里所学的不尽相符，画家由此开阔了眼界，对自己的创作启发很大，他们把绘画从画室中解放出来，到室外去运用自己的观察感觉自然界的光与色，并把它们瞬息即逝的变化充分地表现在画幅上。[②]应该说，唐蕴玉为期一年左右的日本游学经历，对于其早期油画创作手法和艺术观念的确立，起到了重要的导航作用。

这一经历使得画家初步了解了西方油画的奥妙和真谛，随着与郑揆一先生同赴欧洲计划的酝酿，她得以进一步亲临实地，深入接触和学习西方艺术。唐蕴玉的欧洲艺术之旅，在20世纪30年代初就已经启动了。1930年他们由上海出发，途经中国香港、西贡、新加坡等地，沿着苏伊士运河，登陆埃及开罗。后渡过地中海，到达法国马赛港，开始在法国的留学生活。

1930年1月出版的《良友》杂志第43期的“妇女界”栏目中，刊登了唐蕴玉此次欧洲之行的相关信息。内有唐蕴玉的肖像照片，并附中英文记：

> 女画家唐蕴玉女士——最近赴法国研究美术。
>
> Miss W.Y.Tang，a woman artist，now studying in France.[③]

1931年4月12日出版的《申报图画特刊》第47期，刊登了唐蕴玉在法国巴黎与郑揆一先生结婚的图片和文字。其中文字内容为：

> 新嫁娘画家唐蕴玉曾任上海美专教员顷于二月十四日在法京与留学巴黎大

---

① 《关良回忆录》，上海书画出版社1984年版，第10—20页。

② 同上。

③ 《良友》1930年第43期。其中关于唐蕴玉的英文译名“Miss W.Y.Tang”有误，应为“Miss Y.Y.Tang”。

学之郑揆一氏结婚。①

除此以外，目前关于唐蕴玉在法国留学和生活的记载以及文献资料，线索同样来自家属的提供。目前约有六张当年唐蕴玉及其家人在欧洲生活的历史照片，能够补充这方面的某些历史的记忆，其时间跨度基本为1930年至1938年之间。在20世纪90年代，唐蕴玉的丈夫郑揆一先生曾经数次手撰唐蕴玉生平经历，关于唐蕴玉在欧洲的学习生活，郑揆一先生的手稿曾经这样记述：

> 到达巴黎即开始我们的学习，蕴玉每日经罗浮宫临画，中午即在此吃点面包，晚往画室学速写，非常勤学，旋即考入巴黎国立美术学校（Ecole Nationale Superieure Des Beaux Arts），在莱勃（René）和沙巴特（Sabaté）教授的画室学油画。然后再往新派画家（L'Rote）等处进修。②

唐蕴玉在法国留学期间，正逢大批中国留学生赴欧洲攻读西洋美术（或考察和办展）。当时的欧洲美术从古典传统中脱颖而出，转向现代艺术，多种潮流风起云涌，而其中自然以巴黎画坛为中心。巴黎国立高等美术学院（包括欧美其他一些代表性的美术学院）是中国留学生在日本以外的另一处重要的求学方向，其学院体系和画坛风尚是影响并形成中国现代西洋画教育的主要"摇篮"之一。

在唐蕴玉留学法国期间，其作品曾入选法国国家春季沙龙、秋季沙龙和杜而利沙龙。这方面的记录，同样参照郑揆一先生的回忆，但是确切的创作情况以及作品资料不详。不过，从现存家属方面的一批欧洲时期的作品，如《巴黎蒙马特》《船》等，在光线与色彩变化多端的景物面前，显现了画家较日本时期更为自由和纯熟的油画技法和表现力，同时在一批学院生活中留下的画室内的写生作品，如《红衣同学》（图3）等同学系列的作品，也很好地体现了画家写实造型中对色调与笔触的丰富运用和深度理解。

1930年常玉在巴黎专为唐蕴玉画像，成为唐蕴玉欧洲经历中的一个珍贵的图

① 《申报图画特刊》1931年4月12日第47期，第4页。

② 郑揆一先生的相关手稿，为唐蕴玉遗作展期间所书，现为其家属收藏。

像例证。画家以简洁的单线勾勒和描绘，并进行结构性大胆变形，特别是对于唐蕴玉的“单眼”表现，使得这幅版画作品成为画家艺术中生动的一面。该作品后来在 1946 年于上海举办的唐蕴玉个人画展上，被印为画展图录的封面作品。至于唐蕴玉当时与其他在欧洲的中国画家的交往，一张新近发现的历史照片记录了当时郑撄一、唐蕴玉夫妇与常玉、张弦在一起的合影，以及共同参与的有关艺术活动，目前尚无更为直接的资料加以佐证。

图3　唐蕴玉《红衣同学》，油画，1930年

我们也知道，在中国现代画坛上确有“日本派”以外的“欧洲派”的出现，其主要是缘于一批留法及欧美其他国家学成回归的画家。其中，一是以 18 世纪后欧洲学院派的古典学院画风为典范，并力主以此在国内画坛推广和发扬，以徐悲鸿、李毅士和颜文樑等为代表。二是以 20 世纪以法国为中心而兴起的印象派之后的诸种现代绘画流派为楷模，并沉闷的国内画坛进行了探索和改革，以刘海粟、林风眠、吴大羽、庞薰琹、王济远、潘玉良等为代表。前者突出的风格特征以自然为师法之本，着重写实主义油画形式的表现能力和技法；而后者则为 20 世纪法国画坛的后印象派绘画风格所接受和推崇。唐蕴玉自然属于后者，但是其与同列之中的各位大家，同样保持着风格上的距离。

1938 年，唐蕴玉与家人一同从法国回到香港，告别了长达八年左右的旅欧生活。应该说，唐蕴玉在欧洲的近八年的经历，并没有像其他留欧的中国画家那样，具有强烈艺术使命感和活跃的艺术参与性，她基本上是以一个传统女性的生存方式，沉静地体验着个体自由艺术创作带来的生活情调。而其中更为重要的是，自 20 世纪 30 年代始，唐蕴玉的油画艺术逐渐形成了留日艺术与留法艺术的某种风格交汇，特别是在探索中国特点的印象主义方面，这是中国现代油画史中的独特现象。

## 三、洋画运动的焦点

我们将唐蕴玉在20世纪20年代至40年代的艺术活动归于早期，因为这是我们关注和研究画家的一个极为重要的时期。这个时期就画家的影响力而言，已经涵盖了全国性的范围。其所参加的美术机构，如上海美术专科学校、艺苑绘画研究所、新华艺术专科学校等，皆为中国洋画运动中十分活跃的文化机构。作为当时一位活跃于中国西画界的女画家，唐蕴玉参与了许多重要的画展，其中在第一届全国美展中，唐蕴玉多幅作品入选，成为洋画运动的焦点，1929年的《美展》和《妇女》杂志均有所报道和评论。

这显然是唐蕴玉一生所参加的展览活动中最为重量级的艺术展览活动。相关的艺术评论也多集中于1929年的这次艺术展览活动。在《美展汇刊》和《妇女》杂志中，分别刊登发表了唐蕴玉参加此次全国美展的作品《静物》[①]，为水果、器皿、书籍和花色台布的组合，强调整体画面的色调和气息，运用后印象派的结构处理和笔法表现，显得清新淡雅，自然灵动。这幅作品，是我们目前能够发现的珍贵而重要的图像佐证，体现着画家唐蕴玉在当时的艺术地位和成就。（图4）

图4　唐蕴玉《静物》，刊于《美展汇刊》第3期，全国美术展览会编辑组1929年4月16日发行

唐蕴玉参加第一届全国美术展览会的作品图像资料，除了《美展》和《妇女》上所发表的《静物》以外，还有《中西画集》中所刊其作品《苏州之街》[②]。目前家属收藏的《苏州之街》明信片，也成为唐蕴玉参展第二幅作品《苏州之街》的相关重要文献资料，该明信片在作品彩色印刷图片两边，清楚地印有“教育部全国美术展览会

① 《妇女》1929年第25卷第7号（教育部全国美术展览会特辑号）；全国美术展览会编辑组：《美展汇刊》1929年第3期。

② 《中西画集》，中国文艺出版部，1929年11月。其中所刊印作品，均为第一次全国美术展览会的入选作品。

出品《苏州之街》唐蕴玉作”。这是目前我们能够发现的唐蕴玉这幅参展作品的珍贵图像资料。除了这两幅图像资料以外，第三幅唐氏参展作品《虎丘》，通过李寓一《教育部全国美术展览会参观记（一）》一文，我们可以获得进一步的了解：

> 唐蕴玉女士之《虎丘》《苏州》《静物》等幅，当推胆量最大之作品，盖亦非注重于细微之描写，而独能得大部之统调，回互周到，殊不易得。①

同样也在1929年，来自广州的留日画家胡根天，也在上海认真参观了这届全国美术展览会中的所有西画作品，并且写下了《看了第一次全国美展西画出品的印象》一文。他在其中的“第十一室”发现了唐蕴玉的作品，胡根天的文字证明了除上述唐蕴玉作品以外的第四幅油画作品《读报》的重要信息：

> （第十一室）……唐蕴玉君的出品，也有相当的努力，人物画虽然写得朴实一点，但《静物》《苏州街道》两幅的色调却很自然，他（她）的作风，有些像日本画家石井柏亭、邱代明君的作风，沉静处近于纤弱，并且有点伤感的情调，《读报》一幅最佳。②

唐蕴玉的这四幅作品在相关的历史著录中出现，表明了这位优秀女画家的艺术成就所获得的社会关注。另外第五幅作品《裸体》，并没有直接的图像或文字的文献内容。在1929年教育部编《教育部全国美术展览会出品目录》，曾将唐蕴玉作品列为：序号110，唐蕴玉《裸体》；序号111，唐蕴玉《方女士》；序号112，唐蕴玉《虎丘》；序号113，唐蕴玉《苏州街道》；序号114，唐蕴玉《静物》。③这样，唐蕴玉于1929年参加第一届全国美术展览会的五幅油画作品的基本情况已经明确。④1929年4月至5月之间，教育部第一届全国美术展览会刊行的《美

---

① 李寓一：《教育部全国美术展览会参观记（一）》，《妇女》1929年7月第15卷第7号（教育部全国美术展览会特辑号）。

② 胡根天：《看了第一次全国美展西画出品的印象》，《艺观》1929年第3期。

③ 参见《教育部全国美术展览会出品目录》，1929年。

④ 《教育部全国美术展览会出品目录》，其中《方女士》与其他评论中的《读报》，应指同一人物肖像题材作品。

展汇刊》，也是记录这次重要美术活动的文献之一。其中《美展汇刊》第 9 期刊登张泽厚《美展之绘画概评》一文，对于参展画家加以点评，唐蕴玉列为其中第三。其对于唐蕴玉的参展作品，如是评论道：

> （三）唐蕴玉 我看过了很多的绘画展览会，都觉得一些画家都不喜欢描绘都市的景色。尤其是女画家们。唐君绘画的长处，就是长于描写都市的景色。……《苏州之街》用色的沉郁，极能代表历史的伟大。在历史上有名之时的苏州，是很庄严的浓艳的。那时的天恐怕都是异样泛着温柔的蓝蔚的云。那时的地都好像是一片香土。因为绝代的西施在那儿住过的。现在呢？它的污积，它的陈腐，它的荒凉，它的破烂，何堪设想？在它的沉郁的色彩中，我就猜想到这些。而作者初意取材和构图，是在都市之繁华。你看，车马往来，满街人跑，不是明射着都市的尘嚣吗！《苏州之街》的笔触虽然稚拙一点，然此正添足它的美好，因为色彩沉郁及手腕灵活的关系。①

1929 年正处于中国洋画运动的黄金时期。唐蕴玉于 20 世纪 20 年代在上海活动时期，正逢洋画运动的兴盛之际。陈抱一在《洋画运动过程记略》中曾经写道："民 5、6 年起首，上海的洋画风气，也不能不跟了时潮而开始转变。纵使那时的转变未呈现显著的新气象，也至少开首酝酿起一点转变的趋势。……民 10 年前后的期间，上海的洋画研究空气已经通过了相当长久的摸索时期，而开始呈现开拓的征候来了。"② 这种"新气象"，显然是与 20 世纪 20—30 年代，留学欧洲和留学日本的西画家陆续回国有关，他们逐渐构成西画界主力军的态势和规模。这里的所谓的"洋画风气"，主要是通过一系列相关的教育、社团和展览，逐渐显现出一批杰出的西画家的风格倾向，而在样式移植的过程中，又反映出他们各自不同的酝酿和摸索。而其中的"法国派"和"日本派"便在这个时期显山露水。值得关注的是，唐蕴玉经历了日本与法国的留学经历，在艺术阅历和风格影响方面，兼具两者的特长而融汇之，在深谙西方传统绘画的基础上，既保持学院派式的印象

① 张泽厚：《美展之绘画概评》，《美展汇刊》1929 年第 9 期。

② 陈抱一：《洋画运动过程记略》，《上海艺术月刊》1942 年第 6 期。

主义作风，又进行后期印象主义等新绘画形式的探索和思考。

唐蕴玉自日本回国之时，正值以上海为中心的洋画运动趋于繁盛之时。她的美术教育经历，具体而言，是先后在上海美术专科学校和新华艺术专科学校等校任教。同时唐蕴玉还有一个主要的艺术经历，是她于1928年，参加了重要社团“艺苑绘画研究所”（简称“艺苑”）。

“艺苑”时期，是唐蕴玉艺术创作走向成熟的第一个时期。“艺苑”是1927年以后出现于上海的重要西画团体。1928年，上海的一批西画家王济远、江小鹣、朱屺瞻、李秋君等人，力图组织一个非营利性的绘画学术机构，取名“艺苑”。“艺苑”位于西门林荫路，为江小鹣、王济远两位画家将其合作画室提供为该所的活动场所。“五楼五底还带厢房，所以很宽大，楼上南面二间便是济远的画室，北面是小鹣的造铜像小模型的工场兼画室，二处布置都十分精美，壁上悬不少洋画，有的是他们二位佳作，有的是东、西洋名家的作品，令人目迷五色”。经过集资、申请立案、聘管理人员、装修画室、添置设备，于1928年10月10日，正式成立“艺苑绘画研究所”。在“艺苑”成立之后，唐蕴玉、金启静等画家加入其中，从欧洲归国返沪的潘玉良不久也加盟“艺苑”，成为重要的中坚骨干。醇厚的学术空气与和睦的自由探讨，使“艺苑”在上海西画界产生了良好的声誉和影响。1930年《时代画报》载文《艺苑小史暨第一届美术展览会记》，对该所的专业情况做了较为详尽的介绍：“鉴于外洋归国者及学校毕业无高深之研究机关，故以诚挚研究艺术之态度……设立绘画研究所。以备爱好艺术者之公共研究。……其宗旨以增进艺术旨趣，提高研究精神，发扬固有文化，培养专门人才为本。不染何种机关之色彩，亦无独霸艺坛欲望，以艺术为生命……一切均取公开态度。”“科目先设西洋画，分油画、水彩画、素描三科。人数以三十人为限。一、研究员十五人，容纳一般画家自由创作。二、研究生十五人，对于绘画有深切嗜好者，共同习作。”①

在当时的诸多艺术期刊中，时常会见到唐蕴玉的作品出现。事实上，在“洋画运动”的过程中，以潘玉良、蔡威廉、关紫兰、荣君立、唐蕴玉、方君璧、孙多慈、丘堤、范新琼等为代表的女画家，成为一种新兴的艺术创作类型，她们之

---

① 梅生：《艺苑之晨》，《上海画报》1928年8月27日。

所以引人注目，不仅因为她们是新文化运动中获得自由和平等的女性艺术家，而且本质上是由于她们自身艺术的实力和才情。

20 世纪 20—40 年代，是唐蕴玉艺术创作走向成熟的又一个时期。1947 年她在上海大新画廊举办了一次个人油画展。此为其活跃于画界并引起关注的一个重要的标志事件。这样的展览活动，自然与当时的社会文化生活之间，存在着密切的关系。

自 1936 年至 20 世纪 40 年代末，上海大新公司画廊展事活动频繁。比如在 1947 年，曾经举行过一些重要的油画展览。其中有关良水彩画、油画展（1947 年 1 月至 2 月），李铁夫油画展（1947 年 2 月至 3 月），唐蕴玉油画展（1947 年 5 月），赵无极油画展（1947 年 12 月）等。作为 20 世纪 30 年代上海商界四大公司之一的大新公司，地处南京路、西藏路口（即今上海市百一店大楼），曾以“轮带式自动扶梯，地下室和书画部”而著称。其“特设二楼一隅为书画部，经常租给名人艺人做各种文化展览，这是大新特别重视文化与经营有同等地位的”“书画部下设画廊，位于四楼（和岭南中学，财务部同处一层）”[①]。1947 年的唐蕴玉在上海大新画廊举办的个人油画展，可以说是她在国内画界的最后一次重要亮相。（图 5）

图5　唐蕴玉《上海雪景》，油画，1940年

目前我们尚不清楚这次展览中作品的具体情况，但可以基本判断展出作品，反映了画家自 20 世纪 30 年代至 40 年代的创作历程。从画家法国留学的艺术环境来分析，这一时期的作品主要结合了印象主义、后印象主义以及表现主义的艺术手法，常以风景、人体和肖像作为创作对象，画风清新明朗，所谓“非注重于细微之描写，而独能得大部之统调，回互周到”“构图极新颖，色彩淡泊而宁静”等评论，基本概括了这位才华横溢的女画家

① 屠诗聘主编：《上海市大观》，中国图书编译馆 1948 年版。

独特的风格特色。

## 四、“生命存在里面”

从20世纪前期唐蕴玉有关的艺术文献研究发现，其当时的作品著录以及相关评论内容体现了其艺术风格的基本面貌，以及其在画界的地位和影响。现整理如下：

表1

| 作者 | 作品 | 文献来源 |
|---|---|---|
| 唐蕴玉 | 《静物》 | 《妇女》1929年7月第25卷第7号（教育部全国美术展览会特辑号） |
| 唐蕴玉 | 《静物》 | 《美展汇刊》1929年第3期，全国美术展览会编辑组1929年4月16日发行 |
| 唐蕴玉 | 《苏州之街》 | 《中西画集》，中国文艺出版部1929年11月出版发行 |
| 唐蕴玉 | 《玫瑰花》 | 《好友佳作集》，文华美术图书印刷公司1931年2月出版 |
| 唐蕴玉 | 《风景》 | 《申报》1947年5月12日 |
| 唐蕴玉 | 《同学》 | 《大光报》1947年5月12日 |

这些作品，应该视为唐蕴玉艺术高峰时期的代表作，的确形成了所谓留法与留日艺术的独特交汇。事实上，在唐蕴玉的油画创作方面，特别是其早期油画创作，包含着两种印象主义的风格倾向。一方面是以印象主义作为写实创作中的部分手法，对于她留学时期的人物形象加以生动的描绘；另一方面，唐蕴玉作品又以印象主义的形式语言为基础，同时采用了表现主义的部分手法，常以抒情性的景物为创作对象，画风洗练酣畅，并无柔弱娇妩之感。其早期油画便已受到西方印象派之后绘画的影响，虽不事变形、抽象，却也新颖生动，始终保持不似学院派式的写实主义。同时其油画深谙西方传统绘画之真谛，尤其是对印象派绘画研究有素。新近发现的唐蕴玉作品，证明了这位才华横溢的女画家独特的风格特色。其中期和晚期的作品，与当时的大多数西画家一样，由于对中国传统绘画发生兴趣，于此便在她的作品中形成了一种造型坚实、设色强烈，而又略具有和谐浑厚、清新委婉的艺术风格。

目前我们能够发现的唐蕴玉《寸感》一文，是其一生中难得一见的艺术随笔文字。这番记录和表述，与其艺术创作相得益彰。画家曾经这样写道：

画的成功，当然以取材、色调、结构为根本，我尤感觉到绘画的色调，可以表示各人的个性，像歇妄纳（Chavannes）喜用静雅的色调，时时露着悲感；蒙耐（Menet）的风景色调，喜画鲜明的苍空，时常表现强烈的日光。这两画家用的色调不同，但是各有各的特长，各有可以使人佩服的地方。我对于这两画家的色调都欢喜，不过在无形中常喜用冷色的，我不敢说用了 Chavannes 的色调，就可以说好，这也是表示我个性的趋向罢了。至于其他画家，都有各人的生命存在里面。①

因而，我们可以“色调”为经线，解读出唐蕴玉艺术中特有的个性所在，那是一种淡泊之蕴，渗透着生命历程中美好的情愫。于是在我们面前所展现的近三百幅作品，历经磨难，呈现出唐蕴玉艺术的生命之光，实属弥足珍贵。

当然，我们亦可以“生命”作纬线，去剖析画家创作的内在品格，同样我们能够体验其中文化融合的价值。通过唐蕴玉所处的时代，我们基本可以发现洋画运动之中存在的一些重要的艺术观。一种是改良型的，“东方人画油画，不一定要形似西洋。中国画和洋画，不过材料的差别……我国古代艺术的精华，现在西洋人是这样注意，难道我们自己就可置之度外么？……所以我们研究西洋画的人，总要把自国艺术的系统，解释个明白，一方面就要融洽东西洋的优点，这才算是我们的责任咧”②。而另一种则是改革型的，“画品之高下、精神之强弱、表现之空虚与充实等问题，是全然与绘得工细与粗疏没有关系。而且与流派（样式）也没有关系的……技法在作画时虽很重要，不过技法是受创作者的精神支配的……因为每一种纯真的作品，都是根据作家的纯真的精神所产生出来的……在近今的绘画上，写实的根干，依然是十分重视。但是近今的画家，对于写实的方法以及表现的技法等，都未必拘守从前的方法上的标准。这是因为受时代思潮的刺激，作

① 唐蕴玉：《寸感》，《妇女》1929 年 7 月第 25 卷第 7 号（教育部全国美术展览会特辑号）。
② 王济远、汪亚尘：《天马会的感言》，《时事新报》1922 年 3 月 17 日。

家也因认识上、感觉上有新的要求而加以新的开拓的”①。这两种主要的艺术观，相应构成了名家不同的创作现实，同时也形成了洋画运动中风格多元的重要支点所在。唐蕴玉晚年虽然侨居海外，却始终有浓厚的本土文化情结，其油画更注重西画的中国化，在清新淡雅的景物表现之间，用中国画的手段介入油画，再以西洋画和材料来画中国画，使中国画与西洋画艺术的表现互渗互融——这是唐蕴玉油画引起关注的焦点。

相比而言，20 世纪后期唐蕴玉出现于相关艺术文献中的内容并不多见。事实上，唐蕴玉自 20 世纪中期开始，就逐渐在国内画坛上音讯杳然，直至 20 世纪 80 年代初移居美国。虽然与这位非凡的前辈画家曾经共同在上海这座城市生活，但是我们长期不知道她的信息。或许还有像唐蕴玉这样被尘封已久的名家，限于历史的变迁或史料的散失，使他们依然于今日与我们保持着“陌生”的距离。但是毕竟于洋画运动的前前后后，造就了他们昔日的辉煌，给他们带来了各自不同的文化选择。同时，命运的曲折和多变，又无形地限定和制约了他们本应有的更好的风格深化和艺术发展。

今天我们重温唐蕴玉的艺术，借以怀念这位被历史“遗忘”的画家，其巾帼之笔，足以印证中国油画前辈的艺术贡献，这无疑是我们民族文化财富的一分子，值得我们珍藏和热爱。仿佛在每一幅画面中寄托着画家丰富而深厚的艺术理想。那其实是淡泊之蕴，那种神韵和美妙，不仅是属于唐蕴玉的，也是属于那个洋画运动风起云涌的年代——借此再次缅怀那个时代流逝的星。

唐蕴玉的艺术，是中国现代美术的重要文化遗产。其作品留下了个性化的色彩和笔触，留下了诗意般的风景和人物……令后人对这些重要的艺术遗产，认真地琢磨，细心地品味，尽可能地以我们的知识和我们的情感，去接近这位杰出的女性艺术家，去解读那个远逝的时代，去思考以后我们所要走的路径。

① 陈抱一：《关于西洋画上的几个问题》，《国画月刊》1935 年第 1 卷第 5 期。

# 传统与现代的交织：留法建筑师汪申的艺术思想及其实践①

徐婉玲

故宫博物院故宫学研究所

**摘　要：** 20 世纪早期，一批中国青年通过官派留学或勤工俭学的方式陆续奔赴欧洲的法、英、德、比诸国学习建筑设计、土木工程或城市规划。他们归国后，或就职于政府部门，或受聘于研究院校，或自营事务所，将其在欧洲多年所学的建筑理论、设计思想和工程做法付诸中国近现代建筑设计、城市规划及工程建设等实践，例如主持铁路工程设计的华南圭、参与北平城市建设的汪申、负责西湖博览会设计的刘既漂、执掌中央大学建筑系的虞炳烈以及致力于防空城市规划的卢毓骏，都是其中的佼佼者。在旅欧建筑师群体中，汪申艺术思想及其实践是比较有代表性的。他 1912 年赴法勤工俭学，1921 年入巴黎建筑专门学校，1925 年获工学硕士，1926 年任教北京艺术专门学校图案系，1928 年筹设国立北平大学艺术学院建筑系，1931 年出任北平特别市工务局局长，兼任故宫博物院工程处副处长及专门委员。本文利用档案文献和建筑遗产，梳理 20 世纪早期汪申在谋求"东方固有艺术之保存"、参以"欧洲经济适用之方法"、创造"现代化、经济化、实用化之新式建筑"方面的探索与实践。并以此为基础，探讨 20 世纪 30 年代旅欧建筑师群体是如何在"中国固有之形式"的延续和现代转化中建构认同的。

**关键词：** 传统与现代　汪申　艺术思想　中法大学图书馆　故宫博物院延禧宫库房

---

① 本文为 2012 年度国家社科基金艺术学项目"博物馆与认同之建构——以民国时期故宫博物院为中心"（项目编号：12CH103）的研究成果之一。

# 引 言

图1　汪申小像（图片来源：李中华：《1917—1937年北京国立专门美术教育研究》，中国艺术研究院硕士学位论文，2015年，第75页）

汪申（1895—1989），字申伯，安徽婺源人。1912年5月26日，入留法俭学会设在北京留法预备学校（安定门内方家胡同），随铎尔孟学习法文。10月，北京留法预备学校第一班结业。11月，与李书华、李宗侗、李宗侃、彭济群等三十余人取道西伯利亚，赴法俭学。1917年7月，作为自费留学生，得到教育补助1200法郎，入巴黎高等建筑专科学校，攻读艺术建筑学。1921年12月，作为教育部补派自费留学生，入巴黎大学继续攻读建筑学，1925年获工学硕士学位。归国后，于1926年受聘国立北京艺术专门学校图案系教授。1927年，参与北京艺术大会，负责宣传工作。1928年，筹设国立北平大学艺术学院建筑系。作为图案系的教授和建筑系的主任，汪申十分注重欧洲建筑艺术思想的传播，发表《现代的建筑》[①]等文章。

1929年，加入国立北平研究院史学研究会，受聘担任该院建筑工程师，设计建筑理化部大楼一座。同年，受聘故宫博物院顾问，兼任故宫博物院工程处副处长，设计营建延禧宫防火险库房一座。1930年，担任中法大学法国文学系主任，设计监修礼堂及图书馆一座。1931年春，出任北平特别市工务局局长，改造北平市道路系统，主持古建修缮工程，并设计建造有声影戏院（即东单大华电影院）。1935年，担任故都文物整理委员会实施事务处副处长，参与中山公园唐花坞改建工程，负责暖气自来水工程的设计和监工。1937年，主持设计国立北平大学农学院图书馆兼礼堂。1937年8月，北平沦陷后，辗转于上海、重庆等地。1946年，经留法同学魏道明介绍，任台湾省陶业公司顾问，后任总经理。1950年8月，担

① 汪申伯：《现代的建筑》，《海灯》1927年第1期。

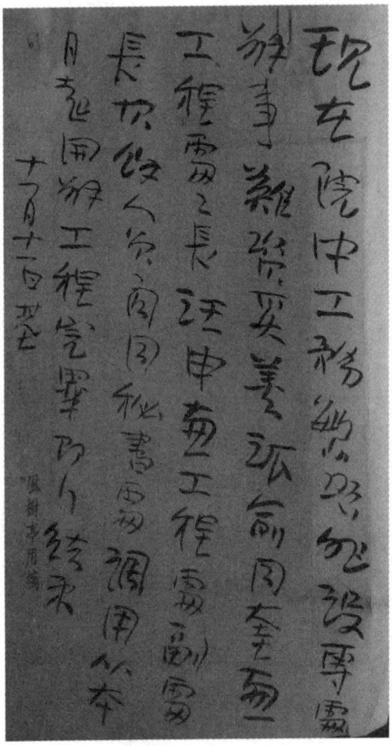

图2 易培基聘请汪申兼任工程处副处长手谕（图片来源：《令汪申为本院工程处副处长》，1929年，故宫博物院藏，《故宫博物院·人事组织类》第50卷）

任台湾省立台北工业专科学校土木科主任，后任教务主任及代理校务。

鉴于社会局势的变化以及个人职业的发展，汪申设计的建筑作品不多。但较为幸运的是，其设计的大部分建筑基本完好保留，现已成为北京市近代建筑的重要代表。例如，位于北京市东城区黄城根北街甲20号的原中法大学礼堂及图书馆，典型的中西合璧式建筑，砖石结构，外观为中式建筑，内部结构采用西式方法，一层为阶梯式礼堂，一、二层中间设一小型放映室，二层为阅览室，也可作为舞厅等活动室使用。该建筑现由“艺术8”租用，仍为中法文化艺术交流的重要场所。再如，北京市东城区黄城根北街甲16号的原国立北平研究院理化部，亦属中西合璧式建筑，建筑主体为钢筋水泥结构，楼高三层，门口设一抱厦，配苏式彩绘大屋顶。该建筑现为科学出版社的行政办公楼。此外，位于北京市东城区景山前街4号的延禧宫保存库，建筑形式仿照中国宫殿建筑，建筑主体为钢筋水泥结构，地下建筑一层，地面建筑二层。该建筑原为故宫博物院的文物库房，现已改造为陈列展厅，经常对公众开放。

## 一、监修中法大学礼堂及图书馆

北京中法大学初建于1920年，校址在北平西山碧云寺，称中法大学西山学院。1923年，李石曾校长捐赠千余本中西文图书，之后在校教师共同捐赠，在碧云寺建成西山图书馆。1924年底，西山学院设立的生物研究所，改名为陆谟克学院，该院分两部分，一部分在西山，另一部分在东黄城根。同年，西山学院理学院迁址于北平地安门外吉祥寺，改称为居礼学院，西山图书馆在此又开辟几间房

图3　中法大学图书馆落成外景

图4　中法大学图书馆阅览室

屋作图书馆。1925 年西山学院文学院迁至东黄城根，改称为服尔德学院，西山图书馆跟随其迁移，并改称为服尔德学院图书馆。早期中法大学图书馆资源主要包括服尔德学院、居礼学院、陆谟克学院三院的图书资料，分别为文学类、理科类及医学类三类图书。

1929 年，中法大学购买蒙藏院旧址，以扩充校舍，遂有扩充图书馆的意向。1930 年，中法大学图书馆由中法大学教授汪申先生设计与监修，建筑外观以中国传统的建筑样式设计，但其内部结构吸收了西方图书馆的图书空间布局方式。礼堂及图书馆位于中法大学校址中央，东西长 50 米，南北宽约 43.33 米（130 尺），礼堂及图书馆整体建筑呈“工”字形。楼高二层，楼下前部为会议厅，中部为大礼堂，后部上下为书库。礼堂规模宏大，空间结构采用罗马剧场形式，可容纳 2000 余人，为当时北平市内最大礼堂。书库分南北两库，储藏中西图书，每库各三层，共有钢架 304 架，每架能容线装书 1000 册或西装书 500 册。楼上中部为阅览室，可容 176 人。

## 二、建筑北平研究院理化部大楼

1929 年，北平研究院在中法大学以北，北平东黄城根及大取灯胡同转角处大取灯胡同西口 4 号，购得文氏宅院一所。该地为前清多公府（溥多府邸）一部分，西至东黄城根，东临颜宅（颜惠庆宅），北至兴隆胡同，面积 7 亩，内中瓦房共

图5　国立北平研究院理化楼正面剖视图（图片来源：汪申:《国立北平研究院建筑理化部之经过》,《国立北平研究院院务汇报》1931年第2卷第1期）

120间。后又以每亩1800元的价格将毗连官地半亩购入。1930年，留法建筑师汪申受聘担任北平研究院建筑工程师，设计图样，建筑大楼，预备作为北平研究院总办公室和理化部物理、化学两研究所的所址。

依据汪申的设计方案，理化部大楼建筑主体采用西方先进方法设计建造。整座大楼外观为长方形，面宽40米，进深12米有余。大楼底部建有地窖一层，地面以上楼房共三层。大楼四面砖墙的厚度，由底座起至枋子，逐渐缩减，成一截角方椎体。大楼的地基、墙体、楼梯等皆用洋灰砂石、钢筋混凝土建筑而成，地面及楼梯等处均做水磨处理。大门、窗户、汽孔亦采用西方形式，其锁、插销、挂钩等配件亦用中国制造熟铜货。大楼还配备先进的暖气、卫生及消防系统。在地窖中间部分设锅炉房，采用低压蒸汽，通过管道供暖。在二层、三层西部各设厕所一间，配英国式白瓷恭桶两具、便池四具、洗手盆两具。在大楼内外设消防保险水龙6处，每层及东西门外各安1具。

除了采用最新西式方法外，理化部大楼的外观上保持东方传统建筑的基本形式，大楼房顶、大门抱厦以及窗棂的形制皆遵循中国传统的样式和方法。房顶在钢筋混凝土房架上，安放美国松木檩子9个，除檐檩为25.4厘米直径圆木外，其余各檩为高25.4厘米、宽20.32厘米，顶面作圆，上架10.16厘米见方。美国松椽子飞头，顶子铺7.62厘米美国松网板一层，刷臭油一遍，用灰泥墁头号筒子瓦，大元宝顶（即卷棚式屋顶，又称元宝顶，是古建筑设计营造的一种屋顶样式）

带皮条排山、铃铛瓦钉博风板（即搏风，又称搏缝板、封山板，常用于古代歇山顶和悬山顶建筑）。理化部大楼落成时，其内部空间，完全符合现代科学研究仪器装置使用的环境要求，其外部空间亦与北平城的传统布局形制相融合。

图6 国立北平研究院理化部正门（左方为理化楼）（图片来源：刘晓：《国立北平研究院简史》，中国科学技术出版社2014年版，第76页）

1930年12月，北平研究院理化部大楼全部落成，李石曾主持典礼，各所进入办公：物理研究所占一层之全部，二层及地窖之半；化学研究所与药物研究所占第三层之全部，及第二层与地窖之一部。1932年，镭学研究所与药学研究所成立后，也在楼内设若干办公室，例如反射质研究室和药品储存室等。物理学、镭学、化学和药物四个研究所几乎占据了北平研究院的半壁江山。理化部部长由时任北平研究院副院长李书华兼任，物理研究所和镭学研究所主任聘请留法归国的严济慈担任，化学研究所主任由时任中法大学校长的李麟玉兼任。药学研究所主任则延请北平协和医院赵承嘏担任。20世纪30年代，北平研究院理化部添置先进仪器设备，加强与国际科学界的交流，取得了一系列重要研究成果，成为当时中国科学研究的高地，奠定了相关领域学术研究的基础。

## 三、营造故宫博物院延禧宫库房

故宫博物院建立于1925年10月10日，是在明清两代紫禁城宫殿及其皇家收藏基础上建立的一座古代艺术文化博物馆。在近现代中国社会变革和文化转型历程中，故宫博物院承载着政治、文化和艺术的丰富内涵，是中国社会变革进程的时代见证和经典缩影。博物院建立之初，受国内政治局势的影响，历经多次改组，各项事业发展受阻。及至1928年6月国民党北伐成功，故宫博物院改组隶属国民政府行政院，迎来一个新的发展时期。鉴于博物馆发展的迫切需要，故宫博物院易培基院长邀集各界人士参与博物馆建设和学术发展。留法建筑师汪申与故宫博物院的交集正是发生在这一重要时期。据现存档案文献记载，1929 年 4 月，汪申受聘故宫博物院顾问。同年 6 月，受聘为慈宁宫花园修缮工程委员会委员，审定工程做法，监督工程施工。同年 11 月，受聘为工程处副处长，主持延禧宫防火险库房的设计与施工。1933 年 10 月，受聘为建筑物保存设计委员会专门委员，负责审核古建修缮和库房营建工程等。可以说，自 1929 年至 1933 年，汪申直接参与故宫博物院的古建修缮和库房营建等工程，并在其中扮演重要角色，成绩亦颇为显著。

### （一）参与慈宁宫花园修缮工程

1925 年故宫博物院开院后，为利于开放游览，清室善后委员会对紫禁城后廷东、中、西三路主要建筑进行修葺粉饰和简单测绘。但其余宫殿建筑大多年久失修，破损不堪，有的甚至倾圮倒塌。1929 年 6 月，故宫博物院通过钢和泰教授获得美国洛克菲勒基金会的一笔资助，用于修缮慈宁宫花园。慈宁宫花园由咸若馆正殿一座，宝相楼、吉云楼厢楼二座，临溪亭一座，慈荫楼一座。除慈荫楼外，各楼馆均收藏有极精工之铜佛像及画像。但各楼馆建筑屋檐坍塌、破烂不堪，各处渗漏。

图7　慈宁宫花园吉云楼修缮前后情形（图片来源：《北平故宫博物院报告》，1929年，故宫博物院藏，《故宫博物院·计划总结类》第4卷）

为使工程顺利进行，故宫博物院组织慈宁宫花园工程委员会，拟请钢和泰、安纳（C.W.Anner）、汪申、俞同奎、马衡担任委员，讨论工程重大决策，审定工程做法。委员之中，仅安纳与汪申具有建筑工程师资质。安纳为协和医学院第二期工程建筑师，在“力求将中国传统建筑风格与西方医院建筑功能相结合”的建筑设计理念方面有独到见解[①]。汪申为国立北平大学艺术学院建筑系主任，推崇“在空间延伸的组织，创造人生新的可能，产生新的社会”[②]建筑新主张。事实上，因协和医学院代理院长葛霖（Roger Sherman Greene）声明“不愿彼处人员加入委员之列，惟对工程事务甚愿为本委员会之顾问”，因此安纳不担任委员，仅列席委员会会议。最后，故宫博物院增补袁同礼为委员。由此可知，慈宁宫花园修缮工程的专业性意见及决策主要来自汪申。受限于资金，慈宁宫花园工程规模较小，1929 年 6 月开工，是年 9 月即行完工。1929 年 9 月 21 日，汪申、袁同礼、马衡、钢和泰、俞同奎会同协和医院葛霖、安纳，验收慈宁宫花园工程。

## （二）主持延禧宫库房营建工程

在修缮保护具有东方艺术价值之宫殿建筑外，设计营建具有现代意义之库房建筑亦日渐提上故宫博物院建设的重要议程。按照 1929 年《故宫博物院概况及将来之计画》，拟在古物馆、图书馆、文献馆三馆适宜地点，“建筑铁筋洋灰库房一二所，以为储藏贵重物品之用”[③]。1929 年 11 月，易培基聘请汪申兼任故宫博物院临时工程处副处长，专门负责古建修缮、库房修建、陈列室改造等工程。及至 1930 年故宫博物院制定《计画与方案》时，建筑防火险库房计划已经单独列出，并明确了“外表全照中国旧宫殿形式，加以油漆彩画；内部则用铁筋洋灰，照最

① 柴建军、马中文、格伦：《协和老式建筑群的发展历程》，《协和医学杂志》2013 年第 4 期。

② 前揭汪申伯《现代的建筑》。

③《故宫博物院概况及将来之计画》：“奉献殿、斋宫、毓庆宫及东六宫，拟划于古物馆，以奉献殿为总陈列室，斋宫及毓庆宫为美术品陈列室、东六宫为古物分部陈列室。外西路之寿安宫、英华殿各处，拟划属于图书馆，作为收藏室及阅览室。宁寿宫各宫殿，拟划属于文献馆，作各史料陈列室，及办公室。并于每馆适宜地点，建筑铁筋洋灰库房一二所，以为储藏贵重物品之用。”载《北平故宫博物院报告》，1929 年，故宫博物院藏，《故宫博物院·计划总结类》第 4 卷。

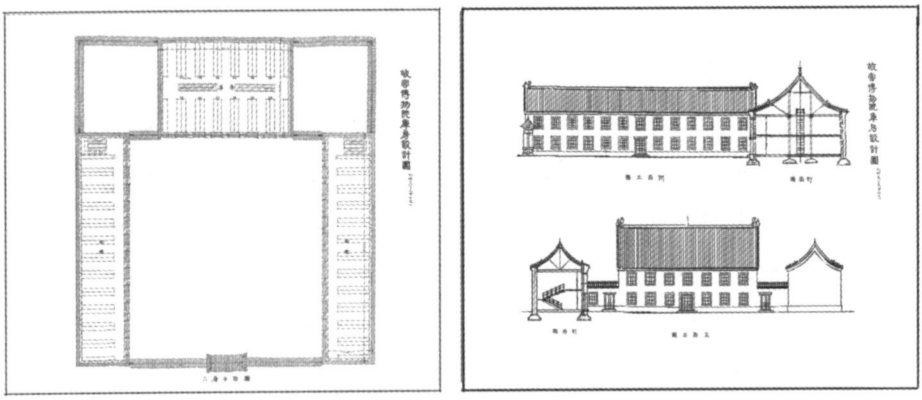

图8　延禧宫库房平面图与设计图（图片来源：《故宫博物院建筑库房及消防设备计画及估价说明书》，1931年，故宫博物院藏，《故宫博物院·修建工程类》第29卷）

新式方法建”的设计原则①。

1930年7月，俞同奎电请彭济群会同汪申设计防火险库房。按照故宫博物院原定计划，拟将1923年焚毁的中正殿、延春阁等建筑加以恢复重建，外观延用传统宫殿样式，内部则采用现代库房式样，以贮藏宝物而兼保存名迹。后经汪申、彭济群等勘察，认为重建中正殿、延春阁等处建筑，花费甚巨，而且以游览之地兼做库房，亦嫌暴露。最后，库房基址选定于延禧宫旧址。延禧宫始建于明永乐十八年（1420），初名长寿宫。明嘉靖十四年（1535）更名延祺宫，清康熙二十五年（1686）重建延禧宫，位于紫禁城东北部的凝祥门与昭华门之间。乾隆时期，延禧宫为前后两进院，前院正殿五间，黄琉璃瓦歇山顶，殿前有东西配殿各三间，后院正殿五间，亦有东西配殿各三间。道光二十五年（1845），延禧宫遭遇火灾，其主要建筑基本焚毁。宣统元年（1909），隆裕太后修建西洋式水殿一座（俗称水晶宫）。至民国二十年（1931），延禧宫旧址内，除水晶宫一座外，四围无房屋。

① 《计画与方案》：“院中计划，拟建筑防火险库三四座，外表全照中国旧宫殿形式，加以油漆彩画；内部则用铁筋洋灰，照最新式方法建筑。此种库房，除已有一座，将于最近时间动工外，余均于适宜之地，陆续建筑。将来库房成功，即将各处所有宝物，分类提集一处，慎重收藏。其中最贵重之物，不便陈列于普通陈列室者，并可于库房内，特设玻璃铁柜，每月于一定时间开放，供人参观。至现有之各处陈列室，并各宫殿内陈设，不能放存库房者，亦须于门窗或橱柜，设法加以保火险保盗险之设备。”载《北平故宫博物院报告》，1930年，故宫博物院藏，《故宫博物院·计划总结类》第11卷。

1931年1月，汪申、彭济群等拟定《故宫博物院建筑库房及消防设备计画及估价说明书》，拟围绕水晶宫四周建筑库房，并改水晶宫为库内特别陈列室：（1）利用水晶宫东西北三面之空地建筑库房。整个库房呈凹字形，分上下两层；库身均用铁筋洋灰筑成，并配德国最新式保险钢铁库门；窗有三层，中国式生铁篦子一层，外国铁窗一层，保险护窗铁板一层。（2）水晶宫改为库内特别展览室。周围添装汉白玉石栏杆，补齐修补门窗及内部装修，顶子改筑铁筋洋灰混凝土中国式驼架。（3）库房大楼外观采用传统宫殿式，屋顶覆以黄色琉璃瓦，油饰按照宫中旧式办理。①

1931年4月25日，故宫博物院约请理事长李煜瀛、专门委员朱启钤，召集各馆处负责人及建筑工程师汪申、彭济群等，召开第一次建筑仓库委员会会议，讨论库房建筑方案。6月18日，召开第二次建筑仓库委员会，组织库房工程招投标。6月25日，延禧宫库房工程开工，1932年春落成。

图9　延禧宫库房外景与内景（图片来源：《北平故宫博物院报告》，1931年，故宫博物院藏，《故宫博物院·计划总结类》第18卷）

### （三）审核朝天宫保存库设计图样

1933年初至5月，一万三千余箱故宫文物为避战火，分五批南迁上海，以法租界内天主堂街和四川路的货栈为临时庋藏之所。时人感慨，故宫所藏之古物图

① 《故宫博物院建筑库房及消防设备计画及估价说明书》，1931年，故宫博物院藏，《故宫博物院·修建工程类》第29卷。

籍，多为珍贵之艺术品或有价值之历史遗存，寄存于黄浦江畔之简陋堆栈，不仅难免潮霉之侵袭，亦会饱受煤烟之污染。理事会决定在南京修建保存库，力求找寻一环境适宜、面积宽广之地点。马衡院长亦重建专门委员会，朱启钤、汪申、梁思成等受聘为建筑物保存设计委员会委员。

经多次讨论，1934 年 7 月故宫博物院理事会将朝天宫划归国立北平故宫博物院，作为设立南京分院及建筑保存库的地点。1935 年 4 月，基泰工程司拟定《国立北平故宫博物院建筑南京分院及保存库工程计划书》：保存库采用书库钢架式库房，材料全部采用钢骨水泥；依据北高南低自然地势，保存库拟建筑四层，南段建筑四层，北段建筑三层；为与朝天宫建筑环境相融合，保存库样式略采中国式建筑意味。[①] 后经招投标，选定华盖建筑事务所赵深、陈植、童寯的设计图样。

1935 年 10 月，马衡致函北平营造学社梁思成，请其会商朱启钤和汪申，审查华盖建筑事务所的设计图样。经朱启钤、梁思成、汪申等人讨论和商议，鉴于经济性和实用性，对华盖建筑事务所的设计草图提出了七条修改意见[②]：

（一）库房楼板之结构，须视库内存储方法而定。如古物到库后，仍就运输用原箱迭堆存，则全部楼板须用平均厚度。如到库以后，由箱内卸出，逐件移存特备之库架——通常多用钢架或钢柜——则此项柜式架，宜按图书馆库内书架做法，另立基础，并使与人行楼板完全分离，既策楼板安全，且复经济。故存储方法之决定，是为全建筑之大前提。

（二）各层楼板高度，原图定为十二尺，颇不经济，似宜改做八尺，其楼板铁筋之安排法，似宜各柱散出，以省柁梁，而节高度。

（三）柱间距离。务须根据现有木箱或将来铜柜尺寸，使成最经济之安排法。

（四）为办公人员夏季舒适计，办公室可移至东面。

（五）顶上宿舍，是否属必要？屋盖用歇山城楼式，殊不经济。是非必要，

① 《国立北平故宫博物院建筑南京分院及保存库工程计划书》，1935 年，故宫博物院藏，《故宫博物院・章制纪录类》第 62 卷。

② 《故宫博物院南京分院及保存库建筑图案审查意见书》，1935 年，故宫博物院藏，《故宫博物院・章制纪录类》第 62 卷。

似可省去；如有必要，其门户楼梯，必须与库房门隔离，另道出入，一种门禁。

（六）如办公室移至东面，则与明伦堂连接之走廊，亦须移至东面。

（七）四角瞭望警亭与库房立墙之间，可用横线隔断，或做成台子形。

图10　国立北平故宫博物院南京分院保存库落成外景（图片来源：《中国博物馆协会会报》1936年第2卷第2期）

根据专门委员的修改意见，华盖建筑事务所编制了第二份设计图样，将原来设计四层建筑改为设计三层，并省去电梯设备。1936 年 3 月，朝天宫保存库工程开工，9 月 26 日建成。新落成的朝天宫保存库建筑外观仿承德外八庙须弥福寿之庙的大红台，建筑本身“皆用钢骨混凝土造成，一切设备皆采用最新方法，并有调节空气设备，以调和库中空气之冷暖燥湿”，成为当时首都南京的著名建筑物。

## 结　论

综合上述梳理，20 世纪 30 年代，汪申的建筑艺术思想逐渐明晰，并在大量建筑设计实践中得以实现。北平研究院理化楼、中法大学礼堂及图书馆，以及故宫博物院延禧宫库房是相继设计建成的。这些建筑设计作品有其明显的特点：第一，建筑主体结构皆采用最新西式方法，钢筋混凝土结构，配以消防、供暖、卫生等设备，极力追求建筑使用的安全与科学。第二，建筑外观皆仿照中国传统建筑形式，采用出檐屋顶、大门抱厦及彩绘回廊，实现建筑形式的美观及其与环境的融合。在中西方科学、艺术和文化的碰撞与融合下，汪申探索中国传统建筑形制法式与西方科学实用建筑技法的结合，在“中国固有之形式”的文化复兴潮流中具有典型意义。

东方固有之艺术如何被延续？建筑的美学价值和功能属性如何得以结合？汪

申对于紫禁城古代建筑的修缮以及现代库房的营建所进行的研究与实践，恰好阐释了西方建筑理念思想在中国传统文化土壤里的适应与转化。从现存的《故宫博物院内咸若馆、宝相楼、吉云楼、临溪亭各座之头顶工程做法说明书》等材料中，我们可以概括，慈宁宫花园修缮工程主要内容包括两部分：一是五座建筑物的屋顶瓦木工程，二是各殿宇外檐上下架油漆彩画等工程，所有工程皆采用传统材料和传统技艺。可以说，慈宁宫花园修缮工程的主要目标是保留紫禁城建筑的历史原貌，即“谋求东方固有艺术”之保存和延续。与慈宁宫花园修缮相比，延禧宫库房的设计与营建，则在探索建筑的新意义和新使命方面影响深远，成为“俾我固有之壮丽辉煌宫殿式建筑，参以经济适用之欧式方法，而创造一现代化经济化合用化之新式建筑”的经典之作[①]。这一点从现存的《故宫博物院建筑仓库用料做法说明书》以及各类合同保单中可以得到证明。除了库房屋顶的琉璃瓦件由北平琉璃窑厂[②]烧制外，延禧宫库房所用的其他材料大多为现代建筑装饰材料，例如华信工程公司承办铁筋材料、协泰铜铁厂承制铁门铁窗、明达商行承装电灯、德商新民洋行采购保险门、自来水公司安装消防水管、天津新通贸易公司购买救火机及附属材料[③]，等等。尽管在建筑材料和结构设计上，延禧宫库房完全按照当时防火险库房的要求来设计营建，但是出乎意料的是，黄色琉璃瓦顶、朱红色墙体以及传统彩绘使得整个库房建筑与紫禁城内的其他宫殿相得益彰，以致使人时常忘记它作为现代钢筋水泥建筑的本质。与紫禁城内的延禧宫库房相比，北平研究院理化部大楼、中法大学图书馆在建筑材料和建筑技术等方面体现出对西方先进方法的科学把握，在屋顶、抱厦、彩绘方面亦表现为对官式建筑形式的严谨使用。在西方建筑艺术和东方建筑形式之间，汪申的建筑设计作品呈现出一种折中主义

---

① 《建筑协会 派代表赴北平参观 谋发展东方固有之艺术》，《申报》1934年5月12日第12版。

② 北平琉璃窑厂，即指赵家官琉璃窑。据载，赵家祖籍山西榆次县南小赵村，世代从事琉璃烧造，人称“琉璃赵”。自元新建大都及至明清两代，“琉璃赵”一直为皇家烧造琉璃瓦。及至近代，“琉璃赵”仍为各处古建修缮及仿古复古建筑烧制琉璃瓦，例如协和医学院、中山陵、北京图书馆等。

③ 《附录三 关于建筑仓库及订购消防用具本院与各厂商签订之合同底稿》，载《北平故宫博物院报告（民国二十年十二月刊行）》，故宫博物院藏档案，《故宫博物院·计划总结类》第18卷。

的风格。

此后，由于时局环境和经济因素，汪申的建筑设计呈现出更多的现代建筑的基本结构与形式样貌。例如，1935年审查南京分院朝天宫保存库设计样图，明确提出“屋盖用歇山城楼式，殊不经济”。最后，朝天宫保存库大多采用西法，仅在个别处保留了传统建筑样式。具体而言，朝天宫保存库除吸收了须弥福寿之庙大红台建筑在安全和防御方面的结构功能外，传统建筑的外观样式仅浓缩在屋顶四角的瞭望警亭上，逐渐成为现代建筑的一种装饰。又如，1937年设计国立北平大学农学院礼堂及图书馆时，鉴于经济与安全的考虑，汪申充分采用西方建筑在线条和空间上的简洁和规则。整个礼堂和图书馆呈丁字形，为南北向之高大平房。所有屋顶板楼和台柱等用钢筋混凝土搭成，门窗用钢铁做成。楼高二层，大厅位于一层，与礼堂毗邻，两侧设楼梯通向二层阅览室。

图11　延禧宫库房现状

图12　中法大学图书馆现状

图13　国立北平故宫博物院南京分院保存库现状

根据留法建筑师汪申的个案研究，对比中国近代建筑的发展历程，我们基本可以看出，20世纪二三十年代，新统一的民族国家出于对国家认同的渴望和改造国民的需要，在“中国固有之形式”的文化复兴潮流之中，建筑领域兴起了一场规模浩大的复古思潮，产生了大量折中主义建筑，比较有代表性的作品包括留法建筑师汪申设计的延禧宫库房和留美建筑师董大酉设计的上海市博物馆。

# 周碧初对油画艺术现代性的追求

傅　军

上海油画雕塑院美术馆

**摘　要：** 本文通过对周碧初先生长达七十余年艺术发展脉络的系统梳理，找寻其油画语言和艺术风格演变的延续性与内在逻辑性，力图从艺术语言的逻辑建构、艺术创造力的重建、对真实感知力的坚守三个方面，来阐述周碧初对油画艺术现代性的不懈追求。本文结合对周碧初不同时期作品的分析和本体语言的研究，从个案研究的角度，来反映中国近现代美术留学群体对 20 世纪中国美术发展的深远影响。

**关键词：** 周碧初　油画艺术　逻辑建构　本体语言　现代性

## 引　言

20 世纪开始，中国美术最大的问题就是东西文化的交汇和融合，是西方的影响和中国的回应。中国几代艺术家置身于国际化的文化视域之下，披荆斩棘、执着坚韧，寻找中国艺术发展的全新路径。而中国近现代美术留学群体，更是其中的先行者、探索者和实践者。

周碧初先生于 1925—1930 年留学法国，这短短五年的留学时光，对他艺术观念的形成、发展方向的选择、独立人格的坚守等都产生了持久的影响，可以说为他此后六十余年漫长的艺术生涯提供了精神底色和动力源泉。尤其是油画艺术的现代性观念，基本是在周先生留法期间确立的，并成为他毕生的追求。

20 世纪上半叶，现代艺术观念随着中国近现代美术留学群体与油画等西方艺术样式一起进入中国，经历了在一个传统社会、前现代社会里实现现代艺术的独特历程。现代艺术在中国并非一种“自发性”的艺术潮流，作为一种“外源性”艺术思潮，由于它的进入，很大程度上中断和改变了中国美术千百年来一贯的步伐。

本文所说的现代艺术，是特指从20世纪初西方兴起的，在文化艺术上与古典主义传统艺术相背离的艺术潮流，它的源头可追溯到法国的印象主义。现代艺术在不同国家中出现和兴起的时间有所不同，中国的现代艺术是在艰难曲折中经历了两次高潮，一次是20世纪30年代，另一次是20世纪80—90年代。现代艺术首先体现在人的主体性上，主体性的核心是人本主义和人类中心主义。其次，体现在对客观事物的理性态度，现代艺术其实是一种艺术理性或者审美理性。

如果说写实主义更忠实于表现事物本体，那么现代主义更多的是对事物的提炼。写实主义是事物的再现，而现代艺术赋予了事物更多的个人情感色彩和符号象征意义。但不论是写实主义还是现代主义，都是表现社会群体情感，都具有浓重的人性表达意向，因此，两者之间其实具有一定的关联和精神传承。值得注意的是，现代艺术的根本诉求是表现个体，体现画家的主体精神而非物体的客观特征。现代艺术对感觉和感受的重视，主张绘画不做自然的仆从，绘画摆脱对文学和历史的依赖，强调艺术语言自身的独立价值，为艺术而艺术等观念，这些都是现代艺术体系的理论基础。

周碧初是中国现代艺术早期开拓者，他没有振聋发聩式的呼号召唤，也没有狂飙突进式的艺术主张。因此，表面上看，他不是中国现代艺术最激进的代表，但在思想观念、艺术品质、精神意志方面，我认为他是中国少数几位最坚定的现代艺术大家。理由有三，其一，他毕生追求艺术家的主体性，终生捍卫独立的艺术人格，不为时风所迫而屈从。在艺术的价值观念非常单一的年代里，他明知从事主题性创作就能换回相应的艺术地位和社会名望，但他从未违背自己的内心意愿去做这样的妥协，他终其一生都在努力建构属于他自己的独特的艺术语言。其二，七十余年坚持对绘画本体语言和油画艺术现代性的深入研究，追求形式感、绘画性等这些形而上的审美理性，致力于艺术创造力的重建，而非挪用和移植。“文革”期间，迫于政治压力，周先生未能正常进行油画的创作与研究，不过暗地里他却从未因此而停止过探索的脚步。其三，他始终坚持对真实感知力的表达和捍卫。主体性、真实性和艺术理性，是周先生终生践行的艺术信条，恰恰也正是现代艺术的核心理念。另外，周先生的艺术生涯足够漫长，他亲身经历了现代艺术在中国的两度高潮。因此，周先生是以坚韧执着、百折不挠的创作实践和独立人格为油画艺术的艺术性在中国的发展做出突出贡献的艺术家，他的艺术探索之路是中国近现代美术留学群体中极具代表性的样本。

## 一、自身艺术语言的逻辑建构

“五四”前后，随着西学东渐的不断深入和扩大，中国逐渐由传统社会向现代社会转变。对于知识界而言，最鲜明的一个特征是，陈寅恪先生所提出的“独立之精神，自由之思想”[①] 这种现代精神为更多的知识人所接受。他们以拥有“独立自主的人格”为目标，在各自的领域里，选择自己的方向分头发展，表现出蓬勃的生机和活力。

### （一）立足中国艺术为主体，消化吸取外来艺术养分，创造具有我们民族自身精神特质的现代性油画

这个阶段也是中国留学生到欧洲学习西洋美术风起云涌之时，适逢欧洲现代主义等多种流派从古典传统中脱颖而出，这些留学生按照各自所需找寻艺术发展之路。周碧初先生，因师从法国知名印象派画家欧内斯特·洛朗（Ernest Laurent）教授，所以对注重外光效果和色彩语言的印象派特别感兴趣，并从此开启了对印象主义的学习和研究。但他没有被印象派的艺术观念和技法手段所限，留法期间，他跑遍了法国各地的美术馆，对历代西方绘画大师如达·芬奇、米勒、柯罗、库尔贝、高更等进行认真的研习，他曾经花了整整三个月时间临摹米勒的代表作《拾穗者》。这种博采众长、兼收并蓄的治学方法无疑为他奠定了非常扎实的基础，也开阔了他的艺术视野和胸襟。此后，他的绘画，既带有印象主义的外光派和点彩派的风格，又有学院写实油画的根基，同时也受到野兽派、立体派、表现主义等现代主义流派的影响，因此是写实主义、印象主义和现代主义三者的有机融合。

---

① 陈寅恪著，陈美延编：《金明馆丛稿二编》，生活·读书·新知三联书店 2001 年版，第 246 页。

周先生这种艺术创新，拓宽了中国艺术家的创作思维，也为中国艺术开创了新的局面，因此成为中国早期现代艺术思潮非常重要的一部分。

周先生与印象派之间有着千丝万缕的联系，尤其当年美术界权威人士陈抱一的评价："周氏的画，有点带印象派笔法，其画面色调属平淡静稳之趣，与其性格颇为相似相合。"[①] 让周先生从此妥妥地贴上了印象主义画家的标签。20 世纪 60—70 年代，在《柠檬》( 1960 )、《古城水乡》( 1961 )、《春色》( 1962 )、《陶马》( 1962 )、《虞山道上》( 1962 )、《老南瓜》( 1963 )、《嘉兴烟雨楼》( 1964 ) 等风景和静物题材的创作中，无论用画笔还是油画刀，周先生都注重发挥笔触和点簇的表现力，他又因此被归入"点彩派"画家的行列中。但水天中在对周碧初的访谈中曾问他，是不是学过"点彩派"画家修拉、西涅克等人的画法。周碧初很明确地回答："我的老师不是点彩派，我也不是，完全不是。"[②]

仔细观察，我们会发现，欧洲的点彩派通篇好用细碎的直点，大肆铺陈，注重科学分析景物在光下的表现，形成一种奇异的视觉效果。而周先生画中的点，更像是中国传统绘画中的"点苔"，它既是具体形象的一种概括和浓缩，又起到一定的装饰作用，让画面更具形式感。不难看出，在点簇的表现上，周先生有机地汲取了中国式"点苔"笔简意到的精髓，但在色彩表现上更为丰富与细腻。他常常粗细相间，长短不一，疏落有致，营造出一种独特的画面美感和节奏。可以说，周先生的油画艺术是立足于我们中国艺术为主体，消化吸取外来艺术养分而创造出来的，具有我们民族自身精神特质的现代艺术。诚如他自己所言："西方印象派借鉴东方的艺术，仍然是西方的艺术流派；东方借鉴印象派，也不能成为他们的翻版，必须立足于中国，发展民族的中国艺术。"[③]

### （二）坚持艺术家的主体精神，追求纯粹的艺术价值

在缺乏相应社会环境和文化土壤的国度里进行油画艺术的现代性探索，可想而知，周先生的艺术之路走得并不平坦，而是艰难崎岖。不过，他始终坚持独立自主的精神，即便是意识形态管控最为严苛的"文革"期间，也不为潮流所动，

---

① 陈抱一：《洋画运动过程记略》( 续 ),《上海艺术月刊》1942 年第 10 期。

② 上海油画雕塑院编：《上海油画雕塑院：周碧初》，上海教育出版社 2003 年版，第 7 页。

③ 周碧初：《周碧初手稿》( 未出版 )。

图1 《井冈山》布面油画 49cm×65cm 1960年

不被时势所趋，终生没有留下一件主题性画作。他笔下的革命圣地《井冈山》（1960）（图1）依然是恬淡、清新，保持了他一贯注重绘画性和形式感的语言特色，在周先生的眼里，只是把它当作一幅普通的风景画来进行描绘，他更注重画作的艺术价值。

20世纪60—70年代，周先生曾先后创作了《龙潭水电站》（1961）、《新安江水电站》（1963）、《炼油厂》（1964）（图2）和《西山矿区》（1972）等几件工业题材的作品。这是他整个艺术人生中鲜少涉足的题材，对于这样的创作，他还是没有放弃对形式美感的艺术追求。根据工业题材的特性，他选择了以色彩的块面构成为主，赋予一定的形式感和秩序感，语言洗练、概括，画面轻松、活泼，凸显出那个时代罕见的工业美感和艺术性。

周先生创作于1962年的《春色》（图3），在今天看来，我依旧认为是一件非常前卫和大胆的作品。满眼的璀璨艳丽，完全用色彩构成描绘田园风光。为了避免因色彩鲜艳而导致的轻浮与流俗，周先生特意用油画刀而非油画笔。用刀作画

图2 《炼油厂》布面油画 29cm×19cm 1964年

图3 《春色》布面油画 80cm×100cm 1962年

图4 《雪景》布面油画 61cm×50cm 1968年

留下的生涩感和粗犷气息，使得画面显现出极强的质感与力度，整体上构成一种既恢宏、高亢，又拙朴、深沉的独特美感，是我至今看到的中国艺术家同时期作品中风格最为先锋老辣的作品。

同样的例子还有创作于1968年的《雪景》(图4)，居然在一片肃杀、清冽、寒气逼人的自然和社会环境中，周先生完全借由油画语言(尤其是色彩语言)特有的感染力和冲击力，营造出壮丽、静穆、崇高的艺术效果。此画象征意味明显，借景抒情，是彼时他内心的一种写照，从一个侧面反映出周先生豁达乐观的人生态度。

在一个现实步步紧逼、山雨欲来风满楼的氛围里，他仍然大胆探索，不断实践，坚持自己的艺术理想，因此，他的可贵之处不仅仅在于他的艺术成就，更在于在极端困厄的政治环境和文化氛围中对独立自主艺术人格的坚守。周先生这种主体性的构建和努力是他终生践行的，百年中，他见证了无数艺术流派的兴衰更迭，而他始终坚持自己的艺术之路，坚持属于自己的艺术思考。

根据建构主义学习理论，学习是一种知识的处理与转换，带有主动性、社会性和情境性的特点。周碧初先生是一位具有强烈主体意识的艺术家，在不同的历史阶段，身处不同的社会情境中，他面对东西之间、传统与现代之间、新旧观念之间的冲突，势必引发他在艺术观念和知识结构方面的打破和重组。事实上，他的艺术实践的不断推进，也是他自身艺术语言不断建构、不断成熟的一个过程。

## 二、艺术创造力的重建

在笔者看来，周碧初先生对于中国油画的意义，不在于他一生创作了多少幅优秀的作品，而是提供了一种思维路径和发展方向。那就是，国门洞开之后，在我们不可能拒绝外来文明对于自身发展影响的文化语境下，我们要立足于自身，无论对于西方文化还是中国传统文化，不能停留在简单的符号移植或元素嫁接，而应该不断寻求东西方艺术之间精神的融合，不断穿越异质文化的边界。

周碧初先生留法五年回国之后，除去“文革”十年，他先后经历了四个不同的艺术阶段。每个阶段他都不断寻找突破，不断寻求与时代对话，从未停止过对油画本体语言的研究和探索，也从未在实践中停止过对油画语言自我更新的尝试。他不仅创造出独特的艺术语言和视觉图像，还逐渐摸索出一套属于他的创作方法论和美学体系。

### （一）20世纪30—40年代，侧重于西方现代派与中国传统艺术之间的融合

从现存周先生最早的作品《西湖》（1932）来看，此作构图严谨，注重形式，主要运用色彩进行造型和推延。统一的色调中光影交错，明净透亮，摇曳多姿，一派万物复苏、大地萌发的早春气息。此时的周先生已经自觉地将中国传统山水画中的三远法“高远”、“深远”与“平远”自然融入于他的风景油画中，使该作品既具有中国山水画的意境，又具有风景油画特有的色彩感和体量感。此作被当时的英国专业刊物《画室》看中并刊发，成为他的成名作和早期代表性作品之一。

如果说《西湖》（图5）开启了周先生中西融合的序幕，那么创作于1935年的《黄山之云》（图6）无疑是他早期在探索现代油画民族化道路上最具有代表性

图5 《西湖》布面油画 60cm×73cm 1932年

图6 《黄山之云》布面油画 45cm× 54cm 1935年

的作品。该作有效地压缩了空间，呈现出极强的平面感。

他又借鉴了民间年画色彩对比强烈的特点，在喜庆亮丽的同时，给人以纯朴厚重的美感，画面洋溢出浓郁的东方神韵。而创作于1939年的静物作品《菊花》（图7）是另一幅风格鲜明、让人过目难忘的作品。单凭油画刀，通篇用色块进行造型，带着野兽派的生猛和桀骜，整体色调沉稳隽永，平面感和装饰性都非常强，是一幅典型的现代派作品。

图7 《菊花》布面油画 61cm×50cm 1939年

遗憾的是，周先生大量早期作品由于1937年“八·一三”事变的到来在炮火中毁于一旦。仅从以上三幅作品不难看出，周先生在20世纪30—40年代的上海，已经在油画本体语言的探索和中西艺术的融合方面进行了卓有成效的探索和实践。他说：“借鉴不是照搬，不是仿造，而是汲取营养，发展各自的艺术。”

### （二）20世纪50年代，致力于对印象主义外光派的研究、实践与探索

旅居印尼的近10年间，正是周先生年富力强的黄金时代。由于没有受到当时国内各种政治运动影响，又得到爱国华侨郭美丞等人的鼎力资助，不仅免费给他提供画室，还提供他外出写生的交通工具，以及经济上的援助，让他免除了后顾之忧。那段时间，周先生在南洋群岛亚热带明艳的阳光下，通过不断外出写生和野外作业，潜心研究油画艺术的堂奥，成果斐然。

周先生曾认为：“描写自然界一切形色，是需要色彩的力量来表现的，色彩以外，竟没有旁的方法——或东西代替着的。”[1]创作于1954年的《印尼风景》（图

① 周碧初：《西画概论》，上海艺术图书社1936年版，第11页。

图8 《印尼风景》布面油画 46cm×55cm 1954年

8）无疑为他这种艺术观点做了最出色的注解。此作中我们看到，周先生运用色彩的能力得到进一步增强。色彩的层次与结构，色彩的空间与组合，色彩的对比与调节，色彩的细微与和谐，在这件作品中得到了淋漓尽致的反映。塞尚所谓的色彩丰富到一定程度，形也就成了，说的大概就是这种境界。

印尼时期，周先生除了少量的人物与静物作品之外，他还创作了大量的风景作品。这些作品，主要立足于对形式和色彩推移理论的研究。通过色彩构成或者形式构成，重视画面视觉要素的构成秩序，强调画面的视觉效果和形式，突出作品的绘画性，以此来强调绘画的纯粹性和形式美，以及绘画自身所具有的独立价值。

事实上，周先生对艺术现代性的追求是自觉而深入的，并做好了大量理论上的准备。从他编著的《西画概论》不难看出，他对西画的理解是同时代人中尤为深入、全面和透彻的，这对他关于现代艺术观念的理解和接受，以及印尼时期大量的写生和创作实践，起到了非常积极的作用。这也使得他并没有像其他艺术家那样成为模仿者，没有被西方现代诸派稀释掉个人的特性。他尤其注重现代油画自身构建与中西艺术传统的互动，他是在对西方现代主义各种流派有益借鉴的基础上，有效地融合了本土文化，以及个人的智慧和才情。

### （三）20世纪60年代上半叶，西方现代艺术深度内化之后的创新实践

像是一种淬炼，在经历了长达30年时间的悉心研究和不断实践，到了20世纪60年代上半叶，中西方艺术的精髓和要义都已经融化到周先生的艺术血脉中。这个时期，周先生的静物画呈现出一种突飞猛进的势头。

创作于1960年的静物作品《柠檬》（图9），他用细碎的小笔触，塑造了柠檬结实的质感和体积感。在构图上，注意让实物与背景都处于适当的透视关系之

中。既重视对光的描绘，也重视物象的实体，对物体体积感的追求和表现，增强了画面空间的深度，也揭示出体积与空间的关系。色调方面，用黄的柠檬反衬着钴蓝的底色，其间又以跳动的朱色和淡紫的细笔触加以反衬，不乏灵动之感。整体感觉浑厚、坚实，并富有力量和光泽。

图9 《柠檬》布面油画 39cm×55cm 1960年

周先生这个时期类似风格的静物画作还有《老南瓜》(1963)(图10)，此作更为老练，色彩浑厚，层次丰富，三只老南瓜造型各异，如怪石嶙峋，赋予了某种抽象性和精神性的特质。

图10 《老南瓜》布面油画 50cm×60cm 1963年

《陶马》(1962)(图11)和《新禧》(1966)(图12)，是另外两幅极为独特却又成功的静物画作。独特之处首先在于题材做了突破，增强了民族性，随之带来的是表现的难度。因为陶马与兔子灯远比普通的食物和器皿要复杂得多，周先生的学生凌启宁老师曾回忆说："我至今还清楚记得一次静物课，周老师提了两盏粘满彩色纸丝的兔子灯走进教室，把我们都惊得叫了起来，这怎么画？"① 其次，画面背景的处理。特意选用了北宋王希孟著名的青绿山水《千里江山图》作为《陶马》画中的背景，一方面通过油画绘制中国山水名作，将中国式的审美和意境有意识地引入油画中；另一方面进一步强调中国油画的文化身份。

后来，我们也看到不少艺术家有过类似的尝试，比如，靳尚谊先生的代表作之一《青年女歌手》(1984)，背景就选用了北宋范宽的山水名作《雪景寒林图》。另一幅静物作品《新禧》，采用了具有很强装饰意味的民俗画作为背景，这既与前

① 上海油画雕塑院编：《上海油画雕塑院：周碧初》，上海教育出版社2003年版，第13页。

图11 《陶马》布面油画 73cm×60cm 1962年

图12 《新禧》布面油画 58cm×79cm 1966年

景中的兔子灯在内涵与气质上相互呼应，又强化和渲染了这件作品的民俗民间趣味和中国特色。这个阶段，周先生在静物创作中将中国式艺术内涵和西方式的表现技法两者融会贯通，驾驭得极为娴熟和精湛，因此精彩之作不断涌现。

这个时期，周先生在风景画的创作方面，也有了长足的进展。除了前面提到的《春色》(1962)之外，还有两件不得不提的作品《古城水乡》(1961)(图13)与《北海公园》(1965)(图14)。周先生笔下的《古城水乡》一派明艳、灵动，一改常人印象中古城水乡色调沉闷、气氛沉郁的刻板印象。原因主要在于周先生有意识地选择了正午

图13 《古城水乡》布面油画 38cm×55cm 1961年

图14 《北海公园》布面油画 90cm×95cm 1965年

时分，通常这个时段的风景是画家们最忌讳的，因为曝光太过充分而不容易入画，也难以表达。此外，周先生还采用比较少见的水乡正面构图，直接面对水道对面的房屋与河堤，且用大面积的红色占据画幅的主要位置。尽管仍然有着斑驳破旧的历史印迹，但由于强烈的阳光照射，再加上“响亮”的大红色和天蓝色，这一切都消弭在灿烂的光色变幻之中，令人无限遐想。周先生曾将苏轼的名言“出新意于法度之中，寄妙理于豪放之外”修改为“出新意于法变之中，寄妙理于豪放之外”[①]。一字之差，却表达出他锐意创新，不落窠臼，不落陈套的决心和信心。

在《北海公园》中，他采用对比色并置和反衬的技法，在大面积不同明度的绿色丛中，点缀些许深红，庄重之外增添了华丽辉煌的艺术效果。上述两件画作的共同之处在于，均带有浓郁与强烈的中华民族审美趣味和文化内涵。

### （四）20世纪80—90年代，关注山水题材的现代转换，超越对物象实体的描绘，走向对真实感受的精神表达

这个时期，周先生已经步入晚年，不过他老而弥智，除了少量的静物和城市风景之外，他主要专注于对中国传统山水进行现代性转换的研究。虽已届耄耋之年，但为了亲身感受山水精神，他不断周游各地进行采风。甚至不顾年事已高，数次攀登黄山，实地写生。搜尽奇峰打草稿，采风归来，他利用写生稿，对当时的感受做进一步梳理和调整。这个时期，我们可以注意到，用笔、用刀、长点、短点、构图、形式、光线、色彩等诸如此类，周先生都是信手拈来、悠游自在，已经到达了出神入化、游刃有余的地步。

其晚年的作品，与之前的创作相比，笔者发现在自然风景的刻画上表现得更为自由和主观，更为松动和灵活。已经从前期侧重于对色彩和形式的研究，转向对内在情感与心志的抒发。比如，他晚年的笔触更多融合中国传统绘画的用笔，由“绘”变为“写”，由紧实转为空灵，点染皴擦间，或大刀阔斧，或行云流水，自由挥洒，随意点染，形成了富有特色的油画笔法。由于不刻意追求画面的完整度，删繁就简而意蕴深远，不似之似而神气完足，作品总是呈现似虚若实、别开生面、物我两忘的气质格调。我们可以从这个时期最具代表性的作品《福建东山

① 周碧初：《周碧初手稿》（未出版）。

图15 《福建东山风景》布面油画 73cm×92cm 1987年

风景》（图 15）中看到，带着强烈的主观色彩，不被物象的真实性所困，物象经过提炼已经演变为画面中的一个个符号，在具象与抽象之间，画面显得极为随意和自由。其用笔之妙，让观者深深感到，增一笔太多，减一笔太少。

周先生许多晚年的作品，比如《桂林兴坪》（1982）、《芦笛崖》（1982）、《江畔小村》（1982）、《桂林》（1981）、《三峡薄雾》（1983）、《群山》（1987）、《黄山》（1987）等，虽然没有直接描绘外光，却给人一种眩晕感，这已经远远超越了印象主义外光派的技法，而是创造性地在传统山水中加入了光的因素，从而让阳光隐含在画面中，在山水之间的空气中，制造出一种精神性的迷幻感。我们似乎可以从他的艺术理论的总结中找到这种实践的依据："到了摹仿自然已很成熟的地步，须得还要参加着个人的意境，表现内心的情绪——就是把作画人的精神，灌注在画面，融化在画里，当着把有色有形的一切表现出来发挥到顶点时，说也希奇，会把那无色无形的一切，也好像同在表现出来的样子，使得看见的人，非但看见了一切有形的和有色的地方，简直还连带感觉到那些无色无形的表情意识，以至于动作声息。这种作品，总是艺术的成功的作品。"①

晚年的周先生，把自己一生对于西画、国画、民间美术等的学识素养融汇在一起，使他的油画具有鲜明的现代特征和民族风格，诚如美术史论家邵洛羊先生点评的"有中国人的气质……有中国山水画的意趣"。

## 三、对真实感知力的坚守

如果说，古典主义艺术强调运用精确的素描对内容、情节进行描绘，那么现代主义完全跳脱了理想化和精确叙述的态度。与此同时，强调艺术自身的独立价

① 周碧初：《西画概论》，上海艺术图书社 1936 年版，第 48 页。

值，重视艺术家内心的“自我感受”和“自我表现”，重视艺术家主观性的表达，越来越成为现代艺术的主流。这种主观性在周碧初先生那里，就表现为他通过长达七十余年的写生与创作实践，来表达他对于真实感知力的重视与坚守。事实上，这也是中国油画艺术走向现代的重要组成因素。

### （一）毕生追求写出生意

写生通常是指直接以实物或风景为对象进行描绘的作画方法。根据描绘对象不同，基本分作“风景写生”、“静物写生”和“人像写生”等。一般写生不作为成品绘画，只是为作品搜集素材。但随着历史的发展，有的画家直接用写生的方法创作，尤其是印象派的画家，经常利用风景写生，直接描绘瞬间即逝的光影变化。

事实上，所谓写生，重要的是写出生意，即写出生动与意趣。而周碧初先生看来，写生即为创作。他的这种理念既源于“以造化为师”这种民族艺术的内在传统，也受到19世纪法国现实主义与印象派的深刻影响。通过写生他不断体悟自然，不断突破前人的窠臼找到自己的方向。他常说：“写生的本质就是要重客观、细观察、深描绘，这是一切的一切。”① 因此，他终生保持着写生的习惯。无论是千岛之国的印尼，还是国内大江南北、名山巨川都曾留下过他的足迹。在80岁高龄还攀登黄山、武夷山，搜尽奇峰打草稿。为了画好风景，他经常带着一点干粮，早出晚归，他几乎跑遍了大半个中国。他的学生邱瑞敏也有很深的感触：“直到古稀之年，他还痴心于写生，虽然外出不便，他还是由学生陪同漫游天下。我就有幸随老师去过井冈山和雁荡山。师生一行背着沉重的行李和画具穿山越岭，昼行重重山，夜宿小客栈。奔腾的溪流，起伏的山峦尽收眼底。老师的作品虽画幅不大，但色调明快、笔触生动，是我们学习的范本。他许多精湛的作品，都源于写生，后来收入他的画集之中。”②

周碧初先生是一个纯朴的人，一位纯粹的艺术家。他日常生活简单，不喜交际应酬，不嗜烟酒，长期沉浸于艺术思考之中，追求艺术最本质的东西。他像一

---

① 周碧初：《周碧初手稿》（未出版）。

② 上海油画雕塑院编：《上海油画雕塑院：周碧初》，上海教育出版社2003年版，第9页。

位老农一样，每天日出而作，日落而归，精耕细作。从现存资料看，周碧初的写生自 20 世纪 20 年代开始一直延续至 20 世纪 90 年代，在长达 70 年的艺术人生中，他没有停下过手中的笔，也没停下外出写生的脚步，有着一条完整的艺术发展轨迹。因为他坚持认为，没有写生就没有自己独特的感受，那样的艺术作品就缺乏感染力。

## （二）将真实的感知力转化为现实的创造力

我们从周碧初先生的早期写生作品就能看出他对于自我感知能力的强调与重视。如《西湖旧景》（图 16）与《水乡》（图 17），画风相对比较率性、粗犷、拙朴，不同于传统写实油画那样精雕细刻、注重三维透视关系，而是相对比较平面化，用大色块处理的方法，突出强调主观感受和环境的整体氛围。

图16 《西湖旧景》布面油画 45cm×54cm 1932年

图17 《水乡》布面油画 45cm×54cm 1935年

晚年的周碧初先生，更加注重在写生与创作中，将中国传统的写意精神、民间绘画的表现手段与西方造型手法的融合，注重在写生过程中对瞬间感受的捕捉与表达能力，从而不断拓展他油画艺术新的境界。比如创作于 1984 年的《小三峡》与创作于 1987 年的《陆游故居》，那种只有在写生现场才能感受到的天地氤氲、宇宙浩瀚，乃至空气的流动感，都被周碧初先生转化为独特的艺术形象。尤其难能可贵的他是用油画刀，而非油画笔，用一种相当生涩、老辣的油画语言绘出了他在某时某刻的真实感受。

据陪同他写生的学生介绍，周先生作画，重视把握时机，如果时间过去了，周先生就选择第二天再来，不勉强，不做作。自然是无限丰富的，他写生的很多风景画都有自己的风格特点，比如《小三峡》(图18）和《陆游故居》(图19)。他矢志不渝的写生实践让他的艺术创造始终保有现场鲜活的感受力，这种感受力加深了他对自然山川的本质认识，更激发他对表现手法的不断推陈出新，最终达到“以形写神”或“形神兼备”的艺术效果。

除了风景写生之外，静物写生也一直是周碧初研究和探索的另外一大题材，是他练习色彩的重要方法和手段。周碧初先生常常以静物蔬菜花果、陶瓷器皿、鱼虾生鲜等生活中常见的物品作为静物写生的对象，有感而发，情动于中，重传神，得天趣。周先生的静物写生非常注重构图的美感，构图要有层次，轻重平衡、光源的变化、色彩的穿插搭配与互相感应。

周碧初先生每一张静物写生可谓都是反复斟酌，苦心经营的结果。比如《紫砂茗壶》(图20)，如何摆放这些大小不同，造型各异的紫砂壶？既要从构图的角度显得错落有致，又要表现紫砂壶色彩和质感的多样性和丰富性，真是煞费苦功。另外，他又十分重视面对物象一闪而逝的第一感受，这通常来讲是很难把握的，如何抓住它又如何去表达它，非常考验画家的写生功力。周先生却常常能通过精准掌握整个画面的色

图18 《小三峡》布面油画 79cm×60cm 1984年

图19 《陆游故居》布面油画 59cm×73cm 1987年

图20 《紫砂茗壶》布面油画 46cm×55cm 1982年

图21 《夏娟》布面油画 50cm×61cm 1982

调，来迅速地表达自己瞬间获得的自然感受。比如《夏娟》(图21)，整幅画面，都是为了凸显红色杜鹃花绽放时的热烈、饱满和坚挺，所以无论是绿色的叶子还是画幅的背景，色彩全部弱化，空间努力压缩，只有红色的花朵在你眼前跳跃。周先生认为，所有的技法都来源于他对自然的深切感受，因此，他非常注意根据不同对象而选择表现方式。他认为画法是由生活体验中得来的，要深入物理、曲尽物态，表现事物的同时有自己的个性，夸张里要有真实感。在他暮年写的《我的自述》里，他总结认为作画应细致观察，分析对象，从自己对对象的感受出发，运用不同的表现手法去充分表现对象。他认为这是他留法学习的总结，也是坚持自己艺术之路的理论指导。

周先生对现代艺术的探索如此连贯、深入和持久，他对中国油画现代性创新实践所达到的高度，是同时期很多艺术家难以企及的。虽然他所经历的艺术人生，有其一定的特殊性，然而从一个个案的角度，他更为具体、真实、可感地反映了中国近现代美术留学生的历史境遇。一种外来艺术样式的学习与引入，包含了对艺术本体语言深入的研究和持续的发展，也势必会受到整体文化环境的限制和影响。20世纪独特的历史进程和文化语境，使得艺术家作为知识分子的一员始终怀有振兴民族艺术的信念和使命。他们在出国之前都多少接受过传统艺术的训练或者熏陶，这样的学识背景和知识结构，使得中西融合之路成为他们内心深处最本能的一种追求。实际上也对应了现代艺术进入中国之后在文化、审美、图式、精神、内涵等方面的复杂性。传统的书画和外来的洋画都不足以完备地表达创作者的内心，这在客观上对艺术的语言、形式风格和表达方式都提出了新的要求。

应当说，周先生是一个拥有自身艺术路径和发展逻辑的艺术家，他用长达七十余年的艺术人生谱写了亲身参与中国现代艺术的不朽篇章。作为现代艺术一个代表性的样本，作为中国近现代美术留学群体中的典型个案，对于当下的艺术创作来说具有重要的启示。中国艺术家在面对西方强势文化的时候，不应是未经消化一味的拿来主义；而对于当下现实生活的反映，也不应是表层化的肤浅描述和表达。应该在思想的深度和语言的难度上，通过个性化的创造，将个人现实和社会现实融合，并提升到普适性的经验和语言现实。

## 尾　声

中华人民共和国成立后，以写实主义为核心的现实主义成为中国美术界的主流，中国艺术的现代性探索举步维艰，日益边缘。很多致力于此类探索的艺术家只能沉潜下来，各自为政，成为一股“暗流”，没有形成一定的学术阵营和学术合力。周先生虽曾先后任职于厦门美专、国立杭州艺专、新华艺专、上海美专等学校，但由于种种原因，普遍时间不长。再加上，中华人民共和国成立后，中国现代艺术整体上遭受打击的历史际遇，极大地影响了周碧初先生的艺术思想在更大范围的传播。除了上海的美术界知道曾经有这样一位油画艺术大家，上海之外，竟鲜少有人知其名、见过其作。

另一个重要的现实是，有关艺术的现代性问题在中国的考察中必须包含“中西”和“古今”两种坐标系统。20 世纪上半叶，是中国历史从传统到现代的变革时期，这个时期很多艺术家出国留洋，学成归来。如果将这放置到一种更为宏大的背景之中，我们就会发现实际上更为本质的问题就是关于传统与现代的问题。我们以往更多地强调了中西方之间的差异，但却忽略了传统与现代之间的断缝与衔接。

众所周知，现代启蒙在今天的中国是一项未竟的事业，与之紧密相关的艺术的现代性在中国也是如此。当代艺术是从现代艺术的母体中脱胎和自然继承而来的，但中国当代艺术没有经历较为完整丰富的现代艺术就直接进入了后现代观念艺术，造成了如今艺术语言、社会接受度上很大的断裂。今天我们重新梳理和研究这位 20 世纪现代艺术大家，不仅仅是为了缅怀先辈，也不是为了单纯补课，更多的是希望通过这样的个案，找寻一些有价值的历史启示，同时获得一种精神性的力量。尽管当下以绘画呈现客观世界，获取图像的方式正在发生变化，但毕竟艺术如何能够达成个人性、本土性和世界性的融合，依然是一个需要思考并长期实践的过程。

# 虎步西洋东海、打破画学界限

## ——“艺术叛徒”刘海粟的艺术与艺术观

梁晓波

刘海粟美术馆

**摘　要：**作为中国新美术运动的拓荒者、现代艺术教育奠基人的刘海粟，自 1912 年创办中国第一所现代意义上的美术专业院校——上海图画美术院后，揭橥中国新美术运动序幕，书写近现代中国美术史的传奇。

与民国时期留日、留法求学问道，归国后开始在国内美术界舒展拳脚的同时代画家不同，刘海粟在出国之前，已以上海美专为根据地，奠下中国新美术运动的完善基础，以他 1919 年、1927 年两度赴日本交流考察为标志，中国现代美术实现了从“急起直追”到“后来居上”的飞跃发展，而他在 1929—1931 年、1933—1935 年两度欧游，又成功地把中国新美术运动发展 20 年的伟大成果完美展现于国际舞台，引起国际社会的巨大轰动，成为近现代中西文化交流史上划时代的重大事件。

刘海粟早年就对传统画学与西洋美术史有了通盘的研究和了解，并形成自己成熟的艺术观，他始终站在时代的前沿，洞彻中西美术发展的共同趋向，通过毕生的实践与创新，致力“打破古今中西界限”，在推动中国画的现代化与国际化，以及油画的民族化进程中厥功至伟，他晚年的艺术成就亦达到“技融中西、艺通古今”的历史新高度。他的艺术思想与成就，是中国新美术史的宝贵财富。

**关键词：**刘海粟　新美术运动　艺术教育体系　中西融合　欧游　中国现代名画展

清末民初，中国虽然表面上实现了从封建帝制到共和体制的过渡，但国力积弱，相比东邻日本乃至欧美各国差距极大。中国的志士仁人们，较以往更自觉地放眼看世界，艺术界的“洋画运动”亦应运而生。“洋画运动”初期只是“西学东渐”的产物，个别艺术工作者有感于国画自明清以降陈陈相因、衰颓不振，以“单干户”的形式，学习西洋画的创作；继而又逐渐出现“传习所”模式的小型教学场所，有名者如周湘于1908年创办的“上海布景画传习所”，1909年，少年刘海粟即于此学习半年。1912年冬，年仅17岁的刘海粟以同龄人难以企及的勇气与魄力，与友人乌始光创办了中国现代意义上的第一所美术专业院校——上海图画美术院（1930年定名上海美术专门学校，简称上海美专）。在办学过程中，实行旅行写生、男女同校、成立艺术组织、创办美术类专业刊物、公开使用人体模特儿并推动其合法化、积极介绍欧洲现代美术思潮等一系列历史创举。正如刘海粟1924年在《上海美专十三周年纪念感言》中所言：“新美术在文化上占一有力之地位，自上海美专始；艺术教育在学制上占有重要之地位，亦自上海美专始。故上海美专为中国新兴艺术之中心，此国人所公认，非余私言也。上海美专创立之纪念日，亦即中国新兴美术之诞日也。”至20世纪30年代，学校定名为“上海美术专门学校”时，已成为规模宏大、学制完备的民国最高艺术学府，被誉为“新兴艺术策源地”，上海亦因为美专的存在，成为民国艺术的中心。早年单纯化的“洋画运动”，发展成为如火如荼、深入民心的“新兴艺术运动”（今普遍称为“新美术运动”），刘海粟无疑是当中至为重要的先驱与领袖人物。

“新美术运动”中蔚然成风的留日、留欧潮，刘海粟是最早的推动者。上海美专学生毕业后留日、留欧深造者不乏其例，如朱屺瞻1918年8月与周畊云赴日本东京美术学校西洋画科学习，就是由校长张聿光、刘海粟选派的。与这些出国留学深造归来后才开始在国内美术界大展拳脚的后来者不同，刘海粟本人并没有出国留学的经历，但在这些留学者学成归来之前，刘海粟已经在中国美术界纵横驰骋，建立了赫赫功业。1919年赴日本考察美术时，他已是国内颇有名气的美术教育家与艺术家；1927年再度访日时，他已是公认的中国现代艺坛先驱与领袖人物；1929—1931年、1933—1935年两度赴欧洲，他都是以中国政府代表的身份去考察、交流。他的这些出国经历，后来更被学术界誉为“虎步西洋东海”，对他个人以至中国的新美术运动而言，都是里程碑式的重大事件。

关于刘海粟的早年艺术轨迹，倪贻德在《刘海粟的艺术》一文中写道：

> 说起海粟先生艺术的萌芽时代，也正当中国新艺术的萌芽时代——这是真的，他和中国的新兴艺术（洋画运动）有不可分离的关系……那时候艺术界的情形，我们不必讳言，所谓洋画家者，大都在作西洋画片的临摹，他当然也不能免此例外。但是他毕竟和他人不同，那时候所谓仕女画，以及布景式的油画，正盛行于上海滩上，而他却已经在用着真挚的态度，周到的描写，在画着崇高的枯干，辽阔的原野，以及象征英雄气概的野兽了。这些画，虽然在现在想来是非常可笑的，但已经可以看出他伟大的未来了。

图1　1914年《上海振青社书画集》中收录的刘海粟素描作品

图2　1915年《大共和画报》中收录的刘海粟素描作品

刘海粟这些早期的素描作品，散见于1914年《上海振青社书画集》（图1）、《大共和画报》（图2）等刊物，风景、静物、动物俱备，题材亦甚为广泛。他的素描创作一直延续到20世纪20年代，造型与线条已显得熟练精湛，个性鲜明，佳作时见报端（图3）。

在掌握铅笔素描的基础上，刘海粟又旁涉图案画、木炭画、色粉画、水彩画、油画的创作与教学，至1918年，学校更名为“上海图画美术学校”时，已初步建立了以“铅笔画、图案画、木炭画、色粉画、水彩画、油画”为架构的欧式写实主义美术教学体系，这亦是中国现代意义上最早建立的一套完善的美术教育体系。1919年刘海粟撰写《画学真诠》时，已计划把这一教学体系以分册的形式出版。1922 年，教育部拟定新学制，刘海粟应邀参与了中小学艺术课程的审定工作，并成功争取把艺术教育列入中小学必修课目，即把《画学真诠》的编写计划改成《新学制图画教科书》，把上述“铅笔画（图 4）—图案画（图 5）—木炭画（图 6）—色粉画（图 7）—水彩画（图 8）—油画”的美育体系，引至初中美术教学中。

刘海粟如此全面而扎实的西洋画学基础，是同时期的中国洋画家中仅见的，而更令人惊讶的是，他早年掌握的这些西洋画创作与教学实践，包括对西洋美术史的研究，都只是通过日本传入的书籍、画册，以及外国人在上海举办的画展中间接得来，仅凭这种间接的方式，他对欧洲美术史已有着全面而深入的准确认识，而且一直是欧洲现代艺术思潮在中国最早、最有代表性的宣传者。在 1919 年所撰的《画学上必要之点》一文中，他亦明确表示：“以此身缚校事，致不能出国门一步，窃以为憾，但教授之余，尝殚精歇虑，以研究欧西画学方法，并参考彼邦画史，及证以我国古来画派之沿革……世界各国之美术画，余所研究而得之者，印象派也、新印象派（注：后期印象主义）也、实写派（注：写实主义）也、自然派也。”是年创作的水彩画《龙华春色》，油画《披狐皮的女孩》《西泠斜阳》等名作，均可见欧洲传统写实主义与印象主义画风对他的影响。

1919 年 9 月，刘海粟与汪亚尘、陈国良、贺锐、俞寄凡结伴启程赴日，此时日本新美术运动发展蓬勃，完善程度远在中国之上。刘海粟知耻近勇，“拿日本做考察世界美术的出发点”。考察期间，他一方面积极学习和总结日本新美术运动的成功经验，另一方面又一针见血地指出日本新美术运动的局限在于接受东西方美术的输入时，模仿之风极盛，缺乏吸收和创造的精神。刘海粟因此直言：东抄西袭的“改造”，谈不上是彻底的改造，在研究古今中西“画法”和“主义”的同时，不能单纯地根据“新旧”作为标准，而应根据是否符合“真实、自然”的准则来判断高下，只有如此，才不受“画法”和“主义”先入为主的束缚，然后再根据自己的个性作出创新和改造，才称得上是彻底的艺术革命。

刘海粟归国后，即实行了一系列“彻底的艺术革命”，急起直追。而此行的另一收获，是他间接接触了后期印象主义以后的表现主义、立体主义等欧洲新兴艺术流派，回国后又开始大力宣传。1921 年 12 月 25 日，他应蔡元培邀请到北京大学演讲《现代绘画之新趋势》（图 9）时，对后期印象主义代表画家塞尚、高更、

图3　刘海粟20世纪20年代散见报端的人物素描

图4　刘海粟在《新学制图画教科书》中所作的铅笔画范图

图5　刘海粟在《新学制图画教科书》中所作的图案画范图

图6　刘海粟在《新学制图画教科书》中所作的木炭画范图

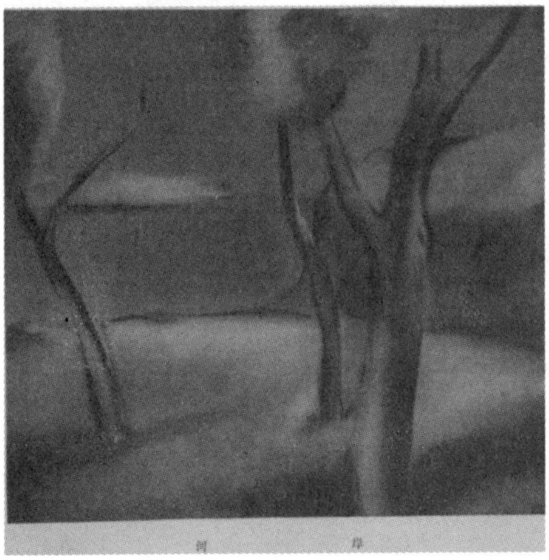


图7　刘海粟在《新学制图画教科书》中所作的色粉画范图

图8　刘海粟在《新学制图画教科书》中所作的水彩画范图

凡·高及紧随其后的野兽主义、表现主义、立体主义、未来主义等新兴艺术流派，都有详细的研究与评价。这一时期的刘海粟，也相继发表了《古典主义之艺术及其批判》《古典主义与浪漫主义之美术及其批判》《写实主义之艺术及其大师》《特拉克洛洼与浪漫主义》等文，研究和介绍欧洲古典主义、浪漫主义、自然主义、写实主义等传统艺术流派，但他亦已清楚意识到后期印象主义及其后的艺术，相对于欧洲传统学派以至印象主义而言，更具有时代性与历史进步意义，因此大为推崇。日本归来后，他的油画作品画风已渐倾向于后期印象主义（图10）。在是次演讲中，他说：

北京大學日刊

图9　1921年12月25日，刘海粟应蔡元培邀请到北京大学演讲《现代绘画之新趋势》，讲稿连载于1922年1月10日、12日、14日《北京大学日刊》

图10　刘海粟1922年油画作品《日光》，已带有明显的后期印象主义风格

> 现在伟大的艺术主义，当推后期印象派诸家任之了。以上并不是我胆大去妄断，也不是我拿我的偏见来虚张；实在因现代美术的精神，可说就是后期印象派的精神，换句话说，因为有了后期印象派，才有现代美术的新发展。我晓得向后还是要朝着这一方向去进行，所以我敢说后期印象派可以代表现代美术的精神。

值得注意的是，刘海粟虽然对欧洲新兴艺术流派始终保持密切关注，但绝非

“赶时髦”式的盲从，而是凭借过人的艺术触觉，从美术发展的角度着眼，意识到这些流派都是符合世界美术发展趋向的，他所肯定的，是后期印象主义摆脱物象的束缚、追求个人意识表现的精神，所以他又说：

诸君一定要以为我是崇拜后期印象主义的一人，或者是盲目于后期印象主义的一人。那么我就要答辩说：不是，我是拿我的思想，我的情感去观察，去探求，至于什么主义，什么画派，什么人，我们研究只管去研究，盲从却不可盲从，所以我们研究艺术的人，都应该拿定这种态度，充分去表现自己的情绪，万不应该做名人、前人的奴隶，终要自己去探求、去创作，就是拿现代的艺术运动而说，固不应该拿立体派、未来派的主张做“金科玉律”，也不应拿后期印象派的主义说他是“神圣不可侵犯”，只要认出个真理来，自然我们有我们的主张，我们有我们的画法，就一切都束缚不上了。再认定我们自己的个性，拿我们自己的能力去自发，可就更彻底了。

在初出道的第一个十年，刘海粟都是以西洋画创作与教学为主，1921 年因缘际会，被康有为主动收为弟子后，才重习传统诗文、书法，但还没有正式进行国画创作。康有为尊碑抑帖、提倡“学书必从篆入”的书学思想对他影响极深，他从《毛公鼎》《散氏盘》《石门铭》《石门颂》入手，所习“康体”亦形神俱似，1923 年已获康有为指定在赈灾义卖中“代笔”。但刘海粟后来即自觉摆脱“康体”的束缚，广涉唐、宋、元、明、清诸大家，篆、隶、楷、行、草无一不习，博采众长、深入堂奥，逐渐形成自己特有的凝练厚重、汪洋恣肆的风格。

1921 年 12 月—1922 年 1 月，刘海粟应蔡元培邀请赴北京讲学并举办画展，由于展品都是水彩、油画，因此被传统腐儒岑今可讥为“只研究西洋画，不研究国画”的“艺术叛徒”。刘海粟当即把“艺术叛徒”当作自己的别号，并重新研究、创作国画，以为反讽，这也是他油画、国画并举的重要转折点。在这一时期的国画作品中，他每喜以“康体”书法落款“海翁”，以志念与康有为的师生情缘，同时又以书法入画，笔笔中锋；造型上则采用素描结构，别开生面（图 11、图 12）。1925 年 8 月 12 日的《上海画报》记载了王济远对刘海粟作品的点评：“海粟国画，间参洋画笔法，是其异人处。余睹其《溪山叠翠》一巨幅，笔势奔放，才气横逸，非勾勒为功者。”而同年所作的《水郇烟树》等国画作品中，刘海粟更是得心应手地把凡·高、沈周两家笔法熔于一炉（图13）。清代自意大利传教士郎世宁来华被清廷聘为宫廷画家后，为迎合皇室审美要求，创造了“西画中用”的新画法，但未能形成气候，此后的一百几十年间，继起者绝迹。而刘海粟的这些作品，可谓在现代中国美术史“技融中西”的探索上石破天惊的先声。康有为对此亦极为赞赏，在数度为刘海粟所作题赠中，均期勉刘海粟继郎世宁后“合中西，成新体”，这一期勉，也成为刘海粟艺术追求的方向。

图11　刘海粟1915年素描《鹿》

经过长期对中西美术发展源流的研究和对比，刘海粟总结出西洋绘画从早期强调客观再现，到后期崇尚主观表现，与中国画从早期强调写实，到后期崇尚写意，是异支同构、殊途同归的，而且中国画在追求“写意”与“个性表现”的艺术自觉上，远远早于欧洲。他在1923年所作的名篇《石涛与后期印象派》一文中，即详细阐述了自己这一独到的研究心得，提出“观石涛之《画语录》，在三百年前，其思想与今世所谓后期印象派、表现派竟完全契合，而陈义之高且过之”，并提出“冲决古今中外艺术上之一切罗网！”这一振聋发聩的艺术革命宣言。

图12　刘海粟1926年国画《双鹿》

1926年，教育部颁令刘海粟代表政府赴日本、欧美考察美术，因受“模特儿

图13　1926年8月8日《晨报》副刊《星期画报》发表刘海粟1925年以沈周、凡·高笔法所作国画

事件”、上海美专学潮、北伐战争等一系列突发事件影响，未能成行。1927年，刘海粟被上海新军阀杨虎以“学阀”罪名通缉，避走日本。但此行可谓因祸得福：赴日期间，他作为中国新兴艺术革命领袖的地位与成就得到日本朝野各界的一致肯定，被媒体冠以“艺坛列宁”的称号；日本前首相清浦奎吾，农林大臣山本悌二郎，帝国美术院委员小室翠云、荒木十亩、藤岛武二、中村不折，外务省文化局局长冈部长景、东京美术学校校长正木直彦等为刘海粟安排在朝日新闻社举行个人画展，原定十日的展览，因反应热烈而延期三天，观众达数万人，画作被购藏一空；日本天皇亦购藏了国画《泰山飞瀑》《月落乌啼霜满林》，并赠刘海粟镌有皇室御用十六瓣菊花标记的银杯三座；在日本演讲《石涛与后期印象主义》时，引起日本艺术界的巨大反响，被誉为“20世纪东方最伟大的画论”，日本画坛泰斗桥本关雪亦撰文尊称刘海粟为“东方艺坛雄狮”。而中国的新美术运动经过十余年的发展，已渐形成流派纷呈、名家涌现的繁荣局面，整体水平已后来居上，超越日本。

随着国内局势渐趋稳定，刘海粟结束二度日本之行，载誉而归。1927年10月1日，掌管全国学术及教育的最高行政机构——中华民国大学院正式成立，11月，首任院长蔡元培即组织召开大学院艺术教育委员第一次会议，除议决举办刘海粟倡导多年的“第一次全国美术展览会”外，又重新颁令委派刘海粟代表国家前往欧洲考察、研究美术。1928年11月16日，蔡元培、戴季陶等为刘海粟举办“去国纪念展览会”，以壮行色，成为传媒焦点。1928年11月15日《上海漫画》“刘海粟西行个展”专版称刘海粟是“我国艺术革命之先导”，贺天健在为《上海画报》出版的“刘海粟先生去国纪念展览会特刊”所作序言中则写道：“世之举文学革新者，必曰胡适之；誉艺术革新者，必曰刘海粟。”因忙于筹备首届全国美展等事宜，刘海粟延至1929年2月才正式启程。

刘海粟在启程赴欧前，已基本完成了《海粟丛刊》的编撰工作，其中的《国画苑》，对晋、唐、宋、元、明、清各代画论及代表作品均作出全面的研究和介绍，他在篇首开宗明义地提道：

> 绘画非仅借勾勒填彩以肖实物为足，故第一当打破现实物象之形式，直接表现全人格之意欲，与夫一切精神活动以及可以体验之种种心象，趋向无限之自由境界，开展一种“正觉之生机”……若以画为机械，徒事技巧，若照相机、留声机然，千篇一律，何贵乎人为耶？

在结论中又提道：

> 艺学既非一派一流可尽，不论古今上下，任何流派，皆当彻底研究，放胆批评，万不可持偏一之见，蹈前人宗派之弊，而自绝其途。

又说：

> 艺术思潮之变迁，皆依时代递嬗，艺术派别之兴起，亦皆天才作家所造成，无律可绳也……故吾尝言曰：穷古今东西各派名家之画，而又努力冲决其樊篱，将一切樊篱冲决矣，吾自有吾之所在也！

《西画苑》则对中世纪文艺复兴时期以至后期印象主义以后的野兽主义、表现主义、未来主义、立体主义等古今艺术流派及其代表画家做出详细的介绍与评价，并由此总结出现代西洋美术的发展，是由客观再现到主观表现，再趋向于象征的、理想的、近乎音乐的状态。又表示：“我敢断言世界的艺术不久有一个黄金时代出现。”

我们知道，民国时期在研究西洋美术史方面著述颇丰的，还有丰子恺先生，但丰子恺在1928年出版的《西洋美术史》中谈到达达主义等新兴艺术流派时，已难以为继，并直言“其能否成为美术上的一倾向，尚未可卜”。刘海粟却独具慧眼地打破中西门户之见，直达本源地参透中西画学的共同发展方向，对现代各大新兴流派做出超前于时代的、铁口直断的定评，这种先知先觉，纵观民国美术史，也是无人能及的。《海粟丛刊》也因此被誉为民国时期介绍西洋绘画最全面、最优异的出版物。

刘海粟首度踏足欧陆后，一方面遍访卢浮宫等各大博物馆、画廊，饱览19世纪以降各美术流派名迹，继而转赴意大利、德国、比利时、瑞士等国，上溯17、18世纪文艺复兴时期遗迹，把欧洲美术史实地“复习”了一遍，他既选择临摹了部分古典主义、浪漫主义、写实主义经典名作，又把对印象主义、后期印象主义的新感悟表现于自己的创作中，以此印证昔日对欧洲美术史的研究与论断。又拜访国立巴黎美院院长贝纳尔、国际著名雕塑大师朗多斯基等多位欧洲艺坛名流巨擘，交流切磋，建立了深厚的私谊。另一方面又应邀撰文、演讲，将中国画学源流与精粹介绍给西方。凭借过人的艺术触觉和视野，以及艺术创作上的非凡造诣，刘海粟迅即在欧洲艺术前沿占据一席之地：其间被聘为比利时独立百年纪念展览国际评委，个人画作两度入选法国最负盛名的秋季沙龙，又两度应邀参加最具学术权威性的蒂勒里沙龙；1931年6月1日，刘海粟应邀于巴黎克莱蒙画院举办个人画展，国立巴黎美院院长贝纳尔亲临主持，法国画坛巨擘、野兽派代表画家阿孟琼，国际著名雕塑大师朗多斯基，卢浮宫美术馆馆长夏莫，国立亦特巴姆美术馆馆长台若诃阿等名流三百余人出席，法兰西学院委员、国立巴黎美院教授路易·赖鲁阿撰写画序，称其为“中国文艺复兴大师”。画展期间，经过严格的流程，其油画作品《卢森堡之雪》为法国政府购藏于亦特巴姆国家美术馆中。法、德两国政府更与刘海粟商定了后来轰动整个欧洲大陆的“中国现代画展”计划。历时三年的欧洲之旅，画上完美的句号。（图14）

首度欧游三年间，也是刘海粟创作的井喷期，得画达三百幅之多。1932年，上海市政府为表彰刘海粟欧游取得的巨大国际声誉，特为其主办“游欧作品展览会”，展出其欧游期间临作与创作117幅，又佐以欧游前与返国后的国画、油画108幅，对刘海粟从艺20年所取得的卓越成就作了一次全面的回顾与展示，林森、蒋介石、马相伯、蔡元培、陈树人、王震、柳亚子、沈恩孚、潘公展等民国

名流纷纷题词或撰序作贺，推崇备至。（图 15）

首度欧游后，刘海粟的画学理论与创作亦正式进入成熟期，根据欧游期间的札记，他整理出版了《中国绘画上的六法论》《欧游随笔》，又编辑《世界名画集》等专著。《世界名画集》共七集，分别是《特朗》、《刘海粟》（傅雷编）、《梵高》、《塞尚》、《雷诺阿》、《马蒂斯》、《莫奈》（图 16）。在《世界名画集》出版时，即使是西方画坛，对后期印象主义以降的这些新派代表画家仍褒贬不一，甚至不甚了了。最著名的例子就是欧文·斯通在 1931 年完成《梵高传》后，整整三年间，没有一家出版社愿意出版，原因是经济萧条，出版商认为不会有人关注这位默默无闻的荷兰画家的传奇。几经曲折，才由一家小型出版社印行了五千册，最终成为畅销全球的经典名作。而刘海粟编写的《世界名画集》，其中的《梵高》在 1932 年完稿后，即于 1933 年印行，比欧文·斯通的《梵高传》更早一年出版。与此同时，刘海粟又发表了《新派画家玛蒂斯与毕伽沙》（图 17）、《现代艺术》（图 18）等文章，积极宣传欧洲新兴艺术流派及其代表画家。在《现代艺术》中，他对野兽主义、新自然主义、未来主义、折中主义、理想主义、纯化主义、达达主义均有准确的介绍与评价。这些著述，皆反映了他过人的艺术触觉与高度自信，以及他在与西方“文化竞争”上的领先性。

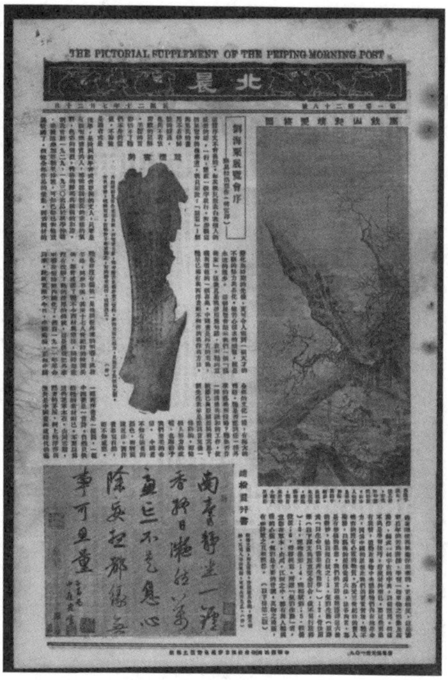
THE PICTORIAL SUPPLEMENT OF THE PEIPING MORNING POST

北晨

劉海粟畫展會序

图14　法国国立巴黎美院教授路易·赖鲁阿为刘海粟1931年6月巴黎个展所撰序言，称刘海粟为“中国文艺复兴大师”，此文经傅雷翻译后首发于1931年7月20日《北晨画报》，并被国内媒体广为传播

因受中日战局影响，刘海粟 1931 年与法、德两国政府商定于次年举办的大型中国现代绘画展一再拖延，以致错过了原定展期。经过刘海粟的积极推动以及蔡元培、叶恭绰、陈树人等大力支持，最终国民政府通过预算，并与德国政府商定于 1934 年初在柏林举办大型的“中国现代名画展览会”，这是民国美术界首次最

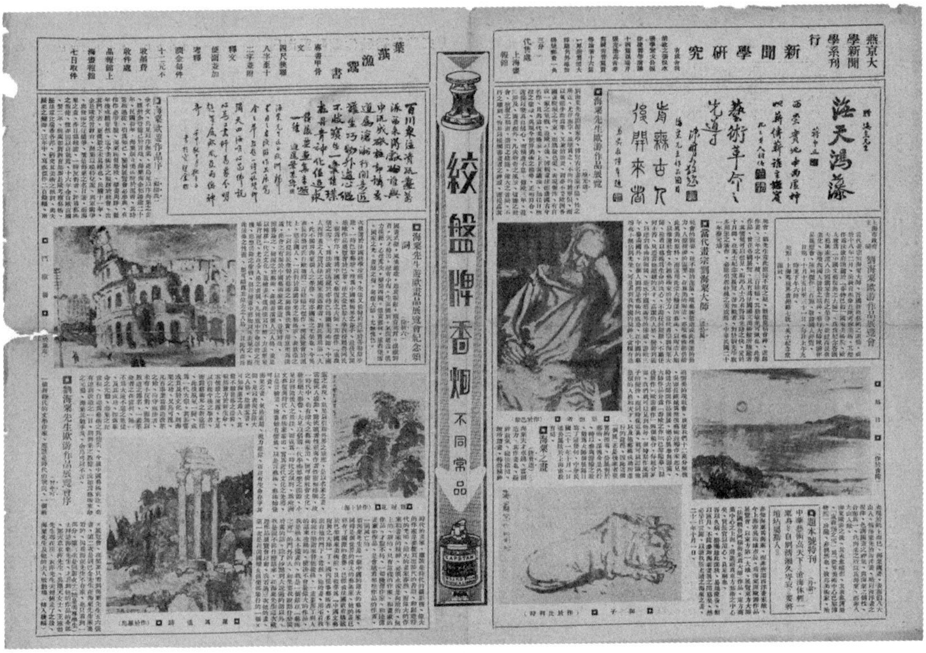
燕京大學新聞學系刊行

新聞學研究

絞盤牌香烟

不同常品

图15　1932年10月16日《上海画报》“刘海粟欧游画展特刊”，林森、蒋介石、马相伯、蔡元培、陈树人、王震、柳亚子、沈恩孚、潘公展等民国名流为画展题词或撰序

高规格的国际展示，由两国元首、首脑共同担任大会主席，并公选刘海粟作为中方代表，于1933年底携展览作品赴德国协调布展工作。1934年1月20日，画展隆重揭幕，至3月4日闭幕（图19），不仅令德国朝野为之震动，更引来欧洲各国的广泛关注，纷纷发出巡展邀请。但监察院审计通过的45000元国币预算，原本仅够支付德国一处的展览开支，且因中日战事激烈，国库财政紧缺，实际汇付刘海粟的，还大打折扣。当刘海粟把欧洲各国要求巡展的意愿函电国内时，行政院深感为难，最终无奈地表示：同意巡展计划，但以不溢出预算经费为限。这一表态，意同否决。但刘海粟却不放过如此机遇，毅然接洽了后续赴欧洲各国巡展的安排，以一己之力，解决了巡展经费问题，至1935年5月为止，相继在德国、荷兰、法国、瑞士、英国、捷克等国多个城市举办了15次大型巡展，观众逾60万人，媒体报道近2000篇，彻底扭转了以往欧洲社会以为“日本是东方艺术的代表”“中国现代无艺术”的偏见，中国新美术运动发展20年所取得的伟大成就，深深震撼了整个欧洲大陆。

图16　刘海粟根据1929—1931年欧游期间考察札记所编的《世界名画集》，1932—1936年由中华书局陆续出版

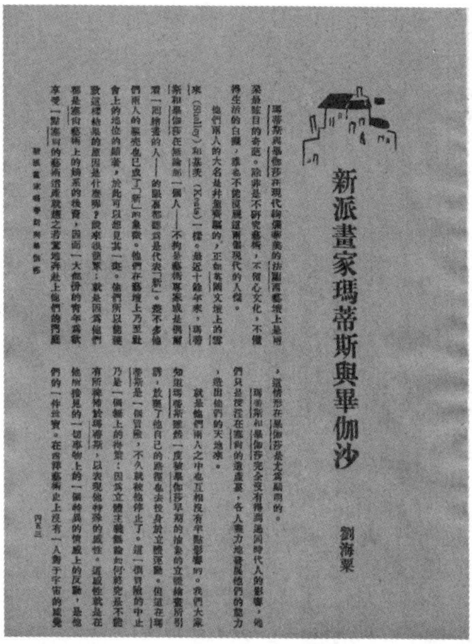

新派畫家瑪蒂斯與畢伽沙

劉海粟

图17　刘海粟在1933年第1卷第3期《民族杂志》发表的《新派画家马蒂斯与毕加索》

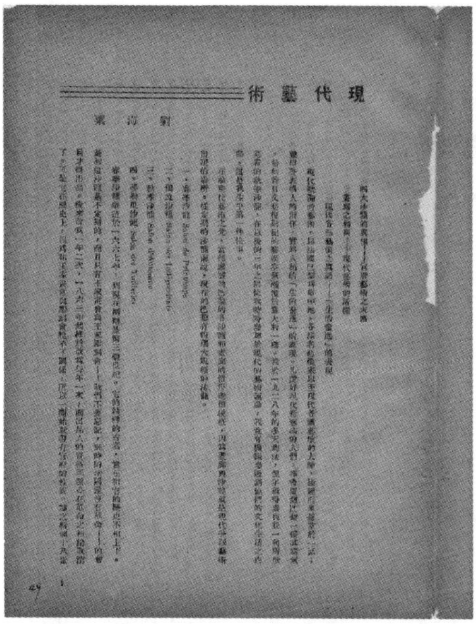

現代藝術

劉海粟

图18　刘海粟在上海美专1933年《艺术》月刊第1期发表的《现代艺术》

图19　《新中华》1934年第2卷第10期“柏林中国画展”专版

1934年6月，刘海粟又利用巡展空档在德、法两国举办了个人画展。在法国特吕霭画院个展开幕时，国立巴黎美院院长贝纳尔、国际著名雕塑大师郎多斯基、野兽主义代表画家马蒂斯等一众旧友出席，法国教育部选购其油画《西湖之秋》珍藏于国立国际美术馆，马蒂斯更是两度到场观摩，并称赞：“刘氏以原始化、单纯化的方法，创造了艺术的新生命，他的作品，同时也是东西两种艺术传

天光报 1934-08-23

巴黎畫院

展覽劉海粟作品

法教育部選購「西湖之秋」一幅

藏於國際美術館

（巴黎通信）劉海粟氏在柏林演講後、赴巴黎、在特呂克薩院、舉行個

獲得不少佳評、巴黎藝壇領袖瑪提斯、[illegible]

原始化單純化的方法、創造了藝術的新生命、他的作品、同時也是東西兩派藝術傳統交流出來之浪花」、法教育部選購劉氏傑作「西湖之秋」、藏於國立國際美術館、實足以吾國藝壇吐萬丈光芒也。

图20　1934年8月23日香港《天光报》报道刘海粟巴黎个展盛况及马蒂斯参观评论

统交流出来之浪花。”（图 20）1935 年，英国著名艺术评论家浑克华丝在与刘海粟论艺时，也深深折服于刘海粟对欧洲现代艺术发展独具的透彻理解，引为知音。他把两人论艺的心得，记录在为索姆·杰宁斯新著《中国画背景介绍》（*A Background to Chinese Painting*）所作的长序中。在序言的最后，浑克华丝以动人的笔触写道：“想到刘海粟教授，我不禁流泪。”惺惺相惜之情，溢于言表。索姆·杰宁斯后来亦成为欧洲研究东方艺术的知名权威，此书在纵论中国现代绘画的章节中，亦重点介绍了执掌民国最高艺术学府的刘海粟，并将刘海粟国画《虞山言子墓》作为范图，称他是“为传统美术注入新生命的著名画家”。

另一方面，行政院眼见展览范围日益扩大，生怕日后要悉数承担相关经费，因此不断通电刘海粟，加以限制。最终刘海粟被迫婉拒了美、苏等国的邀请，鸣金收兵。但欧洲巡展所获得巨大的国际影响，足以令此前国内的一切冷嘲热讽显得苍白无力，刘海粟作为中国新兴艺术领袖的地位与影响，在国际、国内得到巩固与提升，“中国现代名画展览会”亦作为中国现代美术扬威国际的重大事件，永载史册。

1935 年 7 月 26 日，蔡元培以“柏林中国画展筹委会”名义召集社会各界名流数十人，设宴为刘海粟洗尘与庆功，又以筹委会名义上书行政院，申请补偿刘海粟个人垫付的柏林中国画展经费 6500 马克、报销在欧洲巡展期间各项必要开支，并将欧洲各国重要媒体对中国现代名画展览会的报道选粹汇编成册，以扬国光。但经监察院审核时，终以“国帑支绌”为由，只补发了刘海粟在柏林垫付的费用。

柏林中国画展结束后，柏林人文博物院院长屈梅尔从是次展览中精选 16 幅作品，商请中方赠送德方，在院中专门开辟“中国现代名画厅”作永久珍藏。经中国政府征求相关作者一致同意，在欧洲巡展完毕后，刘海粟携画展作品返回柏林，把上述 16 幅作品交付驻德公使刘崇杰转赠德方。1935 年 8 月 23 日，“中国现代名画厅”正式揭幕，德国文化教育部长以及中国驻德公使等中德名流出席（图 21），成为现代中德文化交流史上又一大盛事。刘海粟亦于 1936 年将 16 幅作品结集印行，在书前撰写序言介绍原委，并请蔡元培题签，以垂纪念。

二度欧游归来后，刘海粟已成为中国画坛无出其右的画宗、大师。从他归国

图21 《东方杂志》1936年第33卷第2号以“中德文化史的一页”为题报道柏林人文博物馆“中国现代名画厅”开幕盛况

后的油画作品可见，所受欧洲艺术流派的影响仅到了野兽主义便戛然而止，此后的国画与油画作品中，既摆脱了早前借鉴的古今中西各大艺术流派风格和面貌的影响，更见不到现代各大新兴流派的任何痕迹，但又体现着东西方两种艺术形式的对话与交融。他已成功摆脱前贤们的影子，达到了“得其神而忘其形”的自由境界，他已无须取法现代主义，而他作品中所体现的对个性与时代性的追求，又与现代主义的精神一脉相通——他已是现代主义中的重要一员。他对欧洲自达达主义以后出现的超现实主义、巴黎画派等新兴流派均未停止关注与研究，把它们视作符合现代艺术发展的主流予以评价，积极地向国内撰文介绍。

1949 年后，刘海粟运交华盖，其所倡导的现代艺术发展理念与国内极“左”思潮格格不入，在历次政治运动中备受磨劫。“文革”后，他作为中国美术先驱与泰斗的地位重新得到公认，正如意大利国家学院向其颁发的《功勋证书》所言：“凡此均足以说明其事业、其艺术愈经时间的考验就愈为国内和国际社会所确认和推崇；其美学思想体系和艺术上的一贯主张也愈见其焕发出耀眼的光辉。”正是由于刘海粟在长达 80 年的艺术生涯中披荆斩棘，始终站在时代的前沿，在近现代中国美术的中衰时期，引进欧洲现代艺术精粹，改良中国传统绘画，并通过个人艺术上的伟大实践，沟通中西艺术血脉，起颓振衰，转旋历史机运，成功推动了中国画的现代化、国际化，也成功实现了油画的民族化。他晚年的艺术成就，真正达到了“技融中西、艺通古今”的历史新高度，是中国现代艺坛的巍巍高峰，是中国现代美术史的骄傲。

# 民国时期留学欧洲雕塑家情况研究①

刘礼宾
中央美术学院

**摘　要：**本文在对民国时期留欧中国雕塑家基本留学信息梳理的基础上，对其学习和创作情况，导师雕塑风格，欧洲艺术环境对他们的影响，以及游学获奖情况进行了初步分析。并对以“写实”为特征的“现代雕塑”引入中国所造成的影响进行了理论反思。

**关键词：**民国　留学　现代雕塑　写实　古今传承

民国时期，传统雕塑日益衰落，在“师夷之长”的留学大潮中，一批年轻人赴法国、比利时、日本、美国等国学习西方雕塑。从数量上，抑或是对后世的影响来讲，留欧中国雕塑家是这批留学生中最重要的部分。他们回国以后，通过雕塑创作、创办雕塑系科、译介西方雕塑文献，成为现代雕塑的拓荒者。使雕塑进入现实社会和城市公共空间，使已经不是艺术主流的西方学院派写实雕塑成为中国现代雕塑的“母体”。

## 一、留学欧洲雕塑家情况概述

19世纪下半叶，晚清政府对外战争屡次失利，国家主权大量丧失。在沉重的打击下，国人开始质疑国家的政治、经济、文化体制，乃至传统文化、思维模式、

① 本论文受中央美术学院自主科研项目资助，项目编号：19KYZD015

风俗习惯都成为反思对象。期望借助“自强”救国的洋务派倡导“洋务教育”，其中一个重要内容就是发展留学教育。国人最早留学欧美，后有大量学生留学日本，留学大潮一直持续到20世纪中叶。其间甲午中日海战的失败、维新变革思潮的兴起、革命党人的活动、民国政府的成立、新文化运动的推动都是重要的刺激因素。在留学国外的莘莘学子中，有一批学生选择了雕塑专业，他们成为中国现代雕塑的开拓者。

20世纪之前专门学习雕塑专业的留学生极为罕见，笔者根据现有资料对20世纪上半叶雕塑家的留学情况做一梳理，期望此表格能反映雕塑家留学情况概貌，可能有些遗漏。

表1　留欧中国雕塑家统计表（部分）

| 雕塑家 | 生卒年 | 籍贯 | 留学期限 | 留学城市以及所在院系 |
|---|---|---|---|---|
| 江小鹣 | 1894—1939 | 江苏吴县 | 1925年从法国回国 | 东京、巴黎 |
| 陈孝岗 | 1894—1925 | 浙江镇海 | 1921年3月—1922年6月 | 巴黎 |
| 王如玖 | 出生于1887年至1889年之间，卒年不详 | 天津 | 1907—1924 | 巴黎国立高等美术学院、巴黎布德尔（Antoine Bourdelle）工作室 |
| 陈锡钧 | 约1896—1950 | 广东台山 | 1911年—20世纪30年代初 | 波士顿博物馆美术学院（绘画、雕塑）、巴黎布德尔工作室 |
| 李金发 | 1900—1976 | 广东梅县 | 1919—1925 | 第戎国立美术专科学校、巴黎国立高等美术学院 |
| 王静远（女） | 1884—1970 | 辽宁海城 | 1928年回国 | 里昂国立美术专科学校 |
| 潘玉良（女） | 1895—1977 | 江苏扬州 | 1921—1929 | 巴黎国立高等美术学院、罗马国立美术学院、巴黎布德尔工作室 |
| 岳仑 | 1905—1989 | 长居上海 | 1920年前后至1931年前 | 里昂国立美术专科学校、巴黎布德尔工作室、贝尔纳（Joseph Bernard）工作室 |
| 郎鲁逊 | 逝世于1942年之后 | 不详 | 20世纪20年代留学法国 | 不详 |
| 郑可 | 1906—1987 | 广东新会 | 1925—1934 | 巴黎国立高等美术学院、巴黎工艺美术学院 |
| 程曼叔 | 1903—1961 | 江苏苏州 | 1925—1936 | 里昂国立美术专科学校、巴黎国立高等美术学院 |
| 柳亚藩 | 1902—1976 | 湖南长沙 | 1925—1947（1934年至1935年曾回国） | 法国，瑞士日内瓦、罗马国立美术学院 |

（续表）

| 雕塑家 | 生卒年 | 籍贯 | 留学期限 | 留学城市以及所在院系 |
|---|---|---|---|---|
| 刘开渠 | 1904—1993 | 安徽萧县 | 1928—1933 | 巴黎国立高等美术学院 |
| 曾竹韶 | 1908—2012 | 福建厦门 | 1929—1939 | 里昂国立美术专科学校、巴黎国立高等美术学院、巴黎马约尔（Aristide Maillo）等私人工作室 |
| 周圭 | 1906—2001 | 上海南汇 | 1930—1935 | 巴黎国立高等美术学院、布鲁塞尔皇家美术学院 |
| 张充仁 | 1907—1998 | 上海 | 1931—1936 | 布鲁塞尔皇家美术学院 |
| 张澄江 | 1911—1940 | 江苏江阴 | 1929—1936 | 巴黎国立高等美术学院 |
| 王临乙 | 1908—1997 | 上海 | 1929—1935 | 里昂国立美术专科学校、巴黎国立高等美术学院 |
| 王子云 | 1897—1990 | 安徽萧县 | 1931—1937 | 巴黎国立高等美术学院、巴黎国立高级装饰艺术学校 |
| 周轻鼎 | 1896—1984 | 湖南安仁 | 1931—1946 | 巴黎国立高等美术学院、里昂约翰·杜马工作室 |
| 滑田友 | 1901—1986 | 江苏淮阴 | 1933—1948 | 巴黎国立高等美术学院 |
| 严德晖 | 1908—1987 | 浙江温州 | 1938年赴巴黎留学 | 巴黎国立高等美术学院 |
| 廖新学 | 1903—1958 | 云南富民 | 1933—1948 | 巴黎国立高等美术学院 |
| 陈芝秀 | 1908—1979 | 浙江诸暨 | 1928—1937 | 里昂国立美术专科学校、巴黎国立高等美术学院 |
| 熊秉明 | 1922—2002 | 云南 | 1947年赴法留学 | 巴黎国立高等美术学院 |

## 二、巴黎国立高等美术学院的教学情况简述

在现代艺术史的叙述中，20世纪上半叶的巴黎国立高等美术学院是“保守”“学院派”的代名词。艺术史在记述这一时期的巴黎艺术时，多半是沿着“现代艺术”的发展脉络展开的，关于巴黎国立高等美术学院的内容很少。特别是关于当时巴黎国立高等美术学院的雕塑教学情况，介绍文字更少出现在中国雕塑家的回忆录中，记述大多不详。笔者只能以雕塑家的回忆录为依据，以雕塑家的授业“导师”为线索，对巴黎国立高等美术学院的雕塑教学情况做一粗略勾画，列表明晰中国雕塑家的师承关系以及在巴黎国立高等美术学院的具体学习时间。

表2　留学巴黎国立高等美术学院中国雕塑家导师表（部分）

| 巴黎国立高等美术学院雕塑专业导师 | 留学生姓名 | 在巴黎国立高等美术学院的时间 |
|---|---|---|
| 让·布夏（Jean Boucher，1870—1939） | 李金发 | 1921年秋—1924年11月 |
| | 刘开渠 | 1929年秋—1933年春 |
| | 郑可 | 1925—1934 |
| | 周轻鼎 | 1931—1939年左右 |
| | 廖新学 | 1935年入学，1948年回国 |
| 亨利·布沙尔（Henri Bouchard，1875—1960） | 曾竹韶 | 1931—1935 |
| | 王临乙 | 1931—1935 |
| | 滑田友 | 1934—1939年左右 |
| | 严德晖 | 1938年入学 |
| 保罗·朗多维斯基（Paul Landowsky，1875—1961） | 张澄江 | 1929—1936 |
| | 王子云 | 1931—1934 |
| 保罗·西格罗斯（Paul Niclausse，1879—1958） | 程曼叔 | 约1930—1936年 |

图1　《临海》布夏

四位导师介绍：

让·布夏（Jean Boucher，1870—1939）。作为中尉退役后，根据1919年9月18日法令，布夏成为巴黎国立高等美术学院雕塑工作室教授，取代了1916去世的安托万·梅西耶（Antonin Mercié）。其教学强调追求真实和严谨素描。对他而言，素描如同另外一门完整的学科。他认为，根据古代雕塑或模特所做的素描训练能锻炼学生面对其他艺术家作品时的观察力。李金发是布夏的第一位中国学生，李金发在《美育杂志》上曾刊登布夏的作品《临海》（图1），以示纪念。刘开渠曾为布夏做助手，根据他的回忆，布夏“在雕塑艺术上，他反对学院派，主张自由创造，重视独创和天才的发挥。他在艺术手法上近似罗丹，但他不赞成在造像上缺手缺脚的裁减造型，不像罗丹那样富有浪漫主义色彩，而更接近于现实主义”。

亨利·布沙尔（Henri Bouchard，1875—1960）。郎鲁逊在其《法国现代雕塑概论》中描述该雕塑家“有社会主义艺术（L’art of Social）的倾向，他有很多以劳工为题材的成功作品”。并刊登了该雕塑家作品照片一张——《飞行员》（图 2）。《雕塑——从古代到当下》一书的“现实主义和舞台造型”一节也收入了该雕塑家1906 年创作的作品《采石工》（图 3）。由上面记述可知，布沙尔应该是一位对现实多有关注的雕塑家。曾竹韶在其回忆录中提到“我喜欢姆西娅的作品，很严肃，充满内在感情，是现实主义的东西”亦可印证上述对布沙尔艺术风格的描述。

保罗·朗多维斯基（Paul Landowsky，1875—1961）。他是一位创作纪念碑式雕塑的雕塑家，早年毕业于巴黎国立高等美术学院，1900 年以作品《大卫》赢得“罗马大奖”，此后他为巴黎以及周边 20 多个地区创作了 35 件纪念碑式雕塑。由《该隐的儿子们》《蒙田像》《黎明圣歌》三件作品（图 4）可以看出，朗多维斯基在人体塑造、性格特征表现乃至抒情性表达上都有独到之处。除创作中山陵的《孙中山全身坐像》外，朗多维斯基还曾为巴西里约热内卢市创作巨型《基督立像》（图 5）。该像立在科尔科瓦多山顶，是一尊 30 米高的大型石雕像，也是世界上最大的耶稣雕像，是 1921 年为庆祝巴西独立 100 周年创作的。

保罗·西格罗斯（Paul Niclausse，1879—1958）。郎鲁逊在其《法国现代雕塑概论》中描述该雕塑家的大部分作品“都以田园的形物为题材，所以他的作风朴质稚拙，亦为法兰西雕刻新动倾之一，表现乡人农妇的闲散淡泊，有一种诗的抒情，白利城的青年农妇，即为其代表作，与 19 世纪法国绘画上的米勒（F. Millet）同为自然主义的作家，他曾参加很多国家的雕刻工程”。并随文附作品照片《白利城的年轻农妇》一张（图 6）。

从中国留学生的回忆可知：学生要进入巴黎国立高等美术学院学习雕塑，得到雕塑教室主持教授的认可即可。所以中国留学生在选择这些教授作为导师的时候，都应该对导师的教学风格及艺术风格有所考虑。能在巴黎国立高等美术学院教书的教授必须是国家学士院美术院士。20 世纪二三十年代，正是巴黎现代艺术的兴盛期，这些雕塑教授自然被视为“保守”的代名词，但是正是这些教授培养

图2 《飞行员》布沙尔

图3 《采石工》布沙尔

图4 《该隐的儿子们》《蒙田像》《黎明圣歌》朗多维斯基

图5 《基督立像》朗多维斯基

图6 《白利城的年轻农妇》西格罗斯

了中国第一代留法雕塑家。尽管巴黎的大环境对中国雕塑家有诸多影响，但这四位学院教授对中国留学生的影响要直接得多。在此展现这些导师的作品，明确他们和中国雕塑家的师承关系，就是期望引起学术界对这一“师承关系”的注意。

同时值得注意的是，不能简单地用“学院派写实雕塑”来概括这些雕塑系教授的作品风格。细看插图中这四位雕塑家的作品可以得知，其艺术风格也具有多种指向，有的偏向罗丹风格，有的偏向布德尔风格；有的倾向于象征主义，风格化的倾向明显。如果仅仅用我们印象中的“学院派写实雕塑”来概括巴黎高等美术学院雕塑风格的特征，显然会把这个问题简单化。也很难认识到中国留法雕塑家的雕塑风格的实质。

关于巴黎国立高等美术学院的雕塑专业课教学，雕塑家回忆中多无系统介绍，倒是郑朝在写《雕塑春秋——中国美术学院雕塑系七十年》一文中，对巴黎国立高等美术学院的雕塑专业课设置做了系统研究，他写道：“巴黎国立美术学院的专业课安排脱胎于罗马法兰西学院。该院的五年课程基本情况是：一年级，临摹一件古代大理石雕刻；二年级，研究头像，完成头像习作；三年级，研究人体，完成真人大小模特儿人体习作和八个人物以上的浅浮雕草稿习作；四年级，完成一个按学生自己构图的模特儿人体习作和一个三人以上的群雕草稿习作；五年级，将第四年所作人体习作刻成大理石。欧洲的美术学院基本参照以上内容与进程安排雕塑专业教学。”①

郑朝认为巴黎国立高等美术学院雕塑系的学制是五年一贯制。其实并没有那么严格。由于中国雕塑家出国前的美术基础不同，他们在巴黎国立高等美术学院的学习时间也长短不齐。另外，巴黎国立高等美术学院没有毕业制度，也不发放毕业证，学生毕业离校的时候，如果学业合格，只能拿到一个“专业修业证书”。由此可知，巴黎国立高等美术学院雕塑系的进入、日常教学、毕业离开，都没有我们想象的那么刻板，这也使中国雕塑家有了更多自由选择的机会，使他们在欧洲的活动相对自由一些。

---

① 郑朝编撰：《雕塑春秋——中国美术学院雕塑系七十周年》，中国美术学院出版社 1998 年版，第 4 页。

## 三、巴黎的艺术环境对艺术家的影响

中国留学生除在巴黎国立高等美术学院学习外，个人生活以及艺术追求有相当大的自由度。留学生在学院之外接触到的艺术家、美术机构构成了他们学习西方雕塑乃至西方文化的“第二课堂”，并直接影响了其雕塑风格的形成。

20世纪20年代留法的郎鲁逊以及30年代留法的王子云都曾对巴黎雕塑家的创作情况及其社会影响做过较详细的描述，笔者以两者的叙述为基础，结合中国雕塑家对当时艺术家的评价，梳理并分析巴黎现代艺术家对中国留学生的具体影响。

郎鲁逊《法国现代雕塑概论》[①]的第一部分为“罗丹后的雕刻名家”，在这一部分他共列出四位雕塑名家：布德尔（原文为“蒲岱雨”）、贝尔纳（原文为“佩纳”）、马约尔（原文为“陈模焊”）、蓬蓬（原文为“彭崩”）。其中对布德尔的评价最高，认为他是“二十世纪时代的骄子”“被尊为二十世纪最伟大的雕刻建筑家”。王子云在其《从长安到雅典——中外美术考古游记》“二十世纪的法国雕塑”[②]部分对学院之外的艺术环境也做了简单描述，针对巴黎三个时期的雕塑创作表述了自己的观点。对于19世纪后期雕塑艺术，他认为“罗丹成就最大”。对于20世纪30年代之前的艺术，他认为“能够反映时代精神的艺术家……仅有勃尔德尔、马犹尔、德斯庇奥三人……尤以勃尔德尔更为突出”，即布德尔、马约尔、德斯比欧。“除以上三人外，还有以肖像和女性雕塑见长的伯尔纳尔、以装饰性动物雕塑见长的蓬朋、以装饰雕刻见长的尼柯卢斯和朋米埃。”伯尔纳尔便是贝尔纳，蓬朋便是蓬蓬。

除郎鲁逊和王子云做了较详细的描述之外，其他雕塑家的回忆也对学院之外雕塑家的影响多有提及。比如李金发、刘开渠、岳仑、郑可、曾竹韶、滑田友等。

结合其他史料，列表分析上述梳理结果。

---

① 《美术杂志》1934年第2期（2月28日出版），上海良友图书公司，第26页。

② 王子云：《从长安到雅典——中外美术考古游记》（下册），岳麓书社2005年版，第482—487页。

表3

| | | | | | | | | | | |
|---|---|---|---|---|---|---|---|---|---|---|
| 罗丹 | √ | √ | √ | | | | | √ | √ | √ |
| 布德尔 | √ | √ | √ | √ | √ | | √ | | | √ |
| 贝尔纳 | √ | √ | | | √ | | | | | |
| 马约尔 | √ | √ | | √ | | | | | | |
| 蓬蓬 | √ | √ | | | | √ | | √ | | |
| 德斯比欧 | | √ | | | | | | | | |
| 阿基本科 | | | × | | | | | | | |
| 新流派 | | × | × | | | | | × | | |

这一表格显然不完整，笔者只求借这一表格呈现中国雕塑家和巴黎现代艺术家之间直接的、确实存在的关系，空白格部分不表示肯定和否定，此表格需借助材料的进一步挖掘而完善。“新流派”指当时在巴黎流行的新艺术流派。郎鲁逊、王子云、刘开渠、张澄江部分主要基于雕塑家的文字记述，其他部分以雕塑家的回忆录为根据。

由这一表格可知，中国雕塑家对西方雕塑的接受仍以“写实”为底线，对最具创新特征的艺术流派并没有兴趣。当时在巴黎，中国雕塑家还处于现代艺术主流之外，这和他们对雕塑艺术的理解有关，也和他们当时在巴黎的社会身份有关。他们所能接受的主要以罗丹及其弟子作品的艺术风格为主，其中尤以布德尔的影响特别值得关注。

由这一表格可以感觉到，这些开启了中国现代雕塑先河的留法雕塑家的留学经历值得进一步细化，他们除接受学院派教育以外，和上述雕塑大师有或近或远的关系，这是十分值得注意的一点。由此可知，中国现代雕塑的一大源头“法国写实雕塑传统”也不仅源自当时的学院派，而和罗丹及其之后的几位雕塑大师有诸多关系。

20 世纪二三十年代，巴黎是西方艺术的中心。中国青年雕塑家处于这样的环境里面，除受上述现代艺术家的影响之外，也会接受大氛围的熏陶。各类博物馆、美术馆、画廊、画家画室、雕塑家工作室、私家美术研究所，乃至蒙帕纳斯区的咖啡屋都成了中国雕塑家感受、接受西方艺术的去处。中国雕塑家对博物馆、美术馆一类心仪已久的美术机构能够充分利用，缘于其交通便利，加上免费进入，这类机构成为中国雕塑家学习西方艺术的绝好去处。在巴黎能拥有自己工作室的中国雕塑家较少，根据现有资料，刘开渠、王子云、岳仑、廖新学有自己的工作室。此外，陈锡钧、岳仑、王如玖、潘玉良、严德晖曾在布德尔工作室学习，岳仑还曾在贝尔纳工作室学习，刘开渠曾在布夏工作室做助手，曾竹韶曾在马约尔等多家工作室学习过。曾在各种私家美术研究所学习的雕塑家有江小鹣、李金发、王子云、滑田友。经常去咖啡屋、酒吧的艺术家有刘开渠、王子云。由于一些雕塑家经济比较窘迫（比如周轻鼎、滑田友），估计此类现象并不普遍。

## 四、留学生在国外的获奖和游学

中国雕塑家所学内容主要以古典写实技法为主。在学业完成方面，丝毫不逊于外国学生，对西方写实主义雕塑传统有透彻、深入的理解和把握。中国雕塑家在国外留学期间，创作了许多学生习作，一些雕塑家进行了独立的个人创作，许多作品在学院内部的评比中获奖，并有一些作品在各种社会展览中获奖，国外杂志也有所报道，并有些艺术家被编纂进各类艺术家辞典。

在国外展览中频频获奖的雕塑家有滑田友（获奖情况见表 4）、廖新学、张充仁、王临乙等，尽管用现代艺术的眼光来看，这些奖励的意义并不大，但是把这些奖励放到灾难沉重的 20 世纪前半叶的中国历史中去分析，无疑具有极其重要的意义和价值。中国雕塑家透彻学习把握西方雕塑传统，他们回国以后，开启了中国现代雕塑的先河。

任何艺术样式的引进和消化都必须经历一个长期过程，雕塑同样如此。以同时代的西方现代艺术标准来衡量这些雕塑家的创作，不但是苛刻的，而且是无意义的。限于篇幅，此文不对中国雕塑家获奖情况一一描述，仅例举滑田友的获奖情况。

表4　滑田友留法学习期间获奖情况一览

| 时间 | 荣誉内容 |
| --- | --- |
| 1936年 | 雕塑《沉思》(坐态)获巴黎春季沙龙展铜奖 |
| 1941年 | 雕塑《浴女》获巴黎艺术家春季沙龙展览银奖 |
| | 雕塑《身段》获巴黎艺术家秋季沙龙展览银奖 |
| 1943年 | 雕塑《沉思》获巴黎艺术家春季沙龙展览金奖。十五个评委有十四票同意，一票弃权，弃权者是滑田友的老师布沙尔，同时获“艺术之友”奖金 |
| 1944年 | 中国新闻局驻法办事处收藏雕塑《女坐像》 |
| | 巴黎中法协会收藏作品《恐怖》(雕塑作品《轰炸》的水彩构图) |
| | 法国教育部收购《沉思》(速写) |
| 1946年 | 法国教育部购买雕塑《轰炸》，并收藏于巴黎现代艺术博物馆，同时编入法文版《世界美术百科全书》 |
| 1947年 | 巴黎市政府收藏雕塑《母爱》，著名雕塑家德斯比欧(C. Despiau)极为赞赏该作品 |
| 1948年之前 | 作品《小儿头像》《少年中国》以及一些素描、速写被法国、瑞士收藏家收藏 |
| 1948年之后 | 一件工艺品获巴黎艺术家沙龙展银奖 |

在民国时期留学海外的中国雕塑家中，一些经济条件较好的中国雕塑家除在求学城市学习外，还利用各种机会广泛游览和考察。曾做游历的雕塑家有李金发、王子云、刘开渠、曾竹韶、张充仁、滕白也、柳亚藩等。游览和考察一方面丰富了他们对西方艺术传统的理解和把握，另一方面完善了他们的知识结构，他们的考察以及对西方雕塑的译介一定程度上影响了民国时期人们对西方雕塑的理解。另外，这些雕塑家回国以后多从事雕塑教学工作，他们对西方雕塑以及所处环境的熟知无疑会影响他们的学生，从而使其雕塑知识得到进一步的传播。

1922年冬，李金发、林风眠、黄士奇、林文铮结伴游学柏林，当时德国马克大幅贬值。对于德国来讲，正处于经济极为困难的“凶年”，李金发四人则当了一次“食客”。1923年冬，李金发回法国。1924年11月底，李金发离开法国，途经意大利回国。先到了水城威尼斯。在威尼斯待了近一个月，1925年元旦抵达佛罗伦萨。在此，他遍游了宫殿、教堂、博物馆和著名的乌菲齐美术馆，见到了一大批绘画、雕塑名作。不久李金发到达罗马，在此居住了四个月。李金发夫妻两人居住的宾馆距艺术学院不远，李金发常去听美学和艺术史课程，并抽空到图书馆查阅有关意大利和艺术的资料，完成了《意大利及其艺术概要》和《雕刻家米西盎则罗》两书的写作。《意大利及其艺术概要》是我国第一本评述意大利艺术的专著，书中系统介绍了意大利的历史、自然环境、主要城市和文学艺术，对文艺复兴部分的记述较为充分。《雕刻家米西盎则罗》根据罗曼·罗兰的《米开朗琪罗传》编译而成，介绍了米开朗琪罗的一生，除文字外，收入了 27 张插图，图文并茂。李金发后经那不勒斯回国。

1935 年至 1936 年，伦敦举办中国艺术展览会。“中国留法艺术学会”组织 20 余人集体到英国参观，这次观摩是留法艺术家少有的一次集体游览活动。其中雕塑家有王子云、曾竹韶、滑田友、周轻鼎等。王子云、曾竹韶是作为先遣人员，早两天到伦敦打前站。这次展览汇聚了欧洲各国博物馆和私人收藏的中国艺术珍品，南京国民政府也组织故宫博物院和全国重要博物馆送代表性文物参展，并由商务印书馆出版了《参加伦敦中国艺术国际展览会出品图说》。这次展览共展出作品 3000 余件，可以说盛况空前，许多中国艺术家面对这些艺术作品都受到很大冲击。比如，王子云感动于中国古代艺术的辉煌的同时，义愤于列强曾经对中国文物的强取豪夺。观看了这次展览之后，他慢慢坚定了研究中国古代文物的决心，才有了回国后的“西北艺术文物考察”之旅。展品中最打动曾竹韶的雕刻作品是出自敦煌石窟的唐代供养人像和一件北魏佛像，这次参观使曾竹韶认识到中国古代的艺术成就，萌生了回国后为祖国培养雕塑人才并建立中国古代雕刻博物馆的想法。20 世纪 80 年代，曾竹韶不顾自己年事已高，还特别申请立项建立“中国古代雕塑博物馆”，这项提议当时被北京市政协授予最佳提案奖，但提案至今仍未实现。

1936 年春，王子云再次去英国游览，他的这次游览更加充分，不再局限于美术机构，对伦敦进行了整体考察。该年被王子云称为“旅游之年”——德国发行了优惠的“旅游马克”，在德国境内旅游，1 马克可以做 2 马克用。另外，比利时该年举办世界博览会，其他国家也做了大量旅游宣传。1936 年 3 月 10 日至 7 月 25 日，王子云依次游览了比利时、荷兰、德国、瑞士、意大利。关于游览过程以及所见所闻，在其《从长安到雅典——中外美术考古游记》中做了详细描述，在此不再赘述。

留法期间，曾竹韶利用假期访问了意大利、英国、德国、奥地利、比利时等地。1935年曾竹韶还和巴黎大学考古系的同学一起到了埃及、希腊，前后用了一个半月时间考察艺术作品。

1930年滕白也曾赴欧洲和近东旅行。

1933年春到夏初，刘开渠在回国途中，曾路经意大利考察。

1937年，柳亚藩创作的一件雕塑获阿根廷万国雕塑竞赛展览会一等奖。后游历南斯拉夫、希腊、奥地利、比利时、荷兰等国。

## 结　语

民国时期现代雕塑实际出现于20世纪20年代，此时的社会背景已与传统社会不尽相同。正如美国学者任达所指出的："如果把1910年中国的思想和体制与1925年的，以至今天中国相比较，就会发现基本的连续性，它们同属于相同的现实序列。另一方面，如果把1910年和1898年年初相比，人们发现，在思想和体制两大领域都明显地彼此脱离，而且越离越远。"[①]中山大学学者桑兵基本认同任达的这一观点，他认为任达"所陈述的知识与制度根本转变的事实，却是显而易见，不宜轻易否定的"。并认为，这一转型"不仅发生在新政时期，而是持续了半个多世纪，不仅政府主导的那些领域出现了制度变化，全社会各个层面的各种制度体系，几乎全都根本改观""由人们思维发生，独立于人们思维而又制约着人们思维的知识系统，与上一世纪以前中国人所拥有的那一套大相径庭"[②]。与此相似，人们对"雕塑"概念、雕塑作品、雕塑的社会作用的理解也全然发生改变。传统雕塑在原有的发展轨道上走向衰落，现代雕塑从无到有，从舶来品到逐渐与中国现实相关联，成为传统社会向现代社会转型的证明。

无论从作品数量、作品质量乃至作品的历史意义上来讲，民国现代雕塑都是值得重新审视和研究的领域，而绝非"荒原"之地。如果忽略民国现代雕塑的外国渊源、民国雕塑家的求学历程，民国现代雕塑发生、发展的清晰脉络以及公共

① [美]任达：《新政革命与日本——中国，1898—1912》，李仲贤译，江苏人民出版社1998年版，第215页。

② 桑兵：《近代中国的知识与制度转型解说》，参见赵立彬《民族立场与现代追求：20世纪20—40年代的全盘西化思潮》，生活·读书·新知三联书店2005年版，"序言"第3页。

视野中的民国现代雕塑的出现，就难以解释20世纪中国现代雕塑的历程。

“美术”概念从西方通过日本纳入中国语言以后，“它马上给艺术创作规定了一套新的规则与目的”[①]。“雕塑”概念的输入亦是如此。把“雕塑”作为一种“造型艺术”，这是20世纪上半叶才出现的事情。但从创作动机以及实际功用等角度来看，中国古代“雕塑”未必和西方雕塑相同，和现代雕塑也并非同一型类。但套用西方的阐释体系来理解中国传统“雕塑”，已经成为有目共睹的事实。

最早从学术角度对中国古代雕塑进行分析的理论家正是外国人，如日本的大村西崖、常盘大定、关野贞，法国的伯希和、沙畹，或者是从西方学成归来的留学生，如梁思成、王子云等。他们正是借用西方的“雕塑”概念这一“眼镜”来“发现”中国“雕塑”的。

指出这一点，是想明确民国时期“现代雕塑”的发生、发展绝非仅仅局限于雕塑创作实践、雕塑教育领域。20世纪以来，“雕塑史”包括各种“美术史”中的“雕塑”章节的书写正是以现代“雕塑”概念为核心的，美术史家在向读者介绍传统雕塑的同时，已经把作为“造型艺术”的“雕塑”概念灌输给了读者。

巫鸿在他的论文《九鼎传说与中国古代的“纪念碑性”》中意在明确一种与西方的“纪念碑性”不同的、属于中国封建社会的“纪念碑性”。从他的努力中，可以感觉到在更深层的问题中对于中国传统艺术品的理解，在书写本论文的时候是否可以完全套用西方的阐释体系，笔者也在思考是否由于西方雕塑实践的介入，西方“雕塑”概念的引入，中国传统雕塑的气脉被中断了。

中国现代雕塑面对“中国化”和“古今传承”两大问题，而当下雕塑领域好像对这两个问题考虑得并不多。为什么会出现这一现象？是这两个问题不重要，还是这两个问题被遮蔽了？这两个问题是现代雕塑所无法逃避的问题，之所以被遮蔽，一方面，和现代雕塑的西方渊源相关。类似油画，现代雕塑传统源自西方，因此从承继关系上讲，与西方雕塑水平愈接近，愈表明中国现代雕塑的水平高。从发展角度上讲，只有与西方写实雕塑及其以后的逻辑发展轨道“接轨”，中国现代雕塑才愈表明自身的艺术成就。而无论是“承继”还是“发展”，都是以西方雕塑体系为参照系的，因此“中国化”的问题好像显得无中生有。另一方面，我们

① 巫鸿:《并不纯粹的“美术”》,《读书》2006年第3期。

借西方“雕塑”概念来理解中国传统雕塑，关于中国传统雕塑的文本也是以西方“雕塑”概念为核心书写的，这样一来，传统雕塑好像和民国现代雕塑气脉相连，同属于“造型艺术”，因此也就忽略了传统雕塑的特殊性。而并未完成现代转型的传统雕塑貌似自然地和中国现代雕塑相对接，而“古今传承”问题就被忽略掉了。

# 20世纪早期留学欧美艺术家作品国家收藏概况

韩劲松
中国美术馆

**摘　要：** 本文从中国美术馆收藏定位及留学欧美艺术家作品收藏渠道、留学欧美艺术家藏品种类分布、留学欧美艺术家作者的代际分布、国家收藏的美术史意义几方面，从博物馆收藏的角度对 20 世纪早期留学欧美艺术家的作品收藏做一整体性梳理，希望通过梳理这一重要板块呈现国家美术收藏的面貌和特点，勾勒一个基本轮廓和结构。

**关键词：** 国家收藏　结构　种类　美术史意义

中国美术馆 1958 年开始兴建，1963 年，毛泽东主席题写“中国美术馆”馆名并正式开放，确立了它作为国家美术博物馆的地位与性质，从此它与中国美术的时代发展紧密相连，一方面通过举办各类展览，使最新的中国美术创作得以与社会见面，形成对美术创作思潮、现象和艺术家创作状况的观察、评价与研究，促进美术创作的发展与繁荣；另一方面，也是更为重要的，是对现代以来中国美术代表作品的收藏、保护、研究和传播。中国美术馆从 1961 年筹备建馆开始获得第一批作品捐赠迄今五十多年，累积藏品已经构成上起宋元明清、下至当代，特别是反映 20 世纪以来中国美术发展历程的藏品序列，基本构建了以 20 世纪以来中国美术为主要典藏线索的收藏体系和脉络。其中，留学欧美艺术家藏品构成了中国美术馆馆藏的重要部分，本文从中国美术馆收藏定位及留学欧美艺术家作品收藏渠道、留学欧美艺术家藏品种类分布、留学欧美艺术家作者的代际分布、国家收藏的美术史意义几方面，从博物馆收藏的角度对 20 世纪早期留学欧美艺术家的作品收藏做一整体性梳理，希望通过梳理这一重要板块呈现国家美术收藏的面貌和特点，勾勒一个基本轮廓和结构。

## 一、中国美术馆收藏定位和留学欧美艺术家作品的收藏渠道

作为国家级艺术博物馆，中国美术馆从建馆之初就将收藏与研究作为基本职责，把现代以来的中国美术作为收藏的重点。中国美术馆最早在建馆方针任务中就规定“以征集、收藏、研究、陈列、展览我国历代的，特别是‘五四’以来专业的、群众的和是少数民族的美术家、民间美术家优秀的美术作品为主”。建馆初期，中国美术馆收藏工作由中国美术家协会代管，曾经收藏古代作品，但由于收购困难就停止了此项收藏，这样基本明确了中国美术馆收藏现代作品的定位。

中国美术馆在建成开馆之前的 1961 年就开始预备收藏，成立由江丰、米谷、刘岘三人组成的藏品收购小组在全国范围征集藏品。截至 1963 年美术馆开馆，所收藏品包括文化部下拨和美协旧藏已达 5000 余件。截止到目前，中国美术馆馆藏有留学欧美艺术家 41 人的全部作品共计 1022 件。留学欧美艺术家作品收藏主要来源于以下几个方面：

（1）划拨收藏，如馆藏最早一批留学欧美艺术家作品是留法艺术家韩乐然油画、水彩、素描作品，全部 136 件，为 1963 年由革命历史博物馆划拨移交中国美术馆。

（2）家中购藏，如，1980 年，馆收藏小组赴广州选收冯钢百油画《男人肖像》《鱼》《鲤鱼》3 幅；1985 年，家中购藏胡善馀、沙耆、吴法鼎作品数幅；1986 年从家中选收颜文樑作品 7 幅；等等。

（3）家属捐赠，如，1991 年潘玉良家属潘忠玉捐献潘玉良作品 13 幅，其中油画 6 幅；等等。

（4）展览收藏，如，1983 年在美术馆举办的“庞薰琹画展”中收藏其《静物》《绿尊》等 9 幅油画；1986 年从上海油画雕塑院院展中收藏周碧初等人作品 7 幅；等等。

（5）“20 世纪国家美术收藏和捐赠奖励专项计划”收藏。对于美术史上重要艺术家作品的收藏主要是通过“20 世纪国家美术收藏和捐赠奖励专项计划”专项

收藏。自2004年底开始实施专项捐赠收藏以来，至今已累计完成120个左右捐赠收藏项目。其中有唐一禾、曾竹韶、滑田友、吴作人、吴冠中、朱德群、李瑞年等重要留欧艺术家的重要作品入藏，使20世纪中国美术史发展演进的主线更为清晰。

## 二、留学欧美艺术家藏品种类分布

馆藏滑田友、曾竹韶、王临乙、程曼叔、周轻鼎、王合内、严德晖、熊秉明作品等均为雕塑藏品，作者全部有巴黎美院求学经历。只有张充仁留学比利时，馆藏有其雕塑、油画作品，馆藏刘开渠作品有雕塑、国画、书法。

馆藏冯钢百、吴法鼎、吴大羽、颜文樑、常书鸿、吕斯百、周碧初、胡善馀、李瑞年、沙耆、徐坚白作品全部为油画藏品。馆藏秦宣夫、韩乐然作品包括油画、水彩、素描，唐一禾为油画、素描藏品。

馆藏李超士、李剑晨、关广志作品均为水彩（粉）藏品。馆藏李毅士作品《长恨歌画意》全套30幅为家属于1982年捐赠，当时称黑白画，画面黑白两色，现被归入水彩类藏品。

刘海粟、庞薰琹、潘玉良、吴作人、吴冠中、朱德群、张安治诸家均是兼善中西、国油并举、双管齐下。馆藏庞薰琹、潘玉良作品有油画、国画、水彩、白描；刘海粟藏品有油画、国画、书法；吴作人藏品包括油画、国画、水彩、素描；吴冠中、朱德群各有油画和国画被收藏；张安治有油画、国画、素描、书法被收藏。

馆藏只有国画藏品的有徐悲鸿、方君璧，林风眠作品有国画、彩墨，彩墨归入水彩类藏品。

通过梳理，可以得到这样的认识：并非对于留学欧美艺术家作品收藏就只限于油画、雕塑收藏，素描、水彩同属于西画体系，综合收藏能够反映艺术家艺术创作的整体面貌，不能忽视小画种收藏。同样，对馆藏中西兼治的留学欧美艺术家的国画作品的收藏研究也要给予重视，它们反映了融合创新的成果。

## 三、国家收藏中留学欧美艺术家作者的代际分布

第一代留学欧美艺术家留学时间大致在清末民初，其中有留学英国学习美术第一人李毅士，1907年入英国格拉斯哥美术学院学习西画，在校五年接受严格而系统的西方美术以及美术理论教育训练，后又在格拉斯哥大学物理系学习，于1916年回国。留学法国学习美术第一人吴法鼎，1911年受河南省选派赴法留学，先学习法律后改学绘画，入法国国立高等美术学校学习，于1919年回国。1912年赴法国巴黎色尔曼图画学校学习水彩的李超士，于1919年回国。最早赴美洲国家学习西画的留学生之一冯钢百，1906年考入墨西哥皇家美院，后转赴美国先后在旧金山卜忌利美院、芝加哥美院和纽约第九街大学生美术研究所学习西画，历时十余年，于1921年回国。

馆藏李毅士黑白组画《长恨歌画意》(图1)一套完整收藏，包含精心设计脚本文字，极为难得；吴法鼎风景油画3件，世所罕见，作于1914年的油画《海滨》(图2)为中国美术馆藏留学欧美艺术家作品中创作年代最早作品，是迄今留下来的研究早期西画的极其珍稀的史迹。值得一提的是李毅士、吴法鼎与1915年留日西画家王悦之曾经共同任教于北京美术学校，后又同时脱离学校创办北方历史上第一个西画研究团体“阿博罗学会”。西画史开篇能有如此分量的三人的作品

图1 《长恨歌画意》黑白画 李毅士 22.5cm×17cm 1929年

图2 《海滨》油画 吴法鼎 1914年

藏于我馆实为我馆收藏之幸，亦美术史之幸。此外馆藏还有冯钢百《男人肖像》《鱼》《鲤鱼》等早期油画作品，均为油画精品，反映出早期西画所达到的高超水平。世纪之交是中国美术向现代转换的传承与引进阶段，馆藏作品基本涵盖了这个时期美术变革的早期面貌。

第二代留学欧美艺术家留学时间在1919—1930年，他们是林风眠、徐悲鸿、张弦、潘玉良、吴大羽、庞薰琹、颜文樑等人。林风眠、徐悲鸿、颜文樑、庞薰琹都是归国后开宗立派，建构学术体系的人物。他们的重要作品我馆均有收藏，中国美术馆曾以“美在新时代——中国美术馆典藏大师作品展”为题展出过他们的作品，引起巨大轰动，该展览后来又分别于2018年在中国美术馆、2019年于澳门艺术博物馆再次展出。

第三代留学欧美艺术家出国时间基本在20世纪30年代左右，大部分在30年代中后期归国。他们中像刘海粟、韩乐然、常书鸿、秦宣夫、唐一禾、吕斯百、周碧初、胡善馀、刘开渠、曾竹韶、王临乙、王合内、李瑞年均为同时期留学巴黎，有学习西画也有学习雕塑。还有吴作人、沙耆、张充仁同时期留学比利时皇家美院学习油画，张充仁兼学雕塑。李剑晨、关广志同时期留学英国伦敦大学和英国皇家美院主攻水彩，以上艺术家作品均有收藏。

馆藏中留学欧美艺术家作者像吴冠中、熊秉明、徐坚白等人留学巴黎美院和芝加哥美院是40年代中期到50年代左右，已经处于留学潮的后期。从以上可以看出中国美术馆馆藏留学欧美艺术家作品基本覆盖不同时期留学不同国家的艺术家，基本形成前后衔接、相对完整的早期留学欧美的艺术家链条。

## 四、国家收藏的美术史意义

20世纪初，留学欧美和日本的中国美术先驱引进西画入中国，归国后通过兴办新式教育传播西方美术，与创作并举，成为中国早期美术现代化运动的拓荒一代。留学输入了西方科学、民主观念，打破了中国数千年超稳定旧有文化结构和传统思想体系，使中国美术在中西古今的交融碰撞中开始了现代转型。

馆藏第一代留法艺术家李毅士的《长恨歌画意》于1929年创作完成后，参加当时教育部第一届全国美展，社会反响强烈，《鲁迅日记》中有两次关于《长恨歌画意》的记载，其中一封致郑振铎信中说道："但位高如李毅士教授，其作《长恨歌画意》也不过将梅兰芳放在广东大旅馆中，而道士则穿着八卦衣，如戏文中之诸葛亮，则于青年又何责焉？"指出其人物服饰、建筑不合乎历史事实。当时有评论家从画意的角度看，认为也可不拘泥于考古。此作品是用中国水墨结合西画写实明暗造型进行融合，尝试表现中国题材的较早案例。馆藏冯钢百、吴法鼎、李超士等人作品显示出他们在人物、风景、静物三类题材上对形体、结构、光影、空间、质感等古典写实油画语言的运用已经达到相当纯熟和精湛的地步。

西风东渐，上海得风气开化之先，成为新兴美术运动的策源地，加之 1928 年以后政治文化中心南移，遂使以上海为中心的沪、宁、杭文化圈渐露峥嵘直至 1937 全面抗战爆发。馆藏上海"决澜社"成员，留学巴黎的庞薰琹、张弦两人油画作品记录下这一时期油画现代主义的初探。馆藏早期上海油画以留日艺术家作品为主，留学欧美艺术家作品不占多数。其中，馆藏潘玉良油画基本作于国外，但馆藏其"新白描体"作品则有数件作于 30 年代的上海，其中引人注目的当数陈独秀狱中为其题跋的作品。馆藏留欧艺术家 30 年代作品多为留学时期作品，如秦宣夫《宫女》、张充仁《比京风景》、吴作人《女人体》（图 3）、沙耆《自画像》《布鲁塞尔郊外风景》（图 4）等。

20 世纪 30 年代中后期归国的第三代留学欧美艺术家登上历史舞台是在 20 世

图3 《女人体》油画 吴作人 100cm×80cm 20世纪30年代

图4 《布鲁塞尔郊外风景》油画 沙耆 80cm×99.5cm 1930年

纪40年代。全面抗战爆发后，政治、文化中心西迁。战争使写实主义抬头，在重庆以徐悲鸿学派为主导的写实主义阵营占据了主流地位，曾经留法的艺术家群体性崛起。馆藏吕斯百《鲶鱼》、李瑞年《暴风雨》、秦宣夫《战时校园》、胡善馀《缙云山风景》、唐一禾《七七号角》等均为重要的40年代油画藏品。战争并没有中断艺术家对艺术本体的探索，相反，留学艺术家在民族救亡的时代主题下更加激发起民族感情和现实主义的担当精神，馆藏的他们的作品表现出关注民族命运、关切民生的思想内涵和道德感情。此期留学欧美艺术家的现代主义创作相对沉寂，美术馆几乎没有收藏。

馆藏留学欧美艺术家20世纪40年代作品还包括走向陕、甘、青、新等西北各地写生作画、考察游历的吴作人、韩乐然、常书鸿等人西部写生作品和石窟壁画临摹作品。他们与同时期走向西部的张大千、王子云、司徒乔、董希文等人一起，在敦煌发现了一个不同于传统文人书画体系的民族民间艺术传统，也从西部民族地区的风土人情中获得了崭新的体验，作品面貌为之一新，呈现出光彩焕发、清新开阔的崭新意境，预示出中国油画民族化的远景。中国美术馆这一专题的收藏十分充实，如吴作人油画《甘孜雪山》《玉树》，韩乐然《赛马》《向着光明前进的牧民》，常书鸿《蒙古包中》等都是这一时期吸收敦煌艺术营养、感受边疆生活创作出的具有民族气派、雄伟朴厚的油画力作，其中馆藏韩乐然作品有大量表现西部各民族人民生活劳动和自然风光的水彩写生，画面简洁明快质朴优美，在现实的描绘中散发出人性的光辉。这一专题的收藏书写了现代美术史重要一章。

图5《渔妇》雕塑 张充仁 31.7cm×11.7cm×14cm 1931年

中国美术馆留学欧美艺术家雕塑收藏以1931年张充仁的《渔妇》(图5)为最早，基本形成了以留法雕塑家群体为主体，以学院写实主义为典型风格的雕塑藏品体系。其中如刘开渠《蔡元培像》、滑田友

《轰炸》、曾竹韶《老边》等这样的代表作均藏于我馆；三人分别担纲创作的人民英雄纪念碑浮雕之《胜利渡长江》《五四运动》《虎门销烟》人物浮雕头像稿也由我馆收藏。

20 世纪早期留学欧美学习美术，目的是对欧美先进文化的学习、引进，经过消化、吸收、融合，创造出不同于西方的新艺术，这个过程是油画民族化的过程，同时也是民族传统艺术现代化的过程，最终都是为了创造民族的新艺术。早期这些留学艺术家在中国美术现代化进程中承担着主体作用，他们用作品建构起中国美术科学理性的写实主义、个性自由的表现主义等现代性价值。中国美术馆馆藏留学欧美艺术家的作品构成了中国现代美术的重要内容。本文从博物馆馆藏的角度梳理留学欧美艺术家作品的国家收藏基本情况，希望建立起作品实物与历史的对应。中国美术馆收藏的 20 世纪早期留学欧美艺术家的作品在品种、数量和作者结构上尽管还有很多不足和缺项，但数年的积累基本形成能够反映历史实际状况和成果的作品序列。这些藏品的信息被广泛用于现代美术史写作、研究中。很难想象，假如没有这些图像信息支撑，中国美术现代形象会是什么模样。可以说我们对于中国近现代美术史的知识生成很大程度上就是来源于此。从藏品实物角度看，这批藏品建构了有形的现代美术史，亦即现代美术史的物质形态。这些藏品是历史的证物，是可以感觉和对话的经典。通过这些作品，经典的生命得以传承，文化的精神得以激活。

# 综　述

# 史料与研究：<br>中国近现代美术留学研究的现状与展望

宋金明

中国艺术研究院研究生院在读博士

## 一、美术留学与史料价值

19 世纪末以来，内忧外患的时局和救亡图存的需要，激励着大批有志青年负笈留洋，从而拉开了中国近现代的留学大幕。20 世纪初，留学队伍中出现了美术青年的身影。他们学成归国，在传播西方美术、改良中国画、推动美术教育等方面发挥了举足轻重的作用，成为中国现代美术进程中不可忽视的重要群体。

大致说来，从 20 世纪初至 60 年代，留日、留欧、留美及留苏构成了中国近现代美术留学的四个部分。2013 年，中国美术馆举办的“留学到苏联：20 世纪中国美术之旅”展，是对新中国初期留苏美术群体的一次系统梳理；2016 年，由华天雪策划的“取借与变革：20 世纪前半期美术留学生的中国画探索”展览在何香凝美术馆举办，呈现了留日美术家群体在中国画改良方面的成果；2019 年年初，“先驱之路：留法艺术家与中国现代美术（1911—1949）”展在中央美术学院美术馆举办，展示了 40 余位留法艺术家的 200 余件作品。以上几个展览体现了近年来国内美术史界对美术留学现象的关注，并一定程度地带动了这一领域的学术研究。当然，展览的优势主要在于作品的直观展示，虽有学术讲座和研讨会的配合，但学术研究毕竟不是侧重点。此次由中国艺术研究院美术研究所举办的“中国近现代美术留学史料研究国际交流工作坊”，即是希望通过会议的形式，聚集近年来在美术留学（此次侧重留学欧美）领域卓有成绩的研究者，集中呈现最新最具价值的成果，构建一个充分交流、整合史料和深入探讨问题的平台。此次会议成果将结集整理，计划于 2019 年年内出版。

本次工作坊聚焦于史料的研究，这充分考虑到了当下美术留学研究的现状和面临的困境。从更大的范围看，美术留学研究属于中国近现代美术史研究的范畴，既具有时间较近、材料丰富等优势，同时也存在着大量被遗忘、遮蔽、混淆的现象。诚然，历史就像一个筛子，大部分的人和事注定被过滤，但对于当下的学者而言，最大限度地对百年来的中国美术进行梳理和研究也是历史责任所在。从这点来看，史料的发掘就具有深化、澄清、补遗等多重价值，是包括美术留学在内的近现代美术史研究的基础。

## 二、学者构成与史料类型

此次参会学者共计 28 位，从人员构成来看，大致可以分为以下三类：

第一类是来自教学或科研单位的学者，主要以各高校为主。按发言顺序，分别是李雪涛（北京外国语大学）、曹庆晖（中央美术学院）、杨肖（中国艺术研究院）、赵帅（四川大学）、季海洋（北京师范大学）、安雅兰（Julia F. Andrews）（美国俄亥俄州立大学）、黄宗贤（四川大学）、周爱民（清华大学）、沈宁（中央戏剧学院）、刘礼宾（中央美术学院）、李超（上海大学）、孙淳美（台南艺术大学）、华天雪（中国艺术研究院）、蔡涛（广州美术学院）和彭飞（岭南师范学院）。

第二类是来自公立收藏展览机构的研究者，主要以各美术馆和博物馆为主。按照会议发言顺序如下：董松（安徽博物院）、徐婉玲（故宫博物院）、胡斌（广州美术学院美术馆）、傅军（上海油画雕塑院美术馆）、王欣（上海中国画院）、梁晓波（刘海粟美术馆）、韩劲松（中国美术馆）和李铁军（广州美术学院美术馆）。

第三类是属于体制外的独立研究者，包括藏家、美术家家属、美术研究爱好者以及曾受过专业训练的美术史研究者。按发言顺序如下：菲利普·杰奎琳（Philippe Cinquini）（杰奎琳文化艺术）、李大钧（势象空间）、孙元（独立研究者）、蒋向宇（独立研究者）和陈莺（独立研究者）。

一方面，参会学者的多元化说明在以史料为基础的美术留学研究中，虽仍以各类公立机构的专门研究者为主，但“圈外”人员的力量不容忽视。归根结底，

“没有材料就没有发言权”。另一方面，参会者的人员构成及其发言主题很大限度上反映了该研究领域史料的类型和获取途径。总体而言，近现代美术史研究的材料主要包括以下几个方面：近现代的报刊、书籍等出版物，美术馆、博物馆、图书馆、档案馆收藏和保存的作品、文献、实物等资料，以及家属和私人藏家手中的作品、手稿等珍贵资料等。此外，与“留学”相关的研究天然携带着“国际化”基因，隐藏于国外学校、画室、美术馆、档案馆等处的史料也是全面、深入研究美术留学不可或缺的资料。

## 三、研究课题与史料获取

从史料类型与获取的角度考察此次会议，可以将各位参会者的研究大致分为四个类型。

第一类是以民国出版物作为主要史料的研究。曾先后任职于中央美术学院图书馆和中央戏剧学院图书馆的沈宁，常年从事民国时期美术史资料的搜集、整理和研究工作。他此次发言的主题是“云路鹏程鸿雁传：王子云欧游履痕”，着重考察了王子云在欧游期间的活动，列举了王氏在传播国外美术等方面所做的重要工作。值得一提的是，在对王子云欧游时间的考察方面，沈宁发现艺术家本人在1927年为《民众周报》所作通讯和晚年整理的《从长安到雅典——中外美术考古游记》一书呈现了完全不同的两个版本。事实上，针对同一事件产生叙述偏差，在近现代美术史研究中十分常见。蒋向宇在“对常书鸿赴法留学相关细节的考辨与订正”的发言中，就对常书鸿自传《九十春秋 敦煌五十年》一书中的多处细节进行了修正，包括常书鸿入里昂中法大学的时间、选修织物图案系的时间、科别名称、升入油画班的情况等。两位学者的发言也提醒研究者要以怀疑的态度看待史料，特别是时隔多年的回忆材料，正如沈宁所说：“对回忆、口述类史料的使用，务必慎重考订，以求得历史之真实。”

最大限度地发挥材料的作用对特定的美术现象、事件进行还原，并深入解读，事实上并不容易，华天雪和曹庆晖的研究较为典型。华天雪在以“20世纪30年代刘海粟、徐悲鸿的赴欧巡展”为主题的发言中，最大限度地搜集了当时的发表资料，并以徐悲鸿、刘海粟之间的“冤家”竞争关系为引子，对这两次欧洲中国现代艺术巡展的来龙去脉、各个方面进行了系统的梳理和翔实的考证。曹庆晖的发言主题是“中国留学生和法国雕塑大师布德尔”，其材料范围从1928年李金发撰写的《卜德尔的雕刻》一直到1987年出版的熊秉明《关于罗丹：日记择抄》，几乎搜罗了从民国到当下国内所有关于布德尔的出版资料。并在此基础上进行合乎逻辑的推理、判断，考察了布德尔在中国的传播、中国留学生与布德尔在不同层面上的交集以及产生的影响。

以材料为基础对美术社团、群体进行梳理是研究的另一种方向。董松的发言以“中国留法艺术学会”作为留法美术群体研究的样本，对这一成立于1933年，终止于20世纪50年代的重要留法学生组织进行了考证，分“初创”“坚守”“再兴”三个阶段介绍了该组织的人员构成和活动。刘礼宾的博士论文就是有关民国雕塑的研究，在这方面有多年的积累。他在以“民国时期留学欧洲雕塑家情况研究”为题的发言中，介绍了民国时期留欧雕塑家的概况，勾勒出了这一群体的轮廓，同时提及，随着史料的不断发现，留学雕塑家的名单也在不断更新和完善。黄宗贤的发言同样聚焦民国雕塑，其主题为“20世纪初中西雕塑的对流与互动”，主要阐释留学雕塑家在中国20世纪写实主义雕塑发展中所起的重要作用。

青年学者季海洋和赵帅的发言均聚焦抗战时期的西南地区，分别围绕“1942年四川美术家协会第一次展览”和“近代西南民艺考察”的主题展开。前者在厘清展览情况的基础上，围绕当时报刊的批评文本，展开了对留欧写实主义倾向艺术家抗战时期作品的讨论。后者则以当时的出版物为基础，从多个角度阐述了西南民艺考察与工艺研究的相关问题。

作为自由研究者的梁晓波，多年留意于刘海粟资料的搜集与研究，此次以“‘艺术叛徒’刘海粟的艺术与艺术观”为主题的发言中，展示了较多有关刘海粟的文献资料，呈现了刘海粟多方面的艺术成就。

以上诸位学者的研究以民国时期文献为主要材料，多位学者在相关主题的材料搜集上仔细爬梳，最大限度地发挥了史料的基础作用。

第二类是以机构收藏或展览而引发的研究。与教学、科研单位的学者相比，收藏展览机构的工作者在一手资料的获取方面更具优势。故宫博物院的徐婉玲关于留法建筑师汪申的研究在很大程度上具有补遗之功。她在发言中不但对汪申的留学和工作的基本情况做了介绍，更对其主导或参与设计的建筑进行了实地考察，在传统与现代交织的维度上探讨了汪申的建筑思想，而这一课题的发现与研究，很大程度上得益于故宫博物院保存有汪申相关的建筑实体和档案资料。傅军关于周碧初的研究与她在上海油画雕塑院美术馆的工作直接相关——2016 年上海油雕院主办的“精神的融合——周碧初文献展”，为其研究提供了契机。傅军的发言围绕周氏绘画本体语言展开，讨论其对油画现代性的追求。这一类型的研究必须以对画家各时期作品的全面掌握和原作阅读为基础，上海油雕院本身的周碧初收藏以及与家属的良好关系为傅军的研究提供了条件。韩劲松在中国美术馆典藏部工作多年，他的发言主要梳理了中国美术馆关于 20 世纪上半叶留学欧美艺术家的藏品，并对这些作品的收藏渠道、种类分布、艺术家的代际分布等做了说明。据其统计，中国美术馆共收藏了留学欧美艺术家 41 人的 1022 件作品，这些信息的公布对于美术留学研究的推进具有基础意义。蔡涛的发言围绕“克罗多、张弦、梅原龙三郎：洋画中的皇城题材”这一主题展开，在西洋（欧洲）、东洋（日本）以及现代中国的动态视线中，重新思考了现代美术史中的“东方”意识。这一问题的思考源于作者此前对胡一川的研究，而支撑此次研究的则是保存在广州美院图书馆、胡一川故居纪念馆以及家属手中的借阅记录、藏书、日记等资料。

第三类是基于私人藏家和家属提供的资料而产生的研究成果。孙元在“孙佩苍的留学”的研究中，除了使用当时的报刊资料外，因其本身的家属身份，对于孙佩苍藏品的了解、相关档案资料的获取等方面都有一定优势，在一定程度上也弥补了体制内研究者在资料获取方面的某些短板。作为收藏家的李大钧，从事吴大羽的收藏和研究工作多年。在“吴大羽留法前后生平史料考证（1917—1927）”的发言中，他不仅呈现了相关的报刊、档案资料，还展现了吴大羽的手稿文献，这是一般研究者难以获得的。刘海粟是此次会议讨论的热点之一，多位学者的发言中均有涉及。王欣的发言围绕“刘海粟的第一次欧游”展开，她通过刘海粟第一次欧游期间重要的见证人刘抗遗留下来的摄影、文字资料，结合刘海粟的《欧游笔记》，对此次欧洲之行的多个方面进行了细致的还原，也使相关人物之间的关系变得更加清晰。这一研究的推进根本上得益于新加坡刘抗家属对于“新史料”的无私贡献。令人欣慰的是，由这些图文资料结集成书的《刘海粟刘抗师友书信录》和《艺气风发——来自刘海粟和刘抗的相册》已经付梓出版。彭飞关于王代之的研究对于重新发现这位被遮蔽的留法美术家有重要价值。研究中，无论是对王代之生平的考证、留法学习的状况，还是对其之于近代美术教育的贡献，除了有限的公开发表资料外，很大程度上依靠了家属提供的王代之手稿等原始资料。

以上几位学者的研究或是得益于美术馆、图书馆的收藏或展览，或是得益于私人藏家和家属的材料支持，抑或二者兼而有之。总而言之，在 20 世纪美术留学乃至整个近现代美术的研究中，包括作品、手稿、档案等在内的各种公私收藏是不可或缺的重要史料。

第四类研究偏重于国外史料的发掘和应用。美术留学在本质上是一种内部（国内）和外部（国外）的文化沟通，这也决定了其史料的双重性。相对于国内材料而言，尘封于国外的相关史料的发掘更具难度。法国学者菲利普·杰奎琳（Philippe Cinquini）以“巴黎国立高等美术学院的中国艺术家”为题，分三个阶段对 20 世纪前期就读该校的中国留学生做了梳理和研究。他在地毯式查阅该校原始档案后，统计出了完整的中国留学生名单：从 1914 年吴法鼎作为美术留法第一人进入该校开始，截止到 1955 年，这里共接收了 132 位中国留学生。这一以丰富档案材料为前提的基础性研究，对于今后留欧美术群体研究的推进有重要意义。安雅兰（Julia F. Andrews）是海外研究中国近现代美术史的重要学者。她在“艺苑绘画研究所和国际艺术界，1928—1931”的发言中，对上海艺苑绘画研究所的成员及相关活动做了较为详细的说明，特别是朱利安学院和法国国家档案馆相关文献的使用，对于我们了解艺苑成员的国外学习背景很有帮助。

李雪涛在“有关滕固博士论文的几份原始文献”的发言中，通过对柏林洪堡大学档案馆几份原始档案的披露和研究，对滕固博士论文的价值、在德修习的科目、博士答辩的环节等做了厘清，使我们对滕固在德国学习和获得博士学位的相关情况有了更加清晰的认识。孙淳美做了题为“徐悲鸿与巴黎‘中国美术展’，1933”的发言。她以 1933 年的欧洲中国美术展为中心，考察了作为策展人的徐悲鸿、作为合作方的法国官方美术馆、作为观者的青年留法艺术家各自的艺术观点和现实考量，以及相互之间的内在联系。需要强调的是，孙淳美与华天雪的研究在对象上具有重合性，但后者对国内史料进行了地毯式搜索，前者则大量使用了相关的外文资料，二者在史料应用上恰好形成互补。

杨肖的发言为“跨文化视野下看绘画‘装饰性’：从庞薰琹眼中的波提切利说起”，由庞薰琹晚年自传中关于波提切利的一段话引起，认为庞薰琹从波提切利绘画的装饰性中看到了东西方艺术对话的可能性，同时又引入日本美术史家矢代幸雄对于波提切利的理解与庞薰琹作比，得出来自欧洲与日本的双重经验影响了庞薰琹 40 年代绘画实践的结论。跨文化的视野及英文、日文材料的使用在杨肖的研究中都有很好的体现。陈莺的发言“求真与人情：符罗飞留学意大利时期画作解析”是其博士论文的延续，重点通过符氏作品与那不勒斯画派之间的风格比较，对符氏留意期间的作品进行分析，显示出良好的美术史学养，其中对于外文文献的使用是该研究能够深入的条件之一。胡斌的发言“1915 年巴拿马太平洋国际博览会上的中国艺术品与交织的视角”，虽然主要以国内报纸和出版物为主要材料来源，但对于欧洲当时博览会出版图录和相关批评的引入使其内容更加丰富，也更贴近于其研究的目的——“为有关 20 世纪早期跨文化境遇中的中国艺术的研究打开另一视域”。

在国外史料的搜集中，海外考察是非常重要的一个方式。周爱民的发言就是以到法国的实地考察为基础，对中国早期留法美术生在大茅屋画室受到的影响提出“断想”，认为蒙帕那斯所代表的现代艺术“自由”精神，感染了庞薰琹、吴冠中等中国留学艺术家，对他们后来在中国进行现代艺术的探索产生了影响。李铁军的研究源于广州美院美术馆丰富的李铁夫藏品，但他此次发言题为“李铁夫纽约学习情况的不完全调查报告”，以其美国实地考察和资料搜集为基础，对李铁夫在美学习艺术情况进行梳理，尤其对美国国家（美术）设计学院（The National Academy of The Arts of Design）的考察，澄清了学界长久以来将李铁夫作为该院院士的谬误。

在国外史料的发掘方面，欧美学者具有天然优势，而国内研究者虽已有意识地通过留学、考察等方式挖掘国外史料，但束缚仍然不少。除了空间、时间以及各种物质条件的限制外，语言的壁垒也是很大的障碍。上述学者中，能够有效使用国外资料进行深入研究者如李雪涛、孙淳美、陈莺及杨肖等，都有较强的外语能力和海外学习生活经历。

需要说明的是，将参会者的研究分为以上四个类型，只是根据各自研究的突出特点所做的大致归类。事实上，学者们在具体研究中往往综合使用多种类型的材料与方法。

## 四、现实困境与未来方向

此次会议的召开，不但呈现了丰富的研究成果，同时也暴露出当前美术留学研究所面临的诸多困境。

一些学者在发言中就此问题提出了自己的看法。从事近现代美术史研究多年的上海大学李超教授，以“看不见的‘江南’”为隐喻，列举了20世纪留学艺术家被遗忘、被固有身份遮蔽、作品散佚三类情况，并以近年来组织参与的展览和项目为例，提出中国近现代留学美术资源的保护与转化问题。他在发言中提到，中国近现代美术研究面临的最大困境是没有一个资源整合的平台，大量资源处于碎片化状态，主张通过数据化、馆藏化、项目化等措施，有效整合资源，持续推进相关研究。北京外国语大学的李雪涛教授是海外汉学研究、留学史研究方面的专家，他在发言中指出目前中国留学史研究中存在的三个问题：第一，作为群体的留学生没有得到重视。从晚清到民国有10万留学生，被研究的仅是其中极小部分。第二，留学史的内史和外史问题。现有研究多集中于留学生出国前和回国后，而对其在国外（特别是大学中）学习的一手材料很少。第三，在众多国家，留学都是重要的文化现象，现在的中国留学史研究尚未放到全球史的网络中去。以上三点是中国留学史研究中的普遍问题，同样存在于美术留学的研究中。

两位学者从各自的研究领域和丰富经验出发，所提问题对当下的美术留学研究具有针对性。而单从史料角度来看，上述四种材料类型，每一种的获取也各有困难。

其一，民国报刊及出版物是整个近现代美术史研究的基础材料。目前虽有“晚清民国期刊全文库”“民国时期图书文献总库”“大成故纸堆”“申报数据库”等电子数据库出现，给研究者带来不少便利，但数据库的收录范围和数量仍然有限，且易出现检索遗漏。通过纸本、缩微等实体形式进行查找仍然必不可少，极大增加了研究者在资料获取方面的时间和经济成本。其二，美术馆、纪念馆、图书馆、档案馆等机构的作品、文献、实物藏品是我们立体、深入理解艺术家及其作品的直观材料。近年来，全国美术馆的典藏普查和数据化工作不断推进，相关展览也不断增多，这方面的资料获取也较以前相对便利。然而，限于国内美术馆事业发展整体滞后、版权观念落后、材料敏感度等问题，一般学者很难对某一机构的藏品体系有相对完整的掌握，机构内外的学者往往在资料掌握上不对等。典藏研究的推进主要依赖领导的意识和研究人员的主观能动性，难以有效调动馆外研究力量，造成了资源的闲置和浪费。其三，家属及私人藏家的遗产和收藏是美术留学研究不可或缺的部分。这部分材料的调动主要依靠家属和藏家的主动性和研究者（或研究机构）与私人之间的良好关系。机构与个人之间的合作在多个高校和机构都有成功案例，但如何进一步扩大范围，并建立长效的合作机制是需要思考的。其四，美术留学与生俱来的跨文化、国际性特征决定国外史料的挖掘和利用必不可少。如果说国内各类材料的挖掘虽有不便，但仍有不少力量正在推动的话，那么国外史料的发掘显然面临更大难度。一方面，留学地域众多，仅欧洲地区就有多个国家，材料分散，语言多样，壁垒重重。另一方面，可以依靠的国外学者十分有限，而国内研究者外出查找资料又受到经费、时间、语言等多方面的限制。

针对以上问题，以下几项措施显然是必要的。首先，以更大的力量推进近现代出版物的电子化进程，在广度和精度上同时提升数据库的质量十分必要。其次，建立各机构间的联动机制，特别是要加强高校等教学研究单位与博物馆、美术馆等收藏展览机构之间的合作。这样的合作可以有效整合研究力量和藏品资源，研究者与美术馆各取所需，共同推进学术进步。再次，建立专业机构与私人的联动机制，尤其是要构建公立收藏机构与家属之间的良好关系。以多样的方式鼓励家属将手中的作品、文献捐赠、展览、出版，是私人藏品公共化的重要途径，也是研究者获取一手资料的可行方法。最后，建立国内与国外的联动机制。要通过制度建设激励国内研究者通过留学、访学、考察等方式挖掘国外的美术留学史料，特别是在科研项目和经费方面给予支持。国内高校、机构应主动与国外相关机构建立合作关系，以积点成线、线动成面的方式为研究者的资料查找提供便利。当然，语言的壁垒是国内学者需要主动解决的问题。虽然学术研究的进步最终要落实到个体学者的努力，但从长远来看，构建一个良好的研究生态，为有志于此的学者创造更加便利的条件，这对美术留学研究乃至整个中国近现代美术史的研究都是十分必要的。

最后不得不提的一句是，史料的搜集和整理既是研究的前提，也是一个无底洞，当史料获取不再是一个难题的时候，有效方法的介入、建设性观点的提出就将成为更加重要的问题。正如曹庆晖教授“不合时宜”的疑问：50 年以后的研究我们又该如何使用材料呢？